普通高等教育“十一五”国家级规划教材

城市轨道交通系统概论

上海工程技术大学 谭复兴 高伟君 等 编著

知识产权出版社
全国百佳图书出版单位

内容提要

本书入选了"普通高等教育'十一五'国家级规划教材"，书中系统地介绍了城市轨道交通发展的沿革、各相关学科的基础知识和基本理论，内容深入浅出，图文并茂。全书共分为六大篇：第一篇为绪论，阐述了轨道交通100多年来的发展历史和沿革，并介绍了当前城市轨道交通的各种形式；第二篇为土建，涵盖城市轨道交通网络规划、选线设计、轨道结构和车站设置等四个方面的内容，涉及城市轨道交通从规划、土建施工到线路铺轨等全部的基础工程；第三篇为车辆，从城市轨道交通使用的车辆、电传动系统和供电系统三个方面分别阐述了城市轨道交通车辆与动力的基本技术和发展趋势；第四篇为通号，介绍城市轨道交通的现代化通信和信号系统的设备、软件等方面的特点和基本技术；第五篇为管理，介绍如何从管理角度来保障城市轨道交通系统的运行安全，并有效降低运营成本；第六篇为环保，分析城市轨道交通振动与噪声的来源，介绍各种减振降噪装置和措施。

本书既可作为高等院校轨道交通相关专业师生的教材或教学参考书籍，也可作为从事轨道交通系统工程技术人员的参考资料和培训教材。

图书在版编目（CIP）数据

城市轨道交通系统概论／谭复兴等编著．—北京：知识产权出版社，2011.8

普通高等教育"十一五"国家级规划教材

ISBN 978-7-5130-0734-4

Ⅰ.①城…　Ⅱ.①谭…　Ⅲ.①城市铁路—概论—高等学校—教材　Ⅳ.①U239.5

中国版本图书馆 CIP 数据核字（2011）第155889号

普通高等教育"十一五"国家级规划教材

城市轨道交通系统概论

CHENGSHI GUIDAO JIAOTONG XITONG GAILUN

上海工程技术大学　谭复兴　高伟君　等　编著

出版发行：知识产权出版社

社　　址：	北京市海淀区马甸南村1号	**邮　　编：**	100088
网　　址：	http://www.ipph.cn	**邮　　编：**	bjb@cnipr.com
发行电话：	010-82000860转8101/8102	**传　　真：**	010-82005070/82000893
编辑电话：	010-82000860转8024	**编辑邮箱：**	zhangbing@cnipr.com
印　　刷：	北京中献拓方科技发展有限公司	**经　　销：**	新华书店及相关销售网点
开　　本：	787mm×1092mm　1/16	**印　　张：**	24.5
版　　次：	2007年9月第1版	**印　　次：**	2011年8月第3次印刷
字　　数：	581千字	**印　　数：**	8001～11000册
定　　价：	40.00元		

ISBN 978-7-5130-0734-4/U·014（3639）

序

随着科学技术的发展，特别是电子电气技术、计算机技术和信息技术的迅猛发展，城市轨道交通的车辆、运行控制技术等都在不断地更新换代，业已进入到电气化、自动化的新阶段。

自1969年北京修建第一条地铁开始，在不到40年的时间里，我国城市轨道交通取得了长足发展。北京、上海、天津、广州、深圳、重庆、武汉、南京、大连和长春等城市，迄今为止，已陆续修建了线路总长度达418km的城市轨道交通，起步虽晚但发展迅猛。

当前，为贯彻国家的“公交优先”战略方针，我国的城市轨道交通还将继续稳步发展。为支撑城市轨道交通事业的现代化创新格局，需要不断发展拥有独立知识产权的高新技术。为此，我国城市轨道交通行业，迫切需要培养大批具有专业理论与技能的人才，以应对城市轨道交通的建设发展、运营管理和不断技术创新的需要。

因此，在高等院校中，设立城市轨道交通学科，开设城市轨道交通相关课程，已迫在眉睫，也是为该行业产、学、研相结合奠定基础的战略任务。

上海工程技术大学组织编写的《城市轨道交通系统概论》一书，较为系统和重点地介绍了城市轨道交通发展的沿革、各相关学科的基础知识和基本理论。这对于攻读轨道交通专业的学生来说是非常必要的，同时，对从事轨道交通事业的工程技术人员和生产厂商，也是很有参考价值的。

我国的城市轨道交通正在循序渐进地向前发展，城市轨道交通的科学技术还将不断进步，需要更多的人去学习、去掌握。编好教材仅仅是培养人才的第一步，城市轨道交通事业还有广阔的空间需要我们去开拓、去发展。

期待着这本书能够为城市轨道交通行业的人才培育，作出有益的贡献。

2007年6月于北京

前言

城市轨道交通是一个集土建工程、轨道工程、车辆工程、通信信号工程、系统控制工程、供配电工程、运输工程和运营管理等于一体的、复杂而又高度集约的综合性系统工程。忽略任何一个环节，都不能称其为“城市轨道交通系统”。

当代的城市轨道交通系统，更是在大运量、高密度、安全和环保方面大做文章，引进了许多高新技术，与过去粗放型的地铁已不可同日而语。为了使学习城市轨道交通基础理论和专业知识的学生以及从事相关工作的人士对城市轨道交通有一个比较全面和深入的了解，上海工程技术大学城市轨道交通学院从“全面涵盖、一定深度”的角度出发，组织编写了《城市轨道交通系统概论》一书。

本书由上海工程技术大学城市轨道交通学院轨道交通专家谭复兴教授任主编，学院的部分教师和其他单位的几位专家共同参加了本书的编写。

全书共分六篇：

第一篇 绪论，包括第一章和第二章。第一章着重阐述轨道交通100多年来的发展历史和沿革。特别是通过回顾轨道交通随着科技进步而兴起、衰落、再繁荣的过程，阐明了科技进步是推动轨道交通发展最根本的动力；第二章介绍了当代城市轨道交通因地制宜地发展了多种车辆和轨道交通的形式，展示了当前国际上城市轨道交通的各种形式。第一章由谭复兴编写，第二章由谭复兴、顾仁杰编写。

第二篇 土建，包括第三～第六章。涵盖了城市轨道交通网络规划、选线设计、轨道结构和车站设置等四个方面的内容，涉及城市轨道交通从规划、土建施工到线路铺轨等全部的基础工程。第三章和第四章比较详细地阐述了线网规划、线路选线关联因素和控制原则；第五章介绍了一般轨道结构的构成及种类，特别介绍了城市轨道交通在城市中通行时为降低噪音而对轨道结构的改进；第六章介绍了国内外各种形式的城市轨道交通车站，着重阐述了这些车站为了方便乘客，在车站设置、结构形式等方面所做的努力。第三章和第四章由高伟君编写，第五章由何越磊编写，第六章由谭复兴、高伟君编写。

第三篇 车辆，包括第七～第九章。从城市轨道交通使用的车辆、电传动系统和供电系统三个方面分别阐述了城市轨道交通车辆与动力的基本技术和发展趋势。随着轨道交通车辆技术和电力配送控制技术的发展，城市轨道交通的车辆和动力有了很大的改进，大大提高了车辆的高速性、安全性和稳定性，反映了城市轨道交通车辆和动力输送系统的崭新面貌。第七章由张新泉编写，第八章由师蔚编写，第九章由张北斗编写。

第四篇 通号，包括第十章和第十一章。详细介绍城市轨道交通的现代化通信和信号系统的设备、软件等方面的特点和基本技术。城市轨道交通为了满足大客流的需要，广泛采用上、下行复线和高密度追踪运行的运营模式。车辆在这种运营模式下的速度、位置、有无故障和运行状态调整等一系列控制与操作，都依赖于高速、高效的信息传输系统（通信系统）和信号控制系统（信号系统）。当前的车辆运行状态，已经不能像20世纪五六十年代采用人工操作来控制，而必须采用计算机运作的、高度自动化的信息采集—传输—处理系统和信号自动操作与控制系统。本篇由毋妙丽编写、徐金祥审稿。

第五篇 管理，包括第十二～第十四章。城市轨道交通是城市中服务于广大市民和游客的现代化公共交通工具。它的建设要耗费巨大的投资，其运营将产生运营成本。系统的高速、大运量、高密度运行，必须实施严格而有序的运输管理、经济管理和安全管理。从这个意义上讲，城市轨道交通的管理本身就是系统不可分割的组成部分。而且，科学的、严格的管理不仅将保障系统的运行安全，并且会有效地降低运营成本。第十二章由何静编写、季令审稿，第十三章由朱海燕编写，第十四章由顾仁杰、谭复兴编写。

第六篇 环保，由第十五章构成。喧嚣的城市已经让人不胜其扰，轨道交通列车通过时产生的噪声和振动又加剧了城市的环境污染。为了最大限度减少这种污染，科技人员们动足了脑筋，设计和提出了各种减振降噪装置和措施。第十五章由刘加华、谭复兴编写，耿传智审稿。

本书是在谭复兴教授教学讲义的基础上，由上海工程技术大学城市轨道交通学院部分教师共同参与完成的；编写工作还得到了同济大学徐金祥教授、季令教授、顾保南教授和耿传智教授，以及上海申通轨道交通研究咨询有限公司刘加华高级工程师和上海铁路城市轨道交通设计研究院张北斗高级工程师等的大力支持，在此一并表示衷心感谢。

顾仁杰高级工程师对本书的编撰工作给予了很大帮助。

由于编写时间较为仓促，难免存在疏漏或差错，欢迎读者提出宝贵意见。

上海工程技术大学城市轨道交通学院

2007年6月

目 录

第三篇　车　　辆

第五篇　管　　理

第六篇　环　　保

【第一篇　绪　　论】

第一章　轨道交通的世纪回眸

[春秋·齐]《管子·度地》:“山川涸落，天气下，地气上，万物交通。”中国自古以来，“交通”就是“彼此相通、往来通达”的意思。

英文单词交通“Transport”来源于古拉丁文：Trans（英文 across）和 Portare（英文 to carry）的组合，意即携带人、物和信息从一地到另一地。

交通运输是社会发展的基础，常被比喻为一个城市、一个国家的血液循环系统，是社会生产、流通、分配、消费以及人们工作、交往、旅游等的必要条件。交通运输文明的发展历史与人类社会的发展历史相依相随，而交通运输的发展水平又与社会的科学技术发展程度息息相关，与人类活动范围的大小正相关（或成正比）。

英国交通专家托尼·M. 里德利（Tony M. Ridley）认为：“交通是一种政治，对于一个国家而言，对交通的研究和发展是基础性的，它远不是一个工程技术和一个运营细节问题。”

人类在进入文明时代之前有 200 万年的历史。随着人类对自然的认识加深，人类历史的发展速度不断加快：

- 地质年代以百万年为计量单位；
- 人类史前时代以万年为计量单位；
- 自文明时代到来之后，以数百年甚至数十年为计量单位；
- 时至今日，每天都有重大事件发生，无穷无尽的信息无情地包围着我们。

近代以前，科学和技术水平都比较低，科学不直接影响生产，技术来源于工匠积累的经验和手艺。近代以后，科学和技术才开始结合起来。

18 世纪的工业革命（技术革命）是技术发展史上的一次飞跃，它开创了以机器代替手工工具的新时代。产业革命从工作机开始，以动力机为标志，运输机为其主要应用。蒸汽机火车、内燃机汽车的出现和发展是现代交通运输发展的两个重要的里程碑。

第一节　早期的轨道交通

世界人类古代文明发展较快的区域都和河流有关，例如，两河流域文明、恒河流域文明和黄河流域文明等，其中的一个重要原因是与史前人类无法解决如何在地面上克服摩擦力来运输重物的问题有关，而只能借助于水的浮力。公元前 1 万年，世界各地的人们就开始进行水上交通运输。他们把几根木头并在一起做成木筏，或是挖空树干做成独木舟；公元前 3000 年，埃及出现了世界上最早的帆船，用于尼罗河上的交通运输；公元前 2000 年，南亚的人们建造了带帆的木船，横渡太平洋，并在波利尼西亚群岛上建立了最早的社会群体。由于水路运载量大，所以人们宁可选择开挖运河而不去修路。可见，水路运输在社会经济发展中曾经发挥过重大的作用。

而与陆上交通有关的轮子则出现于公元前3500年，装有轮子的车辆变滑动摩擦为滚动摩擦，改进了人类陆上交通的工具。直到19世纪，道路尚无路面铺装，木制车轮也没有装置充气轮胎，特别是没有出现驱动车轮的动力机械，因此轮子出现后的漫漫数千年，人类的陆上交通没有发生根本性的改变。

图1-1 公元前6世纪的希腊Diolkos轨道

近代文明前的陆上重物运输往往借助于“轨道”，人们在不平整的地面上铺设了由原木或打磨光滑的石灰石轨道，借助人力或畜力推拉安放在轨道上的物件。人类使用轨道的最早记载是在公元前6世纪，在希腊有一条6km长的Diolkos轨道（见图1-1），用来运输船只，载运船只的架子由奴隶拉着沿石灰石制成的轨道，将船只从地中海搬运到Diolkos海湾。Diolkos轨道使用了1300多年，直到公元900年。马拉轨道车辆出现在希腊、马耳他和罗马帝国，至少2000年之前才出现使用加工过的石材作为轨道，轨道有凹槽或挡肩，限制车轮只能在轨道上行走。这种交通形式再次出现于欧洲是在1550年。工业革命初期通常使用数英寸宽的木材作轨道，木材首尾相接固定，并且固定在间隔为2～3ft（61～91cm）的横向枕木上，以保持固定的轨距。为了延长木制轨道的使用寿命，会在轨道面上包一层铁皮。18世纪中叶，开始出现铁质车轮，这大大加剧了轨道的损坏，因此发明了铁制的轨道，3ft（91cm）长、2in（5cm）宽，内侧有挡边，称为平板钢轨轨道（见图1-2）。由于平板轨道强度不够，容易变形，18世纪

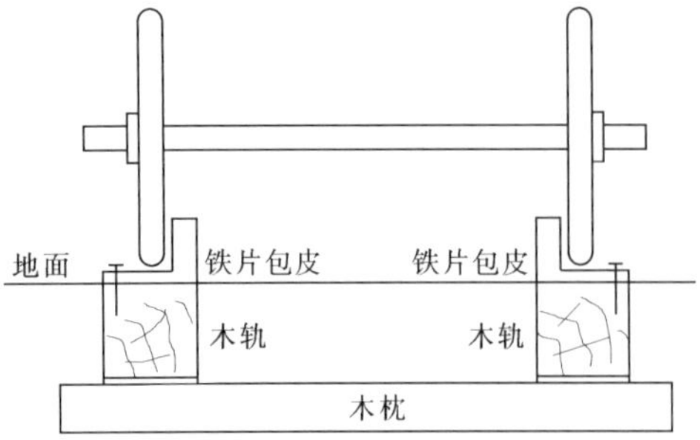

图1-2 木轨轨道

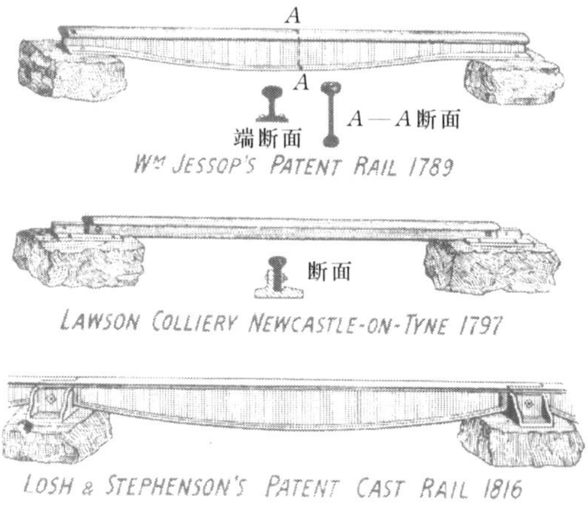

图1-3 早期铁轨

末叶，又出现了类似现代钢轨的轨道形式（见图1-3），铁制车轮内侧高出轮踏面形成轮缘，卡在铁轨之间以提供车辆的导向力（见图1-4），保证车辆行驶在轨道上。这两种轨

道形式并存于英国铁路上，直到19世纪中叶，此时蒸汽牵引已占据了统治地位，平板轨道才逐渐退出历史舞台。就这样，木轨一步步过渡到铁轨，“木路”变成了“铁路”。

有别于其他陆上的车辆交通，载人、载物的轨道运输车辆行驶在特定的轨道上，轨道起了支承、传递车辆荷载的作用，为了使车辆只在轨道上行驶，轨道还提供了导向作用。这种运输形式就成为轨道交通。

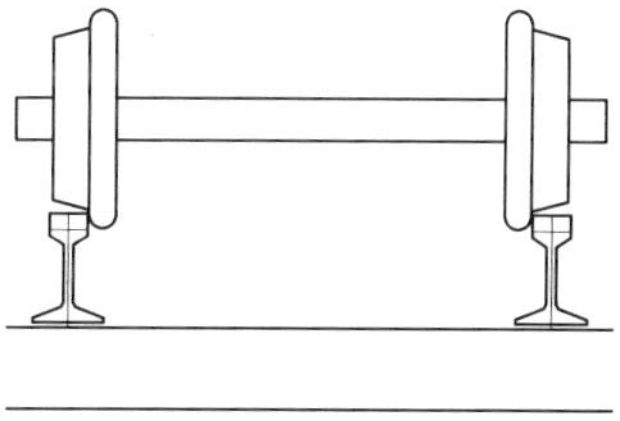

图1-4　钢轮钢轨的导向作用

使用轨道运输的优势是明显的：把较少的材料做成轨道而无需加工整个车辆通过的路面，轨道面提供了一个较为平整的、硬度较高的车轮滚动面，并且可以把运输重物的重量通过轨道分散地分布于地面上（见图1-5）。1804年的英国煤矿使用过这种运输形式，当时尚无牵引车辆的动力机械，轨道被铺设在坡道上，靠重力将满载煤炭的车辆从矿井滑行到运河边的码头，同时把轻车拉上坡顶，一次运煤量可达到10～13t。采伐木材的林区也有曾人使用这样的装置（见图1-6）。

这种轨道形式也使用在西方的城市内，市内交通客流有一定的路线，在客流集中的路线上开通轨道交通无疑将是十分有利的，这就是为什么1829年伦敦和1831年纽约，街上出现了公共马拉或驴拉轨道车辆的原因。1860年前后，公共马拉或驴拉轨道车辆更是风靡北美各大城市（见图1-7）。

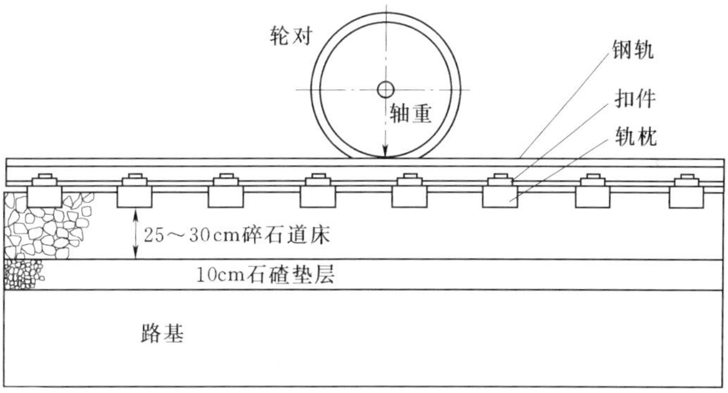

图1-5　合理的受力

图1-6　利用斜坡的无动力轨道车辆

图1-7　北美的马拉轨道车

第二节 人类历史上第一次交通革命

发生于15～16世纪的欧洲文艺复兴摧毁了长期禁锢人们思想的枷锁，带来了科学研究、技术革命和新发明的热潮，源自古罗马法制体系的欧洲法律保护私有财产、保护知识产权，这又促进了新生事物的发展。

英国工业革命的功绩之一——以煤作为能源的蒸汽机，不仅被广泛用于带动纺织机等工作机械，也被引进到交通运输中牵引行驶在路上的车辆，引发了人类历史上第一次交通革命。

蒸汽机问世后，自然有人想到将它用于驱动车辆运动。1769年，法国工程师居纽造出了第一辆用蒸汽机推动的三轮汽车。1787年，瓦特的合作者之一、英国工程师默多克（1754～1839年）发明了一辆用蒸汽机驱动的无轨火车。1801年，首辆蒸汽汽车在英国问世。出于对这种新交通工具运载能力的“惧怕”，也考虑蒸汽机牵引的重型车辆对道路的高要求，伦敦运输业向法院提起了诉讼，英国法律裁决这种庞然大物不能在公路上行驶，只能运行在专用轨道上。在这种形势下，火车的发展几乎是顺理成章的了。

英国人特里维西克（1771～1833年）于1803年制造了世界上第一台可以真正使用的铁路蒸汽机车，铁木结构，长4.5m，最高时速达5km。

图1-8 斯蒂文森的蒸汽机车

1823年，斯蒂文森主持修建英格兰北部煤矿城市斯多克顿—河边城市克林顿之间的第一条商用铁路，正式将火车推向实用。1825年9月27日，斯蒂文森亲自驾驶他自己设计制造的“旅行号”机车（见图1-8），在新铺设的铁路上试车。为了可靠起见，他还同时采用了马作为备用动力，这次隆重的试车取得了空前的成功。

“旅行号”机车牵引6节煤车、20节挤满乘客的客车厢，载重达90t，时速达15km。这是一次盛况空前的试车典礼。铁路两旁人山人海，有人骑马跟着火车奔跑，欢呼这一奇迹的出现。1830年，斯蒂文森修建的第二条铁路即利物浦—曼彻斯特铁路贯通。这一次，他驾驶的“火箭号”完全使用蒸汽动力，平均时速达到了29km，列车运行全程未出现任何故障。英国人用蒸汽机大大推进了陆上运输。斯蒂文森火车的鸣叫，召唤了一个“铁路时代”的到来。正是他，使世界真正认识到铁路运输的巨大的优越性。从此，巨龙奔驰在地球各地，极大地促进了世界经济的发展。

自1825年英国开通第一条铁路，铁路立刻获得了世界列强的青睐，竞相修建（见表1-1）。1840～1913年是世界铁路发展的“黄金时代”，由于铁路机车制造已相当完善，轨道结构也不断改进定型，各国修建铁路的热情日益高涨，铁路发展速度明显加快。1840

年，世界铁路营业里程为8000km，到1913年已达110万km。

表1-1　　世界部分国家出现第一条铁路的时间

国家	英国	美国	法国	比利时	加拿大	俄国	日本
年份	1825	1830	1832	1835	1836	1837	1853

在这一修路的高潮中，西方资本主义国家几乎都不遗余力地加入进去。大部分的资金用于修建铁路，大部分的钢材用于轧制钢轨。其中又以美国为最甚，1881～1890年10年间，平均每年修建1万km铁路，每年钢产量的70%用于轧制钢轨；德国1866～1870年5年间，投资的70%用于修建铁路；俄国1861～1873年的13年间，投资的63%用于修建铁路。

交通大动脉铁路的大量修建和超前发展，奠定了这些国家工业化的坚实基础。对这些国家的持续发展和强大起到了不可低估的作用。时隔一个世纪，美国人在总结当年修路高潮的历史经验时认为，尽管当时美国很穷，但仍不惜筹借外债来修建铁路。可以这样认为，若没有20世纪的修路高潮，便没有今天美国的现代化和空间计划，更不会率先登上月球。从某种意义上说，没有横贯东西海岸的美国大铁路（最多时曾有8条平行东西干线铁路），也就没有今天的美国版图。

到1913年，世界铁路的营业里程已达110万km，并垄断了陆上交通运输。在美国，98%的城市间旅客周转量由铁路承担；在其他资本主义国家，运输量的80%以上也由铁路承担。铁路霸主的地位一直延续到1940年，达到了铁路发展的鼎盛时期，此时的运营里程高达135.6万km（见表1-2）。

表1-2　　世界铁路运营里程

年份	1825	1840	1850	1860	1870	1913	1940	1955	1970	1985
营业里程（万km）	0.002	0.8	3.86	10.8	21.0	110	135.6	128	127	130

第三节　火车进入城市交通

表征一个社会文明程度的标志是城市化程度。欧洲的城市化开始于工业革命，大量失地的农民涌进了城市寻找工作，栖息求生。城市的膨胀，交通的拥堵，各种设施不能满足发展的需要，城市已不堪重负，必须用新的思维来解决问题。城市规模的大小依赖于城市交通的发展，仅有畜力拖动车辆的交通无法支撑城市的交通体系。5km定律说的是，只靠步行，人的日常活动局限于5km的范围内，当时欧洲城市的规模也就在这个范围内。而当时唯一可以依托的机械动力交通手段就是火车，火车登上历史舞台后主要用于工业原材料产地和工业城市之间、城市间的交通，以及大城市和周边小城镇之间的联系，火车站都建于当时城市的边缘。例如，巴黎北站、巴黎东站、里昂站等7个火车站大致勾画了巴黎的城市轮廓，而市内交通则还是空白，把火车引进城市交通以解决日益困难的城市交通

图 1-9　纽约的城市铁路

几成定局。

首先实现火车进入市区的城市是伦敦。一个半世纪前的 1863 年 1 月 10 日，伦敦开通了世界第一条城市铁路，由英国律师查尔斯·皮尔逊（Charles Pearson）鼓动并投资。这条地铁从帕丁顿（Paddington）到法灵顿（Farringdon），总长 6km。动力是向英国铁路公司租借的蒸汽机车，照搬铁路的设备、技术。皮尔逊因此被誉为“地铁之父”。由于线路建于地下，英国人称其为地下铁路（Underground Railway）。火车进入伦敦市区成功解决了路面交通的拥堵，立刻得到了其他大城市的竞相效仿。纽约曼哈顿岛引进了城市铁路（见图 1-9），有建于高架也有建于地下的，纽约人称其为地下铁路（Subway）。芝加哥 1782 年建起了环绕市中心摩天大厦的高架火车路（见图 1-10），芝加哥人称其为环路（Loop）。巴黎的火车进入城市较晚，此时进入城市的火车牵引动力已经改为电力，首先通车的巴黎城市铁路 6 号线和 13 号线，建于巴黎街道的下面，但是在当时世界博览会的主会场埃菲尔铁塔附近则建于高架之上，法国人把这种既建于地下又建于高架上的交通形式称之为大都市铁路（Metropolitain Railway，简称“Metro”）（见图 1-11）。

图 1-10　芝加哥 Loop 车辆进入市中心

图 1-11　巴黎 Metro 出入口

蒸汽机装在机车上牵引火车进入城市时，蒸汽机的空气污染、振动及噪声让人无法忍受，能否把蒸汽机安装在地面上，带动列车运行？在蒸汽机还占据统治地位的年代，北美大陆出现了一种城市钢缆车（Cable Car），在市区内建设蒸汽机动力站驱动钢缆运动，钢缆沿钢缆车线路通过的街道下铺设（见图 1-12），钢缆车上有控制手柄控制棘轮，棘轮卡在钢缆上车辆就前进，放松车辆就停止（见图 1-13）。在没有电车的年代，美国有许多城市修建了这种类型的轨道交通系统。这种系统虽然效率很低、机构复杂，但是没有污染，又解决了交通问题，特别在有坡道的道路上行驶自如，颇受公众欢迎，因此在有轨电车加入到城市交通队伍来之前存在了许多年。后来逐渐被淘汰，时至今日在旧金山渔人码

图 1-12　带动钢缆运动的蒸汽机动力站

图 1-13　钢缆车

头一带尚存一段超过 10km 的旅游线路。钢缆车外形酷似有轨电车，也是行驶在街道上，在美国也被称为“Tram”。

钢缆车行驶在轨道上，由蒸汽机提供动力、钢缆牵引，没有轮轨系统的牵引黏着力问题，可以爬很陡的坡道，香港于 1888 年建成启用维多利亚山顶缆车（Victoria Peak Tram），以蒸汽动力驱动，至 1926 年才改用电力牵引。缆车轨道全长逾 5000ft（1524m），爬高 1300ft（396.2m），平均斜度为 45°，最陡斜的坡道斜 80°（见图 1-14）。

图 1-14　香港山顶缆车

第四节　科技进步使交通面貌日新月异

一、有轨电车进入城市交通

当铁路网络遍布大地，火车满载原材料、工业产品和旅客穿山越岭，当上下班、购物的人乘坐在地铁列车代步的时候，追求创新的人类并没有满足于已经取得的成果而停滞不前，人们对自然的认识，对科学的孜求从来没有放松。

19 世纪之前，人类对电的认识极为有限。1820 年，丹麦物理学家奥斯特和法国物理学家安培发现了电流的磁效应。10 多年后，英国科学家法拉第等人又发现了电磁感应现象。在 19 世纪的前半叶，电磁学理论得到了巨大的发展。与此呼应，工程技术专家敏锐地意识到电力技术对人类生活的意义，纷纷投身于电力开发、传输和利用方面的研究，推出了一个前人从未想过的电气时代。

电是人类面临的一种前所未用的新型的能源。所谓电力革命是指，新兴的电能开始作为一种主要的能量形式支配着社会经济生活。电能的突出优点在于，它既是一种易于传输的工业动力，同时又是极为有效可靠的信息载体。

因此，电力革命主要体现在动力传输与信息传输两方面。与动力传输系统相关联，出现了大型发电机、高压输电网、各种各样的电动机（马达）和照明电灯。与信息传输相关联，出现了电报、电话和无线电通信。这些伟大的发明使人类的生活进入了一个更光明、更美好的电气时代。

从逻辑上讲，先得有发电机而后才有电动机，但从历史上看，最先出现的却是电动机，因为伏特电池已经提供了电能来源。不过，大型的实用的电动机与发电机，是在你追我赶、相互激励中不断研制和持续改进的。

电进入城市交通是在 19 世纪末叶。1881 年德国柏林工业博览会期间，展示了西门子发明的一列三辆编组的有轨电车（Tram），只能乘坐 6 人，在 400m 的跑道上演示。但这种有轨电车使用两根钢轨作为输电电极，很不安全，没有实用价值。世界上第一个投入商业运行的有轨电车系统出现于 1888 年美国弗吉尼亚州的里士满市，此时的有轨电车采用了架空电缆和受电弓供电（见图 1－15）。

图 1－15　美国 Pasaden 有轨电车

图 1－16　运营至今的香港双层有轨电车

有轨电车是一种行驶在道路路面上的有轨交通工具，投资省、见效快、乘坐方便，又可以观赏街景，有轨电车迅速在欧美各城市中蔓延。20 世纪 20 年代，美国曾经在 370 个城市中建有 25000km 有轨电车线路，成为当时城市公共交通的骨干，风光一时。有轨电车又称为街车（Street Car），一般是最多两节编组，载客量不大，很多线路与其他车辆共有路权，又受路口红绿灯的控制，运行速度很慢，正点率低，噪声大，加减速性能较差。随着汽车工业的迅速发展，西方国家私人汽车数量急骤增长，大量的汽车涌上街头，城市道路面积明显地不够用。20 世纪 50 年代开始，世界各国大城市都纷纷拆除有轨电车线路。

值得一提的是，虽然地铁发明 108 年后中国北京才有了国内第一条地铁，但在有轨电车诞生 20 年后的 1908 年，我国第一条有轨电车就在上海建成通车，1909 年大连市也建成了有轨电车，随后香港、北京、天津、沈阳、哈尔滨和长春等城市相继修建了有轨电车线路，1950 年，上海的有轨电车线路曾达到历史最高的 75km，在当时的城市公共交通中发挥了骨干作用。到 20 世纪 50 年代末，拆除有轨电车的风也波及中国，我国各大城市也把有轨电车线基本拆除，仅剩下大连、长春和香港（见图 1－16）等个别城市的线路没有拆，并一直保留至今，继续承担着正常的公共客运任务。

1890年12月18日，世界上第一条真正的电气化地铁线路诞生（见图1－17），此后建设的地铁都不再使用蒸汽机而采用电力牵引。

二、现代交通史上的第二次革命

随着时间推移，蒸汽机越来越暴露出它固有的缺陷：传统的蒸汽机完全通过外燃的方式将热量转化为机械能。热量主要在汽缸外流通，锅炉和烟囱几乎将大部分热量都散发出去了，因此蒸汽机的热效率非常之低。蒸汽机起动之前还需要一段时间的预热，使用起来很不方便，而且以煤作燃料的蒸汽机空气污染很严重。

图1－17　电力牵引地铁

外燃是提高动力机械热效率的固有障碍，因此很早就有人提出过内燃机的设想，理论上也作了很多探讨。但是内燃机的原理是气化燃料在气缸内燃烧、爆炸产生压力推动活塞运动，这需要解决制造高压容器的汽缸材料的耐压、耐高温；需要解决加工精密的活塞在气缸内运动自如；特别是要找到合适的燃料，等等。这些难题在蒸汽机出现的年代是很难解决的。

1860年，法国发明家雷诺首次造出了一台可以实用、用煤气作燃料、用电火花作点火装置的内燃机。1862年，法国工程师德罗夏总结卡诺的热机理论和内燃机的研制实践，提出了内燃机的四冲程循环理论。德罗夏的四冲程式理论，使内燃机的发展具有了坚实可靠的科学理论基础。1876年年底，德国工程师奥托造出了第一台以四冲程理论为依据的煤气内燃机。与此同时，19世纪中叶以来，燃料工业发生了一次巨大的变革。1854年，美国工程师西里曼成功地发明了石油的分馏方法，汽油、煤油和柴油等优质燃油投入应用。

1883年，德国发明家戴姆勒研制成功了第一台以汽油为燃料的内燃机。1892年，另一位德国工程师狄塞尔造出了一台用柴油作燃料的高压缩型自动点火内燃机。从此，柴油机这种马力大、体积小、重量轻和效率高的新式动力机逐渐取代了蒸汽机，成为工业上的主要动力机。

图1－18　1890年本茨的四轮汽车

1886年，戴姆勒将一辆四轮马车改装成真正的汽车。这是世界上第一辆现代意义上的汽车，它在平坦的公路上时速可达20km。1888年，英国发明家邓洛普发明了充气轮胎，解决了汽车的颠簸问题。此后，本茨又于1890年制成了四轮汽油内燃机汽车（见图1－18）。1892年，美国人福特也研制了美国第一部汽车。以后本茨与福特均成立了自己的汽车公司，成批量地生产，形成了一门新的工业部门——汽车工业。

福特发明了“流水线作业制”。汽车在流水

线上被装配出来。流水线作业制大大减少了装配时间，而且对工人的技能没有更高的要求，因而大大降低了生产成本。自 1913 年采用流水线以来，福特汽车的产量与日俱增，到 1915 年，福特汽车公司已经生产了 100 万辆汽车。福特的功绩使美国最早进入了汽车时代。内燃机的问世带动了陆路运输的另一场革命。

图 1－19　1903 年莱特兄弟的飞机

正像蒸汽机的发明及其实用化构成了第一次技术革命的主要内容一样，内燃机作为一种新的动力机械与电动机一起掀起第二次技术革命的高潮。

20 世纪为了服务于汽车和飞机的需要，内燃机一直在持续的改进和发展进程中。最初的 20 年中，转速提高到了 1000～1500r/min，为奥托机的 7～10 倍。

随着内燃机重量马力比的下降，人类飞上蓝天的千年梦想开始成真。1903 年，美国工程师莱特兄弟以一台 8 马力的汽油内燃机为引擎制造了一架飞机（见图 1－19），并成功的在天上停留了 59s，飞行了 37m。飞机使人类进入了航空运输时代。

大功率内燃机在轨道交通的应用主要是在大铁路的牵引机车上，地铁、有轨电车以及后来出现的轻轨等，城市轨道交通的牵引一直采用电力。

第五节　轨道交通的螺旋式发展

轨道交通主导世界陆上交通一个多世纪，却没有及时将新科技、新手段运用于轨道交通领域，铁路运输一度每况愈下，日薄西山，陷入了“夕阳产业”的窘境。随着现代汽车制造业的飞速发展和高速公路网的形成，激发了“自主交通”的热忱，占据了陆上短途运输的份额。

现代航空工业的发展，又抢占了本来属于铁路的中远距离运输市场。美国充当了拆除铁路的急先锋，曾有人提出，因铁路亏损需要拆除 11.7 万 km 铁路。英国交通部门也曾提出一份“英伦三岛铁路改造计划”，其中心内容就是要拆除全部铁路，改建为高速公路。

十分微妙的是，资本主义国家一方面在其国内大拆铁路，改修公路、赶造飞机，另一方面又在所属的殖民地和经济落后国家大修铁路。1930 年后，当时殖民地国家的铁路营业里程增加了 40％，欧洲地区只增加 19％，而美国却减少了 9000km。

私人汽车的发展使汽车的数量剧增，从而也使对土地的侵占加剧。每个小轿车乘客的占地面积是公共汽车乘客的 12 倍，铁路乘客的 20 倍。在美国，道路和停车场约占城市面积的 4/1。

汽车的大众化引发了一种新的消费模式，即超前消费和过度消费。但是，由汽车带来的空气污染已经引起了许多人的重视，它使得由汽车产生的快感和舒适大打折扣，这也是内燃机革命带来的最大的负面后果。燃油在汽缸内直接快速燃烧，生成了大量有毒物质，如氧化硫、氧化氮、苯丙烷、一氧化碳及其他碳氢化合物，特别是，为了提高汽油机的热效率，曾经一度在汽油中用四乙基铅作添加剂，使得废气的毒性更强。

按照日本的资料测算，完成同样的交通量，轨道交通占地仅为公路占地的 1/8；这就是说，一条复线铁路等于一条 16 车道的公路。每一单位运输量的能源消费量，轨道交通为公共汽车的 3/5，而仅为私人汽车的 1/6。

与汽车、飞机相比，轨道交通不一定采用石油制品作能源，可采用煤、核能、水电产生的二次能源——电。采用电力牵引的轨道交通在环保（噪声、废气、尘埃）方面更具竞争力。此外，与汽车、飞机相比，轨道交通的安全可靠也是公路、航空无法比拟的。日本新干线高速铁道运营以来已运送旅客 70 亿人次，无一人身伤亡事故。

以往的轨道交通无法和飞机的速度相比，但 1964 年日本东海道新干线的出现，改变了人们的看法，东海道新干线联系了东京和大阪，全长 515.4km，“光号”高速列车运营的最高时速为 210km，平均时速也达 160km，运行时间由刚开始的 3 小时 10 分缩短为现在的 2.5 小时。由于新干线的开通，维系两地的民航被迫关闭。法国 TGV 于 1989 年 12 月创造了 515.3km/h 的行车速度纪录，2007 年更创造了 547km/h 的世界纪录，究竟飞机快还是火车快的问题又重新被提了出来。继日本、法国之后，德国于 1986 年也开始了高速铁路的研究和建设。

铁路和城市地铁的诞生和发展已有 100 多年历史，但重视和大规模修建城市轨道交通系统则是在第二次世界大战结束以后。20 世纪下半叶以来，伴随着世界范围内的城市化进程，世界各国的城市区域逐渐扩大，城市经济日益发展，城市人口也逐渐上升。由于流动人口以及道路车辆的增加，城市交通量呈急骤增长的态势，机动车辆增长尤快，城市道路的相对有限性导致了交通阻塞、车速下降和事故频繁等一系列问题。行车难、乘车难，不仅成为市民工作和生活中的一个突出问题，而且制约着城市经济的发展。此外，道路上汽车排放废气、噪声等环境污染问题也愈来愈引起人们的重视。在这样的背景下，世界各国纷纷开始采用立体化的快速轨道交通来解决日益恶化的城市交通问题，大城市逐步形成了目前以地铁为主体、多种轨道交通类型并存的现代城市轨道交通新格局。

据有关资料统计，1863～1899 年，世界上有 7 个城市修建了地铁；1900～1949 年，又有 13 个城市修建了地铁。第二次世界大战后，地铁建设随着全世界经济起飞而启动、加快。20 世纪七八十年代是各国地铁建设的高峰期。发达国家的主要大城市，如纽约、华盛顿、芝加哥、伦敦、巴黎、柏林、东京和莫斯科等已基本完成了地铁网络的建设，但后起的中等发达国家和地区，特别是发展中国家地铁建设却方兴未艾。例如，亚洲共有 26 个城市建有地铁。除了东京与大阪在第二次世界大战前就建有地铁外，其余 24 个城市均是在战后建成的。伴随着各国城市化进程的快速发展，地铁发展极为迅速。据日本地下铁道协会统计，到 1999 年为止，全世界已有 115 个城市建成了地铁，线路总长度超过了 7000km。其中英国、美国、法国、德国、日本、西班牙以及俄罗斯等发达

表 1-3　战后中等发达国家和发展中国家地下铁道建设进程

年份	城市数目（个）	建成里程（km）
1950～1960	10	455.65
1961～1970	10	779.0
1971～1980	29	1634.8
1981～1990	29	978.2
1991～1999	17	415.3
总计	95	4262.95

国家所属20个城市在第二次世界大战前就开始了地铁建设，到1999年末，总里程达2840km左右，其中一半以上为战后建设的。全世界其余95个城市的地铁均为战后所建，总里程约为4200km。这就是说，全世界近7000km地铁中约有5600km是在战后建成的，占80%。战后建成地铁的95个城市，如表1-3所示（从建成第一条地铁至1999年通车的总里程）。

高速铁路、城市地铁、轻轨、有轨电车及自动导轨系统等在交通领域的成就和作用，使得轨道交通重新又引起了人们的关注。

回顾20世纪城市交通的发展历程，不难看出它有一个否定之否定的发展过程：有轨电车从大发展到大拆除；汽车登上历史舞台，逐渐成了城市交通的主角；到20世纪末，以地铁和轻轨为代表的城市轨道交通又逐渐开始恢复了它的主导地位，这是一个螺旋式的上升过程。

第六节　中国的轨道交通

一、旧中国的轨道交通

以造纸术、火药、指南针和活字印刷四大发明为代表的中国古代文明曾傲首屹立于世界先进之林，却没有跟上近代文明的脚步，置身于欣欣向荣的世界科学技术发展之外。有关铁路的信息和知识开始传入中国，大约是在1840年鸦片战争前后。当时中国的爱国有识之士如林则徐、魏源和徐继畬等人先后著书立说，介绍铁路知识。满朝高级官员中仅有左宗棠、李鸿章等个别人主动提出修路。沉湎于“泱泱中央帝国”的满清皇帝接受来自西方世界使臣的膜拜，却拒不接受外部世界的新思维、新事物，闭关自守的清政府视铁路如“洪水猛兽”。

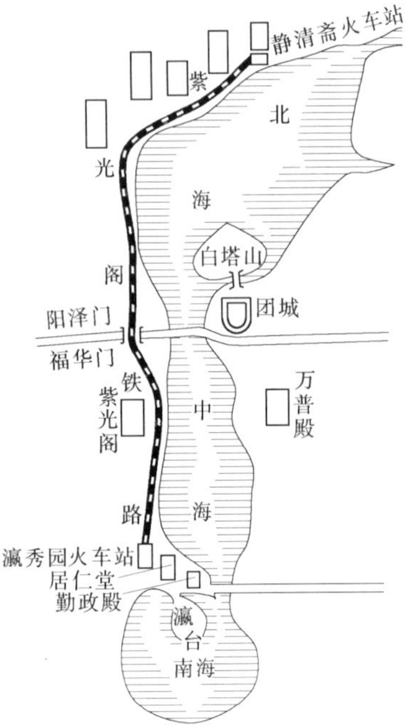

图1-20　西苑铁路

中国首条铁路——吴淞铁路。英商怡和洋行在上海瞒着上海道台以修建“寻常马路”为名，擅自修建了吴淞铁路。吴淞铁路全长14.5km，单线，轨距0.762m，钢轨每米重13kg，机车自重15t，牵引小型客货车，时速为24～32km。迫于来自保守派和民间的压力，清政府出银28.5万两，买下吴淞铁路，并拆除后运往台湾高雄。

中国自建并保存下来的第一条铁路——唐胥铁路。1881年6月开始铺轨，年末竣工。1882年初，唐胥铁路启用时，用骡马牵引车辆，时人戏称为“马车铁道”。唐胥铁路长9.2km，轨重每米重15kg。线路虽短，却是中国自建并保存下来的第一条铁路。

中国的第一条宫廷客运铁路——西苑铁路（见图1-20）。这是李鸿章为了说服慈禧同意开禁建造铁路而专门为她修建的，从德国进口了机车和豪华客车。1888年开始兴建，第二年竣工，从紫光阁的车库出发，一路北进，穿过福华门，离开中南海进入阳泽门后，沿北海西岸向北，到达极乐世界后转向东，到镜清斋前的码头即到达终点。包括岔道在内全长约 2330m。

谈到中国的轨道交通就不能不提中国铁路技术专家詹天佑。詹天佑 12 岁便离开中国来到美国东部康涅狄格州的纽哈文城留学，17 岁进入耶鲁大学雪菲尔科学学院专攻铁路。1904 年詹天佑被指派负责京张铁路的建造工程。辛亥革命期间，孙中山邀约詹天佑协助他制订修建 10 万 mile（16 万 km）大铁路的规划。詹天佑为官一生，不仅在工程技术上创造出辉煌业绩，而且在道德上也以忠贞爱国、刚正不阿为后世垂范。詹天佑逝世后，交通部在京绥铁路八达岭附近为詹天佑建立铜像、颁给碑文，"贞石磨崖，刊垂不朽，以案往哲，而励将来"（见图 1－21）。

图 1－21 詹天佑铜像

图 1－22 孙中山题

1909 年 9 月 24 日通车的京张铁路连接北京和张家口。京张铁路穿越燕山山脉，沿途地势陡峭，地形险要，施工艰难。这是中国第一条不借助外国，完全由中国工程人员自建的铁路。

1876～1912 年 36 年间，中国共修筑铁路 9968.5km。此时中国的铁路技术落后，采用的制式混杂，仅铁路轨距就有五种之多，有 1.435m 的标准距、1.524m 的宽轨，以及 0.762m、1m 和 1.067m 的三种窄轨。

孙中山辞去临时大总统职后，表示要"舍政事，专心致志于铁路之建设"，他认为，"凡立国铁路愈多，其国必强而富"。1918 年孙中山提出大铁路计划，其总体目标是使中国成为具有 10 万 mile（16 万 km）铁路的现代强国。孙中山大铁路计划的问世表明，中国人对铁路的认识发生了巨大的变化（见图 1－22）。他的《实业计划》是中国铁路建筑史上一个划时代的标志。

新中国成立前夕，旧中国铁路总里程为 21949km，各大城市都没有建设地铁，而城市有轨电车几乎与世界同步发展，上海、香港、北京、天津、沈阳、大连和哈尔滨等城市都建有有轨电车线路。

二、1949 年后的中国轨道交通

新中国成立后的 50 余年中，中国的铁路建设得到了发展，到 2006 年为止铁路线路已经达到 7 万 km，在东北、华北、西北、华东及华南的铁路网形成后，火车开进了世界屋

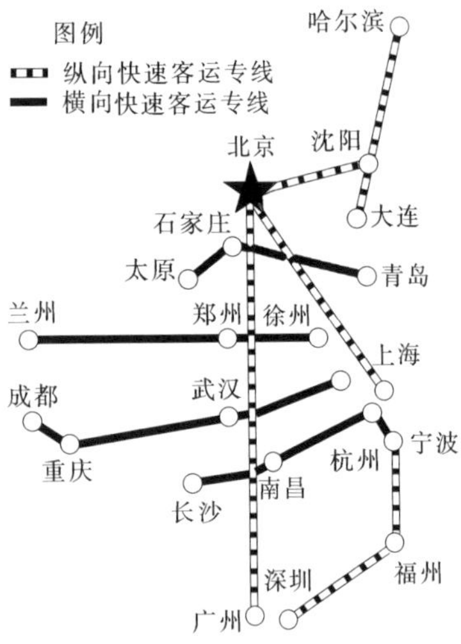

图 1－23　2020 年全国客运专线网

脊西藏。牵引动力由蒸汽机到内燃机，现在正迈向电力牵引。铁路设备已国产化，并向国外输出技术和设备。

1997 年、1998 年、2000 年、2001 年、2004 年和 2007 年，中国铁路进行了 6 次大提速，几乎涉及所有的铁路干线，提速包括客车和货车。提速网络总里程超过 16500km，其中时速 160km 及以上提速线路超过 7700km。2007 年初开始的第 6 次铁路提速将北京到上海的客车旅行时间进一步缩短为少于 10 小时。

国家制定了《中长期铁路网规划》，到 2020 年，全国铁路营业里程将达到 10 万 km，主要繁忙干线实现客货分线，建成 1.2 万 km 四纵四横的快速客运专线网（见图 1－23），复线率和电化率均达到 50%，运输能力满足国民经济和社会发展需要，主要技术装备达到或接近国际先进水平。

我国城市轨道交通的发展一波三折，由于各种原因，1949 年后的许多年，中国实际上还是处于闭关的状态，对世界城市的发展、城市交通的发展不了解，规划设计的观念陈旧，城市轨道交通一直不能真正在城市交通中发挥应有的作用。

改革开放后的中国城市开始悟到轨道交通系统的作用后，39 个城市向国务院提出了建设地铁的要求。我国已开通城市轨道交通运营的城市有北京、香港、天津、上海、广州、深圳、重庆、武汉和大连等 9 个城市。特别是北京和上海，藉举办奥运会和世博会的契机，将在 2008 年和 2010 年前分别初步建成数百千米的轨道交通网络，将城市交通的水平提高到发达国家城市的水平，为城市持续发展提供坚实的基础设施保证。

北京 1969 年第一条地铁线建成通车（见图 1－24），是我国最先开通地铁的城市。迄今为止共有 4 条线：

• 1 号线：北京火车站—苹果园，全长 23.6km，1969 年通车；

• 2 号线：北京环线，全长 19.9km，1984 年通车；

• 3 号线：复兴门—八王坟，全长 13.5km，2000 年通车（后又开通八王坟到通州的八通线）；

• 城市铁路：东直门—西直门，全长 40km，2002 年通车。

图 1－24　国产的北京地铁车

20 世纪 80 年代，天津地铁 1 号线利用人防设施，借鉴北京地铁模式建成通车，全长 7.4km，日客运量 3 万人次。2001 年该线停止运营，与新建设的 1 号线建设同期进行改造。新建的天津地铁 1 号线，全长 26.188km，2005 年 12 月建成通车。

上海地铁迄今为止共有 5 条线投入运行（见图 1－25）：

• 1 号线：火车站—莘庄，全长 21km，1995 年通车；

• 2 号线：中山公园站—张江高科技园区，全长 19km，2000 年通车；

• 3 号线：明珠线，全长 25km，2000 年底通车；
• 4 号线：明珠线二期，大部分区段 2006 年通车；
• 5 号线：莘闵线，全长 15km，2003 年通车。

广州地铁现有运营线路全长 36.78km（见图 1－26），1 号线于 1999 年建成通车，全长 18.5km，日均客运量达 24.68 万人次；2 号线于 2003 年通车，日均客运量达 14.53 万人次。

南京已通车的南京地铁 1 号线，即南北线，全长 24.8km；在建的南京地铁 2 号线，即东西线，长约 25km，主城区内长约 17.3km（见图 1－27）。

深圳地铁一期工程于 2004 年 12 月 28 日正式开通试运营，全长 21.866km（见图 1－28）。

武汉轻轨 1 号线一期工程于 2004 年 7 月 28 日试运营，线路利用原京广铁路横穿整个汉口城区东西方向的高架线路段，全长 10km，建有 10 座车站（见图 1－29）。

重庆是山城，线路纵断面坡度很大，采用了橡胶轮独轨形式的轻轨（见图 1－30）。第一条校新线全长 17.54km，设有 17 个车站。

大连是我国少数没有拆除有轨电车的城市，大连轻轨就是对原有轨电车进行技术改造后的产物（见图 1－31）。

图 1－25　上海地铁 3 号线

图 1－26　广州地铁车站屏蔽门

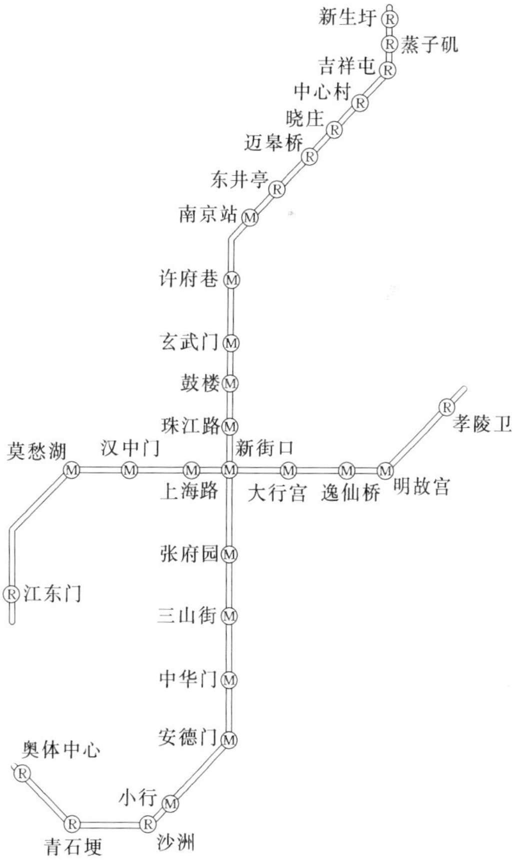

图 1－27　南京地铁

图 1－28 深圳地铁出入口

图 1－29 武汉轻轨车

图 1－30 重庆独轨列车

图 1－31 大连轻轨

第七节 对轨道交通的再认识

人类现代交通的革命始于轨道交通。100 多年过去了，人类的追求一刻没有放松，人类前进的脚步也从来没有停滞。人类的交通发生了翻天覆地的变化，上天入地、时行千里已不是凡尔纳小说中的童话。从这个意义来说，轨道交通不是新生事物，也不是城市现代化的体现。正因为轨道交通车辆必须在轨道上运行，无法满足人类发展“从门到门”交通的需要，所以当新的交通手段出现以后，轨道交通曾一度被冷落、被遗弃，特别在经济发达、人口密度较小的国家，如美国。轨道交通再也没有可能回到“主宰”陆上交通的历史辉煌。

当然，毋庸置疑，轨道交通绝不是人类交通发展历史进程中的“过客”，轨道交通的构想是科学的，由于它自身的特点——特别是轨道交通车辆必须在轨道运行而独享路权，它尽可在这方面大做文章，发展重载、大运量、高速，轨道交通至今依然在运输业中占有重要的一席之地。但是，交通毕竟只是人与物流动的手段。选择什么交通手段和形式，归根结底取决于交通工具的进化和社会实际的需要。而且，最终还要根据城市自身的经济条件来决定。

思　考　题

1. 举例说明交通对人类文明前进的作用。
2. 为什么船的出现要早于车？
3. 为什么要采用轨道来运送重物？
4. 第一次人类交通革命的内容是什么？
5. 第二次人类交通革命的内容是什么？
6. 轨道交通的螺旋式发展说明了什么？
7. 试述我国的城市轨道交通发展现状。

第二章　轨道交通的类型与形式

轨道交通是作为大运量、快速公共交通工具进入城市的。城市轨道交通只是城市交通体系中的一个重要组成部分，从它的输送功能和运行区域来看，则可以划分为“市郊铁路”、“城市轨道交通系统”和“小区域轨道输送系统”等三个类型。从单列运量来看，则“市郊铁路”最大，“小区域轨道输送系统”最小。

最初，轨道交通只是连接大中型城市、矿山、工业基地的客货共线的轨道交通线路。起终点都只到城市边缘，甚至距城市中心还有数十公里远的距离。随着城市化进程的不断发展，大城市周边建设卫星城的发展模式逐渐形成，原有的单一的城际轨道交通形式已不能满足大城市的发展模式，在美国、法国、英国和日本等交通发达国家，就逐步形成了城市中心区域和卫星城之间的郊区铁路，成为城际铁路与城市交通系统接驳的城郊轨道交通系统。城郊轨道交通系统虽然解决了卫星城、城市郊区到城市中心的交通问题，但尚不能一一到达城市所有的政治、经济和文化娱乐区域。特别是城市扩大到了一定规模之后，从机场到市中心，城郊铁路终点到文化娱乐区、观光旅游区，不仅运距大，而且客流量也非常可观。一般的公共汽车由于没有专用道路，难以解决大客流量与快速输送需求之间的矛盾。而从城郊到城市中心区的客流情况，又像人体的血液输送系统一样，由疏而密、由分散到集中。日本京都大学工学部交通土木工学教授天野光三曾撰文以人体的“血液循环”比拟都市中的“人车流动”现象：晨间，通勤的人们从各自家门步行到附近的公共汽车站，经由公共汽车系统输送到通勤铁路的车站，会合其他乘客搭上开往都市中心地区的市郊列车，列车沿途靠站载客，越靠近都市中心，乘客量越大。道路系统也呈现相同的情形。车流拥挤程度，自巷道至主要干道逐级增加。这种现象实际上与人体的血液循环相似。观察人体血液循环系统的组成，由“微血管”汇接“小血管”，依次汇接“中血管”、“大血管”到达心脏，越靠近心脏，血管越大，血流量也越多，与都市运输体系几乎是一样的。天野教授认为，人体要保持健康，就要使体内无数血管网群的流动维持一种平衡状态，同样的，都市交通也必须在均衡运行的状态下才能畅通。

现代城市车满为患、交通拥堵的现实，催生了城市轨道交通系统。许多国家的交通实践表明，仅有私人汽车、公共汽车，还不能解决城市交通拥堵的问题。唯一有效的方法，就是建立以大运量和公交化的轨道交通网络为骨干、公共汽车网络为配套输送系统的公共交通网络体系。加上科学合理的交通管理制度，才能最大限度地发掘城市道路的通行潜力。此外，在大型机场、大型旅游区、天然动物园等客流大、行程目标集中的一些区域，又形成了小区域快捷输送系统。这样，根据轨道交通系统功能、运量的不同，城市轨道交通就产生了城郊铁路、城市地铁、轻轨、自动化快速运输系统等形式多样的轨道交通体系。

城市轨道交通经过一个多世纪的发展，特别是经历了第三次、第四次工业革命的洗礼，城市轨道交通车辆经历了从蒸汽机车到电力机车，再从普通电力机车到直线电力机车，从单机牵引到动车组运行的一系列巨大变革；从钢轮钢轨发展到胶轮独轨，从轮轨接触走行模式发展到磁浮高速走行模式。城市轨道交通的车辆和轮轨也因长足的技术进步而出现了多种类型和丰富的形式。

第一节　市　郊　铁　路

一、城市扩大的必然选择

轨道交通是作为大运量、快速公共交通工具进入城市的。随着城市规模的不断扩大，居住区与商业区的逐渐分离，以及大城市—卫星城建设格局的形成，单一的城际轨道交通已不能满足快速增长的城市交通客流的需求，在美国、法国、英国和日本等交通发达国家，就逐步形成了城市郊区铁路，成为城际铁路与城市交通系统接驳的轨道交通系统。

例如法国巴黎，共有 6 个车站（Gare de l'Est、Gare du Nord、Gare de Lyon、Gare de St. Lazare、Gare Montparnasse 和 Gare d'Austerliz），这些车站建设当初位于城市边缘，而目前已是地地道道的“Downtown”。大巴黎区内各市镇或居民点的市民乘市郊铁

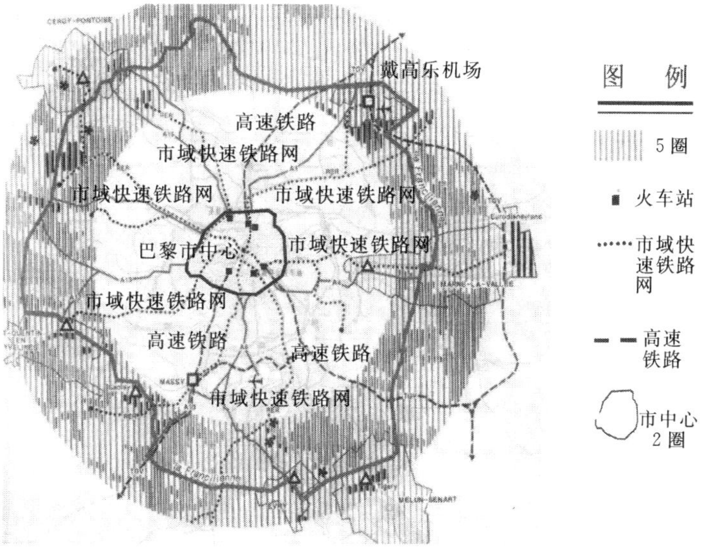

图 2－1　巴黎市郊铁路、高速铁路、市域快速铁路网
（市中心为 2 圈，市郊铁路可达处为 5 圈）

路到巴黎的这 6 个车站，这些站也是巴黎城市地铁网中重要的换乘站（见图 2－1）。高速铁路（TGV）也直接进入这些车站。法国国铁（SNCF）所属的铁路网均纳入巴黎市郊铁路网。市郊铁路一般站距较长、时间间隔较大。由市郊铁路联系的巴黎和其他较重要城镇之间的市郊铁路线路，有的已升级为市域快速铁路网（RER）。

国外的大城市，规模扩大了以后，新旧市镇与 Downtown 之间的联系，很多就将以

前铁路大发展时代留下来的铁路用作市郊铁路，如旧金山、洛杉矶和芝加哥等城市。

我国的城市建设在以往很长的一段历史时期内，处于以集聚为主的城市化发展阶段。城市建设大都把注意力集中在缓解中心城区交通繁忙的事务里。近几年来，城市经济的快速发展，已经导致中心城区人满为患，交通拥堵难以排解。例如，上海市政协 2005 年提交的《上海重大建设对人口布局的影响及其对策研究调研报告》指出，上海内环线以内的常住人口密度为每平方公里 3.39 万人，外环线以外为每平方公里 0.14 万人，两者差距高达 24 倍。这一比例即便是在世界工业高度发达的国家也属少见（相关统计资料显示，纽约的中心区人口密度仅为外围的 2.4 倍，巴黎为 2 倍，东京为 0.5 倍）。上海的这种人口分布格局，给中心城区的基础设施、各种资源供应和防灾减灾带来了巨大压力，也加大了城市安全的风险。上海市政府为了逐渐解决城市人口分布失衡的问题，采取了“推进中心城区人口向外疏解，通过郊区城镇建设、园区建设，吸纳中心城区居民在中心城区以外地区就业、定居，以及通过轨道交通、快速通道加强郊区与中心城区的连接”等措施。2000～2005 年，上海市内环线以内的核心区常住人口数量共减少 17.21 万人，增长率为 −14.2%；中心城区其他各区人口净增 17.56 万人，增长率 2.16%；近郊区常住人口增长 82.06 万人，增长率为 26.17%。把大批城市中心区人口迁移到城郊甚至远郊乡镇，加速了郊区农村的城市化进程。而这数万甚至数十万城郊居民中的在职人员，其工作岗位却仍然在中心城区。还有少数人为避开中心城区的嘈杂喧闹，将住房迁到了城郊。这样，就出现了居住区与工作区远距离分开的状况。像北京、上海和广州等特大城市以及重庆、天津、武汉和南京等大城市都逐渐形成了居住区与商业经济区远距离分离的状态。成千上万的上班族在相对固定的时间段内集中上下班。这种每日固定时间、固定方向上的人流日益增多并过于集中时，就会形成通勤高峰，给市郊交通带来巨大的压力。这样，市郊居民向市中心通勤出行的交通问题便日益突现出来。仅仅依靠私人汽车和区间巴士专线，已经不能解决这个问题。而轨道交通系统具有运量大、占地少、不受其他道路交通干扰因而快速准时的优势，这样，规划并建设市郊轨道交通系统就成了这些城市必然的选择。

但是，由于我国铁路建设比较落后，各大城市干线铁路直接进城的格局及其近乎饱和的运量，使得市郊铁路面临举步维艰的窘境。最实际的做法是将城市轨道交通中的干线，向客流明显增大的郊区延伸，再在适当的近郊部位设置环行城市轨道交通换乘点，总体形成“纵横贯通、环行联络、四通八达”的城市轨道交通格局。例如北京、上海等特大城市，都采用了这样的建设思路。用这样的方法来弥补市郊铁路的空缺，是目前行之有效而又节省投资的良策。

二、市郊铁路的技术特征

市郊铁路的技术特征是由市郊居民通勤出行的客流特征和接驳城际客货运的运量决定的。发达国家大城市的市郊铁路多数是利用铁路大发展时期遗留下来的旧有铁路，开行城市郊区客车，成为市郊铁路；也有将原有的市镇间的旧铁路，发展成大城市的市郊铁路。我国轨道交通建设起步较晚，规模不大，现有的客货共线的“大铁路”也仅仅超过 4 万 km，高速客运专线才刚刚开始建设。因此，市郊铁路的建设只能算是刚进入探索阶段。但市郊铁路的地域特征和客流特征与“大铁路”和城市轨道交通系统是有明显差异的，如

表 2－1 所示。

表 2－1　　市郊铁路、城市轨道交通系统和铁路干线的技术特征比较表

线路种类		线路性质	服务范围	列车编组	站间距（km）	平均时速（km）	发车间隔
城市轨道交通 地铁/轻轨		客运专线	城市区域内	4 或 6	0.6～1.0	30～45	短
市郊轨道交通		客运专线 客货共线	中、短途 市域范围	6 或 8	2.2～3.9	45～55	高峰时短 平时较长
干线铁路	传统铁路	客货共线	全国范围	客运：14～20 货运：35～50	8～20	客运：120～160 货运：50～80	长
	高速铁路	客运专线	中、长、超长途 大、中城市间	10 左右	25～50	200～320	长
	城际铁路	客运专线	中、长途 大、中城市间	8～14	5～20	80～100	长

注　表中市郊轨道交通的技术参数取自法国巴黎市郊铁路。

由于市郊铁路的地域位置，决定了它的客流特征是上下班高峰时段客流大而集中，其余时段客流相对较小。从运输经济学角度看，仅就解决市郊客流问题而建设市郊铁路是不符合运输经济效益原则的，这就需要从市郊铁路的综合经济效益来考虑。因此，如果客运高峰时段增加客运列车发送数量，而其余时段则可以适当减少客运列车，增开货运列车（假如有足够的货运数量的话），这样就可以达到客货运密度相对均衡。对于铁路建设已经非常发达的美国、英国、法国和日本等国家来说，这些国家在大城市郊区已经有铁路线存在，所谓市郊铁路，无非是编组一定数量的市郊列车来运营，就能发挥市郊铁路的作用；或者修建、扩建部分市郊铁路车站，以满足旅客换乘的需要即可。我国城市轨道交通系统还在起步规划阶段，其建设方案有以下三种：

（1）利用和改造城际铁路经过的市郊乡镇车站，增开市郊列车来缓解市郊客流。这个方案最节省。但目前城际铁路的运能已趋于饱和，再增开市郊短途客运列车的运行空间很小。

（2）新建市郊铁路。这个方案虽然看起来不错，但线路及市郊换乘车站的建设都需要大量资金投入。目前城市的市政建设经费，承担市内轨道交通建设已经不堪重负，更难以承担巨大的市郊铁路的建设经费。

（3）将市内轨道交通延伸到市郊。这个方案基建费用相对较小，而且可以分阶段陆续建设。从经济角度来看，比较可行。例如，上海市地铁的 4 条市域快速线路（R1、R2、R3、R4），主要在全市范围提供快速的交通服务，连接郊区新城、中心镇等重要地区，连接重要的对外交通枢纽（空港、海港和铁路客站等），构成全市范围的快速交通骨架。然后，又通过环行地铁线路以及轨道交通网络的换乘点形成在全市畅通的轨道交通体系。

结合我国国情来考虑，第三个方案显然是比较合理和现实的。

第二节 城市轨道交通形式

一、城市轨道交通的一般类型

（一）地铁和轻轨

轨道交通进入城市源于19世纪中期。工业革命的发展带来的农村人口向城市转移。城市规模膨胀、扩大，亟待解决公共交通问题。在当时的社会历史背景下，蒸汽机车进入市区几乎是作为先进公共交通的标志而受到了广大市民的认可和欢迎。特别是在工业革命发源地的英国，1863年，伦敦出现了第一条蒸汽机车牵引的地铁线路（见图2-2、图2-3）。尽管空气污染严重，乘坐并不舒服，但世界各主要工业化国家的大城市都竞相效仿，并掀起了修建地铁的高潮。

图2-2 伦敦最早的地下铁道与机车

图2-3 英国最早的地铁车辆以及乘客

这些城市内的铁路线网大都在100年前规划、设计和建造，都享有独立的路权，都是建于客流集中的客运走廊。它们奠定了城市轨道交通的基本格局。在100多年的时间里，随着一次又一次的工业技术革命，城市轨道交通从轨道技术到车辆技术、从通信信号技术到运行调度技术，都发生了重大的历史性变革。地铁的快速、便捷、大运量和现代化的特性已经成为现代化城市的重要标志之一。现代地铁作为城市轨道交通系统的骨干线路，是客运流量最大的轨道交通形式，其客流量达到3万～8万人次/h。

地铁最初由于伦敦的地面路权问题，只能在地下修建和运行。后来，由于地面以下修建铁道线路与地下建筑，费用非常昂贵。于是考虑在地面用地不太紧张而又可以封闭的路段，就在地面修建；在地面道路共用的路段又不能在地面封闭的路段，则采用高架的形式。但无论何种形式，轨道线路始终享有独立的路权。其行驶过程只接受轨道交通运营管理系统的指挥与管理，不受其他交通形式的干扰和影响。这样，地铁作为大运量轨道交通系统，不仅在地下修建和运行，也可以在地面或高架工程上运行，但地铁的走行模式始终是传统的钢轮双轨系统。

所谓轻轨，最初是指“轻型轨道交通系统”。国外把城市有轨电车也纳入“轻型轨道交通系统”。其实，地铁、轻轨与有轨电车的区别还是很大的（下述）。我国所谓的

“轻型轨道交通系统”的道床、轨道结构、运行车辆和运行管理系统与地铁基本相同，而且也有独立的路权。与地铁不同之处在于，由于客运量比地铁小，因而列车编组车辆少、运营线路短、行驶速度慢、行车间隔略长，其运行管理模式有所不同。因此，地铁与轻轨的主要区别也是最基本的区别就是运量不同。在我国的规范中，每小时客运量3万～8万人次的轨道交通系统，称为地铁；每小时客运量1万～3万人次的轨道交通系统，称为轻轨，而且轻轨的走行形式可以是钢轮钢轨的双轨也可以是胶轮独轨。

（二）有轨电车

有轨电车与地铁、轻轨的区别比较大，其最主要的区别是不享有独立的路权，钢轨面与地面持平，与地面其他车辆是共同使用同样的道路、与横向道路也是平面交叉。因此，除了在轨道上行驶这一特点外，有轨电车更类似于一般的公共交通车辆。

有轨电车是城市轨道交通工具中有着悠久历史的轨道交通形式。世界上第一辆有轨电车于1881年诞生于柏林，这辆原始的有轨电车只能载24名乘客，车厢是敞开的，它在设于道路的轨道上行驶，轨顶面和路面相平，不享有独立的路权，速度不到19km/h，电动机的功率仅4.5马力（约3.3kW），电流是通过轨道输送到电动机的，两条轨道形成电流的回路。到1883年，开始采用架空线来输送电流，再通过轨道形成电力回路，车辆也做了许多改进。有轨电车作为公共交通工具，逐渐为大众所接受，很快得到广泛应用，并在20世纪初期已经成为城市公共交通的主要方式。以美国为例，1912年美国拥有2.5万人口以上的376个城市中，有370个城市采用有轨电车作为城市公共交通工具，有轨电车的数量最多时达到8万多辆，线路总长度达到25000km。

有轨电车诞生不久，很快便传到中国。1895年，在上海的英国人开始筹划在英租界建造有轨电车线路。1908年3月5日，上海第一条有轨电车路线正式通车营业，线路长6km。此后不断扩展，到1959年，上海的有轨电车多达360辆，线路总长度为72.4km（见图2-4）。我国一些重要的沿海城市也相继建造了有轨电车。到了20世纪50年代，随着汽车工业的蓬勃发展，城市公共交通开始向汽车转化。一方面，越来越多的人拥有私人汽车，使私人交通的比重不断增加，公共交通的比重相应下降；另一方面，有轨电车的噪声太大、舒适性差、技术落后，许多城市的有轨电车遭到废弃。伦敦、纽约等大城市先后在50年代和60年代完全取消了有轨电车。

图2-4　上海南京路上的有轨电车

然而，有轨电车在另一些国家仍受到重视。前苏联和东欧国家的有轨电车客运比重虽有所下降，但绝对数量仍有所增加。西欧的一些国家如德国、瑞士等，有轨电车在城市公共交通中仍保持了一定的地位。我国一些城市的有轨电车大多来自国外，这些电车不能满足形势的要求，受国外潮流的影响，也随之而萎缩。1975年，上海拆除了最后一条有轨电车路线。不过，我国东北几个城市仍保留着有轨电车，但在城市公共交通中所占的比重则已降到了最低的水平。

有轨电车在街道上消失以后不久，人们便发现，这些腾出来的道路空间很快便被汽车挤占。私人汽车的迅猛发展，造成城市道路交通日趋阻塞，城市的空气污染日益严重，给城市的生活质量和经济发展带来了极其严重的不良后果，促使人们不得不重新研究城市的交通政策。人们重新认识到：轨道交通的运能大而占用道路面积小，是解决交通拥堵问题的有效交通手段，由于采用电力驱动而不排放有害气体，特别有利于改善城市的大气环境。那些保留有轨电车的城市，积极采用先进技术来改造老式的有轨电车，以适应现代城市的要求。有轨电车也被纳入城市轨道交通的范畴。

（三）缆车

1. 轨道式缆车

轨道式缆车（Cable Car）是以电能为动力（最早的城市轨道式缆车是以蒸汽为动力的），用钢缆绳牵引车辆在轨道上运动。现有的城市轨道缆车，采用绞车牵引系统来运送坡道上的乘客。牵引的车辆一般有两三节（也有单节的），视牵引力的需求和绞车功率的大小而定。随着电气技术的发展，特别是电力能源的广泛运用，轨道式缆车即普遍以电能作为牵引动力。牵引列车的钢缆也有较大的改进。轨道式缆车的牵引钢缆设置在两条钢轨的中间（见图 2－5）。牵引系统通过滑轮组转换方向。由于滑轮组会损失牵引能量，因此轨道式缆车的道路很少拐弯，要拐弯也尽量以小偏角拐弯以节省能量。有时，载客超量，上坡时，牵引力不足，就要一部分人下车来推（见图 2－6）。由于动力、运能方面的弱点，轨道式缆车目前仅在少数城市中使用。

图 2－5　牵引钢缆在钢轨的中间

图 2－6　牵引力不足就下车来推

1888 年，英国人在香港建成启用的山顶缆车，是香港最古老的机动交通工具。缆车总站原址为花园道 33 号。后于 20 世纪 80 年代初拆除，迁往现址圣约翰大厦。缆车轨道全长超过 5000ft（1524m），海拔高达 1300ft（396m），平均斜度为 45°，最陡峭的坡道倾斜达 80°。缆车最初以蒸汽推动，至 1926 年改用电动引擎，以一条长 5000ft（1524m）的电缆同时拉动两辆缆车，分别上下山顶。1989 年，缆车系统更趋电脑化，载客量由 32 人增至 120 人，车程约需 15min（见图 2－7）。

图 2－7　香港的山顶轨道缆车

重庆是我国著名的“山城”，城市建在山坡上。朝天门码头坡高且长，从码头至坡顶，要登数百级台阶。为方便行人、游客，重庆市政府于1984年修建了客运缆车（见图2-8），便于旅客和小件物品转驳到码头其他的公共交通系统，成为客运码头重要的高效公共交通工具。每车乘客100余人（见图2-9）。

图2-8 重庆朝天门客运缆车

图2-9 匹茨堡陡倾轨道上的水平缆车

有些城市山坡比较陡峭，缆车会倾斜得很厉害。为了确保旅客的安全，也为了提高缆车乘坐的舒适性，就将车辆后面用钢结构支撑起来，使缆车在坡道上行驶时，车身能保持水平（见图2-10）。

2. 钢索悬挂式缆车

钢索悬挂式缆车作为城市快速载客工具，起源于矿井运输和采石场运料车。第一条载客悬挂式缆车于1976年启用，往返于纽约的曼哈顿至罗斯福岛之间（见图2-10），全长1.2 km，单程运量1500人/h。钢索悬挂式缆车的功能主要是方便旅客上下山坡，减轻旅客的体力消耗和避免陡坡攀登的危险。此外，在旅游城市内，为快速输送旅客抵达旅游景点，避免游客过于集中而阻塞城区交通，则运用悬挂式钢索缆车绕开繁华街道将旅客快速送往旅游景点。有些旅游区，由于地势起伏大、局部山坡陡峭，不宜铺设轨道，于是就采用悬挂式缆车（例如瑞士的滑雪场）。用坚固的支架将钢索悬挂于空中，避开陡峻的局部地形，缆车以特制的挂钩将车厢悬挂于钢索上，由牵引钢缆把车厢牵引到各个站台。有人将这种缆车称为“索道”。我国已经有专业的“索道公司”，专门生产山地用的索道缆车。

图2-10 曼哈顿至罗斯福岛的缆车

二、城市独轨交通系统

城市独轨（Monorail）交通系统仍属于轮轨运行模式，但与传统的钢轮钢轨、双轨线路有了很大的区别，它占用的空间比传统的双轨线路要小。独轨交通系统的车辆不仅可以在轨道上面行走，也可以采取悬挂的形式，在轨道下面行走。这就为在道路局促、建筑密集、地物复杂而难以修建传统轨道交通地段，提供了又一种轨道交通形式。

（一）独轨交通系统的发展历史

就技术上的定义而言，独轨交通系统是指以单一轨道来支承或悬挂车厢并提供导向作用而运行的轨道交通系统。根据现有的纪录，英国人亨利·帕尔默（Henry Palmer）在1821年即开始发展独轨系统，并取得英国第461号发明专利权。

1824 年，帕尔默在伦敦码头区布设独轨系统轨道用以运载货物，号称世界上第一个独轨系统。当时的轨道梁是以木料制成，将车厢跨坐在木轨上并以马匹拉动。随后在 1826 年，帕尔默又渡海到德国展示他发明的系统模型，鼓吹兴建独轨系统借以运输伍珀塔尔（Wuppertal）地区 Bamenn 及 Elberfel 两地间的煤。虽然他的愿望没有实现，但该次展示促成了日后在伍珀塔尔兴建连接上述两地闻名世界的悬挂式独轨快速运输系统。

1888 年法国人夏尔·拉蒂格（Charles Lartigue）在爱尔兰建造了一条 15km 客货两用的跨座式独轨系统，以由两个汽锅连接组成的蒸汽机车带动，是世界上第一个动力式独轨系统。该系统平均运行速度 28km/h，最高速度可达 43km/h，运营了将近 36 年，至 1924 年停业。

1893 年，德国人欧根·朗根（Eugen Langen）开始研究发展悬挂式的独轨系统，并于 1901 年 3 月在伍珀塔尔市沿着贯穿市区的河谷，搭建钢架吊悬车厢并利用电力驱动方式，完成 13.3km 长的城市公共交通系统，称为 Langen 式或 Wuppertal 式独轨系统（见图 2－11）。该系统运营至今无任何伤亡记录，被列为世界高效率运输系统之一。

图 2－11　德国 Wuppertal 式独轨系统

1952 年，瑞典人阿尔塞尔·莱昂纳特·文纳·格伦（Axel Leonart Wenner Gren）以其构想发展出新型的跨座独轨系统，并以 1∶2.5 的比例在德国科隆市附近的 Fuhligen 进行模型试验，轨道梁系由钢筋混凝土制成。据纪录所载，在 1.9km 长的试验轨道上，车厢可达到 130km/h 的运行速度。1957 年，格伦再次在原地建造了一条 1.8km 长的实体轨道，测试的结果与模型试验相近。这种形式的独轨系统就以格伦的全名缩写字母命名为 ALWEG 型独轨系统。ALWEG 型独轨系统很快地成为世界独轨的风尚：1959 年，美国洛杉矶迪斯尼乐园首先建造了 2.3km 的游客输送系统；1961 年，意大利的都灵（Torino）完成了 1.16km 的客运路线；1962 年，美国西雅图市配合世界博览会的游客运输，建造了 1.5km 从市中心区到展览会场大门的游客输送系统，1971 年美国东岸奥兰多的迪斯尼世界（Disney World）完成了 4.4km 的游客输送系统。ALWEG 型独轨交通系统在发展成型后至 20 世纪 70 年代的 10 多年间，虽然进展较快，但似乎仅限于游乐园或展览会场区内的游客运输，尚未进入城市交通系统的领域。到了 80 年代后期，欧洲的独轨交通开始进入城市轨道交通体系。

在法国企业管理股份有限公司（Societe Anonyme Francaise d’ Etudes de Gestion et d’ Entreprisese）所属的 10 家厂商与法国国铁及巴黎快速运输局（RATP）共同发展下，1960 年 2 月底，在巴黎南方奥尔良市附近的 Chateauneut 完成了 1.4km 长的一种新式悬挂式独轨系统的试验，并用参与厂商所属集团名称的缩写字母命名为 SAFEGE 型独轨系统。

日本是世界上第一个应用“SAFEGE”型独轨系统的国家，于 1964 年在名古屋的东山动物园建造了 470m 长的游园路线。ALWEG 型及 SAFEGE 型逐渐成为现代独轨系统的两大主流技术。

我国第一条独轨交通于 2000 年在重庆开始修建（见图 2－12～图 2－14）。东起重庆市区商业中心校场口，西至大渡口区钢铁基地新山村，途经临江门、大溪沟、牛角沱、李子坝、大坪和杨家坪等地段，全线长 17.54km。根据重庆市山城丘陵的地理特点，选择噪声低、爬坡能力强、转弯半径小的跨座式单轨交通系统，在我国尚属首次。全线共设 17 座车站，分两期建设实施。其中一期工程由校场口至大堰村全长 13.98km，包括 14 座车站、2 座变电站、6 座牵引变电站、1 座车场和 1 座控制中心。初期配车 84 辆，建设工期四年半，于 2004 年 11 月完成。全线建成后的客运能力可达到高峰小时运送 3 万人次。重庆轻轨交通线是我国自行设计、施工的第一条跨座式单轨交通线，分左右线双向行驶。高架轨道梁桥贯穿全线，占总长的 83.2%。

图 2－12　重庆独轨交通线路穿过市区

图 2－13　重庆的跨座式独轨车辆开始运行

图 2－14　重庆独轨已正式运营

（二）跨座式独轨交通系统的轨道与车辆

1. 轨道梁

轨道梁一般由预应力混凝土（PC）梁构成，支柱采用钢筋混凝土（RC）构造，宽约 1.5m。PC 梁的跨距通常为 20m，标准断面（宽×高）为 800mm×1400mm，通常由一根 PC 梁、RC 柱组合的双车道轨道断面，约需 7.57m 宽的空间（车厢外缘至另一车厢外缘）。当长跨距或特殊地形状况需要跨径大于 20m 时，则采用钢梁-钢柱组合构成轨道结构，柱可采 T 形或倒 L 形。若轨道需分叉时，则通过水平移动轨道梁中的一段［称为转辙梁（Switching Beam）］完成列车的转辙运作，转辙梁系钢制，内附马达用以驱动转辙，一般转辙时间约需 10s。如图 2－15 所示。

图 2－15　独轨转辙设备

2. 车辆

独轨列车通常由 4 个或 6 个车厢固定编组而成。分先头车及中间车两种，先头车具有驾驶室，配置在列车的首尾。跨座式独轨车厢分为“标准型”及“大型”两种，主要的区别在于车厢容量。随车厢种类的不同，轨道梁断面亦相应而不同。例如采用大型车厢时，其轨道梁则需采用 850mm×1500mm 的断面。标准型车厢的尺寸为 13m×2.98m×3.61m。如图 2-16 所示。

车体采用轻量设计，由铝合金制成，无易燃性。车厢内部座位的配备大致与地铁车厢的标准相同。每个车厢每侧有 2 个车门，先头车端部另有 1 个逃生门，各车厢之间为直接相通。各项电路控制及零件与一般铁路车厢一样，安装在车厢地板下面。

每个车厢具有 2 个双轴转向架，每个车架包含 10 个橡皮轮胎——4 个驱动轮、4 个导向轮、2 个稳定轮，除行驶轮内充氮气外，其余各轮均灌充一般空气。为了防患爆胎，另备有辅助胎。

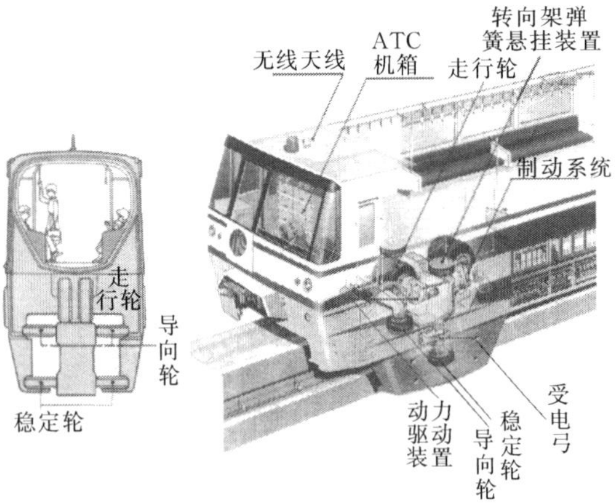

图 2-16 跨座式独轨车厢

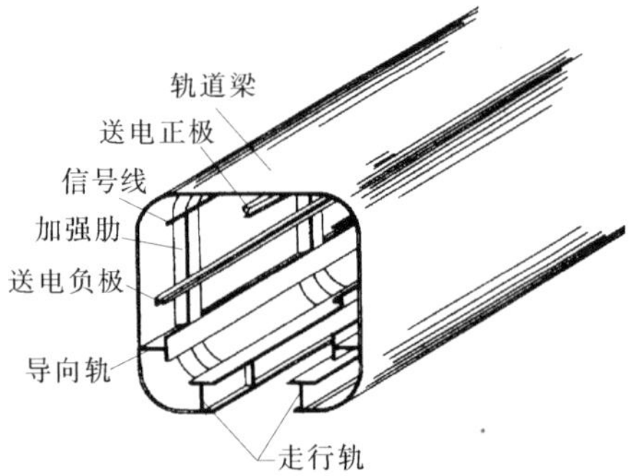

图 2-17 悬挂式独轨系统轨道各构成元件

（三）悬挂式独轨交通系统的轨道与车辆

1. 轨道梁

悬挂式独轨的轨道一般系钢制，轨道梁采用箱形中空断面，内含集电轨、通信缆线、导向轨、走行轨并包容车厢的转向架，以悬挂并使列车沿导轨运行（见图 2-17）。

轨道梁的跨径，在直线路段约为 30～35m，但在弯曲路段则折减为 25m。

墩柱亦为钢制，可根据路线状况采用标准 T 形、倒 L 形或门架形式。

悬挂式独轨的转辙主要可分成“连接”（2-way Switch）及“交叉”（Crossing Switch）两种，转辙操作借助于通信设备联锁达成，转辙时间约需 10s，为了防止断电影响，在转辙地点另装设有手动转辙设备。

2. 车辆

悬挂式独轨车辆分为大型和中型两种。列车通常由 4 个或 6 个车厢固定编组而成。与跨座型一样，分先头车和中间车两类车厢，大型先头车（附有驾驶室）尺寸为 16.8m×2.66m×2.95m。中型先头车的尺寸则为 13.3m×2.51m×2.95m。

车体亦采用轻量设计，以铝合金焊接而成。车内配置大致与地铁车厢相同，唯所有电气设备均安装在车顶。车体悬吊系统由被覆在轨道内的两轴转向架吊撑，转向架包含驱动轮与导轮，均为橡皮轮胎，同时另有辅助轮以防爆胎。如图 2-18 所示。

（四）独轨交通系统车站

城市独轨系统车站的站距一般为 0.5～1km。站台形式可依旅客使用、出入数量及用地大小建造成岛式或侧式站台。站台长度通常随车厢的尺寸（大型、中型或标准型）以及列车编组数量而定。一般以 6 节大型车厢组成的列车计算，约需 100m 的站台长度。站台宽度主要取决于出入的旅客数量。一般如采用岛式站台，最小宽度为 3m，上下行线分开的侧式站台则需 2m。

配合高架轨道结构，车站基本上以高架式为多，同时为了安排夹层及跨越连接的人行路桥，车站离地面相当高，因此一般配备有人行扶梯和电动扶梯（见图 2－19、图 2－20）。此外，尚可依需要设置厕所及其他附属设施或电气与控制管线设备。

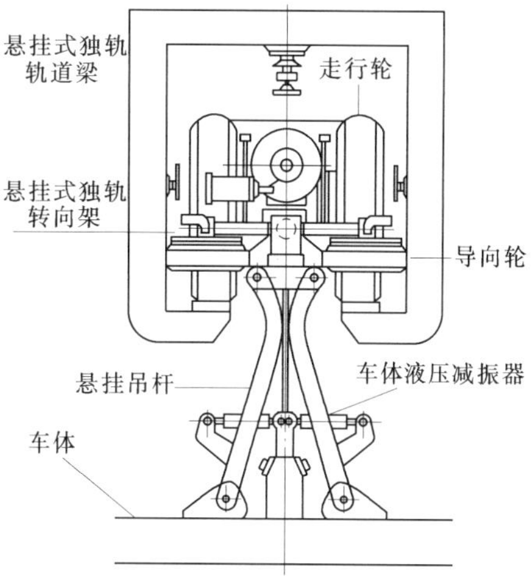

图 2－18　悬挂式独轨系统吊杆装置

图 2－19　跨座式独轨交通系统的车站

图 2－20　悬挂式独轨系统车站

（五）独轨交通系统的综合特点

独轨交通发展由来已久，但从已开通的线路来看，远远低于钢轮钢轨系统，一般多见于旅游观光场所。与普通轨道交通相比，跨座式和悬挂式独轨交通具有以下一些钢轮钢轨系统无法替代的特点，特别适合于地形复杂、高低起伏较大、对防振降噪要求较高的场合。其综合特点如下：

（1）占用土地少。独轨交通均为高架线路，轨道结构的限界尺寸比轻轨还要小，土木工程建筑体量也小。

（2）运量相当于轻轨。作为轨道交通的独轨系统列车，可由 4 辆或 6 辆车组成，列车最大运输能力分别为 1070 人和 1626 人，单向每小时的客运量为 5000～30000 人；其运量已接近轻轨交通系统。

（3）适应复杂地形要求。独轨交通的车辆使用橡胶轮胎，在大坡道和小半径曲线的区段都能发挥正常性能，理论上可以通过100‰的纵坡和30m的小半径曲线（实际应用中采用60‰纵坡，100m最小曲线半径）。

（4）建设工期相对地铁、轻轨为短，施工简便，造价低。独轨交通轨道结构简单，标准轨道梁可在工厂预制，现场拼装，建造容易，所以工期较短。造价远低于地铁，一条独轨交通的造价一般仅为同长度地铁造价的1/3。

（5）运输安全性好、事故率很低。独轨交通车辆和轨道的特殊形式能保证其安全运行，完全没有脱轨的危险。

（6）噪声低、无废气污染等公害。独轨交通采用橡胶轮胎，与钢轮钢轨系统相比，运行时噪声较低，据日本小仓线独轨列车运行时的实测结果，当行车速度为60km/h，距轨道中心线10m，离地面高1.2m处，测得噪声值为74dB（分贝），与一般地铁或轻轨相比约低10～15dB。

（7）乘坐舒适。由于橡胶车轮和空气弹簧转向架的采用，列车运行平稳，再加上空调等现代化设备的装设，旅客乘坐环境舒适，视野开阔，眺望条件好，在城市中运行可兼有游览观光的作用。

第三节 磁浮运输系统

铁路列车之所以能往前推进，主要是因为钢轨与列车的钢轮间具有黏着力（或摩擦力），借由列车动力车头加速产生的向前牵引力克服阻力而前进；列车速度越快，车轮与钢轨间的黏着力越小，列车加速所能造成的牵引力便越小，同时速度愈快，空气阻力愈大。当列车速度超过牵引力而等于阻力时，列车的车轮便呈现空转现象，速度便无法再提高。根据前述空气阻力与附着摩擦力相互影响的物理特性，铁路工程界以数学模式推算的结果认为，传统的钢轮钢轨铁路列车的极限时速很难超过375km（实际上，这个临界速度已经被法国高速铁路试验所打破：2007年4月10日，法国阿尔斯通公司研制的V150超高速列车，以574.8km/h的速度打破了1990年5月18日创造的515.3km/h的世界纪录）。因此，要使列车速度再提高，不外乎减小列车前进的阻力，或不采用黏着力来驱动列车前进，亦即列车不与轨道或地面接触而放弃使用车轮（见图2-21）。日本与德国分别研究、开发了磁浮列车，准备应用于城际高速运输。

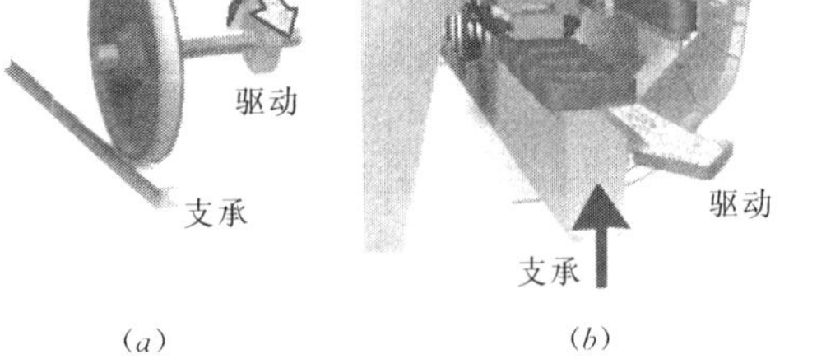

（*a*） （*b*）

图2-21 钢轮钢轨系统和磁浮系统的支承和导向

（*a*）钢轮钢轨系统；（*b*）磁浮系统

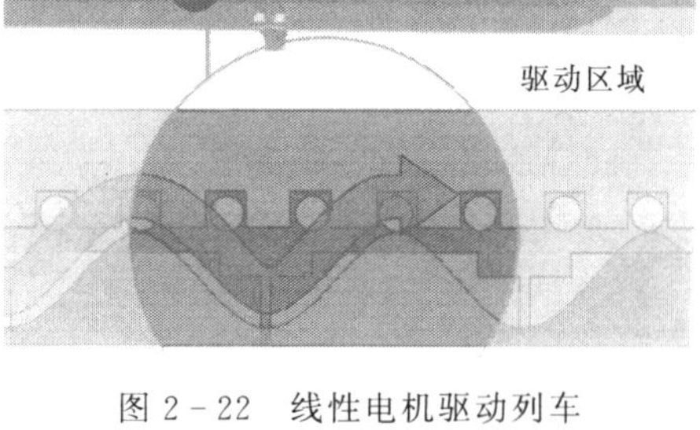

图2-22 线性电机驱动列车

磁浮（Magnetic Levitation，简称 Maglev）的理论由德国人赫尔曼·肯佩尔（Hermann Kemper）提出，1934 年申请的专利，名称为无轮磁浮列车。肯佩尔提出的磁浮列车，当时就像科学幻想一般，直到 1969 年德国才开始研究试制，成功制造了小型磁浮列车模型，不久又在 Emsland 成立了磁浮列车试验场，建造了 31.5km 长的试验轨道。

磁浮列车的基本原理系应用磁铁同性相斥，异性相吸的特性发展而成，因此，列车悬浮的方式又分为排斥力悬浮和吸引力悬浮两种。德国的磁浮系统使用吸引式悬浮，轨道梁支撑结构呈 T 字形，在轨道的下方，由一个三相定子片（Stator）的线圈连接成一排，组成电机定子，并固定在轨道梁上借以推动车辆，如图 2－22 所示。

德国的 TRANSRAPID 磁浮系统意指高速列车，目前的试验车厢 TR07Europa 系以时速 500km 设计。在 1989 年 12 月于 Emasland 做试验运转时，曾达到 435km/h 的速度；1991 年通过鉴定，认为磁浮列车在技术上已经成熟。1994 年 3 月，德国议会批准了柏林至汉堡间 283km 的磁浮列车行驶线，两地间行驶时间为 1h，发车间隔为 10min，该工程应于 2004 年完工。由于磁浮列车技术尚不成熟，造价又高，批准的计划并没有投入实施。

日本发展的 Maglev 系统采用排斥力悬浮的方式，由国铁（现称为 JR）在九州宫崎县建造 7km 的实验路线进行浮上式铁道的开发。从 1977 年开始，以 ML－500 的试验车厢在倒 T 形的轨道梁上试验，于 1979 年 12 月创下 517km/h 的纪录。1980 年以后，轨道改成 U 形，凹陷的底槽上方和两侧各有线圈，同时使用编号 MLU－001 的试验车厢，其底部和两侧设置超导体磁石，电流通过线圈时产生磁场，操控磁场的互斥磁性，车厢便悬浮在轨道梁上，而利用排斥力与吸引力的交互变换拉推，使列车悬浮前进。经过多次的一车及两车成组试验后，于 1982 年 9 月 2 日，由编号 MLU001－1 及 MLU001－3 组成的磁浮列车在首次搭载三人的试验运行中达到 262km/h 的速度。当年 11 月即组成由 MLU001－1/MLU001－2/MLU001－3 连接的三车列车，进行进一步的列车运转试验。日本 Maglev 系统的试验工作目前已进化至 MLU002 型试验车的阶段，日本政府已决定建造 40km 长的双股轨道梁，以试验下一代车种 MLU00X1，同时预定进入商业运转阶段。

在浦东线之前，世界上曾实际运营过 Maglev 系统的是英国伯明翰低速磁浮列车（已经拆除）。英国伯明翰 Maglev 系统是建于英国国铁伯明翰国际火车站（Birmingham International Station）与新建完成的伯明翰国际机场航站大厦之间，全长 620m。英国伯明翰 Maglev 系统 620m 长的轨道系采用预制混凝土结构，距地面约 5m 高，柱距 5m。轨道梁断面采用 T 形。线路中有两个曲线地段，曲线半径约 50m，线路纵坡度约 15‰。Maglev 的两股轨道间配置有安全走道，供紧急状况疏散乘客用，如图 2－23 所示。

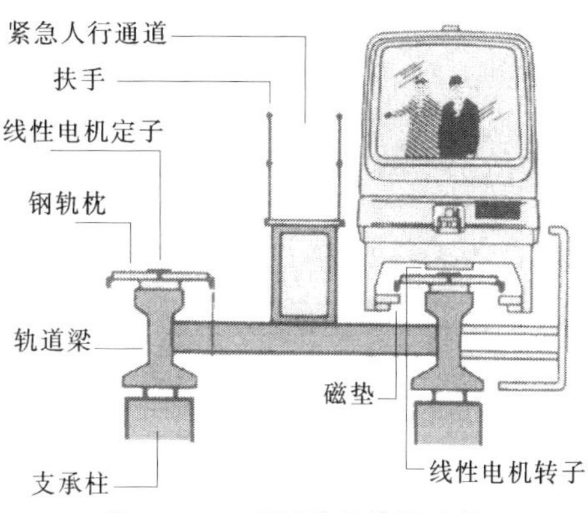

图 2－23　英国曾经使用过的 Maglev 构造示意

上海浦东机场与目前地铁2号线的龙阳路站之间的磁浮列车是引进德国技术建造的世界上第一条商业运营线路，全长31km，运行8min，最高时速436km（见图2-24和图2-25）。

图2-24 在上海运行的高速磁浮列车

图2-25 在上海运行的德国第八代磁浮列车

为了进一步研究德国磁浮运输系统技术商业运营的机制及可行性，我国政府原则批准建造上海至杭州的磁浮高速客运列车运营系统，以积累磁浮高速客运系统的技术和运营经验。

第四节 自动导轨运输系统

自动导轨运输系统（Automated Guide way Transit，简称AGT），一般泛指以无人驾驶的车厢在专用路权及自动化控制条件下运行的新型运输系统。

这种系统在美国早期被称为水平电梯、空中巴士或快速运输通道，近年来则统称为运人系统。法国与日本将AGT技术进一步发展，并应用于城市地区的中等运量的大众运输：在法国，Vehicule Automatique Leger，简称VAL；在日本，则以“新交通系统”统称为AGT技术类型的中运量快速运输系统。我国北京、上海等大城市的航空机场水平客运自动电梯，属于这种AGT系统；上海外滩的人行过江隧道，从定义来看也属于AGT范畴。

一、AGT系统概述

AGT系统无论是轮轨运行还是“水平电梯”运行，其共同的特点是始终沿着一条固定的轨道自动运行。运行的速度视运距的远近有快有慢。整个系统无人值守，由电脑自动控制运行。AGT系统可依其服务容量与路径形式分成下列三种。

1. 穿梭/环路式快速运输系统

穿梭/环路式快速运输（Shuttle/Loop Transit，简称SLT）系统是AGT系统中最简单的一种，分穿梭式与环路式两种。穿梭式使用较大型车厢（容量约100人），通常具有站位，沿着固定路线行驶；从甲地驶到乙地，再从乙地驶回甲地，如此来回输送，其作用如同高楼中的自动电梯，故又称为水平电梯。除可作两点间直接输运外，中途亦可设站。环路式则沿环状路径绕圈行驶，中途设站停留。

2. 群体快速运输系统

群体快速运输（Group Rapid Transit，简称GRT）系统的主要服务对象为具有相同出发地点与目的地的群体乘客，通常使用载运量为 12～70 人之中型车厢，故可视为一种自动行驶的公共汽车。其与 SLT 不同之处在于，因容量较小，除可有较密的班次外，还可设置分岔路线，以便选择性地绕行主线、支线收集乘客。运行班次间隔可从 3～60s，服务方式可分定时排班或中途不停留的区间快速运输。1974 年 1 月启用的德州达拉斯机场的 AIRTRANS 以及 1975 年通车的西弗吉尼亚大学摩根敦（Morgantown）运人系统均属 GRT 的应用例子。

3. 个人快速运输系统

从技术层次及载运型态而言，个人快速运输系统（Personal Rapid Transit，简称 PRT）才是真正的运“人”快速运输系统（True Personal Rapid Transit）。其主要特色为使用具有 2～6 人容量的小型车厢，在精密电脑自动化控制系统管制下，在复杂的路网中运行，并经由岔道转出/进入主干线运载乘客。

从上述资料可看出，穿梭/环路式快速运输系统虽然在技术应用层面上较简单，但它既可提供机场或城市特定区内的环流交通功能，也可以在各种活动中心（如购物中心、运输中心、娱乐园区等）间作串联式的联络服务，因此，其运载容量不但高于群体快速运输系统与个人快速运输系统，而且可以“单节”或“连挂”成列车的方式，适应中运量系统范围内的客运需求，故在美国称为“运人系统”。

二、美国的运人系统

美国对中运量运人系统的规划应用，早期以运载机场航站大厦至登机地区或在娱乐园区内环绕载客为主。

1963 年，西屋电气公司（West House Electric Corporation）在匹兹堡附近的南区公园（South Park）展示了号称世界第一个自动导轨运输系统的“Sky Bus”，也奠定了其在美国运人系统开发中的领先地位。在此后的 20 年间，西屋公司致力于机场地区中运量运人系统的发展与建造，到目前为止已有 7 个国际机场采用了该公司的系统，并陆续投入运营。

西屋公司出产的标准型车厢，长约 12m，宽约 2.8m，高约 3.4m，每个车厢具有 4 个车门（每边 2 个），每个车门宽约 2.1m。车厢容量一般为 100 人，最高可达 155 人。车厢内部可设计为全部站位或有部分座位。车厢地板的高度与车站站台高度同高，便于旅客进出。基于运营的不同需要，车厢可设计成“单节”或“连挂”成列车运行。

车厢底下具有四对导轮（Guide wheels），用以扣住安装在混凝土轨道上的钢制导梁（Guide beam），防止脱轨并导引车厢前进。

轨道结构包含导向梁、混凝土走行面、电力分配系统和支撑结构。支撑结构形式包含高架、平面和地下三种，随路段状况及工程造价等因素考虑布设。由于车辆使用橡胶轮胎并以电力驱动运行，所以噪声量在站上停车车门启闭时平均不超过 75dB，又由于没有废气污染，故可布设于建筑物内部或沿其侧边连体搭建，以便直接与活动中心（如机场旅客大厅、百货公司与办公大楼侧门等）或转乘设施（如汽车停车场与快速运输/公共汽车车站）连接。

一般而言，每个运人系统均设有一个电脑控制中心，集中控制所有系统运作，如启动、停止、车门启闭等。信号系统的设备分装在控制中心、车站、轨道沿线以及车内，分别由列车防护（Train Protection）、列车运行（Train operation）、在线监督（Line Supervision）执行各项控制功能。

三、日本新交通系统

自动导轨运输系统在日本被称为新交通系统，主要取意于这种系统是近10多年间才发展而成，并讲求高度自动化的高新技术，以区别传统的运输技术。

20世纪60年代后期，当美国极力发展AGT技术时，日本也开始注意对这种新技术的研究。1968年，首先由东京大学着手进行一项类似于美国PRT（Personal Rapid Transit）式的CCVS（Computer Controlled - Vehicle System）计划。与此同时，这种新型交通工具的开发，也引起民间的钢铁、汽车制造、通信机电等各企业广泛的兴趣，纷纷独立或联合美国公司做试验，积极开发。

1970年，日本政府通产省属下的"产业政策研究会"及民间企业加入东京大学的研究计划，在政府、学术、民间三者通力合作下，全力发展这种自动化的运输工具。运输省（交通部）方面，也由所属"运管政策审议会"制定发展准则，研订发展AGT新交通系统的政策，如表2-2所示。

表2-2　日本新交通系统

系统名称	大阪南港线	神户港岛线	千叶县 尤加利丘线	琦玉县 伊奈线	爱知县 桃花台线	横滨 金泽海线
系统种类	NTS	KVC	VONA	NTS	VONA	NTS
开发厂商	住友商事/ 新谢铁工	川崎重工/ 神户制铁	日本车辆/ 三井物产	新泻铁工/ 川崎重工	日本车辆/ 三菱重工	三菱重工
线路长度	6.9	6.4	4.2	11.6	7.4	10.9
车站数	8	9	6	13	7	14
线路形式	全线高架	全线高架	高架/地面	全线高架	全线高架	全线高架
最高速度	60	60	50	60	55	60
最小半径	70	30	40	25	100/15	30
最大坡度 (‰)	25	50	45	30	30	90
导向方式	两侧	两侧	中央	两侧	中央	两侧
转辙方式	水平移动	垂直沉浮	水平回转	水平移动	水平回转	水平移动
车辆长宽高尺寸 (m×m×m)	7.6×2.3×3.2	8×2.4×3.2	8.9×2.5×3.3	7.6×2.4×3.2	7.6×2.5×3.3	8.5×2.9×3.3
车辆重（t）	10.5	10.5	10	10.5	10.6	10.5
乘客数（人）	75	75	75	64	70	75
每小时运量	12600	10800	2600	5000	6000	7500
开工/通车	1978/1981	1978/1981	1979/1982	1980/1983	1981/1988	1984/1988
服务类型	地铁车站与 社区联络线	铁路与社区 联络线	铁路与社区 联络线	铁路与社区 联络线	铁路与购物 中心联络线	城市新开发 区运输系统

1973 年 3 月，日本车辆制造株式会社发展的两辆“VONA”（Vehicles of New Age）在千叶县的谷津游园开通启用，成为日本最早的 AGT 运输工具。1975 年，冲绳海洋博览会分别使用神户制铁的 KRT（Kobe Rapid Transit）及三菱重工的海洋博 CVS（Computer Controlled Vehicle）作为展览会场内的交通工具，运行 180 余日，载客量为 490 万人次。通产省与东京大学合作的“CVS 计划”更在 1976 年 1 月，完成了时速 60km 的实车行驶试验。

20 世纪 70 年代中期，日本在 AGT 技术方面的研究成果非常丰硕，约有 8 个机种在这个发展热潮下产生。其中，除 CVS 为个人快速运输系统外，其余均为群体快速运输系统。

四、法国里尔的 VAL 系统

协和飞机（Concorde）和高速列车（法文为“Traina Grande Vitesse”，简称 TGV；英文为“Train in High Velocity”）分别代表了目前世界上最快的飞机和火车；而 1983 年 5 月 16 日，巴黎北方里尔（Lille）的城市中运量轨道交通系统 VAL 的正式通车，更使法国成为世界第一个拥有全自动化城市轨道交通系统的国家。VAL 为法文“Vehicule Automatique Leger”的缩写，英文为“Light Automated Vehicle”，意即轻型自动化运行的车辆。和 TGV 一样，VAL 现在已成为法国中运量自动导轨运输系统的代表名称（见图 2-26）。

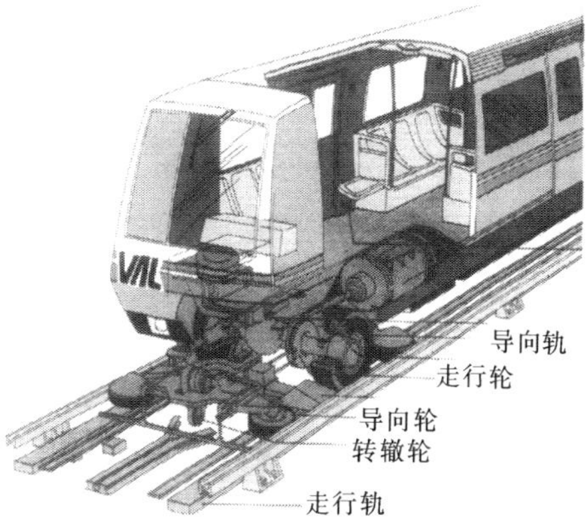

图 2-26　VAL 系统车辆

（一）法国 VAL 自动导轨运输系统概述

法国在城市轨道交通系统的发展中，具有相当高的技术经验与运营成就。例如，192km 长的巴黎城市地铁系统 RATP，拥有 353 个车站，路线像蛛网一样纵横交错，并与地区快线 RER、郊区铁路、高速列车及法国国铁（SNCF）换乘连接近郊与边远城市，是一个相当庞大而成功的轨道交通系统。

一般而言，这种传统地铁技术对人口密集、高度发达的大型城市，提供了相当可靠与高效益的大运量运输服务。但是，从投资经济、运营成本和运输需求等观点考虑，中型城市或具有中等发展密度的城市，如不具备成长为大城市的条件，其引用的地铁系统技术与大型城市所使用的传统技术必须有所不同；亦即中等运量需求地区应使用适当的中运量输送系统技术，以适应整体效益。

在这种理念下，法国政府与巴黎城市运输局（RATP）多年来即朝着寻求适当的中运量城市轨道交通技术的目标进行革新性的研究。1969 年，由里尔、鲁贝（Roubaix）、图尔宽（Tourcoing）三个中型城市为主导组成的“里尔城市联会”（Communaute Urbaine de Lille，简称 CUDL）决定把这种研究付诸实践。

（二）VAL 系统的基本技术要求

1. 高水准的服务品质

高水准的服务品质主要包括密集班次与高运行速度。在“经济”、“有效”及适应最高每小时单方向 2 万人运输需求的条件下，要达到密集班次（间距短）的目标，高峰小时内要求“一分钟一班车”的间距；为实现高运行速度，则需要使用多车门（以减少靠站时间）及橡胶轮胎（以易于加速）的车厢。

2. 低廉的投资及运营成本

系统运输容量单方向能担负 5000～15000 人/h，为能经济地达到“高坐位/站位比率”的目标，则需要使用狭长型车厢，从而车重的减轻，亦可节省土建费用。使用无人驾驶（自动驾驶）的较小型车厢，可使车辆成本、运营及保养费用能在开始运营后的早期回收。

（三）实施效果

里尔中运量系统线网共有 4 条线路，城市当局于 1974 年决定先行建设 1 号线并于 1976 年开始施工。里尔中运量轨道交通 1 号线服务人口约 35 万人，总长 13.7km，其中约 4km 为高架结构，900m 为地面线路，4.8km 为地下隧道，其余路段则为地下涵洞式构造。每种结构除留设供列车运行之轨道空间外，并设有 70cm 宽的安全走道。

1 号线共设 18 个车站，其中 3 个为高架车站，15 个为地下车站。每个车站站台长 27m，系配合两车编组的列车长度设计，但均预留将来 4 车编组列车的停靠空间。站台宽度 3～4.3m 不等，采用屏蔽门设计，具有 12 个站台门，列车到达时与车门同时开启。每个车站配备有电扶梯、楼梯以及为老弱残障专设的电梯。各个车站均设有电视摄像探头，直接由系统控制中心控制。

经过将近 13 年的开发与努力，里尔中运量系统的 1 号路线于 1983 年 5 月 16 日正式开放运营，成为里尔城市大众运输系统中重要的一环，也成为全世界第一个以全自动化方式服务城市的公共运输系统。

VAL 列车由两节长 12.7m 车厢组成，车宽 2.06m，车高 3.25m。每列车容量为 154 人，最大容量为 262 人。列车基本为两节编组，可视需要扩充为四节编组。

在列车中，有一节车厢称为 PA 车，内载装列车自动控制设备；另一节车厢称为 HR 车，装载驱动推进设备。车体以铝合金制成，每节车厢每边有 3 个 1.3m 宽的双开车门。车厢底部的走行轮与导向轮均为橡胶胶轮。

VAL 系统的各项运作控制与通信联络均由电脑控制中心集中控制。在控制中心里装设了各种不同的监视与显示仪器，值班人员能够迅速地了解系统中的各种情况，这些设备包括两部分：

（1）24 个电视屏幕。这些电视屏幕将分装在 18 个车站上的 260 个电视摄像头所拍摄的状况集中显示，以利管理。

（2）列车运行实时显示屏。该显示屏显示运行中及靠站各列车的状况，以及各种设备的保安状况。

运行控制室（Operator Desks）配置 3～4 名（高峰时间）值班员，分别监控电视屏幕、运行显示板、车站状况、票务、空调系统和列车运行等实时情况，并可通过通话器、麦克风直接与车上或站内旅客通话，紧急状况时亦可经由热线电话直接通知警察、消防与电力部门。

VAL 系统除在控制中心配置人员负责集中监控作业外，另在沿线配置专人（Line Operation Personnel，简称 AOL）机动巡查沿线列车与车站，负责稽查票证、协助旅客等业务；当系统设备有严重故障，无法在控制中心遥控处理时，也可通过无线电联络AOL人员，迅速以人工方式操作，维持系统作业的进行，例如，列车故障，无法全自动开驶时，AOL人员接到控制中心指令后，即迅速前往以“半自动操作”方式排除故障，使列车继续行进。

在列车信号方面，使用了列车自动控制系统（Automated Train Control，简称ATC），配合列车自动驾驶系统（Automated Train Operation，简称ATO）、列车自动监控系统（Automated Train Supervision，简称ATS）以达安全目的。

五、我国的自动导轨运输系统

我国的轨道交通系统起步较晚，尽管北京地铁在20世纪60年代就已开始建设，但国际上轨道交通系统的现代化进程相当迅速，特别是轨道交通车辆的材料、动力以及控制系统的更新换代非常快，我国自主研发的进度难以在短时间内满足要求。最有效的办法就是引进、消化国外的先进技术和产品，然后再逐步实现国产化。上海外滩的越江观光隧道就是引进西班牙技术的AGT系统（见图2－27）。

图2－27 上海外滩观光隧道的AGT系统

我国第一条完全自动化的轨道交通线将在北京首都机场出现。2005年5月20日，庞巴迪公司与首都机场签约，为首都机场设计和提供庞巴迪CX－100自动旅客快速运输系统（APM）。届时，机车无人驾驶，乘客可在车头的车厢里看到轨道前方的风景。总投资8900万美元，连通各航站楼。首都机场自动旅客快速运输系统工程分两期完成，此次签约的是一期工程。项目包括2km系统中所有的电器设备和机械设备。

第五节 城际高速轨道交通

在运输的领域里，每一种运输方式均有其技术特色，以及最适用的范围。这个范围的界定，与运输工具本身的运营绩效及运输距离有关。例如，航空飞机的时速大约在500～800km之间，它能提供快捷的服务，由于这个特点，使它在“长距离”的城际运输中，具有无可取代的优势地位。但是，在“长距离”条件之外，这种快速特点及优势地位则无从发挥，而这个在“长距离”之外所留下的“空间”，则让地面运输系统得以继续存在，城际高速运输系统因而得以不断改进与发展。

图2－28很清楚地说明了上述运输市场或空间的理论，在运输距离与需求的相对比较条件下，就城际运输而言，高速铁路与航空飞机的竞争分界点在1000km左右，在此距离以上的城际旅客运输（含都市间及国际间）以航空飞机最为适用，而在此距离以下，高速铁路则具有很大的发展空间，尤其在600km以下的城际运输距离，多为高速铁路的优势适用范围。

城际地面运输，传统上以钢轮行驶在钢轨上的铁路运输系统为主，因此，城际高速运输系统的发展是从列车高速化开始的。经过多年的研究与发展，以法国、日本和德国最具

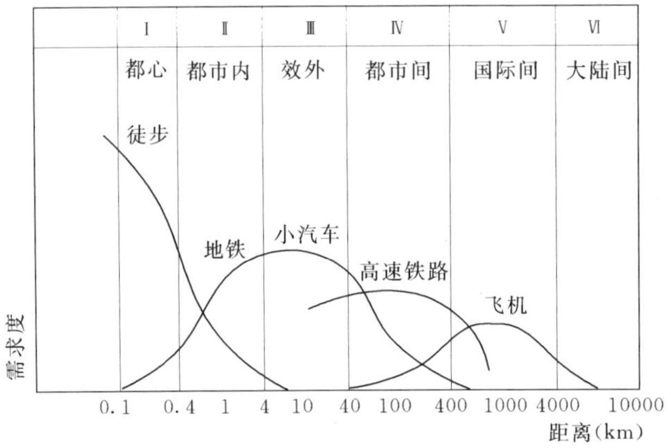

图 2-28 各运输系统距离与需求关系图

成效，分别发展了 TGV、新干线及 ICE 等高速铁路系统。日本和德国更进而发展磁浮运输系统，使城际高速运输系统技术的发展呈现出相当广阔的前景。目前三国高速铁路运营的情况如表 2-3 所示。

表 2-3 法国、日本和德国高速铁路系统特性的比较

比较项目	法国 TGV	日本新干线	德国 ICE
轨距（mm）	1435	1435	1435
设计速度（km/h）	300	240	280
最高纪录（km/h）	515	319	406
开始运营	1981	1964	1991
曲线半径（m）	4500	4500	5100
最大坡度（‰）	3.5	2	4
电力系统（kV/Hz）	25/50	25/60	15/152/3
信号系统	CTC	CTC	CTC
车辆长度（mm）	21830	26050	24000
车辆宽度（mm）	2814	3383	2930
车辆高度（mm）	3420	4340	3650
车辆轮径（mm）	1000	1000	920～950
车辆轴距（mm）	3000	2500	2800
车轴配置	BO-BO	BO-BO	BO-BO
牵引电机	同步，1100kW×88800kW	230kW，DC×4×1211010kW	1050kW，AC×88400kW
牵引动力（kN）	4900	9700	7800
牵引方式	动力集中	动力分散	动力集中

续表

比较项目	法国 TGV	日本新干线	德国 ICE
列车编组	10	10	14～16
列车长度（m）	238	400	400
列车座席（人）	513	1300	800
使用钢轨（kg/m）	60 焊接	60 焊接	60 焊接
轨道结构	碎石道碴道床	混凝土板式轨道	碎石道碴道床
运输模式	客运专线	客运专线	客货混运

一、法国 TGV

TGV 的发展，代表了法国列车高速化及高速铁路演化的整个过程。

法国国铁自 20 世纪 50 年代即开始进行提高列车运行速度的研究工作。1955 年的一次机车头车的试验，创造了当时世界最高纪录的 331km/h，奠定了法国进一步发展高速运输系统技术的基础。

法国自 1967 年开始时速 200km 的高速列车运营（日本已先行于 1964 年开通时速 210km 的东海道新干线），正式进入高速铁路时代。1972 年，阿尔斯通（ALSTHOM）完成编号 TGV001 的原型车组作更进一步的超高速行驶测试，其间曾达到 318km/h 的纪录。1981 年 2 月 26 日，一列由 7 车组成的 TGV 列车在 100 多位媒体记者的见证下，创造了 380km/h 的世界新纪录（当时的世界纪录为 1979 年日本新干线 961 型列车试验的 319km/h）。1990 年 5 月 18 日，一列由 2 辆动力车及 3 辆无动力车厢组成的第二代 TGV 试验列车，搭载着法国交通部长及 SNCF 的各部门工程人员，于法国高速铁路 TGV 大西洋线南段 166km 里程点附近，在众多记者的见证下，再度以 515.3km/h 的超高速刷新世界列车行车纪录，使传统的钢轨钢轮铁路系统技术迈向超高速化的新境界。

法国巴黎时间 2007 年 4 月 3 日 13 点 13 分，在欧洲东部 LGV 高速铁路线的 191km 处位置，法国阿尔斯通 V150 列车创下了 574.8km/h 的最新高速列车纪录（见图 2－29）。V150 列车组由 2 节 TGV POS 动车、3 节 TGV 双层结构车厢组成，并带有 2 个阿尔斯通最新一代超高速列车 AGV 动力转向架。该列车的输出功率达到 19.6MW（25000 马力）。

钢轮钢轨系统中牵引理论依靠的是轮轨间的“黏着”产生轮周牵引力，牵引列车前进，当速度提高到一定程度，黏着破坏，动轮将空转，根据计算，认为时速极限是 375km。法国 TGV 列车如何超越极限，成为各界关注的焦点。TGV 系统，一方面充分运用气体动力学原理，使列车外型更具流线型；另一方面采用更轻质材料，减少运行时空气的阻力。为了适应车轮与钢轨间的黏着力随着高速而衰减，将列车动力来源分别安排在列车的最前和最后（动力机车），中间为轻质的无动力载客车厢，由于牵引动力的来源集中在头尾动力机车的轮轴，前后轴的荷重将增

图 2－29　法国 V150 创最新世界时速纪录

高，车轮与钢轨间的摩擦力也加大，降低了动力车轮空转的几率，行车速度也因而得以提升。

TGV 高铁系统不仅仅是高速铁路列车，还包含完善的轨道设施，先进的监控系统，以及训练有素的管理、经营和维修人员。TGV 这三个字母已成为法文的一部分，TGV 已经成为很多法国人日常生活中不可或缺的要件。

自 1981 年 9 月巴黎至里昂间的第一条 TGV 高速铁路正式运营迄今，已载运约 2 亿多人次，但由于它便捷地与法国国铁其他路网结合。很容易令人忽略它是世界上最快速的铁路列车。漆着橘黄色彩的流线型车厢以 260km/h 的速度在巴黎与里昂间的城镇外缘地区新建的专用铁路上运行，而趋进中心城市时却又能运用现有铁路设施与一般铁路列车共轨到达市区。

1981 年 9 月 27 日，TGV 东南线的南段首先开通，北段于两年后相继完工，同时使巴黎至里昂间的旅程减少到只需 2 小时，到 1983 年 5 月，运行最高速度被提升到 270km/h，以运用因使用 35‰坡度爬坡后降坡时所蓄积的动能，而路线通过法国中部山丘地带时，也因应用 35‰的纵坡避免了许多隧道的兴建。

TGV 列车不仅到达里昂，同时也服务至圣埃蒂安（St Etienne）、贝桑松（Besancon）及日内瓦等法国东南地区，因此这条新线即被称为 Paris - Sud - Est（巴黎东南线）或 TGV PSE。除日内瓦外，位于日内瓦湖北滨的瑞士城市洛桑（Lausanne）也于 1984 年加入 TGV 路网，同时于 TGV 上增设一套设备以适用瑞士铁路的 15kV 单相 162/Hz 交流电源。巴黎至瑞士首都伯恩（Bern）的 TGV 服务亦于 1987 年开通。

第二条 TGV 高速铁路分别于 1989 年和 1990 年开通，将城际高速运输服务扩展至法国的大西洋沿岸城市，称为 TGV Atlantic（大西洋线），简称 TGVA。路线呈 Y 字形，设计速度提高到 300km/h。1993 年开通的 TGV 第三条高速铁路路线，是从巴黎到里尔、比利时边境和英吉利海峡。巴黎东端绕道线的首段于 1994 年通车，而巴黎东南线也向南延伸到瓦朗斯（Valence），巴黎到马赛只需 3 小时。

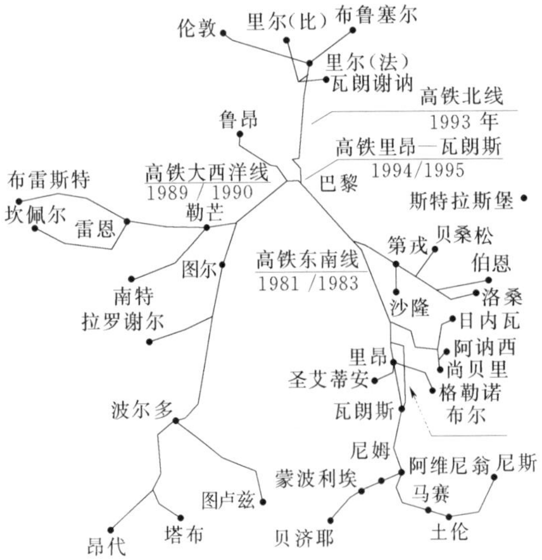

图 2-30 法国 TGV 高速铁路网

1990 年法国政府核定了 SNCF 所拟订的全国高速铁路发展计划，其主要目标为发展与邻近欧洲各国相连的高速铁路网，预计将在 2010 年左右完成约 350km 的高速铁路。

根据这个计划，东自巴黎向东服务兰斯（Reims）、梅斯（Metz）和南锡（Nancy），以连接卢森堡与德国的路线。西南方面，TGV 大西洋线将再向南延伸，大致沿大西洋岸连接西班牙。西北及中部地区也有路线，法国很可能在 21 世纪成为世界的高速铁路王国。如图 2-30 所示。

法国对于 TGV 未来的发展相当重视，1990 年 5 月法国政府的研究、工业和运输三部共同签署了一份为期 4 年的第三代 TGV 的研究发展合同，开发“Super TGV”，其研究重点包含下列内容：

（1）以增加 25%～30%牵引动力的方式，将 TGV 目前的运营速度由 300km/h 提升到 350km/h。

（2）减轻列车重量，改良列车的气流动力影响，降低能耗，减轻轨道所受的震动力，节省维修费用。

（3）改进 TGV 接受不同电流的能力，同时降低其受电流及电磁的影响。

（4）增加制动能力以平衡因速度而增加的冲力。

（5）改良行车资讯系统。

二、日本新干线

世界高速铁路起源于日本。1959 年 4 月，日本国铁开始兴建东京—大阪间的高速铁路，于 1964 年 10 月 1 日开通，全长 515km，时速 210km，称为东海道新干线。随后向西延伸，于 1972 年 3 月 15 日开通至冈山，1975 年 3 月 15 日抵达终点站博多，大阪—博多间路段称为山阳新干线。自东京—博多全长 1069km。1982 年 6 月 23 日，大宫—盛冈间 465km 长的东北新干线开通；同年 11 月 15 日，大宫—新泻间 269.5km 长的上越新干线也开始运营。1985 年 3 月，大宫—东京都内上野间 28km 长的连接线完成，同时使新干线的最高运营速度提升至 240km/h。

日本运营中的 4 条新干线概要如表 2-4 所示。

表 2-4　日本新干线简表

线路名称	东海岛	山阳		东北	上越
起终城市	东京—大阪	大阪—冈山	冈山—博多	东京—盛冈	大宫—新泻
线路长度（km）	515	161	393	496	270
隧道长度（km）	69	58	223	115	106
桥梁长度（km）	57	20	31	78	30
最高速度（km/h）	210	210	210	210	210
最小曲线半径（m）	2500	4000	4000	4000	4000
最大坡度（‰）	20	15	15	15	15
轨距（mm）	1435	1435	1435	1435	1435
开工时间（年．月）	1959.4	1969.4	1969.12	1971.11	1971.11
完工时间（年．月）	1964.10	1972.3	1775.3	1982.3	1982.11

日本于 1970 年 5 月制定《全国新干线铁路网建设法》，东北及上越新干线就是在该法令下兴建的。除此之外，日本运输省也于 1972 年 6 月规划了 5 条新干线：北陆新干线（东京—大阪—富山）、东北延长线（盛冈—青森）、九州新干线（博多—鹿儿岛）、长崎新干线（博多—长崎）、北海道新干线（青森—札幌）。上述计划曾因资金问题于 1982 年 11 月遭内阁决议冻结，但经过三菱研究所的财务经济分析，认为这条新干线的兴建，将使国

民生产总值每年提高约1.05%，自1985年开始日本政府恢复推动新干线的建设，民间要求扩建新线的呼声也日益高涨，而且至2000年时税收的增加足以支付政府以公债支付工程投资的利息，因此，东北延长线、鹿儿岛线及北陆线在短期内进入了兴建阶段。

毫无疑问，高速铁路轨道交通将成为21世纪城际运输的主要运输方式，尤其在600km的距离范围内，将成为高速铁路的优势应用范围。高速铁路能快速地连接各中心城市，取代短程空中航运，且运输容量大，就旅行时间效率而言，它更省去了到、离机场以及办理手续的时间。在铁路通信信号系统大踏步微电子化的基础上，高速列车高密度追踪运行已成为可能，发车频率近1班/h，城际高速轨道交通公交化已指日可待。

三、德国ICE

ICE是德国高速铁路的名称，1985～1990年的试验期间，它是“Inter City Experimental”的简称，1990年进入运营阶段以后，则是“Inter City Express”的代号。相对于法国和日本，德国ICE发展较晚，也不如这两个国家的高速铁路有名，但是和中国一样，德国的高速铁路是“客货混流”的。ICE列车由分别位于列车首尾的两部高性能机车头及14节中间车厢组成，共提供约800个座位。车上的基本设备包括餐车、会议车厢、无线电话及传真和资料处理通信设备等。

德国高速铁路ICE具有抗风压的特性，可减除列车在隧道中交会时，因高速行驶而产生的气压冲击。列车的编组采用机动式，随着旅客数量而加、减挂车厢，车辆挂接时电源及传输信息的光纤电缆自动接上。运营时速200km左右，系以飞机的设计理念来制造，故有“在地上跑的飞机”之称。

ICE的路线最小曲线半径一般定为7000m，在特殊情况下可降低为5100m，路线采取客货共线的运营方式，兼顾货运列车行驶，故最大设计坡度为12.5‰。此外，ICE列车可行驶于新线，亦可在既有线路上行驶，电流均使用15kV，162/3Hz。由于12.5‰的线路纵坡限制，ICE通过山区地带时，隧道与高架桥较多。

德国拥有近1000km可供ICE行车的高速铁路网，其中有近半数里程时速可达200km。城际旅程时间大大缩短，例如，从汉堡至法兰克福仅需3h35min，缩短62min；从法兰克福到斯图加特则缩短50min。根据德铁的计划，21世纪的ICE路网，将拥有11条专供ICE运行的高速铁路路线。

四、我国的高速铁路

我国的幅员辽阔，但铁路密度不大。自修建铁路以来，一直沿用了客货共线的运输模式，在兼顾重载和提高客运周转的矛盾中，客车速度一直无法提高，和世界轨道交通运输追求高速的潮流差距越来越大。

自改革开放、走上市场经济发展的道路以来，从20世纪90年代开始，中国开始了铁路高速化的艰难历程。

1994年12月22日，在深圳火车站举行了中国第一条准高速线路的开通仪式，在通车于1911年的广九铁路中的广深段（广州—深圳罗湖桥）开始运营了速度为160km/h的客运列车和70km/h的货运列车。广深准高速线路中预留了20～30km的高速试验段，最小曲线半径3000m，困难地段2600m。

此后，中国铁路开始了在既有铁路线路上，开始了提速的大举措。

1996 年 4 月 1 日，沪宁线由内燃机车牵引的“先行号”旅客快速列车，首次在既有铁路繁忙大通道上开行，时速 140km；10 月 1 日，又将时速提高到 160km。上海至南京 305km，旅行时间由过去的 4h 缩短为 2.5h 以内。

1996 年 7 月 1 日，京秦线开行了内燃机车牵引的“北戴河号”快速旅客列车，时速 140km，北京至北戴河的旅行时间由过去的 3h38min 缩短为 2h，其间最高试验速度达到 173.7km/h。同年 10 月 8 日，沈山线也实现了时速 140km 的运行速度，其间最高试验速度达 185km/h。

1996 年 12 月底，实现了郑州至武汉一段 55km 高速试验线路改造。1997 年 8 月，由我国韶山电力机车厂生产的 SS8 电力机车牵引的列车，试验中最高行车速度达到 247km/h。

秦沈客运专线是我国第一条专门运行旅客快速列车的线路，也是为修建我国高速铁路做准备的试验线路。秦沈客运专线于 1999 年开工，计划 2006 年 7 月 1 日开通运行。2002 年 12 月 21～28 日进行了第三次综合试验。12 月 27 日，于山海关至绥中北 DK50km 左右，由中华之星（3 动 2 拖）列车实现了 321.6km/h 的高速试验速度。

经过认真、周密的准备，自 1997 年 4 月 1 日开始，我国进行了 5 次既有线的高速化改造和提速：

（1）第一次：1997 年 4 月 1 日，最高时速 140km。

（2）第二次：1998 年 10 月 1 日，最高时速 140～160km。

（3）第三次：2000 年 10 月 21 日，重点是京九、陇海等线。

（4）第四次：2001 年 11 月 21 日，实施新列车运行图。

（5）第五次：2004 年 4 月 18 日，部分列车时速达 200km。

在此期间，我国在引进、消化和创新的基础上制造了一批高速动车组。为在全国大范围实施城际铁路高速化奠定了基础。此次推出时速 200～250km 的动车组，在集成、牵引、制动、车体、走行以及网络等关键技术上都有所创新。例如，我国生产的动车组，车体重量比传统客车减轻了一半，动车组的国产化率达到了 75%以上，可以说，中国人已经掌握了时速 200km 以上动车组的核心技术（见图 2－31）。

图 2－31　国产的高速动车组 CRH

2007 年 4 月 18 日，第一列中国高速动车组列车从北京开出，第六次铁路大提速宣告了我国城际铁路高速化的时代已经到来。按照我国铁道部的计划，第六次铁路大提速范围将覆盖 17 个省、市。因此，这次提速无论是时速 200km 线路的里程总量还是最高速度值，都已经走在了世界的前列。动车组列车以区域内的城际短途为主，以跨区域中心城市间中长途为辅，主要安排在白天运行。以北京、天津为中心的环渤海地区，以上海、南京和杭州为中心的长三角地区和以广州、深圳为中心的珠三角地区，以及济南—青岛、西安—宝鸡之间，密集开行总计 212 对城际间时速 200km 以上的动车组快速列车。在北京、上海、哈尔滨、沈阳、郑州、武汉、南昌和长沙等中心城市间，开行 45 对中长途时速 200km 以上的动车组快速列车。

第六次铁路大提速将在京哈、京沪、京广、京九、陇海、浙赣、兰新、广深和胶济等干线展开。时速 120km 及以上线路延展里程达到 2.2 万 km，比第五次大提速增加 6000km。其中，时速 160km 及以上线路延展里程达到 1.4 万 km，分布在京哈、京沪、京广、京九、武九、陇海、浙赣、兰新、广深和宣杭等干线；时速 200km 线路延展里程达到 6003km，分布在京哈、京沪、京广、陇海、武九、浙赣、胶济和广深等干线，其中京哈、京广、京沪和胶济线部分区段时速达到 250km。通过返次提速，铁路客货运输能力将分别增长 18%和 12%，这标志着我国铁路既有线提速将达到世界先进水平。

动车组的列车开行将分三个阶段逐步到位：到 2007 年年底，全国铁路将有 480 列时速 200km 及以上的国产动车组上线运行；预计到 2008 年年底，我国将再有 120 组以上的动车组投入运行，预计能够开行的动车组列车在 600 列以上；到 2010 年，将有 700 列时速 200km 及以上的动车组和 1500 台以上的大功率机车装备中国铁路，覆盖主要干线。

随着各大城市高速列车运行管理水平和行车密度的提高，城际高速列车公交化将成为我国城市轨道交通一个重要的组成部分。

思　考　题

1. 轨道交通的主要形式有哪几种？
2. 地铁、轻轨和有轨电车最主要的区别是什么？
3. 城市缆车有哪几种？各有什么特征？
4. 独轨交通系统有哪些特点？
5. 城市快速运输系统包括哪些内容？各有什么特点？
6. 城际高速铁路能否成为城市轨道交通系统的一部分？为什么？
7. 我国铁路第六次大提速有什么重大的意义？

【第二篇　土　建】

第三章　城市轨道交通线网规划

轨道交通项目是一个城市百年大计的公益性基础设施，它投资巨大、涉及面广、综合性强，一旦建成就难以改建，轨道交通建设对城市土地利用、交通结构、经济发展以及城市环境都会产生巨大的影响，这些因素决定了轨道交通前期规划的极端重要性。轨道交通线网规划是轨道交通前期规划的一项重要内容，是保证轨道交通建设科学性、合理性、经济性和可操作性的关键环节。

世界城市轨道交通的发展已有100多年的历史，但有资料表明，过去国外一些城市对线网规划的研究不太系统，曾经走过一些弯路。例如，在欧美国家的一些城市有在一条街道下敷设五六条线路的不合理现象，虽然这些城市目前已经普遍意识到没有科学的长远

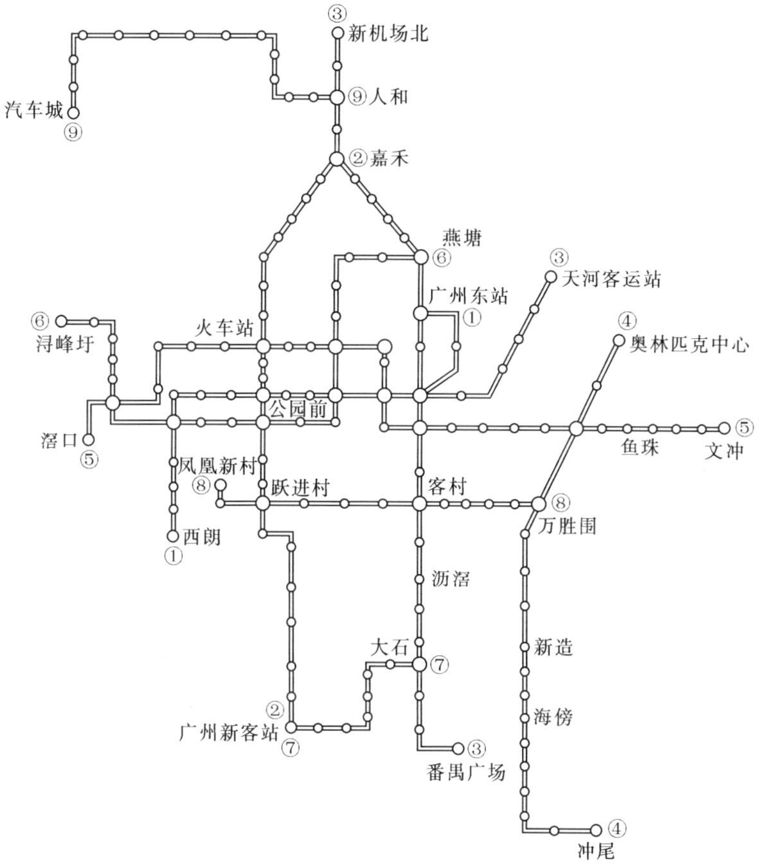

图3-1　广州市城市轨道交通2010年网络规划图

规划所带来的“贻害”，但限于线网已经形成规模，这种规划的完善也仅仅是“补丁”式的。我国对轨道交通线网的规划研究相对开展较早，自20世纪50年代开始就比较注重线网规划工作，但真正意义上的线网规划始于1997年由北京城建设计研究院主编的《广州市城市轨道交通线网规划》。在随后的近10年内，我国城市轨道交通线网规划迅速发展起来。图3-1为广州市城市轨道交通2010年网络规划图。

第一节 线网规划的基本原则和主要内容

城市轨道交通系统是一个庞大而复杂的系统，具有不可逆性。因此，合理规划线网是十分重要的。线网的合理与否，将直接影响城市的综合交通结构、城市轨道交通系统的经济效益和社会效益。

一、线网规划的意义和作用

城市轨道交通线网规划是城市总体规划中的一项专项规划，是指在城市的总体规划和城市综合交通规划的基础上，来确定城市轨道交通系统的整体合理性和科学性的系统体系。其意义和作用主要体现在以下几个方面。

（一）引导城市可持续发展

城市总体规划中的一项主要内容就是城市结构形态和土地发展规划，而城市轨道交通线网规划作为城市总体规划中的一项专项规划，必须支持城市总体规划的实施和发展。城市轨道交通项目的建设，必将影响城市空间结构的发展，对城市土地的发展具有强大的刺激作用。以中国台湾地区的轨道交通线路为例，在线路两端的吸引范围内，高楼耸立，土地利用率高，如图3-2所示。

图3-2 轨道交通建设对城市土地的刺激作用示意图

（二）提供轨道交通工程立项依据

城市轨道交通系统的建设大体可分为立项、可行性研究、初步设计、施工图设计、工程项目建设、运营接管和正式验收这几个阶段。在第一阶段——立项报告中，应当阐明立项的目的和依据，其中线网规划就是最重要的立项依据。一个合理的线网规划，可以为政府部门提供可靠的决策依据。

（三）强调轨道交通系统的整体性

城市轨道交通线网是所有轨道交通线路共同组成的整体网络，而轨道交通单线的建设，基本上是“建设一条线、研究一条线”，强调本线的合理性，忽视线网整体的科学性。线网规划以轨道交通系统的经济效益和社会效益为着眼点，强调的是轨道交通系统整体的合理性和科学性。

（四）改建轨道交通项目非常困难

城市轨道交通建设投资巨大，影响深远，轨道交通项目一旦建成，改建和扩建项目将是非常困难的。因此，在轨道交通项目正式动工前，做好相应的规划工作是十分重要的。轨道交通线网规划是保证轨道交通项目建设可操作性和合理性的关键。

二、线网规划的主要原则

迅速有效地运送客流是轨道交通建设最直接的目的。作为城市公共交通骨干地位的轨道交通系统，要最大限度地满足居民的出行需求，改善城市交通拥堵的现状，提高轨道交通的分担率。因此，线网的规划要遵循一定的原则。

（一）线网布设要与城市主客流方向相一致

城市轨道交通首先要满足的是居民现在和未来的交通需求，解决城市交通拥堵、居民乘车难和出行时间长等问题。因此，线网规划应研究城市现状和未来土地发展方向、城市结构形态、人口分布特点、就业岗位分布特征、道路交通情况等，目的是了解和预测城市现状和未来居民出行的主客流方向，使轨道交通能最大限度地承担交通需求大通道上的客流，真正实现轨道交通的骨干作用，提高轨道交通的经济效益和社会效益。

（二）规划线路要尽量沿道路主干道布设

城市道路主干道空间开阔，也是客流汇集的地方。轨道交通线路沿着道路主干道布设，不仅可以方便施工，大大减少工程量和拆迁量，对居民生活的干扰也相对较小；而且轨道交通车站分布也往往在主干道附近，有利于地面公交和轨道交通之间的换乘，方便居民出行。例如，上海轨道交通 2 号线的建设就是沿着天山西路、南京西路、南京东路和世纪大道等道路主干道布设的。

（三）规划线路要尽量经过或靠近大型客流集散点

大型客流集散点主要有对外交通枢纽站（如火车站、飞机场、码头和长途汽车站等）、文化娱乐中心（如足球场、大剧院等）、商业中心、大型生活居住小区、大学城和大型生产厂区等，轨道交通线路要尽量经过或靠近这些客流集散点，一来可以增加轨道交通客流，二来方便居民直达目的地，减少换乘，提高可达性。

（四）线网规划要考虑资源共享

一个城市规划的轨道交通线路往往长达数百公里，规划的轨道交通线路也有数十条或十几条之多，考虑到城市用地的局限性，往往会将轨道交通各种资源的共享，即两条或多条轨道交通线路合用同一资源，如车辆段和牵引变电站等。下面以车辆段为例说明资源共享问题。车辆段（场）是轨道交通车辆停放和检修的场所，占地面积大。在轨道交通建设初期，一条轨道交通线路通常配一个车辆段，但随着轨道交通建设线路条数的增加，受城市用地的限制，每新建一条轨道交通线路就增加一个车辆段较难实现。这就要求在线网规划阶段，统筹考虑车辆段在整个轨道交通线网中的位置和规模，以及车辆段与各条正线之间的联络线。

三、线网规划的范围和年限

一个城市按照区域位置来划分，通常可以分为中心城区和周边郊区。轨道交通线网规划的范围，应覆盖整个城市的区域范围。线网规划的范围，还应进一步明确重点研究范围，在重点研究范围内，轨道交通线路一般要加密。根据城市的具体特点，重点研究范围一般选择城市中心区域。

从规划年限来看，线网规划一般可以分为初期规划、近期规划和远期规划。初期规划主要研究规划年限内将修建线路的具体走向，其规划年限一般为5～10年；近期规划主要研究线网中线路的修建顺序，以及轨道交通线路的建成对城市发展的影响，其规划年限一般为20～25年；远期规划是根据城市总体的远景发展规划、城区用地控制范围、预测的远景城市人口规模和就业分布等基础资料，预测所需的未来城市轨道交通规模，其规划年限一般为50年。

线网规划考虑的年限越长，研究涉及的范围越广，得到的结果也更为宏观，因而应遵循“近期宜细，远期可粗”的规划原则。

四、线网规划的主要内容

城市轨道交通系统投资大、建设周期长，对社会影响深远。如何确保城市轨道交通系统良好的社会效益和经济效益，科学、合理地制订线网规划是至关重要的一步。

线网规划涉及的专业面广，综合性强，技术含量高。从实践操作来看，线网规划的主要内容可以分为三部分：背景资料的调查、线网构架的研究和线网实施规划的研究。

（一）背景资料的调查

线网规划的背景资料主要是指城市总体规划和城市综合交通规划情况。调查的城市总体规划背景资料具体包括城市的经济现状和经济增长能力、城市现状和未来土地的发展方向、城市结构形态、城市现有人口数量和分布特点、未来各年限预测的人口数量和分布情况以及城市现有和未来的就业岗位分布等。调查的城市综合交通规划背景资料具体包括城市各项相关的交通政策、城市对外交通的现状和未来分布特征、城市现有的道路线网情况以及各种城市交通方式的现状及未来期望的出行分担率情况等。除此之外，还应调查的资料包括城市工程地质情况、城市文物古迹的分布情况等。

线网规划所需的背景资料涉及面广，包括了各个领域的方方面面，其中还有一部分资料具有不确定性。因此，调查所得的资料要进行反复分析和论证，最大限度地确保资料的可靠性和有效性，从中总结出指导线网规划的技术政策和规划原则。

（二）线网构架的研究

线网构架研究是线网规划的核心内容。这部分研究主要以理性分析为主，主要内容包括：线网合理规模的研究、线网方案的构思、线网方案的客流分析以及线网方案的综合评价。通过匡算线网的合理规模，分析线网的形态结构，测试线网的客流情况，确定初步的线网方案。对确定的线网方案再进行反复评价和优化，最终确定较优的规划方案。线网构架研究涉及的知识面广，理论性强，在以下章节中将重点介绍。

（三）实施规划的研究

线网构架研究所确定的较优的规划方案要最终能得以实施，还需进一步研究实施规划。城市轨道交通系统专业性很强，线网是否可行受很多工程和经济条件的限制，往往一个条件不能满足就影响整个系统建设的可行性，因此，必须以方案规划的形式提出具体的安排。实施规划是城市轨道交通规划可操作性的关键，主要研究内容包括建设顺序、工程条件和附属设施的规划。具体内容包括各条轨道交通线路的建设先后顺序、线路的敷设方式、主要换乘节点的方案研究、附属设施（如车辆段）规模大小和具体选址研究、城市轨道交通线网的运营管理规划、联络线分布研究以及城市轨道交通与其他交通方式之间的衔接和换乘等。由于规划可实施性研究是保证线网可行性的重要因素，因此，这部分研究与之前的方案构架研究是一个循环过程。

五、线网规划的技术路线

线网规划涉及的影响因素众多，而各因素之间又相互影响，仅仅靠专家经验和少数几次定性定量分析是难以获得满意的线网方案的，必须在“方案设计—分析评价—比较筛选”的循环过程中，有效地将定性分析和定量分析有机结合起来，不断提高规划者自身的认识，最终得出更有价值的线网方案。技术路线是线网规划的基本程序和主要指导思想，它体现了线网规划各阶段的工序流程，反映各工序之间的逻辑关系、研究内容和阶段成果。要做好线网规划，必须首先确定正确的技术路线。线网规划工作的一般技术路线如图 3－3所示。

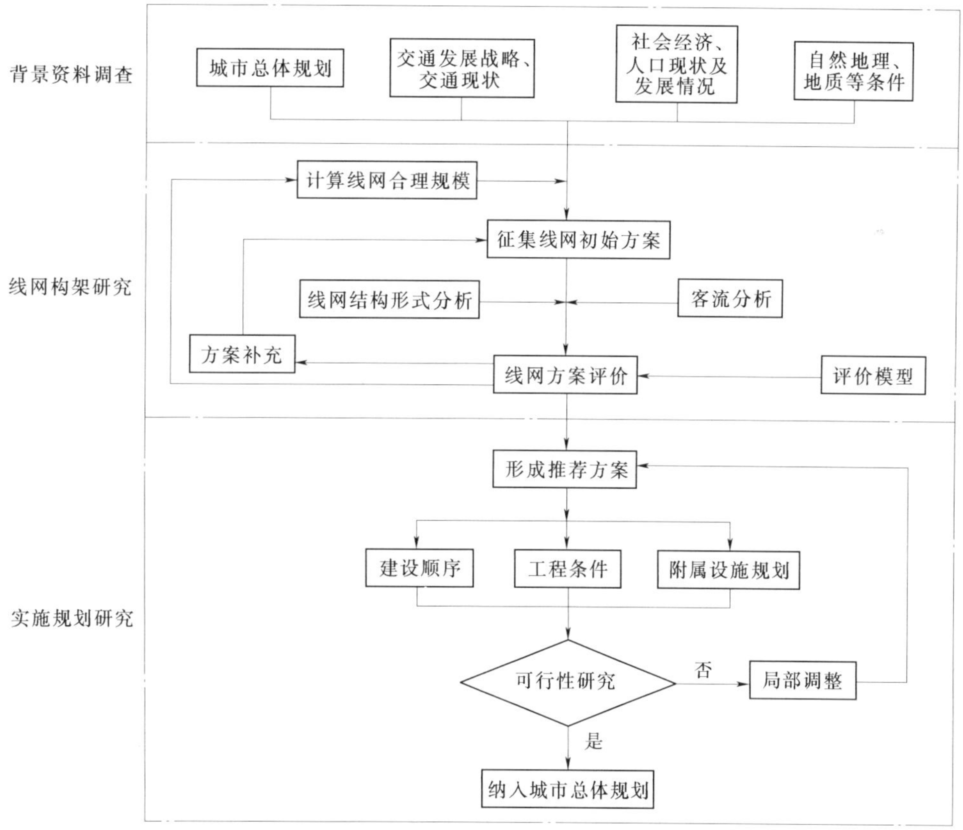

图 3－3　线网规划的技术路线

第二节 城市轨道交通客流预测

一、城市轨道交通客流形成机理分析

城市客流主要取决于城市土地利用空间布局和交通组织，在供应满足的条件下，在城市的土地利用布局规划确定后，城市客流的产生和分布就客观存在了。一般而言，城市轨道交通客流包括以下三部分内容。

（一）趋势客流量

随着社会化程度和居民生活水平的提高，人们的社会活动也逐步增加。趋势客流量就是指随着社会的发展，轨道交通车站及沿线正常增长的客流量。

（二）转移客流量

转移客流量是指由于城市轨道交通所具有快速、准时、安全和方便等优点，而从其他交通方式转移过来的客流量。转移客流量最大的可能来源于部分本来选择常规公交以及自行车出行的出行者。而且，相对于小汽车的出行，轨道交通的出行成本较低，因此，还有部分客流量是从小汽车出行方式（主要以出租车为主）转移过来的。

（三）诱增客流量

诱增客流量是指由于轨道交通线路的建设促进了沿线土地的开发、人口的集聚，使区域之间的可达性提高、服务水平提高，居民的出行强度增加而诱增的客流量。最直接的体现是居民可能会选择“住在郊区、工作娱乐在市中心”的生活方式。

二、客流预测的意义和目的

目前，通过数学手段预测得到的未来设计年度的客流量，称为预测客流量，它具有阶段性、近似性和增长性等特点。城市轨道交通预测客流量是城市轨道交通投资决策的基础，决定一个城市是否有必要建设轨道交通及其建设规模和建设时期等问题的前提是客流需求的发展趋势，只有具备足够大的客流需求量，建设轨道交通才是合理的。具体来说，城市轨道交通客流需求预测结果将为以下几个方面的决策提供重要依据：

（1）轨道交通建设的必要性和迫切性。

（2）轨道交通制式和车辆选型。

（3）轨道交通系统设计能力、列车编组、行车密度和行车交路的确定。

（4）车站基本规模、站台长度和宽度、车站楼梯和出入口宽度的确定。

（5）机电设备系统的选定及其容量和用电负荷的确定。

（6）售检票系统制式和规模的选定，拟定票价政策。

（7）运营成本核算和经济效益评价。

轨道交通客流预测的目标是系统建成通车后可能吸引的客流规模和时空分布，具体指标包括轨道交通客运总量、客运周转量、各站上下车人数、各线路之间换乘人数、区间上下行客流量和高峰小时运量等。这些指标是轨道交通设备配备和车站设计的基本依据，也是评价轨道交通线网规划优劣的重要依据。

三、客流预测的难度

客流需求预测又是衡量建设项目经济成本、预测建设项目投入运营后经济效益的关键依据指标，有了科学合理的预测，才能对项目成本效益作出正确的评估，否则一旦经济评估失真，就会导致投资决策的失误。

但是，经过对近年来各城市轨道交通线路的客流预测结果与实际运营客流统计值的比较，发现两者结果相差较大，并非令人满意。其主要原因大致可归纳为以下几点。

（一）城市发展带来的不确定因素

客流预测必须以城市发展规划为依据。城市范围和结构形态、用地分布性质、人口分布数量、居民和流动人口的出行量等，均为预测的基础数据。这些数据都是来自城市总体规划。而城市规划一般只做10～20年的近期和远期建设规划；虽然也做远景规划，却是长远性和宏观性的规划。经验告诉我们，城市发展过程是难以控制的，规划不等于实施，往往是规划超前于实施；但也有规划落后于实施的情况。因此，城市规划总是要不断地进行调整修改，是属于动态规划。由此可见，客流预测依靠城市发展过程中难以稳定的规划为工作背景，必将造成预测结果与将来的实际状况有一定差异。这种差异是难以估计的。

（二）预测技术尚需改进完善

城市轨道交通项目，从工程立项开始至建成通车，一般需要5年，然后再预测通车后25年的远期客流规模，总共要预测30年的客流。时间跨度大就难以掌握城市发展中的政策、经济和人们活动的规律，不确定因素太多。同时，由于这项技术尚处于不断发展研究之中，积累资料不足，数学模型和预测技术尚未定型，还需不断改进完善，对预测数据的把握以及评价标准上，都有很大的难度。

（三）票价的竞争性和敏感性对客流量的波动性

乘客的消费观念和对票价的承受能力是难以控制的活动因素。尤其在市场经济条件下，城市交通中各种交通方式的存在，必定会与轨道交通形成竞争局面。对于乘客来说，需要在时间与票价之间进行权衡和选择，目前的关键还是在于票价。但是，在客流预测时，可以对需求进行预测，但很难对票价进行准确的定位，也很难对客流量的竞争性和敏感性进行数量级的准确分析，这需要长年在运营中不断积累和探索。国内外运营经验证明，票价对客流具有较大的敏感性，同时也说明票价对客流具有可调节性和可控性，这一点值得重视。

（四）线网规划不完整，线路总体规模不明

对城市轨道交通线网规划工作仅仅是在近几年才有了一个比较全面的认识。线网规划总是随城市总体规划而动态变化，有时也会发生局部调整。一般来说，由于城市中心区建设的形态和规模应该是比较稳定的，对于城市远景发展规模也是相对稳定的，这为城市轨道交通线网规划提供了基本条件。事实上，有些城市对于线网规划还缺乏深层的研究，线网规划内容还不完整，对城市结构形态发展认识不足，造成各条线路建设的起终点和走向有很大的随意性，缺少严肃性。单条线路和整体线网关系模糊，往往会造成线网规划不稳定。线网总体规模不明，造成各条线路之间关系变化不定，尤其对已建线路的客流影响很大，使原预测的客流量值在量级上发生“质”的变化。这种情况已在国内发生过多例，应引起重视。

综上所述，由于客流预测是一门新生的预测学，也由于它对城市规划有极大的依赖性，对乘客的思维和行为又只能规划导向而不可强制，对客流量也仅能预测其合理的需求，淡化未来的票价政策及其影响。因此，客流预测成果要做到绝对准确是不现实也是不可能的，只能做到在预定的城市规划条件下，具有相对的可信性，因而存在较大的风险。因此，在实际工作中，对预测结果应采取十分谨慎的态度，并加强定性定量的综合分析论证，以提高客流预测结果的可信度和精确度。

四、轨道交通客流预测模式和方法简介

自20世纪70年代以来交通规划技术传入我国，运用定量的方法进行科学的预测已成为规划的主要手段。城市轨道交通客流预测发展至今，主要经历了4种模式阶段，即“虚拟现状轨道”模式、“远期轨道交通推算”模式、“四阶段预测”模式和非集聚模式。下面简单介绍各预测模式。

（一）“虚拟现状轨道”模式

“虚拟现状轨道”模式的主要思路是将相关的公交线路的现状客流和自行车流量，向城市轨道交通线路转移，得到虚拟的现状轨道交通客流。然后按照相关公交线路的历史资料和增长规律，确定轨道交通客流的增长率，推算远期轨道交通需求客流量；或者由公交预测资料，直接转换为远期城市轨道交通客流量。

“虚拟现状轨道”模式属于早期的预测模式，受其原理的限制，以现状公交为预测基础，对现状交通特征的反映较为片面，无法考虑城市规模、交通设施和出行结构等因素的变化，特别是我们大城市正处于交通快速发展期，未来的交通状况很可能与现状相比有较大的变化，因此精度较低，但由于操作简单，所以常用作其他模式预测后的比较验证或定性分析的辅助手段。

（二）“远期轨道交通推算”模式

“远期轨道交通推算”模式是基于现状客流分布（OD分布）的预测模式，它的主要思路是通过居民出行调查，掌握现状全方式的出行分布，虚拟出“现状”轨道交通客流，并推算其站间客流，然后按照相关公交线路的历史资料和增长规律，确定轨道交通客流的增长率，推算“远期”轨道交通需求客流量。

“远期轨道交通推算”模式的预测基础为城市客流分布资料，对客流出行现状特征的反映比较全面，因此预测精度有所提高，适用于城市布局结构变化不大、客运交通发展相对稳定的城市。

（三）“四阶段预测”模式

“四阶段预测”模式也是基于现状客流分布（OD分布）的预测模式，它的主要思路是通过居民出行调查，掌握现状全方式的出行分布，在此基础上，预测未来年限的全方式出行分布，然后通过交通方式划分、交通分配，得到出远期轨道交通客流量。

“四阶段预测”模式遵循交通需求预测的“四阶段”，即出行产生、出行分布、方式划分和交通分配，故称为“四阶段”模式。该模式结合土地利用规划分析城市轨道交通客流，能较好地反映城市远期客流的分布，且精度相对较高，但对数据要求高、操作复杂。近年来我国城市的轨道交通客流预测一般都属于这一模式，并成为该领域的发展方向。

（四）非集聚模式

非集聚模式又称为交通特征模式，它以实际产生交通活动的个人为单位，对个人是否进行出行、去何处、利用何种交通工具以及选择哪条路线等活动分别进行预测，并按出行分布、交通方式和交通线路分别进行统计，得到交通需求总量的一类预测模式。

非集聚模式在理论上利用了现代心理学的成果，引入了随机效用的概念，其核心是效用最大化理论。它着眼于研究出行者个体的出行行为。非集聚模式相比传统模式的优势是有明确的行为假说、模式的一致性好、模式标定所需调查样本少、模式有较好的时间和地区可转移性等特点，但目前该预测模式在实际运用上还不够成熟。

五、"四阶段"交通需求预测模式简介

交通需求预测的技术领域很广，本书中仅介绍国内外比较常用的"四阶段"交通需求预测模式。

"四阶段"交通需求预测系统一般由 4 个子模式组成：出行生成、出行分布、方式划分和线网分配。出行生成预测是指对每一个小区产生的和吸引的出行数量的预测，亦即预测发生在每一个小区的出行总数量，换言之，出行生成预测是预测研究对象地区内，每一个小区的全部进出交通流，但并不预测这些交通流从何处来到何处去；出行分布预测是指从起点小区到终点小区（OD）的交通量的预测；方式划分预测是指对每组起点、终点间

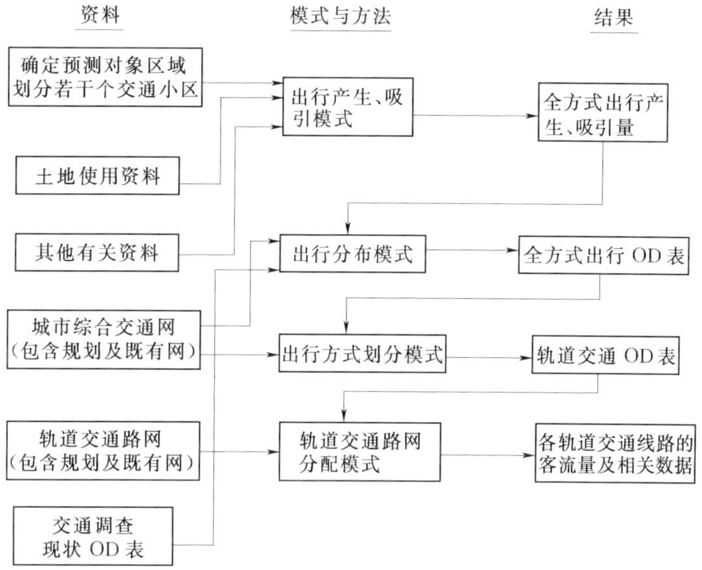

图 3-4　"四阶段"交通需求预测模式

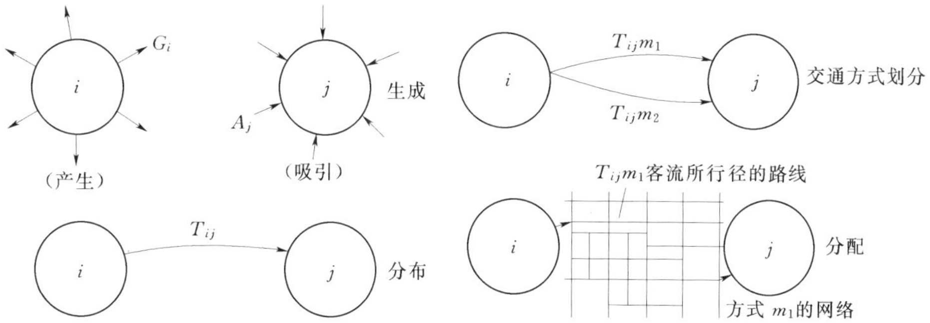

图 3-5　交通需求预测的顺序建模步骤

各种可能的交通方式（如地铁、公共汽车和自行车等）所承担的比例的预测，即决定出行者采用何种交通方式出行；线网分配是指将每种交通方式的起点、终点（OD）之间的客流量，通过各自有关的模型网络分配在出行的特定线路上。4 个子模式形成一个序列，前一个子模式的输出结果为后一个子模式的输入数据，最后的子模式提供从起点到终点以及采用某种交通工具行走某条路线的交通客流的预测结果。这个预测模式简明易懂，使用方便。

“四阶段”交通需求预测模式如图 3－4 所示，它相应于一个连续的决策过程（见图 3－5）。图 3－5 表现了人们决定进行一次出行（生成）、决定去何处（分布）、决定利用什么交通方式（方式划分）和决定选用哪条线路（分配）的一个过程。其预测过程的一个简单示意图如图 3－6 所示。

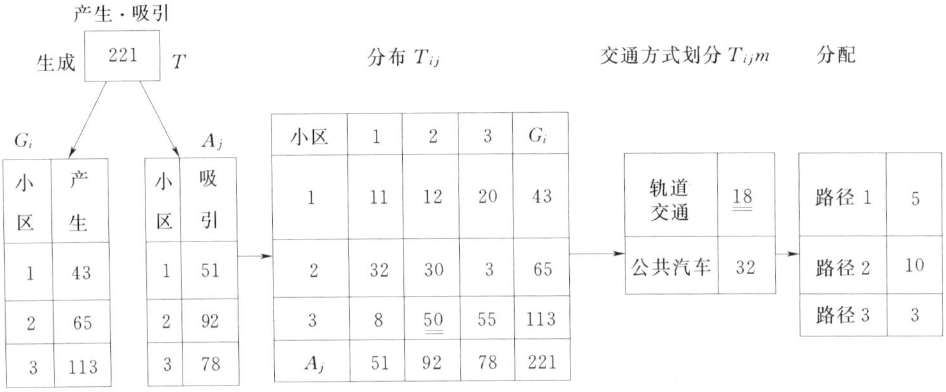

图 3－6 基于“四阶段”交通需求预测模式的轨道交通需求预测过程示意图

第三节 线网方案和规模研究

自 1863 年世界上第一条地铁问世以来，世界上已有 100 多个城市拥有城市轨道交通。由于不同的城市地理状况和社会经济条件以及建设城市轨道交通年代的不同，各城市轨道交通线网的形式也各不相同，各具特色。从直观上看，各城市的轨道交通线网形态千姿百态，曲直无序，几乎找不到两个一样的线网形态。然而，在形态各异的线网形态中，又总有一些近似或类似的结构形态。

一、线网方案的结构形态

通过分析、比较世界上各城市的轨道交通线网，参考城市道路网络的结构形态，运用几何学、图论和数学形态学的基础知识，从中可以归纳出一些组成线网的基本几何单元，而这些几何单元都是由轨道交通线路组成的。

（一）放射单元

放射单元是所有轨道线路经过城市中心区域或 CBD 区域，或由从这些区域放射出的一组轨道交通线路组成。根据轨道交通线路相交情况不同，可以细分为一点集中放射型、中心地区放射型和中心放射型，如图 3－7 所示；根据轨道交通线路放射均匀程度不同，又可细分为均匀放射型、扇形放射型、两侧放射型和多侧放射型，如图 3－8 所示。

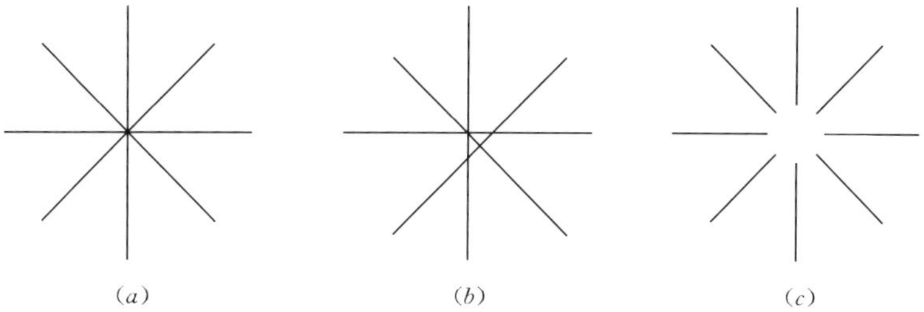

图 3-7　按线路相交情况不同进行划分的轨道交通线路放射单元形式

(a) 一点集中放射型；(b) 中心地区放射型；(c) 中心放射型

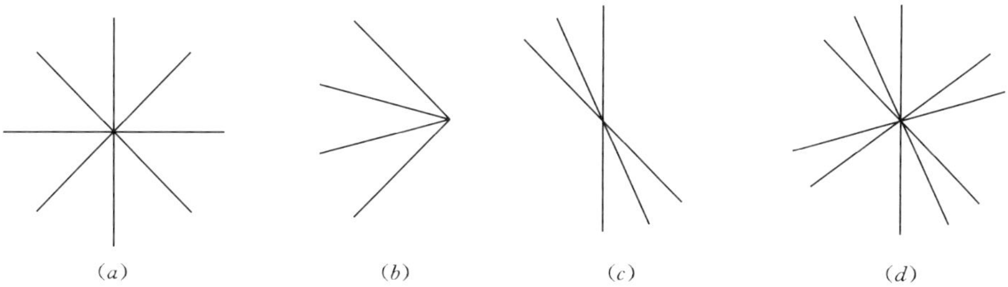

图 3-8　按线路放射均匀程度不同进行划分的轨道交通线路放射单元形式

(a) 均匀放射型；(b) 扇形放射型；(c) 两侧放射型；(d) 多侧放射型

放射单元是城市外围地区与城市中心区域或 CBD 区域之间最快捷的轨道交通线路形式，大大缩短了外围地区到市中心或 CBD 区域的时间，提高了市中心和 CBD 区域的可达性。这种形式的轨道交通线路往往作为城市的主要通勤线路，外围地区线路吸引范围内聚集了大量居民住宅，中心地区线路附近商业利用率很高，因此线路的通勤客流量很大，常有较好的运营效益。但放射单元的轨道交通线路集中于城市中心区，使得中心区域承担的交通压力较大，同时缺乏城市外围地区之间直接的线路联系。

(二) 网格单元

网格单元是由两组平行的轨道交通线路相互正交或接近正交形成的方格网状，如图 3-9 所示。这种线网单元线路布设均匀，平行线路多，线路顺直，线路交叉点多，适用于发展均匀、街道为棋盘式布局的城市。但网格单元布局的线网形态、平行线间的连通性较差，需要两次换乘才能实现，且整体的运输效率较低。

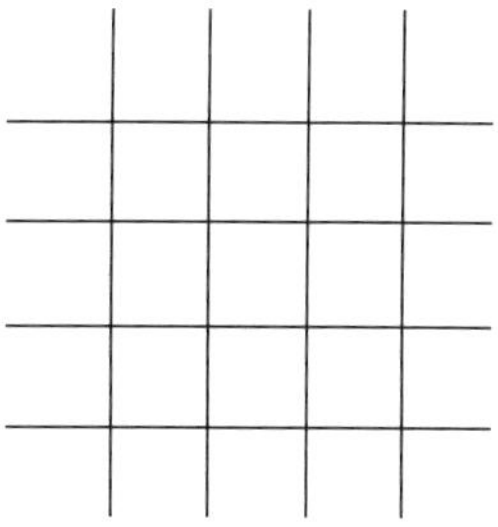

图 3-9　轨道交通线路网格单元形式

(三) 环线单元

环线单元是由一条、两条或多条线路共同组成的闭合线路，其形态既可以为环状，也可以为矩形。一般情况下，环线单元是轨道交通线网高级发展的产物，主要设置在城市内外围地区交界处，其作用是建立与其相交线路之间的换乘联系，疏解市中心区域客流。

运用上述三种线路几何单元，或对其进行组合，即可得到城市中最常见的、最基本的轨道交通线网形态。下面对几种常见的线网特征进行简单分析。

1. 无环放射结构形态

无环放射结构形态的轨道交通线网是由城市某一区域（如城市中心区域或 CBD 区域）为核心，在全方位或一个或多个扇形区域，对称或不对称的放射发展，所有轨道交通线路交汇于一点或中心的结构，其交汇点往往为大型换乘中心。采用该结构形式的城市，郊区乘客可直达市中心，而且由一条线到其他任意一条线，只需一次换乘即可到达目的地，换乘次数最少，乘客非常方便，但由于没有轨道交通环线，使得郊区之间的联系不便。

该结构形态是由轨道交通线路从城市中心区域向外放射而成，如果轨道交通线路都集中经过城市同一地方，容易造成该地方客流组织混乱，并增加施工难度和工程造价。因此，在实际轨道交通线网规则中，一般将多线线路的一点集中交汇改为在一定区域范围内的多点交汇，形成若干的“X”形、三角形线路关系，如华盛顿就采用了这种结构形态，在城市中心区域形成两两相交的形式，如图 3－10 所示。有时为了方便乘客在多个车站之间的换乘，会在这特定区域范围内增设一条半径很小的环线，如芝加哥就采用了这种结构形态，如图 3－11 所示。而这条小半径环线在性质上有别于上述提到的环线单元，其作用是方便小范围区域内乘客的换乘。

图 3－10　华盛顿轨道交通线网形式[1]

采用无环放射结构形态的城市较多，比较有代表性的城市有波士顿，它以市政府和

[1] 为借鉴国外城市轨道交通规划方面的先进经验，本教材选用了部分国外重点相关城市的轨道交通线路图。由于图中线路沿途站点众多，为确保图中站点名称的准确性，且因读者重点参考的是轨道交通线网的规划和整体布局，因此对这部分图中的各站点名称未做中文翻译。特此说明。

CBD为核心，轨道交通线路在南—北、西北—东南和西南—东北方向对称放射布设。但在实际中，有些城市由于自然、地理条件的限制，如天然的湖泊、山脉的存在，阻断了城市向四周均匀发展，故轨道交通线路也不能均匀布设，即线路放射程度不均匀，有扇形放射的，如芝加哥，由于密歇根湖的存在，轨道交通线网采用扇形放射，如图3-11所示；也有向两侧放射布设轨道交通线路的，如斯德哥尔摩，由于水域的分割，城市分为南北两部分，因此轨道交通网络也就采用以水为界向南北两侧放射的结构形态，如图3-12所示。

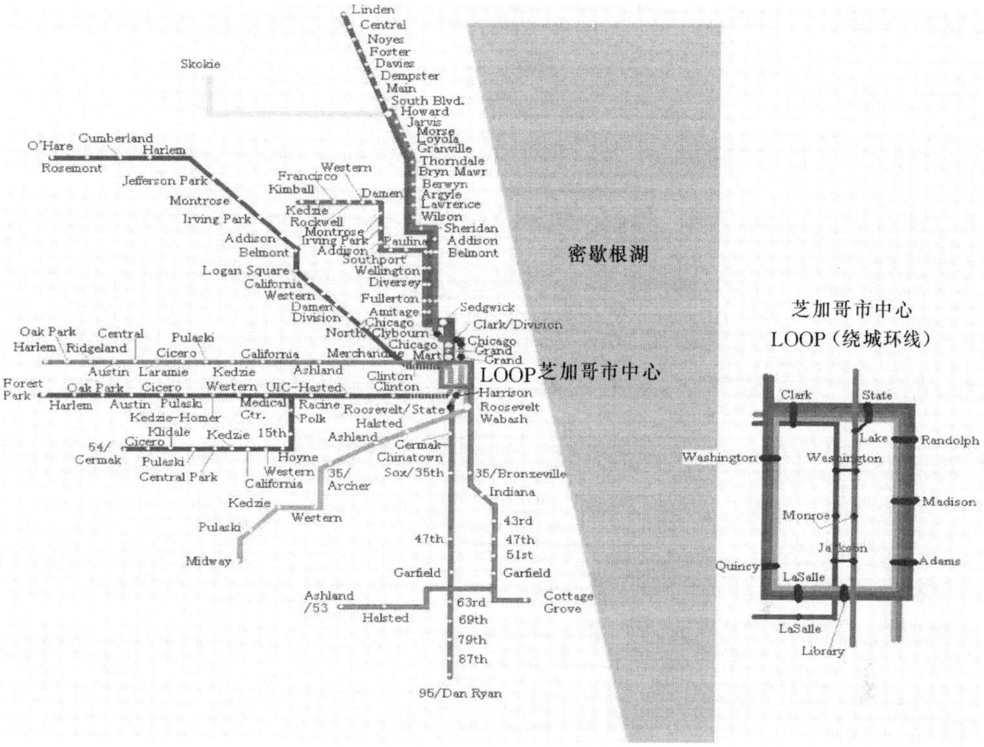

图3-11　芝加哥轨道交通线网形式

2. 网格结构形态

网格结构形态有时又称为“棋盘式”结构形态。这种形式的线网线路分布比较均匀，客流吸引范围比例较高；线路按纵横两个走向，多为相互平行或垂直的线路，乘客容易辨识方向；换乘站较多，纵横线路间的换乘方便，线网连通性好。但这种线网形态最大的缺点是没有通达市中心的径向放射线，郊区到市中心的出行常需换乘，且平行线路之间换乘比较麻烦，一般需要换乘两次或两次以上。在相同的线网规模下，网格式线网的吸引范围要比放射式线网的低。

这种线网形态适合于人口分布比较均匀，市区呈片状发展而街道呈棋盘式布局的城市。目前，世界上已建有轨道交通线路的城市中，采用这种线网结构的并不多见，其中比较有代表性的城市是墨西哥城。墨西哥城的轨道交通线网有4条南北向线路、4条东西向线路和1条斜向线路组成，其间有两条线路为了增加与平行线路之间的交叉机会而呈L形，如图3-13所示。

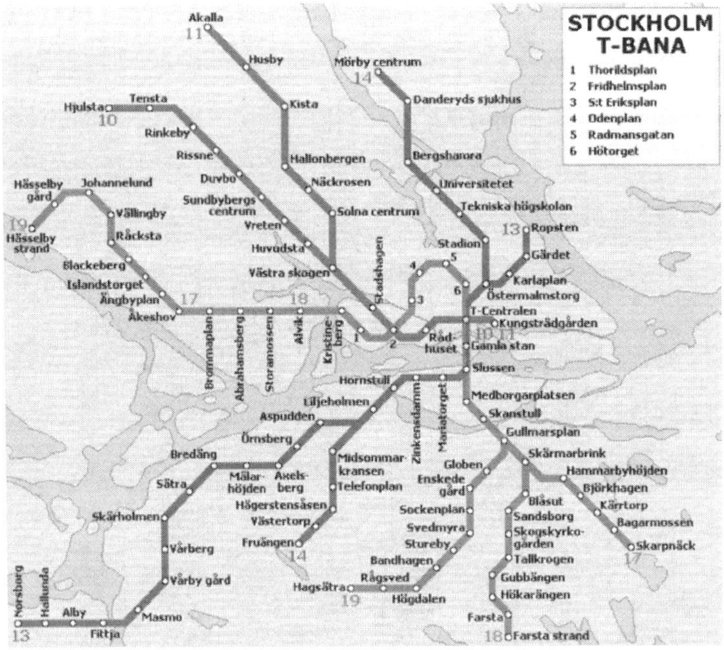

图 3－12 斯德哥尔摩轨道交通线网形式

图 3－13 墨西哥城轨道交通线网形式

3. 有环放射结构形态

有环放射结构是在无环放射结构的基础上增加环行线而成的，其环行线一般与所有放射线路交叉。有环放射结构是对无环放射结构的改进，因而该线网结构既具有无环放射式线网的优点，又克服了其周边方向交通联系不便的缺点，方便了环行线上的直达乘客和相邻区域间需要换乘的乘客，并且环行线能截流郊区之间的客流，疏解市中心区的交通压力。

这种形式的线网对城市居民的使用最为便利。当城市因其郊区发展成市区后，这种形式的线网也便于有效地扩展。世界上许多城市的轨道交通线网都采用了有环放射结构，如莫斯科、伦敦等。莫斯科轨道交通线网是由 1 圆形环行线和若干放射线组成的，8 条放射线由 4 条直径线和 4 条半径线组成，向 12 个方向辐射，伸入到城市各端的居民区和工业区，各线路在城市中心区交叉形成三角形，交叉点都为换乘中心，如图 3－14 所示，该线网缓解了莫斯科市中心区交通拥挤的压力，轨道交通部门也取得了良好的运营效率。伦敦也采用相似的线网形式，不同点在于其环行线是矩形的，如图 3－15 所示。

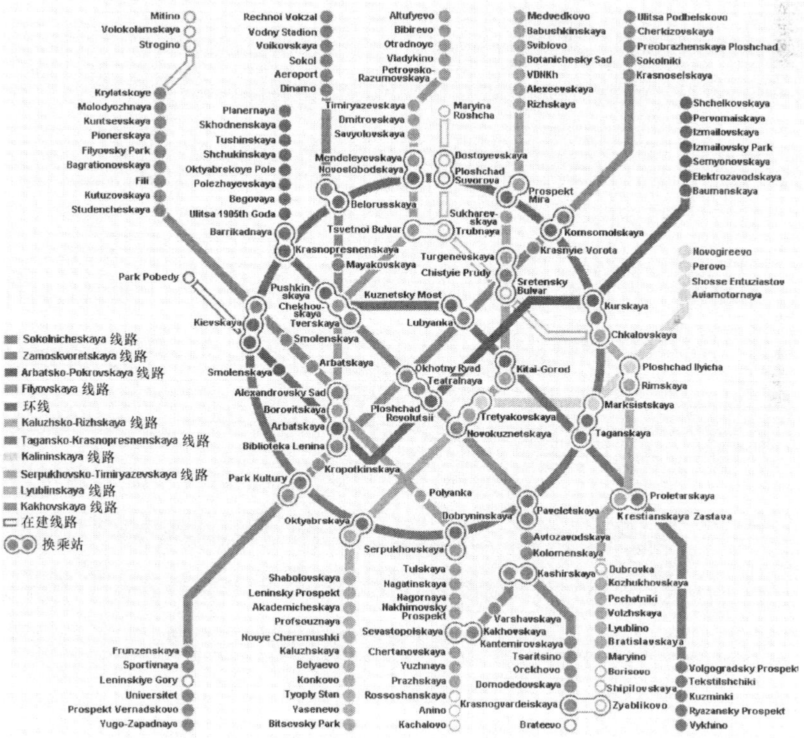

图 3－14 莫斯科轨道交通线网形式

值得一提的是，城市轨道交通环行线截流城市外围之间客流的作用往往受换乘条件的限制，其作用不如道路交通网络中环行线的那么明显。城市轨道交通环线的客流取决于环行线自身串联的客流集散点的规模。例如，日本东京著名的山手环行线，全线串联了 20 多座城市轨道交通和铁路车站，所以它始终具备较高的客流，如图 3－16 所示。而广州在规划城市轨道交通线网时，曾根据城市特点，提出过几个在不同位置设置不同规模的环行

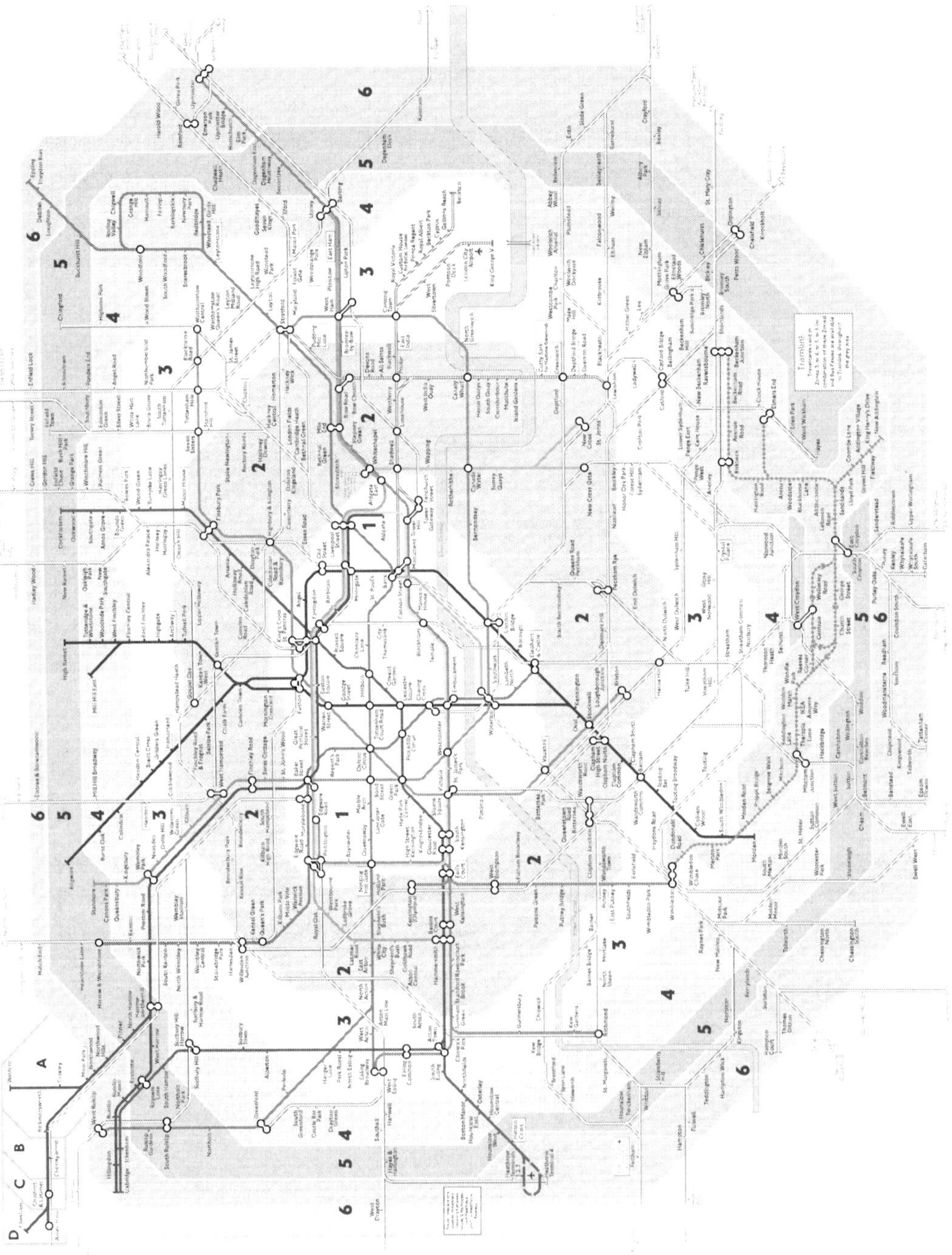

图 3－15 伦敦轨道交通线网形式

线的比较方案，但这些环行线方案在进行模式测试后，普遍存在客流不高、平均乘距明显低于其他线路的特点，环行线最终被否定。因此，城市轨道交通线网规则中设置环行线必须进行充分研究，不能为了具备环行线而去专门设置。

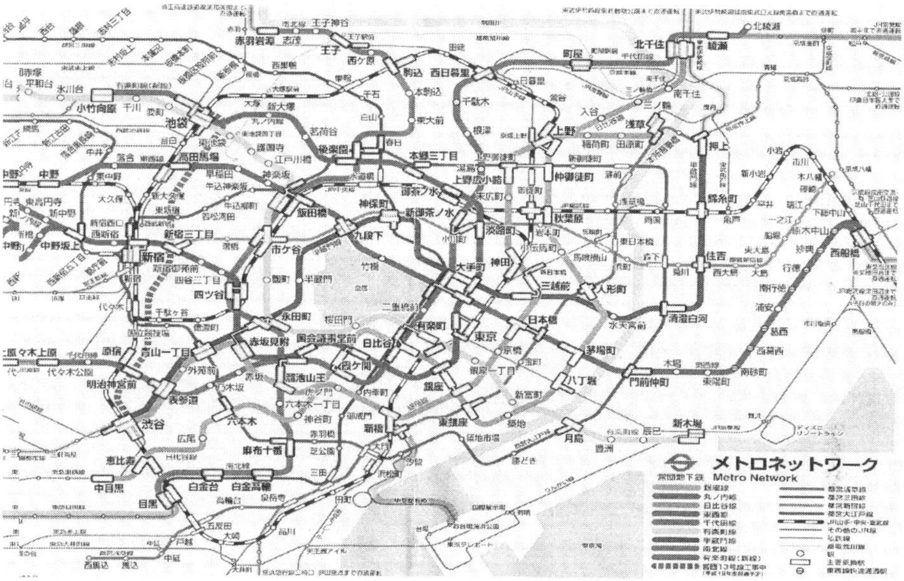

图 3-16　东京轨道交通线网形式

4. 有环网格结构形态

有环网格结构形态是网格结构形态与环形线路的组合形态。该结构形态的最大特点是减少了环线客流的换乘次数，提高了客流的直达性；环外平行线路客流可通过环线换乘从而减少了换乘次数，缩短了出行时间；通过环线换乘减轻了中心区的客流负荷，起到疏散客流的作用。采用该线网结构形态的城市并不多，北京是比较有代表性的城市之一。

北京地铁始建于 20 世纪 50 年代，自 60 年代起，做过多次轨道交通线网规划的方案调整，但北京其特有的棋盘式道路格局决定了其市中心区域轨道交通线网为“三纵三横加上 1 条环线”结构形态。为了加强城市东部发展中心与边缘集团、重要卫星城和机场的联系，在城市外围又规划有两条快速半环线，支持城市“分散集团”式布局、发展卫星城镇战略，在环外增加了周边线路和支线，将市域和市区线网叠加，形成整个轨道交通线网的构架。如图 3-17 所示。

5. 组合结构形态

以上列出的是具有较明显特征的少数的城市轨道交通线网结构形态。实际上，大多城市的轨道交通线网因时就势，形态往往比较复杂，而不是简单地呈现单一的特征结构。它们往往是由多种单一线网结构有机结合而成一个完整的线网形式。具有组合线网结构形态的城市较多，下面以马德里为例来说明。从图 3-18 可以看出，马德里的轨道交通 1 号、2 号、4 号、7 号、9 号、10 号等线路在市中心区构成明显的网状结构；6 号线路为环行线；1 号和 9 号沿东南向，10 号沿西南向，8 号沿东北向均呈放射状形态。因此，马德里的城市轨道交通线网是由网状、放射状和环线共同组合而成的结构形态。

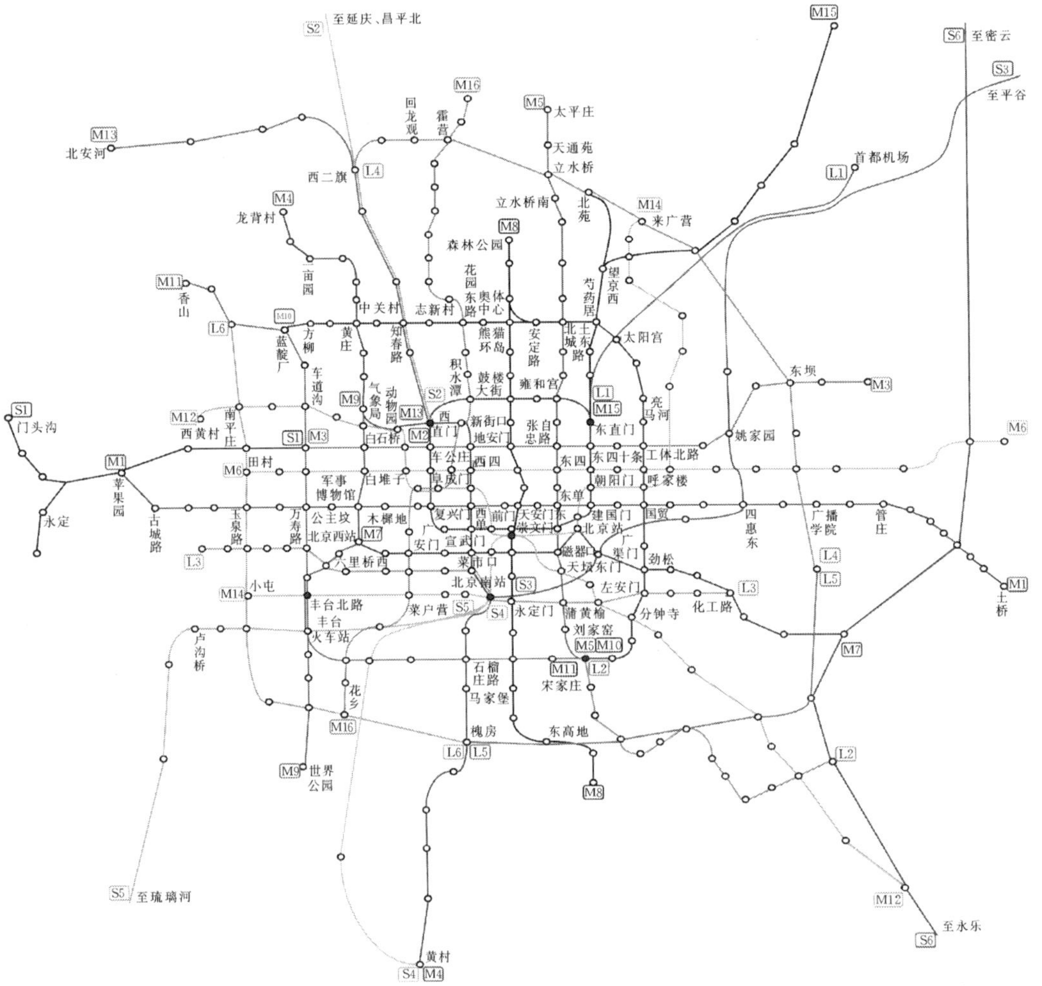

图 3-17 北京轨道交通线网形式

二、线网规模的研究

在进行城市轨道交通线网规划中，一个十分重要的问题就是如何根据城市的现状及其发展规划、城市的交通需求和城市经济的发展水平等，从宏观上合理地规划城市轨道交通线网的规模。所谓合理规模，实际上就是城市轨道交通方式合理的供给水平。由于交通需求和交通供给是动态的平衡过程，因此合理规模也是相对的。

城市轨道交通线网规模的合理确定，是城市规划部门、政府部门及轨道交通运营公司共同关心的问题。它为后续确定线路布局，网络结构及优化，以及估算总投资量、总输送能力、总经营成本和总体效益等工作的开展奠定基础。因此，合理的轨道交通规模不仅是线网规划的宏观控制量，而且是一项至关重要的投资依据，为决策者提供决策的辅助依据。城市轨道交通线网规模，主要以其线路数量和线路总长度等规模指标来反映的。

(一) 城市轨道交通线网规模的影响因素

城市轨道交通网络与其外部环境发生着物质、能量和信息的交换，同时受各种复杂的

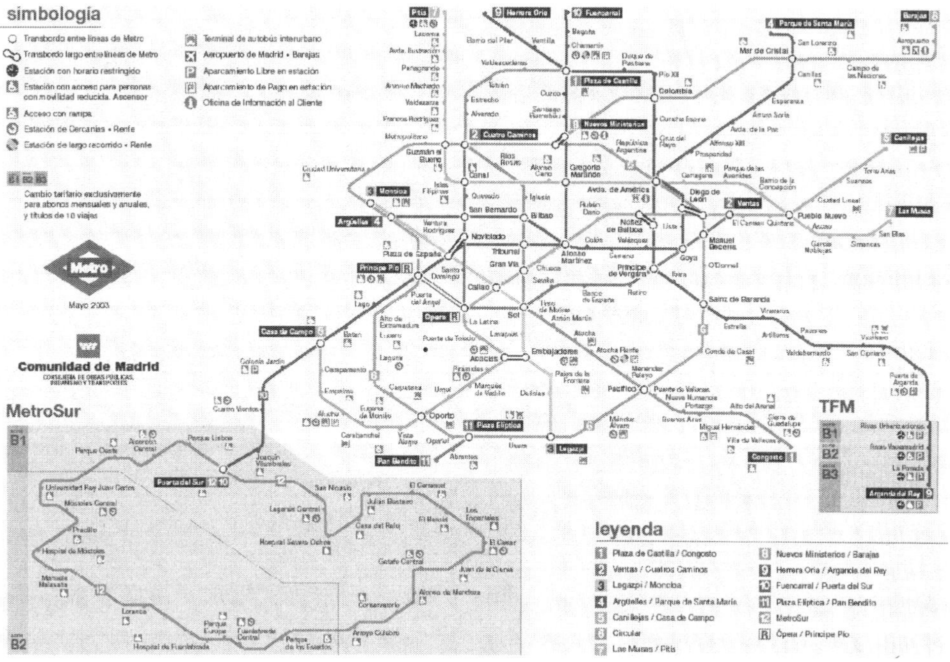

图 3-18 马德里轨道交通线网形式

外界环境因素制约，这决定了城市轨道交通线网规模影响因素的多元化。因此，为了对城市轨道交通线网规模作出合理预测，就应当对其影响因素进行综合分析，分清主次关系和各因素的联结关系等，为预测方法分析奠定基础，同时也使决策者对影响线网发展的各种因素有一个清晰的认识。

一方面，线网规模受城市形态及布局、城市人口、城市面积、城市交通需求、城市国民生产总值和城市基础设施投资比例等的直接影响。另一方面，这些影响因素也相互制约，如城市人口、城市面积、城市形态及布局对城市交通需求又造成影响；国家交通政策、城市交通发展战略及政策、城市国民生产总值又对城市基础设施投资比例造成影响；城市交通发展战略及政策又受国家交通政策大环境的影响。这种相互影响和关联的复杂关系构成了一个大系统，如图 3-19 所示。

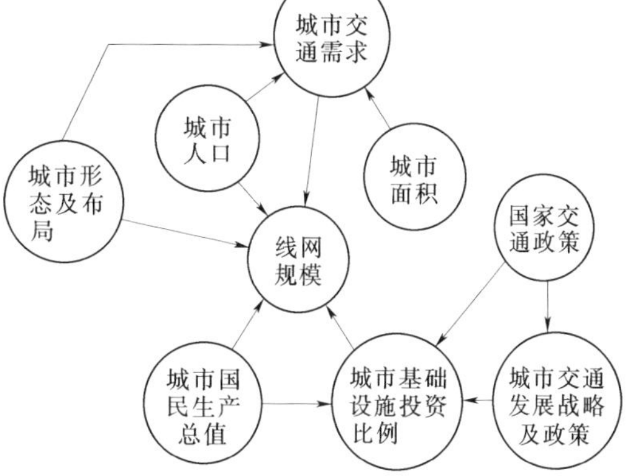

图 3-19 线网规模与其影响因素之间的相互关系

线网规模的影响因素众多，但每个因素对其的影响作用却不同。有资料表明，城市交通需求和城市基础设施投资比例是城市轨道交通线网规模最直接的影响因素，城市形态及布局、城市人口、城市面积通过城市交通需求对线网规模产生间接的控制作用，城市国民生产总值和城市交通发展战略及政策则决定了城市基础设施投资比例，体现了城市经济实力对线网规模的影响。各个因素对其的影响作用如图

3-20 所示。

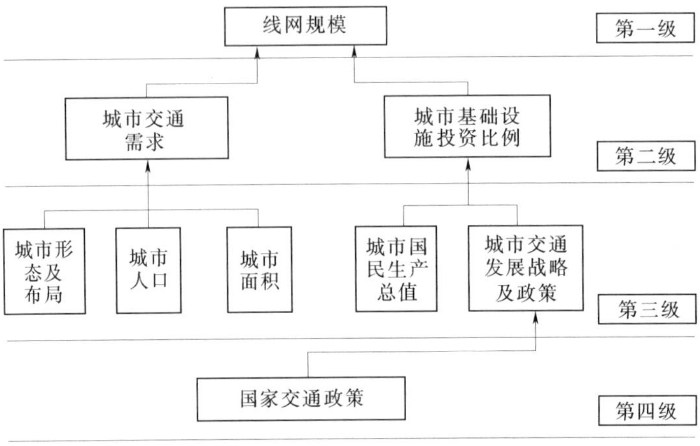

图 3-20　线网规模影响因素的层次结构模式

（二）线网规模的确定方法

线网合理规模主要从“需求”与“可能”两大方面分析。“需求”是以城市总体规划、人口分布、出行强度和出行总量分析为基础，根据城市交通方式构成及其比例，分析城市轨道交通规划需求的规模；同时，以城市结构形态为基础，分析线网合理密度和服务水平需求的规模。“可能”是从城市国民经济总产值中提取一定比例建立专项建设资金，分析城市财政经济的承受能力和工程的正常实施进度。

如上所述，线网规模我们可以用线网长度和线网密度来定量表示。目前，国内尚无这方面的具体规定，一般可以按照以下方法来计算：

(1) 以城市公共交通客流总量来计算轨道交通线网线路总长度 L。

$$L=\frac{\alpha\beta Q}{q} \tag{3-1}$$

式中　L——线网中规划线路总长度，km；

Q——远期城市出行预测总客流量，万人次；

α——远期公共交通在出行总客流量中分担客流的比重；

β——远期城市轨道交通在公共交通客流量中分担客流的比重；

q——线路负荷强度，万人次/（km·d）。

(2) 通过轨道交通线网线路总长度 L 来计算线网密度 δ。

$$\delta=\frac{L}{A}\text{ 或 }\delta=\frac{L}{P} \tag{3-2}$$

式中　δ——城市总的轨道交通线网密度，km/ km^2 或 km/万人；

L——线网中规划线路总长度，km；

A——城市规划区用地面积，km^2；

P——城市规划区总人口数，万人。

城市轨道交通线网密度是指单位人口拥有的线路规模或单位面积上分布的线路规模，它是衡量城市轨道交通系统服务水平的一个主要因素。

例如，某市轨道交通线网的合理规模就是根据城市结构特点、市民出行特征与市区人口交通需求，以及城市总体规划和其远景控制规模为基础，结合上述基本方法确定的。表3－1列出了某市轨道交通线网合理规模的研究结果。

表3－1　　某市轨道交通线网合理规模的研究结果

指标＼规划年度	2010年	2020年	远景年
总客流量（万人次/d）	712	1035	1500～1750
公交出行比例（%）	25	30	70
公交出行量（万人次/d）	177	310	1050～1225
换乘系数	1.3	1.32	1.40
公交客运量（万人次/d）	231	410	1470～1715
轨道交通占公交比例（%）	20	40	55
轨道交通客运量（万人次/d）	46	164	809～943
轨道交通负荷强度［万人次/（km·d）］	3	3.5	4
轨道交通线网长度（km）	15	47	202～236

由表3－1可见，该城市2010年规划线网规模应为15km为宜，2020年规划线网规模应为47km为宜，远景规划的线网规模应控制在202～236km左右，形成了三种阶段层次的线网规划。

第四节 线网方案评价

城市轨道交通系统是一个综合、复杂、开放和动态的系统，如何评价该系统的运营状况、存在的问题及可能发挥的潜力？如何评价城市轨道交通规划方案对今后城市发展的适应性？如何检验城市轨道交通系统今后实施的效果？对诸如此类问题的解答都需要一套科学的评价体系和方法。

城市轨道交通线网评价是城市轨道交通线网规划的重要环节。在线网方案构架研究中，线网评价需确定每一个备选方案价值并进行优劣排序。在最终的评优决策中，评价则对备选方案进行全面而系统的定性定量分析，从而选择出技术先进、经济合理、实施可行的最优或满意的方案。就线网评价本身而言，其主要任务包括以下几个方面：

（1）明确评价对象。

（2）确定评价目的及准则。

（3）建立评价指标或指标体系。

（4）各评价指标的分析与计算。

（5）选择合适的评价方法，综合各评价指标的分析及计算结果，对备选方案进行比选。

（6）最终确定最优或满意方案。

一、评价过程及评价指标

轨道交通线网方案的评价是优化选择方案的环节之一，但不能将优化方案的选取依托在一次性的方案比选上。优选方案应通过下面3个过程来获得：

（1）在轨道交通的以上层次的规划，即在城市规划或城市综合交通规划中，应确定一些宏观的、战略性的问题或指标，如公交出行比例，这些是在规划方案时必须要达到的目标；反之，不符合这些目标的方案必须淘汰。

（2）通过方案设计的过程进行方案初步筛选。规划者应明确轨道交通线网规划的设计准则或原则，通过这些定性的准则或原则淘汰一些方案。将一些定性的指标，如近期线网实施性、线网发展适应性和线网结构的合理性等，在方案设计过程中通过设计者个人或集体的广泛的经验及综合判断能力进行筛选，保留下来的方案应是总体比较优秀、各有优缺点且难分高下的备选方案。

（3）通过一些定量评价指标体系对上述备选方案进行定量分析和比较。定量评价指标体系应反映线网对城市发展、运营效果和经济性三方面的影响，尽量采用相互独立的、比较客观性的定量指标。

二、评价指标体系的结构

城市轨道交通系统的各项影响因素较多，一般采用塔式结构的层次指标体系。过于复杂和多变的结构关系不利于决策分析，故树状的关系结构是目前比较普遍采用的评价指标体系结构，如图 3－21 所示。

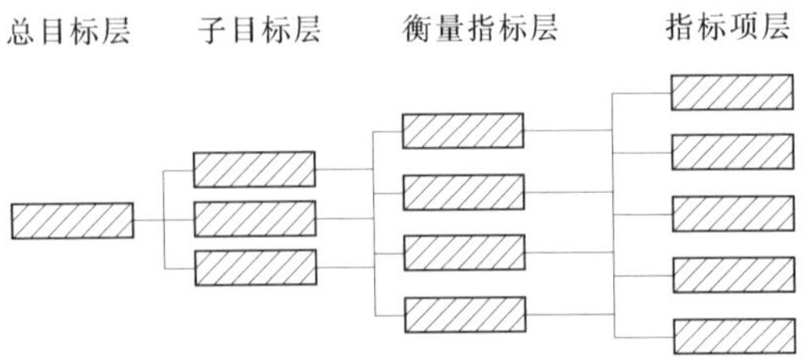

图 3－21 塔式结构的评价体系

目前我国上海、广州和南京等城市在进行城市轨道交通线网规划的工作中，根据城市自身的特点，进行了相应的研究，积累了一定的经验。一般情况下，城市轨道交通线网规划方案评价的总目标又可进一步细分为技术评价、经济评价和社会环境影响评价 3 个子目标。建立合理的衡量指标层有助于指标项层的明确分类。例如，对技术评价子目标进行分析，同时与线网方案构架过程的主导因素相对应，确立的衡量指标层包括以下 3 个要素：

（1）B1 对居民出行条件的改善作用——体现不同方案对居民出行条件的改善程度。

（2）B2 运营效果——体现线网运营特征。

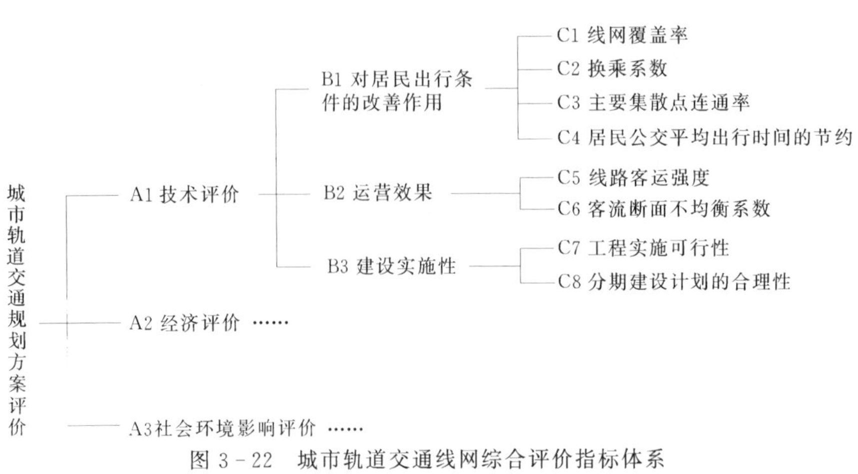

图 3－22 城市轨道交通线网综合评价指标体系

（3）B3 建设实施性——从工程施工角度考察规划方案实施的难易程度，并对方案分期建设的合理性进行考察。

对衡量指标层又可进一步细分，来确定各具体的指标项层。图 3－22 给出了一个经过调整优化的城市轨道交通线网综合评价指标体系。

思　考　题

1. 线网规划的主要原则有什么？
2. 线网规划的主要内容有哪些？
3. 城市轨道交通客流主要包括哪几个部分？
4. 简述“四阶段”客流预测的主要思路。
5. 组成城市轨道线网的基本几何单元有哪些？
6. 简单分析轨道交通线网结构特征对城市发展的相互影响？
7. 城市轨道交通线网规模的影响因素有哪些？
8. 线网规模用什么指标来定量表示？这些指标的具体表现形式是什么？
9. 简述城市轨道交通线网综合评价的过程。
10. 城市轨道交通线网综合评价的结构体系是什么？

第四章 城市轨道交通线路工程

线路是城市轨道交通工程的重要组成部分。在第三章城市轨道交通线网规划中，关于各条线路的基本走向和路由已经有了粗略的规划。本章着重来研究某一条或某一段具体的线路，包括线路的路由方案，站点选择以及平面、纵（横）断面的设计等。

城市轨道交通线路设计的任务是在线网规划和预可行性研究的基础上，对拟建的城市轨道交通线路走向及其平面和纵断面位置，通过不同的设计阶段，逐步由浅入深，进行研究与设计，最终确定城市轨道交通线路在城市三维空间的准确位置。线路设计的基本要求是保证行车安全、平顺，并且使整个工程在技术上可行，经济上合理。

城市轨道交通线路设计，一般分 4 个阶段进行，即可行性研究阶段、总体设计阶段、初步设计阶段和施工图设计阶段。

可行性研究阶段主要是通过线路方案比选，完善线路走向、路由、敷设方式，基本确定车站、辅助线等的分布，提出设计指导思想、主要技术标准、线路平纵断面及车站的大致位置等。

总体设计阶段是根据可行性研究报告及审批意见，通过方案比选，初步确定线路平面、车站的大体位置、辅助线的基本形式、不同敷设方式的过渡段位置，提出线路纵断面的初步标高位置等。

初步设计阶段是根据总体设计文件及审查意见，完成对线路设计原则、技术标准等的确定，基本上确定线路平面位置、车站位置及进行右线纵断面设计。

施工图设计阶段则是根据有关设计规范、具体工程的设计原则、技术标准等设计文件完成工程施工图设计的阶段。

鉴于城市轨道交通的载重量小、车速不高、列车短、行车密度大、停站频繁等特点，其设计标准与城市间大铁路的有所不同，其差异程度还与城市轨道交通类型及形式有关，由于我国轻轨交通的线路设计规范尚未制定，与大铁路设计规范相比，地铁设计规范有如下特点：

（1）线路难以改建，线路设计要作长期的考虑。城市轨道交通线路一经建成运营，无论它在地下、地面还是高架线，线路位置的改变都十分困难。因此，城市轨道交通的设计年限较长，近期应为交付运营后第 10 年，远期应符合城市总体规划规定的年限，且不少于交付运营后 25 年。

（2）线路允许的设计坡度较大。线路主要用于客运，列车质量较小，不受机车牵引力的限制，因此没有限制坡度的概念。

（3）线路一般为双线，一般车站处只有 2 股道。城市轨道交通客运量大，必须采用分方向追踪运行；由于没有经常性的调车作业，为节省用地，一般车站不设到发线，车辆集中停放在车辆段和停车场。

(4) 车站站距较短。城市客运的平均运输距离较短，且分布在整个城市区域内，为保证线路的客流吸引能力，通常要求车站站距较短，一般每隔 1～2km 设置一个车站。

(5) 车站长度较短。城市客流可容忍的等待时间较短，要求发车间隔时间不能太长，一般不长于 15min。由于线路各站点的吸引范围小，在这段时间里聚集的客流量有限，因而列车编组长度比城间列车短，通常为 4～8 节车厢。这样，供乘客上下车的站台长度就短了，通常为 100～200m。

城市轨道交通线路按其运营性质可以分为正线、辅助线和（车）场线。正线是贯穿所有车站和区间供列车日常运行的线路。正线行车速度高、密度大，且要保证行车的安全和舒适，因此线路设计标准较高。辅助线是为了保证正线运营而配置的线路，一般不行驶载客车辆，速度要求较低，故线路标准也较低。辅助线包括折返线、渡线、联络线和出入线等。车场线是场区作业的线路，行车速度低，故线路标准只要满足场区作业即可。

第一节　线　路　选　线

一、线路走向

在城市轨道交通线网规划中，关于各条线路的走向和路由一般已经有了粗略的规划，然而在城市建设过程中会发生一些变化，例如城市用地规划的调整、线路建设顺序的变化、大的客流集散点的重新选址等。这些变化不可避免地对已经规划的线路走向产生影响。因此，在轨道交通线路建设前，仍需要对此加以研究。由于轨道交通线路一旦建成，如欲改建十分困难，且费用昂贵，所以线路的走向和路由选择应该慎重考虑。轨道交通线路的走向应在城市总体规划在轨道交通线网规划的基础上进行研究，应符合城市主客流流向，串联主要客流集散点，方便与其他交通线路的换乘。具体地可遵从以下原则：

(1) 线路沿现状及预测的主要客流方向布设。城市轨道交通的主要服务对象是城市居民的出行，所以沿客流方向布置是城市轨道交通选线的基本原则。

(2) 线路力求通过或靠近大型客流集散点（如工业区、大型住宅区、商业文化中心、公交枢纽、火车站、码头和长途汽车站等）。如上海轨道交通规划确定包括上海南站、上海火车站、徐家汇、静安寺和人民广场等 16 处大客流集散点作为其必经的控制点。为了最大限度地吸引客流，方便市民乘坐轨道交通，有时会放弃控制点间的最短路由方向。例如上海轨道交通 1 号线 1 期工程衡山路至人民广场长约 5km，有复兴路、淮海中路和延安路 3 条路由可选，其中以复兴中路方案为最短，施工干扰也小，但最后选定淮海中路方案，理由是淮海中路是繁华商业街，吸引客流比复兴中路大 50%，如图 4 - 1 所示。

(3) 线路走向要考虑城市地质条件、历史文物保护及现有建筑物。线路尽量选择在施工条件好的城市主干道路上，同时进行施工方案的比选，合理选择线路基本位置、敷设方式及埋置深度，减少施工过程中对现有建筑的破坏及拆迁量，减少对城市交通的干扰。在城区内线路宜选择地下线路。在郊区及次中心区有条件地段，可以选择地面线或高架线，以节省建设投资，降低运营费用。

(4) 先期建设线路要考虑与远期规划线路交叉点的衔接。虽然暂时费用支出会有所增

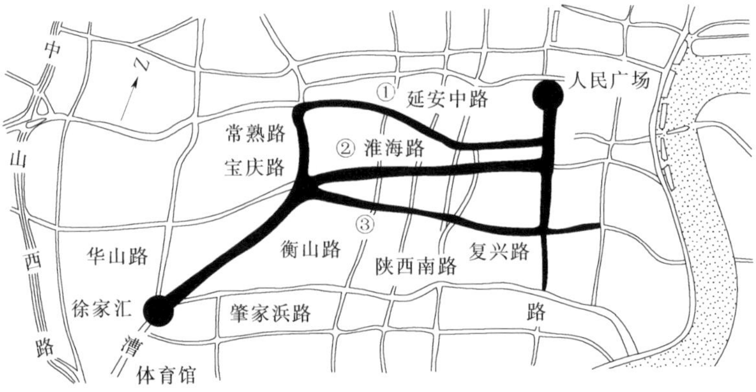

图 4-1 上海轨道交通 1 号线路由示意图（局部）

加，但为后续线路建设提供良好的施工条件，避免地面交通的再次封堵和已建车站的正常停运。

(5) 线路走向要考虑车辆段、停车场的位置及联络线。

二、线路敷设形式

城市轨道交通的线路敷设形式主要包括地下线、高架线、地面线和敞开式线路。下面分别介绍这几种线路形式的特点和敷设情况。

(一) 地下线

地下线是线路在交通繁忙路段和市区内繁华地段主要采用的线路敷设形式，其线路设计的一般原则是线位尽可能沿城市道路敷设，尽量不侵入两侧的规划红线，在偏离道路或穿越街坊时，主要考虑躲避沿线的构筑物桩基础和地下各种市政管线，以确保安全和减少拆迁。地下线的施工方法主要有明挖法、暗挖法等。暗挖法包括盾构法和矿山法。盾构法又分为单圆盾构、双圆（双线）盾构，其断面形式如图 4-2 所示。

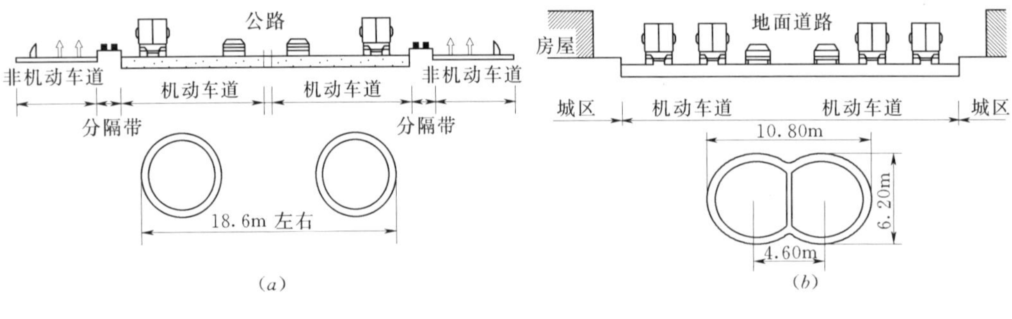

图 4-2 地下线横断面形式示意图

(a) 单圆隧道横剖面形式；(b) 双圆隧道横剖面形式

(二) 高架线

高架线一般在市区外建筑稀少及空间开阔的地段采用。其线位一般沿道路的一侧或路中布置，具体设在路侧还是路中要根据规划和设站情况来决定，并结合具体情况作深入研究和经济比较，其断面形式如图 4-3 所示。例如，上海轨道交通 9 号线在出市区以后至松江新城前地区空旷，线路全部采用高架形式。高架线的突出缺点是运营噪声大，对城市景观影响也较大，市区一般不采用。

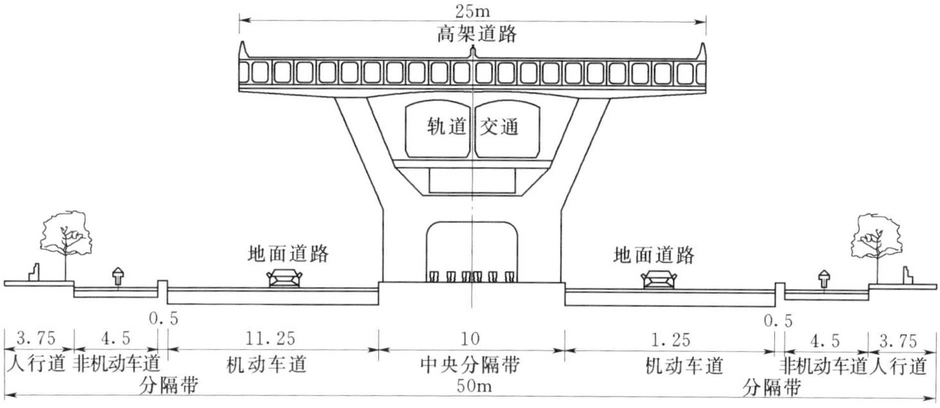

图 4－3　高架线横断面形式示意图

（三）地面线

地面线是指在较空旷的地带，道路和建筑稀少，采用类似普通铁路的路基作为轨道基础的线路形式，如图 4－4 所示。地面线的路基高度一般要高出通过地段的最高地下水位和当地 50 年一遇的暴雨积水水位，以免路基出现淹没、翻浆冒泥而影响运营。

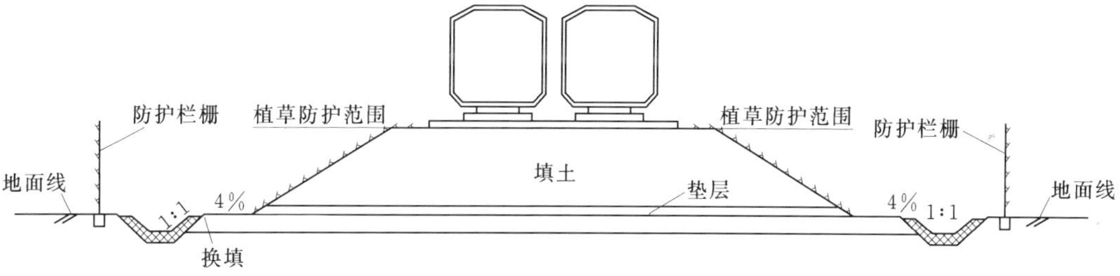

图 4－4　地面线横断面形式示意图

地面线的优点是土建工程造价最低；其缺点是隔断线路两侧的交通，使线路两侧难以沟通，不利两侧土地的商业开发利用，同时运营时噪声较大。此外，地面线的沉降变化较大，故多采用碎石道床，因此运营后养护维修工作量较大。城市轨道交通中的市域线在偏远市郊路段多采用此种形式。

（四）敞开式线路

敞开式线路是线位由地下线过渡为地面线或高架线时（或相反时）的一种过渡形式，如图 4－5 所示。

当这种线路敷设距离较长时，为防止雨水的大量汇入，应在上部加篷顶（最好为透明材质，以利于自然采光）。这种线路埋深浅、施工难度小、造价低，还可节省环控设备及照明，很适于南方城市特定地段采用。但是其位置的确定要慎重考虑，因为敞开形式对线位两侧环境影响较严重，不但产生噪声和振动，而且隔断线路两侧的沟通，对城市景观也不利。

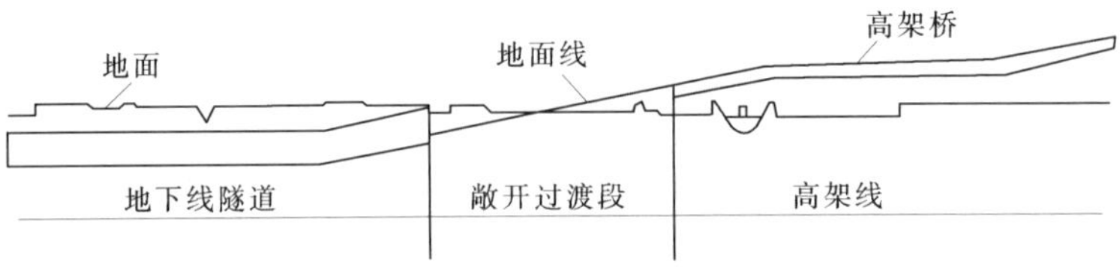

图 4-5 敞开式线路示意图

三、车站站距

我国轨道交通在吸收世界轨道交通建设经验的基础上，在《地铁设计规范》(GB 50157—2003) 中规定："车站间的距离应根据现状及规划的城市道路布局和客流实际需要确定，一般在城市中心区宜为 1km 左右，在城市外围区应根据具体情况适当加大车站间的距离。"

对于平均站间距离，世界上有两种趋向，一种是小站间距，平均为 1km 左右；一种是大站间距，平均 1.6km 左右。香港地铁平均站间距为 1050m，其中港岛线仅 947m；莫斯科地铁平均站间距为 1.7km 左右。我国部分已建轨道交通线路平均站间距如表 4-1 所示。

表 4-1 我国部分已建轨道交通线路平均站间距

城市名	线路	线路运营长度 (km)	车站数 (个)	平均站间距 (m)
北京市	1 号线西段	16.87	12	1534
	环线	23.01	18	1354
天津市	1 期工程	7.4	8	1057
上海市	1 号线	21.61	16	1441
	2 号线	19.15	13	1596
	3 号线	24.97	19	1387
广州市	1 号线	18.48	16	1232

车站分布应根据科学的综合分析，并经详细的方案比选后确定。尤其是轨道交通车站分布数目对建设费用、运营成本和施工等都有很大影响。但是，客流吸引量及乘客出行时间需要进行具体分析计算，在市场经济条件下，车站分布一定要进行经济效益的比较。

(一) 站间距与工程造价之间的关系

车站是一种昂贵的建筑物，其建设费及设备费在初始投资中占很大比重。根据上海地铁 2 号线的概算资料，一般车站长度为 284m，其土建工程造价约为 6000 万～7000 万元，拆迁工程和车站设备是车站土建造价的 2.1～2.2 倍；而区间每公里土建工程造价为 9000 万～10000 万元。仅从土建工程造价比较，车站每延米的造价约为区间的 2.4 倍。

因此，站间距越小，车站数量越多，轨道交通的造价就越高。站间距增大，车站数量可以减少，车站造价可以节省；但是乘客步行距离及时间加长，轨道交通在综合交通中的客流吸引能力会降低，同时单个车站的负荷有所增加，车站设计规模相应加大。

(二) 站间距与运营费用之间的关系

根据前苏联地铁运营统计资料，地铁运营速度约与站间距离的平方根成正比。站间距离缩短会降低运营速度，进而增加线路上运营的列车对数，还会因频繁地起停车而增加电能消耗、轮轨磨耗等，从而增加运营费用。

（三）站间距与乘客出行时间之间的关系

就一条线路而言，车站数目的多少，将直接影响市民乘地铁的出行时间。车站多，站间距就小，市民步行到站距离短，节省步行时间，可以增加短程乘客的吸引量；反之，车站少，站间距就大，车速提高了，减少乘客在途时间，可以增加远程乘客的吸引量。图 4－6 为设计时速 80km 以内系统的站间距与速度关系曲线，市民出行对交通工具的选择，快捷省时与经济性同样重要。从运营公司的角度来看，吸引更多的乘客是提高企业经济效益的根本，国外同行在工程实施前常常要进行相关课题的研究，例如有资料显示，芝加哥市滨湖线对不同站间距吸引客流能力进行了研究，结果表明大站距（1.6km）比小站距（0.8km）多吸引 3%客流量。

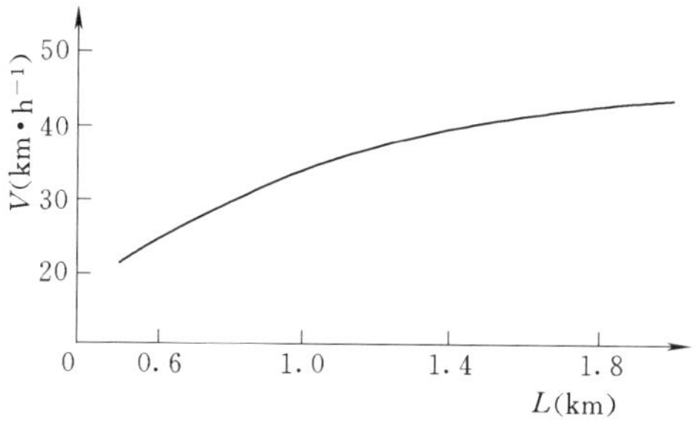

图 4－6　80km/h 以内系统站间距与速度的关系示意图

对于时速高于 100km 的系统，站间距可根据实际需要而加大，如 2km 以上甚至更大的，旅行速度将大幅度提高，真正达到城市土地的延展（即时空距离的拉近）的效果，可以从根本上解决城市中心区土地资源稀缺、使用成本高的问题。

综上所述，车站的间距大小会对乘客出行时间、运营费、工程费以及车站在城市中的作用等多方面产生错综复杂的影响，应综合考虑，合理确定。

四、辅助线的分布

辅助线路按其使用性质可以分为折返线、存车线、渡线、联络线和（车场）出入线等。辅助线是为保证正常运营，合理调度列车而设置的线路，最高运行速度限制在 35km/h。

（一）折返线、存车线、渡线

折返线为列车正常运行中调头转线及夜间存车而设置的线路。它的基本要求是满足列车折返运行能力的需要。存车线是供故障列车停放及夜间存车用的。折返线和存车线布置形式一般相同，功能也可互换。《地铁设计规范》（GB 50157—2003）规定：“线路的终点站或区段折返站应设置专用折返线或折返渡线。当两个具备临时停车条件的车站过远时，根据运营需要，宜在沿线每隔 3～5 个车站加设停车线或渡线。”折返线形式很多，常见的如图 4－7 所示。

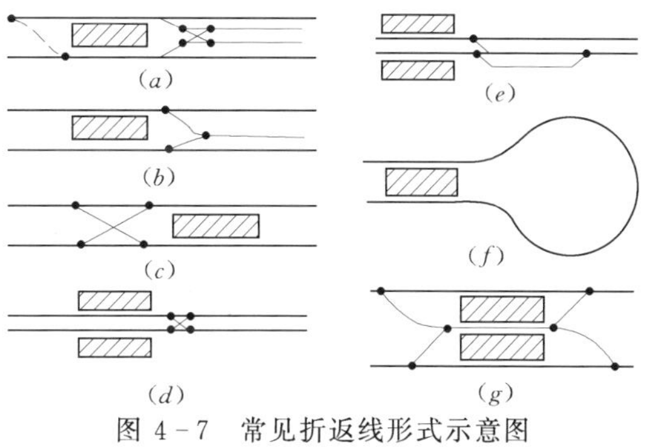

图 4－7　常见折返线形式示意图

用道岔将上行线、下行线及折返线连接起来的线路，又分为单渡线［如图 4－7（a）中虚线所示］和交叉渡线［见图 4.1.7（c）、（d）］。渡线单独设置时，用来临时折返列车，增加运营列车调度灵活性；在与其他辅助线合用时，完成并增强其他辅助线功能。

（二）联络线

联络线是为沟通两条单独运营线路而设置的连接线，为两线车辆过线服务。联络线因连接的轨道交通线路往往不在一个平面上，因此，有较大的坡道与较小的曲线半径，列车运行速度不可能很高。如果联络线设置为地下线路，施工难度较大，投资也较大。图 4－8 为联络线的实例，它将存车线与联络线合并布置。

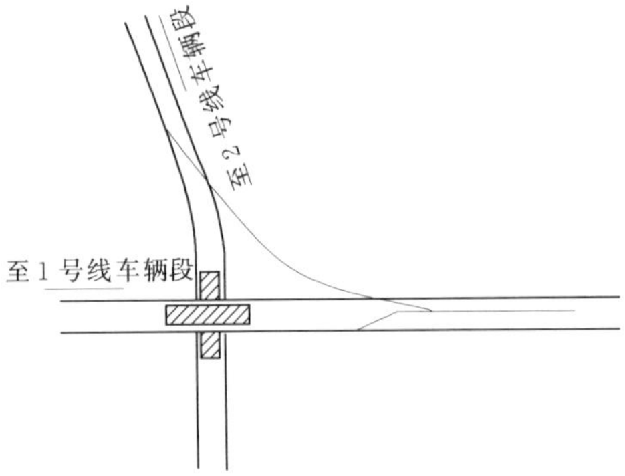

图 4－8 联络线形式示意图

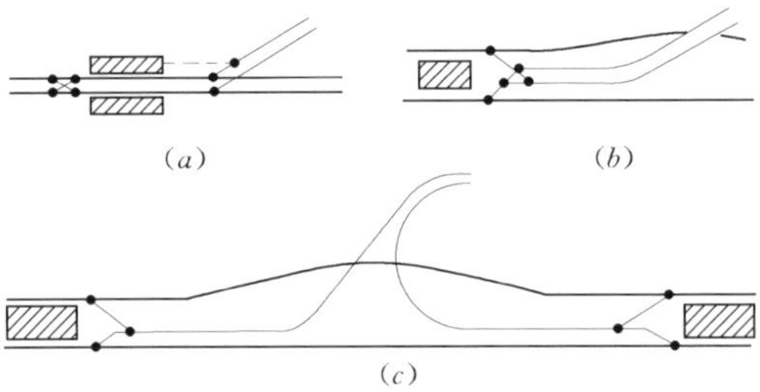

图 4－9 出入线形式示意图

（三）出入线

（车场）出入线是正线与车辆段间的连接线，是车辆段与正线之间的联络通道。《地铁设计规范》（GB 50157—2003）规定：“车辆段出入线因连通上下行正线。当出入线与正线发生交叉时，宜采用立体交叉方式。车辆段和停车场设置双线或单线出入线，因根据远期线路的通过能力与运营要求计算确定。尽端式车辆段出入线宜采用双线，贯通式车辆段可在车辆段两端各设一条单线。停车场规模较小时，出入线可采用单线。”常见的出入线形式如图 4－9 所示。

第二节 线 路 平 面

轨道交通线路平面设计一般是在确定线路走向和路由的情况下，对线路的平面位置及各技术要素进行计算，最终确定线路的准确位置。它包括以下几方面具体内容。

一、线路平面位置选择

（一）地下线平面位置选择

轨道交通的地下线路位于城市规划道路红线范围内，是常用的线路平面位置形式。它的特点是对道路红线范围以外的城市建筑物干扰较小。图 4－10 为地下线的三种代表位置。

图 4－10 地下线设置位置示意图

A 位：地铁线路居城市主干道中心，对两侧建筑物影响小，地下管网拆迁较少，有利于地铁线路截弯取直，减少曲线数量，并能适应较窄的道路红线宽度。缺点是当采用明挖法施工时，破坏了现有道路路面，对城市交通干扰大。

B 位：地铁线路位于慢车道和人行道下方，能减少对城市交通的干扰和对机动车路面的破坏。

C 位：地铁线路位于待拆的已有建筑物下方，对现有道路及交通基本上无破坏和干扰，地下管网也极少。但房屋拆迁及安置量大，只有与城市道路改造同步进行，才十分有利。

在某些条件下，轨道交通地下线路置于道路范围之外，可以达到缩短线路长度、减少拆迁、降低工程造价之目的。

（二）高架线平面位置选择

高架线路平面位置选择，较地下线路严格，自由度更少，一般要沿着城市主干道平行设置，道路红线宽度宜大于 40m。在道路横断面上，轨道交通高架桥墩柱位置要与主干道行车分隔带配合，一般宜将桥柱置于分隔带上。如图 4－11 所示。

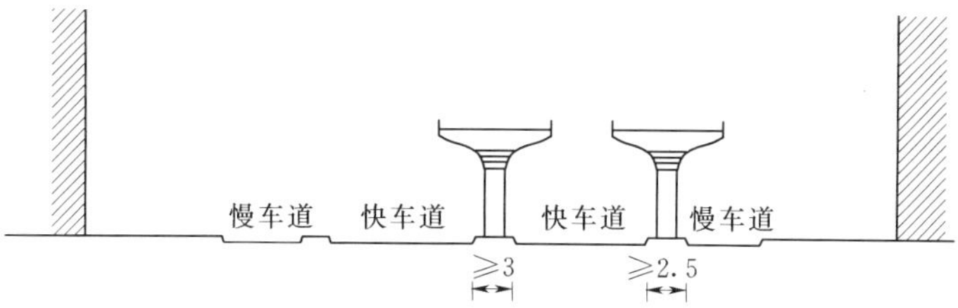

图 4－11　高架线设置位置示意图

（三）地面线平面位置选择

轨道交通地面线位于道路中心带上，带宽一般为 20m 左右。当城市快速路或主干道的中间有分隔带时，地面线设于该分隔带上，不阻隔两侧建筑物内的车辆按右行方向出入，不需设置辅路，有利于城市景观及减少轨道交通噪声的干扰，其不足处是乘客均需通过地道或天桥进入轨道交通站台。如图 4－12 所示。

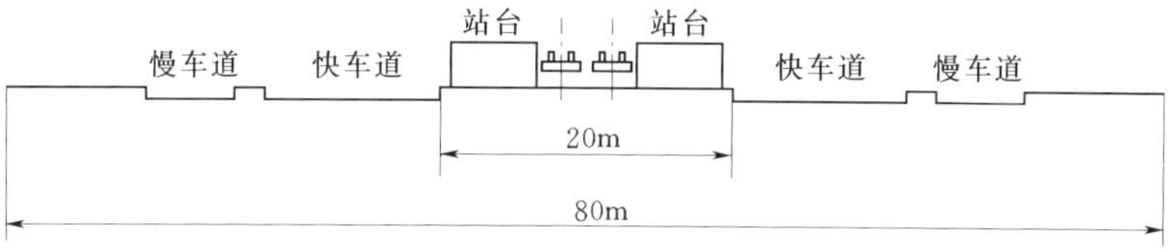

图 4－12　地面线设置位置（一）

轨道交通地面线位于快车道一侧，带宽一般为 20m 左右，如图 4－13 所示。当城市道路无中间分隔带时，该位置可以减少道路改移量，其缺点是在快车道另一侧需要修建辅路，增加了道路交通管理的复杂性。

二、线路平面位置方案比选

线路平面位置比选主要包括直线位置的比选和曲线半径的选择，其主要内容如下：

（1）线路条件比较。包括线路长度、曲线半径和转角等的比较。在拆迁数量、拆迁难度、工程造价增加不多的情况下，宜推荐较大半径的方案，若半径大于或等于 400m，则

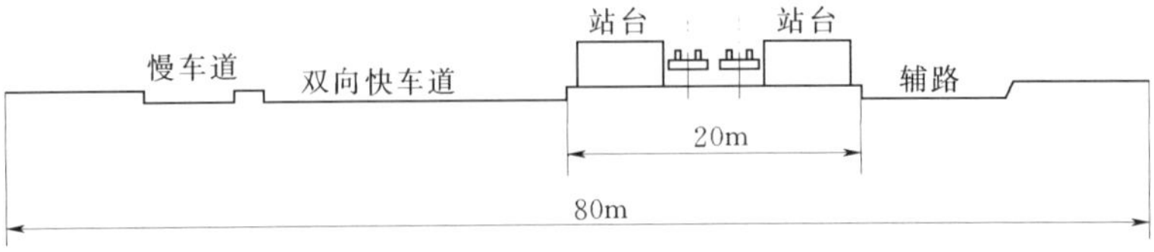

图 4-13 地面线设置位置（二）

不宜以增加工程造价来换取大半径曲线。

（2）房屋拆迁比较。包括拆迁房屋数量、质量、使用性质和拆迁难易等的比较。质量差的危旧房屋可以拆；住宅房易拆迁，办公房次之，工厂厂房难拆迁；学校、医院等单位，一般要邻近安置；商贸房异地搬迁，在市场经济的条件下，拆迁难度大。

（3）管线拆迁比较。包括上下水管网、地下地上电力线（管）、地下地上通信电缆线（管）、煤气管、热力管等的数量、规格、费用及拆迁难度等的比较。大型管道改移费用高，下水管改移难度大。

（4）改移道路及交通便道面积比较。包括施工时改移交通的临时道路面积及便桥、恢复被施工破坏的正式路面及桥梁等的比较。

（5）地铁主体结构施工方法比较。包括施工的难易度、安全度、工期、质量保证、对市民生活的影响等方面的综合分析评价的比较。

三、车辆段及配线

车辆段是车辆停放、检查、整备、运用和修理的管理中心所在地。若运行线路较长（超过 20 km 时），为了有利于运营和分担车辆的检查清洗工作量，可在线路的另一端设停车场，负责部分车辆的停放、运用、检查和整备工作。当技术、经济合理时，也可以两条或两条以上线路共设一个车辆段。

城市轨道交通除车辆保养基地外，尚有综合维修中心、材料总库和职工技术培训中心等基地，有条件时，尽量将它们与车辆段规划在一起。

（一）车辆段的主要任务

（1）列车在段内调车、停放、日常检查、一般故障处理和清扫洗刷。

（2）车辆的技术检查、月修、定修、架修和临修试车等作业。

（3）列车回段折返乘务司机换班。

（4）内部设备和机具的维修及调车机车的日常维修工作。

（5）紧急救援抢修队和设备。

停车场一般可装设有限的维修设备，不做月修以上的修理工作。

（二）车辆段的选址原则

（1）应避开居民住宅区、文化区与商业区等对环境质量要求较高的区域，要尽量选在市郊较空旷平坦地区，场地具有良好的排水条件。

（2）保证列车进出正线安全、便捷，停车线配置要尽可能使列车非营业运行最小。

（3）要尽量避开工程地质和水文地质不良地段。

（4）对电力线路和各种管道的引入以及与城市道路的连接比较方便。

（5）车辆段及配线具有远期发展余地。

（三）站场布置形式示意

车辆段的主要生产设施包括大修与架修库、定修库、月修库、列检库、停车库、洗刷库、吹扫库、不落镟轮库、内燃机车库和试车线等，并配备相应的检修设施。

线路除设有上述各种用途的库线外，还有列车出入段线、牵出线、车底（空车列）停留线、检修线及综合基地内各种作业线、材料线及地面铁路专用线等。

根据车辆段内所需要的各种线路的使用功能和有效长度，并结合地形的具体情况，站场可布置成尽端式（见图 4－14）和贯通式（见图 4－15）两种基本形式。一般贯通式站场列车可向两个车站同时收发车，列车出入车辆段比较灵活、方便、迅速，但占有场地较大。

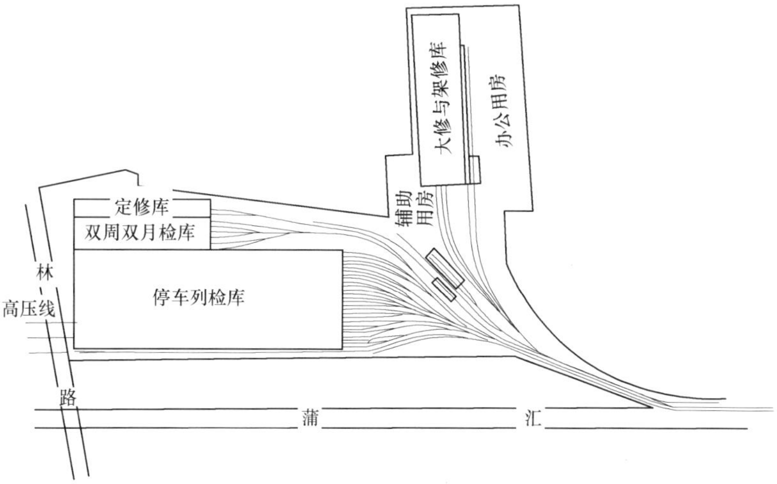

图 4－14　尽端式车辆段形式示意图

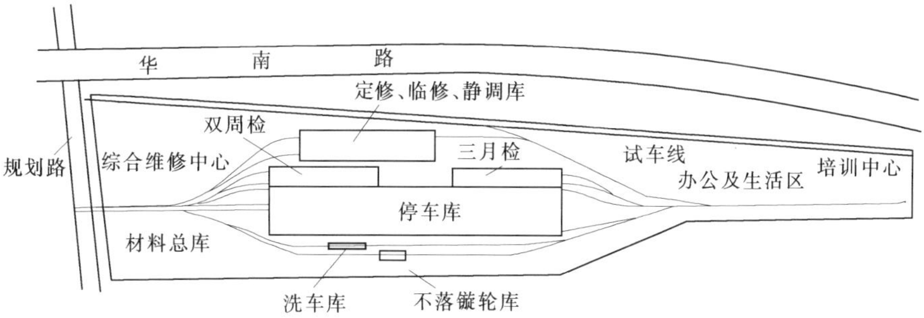

图 4－15　贯通式车辆段形式示意图

四、线路平面主要技术要素的选择

在城市中，轨道交通线路不可能都以直线连接，有时为了避让障碍物，需用曲线连接线路。理想的城市轨道交通线路在平面上应该是由直线和很少量的圆曲线组成，而且每条圆曲线采用尽可能大的半径，在圆曲线和直线之间设置起缓和作用的过渡曲线。因此，城市轨道交通的线路平面是由直线和曲线组成的。曲线可分为圆曲线和缓和曲线两种。线路

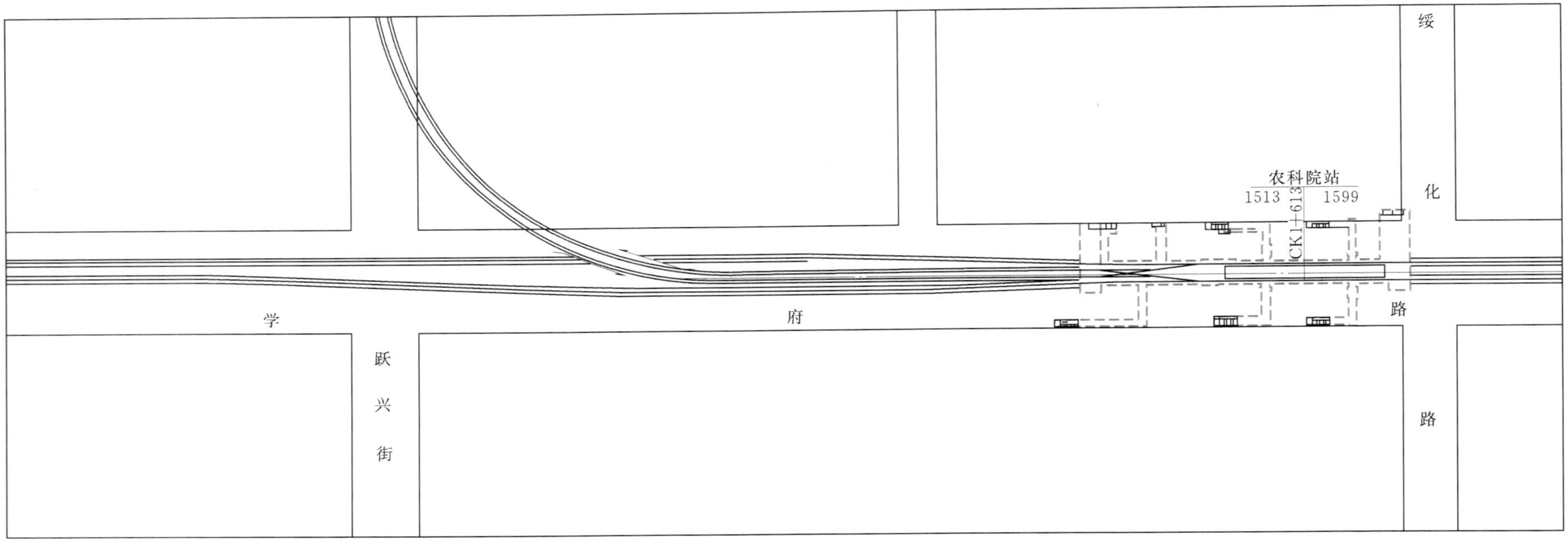

图 4－16　线路平面示意图

平面如图 4－16 所示。

线路平面设计的主要技术要素有圆曲线半径、圆曲线长度、缓和曲线线型和长度、夹直线长度等。

（一） 圆曲线

1. 圆曲线半径

线路最小圆曲线半径与线路性质、车辆性能、行车速度、地形地物等条件有关，是城市轨道交通的主要技术标准之一。其选定是否合理，将对城市轨道交通的工程造价、运行速度、养护维修产生很大影响。

影响最小圆曲线半径的因素如下：

（1） 列车运行安全及乘客舒适。当列车运行在小半径曲线上时，由于视距短，瞭望条件差，对行车安全不利，同时乘客的舒适度也会相应降低。

（2） 钢轨磨耗。列车运行中轮轨间发生摩擦，造成钢轨磨耗。轮轨间的摩擦分为滚动摩擦和滑动摩擦。单纯的滚动摩擦对钢轨的磨耗甚微，而车辆只要有 0.2%的滑动，磨耗就会显著增加。列车在曲线上运行时，半径越小，滑动摩擦造成的钢轨磨耗越大。根据文献资料得到的铁路曲线钢轨磨耗统计数据分析结果（见图 4－17），可以推算出 200m 半径曲线的换轨周期大约比 400m 半径曲线换轨周期缩短 40 %。

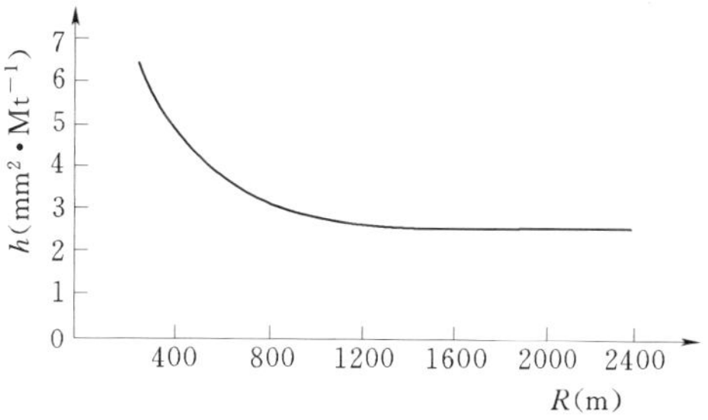

图 4－17　钢轨磨耗 h 与曲线半径 R 的关系曲线

（3） 养护维修。小半径曲线地段因钢轨磨耗较其他地段严重，因而养护维修的工作量较大。

根据上述分析，从运行安全、乘客舒适、钢轨磨耗等方面综合来考虑，曲线半径宜从大到小合理选用，最小圆曲线半径应尽量少用，并应有一定限制。《地铁设计规范》（GB 50157—2003）规定："线路平面曲线半径应根据车辆类型、列车设计运行速度和工程难易程度经比选确定，线路平面的最小曲线半径不得小于表 4－2 规定的数值。"

表 4－2　　地铁最小曲线半径

线　　路		一般情况（m）		困难情况（m）	
		A 型车	B 型车	A 型车	B 型车
正线	$V \leqslant 80$km/h	350	300	300	250
	80km/h$<V\leqslant$100km/h	550	500	450	400
联络线、出入线		250	200	150	
车场线		150	110	110	

注　除同心圆曲线外，曲线半径应以 10m 的倍数取值。

世界各个城市地铁系统，主要线路上的曲线半径比我国的标准小得多：纽约地铁的最小曲线半径为 107m；芝加哥地铁和波士顿地铁的最小曲线半径为 100m；而巴黎地铁的最小曲线半径为75m。日本部分城市地铁线路最小曲线半径标准如表4-3所示。

表4-3 日本部分城市地铁线路最小曲线半径标准

经营主体	线路名称	车辆宽度(m)	最小曲线半径(m)	旅行速度(km/h)	最高速度(km/h)
札幌市交通局	南北线	3.470	200.0	31.7	70
	东西线	3.080	201.0	34.6	70
交通营团	银座线	2.580	90.0	24.9	55
	丸之内线	2.790	127.0	27.4	60
	日比谷线	2.790	126.0	28.3	70
	东西线	2.870	200.0	38.5	75
	千代田线	2.865	143.8	31.5	55
	有乐町线	2.865	150.0	30.0	75
	半藏门线	2.835	200.2	36.9	75
东京都交通局	浅草线	2.800	161.0	31.8	70
	三田线	2.800	162.0	31.4	70
	新宿线	2.800	204.0	31.9	75
大阪市交通局	御堂筋线	2.890	120.0	33.0	70
	谷町线	2.890	122.0	31.6	70
	四桥线	2.890	122.0	32.6	70
	中央线	2.890	160.0	33.5	70
	千日前线	2.890	122.0	29.9	70
	堺筋线	2.840	190.0	30.0	70

由于轻轨交通运量小，最小曲线半径可视车型情况可采用比地铁曲线半径更小一些的数值。

车站站台段线路应尽量设在直线上。因为站台上有大量旅客活动，直线站台瞭望条件好，有利于行车安全。当站台段线路设在曲线上时，由于曲线半径过小，列车停靠曲线站台时，车辆与站台间的间隙过大，不利于旅客上下车和乘车安全。根据上海轨道交通使用大型车的运营实践，车站站台设置半径不小于800m的曲线上，能满足曲线站台边缘与车辆之间的空隙要求和安全要求。采用小型车时，由于车辆定距小，车站站台可在困难条件下设在半径不小于600m的曲线上。

2. 圆曲线长度

线路的圆曲线长度，从改善瞭望条件、减少行车阻力和养护维修来看，短则有利，但最短不能小于车辆的全轴距，否则就会出现一节车辆同时位于三个不同线型上的情况，对行车稳定性和旅客舒适度产生不利影响。此外，在线路维修工作中，一般采用绳正法，每10m可量出一个正矢，这便要求圆曲线上至少要设两个正矢。《地铁设计规范》（GB 50157—2003）规定："正线及辅助线的圆曲线最小长度，A型车不宜小于25m，B型车不宜小于20m，在困难情况下不得小于一个车辆的全轴距。"

（二）缓和曲线

由于直线与圆曲线间存在曲率半径的突变，圆曲线半径越大，这种突变程度就越小。当圆曲线半径超过 2000m 时，这种突变对轨道交通行车影响很小。而当正线上曲线半径不大于 2000m 时，则要在圆曲线与直线间加设缓和曲线，实现曲率半径的逐渐过渡，减少列车在突变点处的轮轨冲击。因此，《地铁设计规范》（GB 50157—2003）规定：“线路平面圆曲线与直线之间应根据曲线半径、超高设置及设计速度等因素设置缓和曲线，其长度可按表 4－4 的规定采用。”

表 4－4　地铁缓和曲线长度

R ＼ L ＼ V	100	95	90	85	80	75	70	65	60	55	50	45	40	35	30
3000	30	25	20												
2500	35	30	25	20											
2000	40	35	30	25	20	20									
1500	55	50	45	35	30	25	20								
1200	70	60	50	40	35	30	25	20	20						
1000	85	70	60	50	45	35	30	25	25						
800	85	80	75	65	55	45	40	35	30	25	20				
700	85	80	75	70	60	50	45	35	30	25	20	20			
650	85	80	75	70	60	55	45	40	35	30	25	20	20		
600		80	75	70	70	60	50	45	35	30	20	20	20		
550			75	70	70	65	55	45	40	35	20	20	20		
500				70	70	65	60	50	45	35	20	20	20	20	
450					70	65	60	55	50	40	25	20	20	20	
400						65	60	60	55	45	25	20	20	20	
350							60	60	60	35	30	25	20	20	20
300								60	60	60	35	30	25	20	20
250									60	60	40	35	30	20	20
200										60	40	40	35	25	20
150												40	40	35	25

注　R 为曲率半径，m；V 为设计速度，km/h；L 为缓和曲线长度，m。

缓和曲线线型主要有放射螺旋型和三次抛物线型，常用的是三次抛物线型。其方程式为

$$y=\frac{x^{3}}{6Rl_{0}}$$

式中　R——曲线半径，m；

l_0——缓和曲线全长，m。

三次抛物线型缓和曲线的优点是铺设和养护维修比较容易，缓和曲线长度比较短；其

缺点是始、终点存在折角，影响行车的平稳性。

（三）夹直线

夹直线是指相邻曲线（有缓和曲线时，指缓和曲线；无缓和曲线时，指圆曲线）两端点间的直线。当相邻曲线距离较近时，可能会出现夹直线过短的情况。夹直线太短时，会出现一辆车同时跨越两条曲线，引起车辆左右摇摆，影响行车平稳性；夹直线太短，也不易保持直线方向，增加养护困难。因此，《地铁设计规范》（GB 50157—2003）规定："正线及辅助线上两相邻曲线间的夹直线长度（不含超高顺坡及轨距递减段的长度），A 型车不宜小于 25m，B 型车不宜小于 20m，在困难情况下不得小于一个车辆的全轴距；车场上的夹直线长度不得小于 3 m。"

（四）曲线轨距加宽

为使具有固定轴距的轨道交通车辆能顺利通过曲线，在半径很小的曲线上，轨距要适当地扩大，这种扩大称为轨距加宽，如图 4－18 所示。轨距加宽标准如表 4－5 所示。

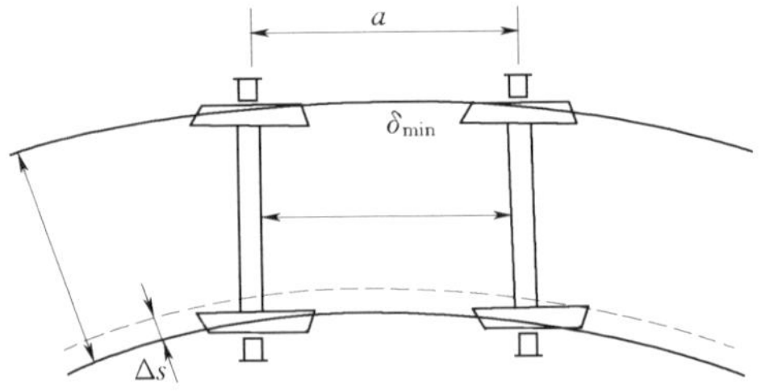

图 4－18 轨距加宽示意图

表 4－5 曲线轨距加宽标准

曲线半径（m）	轨距加宽（mm）
$R>350$	0
$300\leqslant R\leqslant 350$	5
$R<300$	15

加宽轨距是指将曲线轨道的内轨向曲线中心方向移动，并在缓和曲线长度范围内完成，曲线外轨位置保持不变。

（五）曲线超高设计

轨道交通车辆通过曲线部分时，由于离心力的作用，有向外侧抛出的趋势，为了防止这种趋势的发生，平衡这个离心力，需使外侧钢轨比内侧钢轨高，这种设置称为超高。超高即把曲线外轨适当抬高，借助车辆的重力的水平分力以平衡离心力，如图 4－19 所示，从而达到内外两股钢轨受力均匀、垂直磨耗均等，使旅客不因离心加速度的存在而感到不舒适，以及提高线路横向稳定性，保证行车安全。在地下线路中，有时为了满足限界要求，可使外轨抬高一半，内轨降低一半来设置超高。

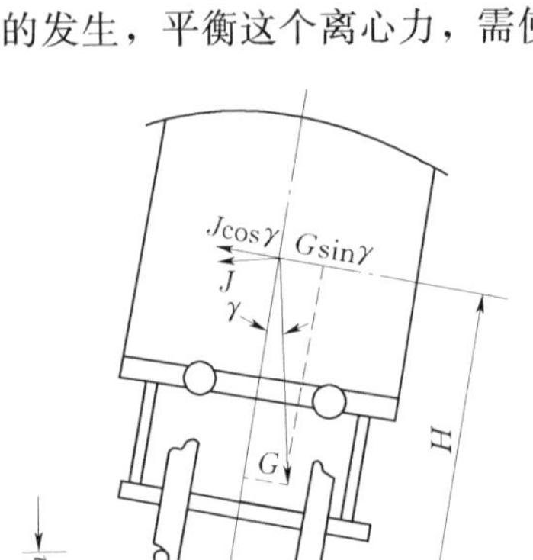

图 4－19 外轨超高示意图

G—车辆重力，N；h—外轨超高，mm；γ—轨顶线与水平线夹角，(°)；S_1—钢轨中心线间距离，mm；H—车辆中心距轨顶线的高度，mm；J—离心力，N

线路的曲线超高值的计算公式为

$$h=11.8\frac{V_c^2}{R}$$

式中 h——超高值，mm；

V_c——列车通过速度，km/h；

R——曲线半径，m。

（六）道岔设计及其他规定

道岔应设在直线地段，道岔端部至曲线端部的距离不应小于 5m，车场线可减少到 3m。道岔宜靠近车站位置，但道岔基本轨端部至车站站台端部的距离不应小于 5m。不同号数的道岔，其导曲线半径和长度也不同，会影响线路线间距和线路长度。正线和辅助线上为保证必要的侧向过岔速度，采用的道岔不得小于 9 号；车场线因过岔速度要求低，应采用不大于 7 号的道岔，以缩短线路长度，节省造价。

五、线路直线段的基本要求

（一）轨距

轨距为两股钢轨头部内侧与轨道中线相垂直的距离。因为钢轨不是水平放置的缘故，所以规定，轨距应在钢轨头部内侧面下 16mm 处量取。

目前，世界大多数国家地铁和轻轨普遍采用 1435mm 轨距，称为标准轨距。我国已建的城市轨道交通线路的轨距都是采用 1435mm。在运量较小的轻轨和新型有轨电车线路中，也有采用 1067mm、1000mm 和 762mm 轨距。轨距小于 1435mm 者称为窄轨距。

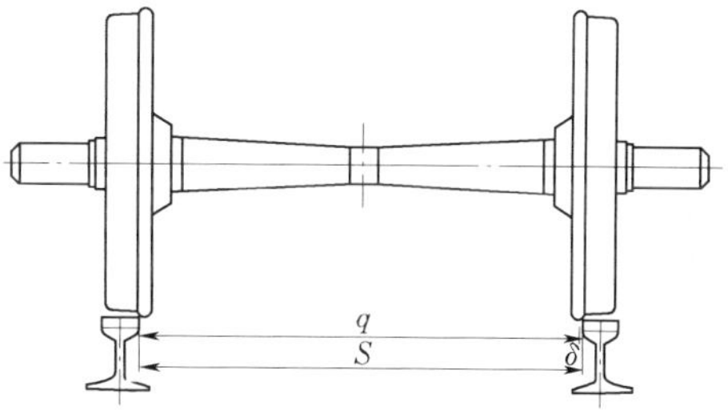

图 4－20　轮对宽度、轨距和游间

为使轨道交通车辆能顺利通过轨道，轨道的轨距必须略大于轮对宽度，有一定的游间。当轮对的一个车轮轮缘与钢轨贴紧时，另一车轮轮缘与钢轨之间的游间 δ 为（见图 4－20）

$$\delta = S - q$$

式中　S——轨距，mm；

q——轮对宽度，mm。

计算 δ 值时，没有把轮对宽度由于车轴挠曲而产生的变化量及轨距在列车通过时可能发生的弹性扩大（一般可取 2mm）考虑在内。

游间不能过大，否则会使车辆行驶时的蛇行运动的幅度加大，横向加速度、轮缘对钢轨的冲击及作用于钢轨上横向力也随之而增加。行车速度愈高，这种影响愈严重。所以，为了提高行车的平稳性和减少轮轨之间的动力作用，δ 应加以限制。目前，英国已把原来的标准轨距从 1435mm 减小为 1433mm，德国减小为 1432mm。

（二）水平

水平是指两股钢轨的顶面，在直线地段应保持在同一水平面上，简单地说就是轨道上左右钢轨的水平。保持水平的目的是使两股钢轨受力均匀，并保证车辆平稳行驶。

水平也可用道尺或轨检车进行测量。其误差的规定如表 4－6 所示。

实践中，有两种性质不同的钢轨水平误差，对行车的危害程度也不一样。一种水平误差是在一段相当长的距离内，一股钢轨的轨顶较另一股高，只是水平误差保持容许范围值内；另一种称为三角坑或轨道竖向扭曲，它是指在一段不太长的距离内，先是左股钢轨高，后是右股钢轨高，或者与此相反，如图 4－21 所示。轨道上存在三角坑会出现车轮不能全部正常压紧钢轨的现象，在最不利的情况下甚至可以爬上钢轨，引起脱轨事故。

表 4-6　　轨道几何尺寸容许误差

项目	作业验收（mm）			经常保养（mm）			临时补修（mm）			说　明
	V≥90	V<90	其他	V≥90	V<90	其他	V≥90	V<90	其他	
	正线	正线及到发线	站线	正线	正线及到发线	站线	正线	正线及到发线	站线	
轨距	±4	±4	±4	+7、−4	+7、−4	+7、−4	+10、−4	+10、−4	+10、−4	最大轨距含误差不得大于 1460mm
水平	4	5	6	7	8	9	10	11	12	
三角坑	4	5	6	7	8	9	10	11	12	
轨向	4	5	6	7	8	9	10	11	12	
高低	4	5	6	7	8	9	10	11	12	用 10m 弦量得的最大矢度

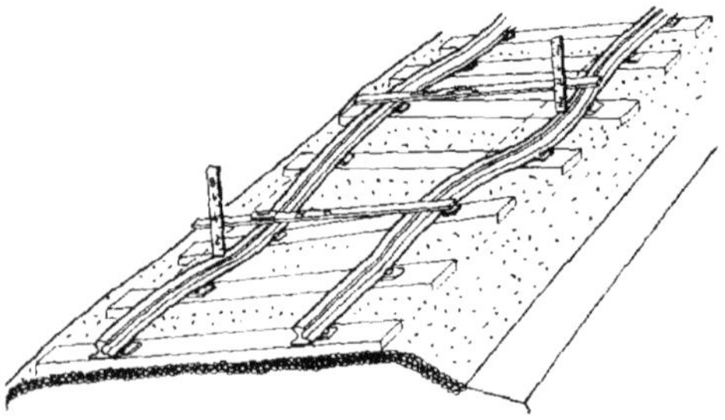

图 4-21　线路上三角坑的夸大示意图

表 4-6 中规定了在延长 6.25m 范围内水平误差变化量。在超高顺坡地段的水平变化率（含超高）最大不得大于 3%。

（三）前后高低

轨道的纵向平顺情况称为前后高低，其容许误差见表 4-6 的规定。

轨道的前后高低亦即轨面不平顺是有以下两种原因产生的：一种是经过一段时间列车运行后，因道床的累积变形，路基不均下沉，三角坑和弹性不均匀等原因，使轨面出现高低不平，这种不平顺的长度较长，车轮沿不平顺的全长滚动；另一种是因钢轨的波形磨耗、接头焊缝、打塌及轨面擦伤等原因形成的轨面不平顺，当车轮通过这种不平顺时，车轮不触及不平顺的底部。

控制纵向不平顺的大小，对降低轮轨间的动力作用，减小对轨道的破坏是十分重要的。

（四）方向

方向又称为轨向，指的是轨道中线位置应与它的设计位置一致。但在轨道交通车辆运行过程中，往往可使直线轨道不直，曲线轨道不圆顺。直线轨道由长度为 10～20m 左右的波浪形“曲线”组成。曲线轨道不圆顺则表现在缓和曲线和圆曲线上的曲率发生变化，成为有很多不同曲率半径圆弧组成的复曲线，形成严重的方向不平顺。

轨道方向不良，对行车的安全和平稳具有特别重要的意义。在无缝线路地段，若轨道方向不良，则到了高温季节，在一定条件下，还会引起胀轨跑道，严重威胁行车安全。

表 4-6 中列出轨道方向的允许误差。直线轨道上的误差是用 10m 弦量得的偏离直线方向最大矢度；曲线轨道上的误差是用 20m 弦量得的圆曲线或缓和曲线上的正矢与计算正矢之差。

（五）轨底坡

因车轮踏面的主要部分为 1∶20 的锥面，所以在直线上，钢轨不应竖直铺设，而要适当地向内倾斜，因此我们定义轨底坡为钢轨底面对轨枕顶面的倾斜度（也称为内倾度），轨底坡的调整范围如表 4－7 所示。

表 4－7　　内股钢轨轨底坡调整范围

外轨超高（mm）	轨枕面最大斜度	当铁垫板或承台的倾斜度		
		0	1/20	1/40
0～75	1∶20	1∶20	0	1∶40
80～125	1∶12	1∶12	1∶30	1∶17

设置轨底坡的目的是为了使车轮压力集中于钢轨的中轴线上，减小荷载偏心矩，降低轨腰应力，避免轨头与轨腰连接处发生纵裂。此外，车轮踏面的 1∶20 的部分能与轨顶面的中部接触，增加了轮轨间的接触面积，减小了接触应力和由此产生的塑性变形。

在任何情况下，轨底坡不应大于 1∶12，或小于 1∶60。

第三节　线路纵断面

轨道交通线路按地面标高差异分为地面线、地下线和高架线。地面线的坡度应与城市道路相当，以减少工程量。地下线的埋深受到所到地区工程地质、水文地质条件限制，还与隧道施工方法、地面建筑物和地下构筑物的情况等因素有关。高架线应充分注意城市景观，考虑机车牵引能力，坡度尽量延长。

在轨道交通线路纵断面设计中，凡有条件的地点，线路尽量设计成符合列车运行规律的节能型坡道，即车站设在线路纵断面的高处，两端设为下坡道。列车从车站起动后，借助下坡的势能增加列车加速度，缩短列车牵引时间，从而达到节能的目的。在列车进站停车时，可以借助坡度阻力，降低列车速度，缩短制动时间，减少制动发热，节约环控能量消耗。

一、线路纵断面设计的主要技术要素

城市轨道交通的线路纵断面是由坡段和连接相邻坡段的竖曲线组成的。坡段的特征用坡度和坡段长度来表示。坡段长度是该坡段前后两个变坡点之间的水平距离，而坡度则为坡段两端变坡点的高程与坡段长度的比。如图 4－22 所示。

轨道交通线路纵断面设计的主要技术要素包括坡度、坡段长度和坡段连接。

（一）坡度

由于城市轨道交通坡度已不是限制列车牵引质量的主要因素，所以把线路允许设计的最大坡度值就称之为最大坡度，而不称为限制坡度，也不存在加力坡度。

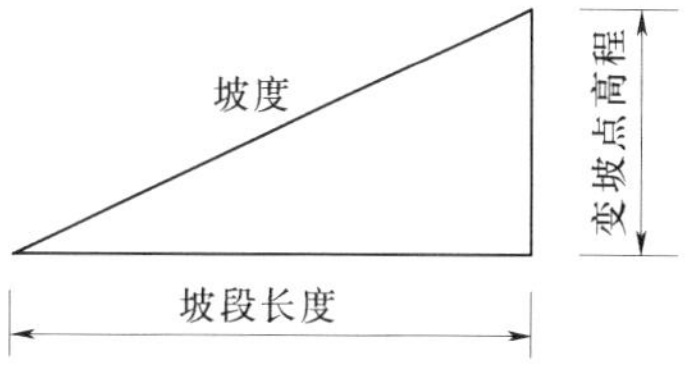

图 4－22　坡段长度与坡度示意图

1. 最大纵坡

城市轨道交通列车为了适应小站距的频繁起动、制

动，应具有良好的动力性能，一般采用全动轴或2/3动轴列车，起动加速度要求达到1m/s^2及以上，这就意味着列车可以爬100‰及以上的当量坡度。轨道交通由于高密度行车和大运量，为保证行车安全与准时，设计原则要求列车在失去部分（最大可达到一半）牵引动力的条件下，仍能用另一部分牵引动力，将列车在最大坡度路段上起动，因此最大坡度阻力及各种附加阻力之和，不宜大于列车牵引动力的一半。因此，《地铁设计规范》(GB 50157—2003)规定："正线的最大坡度不宜大于30‰，困难地段可采用35‰，联络线、出入线的最大坡度不宜大于40‰（均不考虑各种坡度折减值）。"

在实际设计纵断面时，线路坡度在满足标高控制要求的前提下应尽可能平缓，一般宜在25‰以下。但随着各种城市轨道交通车辆的改进，允许的最大坡度值也正在增大。例如，日本东京都营地铁12号线路的正线设计最大坡度已经达到50‰。

按我国轻轨样车的技术条件规定，轻轨正线的限制坡度为60‰。

2. 最小纵坡

为了满足纵向排水的需要，地下区间线路不宜设计成平坡，一般情况下，地下区间线路与排水沟为同一坡度值，取不小于3‰的坡度。

地面和高架线正线最小坡度在采取了排水措施后不受限制。

3. 车站纵坡

地下车站站台段线路应设单一坡度，最好为平坡。考虑到纵向排水的需要，坡度值宜采用2‰，困难时可设在不大于3‰的坡道上。坡度太大不利于列车起停，坡度太小不利于隧道排水。

地面和高架桥上的车站站台宜设在平坡道上，在困难地段可设在不大于3‰的坡道上。

轨道交通车站站台线路应设在一个坡道上，有条件时车站宜布置在纵断面的凸型部位上，并设置合理的进、出站坡度。

（二）坡段长度

两个坡段的连接点，即坡度变化点，称为变坡点。一个坡段两端变坡点之间的水平距离称为坡段长度。如果坡段长度小于列车长度，那么列车就会同时跨越2个或2个以上的变坡点，各个变坡点所产生的附加应力和局部加速度会因叠加而加剧，影响列车的平稳运行和旅客的舒适。因此，线路坡段长度不宜小于远期列车计算长度。按每节车厢19.11m计算，当列车编组为8节车厢时，约为150m；当列车编组为6节车厢时，约为115m；当列车编组为4节车厢时，约为75m。

与大铁路不同，城市轨道交通线路不要求坡段长度取为50m的整倍数。

（三）坡度连接

在纵断面上，若各坡段直接相连则形成一条折线。列车运行至坡度代数差较大的变坡点处，容易造成车轮脱轨、车钩脱钩等问题。为避免这类情况发生，当坡度代数差不小于2‰时，应在变坡点处设置竖曲线，把折线断面平顺地连接起来，以保证行车的安全和平稳。竖曲线有抛物线型和圆曲线型两种。抛物线型曲率是渐变的，更适宜于列车运行，但由于铺设和养护工作较复杂，当要求速度不高时，基本上不采用；圆曲线型竖曲线具有便于铺设和养护的优点，当竖曲线半径较大时，近似于抛物线型。因此，我国城市轨道交通线路采用圆形竖曲线，如图 4－23 所示。圆形竖曲线半径应符合表 4－8 的规定。

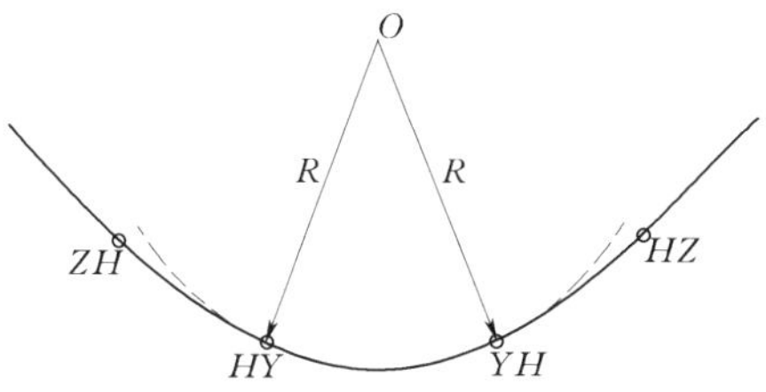

图 4－23　圆形竖曲线示意图

表 4－8　　圆形竖曲线半径

线别		一般情况（m）	困难情况（m）
正线	区间	5000	3000
	车站端部	3000	2000
联络线、出入线		2000	
车场线		2000	

二、纵断面设计还应考虑的问题

地下区间线路的纵断面设计，除了满足相应的坡度、坡段长度和坡段连接要求外，还应综合考虑隧道类型、拟采用的施工方法及运营特点等因素。

对于浅埋隧道，一般采用明挖法施工，宜靠近地面，以减少土方工程量，简化施工条件。同时，又要考虑在隧道上面预留足够的空间来设置城市地下管道，有足够厚度的土层来隔热，使隧道内不受地面温度变化的影响。通常浅埋区间隧道衬砌顶部至地面距离不小于 2m。由于车站本身要求的净空高度大于区间，因而浅埋车站一般位于凹型纵断面的底部。这种纵断面形式是进站下坡，出站上坡，导致列车进站制动和出站加速都需要耗费更多的能量，增加运营费用，影响运行条件。

第四节　限　　界

限界是指列车沿固定的轨道安全运行时所需要的空间尺寸。城市轨道交通车辆在隧道内运行，一方面，隧道结构内部要有足够的空间，以供车辆通行和布置线路结构、通信信号、供电和给排水等设备；另一方面，为了确保列车安全运行，凡接近城市轨道交通线路的各种建筑物（如隧道衬砌、站台等）及设备，必须与线路保持一定的距离，因此，车辆轮廓尺寸是设计轨道交通限界的基础资料。

城市轨道交通工程区间隧道的断面尺寸就是根据限界来确定的。限界越大，安全度越高，但工程量和工程投资也随之增加。因此，合理限界的确定既要考虑保证列车运行的安全，又要考虑系统建设成本。轨道交通限界应根据不同车辆的轮廓尺寸和性能、线路特征、设备安装和施工方法等因素综合分析确定。

城市轨道交通限界可以分为车辆限界、设备限界和建筑限界三种。

一、车辆限界

车辆限界是指车辆在正常运行状态下形成的最大动态包络线。直线地段车辆限界分为隧道内车辆限界和高架或地面线车辆限界，高架或地面线车辆限界应在隧道内车辆限界基础上，另加当地最大风荷载引起的横向和竖向偏移量。

受电弓限界或受流器限界是车辆限界的组成部分。

二、设备限界

设备限界是指车辆限界外保持一定的安全量的界线，即所有设备和管线的安装，在任何情况下均不得侵入的限界。设备限界是用以限制设备安装的一条控制线。

直线地段设备限界是在直线地段车辆限界外扩大一定安全间隙后形成的。曲线地段设备限界应在直线地段设备限界基础上，按平面曲线不同半径、超高引起的横向和竖向偏移量，以及车辆、轨道参数等因素计算确定。

接触轨限界属于设备限界的辅助限界。

三、建筑限界

建筑限界是指在行车隧道和高架桥等结构物的最小横断面所形成的有效内轮廓线，是在设备限界基础上，考虑了设备和管线安装尺寸后的最小有效断面，所有构筑物的任何突出部分均不得侵入。在宽度方向上，设备和管线与设备限界之间应留出 20～50mm 安全间隙。

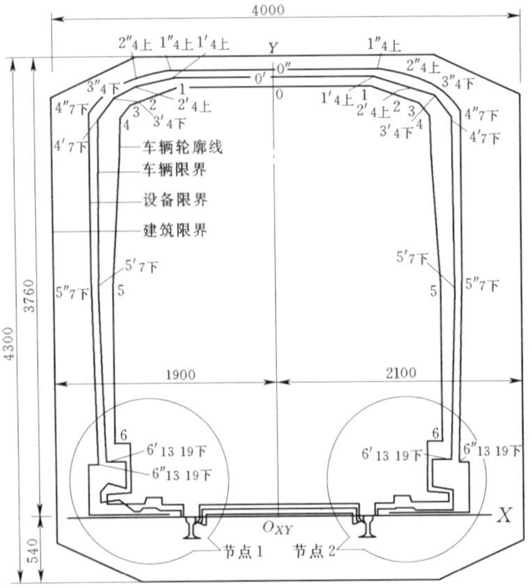

图 4－24　区间直线段矩形隧道限界

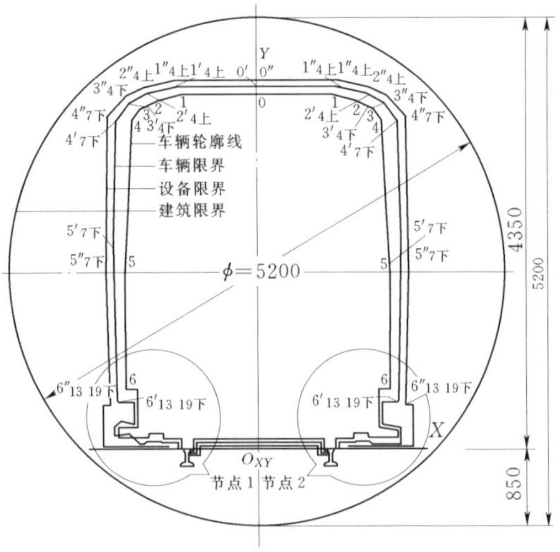

图 4－25　区间直线段圆形隧道限界

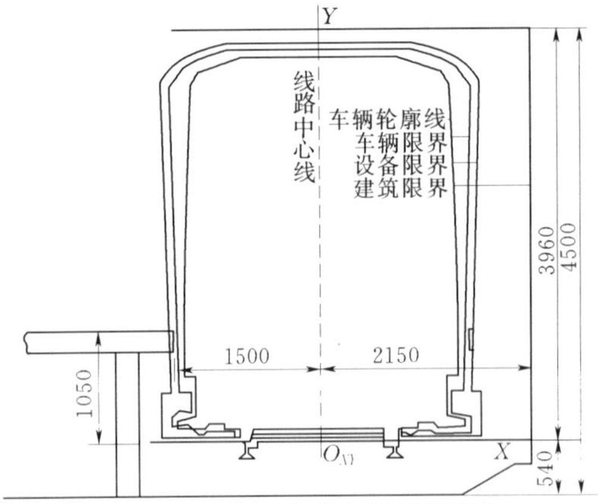

图 4－26　地下直线车站建筑限界

建筑限界不包括各种施工误差、测量误差和结构变形等因素。

根据埋设方式不同、隧道横断面形态不同，建筑限界也有所不同。部分建筑限界如图 4－24～图 4－27 所示。

上述限界一般是按车辆在平直线轨道上运行时制定的，对于曲线和道岔区的限界，一般应在直线地段限界的基础上根据车辆的有关尺寸以及不同的曲线半径、超高和道岔类型等，再分别考虑适当的加宽和加高量。

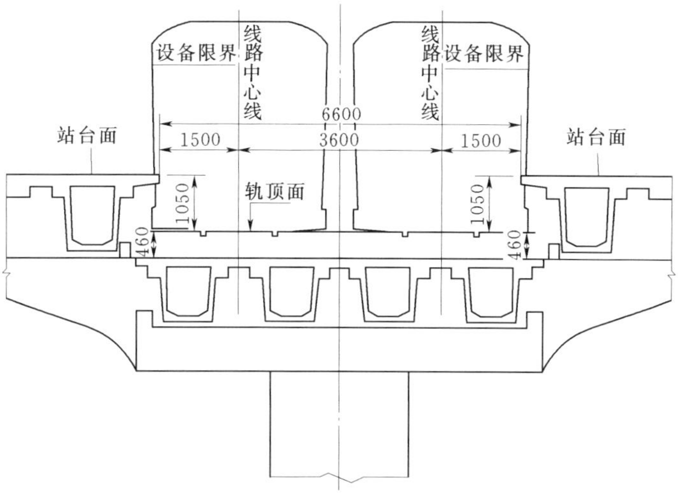

图 4-27 高架侧式车站直线建筑限界

思 考 题

1. 站距太长、太短各有什么缺点？
2. 车站站距应考虑哪些问题？
3. 为什么要设立轨道交通车辆段？有哪几种形式？
4. 直线段的轨道线路要考虑哪几方面的问题？
5. 什么是三角坑？
6. 为什么要设立缓和曲线？如何设立缓和曲线？
7. 小半径曲线对行车有什么不利影响？影响最小曲线半径的因素有哪些？
8. 什么是坡段长度？什么是夹直线，如何设置？
9. 什么是限界？有哪几种限界？
10. 在纵平面设计时需要考虑哪些问题？

第五章　城市轨道交通的轨道结构

第一节　概　　述

轨道结构作为主要的线路设备，是城市轨道交通系统的重要组成部分。轨道结构是列车行驶的基础，列车必须沿着轨道行驶，轨道给行驶的列车提供了导向作用和承载作用。

目前城市轨道交通使用较多的轨道结构有传统的有碴轨道和无碴的新型轨道。各种轨道结构在使用性能（包括减振降噪特性）、适用环境、养护维修、造价和运行费用等方面，各有不同的特点和优势。

城市轨道交通可采取地面、地下和高架等不同的线路形式，因此，轨道结构也必然采取与之相适应的形式。此外，随着列车牵引形式和轮轨形式的变化，还出现了一些特殊的、新型的轨道结构，如磁浮结构、橡胶轮轨结构和独轨结构等。

一般的轨道结构由钢轨、轨枕、连接零件、道床、道岔和防爬器、轨距拉杆及其他附属设备等组成。不同的轨道部件，其功能和受力条件也不一样。

轨道结构部件的受力条件差异极大，因而各种部件的材质要求也差异很大。通过科学而可靠的方式把它们制造出来，组合成为完整的结构体系，用以驱动、导向列车的运行，承受高速行驶轨道交通车辆的荷载，并把荷载传递给支撑轨道结构的基础。为保证列车运行的安全，轨道结构应具有足够的强度和稳定性、耐久性、绝缘性和弹性，且便于养护维修，以确保列车安全运行和乘客舒适。

由于城市轨道交通线路一般穿越城市区域（地下、地面或高架），在设计城市轨道交通的轨道结构时，要比设计城市间的铁路更多考虑一些问题。

（1）城市轨道交通运营时不可避免地要产生的振动与噪声污染，必然对城市的生活产生不良影响。特别在居民区、医院、学校、高精技术产业等城市敏感区域，对振动和噪声控制的要求更高。除了车辆结构采取减振措施以外，还要修筑噪声屏障，轨道结构也要采取减振措施，以最大限度地减少振动与噪声对周边环境的不良影响。

（2）轨道交通行车密度大，运营时间长，留给区间轨道维修作业的时间很短，因而一般采用较强的轨道结构部件。新建轨道交通系统时，在浅埋隧道和高架结构中，一般采用无碴道床等少维修轨道结构。

（3）轨道交通车辆一般采用电力牵引，以走行轨作为供电回路。为减小因电流漏泄（或称迷流）而造成周围金属设施的腐蚀，要求钢轨与轨下基础有较高的绝缘性能。

（4）受城市街道和建筑物空间位置的限制，城市轨道交通线路中，曲线区段占很大比重，曲线半径也比城间铁路小，因此，城市轨道交通线路的曲线钢轨的磨损相对较大。这就需要考虑在城市轨道交通的线路曲线部分采用耐磨性能好的钢轨。同时，再采取钢轨铺设前应进行预弯，运营时钢轨应涂抹润滑油等措施，以减少钢轨的磨损。

第二节 钢轨与连接零件

钢轨是轨道的主要部件，用于引导机车车辆行驶，并将所承受的荷载传布于轨枕、道床及路基，同时，为车轮的滚动提供阻力最小的接触面。钢轨与列车车轮直接接触，是轨道结构的主要部件，它由轨头、轨底和轨腰三部分组成。钢轨具有以下几个方面的功能：

(1) 钢轨必须为车轮提供连续、平顺和阻力最小的滚动表面，以引导轨道交通车辆前进。对车辆来说，要求钢轨有一个光滑的滚动表面，以获得较小的滚动阻力，但对动车来说，又要求钢轨顶面适当粗糙，使车轮与钢轨之间产生足够的摩擦力来牵引列车前进。

(2) 钢轨的工况十分复杂。它承受来自车轮的垂直、横向水平和纵向水平等力系的作用，此外还要受到温度变化及其他因素的影响。因此，当车辆在钢轨上运行时，在钢轨中产生了拉应力、压应力、扭应力、冲击应力和局部应力等复杂的应力状况，并产生相应的压缩、伸长、弯曲、扭转、压溃、磨耗等变形。为保证列车的安全运行，钢轨就要有足够的强度和韧性来承受复杂的应力作用；要有足够的刚度来抵御弯曲和扭转等变形；要有足够的硬度来抵抗磨耗。此外，为了减轻车辆对钢轨的动力冲击作用，防止轨道交通车辆走行部分及钢轨的折损，还要求钢轨具有必要的弹性。尽管硬度与韧性、刚度与弹性是矛盾力学性能，但在轨道交通的运行工况下，必须辨证地处理好这些钢轨的力学特性。

(3) 在电气化的线路上，钢轨还要兼作供电接触网的回流线路及运行管理信号的轨道电路载体。因此，必须保证整个轨道的钢轨具有良好的导电性，成为供电回路和通信线路的良好导体。

一、钢轨的类型、断面和性能

钢轨的类型习惯上以每米重量的近似值来表示。目前我国铁路的钢轨类型主要包括43kg/m、50kg/m、60kg/m、75kg/m。重量愈大，表示断面尺寸愈大，钢轨强度等性能指标愈高。在我国城市轨道交通的线路中，早期的北京地铁使用50kg/m钢轨，20世纪90年代新建的上海地铁、广州地铁都采用了较重的60kg/m钢轨，以期延长维修周期。轨道交通的停车线、站场线等非运营线路则采用较轻的50kg/m钢轨，以减少投资。

我国生产的钢轨长度有12.5m和25m两种标准轨长。规范规定左右两股钢轨的接缝应尽量在一个断面上。为了校正曲线地带内、外轨的接头位置，在曲线轨道中，曲线内股使用一定缩短量的缩短轨，相应标准缩短量为40mm、80mm、120mm（12.5m和25m两种规格的曲线内轨缩短量相等）。

作用于直线轨道钢轨上的力主要是竖直力，其结果是使钢轨沿垂直方向挠曲。因为钢轨被视为弹性基础上的连续长梁，而梁抵抗挠曲的最佳断面形状为工字形。因此，钢轨采用工字形断面，由轨头、轨腰和轨底三部分组成。如图5-1所示。

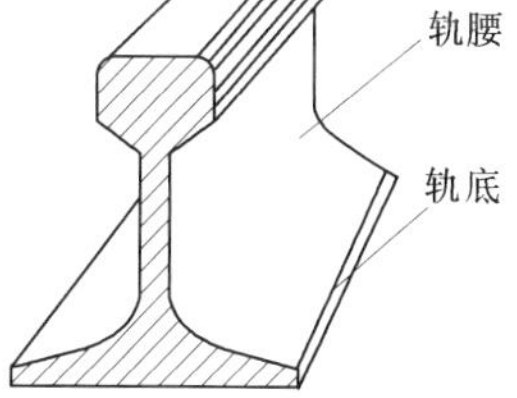

图5-1 轨道断面

我国的钢轨标准断面如图5-2所示，钢轨断面的形状符合钢轨受力的力学要求；轨头表面要对应车轮轮踏面形状，以改

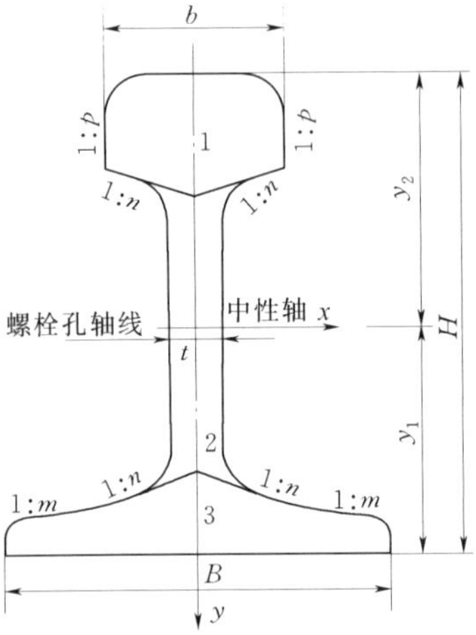

图 5-2　我国生产的钢轨断面图

图 5-3　地面有轨电车的钢轨断面

善轮轨的接触条件；还要考虑连接两根钢轨时安装接头夹板的要求；以及把轨头、轨腰和轨底三部分组成整体应减少可能出现的局部应力集中等要求。断面图中标注的尺寸量依据不同的钢轨类型而有所不同，具体如表 5-1 所示。

城市地面有轨电车的钢轨轨顶面和路面相平，为减小由于车辆的蛇形运动造成轮缘对路面的破坏，特意做了一个轮缘槽。图 5-3 为地面有轨电车的钢轨断面形式和尺寸。

表 5-1　　**钢轨断面尺寸及特性**

项　目	类　型　(kg/m)			
	75	60	50	43
每米质量 m (kg)	74.414	60.64	51.514	44.653
断面面积 F (cm^2)	95.037	77.45	65.8	57
重心距轨底面的距离 y_1 (mm)	88	81	71	69
对水平轴的惯性矩 J_x (cm^4)	4490	3217	2037	1489
对竖直轴的惯性矩 J_y (cm^4)	665	524	377	260
底部断面系数 W_1 (cm^3)	509	396	287	217
头部断面系数 W_2 (cm^3)	432	339	251	208
轨底横向挠曲断面系数 W_y (cm^3)	89	70	57	46
轨头所占面积 A_h (%)	37.42	37.47	38.68	42.83
轨腰所占面积 A_w (%)	26.54	25.29	23.77	21.31
轨底所占面积 A_b (%)	36.54	37.24	37.55	35.86
钢轨高度 H (mm)	192	176	152	140
轨底宽 B (mm)	150	150	132	111
轨头高度 h (mm)	55.3	48.5	42	42
轨头宽度 b (mm)	75	73	70	70
轨腰厚度 t (mm)	20	16.5	15.5	14.5

钢轨的材质是指钢的化学成分及其组织。它们是钢轨质量的第一个特征。钢轨钢中铁是主要成分；其次是碳，碳是钢轨抗拉强度和硬度主要来源，一般含量为 0.65%。锰可以提高钢的强度和韧性和抗磨性能，但焊接性能大大降低。目前我国使用的道岔，辙叉部分都是采用了锰含量较高的钢种。钢轨的各项材质指标如表 5-2 所示。

表 5-2　　钢轨的化学成分、机械性能及使用范围

序号	钢号	化学成分（%）						抗拉强度	延伸率	使用范围
		C	Si	Mn	Cu	P	S	σ_b（MPa）	δ_s（%）	（钢轨类型）
1	U71	0.64～0.77	0.13～0.28	0.60～0.90		≤0.04	≤0.05	785	10	50
2	U74	0.67～0.80	0.13～0.28	0.70～1.00		≤0.04	≤0.05	785	9	50、60、75
3	U71Cu	0.65～0.77	0.15～0.30	0.70～1.00	0.10～0.40	≤0.04	≤0.05	785	9	50
4	U71Mn	0.65～0.77	0.15～0.35	1.10～1.50		≤0.04	≤0.04	883	8	50、60、75
5	U71MnSi	0.65～0.75	0.85～1.15	0.85～1.15		≤0.04	≤0.04	883	8	小半径曲线 50
6	U71MnSiCu	0.65～0.77	0.70～1.10	0.80～1.20	0.10～0.40	≤0.04	≤0.04	883	8	50

表 5-2 中钢号 U 表示钢轨的符号，71、74 表示钢轨含碳量分别为 0.71%和 0.74%。Cu、Mn、Si 表示合金钢轨的成分。序号 1～2 为普通碳素轨，3～6 为低合金轨，U71Mn 为中锰轨，U71MnSi 为高硅钢，其耐磨性能为碳素钢的 2～4 倍。

机械性能是钢轨质量的第二特征。它包括强度极限 σ_b、屈服极限 σ_s、疲劳极限 σ_r、伸长率（或称为延伸率）δ_s、断面收缩率 ψ，冲击韧性（落锤试验）σ_h 及硬度等指标。这些指标对钢轨的承载能力、磨耗、压溃、断裂和其他伤损有很大的影响。

采用热处理方法使普通碳素钢轨的强度和韧性都得到大幅度的提高。铺设无缝线路曲线地段宜采用全长淬火钢轨；全长淬火轨就是用普通碳素轨，通过轨顶面全长感应淬火的热处理法，以局部改进轨头部分钢的晶格组织，从而提高强度和韧性。钢轨顶面淬火深度 $h \geq 15$mm，侧面淬火深度 $b \geq 10$mm。

二、钢轨的连接

在轨道上用定长的钢轨连接成连续的轨线，在两根定长的钢轨之间用夹板连接，称为钢轨接头。如以 12.5m 或 25m 标准轨铺设，每公里接头就有 80 或 40 个之多。

在城市轨道交通的轨道结构中，已大量采用无缝线路结构，将多根标准轨依次焊接在一起，钢轨接头数量大大减少，但是在无缝线路的缓冲区、轨道电路的绝缘区、有道岔的线路区段中，钢轨接头还是不能少的。

钢轨接头的连接零件包括夹板、螺栓、螺母、弹簧垫圈等如图 5-4、图 5-5 所示。其作用是在接头处把钢轨连接起来，使钢轨接头部分具有与钢轨一样的整体性，以抵抗弯曲和位移。接头处还要满足钢轨伸缩的要求。

夹板的作用是夹紧钢轨。夹板以双头对称式（对称度在 10%以内）为最常用。目前我国标准钢轨用夹板均为斜坡支承型双头对称式夹板。夹板的上下两面均有斜坡，使能楔入轨腰空间，但不贴住轨腰。这样，当夹板稍有磨耗，以致连接松弛时，仍可重新旋紧螺栓，保持接头连接的牢固。每块夹板上有螺栓孔 6 个，圆形孔与长圆形孔相间，孔径较螺栓直径略大。

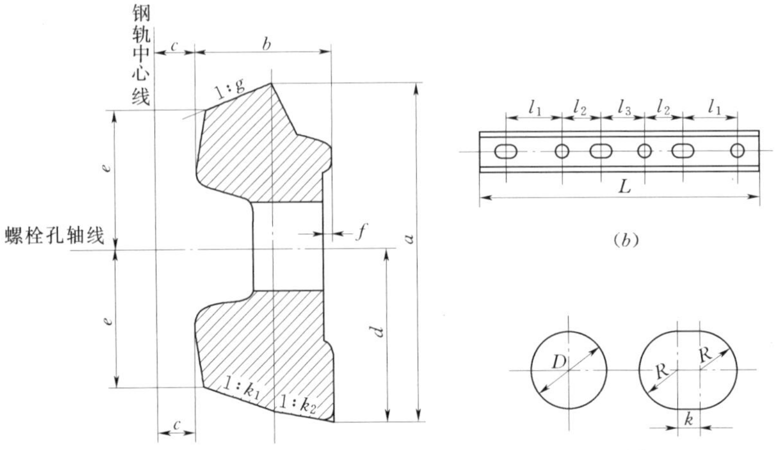

(a)　(b)　(c)

图 5-4　钢轨夹板的形状

(a) 截面图；(b) 侧面图；(c) 螺栓孔

钢轨接头的分类有以下几种：

图 5-5　钢轨夹板实照

(1) 按接头连接形式相对于轨枕的位置划分，可分为悬空式和承垫式两种。线路上采用的大部分是悬空式的接头，承垫式只是在绝缘接头处使用。

(2) 按两股钢轨接头相互位置划分，可分为相对式和相错式两种。我国广泛采用对接式接头。在我国一般采用相对悬空式为标准形式，即两段钢轨接头左右对齐，同时位于两接头轨枕间。这种接头连接方式，无论对铺轨还是受力，都是比较有利的。如图 5-6 所示。

(3) 按接头连接的用途及工作性能划分可分为普通接头、异形接头、导电接头、绝缘接头、冻结接头和尖轨接头等。

普通接头用于前后同类型钢轨的正常连接，是线路上用得最多的接头，断面如图5-7所示。

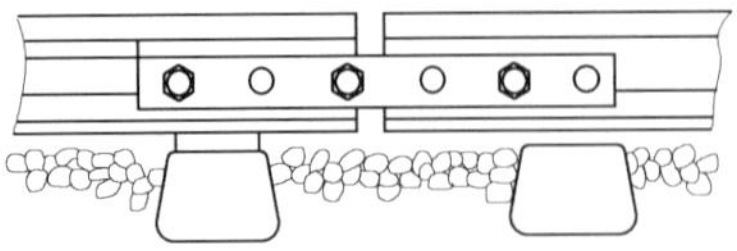
图 5-6　悬空式接头

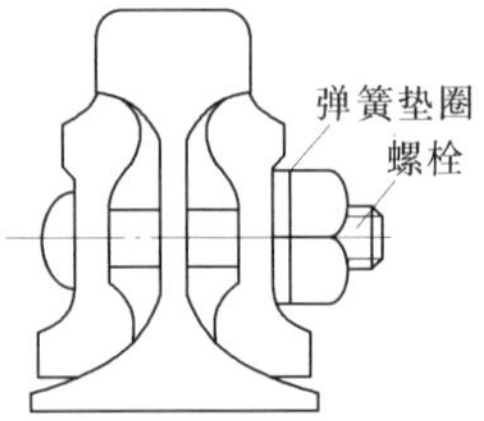

图 5-7　斜坡支承型双头对称式夹板截面

异形接头，用于连接两种不同断面的钢轨，异形夹板的一半应与一端同型钢轨断面相吻合，另一半则与另一端钢轨断面相吻合。连接时应使两轨工作面轨距线与轨顶最高点水平线都相吻合。如图 5－8 所示。

导电接头，用于铁路自动闭塞区段及电力牵引地段，供传导轨道电流或作为牵引电流的回路之用。两根钢轨间传导连接装置用左右两根 5mm 的镀锌铁丝组成。如图 5－9 所示。

图 5－8　异形接头

图 5－9　导电接头

绝缘接头，用于自动闭塞区段闭塞分区两端的钢轨接头上，以隔断电流，防止漏电。绝缘的方法是在夹板与钢轨、螺栓之间及螺孔四周与轨端之间用绝缘材料加以隔离构成。绝缘材料采用高强度尼龙绝缘层，它可承受 900N·m 的螺栓扭矩，轨缝几乎没有变化。在新建的城市轨道交通中已采用无绝缘接头的轨道电路，在正线范围内已不再使用这种绝缘接头。图 5－10、图 5－11 为高强尼龙绝缘接头的示意图。

图 5－10　绝缘接头侧面

冻结接头，用高强度的胶黏剂将夹板与钢轨胶结，再用高强度螺栓拧紧，其剪切荷载可达 1800kN，起到了“冻结”钢轨的作用。它用于无碴桥上有温度调节器的钢梁温度跨度范围内，钢梁横梁顶上及道口处，近来也有用于道岔的接头上。如图 5－12 所示。

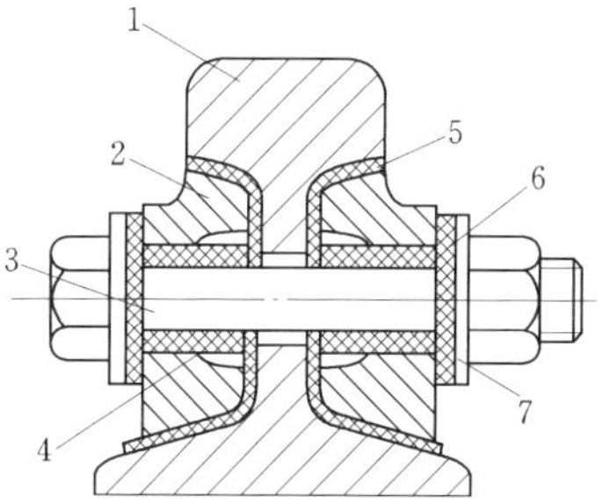

图 5－11　高强尼龙绝缘接头断面

1—钢轨；2—接头夹板；3—螺栓；
4—绝缘套管；5—槽型绝缘板；
6—高强度绝缘垫圈；7—钢平垫

图 5－12　冻结接头

尖轨接头，又称为温度调节器，用于连接轨端伸缩量相当大的普通轨道及温度跨度大于 100m 的桥上轨道的钢轨接头。

焊接接头是指用焊接方法把钢轨连接起来，广泛用于无缝线路上。

为适应钢轨热胀冷缩的需要，在钢轨接头处要预留轨缝。预留轨缝应满足以下的条件：

(1) 当轨温达到当地最高轨温时，轨缝应不小于零，使轨端不受挤压力，以防温度压力太大而胀轨跑道。

(2) 当轨温达到当地最低轨温时，轨缝应不大于构造轨缝，使接头螺栓不受剪力，以防止接头螺栓拉弯或拉断。构造轨缝是指受钢轨、接头夹板及螺栓尺寸限制，在构造上能实现的轨端最大缝隙值。

钢轨接头是轨道结构的薄弱环节。接头虽能保证必要的几何形位，但却在一定程度上破坏了它的连续性，主要表现在轨缝、台阶和折角等三个方面，如图 5-13 所示。钢轨连续性破坏以后，接头部分受到了很大的冲击力的作用。图 5-14 为英国铁路总局（BRB）对钢轨接头受力情况实测的典型结果。

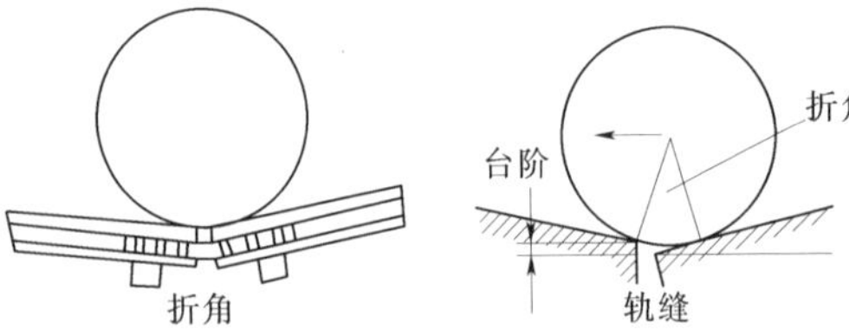

图 5-13 钢轨接头上破坏钢轨连续性的因素

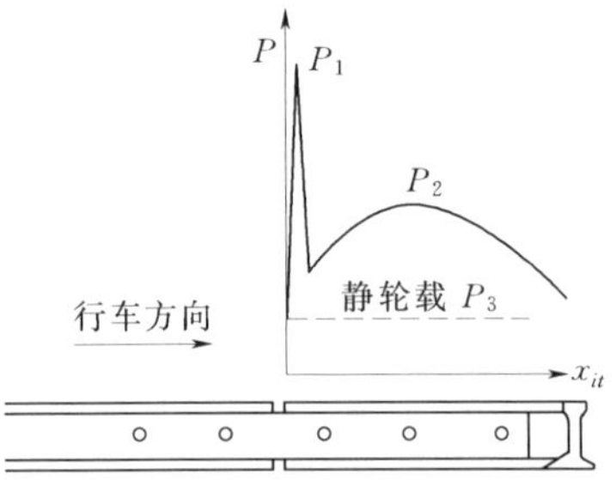

图 5-14 钢轨接头受力特点

图 5-14 中，车辆越过接头后 0.25～0.5ms 时间内，出现了第一个力的峰值。它具有瞬时冲击的特点，所以称为高频瞬时冲击力称为 P_1。车轮越过接头约 7ms 后，出现力的第二个峰值 P_2。这个力是低频的。在 P_1 和 P_2 力的作用下，接头区钢轨的破坏主要表现为轨头的打塌和剥离、鞍型磨耗、螺孔裂纹和夹板弯曲等。此外，由于道床的沉陷、坍塌和板结等，不仅可引起低接头，还会因道床板结，刚性增加而加剧了轮轨间的动力作用。

三、钢轨的伤损

钢轨在使用过程中常常因发生裂纹、折断和磨耗等伤损而不到其使用期限就需更换，因此，钢轨的伤损是轨道交通线路上的一个突出问题，严重影响行车的安全。

常见的几种伤损如下。

(一) 轨腰螺栓孔裂纹

轨腰钻孔以后，其强度被削弱，螺栓孔周围发生较高的局部应力，在列车车轮冲击荷载的作用下，螺孔裂纹开始形成和发展。

(二) 轨头核伤

轨头核伤是最危险的钢轨伤损，它起源于轨头内部小的横向裂纹。在列车荷载的重复作用下，细小的横向裂纹扩展而成核伤，直至核伤的四周钢材不足以抵抗破坏应力，使轨头钢材在毫无先期变形的情况下猝然折断。

(三) 轨头剥离

轨头剥离常发生在轨头与轮缘的内圆角接触处的圆角上，是一种破裂掉块的缺陷。防止剥离则必须改善轮轨的接触条件，改进钢轨的材质，提高接触疲劳强度，并加强轨道的养护维修，提高线路质量。

（四）钢轨磨耗

钢轨磨耗主要包括垂直磨耗、侧面磨耗和波形磨耗等。

1. 垂直磨耗

表 5－3　重伤钢轨磨耗限度

钢轨类型（kg/m）	垂直磨耗（mm）	侧面磨耗（mm）
60 及以上	11	19
50	10	17

在直线或曲线上都存在垂直磨耗。它与作用在钢轨上的垂直压力、轨轮之间的滑动磨擦有关，它随着通过质量的增加而增大。当超过允许的垂直磨耗量，钢轨必须更换。所以在正常情况下垂直磨耗是确定钢轨使用寿命的重要依据。

我国把磨耗钢轨按轨头磨耗程度分为轻伤和重伤两类，如表 5－3 和表 5－4 所示。

表 5－4　轻伤钢轨磨耗限度

钢轨类型（kg/m）	总磨耗（mm）		垂直磨耗（mm）		侧面磨耗（mm）	
	正线到发线	其他到发线	正线到发线	其他到发线	正线到发线	其他到发线
60 及以上	14	16	9	10	14	16
50	12	14	8	9	12	14

注　除列有垂直磨耗允许限度之外，还有侧面磨耗和总磨耗的允许限度。三者作为轨头磨耗的指标。总磨耗按垂直磨耗加侧面磨耗的半数计算。

2. 侧面磨耗

侧面磨耗发生在曲线的外股钢轨上。钢轨侧磨的严重性，在钢轨伤损中已居突出位置。从摩擦学的角度来看，侧磨属于塑性变形磨损、黏着磨损和疲劳磨损的综合磨损。伴随曲线外轨侧磨的同时，在曲线内轨上出现轨头压溃、轨头压偏和宽度增加等现象。

来自于轨道交通车辆方面的因素有转向架的类型。轮对因受转向架的约束不能自由地居于径向位置，通过曲线时对外股钢轨产生较大的轮缘力（或称为导向力）和冲角。来自于轨道方面的是外轨超高、轨距、曲线的圆顺度及轨底坡等轨道几何形状。

减少侧磨的措施如下：

（1）采用径向转向架。

（2）采用耐磨轨（高硅轨、淬火轨等）。

（3）合理设置超高、轨距和轨底坡；加强曲线的养护维修，保持良好的曲线圆顺度和方向性。

（4）曲线润滑。在曲线外轨侧面涂以润滑剂。润滑效果的好坏取决于润滑方法和润滑剂的类型。我国目前采用的润滑方法有两种：一种方法是在动车上装置润滑器或在车尾装置润滑器；另一种方法是地面自动润滑装置。润滑剂的种类也有两种：一种是润滑油，另一种是润滑脂。

3. 波形磨耗

钢轨波形磨耗是指钢轨顶面或侧面上呈波浪形的不均匀磨损或塑性变形。

波形磨耗依据其波长可分为两大类：波长在 30～80mm、波深 0.1～0.5mm、光亮的波峰和黑暗的波谷规则地排列在轨面上的波形磨耗称为短波磨耗，又称为波纹磨耗；波长 150～600mm 及以上，波深 0.5～5mm，波浪界线分明但不规则、不均匀，波峰和波谷有均匀的光泽的波形磨耗称为长波磨耗。

车辆在有波形磨耗的钢轨上行驶，不但对轨道结构产生很大的附加动力荷载，而且会产生尖啸声，有人形象地称这种钢轨为噪声钢轨。加拿大温哥华的空中列车通车没多久就产生了这种钢轨病害，随通过列车的增加，病害愈演愈烈，在采取了很多措施后，病害才得以缓解。

波形磨耗形成的原因十分复杂。解释它的成因的理论不下数十种。归纳起来大致可以分为两类：一类为非动力成因理论，主要从钢材性能、残余应力、不均匀磨损腐蚀、不均匀塑流、接触疲劳及轮轨几何形状匹配等方面去研究成因；另一类为动力类成因理论，主要从轮轨接触共振、轮轨垂向振动、轮对横向振动、扭振及弯曲振动等理论去研究成因。从最近几年来的研究表明，轮轨系统振动理论比较能够解释波形磨耗的发生和发展。

防止和减缓波形磨耗的措施如下：

(1) 提高轨道的弹性和阻尼，减少轨道交通车辆垂向振动对轨道影响，对延缓波形磨耗发展速率是有利的。

(2) 合理设置曲线外轨超高。实践表明设置小于计算超高的外轨超高对减缓波磨是有利的。

(3) 提高钢轨材质强度及耐磨性能。

(4) 钢轨打磨。国外经过30余年的实践，打磨已发展成为多功能的现代化养护维修的技术。钢轨打磨后的使用寿命可延长0.5～1倍不等。

第三节　轨　　枕

轨枕是轨下基础的重要部件。它的功能是支承钢轨，保持轨距和方向，并将钢轨对它的各向压力传递到道床上，使用扣件把轨枕和钢轨连在一起形成“轨道框架”，增加了轨道结构的横向刚度。

一、轨枕按其构造及铺设方法分类

轨枕按其构造及铺设方法可分为横向轨枕、纵向轨枕、短轨枕和宽轨枕等。

1. 横向轨枕

横向轨枕与钢轨垂直间隔铺设，是最常用的轨枕。横向铺设所需轨枕根数如表5－5所示。

表5－5　每千米最多铺轨根数

轨枕类型	Ⅱ型混凝土枕	Ⅲ型混凝土枕	木枕
每千米最多铺轨根数	1840	1760	1920

2. 纵向轨枕

纵向轨枕沿钢轨方向铺设，值得注意的是，纵向布置的钢轨和轨枕之间的连接还是采用定距离配置螺栓、扣件的形式，即还是“点支承”的传力形式。纵向轨枕在我国的线路中较少使用。有一类纵向布置的浮置板和这种轨枕相类似，具体参阅后面的内容。

3. 短轨枕

短轨枕又称为支承墩，是在左右两股钢轨下分开铺设的轨枕，只用于混凝土整体道床上。短轨枕有使用木质材料的，但在我国普遍使用钢筋混凝土材料，钢筋混凝土短轨枕采用 C30 混凝土，宜在工厂预制，以期保证质量。

4. 宽轨枕

宽轨枕因其底面积比横向轨枕大，减小了对道床的压力和道床的永久变形。

二、轨枕按其使用部位分类

轨枕按其使用部位可分为用于区间线路的普通轨枕、用于道岔上的岔枕和用于无碴桥上的桥枕。

三、轨枕按其材料分类

轨枕按其材料可分为木枕、混凝土轨枕和钢枕等，现钢枕不被采用。

1. 木枕

木枕又称为枕木，是铁路上最早采用而且到目前为止依然被采用的一种轨枕。木枕主要的优点是弹性好，易加工，运输、铺设、养护维修方便，绝缘性能好；其缺点是易于腐朽和机械磨损，使用寿命短，且木材资源缺乏，价格比较昂贵，所以木枕已逐渐被混凝土轨枕所代替。但是在道岔、停车场等站线部位由于要求不等长的轨枕，混凝土轨枕尚难取代木枕。各种木枕的截面如图 5－15 所示。

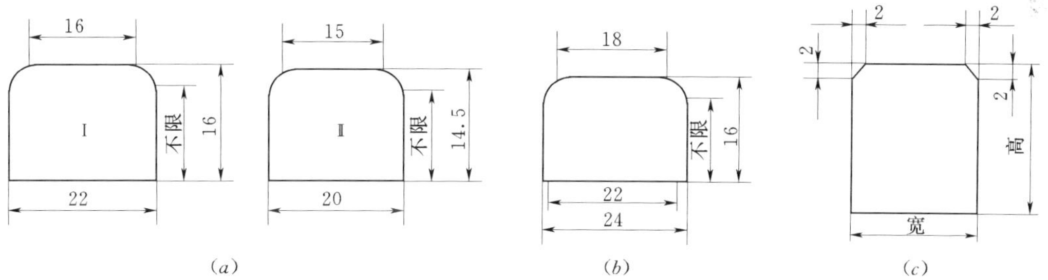

图 5－15　普通木枕、道岔木枕及桥梁木枕断面形状（单位：mm）
（a）普通木枕；（b）道岔木枕；（c）桥梁木枕

2. 混凝土轨枕

目前的混凝土轨枕都采用预应力式（Prestressed Concrete，简称 PC）轨枕，已得到各国广泛采用。按照其制造方法的不同可分先张法和后张法 PC 轨枕。配筋材料可以是高强度钢丝，也可以是钢筋。混凝土轨枕的特点是自重大、刚度大，与木枕线路相比其轨底挠度较平顺，故轨道动力坡度小。同时，列车通过不平顺的混凝土枕线路时，轨道附加动力增大，故对轨下部件的弹性提出了更高的要求，以提高线路减振性能。

混凝土轨枕按结构形式可分为整体式、组合式和短枕式，如图 5－16 所示。整体式轨枕整体性强，稳定性好，制作简便，是目前广泛使用的一种类型。组合式轨枕由两个钢筋混凝土块使用一根钢杆连接而成，其整体性不如前者，但钢杆承受正负弯矩的能力比较强，我国没有使用这种轨枕，但在欧洲使用得很广泛。我国铁路普遍采用的混凝土轨枕形式如图 5－17～图 5－19 所示。

轨枕间距也是轨道设计中的重要参数之一，其大小与每千米铺设的轨枕数量有关。

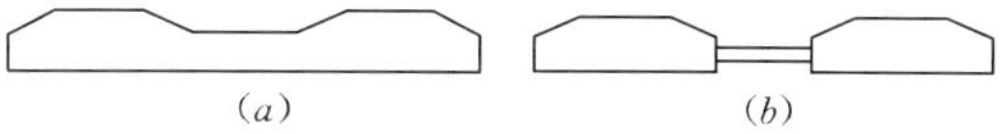

图 5－16　混凝土轨枕
（a）整体式；（b）组合式

图 5-17 新Ⅱ型轨枕

图 5-18 ⅡZQ—C 型桥枕

图 5-19 道岔地段铺设的系列岔枕

第四节 扣 件

钢轨与轨枕的连接是通过中间连接零件实现的。中间连接零件又称为扣件，其作用是将钢轨固定在轨枕上，即具有一定的扣压力，以保持轨距和阻止钢轨相对于轨枕的纵、横向移动。在钢筋混凝土轨枕轨道和混凝土整体道床中，弹性远小于木枕轨道，扣件还必须提供足够的弹性。为此，扣件必须具有足够的强度、耐久性和良好的弹性，有效地保持钢轨与轨枕的可靠连接；结构力求简单，便于安装及拆卸；应具有良好的绝缘性能，以减少迷流。

一、木枕扣件

木枕扣件主要有分开式和混合式两种，如图 5-20 和图 5-21 所示。混合式扣件是使用最广泛的一种方式，用道钉与将钢轨、铁垫板与木枕一起扣紧。普通道钉采用 3 号热轧方钢制成，长度为 165mm。垫板是在钢轨与木枕间插入的钢板，它可将钢轨传来的压力传布于较大的木枕支承面上，减小对木枕的压力，同时，还可使钢轨两侧道钉共同起抵抗横向力的作用。

图 5-20 分开式扣件

图 5-21 混合式扣件

二、PC 轨枕和无碴轨道使用的扣件

PC 轨枕和无碴轨道使用的扣件较木枕的扣件复杂，它除了具有一定的扣压力外，还应提供必需的弹性和调整轨面标高和轨距的调整量。现就扣件的类型叙述如下：

(1) 扣件按其扣压钢轨方式划分，可分为弹性扣件和刚性扣件两种类型。

刚性扣件本身刚度很大，扣压钢轨后，弹性很差，在地铁运营线路中很少应用。但由于其工作可靠、结构简单、价格低廉，在场线上时有使用。

(2) 扣件按其承受横向力方式划分，可分为有挡肩和无挡肩两种类型。

一般来说，在调高量方面，无挡肩结构形式扣件优于有挡肩结构形式扣件，所以结合工程实际情况，高架桥上应采用无挡肩结构形式扣件。

(3) 扣件按其扣压件紧固方式划分，可分为有螺栓和无螺栓两种类型。

从养护维修角度考虑，无螺栓扣件比有螺栓扣件零部件少，养护维修工作量小，更适合轨道交通实际情况。我国的无螺栓扣件采用 e 型弹条，类似于英国的潘特罗（Pandrol）扣件。无螺栓扣件优于有螺栓扣件是肯定的，但从国内既有工程使用情况来看，其弹条在材料的材质、强度和稳定性等方面还需要进一步研究。

现在，城市轨道交通工程中采用的扣件种类很多，各有特点，主要的几种扣件种类如表 5－6 所示。

表 5－6　　轨道交通常用扣件表

设计参数＼扣件类型	DTⅢ型扣件	DTⅥ$_2$型扣件	弹条Ⅱ型扣件	DTⅢ$_2$型扣件	轨道减振器	Lord 扣件	DTⅦ型扣件	WJ－2 型扣件
扣压件	ω 型弹条	e 型弹条	Ⅱ型弹条	ω 型弹条	ω 型弹条	ω 型弹条	ω 型弹条	ω 型弹条
固定螺栓	T 型螺栓		T 型螺栓	T 型螺栓	T 型螺栓	T 型螺栓	T 型螺栓	T 型螺栓
锚固螺栓	M24 螺旋道钉	M30 螺旋道钉	M30 螺旋道钉	M30 螺旋道钉	M30 螺旋道钉	M30 螺旋道钉	M30 螺旋道钉	M30 螺旋道钉
轨距调整量（mm）	＋8、－12	＋8、－16	＋8、－12	＋8、－12	＋8、－12	＋8、－8	＋8、－12	±10
水平调整量（mm）	＋10	＋30	＋30	＋30	＋30	＋30	＋30	＋40
抗横向力（kN）	35	40	40	40	40	30	40	40
扣件绝缘电阻（Ω）	$>10^8$	$>10^8$	$>10^8$	$>10^8$	$>10^8$	$>10^8$	$>10^8$	$>10^8$
垂直静刚度（kN/mm）	21～25	20～40	35～50	21～25	10～14	15～20	21～25	40～60
应用情况	上海地铁 1、2 号线地下段、北京复八线	北京复八线	深圳、天津设计并采用	明珠二期工程设计并采用	上海地铁 1、2 号线地下段北京复八线		上海地铁 2 号线东延伸，北京城铁	明珠一期工程、闵行线、共和新路高架等采用

(1) DTⅢ$_2$ 型扣件是无挡肩弹性分开式，适用于 60kg/m 钢轨地铁内一般减振地段的枕式点支撑混凝土整体道床，如图 5－22 所示。其主要技术参数：扣压件采用国铁适用件 ω 型弹条（B 型）、轨距调整量＋8、－12mm、扣件水平调整 30mm、抗横向力 40kN、防爬力大于 11kN、绝缘电阻均大于 100MΩ、扣件节点垂直静刚度为 21～25kN/mm，横向静刚度为 25～30kN/mm。

图 5－22 DTⅢ$_2$ 型扣件图

图 5－23 为 DTⅢ$_2$ 型扣件的截面图与平面图。橡胶垫板是缓冲轮轨间的振动冲击作用和提供垂直弹性的主要零件。用于 60kg/m 钢轨的橡胶垫板宽度、长度和高度分别为 148mm、185mm、10mm，用于 50kg/m 钢轨的橡胶垫板则为 130mm、185mm、10mm。垫板的弹性靠压缩变形而获得。为了增加压缩变形量，通常在垫板的正反面开设凹槽。橡胶的材质可为丁苯、顺丁或天然橡胶。该扣件采用了轨下 10mm 胶垫和铁垫板下 16mm 胶垫的二阶减振，其减振效果与原 DTⅢ 型扣件相当，优于 WJ—2 型扣件。

DTⅢ$_2$ 型扣件由弹条、轨距挡板、挡板座、螺纹道钉及弹性橡胶垫板等组成。

弹条是用来弹性地扣压钢轨，应具有足够的扣压力。弹条由直径为 13mm 的 60SiMn 或 55SiMn 热轧弹簧圆钢制成。

轨距挡板用来调整轨距和传递钢轨承受的横向水平力。

挡板座用来支撑轨距挡板保持和调整轨距并传递轨距挡板的横向水平力至轨枕的挡肩上。它应具有足够的强度。此外，还应具有一定的绝缘性能防止漏电。

将左右两股钢轨内外两侧不同编号的挡板和挡板座相互配合，可以调整一定量的轨距，对于 60kg/m 钢轨，可调整轨距－12～＋8mm。

螺纹道钉用硫磺水泥浆锚固在 PC 轨枕预留的孔中，这是我国独创的一种工艺流程。

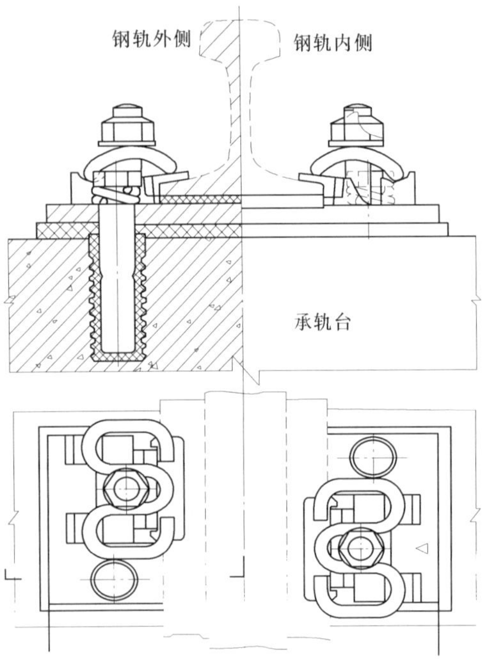

图 5－23 DTⅢ$_2$ 型扣件截面与平面尺寸

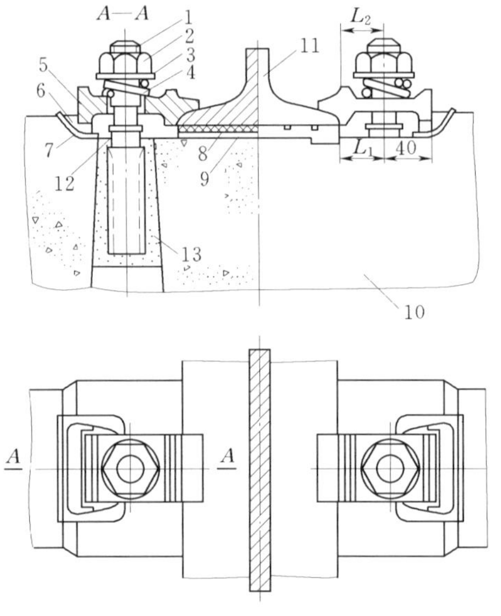

图 5－24 扣板式扣件

1—螺纹道钉；2—螺母；3—平垫圈；4—弹簧垫圈；5—扣板；6—铁座；7—绝缘缓冲垫片；8—绝缘缓冲垫板；9—衬垫；10—轨枕；11—钢轨；12—绝缘防锈涂料；13—硫磺锚固剂

螺纹道钉的抗拔能力可达 588kN 以上，耐久性也很好，但对环境有影响，在新建轨道交通中已少使用。

（2）扣板式扣件由螺纹道钉、螺母、平垫圈、弹簧垫圈、扣板、铁座、橡胶垫板（绝缘缓冲垫板）、垫片及衬垫等零件组成，如图 5－24 所示。

扣板式扣件与弹条型扣件的不同之处在于扣板是刚性的，所以又称为刚性扣件。

（3）潘特罗扣件是无螺栓、无挡肩的弹性扣件，它用预埋在 PC 轨枕中的铸铁挡肩承受横向水平力，保持轨距，用弹条作扣压件扣压钢轨，并用尼龙块作绝缘件。这种扣件于 1963 年在英国铁路上使用，效果良好，已有许多国家推广使用。北京复八线铺设的 $DTIV_2$ 扣件是我国自行研制的（见图 5－25），类似于无螺栓、无挡肩的潘特罗弹性扣件。

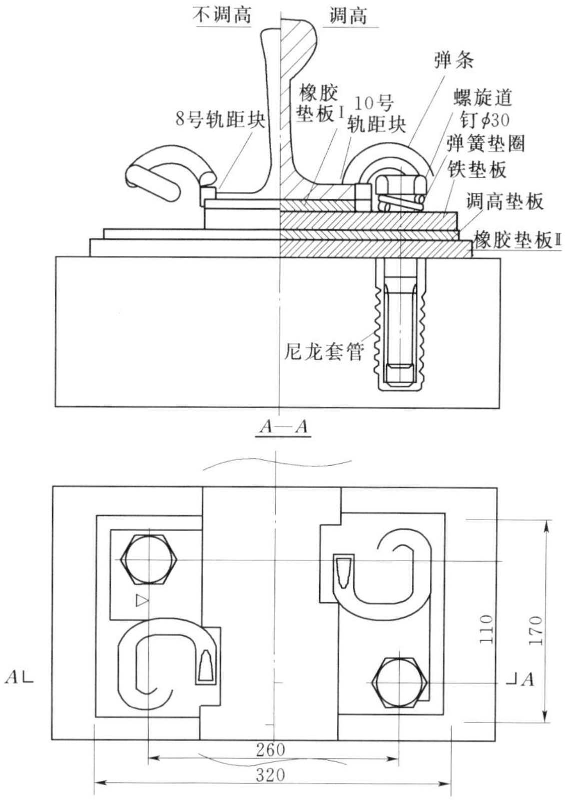

图 5－25　$DTIV_2$ 扣件

为减少轨道在列车运行过程中的振动对地面特殊建筑群的影响，在轨下安装减振器是项重要措施。轨道减振器扣件是一种高弹性扣件，其减振是通过橡胶的剪切弹性变形来实现，可减振 10dB 左右。轨道减振器扣件扣压力大，具有较强的保持轨距的能力，绝缘性能良好，施工维修方便。实物照片如图 5－26 所示。

PC 轨枕扣件的工作特性可用扣压力、扣件的竖向弹性和横向弹性来说明，而目前我国设计的扣件中主要考虑扣件扣压力和竖向弹性。

（1）扣压力。扣件的扣压力是由扣件的弹性扣压件提供。扣压力的大小必须使钢轨经

图 5-26 减振器扣件

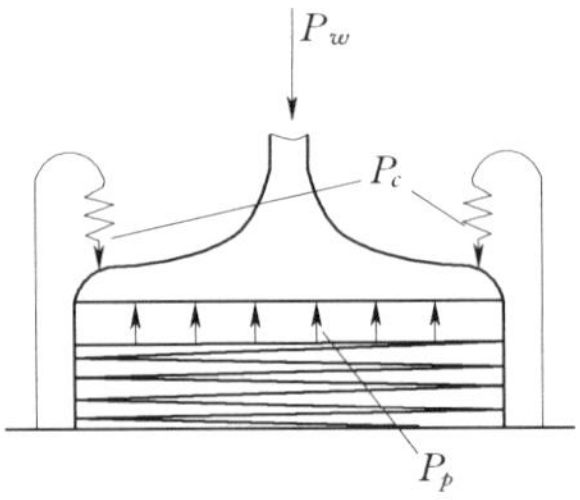

图 5-27 扣件在车轮作用下的受力状态

常处于被压紧在轨枕上的状态，使钢轨不会在轨枕上产生纵向爬行，而且要求由扣件所提供的爬行阻力必须大于轨枕底面与道床之间的道床阻力。

在目前的运营条件下，用于无缝线路的每组钢轨扣件的扣压力应为 $P_c=8.8\sim9.8$kN。这个数值约为半根轨枕道床纵向阻力 8.7kN/m 的 1.59～1.78 倍，因而是足够的。

（2）竖向弹性。扣件的竖向弹性是由扣压件和弹性垫层（橡胶垫板）共同提供的。扣件在车轮作用下的受力状态如图 5-27 所示。P_c 为一组扣压件作用在钢轨上的扣压力，P_w 为在车轮下作用在每组扣件上的钢轨压力，P_p 为弹性垫层对轨底的反力。K_c 为一组扣压件的垂直刚度，K_p 为弹性垫层的垂直刚度，由于扣压件和弹性垫层在荷载作用下的变形量相等，因而可以把两者视为两个并联弹簧，由此得扣件的总刚度 K 为

$$K=K_c+K_p$$

扣件的总刚度必须满足垂直弹性的要求，除此以外，还必须考虑 K_p 与 K_c 的对应关系，即两者的比值。一般来说，扣压件的刚度小，弹性垫层刚度大。两者的比值应有一个合理的范围，以免出现荷载作用下钢轨、扣件与垫层不密贴的现象或扣压力变化太大，影响扣件工作可靠性，从而加速各部分的损坏。研究结果表明，K_p/K_c 的比值应不小于 2 或 2.75，并应尽可能接近于 11 或 7，相应的初始扣压力的损失值 ΔP_c 为 4.9kN 或 7.35kN。

第五节 道 碴 道 床

在轨道交通发展的初期即采用了石碴铺筑而成的道床作为轨排的基础，巴黎、纽约等城市早期修建的地铁，无论在隧道中或高架上均采用了这种道碴道床轨道。从造价、轨道弹性、阻尼、易于维修恢复轨道线形等方面比较，有碴轨道均优于无碴轨道形式。但有碴轨道存在有自重大、不易保持轨道几何形态、维修工作量大、易脏污等缺陷，在新建的高架、地下轨道交通线路中已不采用，目前只在轨道交通的地面线、站场线中使用。

用作道床的材料，应满足质地坚韧，吸水度低，排水性能好，耐冻性强，不易风化，不易压碎、捣碎和磨碎，不易被风吹动和被水冲走的要求。

可以用作道床材料的有碎石、熔炉矿渣，筛选卵石，有 50%以上卵石含量的天然砂卵石以及粗砂和中砂等。一般来说，应以就地取材为原则。在我国首选的道床材料是碎石

道碴。我国的道床多采用双层道床，上面是面碴层，下面是底碴。道床断面如图 5－28 所示。

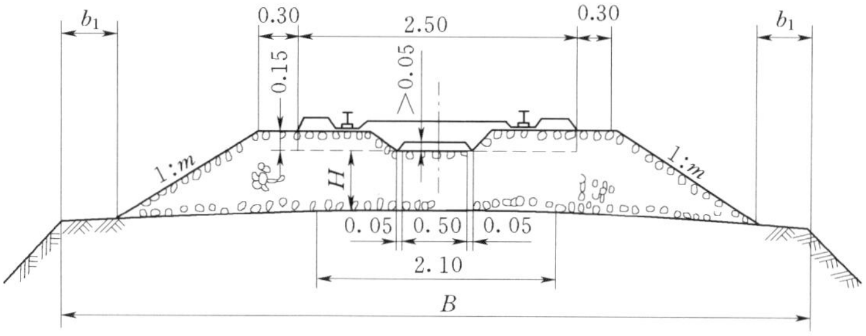

图 5－28　道碴道床的断面（单位：m）

我国道床厚度（枕底以下算起）为 25～50cm，此值指的是双层道床厚度。

第六节　无　碴　轨　道

自从地下铁道问世 100 多年以来，它的构造形式就是有碴轨道的轨道结构。如巴黎、伦敦等城市的轨道交通，但在应用中，人们逐渐发现了有碴轨道并不适合于城市轨道交通的特点与要求。一般新建轨道交通的地下及高架线路、车站部分均采用了无碴轨道结构形式。

采用最普遍的无碴轨道是整体道床。整体道床是无碴轨道的一种结构形式，它没有传统的道碴层，是用混凝土或钢筋混凝土浇灌于坚实的基础之上形成整体的道床。日本铁路称之为“直接连接轨道”，英国铁路称之为“连续灌筑钢筋混凝土轨道”。也有将无道碴的预制钢筋混凝土板式道床列为整体道床的。

一、整体道床的主要优缺点

整体道床的主要优缺点如下：

（1）轨道稳定性好，养护维修工作量极少。

（2）构造简单。整体道床用 C30 混凝土或钢筋混凝土就地灌筑而成，每延米混凝土用量为 $1m^3$ 左右、钢筋约 40kg（单线铁路），不需要厂制混凝土构件（支承块可在工地预制），不需要起重设备和其他大型机械，在一般线路上都可进行施工，也不需要其他特殊材料。与其他类型的轨下基础相比，结构比较简单，造价也相应较低廉，只比碎石道床约高 30％。施工进度一般 8 小时可达数十米，如采用大型连续铺筑机，每小时可铺筑整体道床 40～50m。轨道的方向和水平是在道床的施工过程中调整固定下来的。根据大量的施工和运营经验，整体道床的施工精度是能够满足铺轨要求的。

（3）外表整洁美观。

（4）由于整体道床厚度比碎石道床厚度要小，因此隧道净空的高度可以相应减小。

（5）整体道床混凝土为现场灌筑，避免了厂制构件的运输。

（6）整体道床发生病害时，修复较为困难，因此要求设计考虑周全，施工要重视质量。

(7) 施工精度要求较高。整体道床混凝土一经灌筑硬结后，轨道几何尺寸的变动完全取决于钢轨连接扣件的调整能力，而扣件的可调量总是有限的，因此要求整体道床竣工后的轨道质量（工后轨道质量）应符合有关规定，这个要求在一般的施工中是可以达到的。

(8) 道床弹性较差，扣件的形式较复杂。为了使整体道床轨道具有与碎石道床轨道相接近的轨道弹性，确保轨道各组成部件处于正常的受力状态，整体道床应采用弹性扣件，同时，为了满足整体道床轨道几何尺寸和曲线轨道超高变化的调整，要求扣件还应具有一定的调高和调轨距的能力。

二、无碴轨道的结构形式

无碴轨道与基床的连接形式主要有轨枕式、支承块式和整体灌筑式 3 种，支承块式又分为支承块中心水沟式、支承块侧沟式和支承块中心暗沟式三种。如图 5－29 所示。

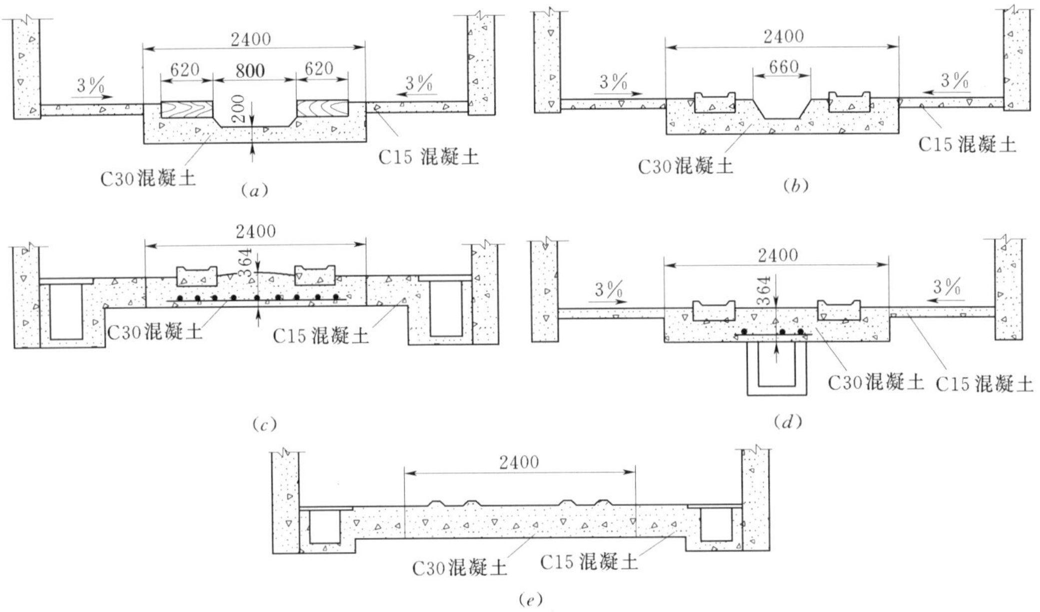

图 5－29　整体道床轨道结构的类型（单位：mm）

(*a*) 轨枕式；(*b*) 支承块中心水沟式；(*c*) 支承块侧沟式；(*d*) 支承块中心暗沟式；(*e*) 整体灌筑式

（一）轨枕式

轨枕式是把预制好的混凝土枕或短木枕与混凝土道床浇筑成一整体。早在 20 世纪 50 年代，前苏联铁路隧道整体道床就采用了这种形式，新加坡的轻轨交通和上海地铁也采用的这种形式。其最大优点是可采用轨排施工，施工进度快，施工精度也容易保证。如图 5－29 (*a*)、图 5－30 所示。

（二）支承块式

支承块式是把定制的钢筋混凝土支承块或短木枕与混凝土道床浇筑成一体。这是世界上许多国家铁路整体道床大量采用的形式。莫斯科地铁曾使用短木枕作为支承块，我国北京和天津地铁也均采用混凝土的支承块。这种形式整体性及减振性能较差，施工较整体灌

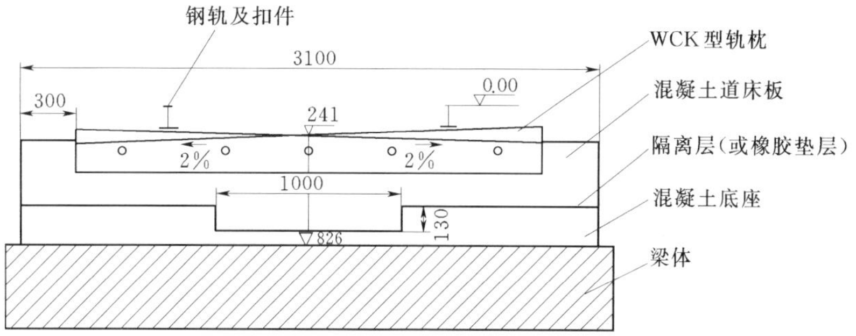

图 5-30　轨枕式无碴轨道横断面

筑式简单而比轨枕式复杂，成本较低，施工精度较整体浇灌式易保证。如图 5-29（*b*）～（*d*）、图5-31所示。

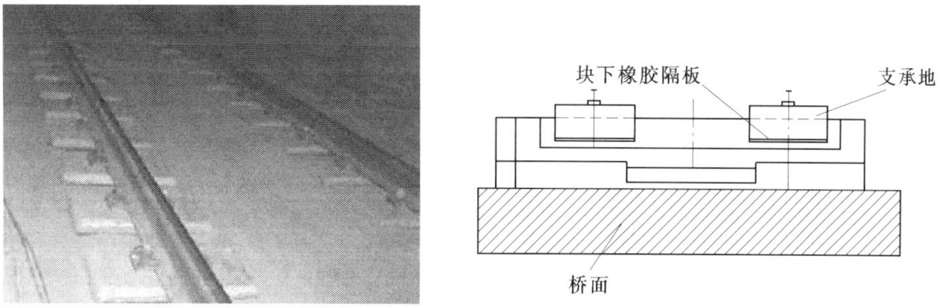

（*a*）　（*b*）

图 5-31　弹性支承块式无碴轨道

（三）整体灌筑式

整体灌筑式（或称为无枕式）是就地连续灌筑混凝土基床或纵向承轨台。国外一些国家修建铁路隧道时常采用这种形式，香港的地铁和新建的轻轨交通也采用了这种形式，简称为 PACT 型轨道。这种形式结构简单，建筑高度较小，但施工时需采用刚度较大的模架，施工较为复杂。如图 5-29（*e*）、图 5-32 所示。

图 5-32　整体灌注式无碴轨道

弹性支承块式整体轨道结构是一种低振动（LVT）轨道结构，可用于有一般减振要求的Ⅰ类地区，如居民区、商业区域。该轨道结构使轮轨动力在钢轨上经过分配后传到轨下胶垫得到第一次减振，再经过支承块传到块下胶垫进行第二次减振，这样，振动的高频成分及其幅值在得到了相当的衰减后传递给基础。

三、板式轨道

板式轨道的构造如图 5-33 所示。这种轨道结构是在类似混凝土高架桥、岩石隧道等坚硬基础上，铺设工厂预制的钢筋混凝土或预应力钢筋混凝土板，因而得名。板与混凝土基床之间填充沥青水泥浆。板式轨道主要在日本铁路和轨道交通线路中使用，我国铁路也

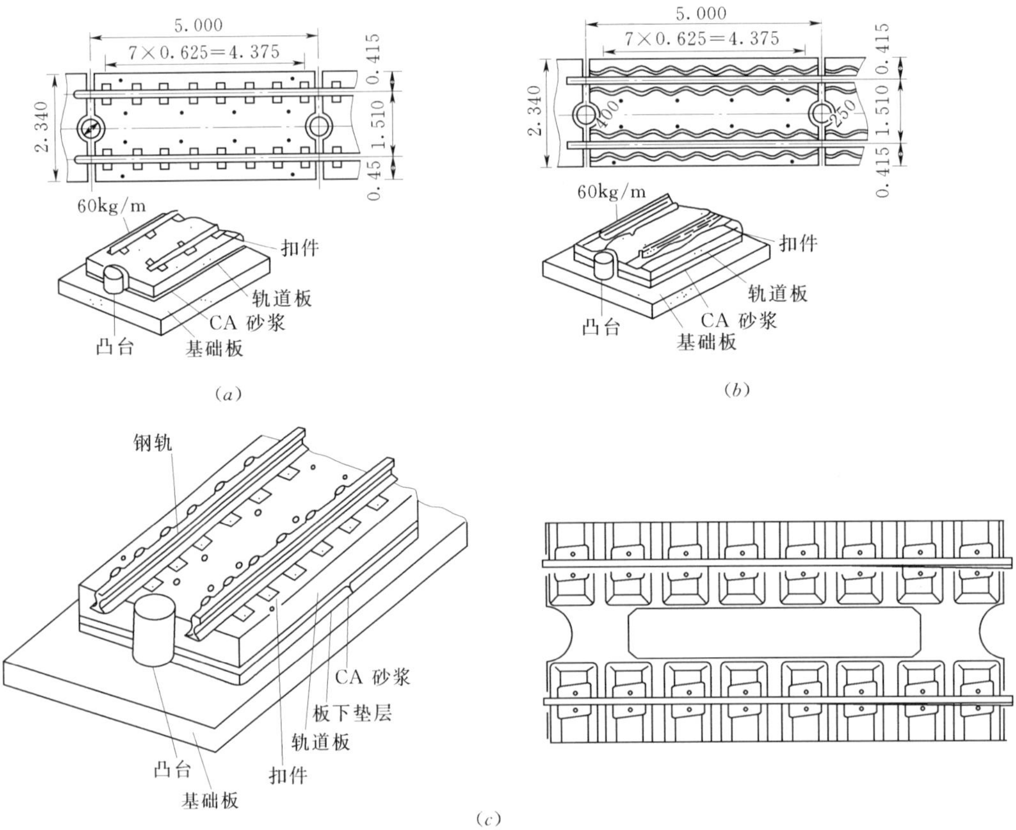

图 5-33 日本普通型（*a*）、防振型（*b*）和框架型（*c*）板式轨道（单位：m）

（*a*）高架结构上板式轨道；（*b*）隧道内板式轨道；（*c*）框架型板式轨道

引进了这项技术，如图 5-34 所示。

图 5-34 秦沈铁路上采用的板式轨道

板式轨道的整体性肯定优于有碴轨道，轨道结构的强度也能得到保证。由于采用工厂预制，构件的精度可以得到保证，施工的进度也能加快，但需要较大型的施工机械和起重设备。

当下部结构沉降或变形过大，超出扣件可调范围时，由于轨枕板与结构或基床混凝土之间填充沥青水泥砂浆，可在此处进行调节，从这个意义上说它也优于整体道床的轨道结构。

日本的板式轨道在板和基础结构间填充水泥沥青材料，如果换成弹性材料则可演化成降振减噪的浮置板结构轨道形式。

四、浮置板轨道

城市轨道交通快速发展在解决人口密集城区交通拥挤问题的同时，也对轨道周边环境造成了振动影响。国内外的一系列研究表明，浮置板式轨道结构是一种降低城市轨道传振和传声的非常有效的方法。自 1965 年科隆地铁首次采用浮置板式轨道结构以来，德国、英国、美国、日本、韩国和新加坡等国家的大多数城市轨道都采用了这一轨道结构，其减振、降噪的效果得到普遍的认同。

在华盛顿地铁轨道的重整过程中，即采用了两种预制的浮置板。一种是具有特殊宽度以支撑特殊形式的轨道；另一种是常规宽度的浮置板用于支撑标准轨道，而对浮置板进行支撑的是聚亚胺酯隔声垫。在浮置板结构改进方面，日本浮置板应用螺旋弹簧降低了轨道的基础以及结构产生的噪声和振动。在这一系统中，混凝土板由弹簧支撑。测试试验表明，这种浮置板相对于道碴层降振的导轨，能够将振动降低 7dB。有限元模型和动力车轮荷载模拟分析进一步证明这种浮置板对于轨道运营是安全的。

浮置板式轨道结构是降低传振和传声的有效方法，在共振频率下的放大倍数很低，减振降噪效果非常显著。目前有三种结构类型的浮置板轨道，如图 5－35 所示。橡胶块支承的浮置板系统含三层水平垫板（钢轨下橡胶垫板、铁垫板下橡胶垫板、板下橡胶垫板）和一层侧向垫板。浮置板式轨道结构按施工工艺分为两种基本类型：连续现浇浮置板和轨枕板式预制浮置板。图 5－36 为弹簧浮置板的施工过程工艺及采用的弹簧结构。

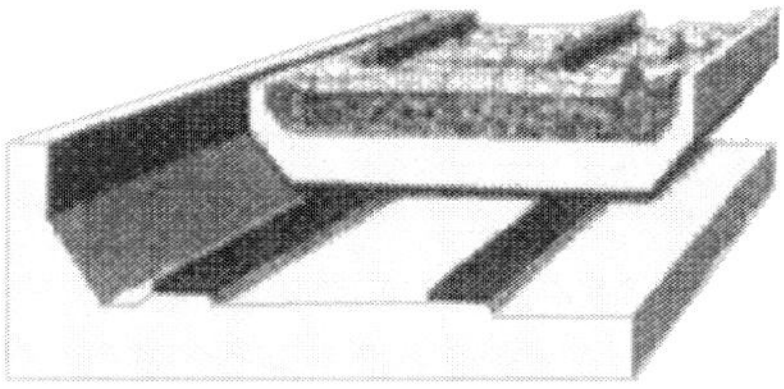

(*a*)

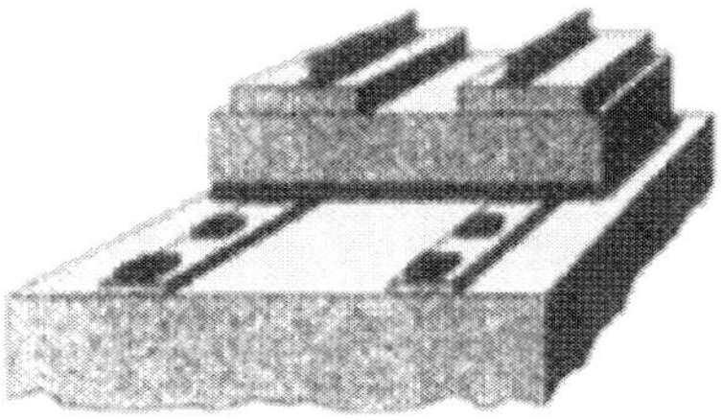

(*b*)

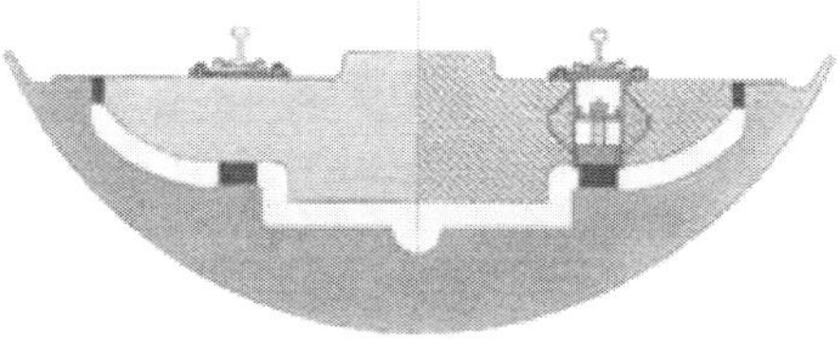

(*c*)

图 5－35　浮置板轨道结构

(*a*) 橡胶块点支承式浮置板道床；(*b*) 橡胶块线支承式浮置板道床；(*c*) 弹簧浮置板道床

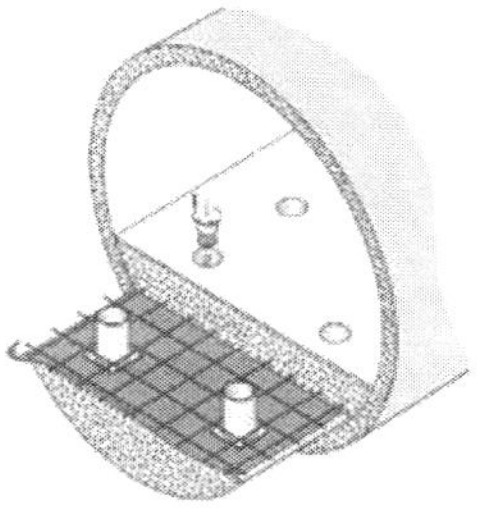

(*a*)

(*b*)

(*c*)

图 5－36　浮置板轨道施工工艺

(*a*) GSTV 型弹簧浮置板施工装配简图；(*b*) GSTV 型弹簧浮置板施工现场；(*c*) GSTV 型弹簧

在我国，随着城市轨道交通的发展，浮置板式轨道结构也在北京、上海、广州、香港等地得以推广应用。广州地铁 1 号、2 号线都采用浮置板轨道结构，这是弹性支承轨道首次在国内城市轨道采用，其减振性能比轨道减振器扣件强，室内试验可达 9～14dB，运营测试平均值为 10dB 左右；北京市轨道交通中，地铁 5 号线首次使用浮置板道床技术；上海轨道交通 9 号线是上海首次在全线“敏感地段”采取了“橡胶弹簧浮置板”，6 号线采用“钢弹簧浮置板”减少列车运行时的振动和噪声。

第七节 道 岔

列车由一条线路转向或越过另一条线路时的设备称为道岔，如图 5－37 所示。道岔有线路连接、线路交叉及线路连接与交叉等三种基本形式，如图 5－38 所示。

图 5－37 列车通过道岔

常见的线路连接设备有普通单开道岔、单式对称道岔和三开道岔；线路交叉设备有直角交叉和菱形交叉；连接与交叉设备有交分道岔和各种交叉渡线。应用这些设备，可以把不同位置和方向的轨道相互连接起来。

城市轨道交通是布设在城市内的，基本采用双线线路，线路中间站通常不设配线，两个方向线路之间，在线路中区段内也很少有交叉、连接存在。城市轨道交通线路的道岔设备主要

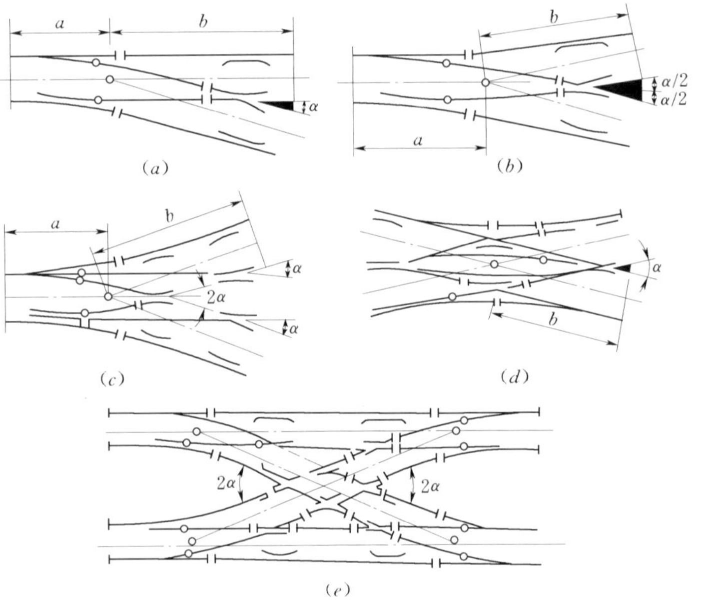

图 5－38 道岔的基本类型

(a) 普通单开道岔；(b) 单式对称道岔；(c) 三开道岔；(d) 交分道岔；(e) 交叉渡线

a—道岔前长；b—道岔后长；$a+b$—道岔全长；α—辙叉角

用于：设有渡线和折返线的车站，通过设置道岔来实现车辆的转线；在车场、车辆段内，停放车辆的股道通过道岔逐级与走行线连接。

单开普通道岔由引导列车的轮对沿原线行进或转入另一条线路运行的转辙部分、为使轮对能顺利地通过两线钢轨的连接点而形成的辙叉部分、将转辙部分和辙叉连接的连接部分，以及岔枕和连接零件等组成，如图 5－39 所示。

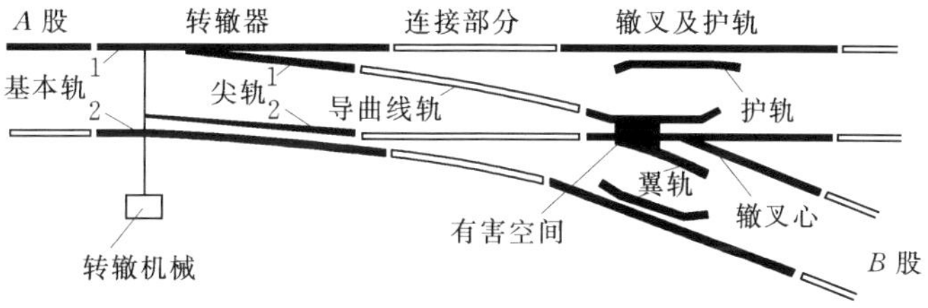

图 5－39　单开道岔的组成

单开道岔有左开和右开之分，以适应不同用途的需要。

单开普通道岔占全部道岔总数的 95%以上，大多数的折返线路、停车场和车辆段的股道设置等均可由单开道岔与线路的组合来完成。单开道岔结构简单，具有一定的代表性，了解和掌握这种道岔的基本特征，对道岔的铺设、养护等方面，有着十分重要的指导意义。

一、转辙部分

单开道岔的转辙器由两根基本轨、两根尖轨、各种连接零件和道岔转辙机构组成（见图 5－40）。

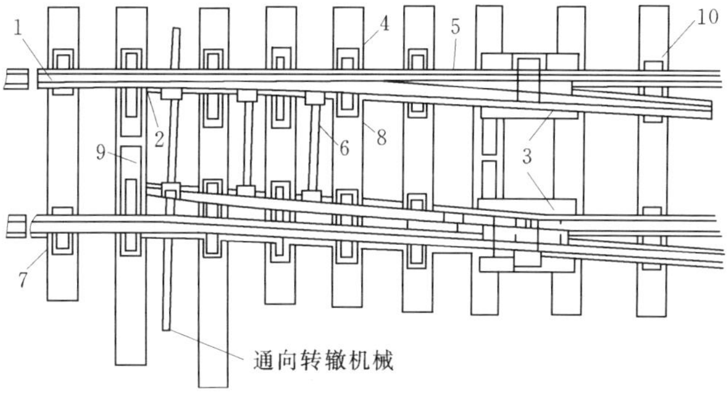

图 5－40　道岔的转辙部分

1—基本轨；2—尖轨；3—尖轨跟部；4—轨撑；5—顶铁；6—连接杆；7—辙前垫板；8—滑床板；9—通常垫板；10—辙后顺坡垫坡

最常用的道岔转换设备的种类包括机械式和电动式两种。道岔转换设备必须具备转换（改变道岔开向）、锁闭（锁闭道岔，在转辙杆中心处尖轨与基本轨之间，不允许有 4mm 以上的间隙）和显示（显示道岔的正位或反位）等三种功能。

二、辙叉及护轨

辙叉是使车轮从一股钢轨越过另一股钢轨的设备，它设置于道岔侧线钢轨与道岔主线钢轨相交处。辙叉由心轨、翼轨、护轨和连接零件组成。按平面形式划分，辙叉有直线辙叉和曲线辙叉两类；按构造划分，辙叉又有固定式辙叉和可动式辙叉两类。在单开道岔上以直线式固定辙叉最为常用。

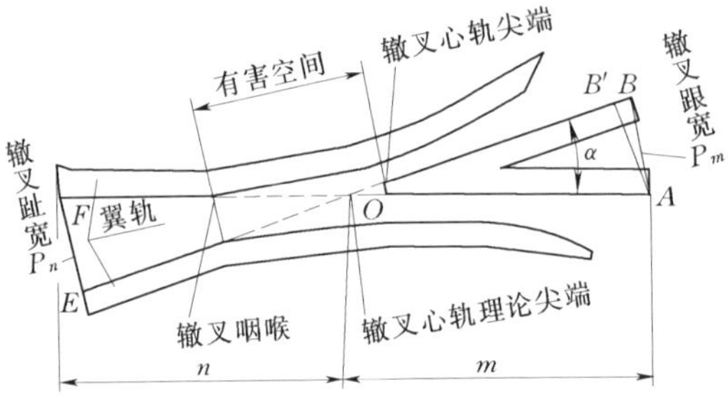

图 5-41 辙岔部分结构

整铸辙叉是用高锰钢浇铸的整体辙叉（见图 5-41），具有较高的强度和良好的冲击韧性，经热处理后，在冲击荷载作用下，会很快产生硬化，使表面具有良好的耐磨性。这种辙叉还具有使用寿命长，养护维修方便的优点。

叉心两侧作用边之间的夹角为辙叉角 α。道岔号数和辙叉角的关系如下式所示：

$$N=\cot\alpha$$

城市轨道交通常用的道岔号数和辙叉角如表 5-7 所示。正线以 9 号道岔为主，后方基地的次要线路以 7 号道岔为主，少数城市也使用 6 号道岔。

表 5-7 道岔号数与辙叉角的关系

道岔号数	6	7	9
辙叉角	9°27′44″	8°07′48″	6°20′25″

辙叉心轨两个工作边的延长线的交点称为辙叉理论中心（理论尖端）。由于制造工艺的原因，实际上的叉心尖端有 6～10mm 的宽度，此处称为心轨的实际尖端。

翼轨与心轨形成必要的轮缘槽，使车轮轮缘能顺利通过。两翼轨工作边相距最近处称为辙叉咽喉，从辙叉咽喉至心轨实际尖端之间的轨线中断的距离称为有害空间（见图 5-41）。道岔号数越大，辙叉角越小，这个有害空间就越大。车轮通过有害空间时，叉心容易受到撞击，为保证车轮安全通过有害空间，在辙叉两侧相对位置的基本轨内侧设置了护轨，借以引导车轮的行驶方向。

三、连接部分

连接转辙器和辙叉的轨道为道岔的连接部分，它包括直股连接线和曲股连接线，如图 5-42 所示。直股连接线与区间直线线路的构造基本相同，曲股连接线又称为导曲线，目前线路上铺设的道岔导曲线均为圆曲线，当尖轨为曲线型时，尖轨本身就是导曲线的一部分。导曲线由于长度及界限的限制，一般不设超高和轨底坡。

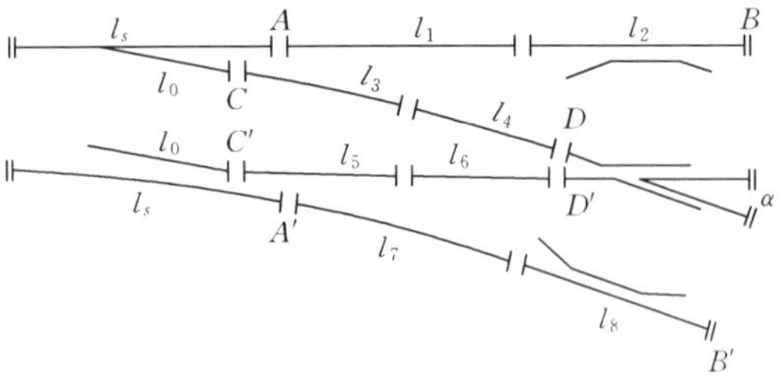

图 5-42 道岔的连接部分

为防止导曲线钢轨在动荷载作用下的外倾和轨距扩张，可设置一定数量的轨撑或轨距拉杆，也可以在导曲线范围内设置一定数量的防爬器及防爬木撑，以减小钢轨的爬行。

连接部分一般配置 8 根钢轨，直股连接线 4 根，曲股连接线 4 根。配轨时要考虑轨道电路绝缘接头的位置和满足接头相对的要求，并尽量采用 12.5m 或 25m 长的标准钢轨。连接部分使用的短轨，一般不短于 6.25m，在困难的情况下，不短于 4.5m。

第八节　车　　挡

车挡设置在线路尽头线末端，用于阻止由于操作不当轨道交通车辆冲出尽头线或撞坏其他构筑物。国外有磁力式、液压式和滑动式车挡等，前两种车挡构造复杂，造价高，后一种车挡构造较简单、适用。国内采用如下车挡：

(1) 沙堆弯轨式车挡。北京地铁一、二期工程采用沙堆弯轨式车挡，这种车挡被列车撞过后，车挡损坏难以修复，同时沙堆长期埋住钢轨及扣件，使其受到腐蚀。

(2) DT 型车挡。上海地铁 1 号线隧道内采用了研究设计的 DT 型车挡，如图 5-43 所示。

DT 型车挡构造简单，主体架采用钢轨制造，用夹板与走行轨连接。车挡前面设有缓冲垫，能减缓撞击，又能限制车钩摆动。虽然较沙堆弯轨式车挡有较大改进，但因是固定式，被列车撞过后，车挡性能难以复原。

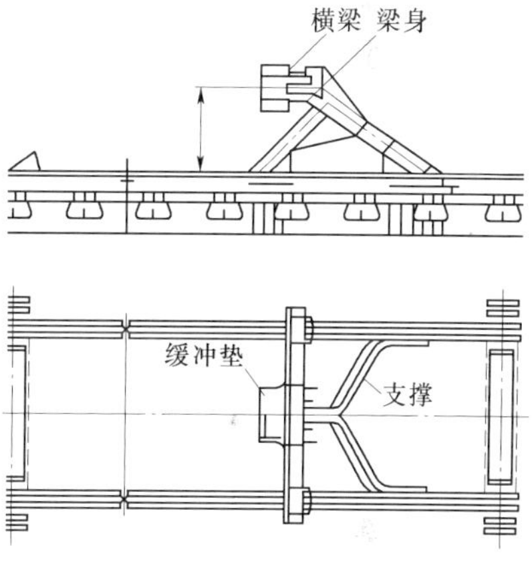

图 5-43　上海地铁使用的 DT 型车挡

(3) 缓冲滑动式车挡。这种新型车挡技术先进、构造合理，车挡长度 2m 左右，如图 5-44 所示。

缓冲滑动式车挡主要有主体架、制动轨卡和挡卡三部分。主体架用钢轨制造，底部用制动轨卡夹紧走行轨，以增加摩擦，消耗列车动能，上部设有缓冲垫阻撞车钩。2 对制动轨卡分别设在主体架后面 100mm 和 180mm 左右，亦是夹紧走行轨，增加摩擦，消耗列车动能。这种车挡安装和维修简便，造价较低，外形整洁美观。车挡的功能，阻撞车钩，滑行一段距离使列车停止，不损坏车辆和车挡，确保人身安全。

1995 年 12 月 19 日，在北京地铁车辆厂对缓冲滑动式车挡进行了现场撞击试验，以

图 5-44　缓冲式车挡

图 5-45　月牙式铸钢车挡

不同车速撞击，当列车速度为 15.65km/h，撞击车挡后滑行 10.52m 停住，车辆和车挡完整无损。若再增加 1 对制动轨卡（共 3 对），增设 1 对铁鞋及安装挡卡，滑动距离可缩短到 6.5m 左右，亦不会损坏车辆和车挡。

库内车挡，一般采用月牙式铸钢车挡，这种车挡构造简单、适用，如图 5－45 所示。

试车线和牵出线宜采用缓冲滑动式车挡，其他线路可采用地面铁路定型的乙式竖壁式车挡。

第九节 无 缝 线 路

无缝线路是指将标准长度的钢轨焊接起来而没有轨缝的线路，所以又称为焊接长钢轨线路。无缝线路是当今轨道结构的一项重要新技术。

一、概述

钢轨接头是轨道结构中薄弱的环节。列车通过钢轨接头时会产生很大的冲击力，对轨道结构产生很大的破坏作用，机车车辆的振动加剧，导致使用寿命缩短，修理费用增大。养护钢轨接头区所需的费用，约占养护费用的 35%。直到无缝线路问世，为大量的减少接头创造了良好的条件。根据《地铁设计规范》（GB 50157—2003），轨道交通的正线应铺设无缝线路，并因此可降低轮轨噪声 5～10dB。

（一）按处理伸缩的方法分类

焊接长钢轨因温度变化会引起伸缩，按处理这种伸缩的方法不同，无缝线路可分为温度应力式和放散应力式两种。

温度应力式无缝线路的钢轨由一根焊接长轨条及其两端 2～4 根标准轨组成，并采用普通钢轨接头的形式，如图 5－46 所示。无缝线路铺设后，焊接长轨条因受扣件及道床纵向阻力的抵抗，两端自由伸缩受到一定的限制，中间自由伸缩受到完全的限制，因而在钢轨内产生温度应力，其值随轨温变化而异。这种无缝线路结构简单，铺设养护比较方便，故得到广泛的采用。但因钢轨承受很高的温度应力，因此必须满足强度及稳定性方面设计的要求。

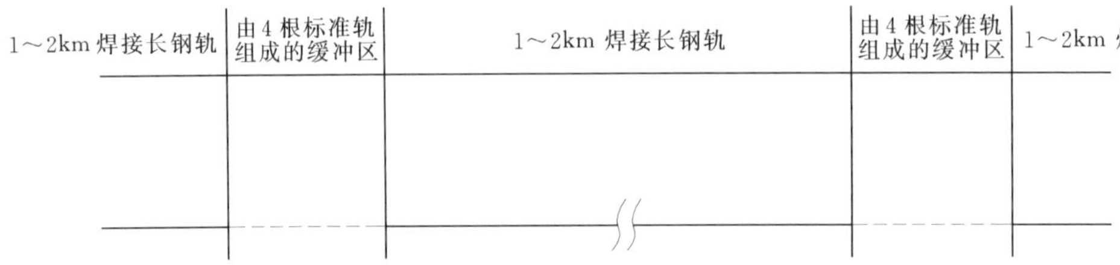

图 5－46 温度应力式无缝线路示意图

放散应力式无缝线路又可分为自动放散和定期放散两种。自动放散是在焊接长轨条两端设置钢轨伸缩调节器（如尖轨接头）来自动释放钢轨内的温度应力，如图 5－47 所示。这种形式的无缝线路主要用在桥梁（尤其是大桥）上。定期放散是把钢轨内部的温度应力每年调整放散 1～2 次。放散时，松开焊接长轨条的全部扣件，使它自由伸缩，放散内部的温度应力，在一定的轨温条件下再把扣件全部扣紧。

（二）按焊接长轨条的长度分类

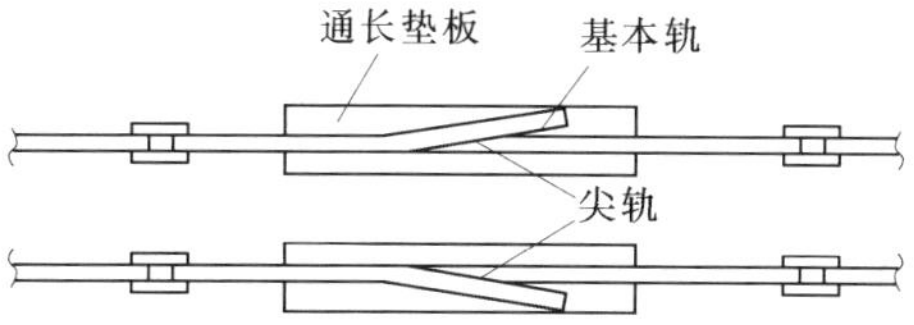

图 5-47　尖轨接头

按焊接长轨条的长度不同，可分为普通无缝线路和超长无缝线路。普通无缝线路的焊接钢轨的长度一般为 1～2km 左右，超长无缝线路为焊接长轨条贯通区间，并与车站道岔焊接，取消了缓冲区，彻底实现了线路的无缝化，从而全面提高了线路的平顺性，也为列车运行条件的平稳与舒适提供了良好的条件。在发展超长无缝线路时，必须解决无缝线路与锰钢辙叉的绝缘连接及焊接的技术难题。

我国钢轨焊接技术最早是采用电弧焊，后来采用铝热焊、气压焊、电接触焊等焊接方法，其中以电接触焊接的长钢轨质量好、效率高。

长轨条的焊接方法一般是在焊轨厂将钢轨焊接成一定长度（250m）的长钢轨，然后运往工地，用铝热焊接或小型气压焊接成设计长度的长轨条。目前出现了在施工现场设立焊轨基地，用移动焊接列车在线路上焊接长轨条，就近运往工地铺设。

无缝线路纵向阻力包括接头阻力、扣件阻力和道床纵向阻力。

二、温度应力

无缝线路的特点是轨条长，当轨温变化时，钢轨要发生伸缩，但由于有约束作用，不能自由伸缩，在钢轨内部要产生很大的轴向温度力。

当钢轨因温度变化 Δt℃而自由伸缩时，其伸缩量为

$$\Delta l = \alpha l \Delta t \tag{5-1}$$

式中　α——钢轨的线膨胀系数，取 11.8$\mu\varepsilon$/℃（或 $11.8\times10^{-6}\varepsilon$/℃）；

l——钢轨长度，m；

Δt——轨温变化幅度（或称轨温差），℃。

如果钢轨因受阻力不能随轨温变化而自由伸缩时，则将在钢轨内部产生温度应力。由虎克定律可得温度应力为

$$\sigma_t = E\varepsilon_t = E\frac{\Delta l}{l} = \frac{E\alpha\Delta t l}{l} = E\alpha\Delta t \tag{5-2}$$

式中　E——钢的弹性模量，$E=2.1\times10^5$MPa；

ε_t——钢轨的温度应变。

将 E、α 的值代入式（5-2），则

$$\sigma_t = 2.1\times10^5\times11.8\times10^{-6}\times\Delta t = 2.48\Delta t$$

一根钢轨中的温度力为

$$P_t = \sigma_t F = 248\Delta t F \tag{5-3}$$

式中　F——钢轨的断面积，cm^2。

由此可得知：

（1）在两端固定的钢轨中所产生的温度力，仅与轨温变化幅度有关，而与钢轨本身长度无关。因此，从理论上讲，钢轨可焊成任意长，且对轨内温度力没有影响。控制温度力大小的关键是如何控制轨温变化幅度 Δt。

（2）对于不同类型的钢轨，同一轨温变化幅度产生的温度力大小不同。对于 75kg/m、

60kg/m、50kg/m钢轨，如轨温变化1℃所产生的温度力分别为23.6kN、19.2kN、16.3kN。

(3) 无缝线路钢轨伸长量与轨温变化幅度 Δt 和轨长 l 有关，与钢轨断面积无关。

三、锁定轨温及轨温变化幅度

在无缝线路的设计、铺设及养护维修过程中，涉及不同的轨温，它们具有各自的含义。轨温不同于气温。影响它的因素比较复杂。

根据大量观测，最高轨温 T_{max} 要比当地最高气温高20℃，最低轨温 T_{min} 与当地的最低气温大致相同。中间轨温 T_{av} 指两者的代数平均值。

锁定轨温 T_{sf} 是指在施工时，钢轨由扣件扣紧在轨枕上的轨温，并习惯地将它称为零应力轨温。但由于长轨条的锁定施工需要一定的时间，所以规定把长轨条始终端就位于轨枕承轨台上（或称为落槽）时，轨温的平均值作为施工锁定轨温，同时要求始终端就位时的轨温必须在设计锁定轨温允许变动的范围内。

锁定轨温是无缝线路设计、铺设和养护的重要技术资料。合理确定锁定轨温是降低钢轨内部温度应力的关键。

四、强度与稳定性

为防止钢轨断裂，无缝线路的焊接长钢轨应有足够的强度。无缝线路强度计算的要求是，在轨道交通车辆的动力作用下，焊接长钢轨所受的动弯应力、温度拉（压）力及制动力的总和，不超过钢轨钢料的允许应力。在高架线路上还应考虑由于梁的伸缩及挠曲而引起的附加伸缩力和挠曲力。应根据具体情况进行必要的验算。

无缝线路除满足强度要求外，更重要的是还必须满足稳定性的要求。

实践和理论表明，无缝线路在垂直面上丧失稳定（膨曲）的可能性是很小的。无缝线路的失稳往往在水平面上发生，无缝线路的膨曲首先在轨道的原始弯曲处开始。轨道的原始弯曲分弹性弯曲和塑性弯曲（死弯）两种。弹性弯曲是在温度力和车辆横向力的作用下产生的，因而能在作用力消失后恢复原状。塑性弯曲是在钢轨轧制、运输、焊接和铺设过程中形成的，也是无法恢复的。当轨温不高，温度压力不大时，轨道的膨曲变形极小。随着轨温及温度压力的继续增大，轨道变形将随之逐渐增加，但不会引起突然破坏，但当钢轨内部的温度压力升高到某一临界值 P_c 时，如温度压力稍有增加或受外力干扰，轨道变形就会突然增大，终而导致完全破坏，我们称这种现象为无缝线路丧失稳定性，称轨道膨曲的渐变阶段为“胀轨”，突变阶段为“跑道”。无缝线路丧失稳定性后，将导致列车脱轨，其后果将是十分严重的。

理论和实践还证明，无缝线路的稳定性问题是一个力学平衡问题。平衡因素以温度压力和轨道原始弯曲为一方，而以轨道框架（焊接长钢轨通过扣件和混凝土轨枕组成的框架）刚度和道床横向阻力为另一方，前者为破坏线路稳定的因素，后者为保持线路稳定的因素。无缝线路稳定与否，就是前后两者消长变化的结果。

第十节 其他类型轨道结构

传统的钢轮钢轨系统中，通常是导向轮与支承轮合一（见图5-48），由旋转电机或直线电机牵引。由于高科技的飞速发展，中等运量的轨道交通系统已不完全局限在传统的钢轮钢轨系统方面，而是形成了一个形式多样的全新概念，因而也相应出现多种新型轨道结构，橡胶轮轻轨系统采用全高架运行，不占用地面道路，具有振动小、噪声低、爬坡能力大、转弯半径小、投资较省等优点，当前的独轨、自动导向轨道系统（AGT）均属橡胶轮系统。橡胶轮系统是以橡胶轮为导向和支承为主，而且导向轮与支承轮分开，一般为旋转电机牵引，最近也出现了由直线电机牵引独轨系统。

图 5－48 钢轮钢轨系统

图 5－49 跨座式独轨轨道交通系统

一、独轨

独轨交通按结构形式一般分为悬挂式和跨座式两种。相对来讲，采用跨座式较多，轨道梁、转辙机和转向架是独轨系统的关键技术。

由于独轨系统的走行轮、定向轮都采用橡胶轮胎，因此车体结构必须轻量化，轨道梁和支座材料的耐温、耐潮湿和耐酸性要求也较高。我国重庆市轨道交通采用的就是这种制式。重庆市独轨轨道梁为宽 0.85m、高 1.5m 的工字形结构，中间为供电轨，梁跨 20～24m，车辆骑跨于梁上行驶。图 5－49～图 5－53 所示为轨道梁和支座的结构构造。轨道梁是集承重、导向和供电等多种功能于一身的关键产品，生产安装的工艺和技术要求很高。

图 5－50 悬挂式独轨轨道交通系统

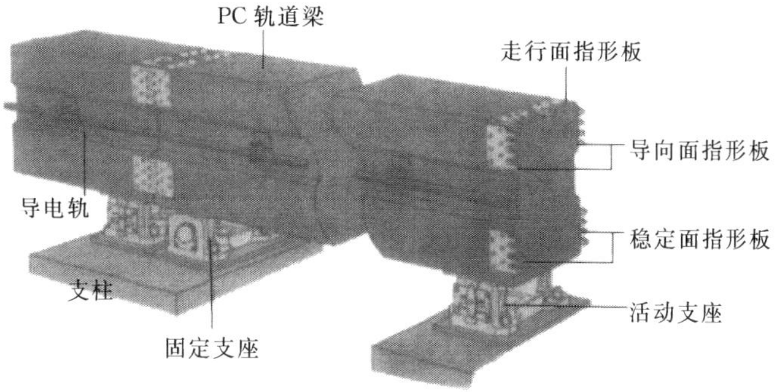

图 5－51 跨座式独轨轨道梁结构

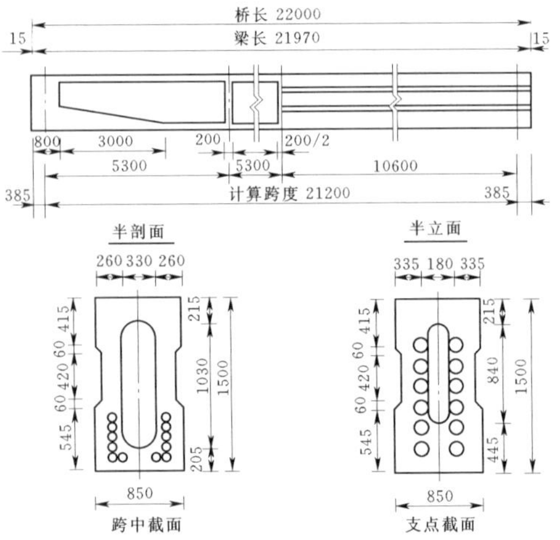

图 5－52　跨座式独轨轨道梁构造图（单位：mm）

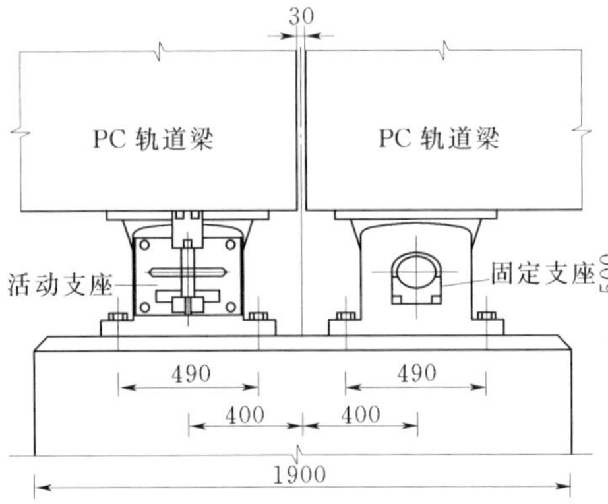

图 5－53　跨座式独轨轨道梁支座构造图（单位：mm）

二、磁浮

虽然磁浮列车仍然属于陆上有轨交通运输系统（见图 5－54 和图 5－55），并保留了轨道、道岔和车辆转向架及悬挂系统等许多传统机车车辆的特点，但由于列车在牵引运行时与轨道之间无机械接触，因此从根本上克服了传统列车轮轨黏着限制、机械噪声和磨损等问题。

图 5－54　英国伯明翰机场的磁浮列车

图 5－55　上海浦东磁浮列车试验段

世界上首次运营的磁浮系统是英国伯明翰低速磁浮列车（1984～1995 年）。英国伯明翰磁浮系统是建于英国国铁车站与新建完成的伯明翰国际机场航站大厦之间，全长 620m。该系统的轨道系采用预制混凝土结构，距地面约 5m 高，柱距 5m。轨道梁断面采用 T 字形式。线路中有两个曲线地段，曲线半径约 50m，线路纵坡度约 15‰。磁浮系统的两股轨道间配置有安全走道，供紧急状况疏散乘客用。

轨道是中低速磁浮列车的关键技术之一。中低速磁浮列车的轨道与普通铁轨不一样，它采用 F 型导轨，其轨排加工、安装精度和轨道线型直接影响列车运行平稳性。由于轨道是由一段段轨排连接起来的，轨排太短，安装时难以达到轨道设计要求；太长，则加工需要大型的数控机床，加工难度大。如图 5－56 所示。

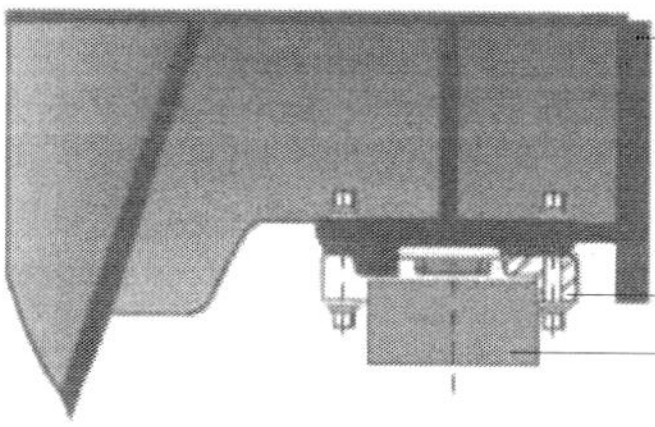

图 5－56　磁浮轨道结构

高速磁浮轨道线路系统采用上部结构为精密焊接的钢结构或钢筋混凝土结构的轨道梁，下部结构为钢筋混凝土支墩和基础。我国上海磁浮轨道系统就采用这种轨道结构，如图 5－57 所示。

磁浮线路道岔结构庞大而复杂，轮轨铁路通过钢轨道岔实现列车的转辙。磁浮列车的轨道由钢梁或混凝土梁构成，道岔只能移动整梁，实践中采用钢结构多跨连续梁，用 8 台液压千斤顶，以约 50t 的转辙力使数百吨重的梁移动数米行程，转辙后锁定困难，可靠性不易保证。钢弯曲道岔结构如图 5－58 所示。

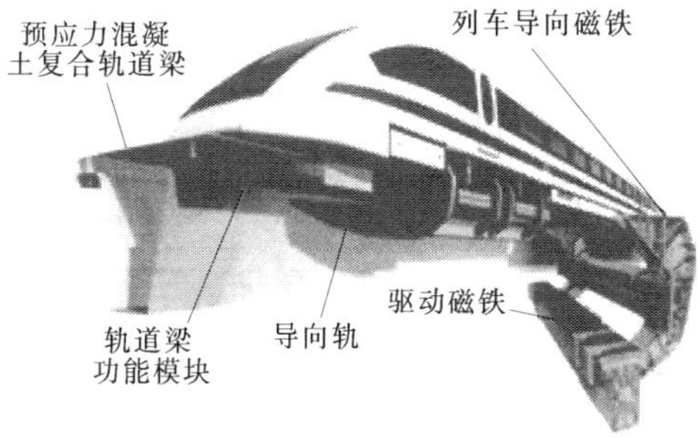

图 5－57　上海磁浮轨道系统

图 5－58　上海磁浮轨道道岔图

磁浮列车运行原理决定了磁浮线路在线路出岔时，采用整根道岔钢梁强制弹性变形的方法换线。道岔钢梁首先要满足轨道梁的基本要求。道岔钢梁采用箱形断面，总长约 150m；钢箱梁两侧设置平行于底板的翼缘，用来安装功能件，功能件与箱梁整体加工。

道岔弯曲时是由安装在下部结构顶端的顶推装置完成，道岔的弯曲线形受速度控制。从车辆和设备本身考虑，在道岔偏转时，必须保证必要的平整度，从受力性能和耐久性的考虑，钢梁应尽量减少扭转的产生。上述原因限制了车辆的最大侧向过岔速度，目前采用的最大侧向过岔速度仅为 196km/h，但直线过岔速度不受此限制，最大可达 500km/h。

上海磁浮线路道岔一共有 8 处，设置在国际机场站、龙阳路车站、出入库线、维修基地等处。除维修基地处为三开道岔外，其余均为二开道岔。

思　考　题

1. 轻轨线路为什么采用重型钢轨？
2. 钢轨、轨枕各有哪些功能？

3. 钢轨有哪些病害？
4. 扣件的选用要考虑哪些因素？
5. 新建的轨道交通线路为什么都采用了无碴轨道？
6. 城市轨道交通为什么要使用无缝线路？无缝线路有哪几种形式？
7. 道岔有几种类型？各有什么功能？
8. 单开道岔有几部分组成？要完成哪些功能？绘制右开单开道岔的示意图。

第六章　城市轨道交通车站建筑

第一节　城市轨道交通车站的特点

快捷、大运量的轨道交通线路是线状构筑物，载运乘客的轨道交通车辆必须停靠在线路的一定节点上让乘客上下列车，这个节点就是轨道交通的车站。

车站是供使用轨道交通的乘客上下、候车和换乘的场所，从这个意义上来说它和公共汽车站、铁路客运站的功能是一样的。

轨道交通车辆的容量一般远大于公共汽车，是多节车辆编组，以保证大运量。这就要求车站站台有一定的长度，站台长度按远期规划采用列车编组和采用的车辆长度来确定，8 节 A 型车辆编组的地铁车站长度要求大于 180m，4 节编组的轻轨车站长度也要求 80m 以上。轨道交通车辆一般采用高地板设计，相应要求车站也采用高站台形式，保证乘客水平进出车厢。这些都有别于公共汽车站可“任意”设置在人行道上，而需将车站设置在地铁、轻轨线路的一定位置，并需进行专门的设计。

不同于用在城际交通上的铁路，城市轨道交通是服务于城市的，列车停靠时间短、进出站频率高，乘客候车、滞留车站内的时间也较短，乘坐地铁、轻轨的乘客都希望进入车站就能很快上车。有别于火车站，城市轨道交通的车站不专设候车区，巴黎、纽约很多地铁站站台直接通过楼梯或自动扶梯连通人行道。

根据城市轨道交通线路铺设于地面、高架或地下，车站也分为地面车站、高架车站和地下车站（见图 6－1～图 6－3）。作为建筑物设计，除了交通功能需要外，高架车站、地面车站设计考虑的问题和普通地面建筑物相仿。高架车站和地面车站的建筑融合于城市建筑群中，其建筑品位直接影响城市的美观，而作为车站建筑自身的特点，长宽高的比例往往很难设计出优秀的作品，这就要求设计师充分发挥想象力将成特殊比例的建筑物设计得美观一些。

图 6－1　地面车站

图 6－2　高架车站

地下车站设置于城市地面以下，空气湿度相对较大，特别像上海、广州等城市地下水位较高，车站结构可能就浸泡在饱和水的土体内；地下建筑空间封闭、车站建筑固有的狭长和结构雷同，往往给乘客带来压抑、单调的感觉。因此，地下车站需要考虑设有良好的通风、照明、卫生、防灾设备等，给乘客提供舒适、清洁的环境，适当地做一些建筑小品、艺术装修往往能使乘车人感到亲切和温馨。

城市轨道交通快捷、大运量的特点，在城市轨道交通车站内短时间（特别是交通高峰时刻）会聚集大量人流（见图 6－4），出于安全考虑，特别是发生突发事件的情况下，如何最快地将乘客疏散到安全的地方，在车站设计中必须考虑的。世界各国都非常重视这个问题，美国政府专门颁发 NFPA 130 法规，其中有规范车站出入口设置和疏散的时间的条款。

图 6－3　地下车站

图 6－4　轨道交通车站客流

城市轨道交通车站除了供乘客上下车的基本功能外，还应容纳主要的技术设备和运营管理系统，从而保证城市轨道交通的安全运行。设备用房一般布置在车站的两端，其中面积最大的是环控机房。其他的主要设备用房还有信号设备用房、通信设备用房、防灾报警（FAS）设备用房和设备监控（BAS）设备用房等。管理用房中主要解决站控室及站长室的位置以及消防疏散兼工作楼梯的位置、工作人员厕所的位置。站控室要求视野开阔，能观察站厅层的运行管理情况，一般设于站厅公共区的尽端或中间，室内地坪要高于站厅公共区地坪。站长室紧连车控室，便于快速处理应变情况。消防疏散兼工作楼梯位于管理用房的中部，考虑其在站台层的位置，避免与其他楼梯发生冲突。工作人员厕所只能设于管理用房的中部，因为它要与站台层的污水泵房有直接管道连通的要求。

城市轨道交通直接面向公众的就是车站，一个轨道交通线网的社会效益、经济效益的高低，在很大程度上取决于车站位置的选择、规划设计得合理与否，以及轨道交通线路之间的换乘、轨道交通线路与其他城市交通手段接驳方便与否。轨道交通车站设计时，首先是确定车站在现有城市轨道交通路网中的确切位置，这涉及城市规划和线路总体方案设计；车站位置确定后，根据客流量及其站位特点确定车站规模、平面布置、合理的站内客流流线、地面客流吸引以及交通方式的转换便捷等综合考虑。

轨道交通标志是一个城市的轨道交通系统的标示符号，每个城市的轨道交通标志都是不一样的，图 6－5 为我国部分城市轨道交通标志。这是一种符号也是一种文化，表示了这个城市人们对于地铁的理解，在一些新建地铁的城市轨道交通标志来源于公众参与。在一个陌生的城市、陌生的地区，一些地铁车站的出入口相对比较隐蔽，寻找建于地下的车站是很困难的，将轨道交通标记做成建筑小品，可以很好地提醒乘客轨道交通的确切位置，如果设计得好，也不乏成为很好的景观，起到美化城市的作用。早期建设的上海地铁标志仅仅是用于车站进口处，新建的地铁线路已经开始注意使用地铁标记来吸引客流。很多城市没有利用轨道交通标志的作用来宣传地铁，这方面尚有许多工作可做。在一个陌生的城市或地区，见到这些符号性标志总有一些亲切感，标志起到了导向作用（见图 6－6～图 6－9）。

图 6－5　我国各城市轨道交通标志

图 6－6　北京地铁标志

图 6－7　上海地铁标志

图 6－8　西班牙毕尔巴鄂市地铁标志

图 6－9　布鲁塞尔地铁标志

第二节　轨道交通车站的分类

城市轨道交通车站根据不同的需要有各种分类方法，可以根据其运营性质、站台形式和换乘方式等进行分类。

一、按车站运营性质分类

城市轨道交通车站按车站运营性质分类主要有以下6种，如图6－10所示。

（一）中间站

中间站（即一般站）仅供乘客上、下车之用，功能单一，是地铁线网中数量最多的车站，如上海地铁1号线汉中路站、新闸路站等。

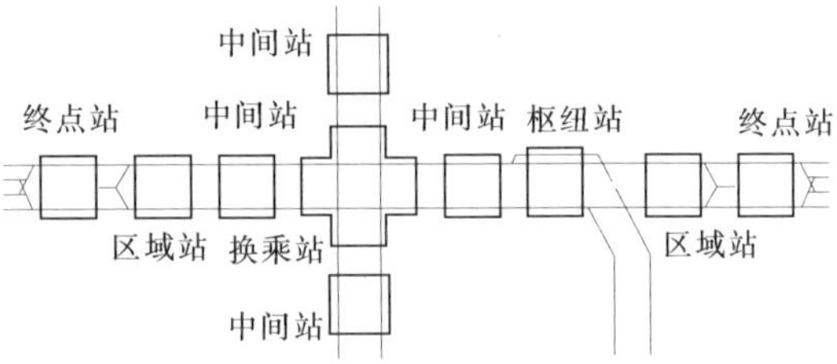

图6－10　轨道交通车站分类

（二）区域站

区域站（即折返站）是设在两种不同行车密度交界处的车站，设有折返线路和折返设备，区域站兼有中间站的功能。规划上海地铁2号线从浦东机场到虹桥机场，一期工程建成通车的是中山公园至龙阳路站，全线客流分布不均匀，预测客流集中在东方路站和中山公园站之间，这两个车站都设有折返线路和折返设备。

（三）换乘站

换乘站是位于两条及两条以上线路交叉点上的车站。它除了具有中间站的功能外，更主要的是它还可以从一条线路上的车站通过换乘设施转换到另一条线路上的车站；上海地铁人民广场站是上海地铁1号线和2号线的换乘站，中山公园站是上海地铁2号线、3号线和4号线的换乘站。

（四）枢纽站

枢纽站是由此站分出另一条线路的车站，该站可接、送两条线路上的乘客；上海地铁已通车的线路中，尚无支线的概念，但3号线和4号线在宝山路站与虹桥路站之间是并线运行，而在这两个车站里设有分叉道岔，列车经过这两个车站分别向不同方向运行，这两个车站可算作枢纽站。

（五）联运站

联运站是指车站内设有两种不同性质的列车线路进行联运及客流换乘。联运站具有中间站及换乘站的双重功能；上海轨道交通线网中的上海火车站站和上海南站站分别是联运站。北向列车可以在上海火车站站换乘上海地铁1号线、3号线和4号线；南向列车则可以在上海南站站换乘上海地铁1号线和3号线。

（六）终点站

终点站是设在线路两端的车站，就列车上、下行而言，终点站也是起点站（或称为始发站），终点站设有可供列车全部折返的折返线和设备，也可供列车临时停留检修。如线路远期延长后，则此终点站即变为中间站。如上海火车站站原本是上海地铁1号线的终点站，在地铁1号线北延伸段建成通车后成为了中间站，但是由于北延伸段和地铁1号线的客流不等，上海火车站站则又起了区域站的作用。

二、按车站站台形式分类

城市轨道交通车站按站台形式分类主要有以下 3 种，如图 6－11 所示。

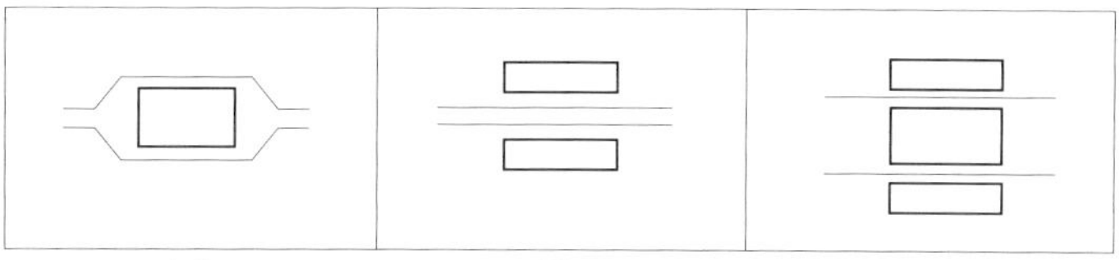

(a)　　(b)　　(c)

图 6－11　站台布置形式

（一）岛式站台

岛式站台位于上、下行行车线路之间，这种站台布置形式称为岛式站台。具有岛式站台的车站称为岛式站台车站（简称为岛式车站）。岛式车站是常用的一种车站形式。岛式车站具有站台面积利用率高、能灵活调剂客流、乘客中途改变乘车方向方便，不用通过楼梯或地道换边到另一侧站台（见图 6－12），车站管理集中、站台空间宽阔等优点，因此，一般常用于客流量较大的车站。从图 6－11（*a*）中可以看到线路在站台两段形成了喇叭口状，列车进出站有一个 S 弯的两个反向曲线，同样列车编组的站台长度，岛式站台车站长度要比侧式站台车站长，一旦车站建造完成，要扩建延长站台长度则是很困难的。

图 6－12　上海地铁 1 号线衡山路车站

图 6－13　巴黎大学城站侧式站台

图 6－14 为某地下岛式车站平面图，点划线是轨道中心线，列车从左边线路进入车站很明显有一个喇叭口状，车站也呈喇叭口状，在该处安排车站用房。

（二）侧式站台

侧式站台位于上、下行行车线路的两侧，这种站台布置形式称为侧式站台。具有侧式站台的车站称为侧式站台车站［简称为侧式车站，见图 6－11（*b*）］。侧式车站也是常用的一种车站形式。侧式车站站台上下行乘客可避免相互干扰，正线和站线间不设喇叭口，造价低，改建容易，但是站台面积利用率低，不可调剂客流，乘客中途改变乘车方向必须经地道、天桥、站厅或者更简易地使用进口楼梯平台作为换边通道。侧式车站管理分散，站台空间不及岛式宽阔（见图 6－15～图 6－18），因此，侧式站台多用于两个方向客流量较均匀（或流量不大）的车站。

在侧式站台车站中很重要的问题是安全问题，改变乘车方向必须到另一侧站台，乘客

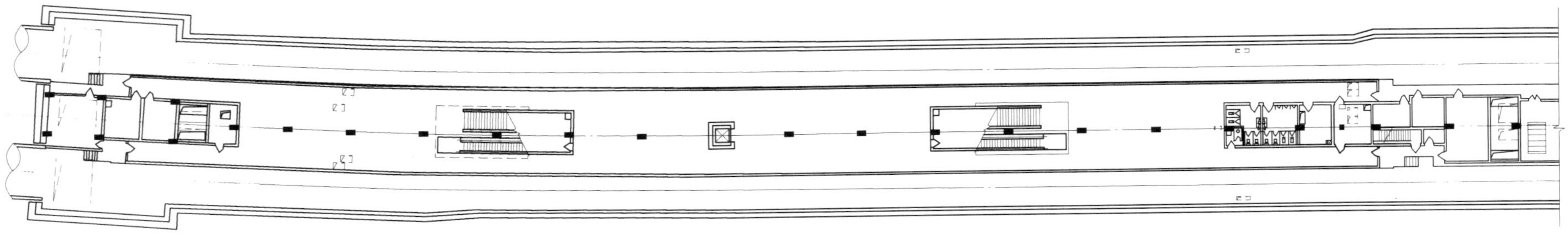

图 6-14　某地铁地下岛式车站平面

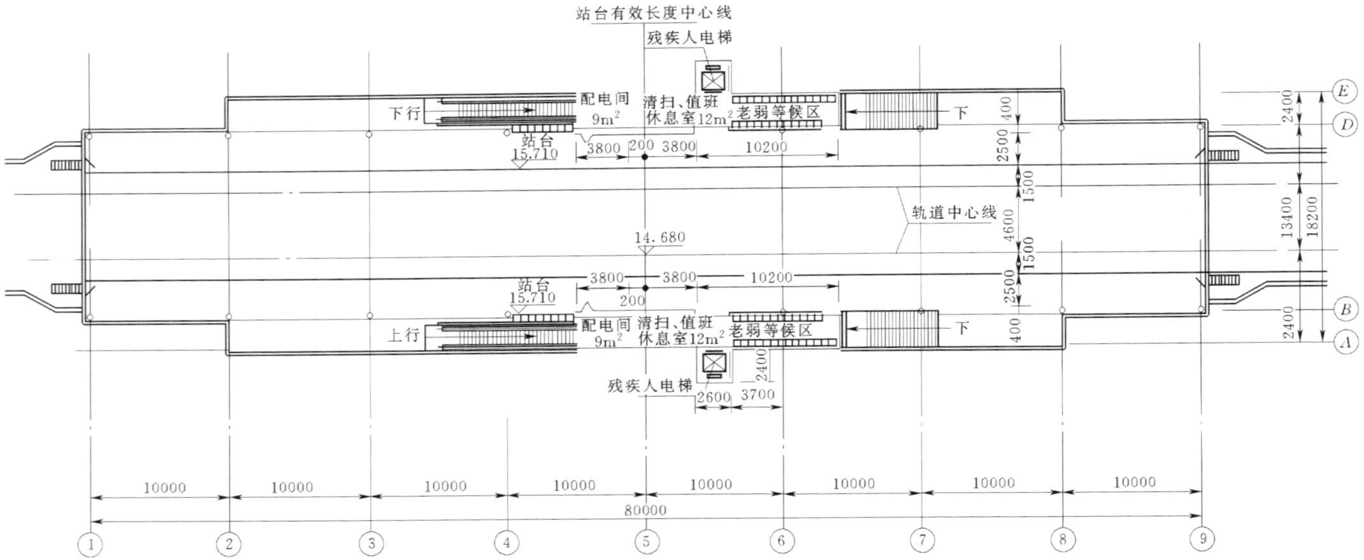

图 6-15　某地铁侧式车站站台平面

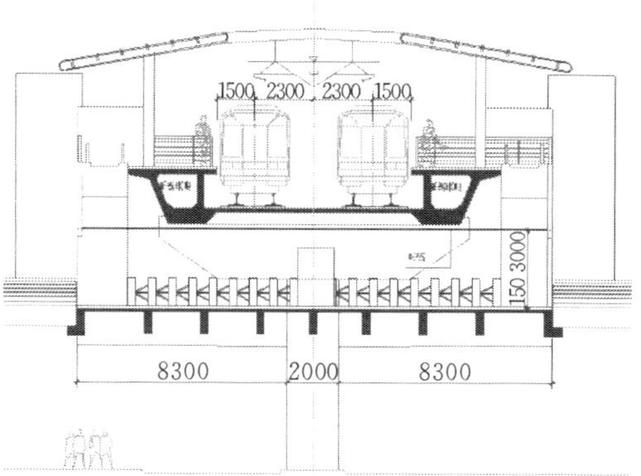

图 6－16　某侧式车站以站厅层作为换边设计

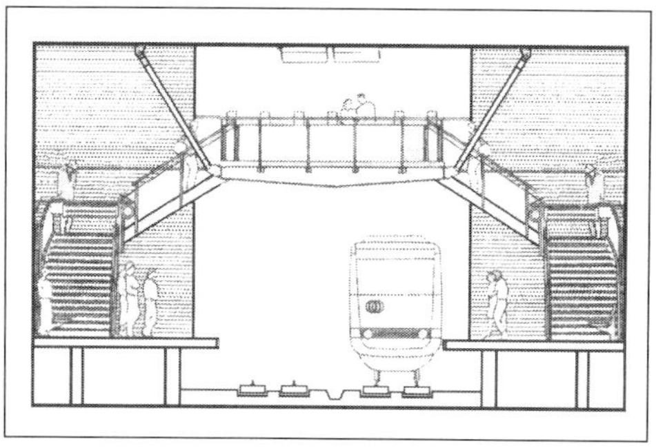

图 6－17　某侧式车站天桥设计

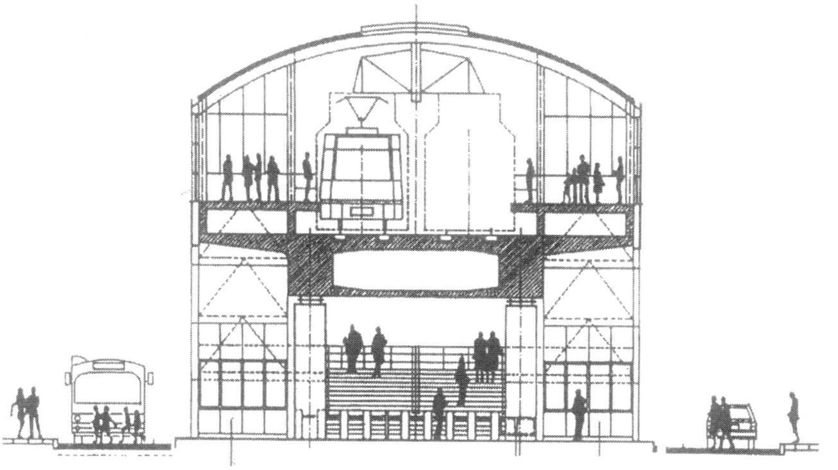

图 6－18　某地铁车站利用楼梯
平台做换边平台

为了图方便可能会横穿轨道，特别是在郊区的地面、高架车站，在这些站设置站台安全门是需要的（见图 6－19）。这种安全门高约 1.5m，由固定墙、平移门和自动控制系统组成。它与地下车站的屏蔽门有很大的区别：屏蔽门有节能和安全双重功效，开关都自动控制；而安全门则用于对环境、温度要求不太高的地面高架车站，由人工控制，主要起到保障乘客安全的作用，造价也只有屏蔽门的 1/3。上海轨道交通 5 号线拟全线推广这种设施。

（三）岛、侧混合式站台

岛、侧混合式站台是将岛式站台及侧式站台同设在一个车站内（见图 6－20），具有这种站台形式的车站称为岛、侧混合式站台车站（简称为岛、侧混合式车站）。岛、侧混合式车站主要用于两侧站台换乘或列车折返。岛、侧混合式站台可布置成一岛一侧式或一岛两侧式［见图 6－11（*c*）］。上海地铁 4 号线临平路车站设有站修和临时停车线采用了岛、侧混合式站台形式。

图 6－19 地面和高架车站用安全门

图 6－20 岛、侧混合式站台

第三节 城市轨道交通车站的建筑平面组成

一、车站的组成

轨道交通车站由车站主体（站台、站厅、设备用房和管理用房等）、出入口及通道、通风道及地面通风亭（仅地下车站）等 3 大部分组成。

车站主体是列车在线路上的停车点，其作用是供乘客集散、换乘，同时它又是轨道交通运营设备设置的中心和办理运营业务的地方。

出入口及通道是供乘客进、出车站的建筑设施。

地下车站需要考虑通风道及地面通风亭，其作用是保证轨道交通车站具有一个舒适的地下环境。

二、车站主体建筑的组成和功能

车站主体建筑根据使用功能的不同，可分为乘客使用空间和车站使用空间两大部分。

（一）乘客使用空间

乘客使用空间又可分为非付费区和付费区（见图 6－21）。非付费区是乘客未正式进入车站前的流动区域。它一般应有一定的空间，设置售、检票设施，根据需要还可设银行、公用电话和小卖部等。设置在道路上的高架车站如果采用人行天桥与人行道连接则非付费区常被用作人行过街通道的一部分（见图 6－22），同样设置在道路下的地下车站采用通道与人行道连接，其非付费区也被用作人行过街通道的一部分。非付费区的最小面积一般可以参照能容纳高峰小时 5min 内可能聚集的客流量的水平来推算。

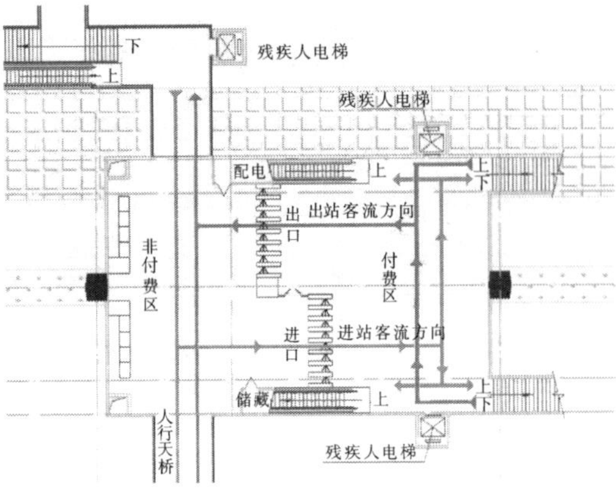

图 6－21 某高架车站部分站厅层进出站客流

图 6-22 上海地铁某高架车站

付费区包括部分站厅、站台及楼梯和自动扶梯等。付费区部分的站厅实际上是一个乘客进出站闸机和站台间的缓冲区域，一票通轨道交通线路间换乘也在此区域内完成。乘客进出站快慢取决于进出闸机的数量，国内使用普遍的三杆式自动检票机每小时通过人数 1500～1800 人次。

车站“核心”是站台，站台结构柱、楼梯栏杆等至站台边缘的距离要保证 2.5m，这里是乘客上下列车的区域（见图 6-23），距站台边缘 400mm 应设不小于 80mm 的纵向醒目安全线，使用 ATO 车辆的站台还要设置醒目的停车位、乘客上车候车位。

站台的其余部位设置有进出站台的通道、楼梯和自动扶梯，是进出站台、上下车客流缓冲和乘客休息候车场所。通道、楼梯和自动扶梯宽度根据客流密度计算得到。1m 宽上行楼梯每小时通过人数 3700 人次，下行可达 4200 人次，单向通道可达 5000 人次，自动扶梯根据输送速度不同 1m 宽每小时通过人数为 8100～9600 人次。很明显，自动扶梯的输送能力远大于楼梯的能力，新建的车站大量采用了自动扶梯。在发生紧急情况需要把乘客从站台（地下或高架）疏散到地面，我国规定疏散时间为不超过 6min，自动扶梯计事故疏散之用，其供电等级应由二级升至一级负荷供电。

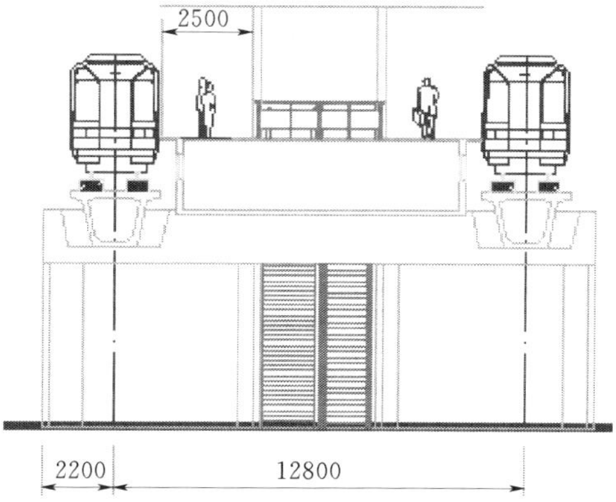

图 6-23 站台上下车区域

车站装修应采用防火、防潮、防腐、耐久、易清洁的环保材料，应便于施工与维修，可能条件下兼顾吸声。地面材料应防滑、耐磨。照明灯具要节能、耐久，尽可能采用深罩明露式。高架站的灯具还应考虑防水、防尘。

乘客使用空间是轨道交通车站的重点，它对车站类型、总平面布局、车站平面、结构横断面形式、功能是否合理、面积利用率、人流路线组织等都有较大的影响，客流流线的合理性，保证乘客方便、快捷地出入车站。

由于我国已建的地下车站较多地采用矩形断面的混凝土框架结构，站厅、站台上下两层，装修后层高一般仅 3.0m，结构上的先天不足，建筑上给人以压抑感，这和华盛顿地铁等采用拱顶的车站不一样（见图 6-24）。这个问题已经引起注意，在一些后建的轨道交通车站中的建筑布局上也作了一些尝试。

为了让乘客快捷方便地进出车站，乘降列车，在车站的乘客使用区域内设置有各种诱导标志，指导乘客购票、进出站（见图 6-25）、换乘、紧急疏散等。各运营公司的诱导标志组成各自的诱导系统，这些标志对方便乘客使用车站设备、提高车站使用效率很重要。诱导系统的设置要贴近人的生活，给人以亲切感，要简洁、明确、一目了然。

图 6-24 华盛顿地铁车站

图 6-25 某地铁车站出站标志

图 6-26 地铁预告列车信息液晶显示屏

随着IT行业的飞速发展，公交液晶电视、显示列车到站信息的液晶指示牌（见图 6-26）也进入了轨道交通车站，让乘客在出行的过程中可以看新闻、听音乐，也可以对列车运行的知情度有了很大程度的提高。

为防止乘客以不同原因由站台进入轨道，造成安全事故，新建的轨道交通车站都装置了屏蔽门（见图 6-27），地下车站的屏蔽门系统隔断了车站区域与隧道区域，起到了节能、优化车站环控和防噪声的作用。屏蔽门应该满足负载强度、气密性等功能要求和经济适用原则，并应做到安全、可靠、检修方便、造型美观。

图 6-27 广州、日本京都地铁屏蔽门

（二）车站用房

轨道交通车站用房包括运营管理用房、设备用房和辅助用房 3 部分。表 6-1 为车站管理用房、辅助用房面积参考表，图 6-28 为某地下车站的车站用房在站台区的平面布置。

运营管理用房是为保证车站具有正常运营条件和营业秩序而设置的办公用房，由进行日常工作和管理的部门及人员使用，是直接或间接为列车运行和乘客服务的，主要包括站长室、行车值班室、业务室、广播室、会议室、公安保卫室和清扫员室等。

表 6-1　　车站管理、辅助用房面积参考表

房间名称	参考面积	位　　置
站长室	15～18m^2	站厅层，靠近控制室
车站控制室（含防灾控制）	35～50m^2	站厅层客流大的一端
警务室	12～15m^2×2	一条线上另加设1～2间警署室，每间12m^2
交接班室（兼会议、餐室）	1.2～1.5m^2/人	按一班定员计
更衣室（分男、女）	0.6～0.7m^2/人	按车站全部定员计
茶水室	8～10m^2	附洗涤池
卫生间	女2～3个坑位，男1个坑位、2个小便斗	管理人员用
清扫室（站厅、站台各设一间）	10～20m^2	附洗涤池、2个站厅、侧式站台另增
站务员室	15m^2×2	侧式车站站台设2间（面积可适当减小）
收款室（即票务室）	15m^2×2	
库房	8m^2	
供电值班室（每座降压变电所配一间）	6m^2×2	如SCADA同步实施，可不设
列检室	10～15m^2	交路折返站
司机休息室	8m^2×2	交路折返站
维修巡检室	6m^2×2	宜每站1间，至少3～5站1间

设备用房是为保证列车正常运行、保证车站内具有良好环境条件及在事故灾害情况下能够及时排除灾情不可缺少的设备用房，它是直接或间接为列车运行和乘客服务的，主要包括环控机室、变电所、控制室、通信机械室、信号机械室、泵房、票务室、工区用房、附属用房及设施等。技术设备用房是整个车站的心脏所在地。由于这些用房与乘客没有直接联系，因此，一般设在离乘客较远的地方。

辅助用房是为保证车站内部工作人员正常工作生活所设置的用房。是直接供站内工作人员使用的，主要包括厕所、盥洗室、更衣室、休息室、茶水间和储藏室等。这些用房均设在站内工作人员使用的区域内。

车站用房中和乘客、运营有关的用房一定要布置在站厅、站台内，如售票房、车控室、站务员室等，其余的可以设置在此范围外，根据防火分区的要求这些房间尽可能地安排在车站的一边布置；如果没有空间，也可以设置在地面，单独建设，这种布置有利于减小车站建筑的体量及由此带来的一系列优点，但在城市旧区内建设车站很难采用该方案。单独建设的车站用房应考虑与周围建筑的协调性。

三、车站的规模

车站规模主要根据车站远期预测高峰客流量、所处位置的重要性、站内设备和管理用房面积及车站所在地区远期发展规划等因素综合考虑确定，其中客流量大小是一个重要因素。

车站规模一般分为3个等级。在大城市中，车站规模按3个等级设置；在中等城市

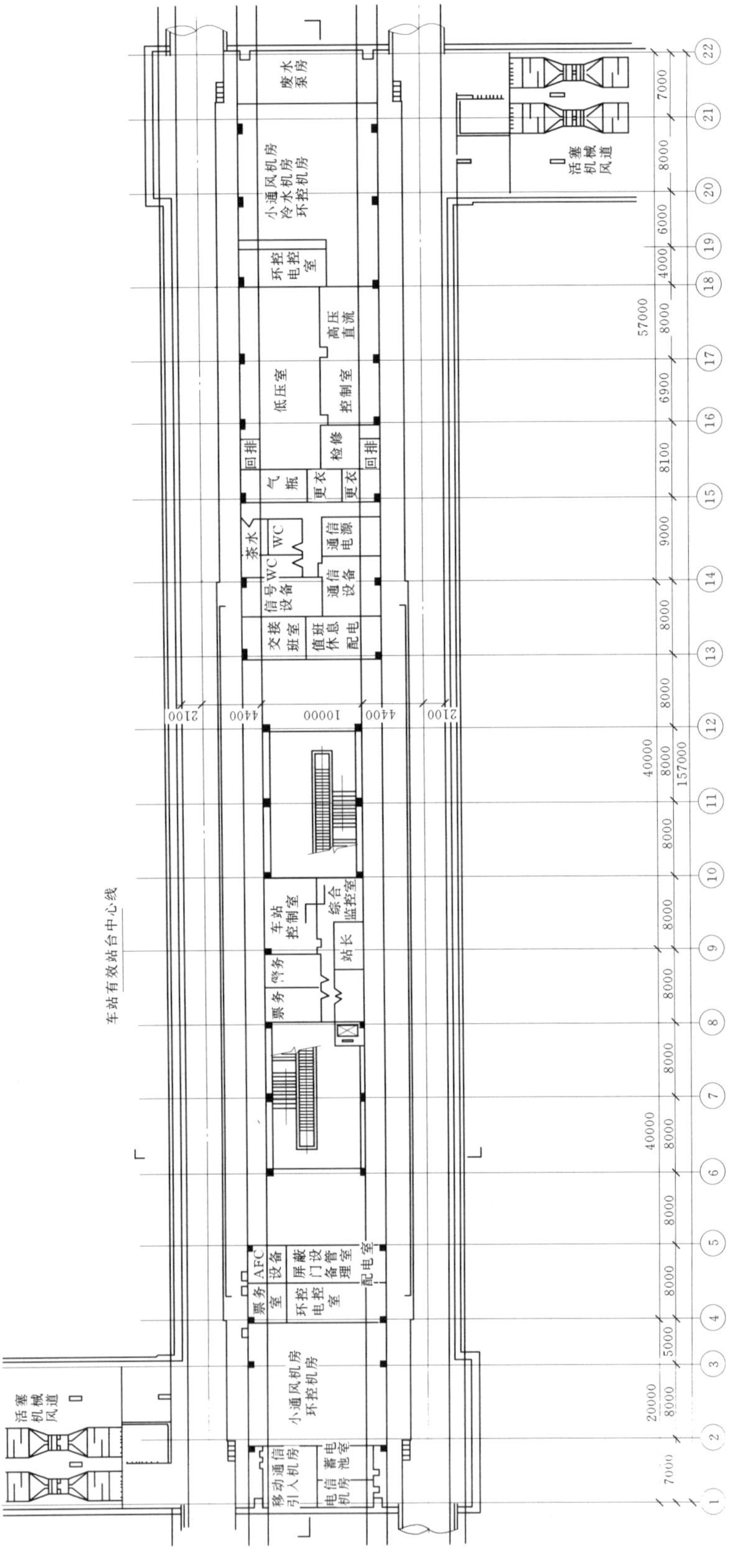

图 6-28　某地下车站设备层布置

中，其规模可设 2 个等级。车站规模等级适用范围如表 6－2 所示。

表 6－2　车站规模等级适用范围

车站规模	适　用　范　围
大型站（甲级站）	适用于客流量大，地处市中心区的大型商贸中心、大型交通枢纽中心、大型集会广场、大型工业区及位置重要的政治中心地区
中型站（乙级站）	适用于客流量较大，地处较繁华的商业区、中型交通枢纽中心、大中型文体中心、大型公园及游乐场、较大的居住区及工业区
小型站（丙级站）	适用于客流量不大的地区

注　客流量特别大，有特殊要求的车站，其规模等级可列为特级站。

车站规模的大小，直接影响到工程造价的高低。规模过大，投资太高；规模不足，满足运营的需要期限短，影响运营功能且日后改建困难。因此，在确定车站规模时，应慎重进行技术经济比较。

四、车站出入口和风亭

（一）车站出入口

“有出入口才有车站”在某种意义上反映了出入口的重要性。

车站出入口的主要作用在于吸引和疏散客流，车站出入口位置都在轨道交通沿线主要街道的交叉路口或广场附近，尽量扩大服务半径，方便乘客。

车站出入口布置应与主客流的方向相一致，宜于过街天桥、过街地道、地下街、邻近公共建筑物相结合或连通，统一规划、同步或分期实施。例如，兼作过街地道或天桥时，其通道宽度及其站厅相应部位应计入过街客流量，同时考虑轨道交通夜间停运时的隔离措施。

车站出入口的数量，不得少于 2 个。每个出入口宽度和该方向远期客流量有关。

地下车站出入口通道力求短、直，通道的弯折不宜超过 3 处，弯折角度宜大于 90°，地下车站出入口通道长度不宜超过 100m，超过时应采取满足消防疏散要求的措施，有条件时宜设自动人行道。

车站地面出入口的建筑形式，应根据车站所处的具体位置和周围建筑规划要求确定。地面出入口可做成合建式（见图 6－29）或独立式（见图 6－30），但应该优先采用与地面建筑或风亭合建式。

图 6－29　合建式出入口

图 6－30　独建式出入口

设于道路两侧的出入口宜平行或垂直于道路红线，距道路红线的距离，一般情况，应按当地规划部门要求确定，当出入口开向城市主干道时，应有一定面积的集散场地。

车站出入口通道是乘客进出车站的咽喉，其位置的选择、规模大小，应满足城市规划和交通的要求，并应便利于乘客进出站，下面介绍一下出入口平面类型和出入口通道设计。

地铁车站出入口平面一般有一字形、L形、T形3种基本形式和由基本形式变化的其他形式，如图6-31所示。

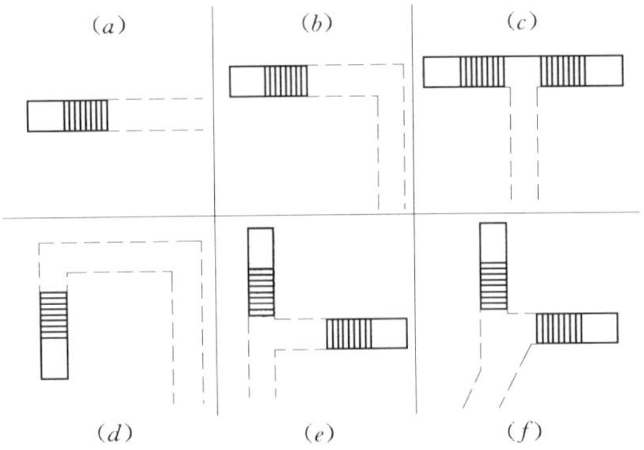

图6-31 出入口平面类型

1. 一字形出入口

一字形出入口指出入口、通道一字形布置。这种出入口占地面积少，人员出入方便。由于口部宽度要求，不宜修建在路面狭窄地区。如图6-31（*a*）所示。

2. L形出入口

L形出入口指出入口与通道呈一次转折布置。由于端口部较宽，不宜修建在路面狭窄地区。如图6-31（*b*）所示。

3. T形出入口

T形出入口指出入口与通道呈T形布置。这种形式人员出入方便，由于口部比较窄，适用于路面狭窄地区。如图6-31（*c*）所示。

4. 其他形式

其他形式一般由出入口位置要求、地面交通换乘要求具体确定，常用的有n形和Y形出入口。n形出入口指出入口与通道呈两次转折布置，由于环境条件所限，出入口长度按一般情况设置有困难时，可采用这种布置形式的出入口，这种形式的出入口人员要走回头路，如图6-31（*d*）所示。Y形出入口布置常用于一个主出入口通道有两个及两个以上出入口的情况，这种形式布置比较灵活，适应性强，如图6-31（*e*）、（*f*）所示。

（二）地下车站风亭

埋设于地下的车站四周封闭，空气不流通，由于客流量大，机电设备多，站内湿度较大，空气较污浊，为了及时排除车站内的污浊空气，给乘客创造一个舒适的环境，需在轨道交通车站内设置环控系统，即通风与空调系统。

早期国内外修建的轨道交通工程，大多采用自然通风方式，即利用地面风、列车在隧道内运行的活塞风和站内外温差等与地面空气进行交换，但这种通风方式效率比较有限，通风效果不好。随着社会的发展和科学技术的进步，在近期国内外修建的轨道交通车站中，逐步采用了以机械强制通风为主的通风方式，普遍采用了环控设备，车站内温度、湿度得到了有效控制，地下环境得到了很大的改善，但环控设备的增加，势必会导致增大车站规模。为了控制车站规模，缩短轨道交通车站的总长度，节约投资，部分环控设备可设在通风道内。

地下车站按通风、空调工艺要求设置活塞风井、进风井和排风井。活塞风井是为了站间隧道的通风而设置的。在车站一端需设置一个进新风井和一个排风井，以及两个进出隧道的活塞风井。风井可以集中布置也可分散布置，这取决于地面建筑的现状或规划要求。

图 6-32　合建式风亭

图 6-33　低风井

地面风亭的设置应尽量与地面建筑相结合（见图 6-32）。对于独建的风亭，可采用敞口低风井（见图 6-33、图 6-34），风井底部应设置排水设施，风口最低高度应满足防淹要求，开口处应设有安全装置。上海很多地下车站采用了低风井方案，并配以绿化、建筑小品，颇有新意。

图 6-34　独建式风亭

独建或与其他建筑物合建的风亭，其开口部距其他建筑物距离应不小于 5m。当风亭设于路边，风亭开口底部据地面的高度应不小于 2m。

地面风亭的位置、数量与采取的通风和空调方式有关，一般按周围地区环境及环控要求确定。车站出入口数量可根据进出站客流的数量以及方向确定，首先要满足进出站客流的通过能力，其次，应尽可能照顾各个方向的客流，以方便乘客进出站。

第四节　公共交通枢纽建设

单一地建设几条轨道交通线路并不能根本解决城市的交通拥挤问题，也不能满足市民出行的需要。应该看到城市交通问题是一个系统工程问题，在发展及布局地面、地下、空中、立体城市公共交通时，要从建设系统、网络出发，并考虑地铁、轻轨、公共汽车、水上巴士及出租汽车等各种公共交通手段网络节点的连接方便，以及各种交通方式之间的便捷换乘、接驳，在中国还应该考虑自行车出行换乘公共交通工具的具体情况。根据城市现状及发展，建设方便乘客的交通枢纽在城市交通规划中应事先考虑周全的问题，城市用地是有限的，一旦建设完成再进行修修补补，不仅投资更大且很难达到预期的目的。

一、轨道交通线路间的换乘

快速、大运量的城市轨道交通是城市公共交通的主动脉，轨道交通线网节点处组织良好的换乘能更好地发挥轨道交通的优势，也有助于吸引客流提高公共交通的使用率。例如，上海轨道交通远期网络中规划有 83 个换乘站，其中 17 个为三线或三线以上的交汇的大型换乘站。如图 6 - 35 所示。

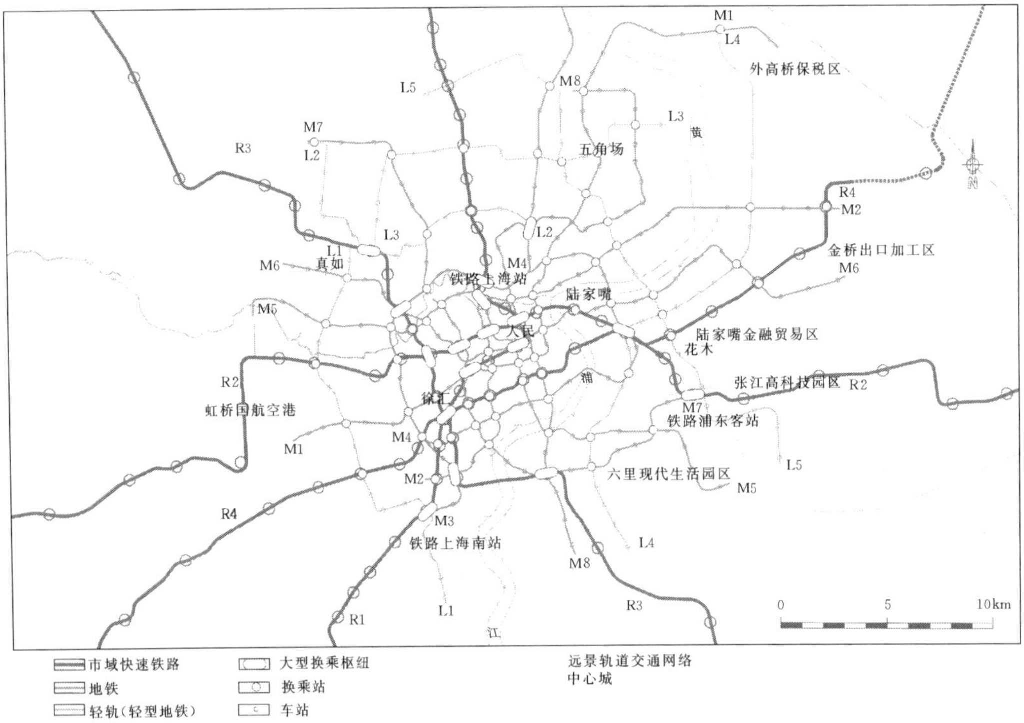

图 6 - 35　上海城市轨道交通发展远期网络换乘节点示意图

（一）换乘车站基本要求

城市轨道交通是城市的永久性基础设施之一，建造的目的就是为公众服务，换乘设计要始终贯彻以人为本，一经建造其线路走向、车站设置和换乘节点，都很难更改。

根据换乘的方式不同有多种方案可供选择。在做具体设计时，应考虑尽量缩短换乘距离，做到明确、简洁、方便乘客。两线或多线的车站尽量减少换乘高差，避免高度损失。换乘客流与进、出站客流分开，避免相互干扰。

在做换乘设计时，应以远期高峰小时客流量为依据，换乘通道、楼梯、电梯等换乘设施应该能满足远期换乘量的需要。无障碍设施的建设在近期投入使用的轨道交通车站内已考虑，在换乘设施中也应该予以重视，达到肢残者和盲人与正常人一样的换乘目的。

换乘设施应考虑设置在各换乘车站的付费区内，实现一次购票即可到达最终目的地。这样可以达到购票乘车者重新购票环节，也可以充分发挥公交 IC 的功能。

一个城市的轨道交通线网不可能同步实施建设，一般而言，换乘站也不会同步配套完成，在先期设计、施工的车站应预留切实可行的接口（见图 6 - 36），先期投入使用的车站应该做好乘客安全防范措施及接口处的照明、排水设施。

轨道交通换乘枢纽一般而言都设置在人流集中的区域，各相关的轨道交通车站应考虑多设置出入口通道，交叉路口的各象限均应布设，通道可以作为城市道路人行地道，既可解决行人交通障碍也可吸引客流。相邻换乘枢纽距离比较近，可将这些换乘设施连成一个整体，并且在换乘通道设计、土地利用方面予以综合考虑。

图 6 - 36　北京地铁车站预留换乘设施

土地资源越来越贫乏，21 世纪是地下空间开发时代，目前我国的规划、设计还处于平面设计水平，对城市地下深层次开发利用上尚处于初级阶段，亟待突破，城市轨道交通换乘枢纽的规划、设计和施工实际上提供了一个演习的契机。

（二）同站台平行换乘

1. 上、下层平行岛式站台换乘

进入换乘枢纽站的两条线路平行走向，两个车站站台上下重叠设置，一般构成“一”字形组合，站台上下对应，便于布置楼梯、自动扶梯，乘客就在同一站台达到换乘目的，或通过楼梯、自动扶梯等到另一车站的站台换乘，两线四个方向均能在上、下层站台完成换乘，如图 6 - 37 所示。这种换乘方式线路短，换乘高度小，换乘方便，节约换乘时间，但是两个车站需同步实施。

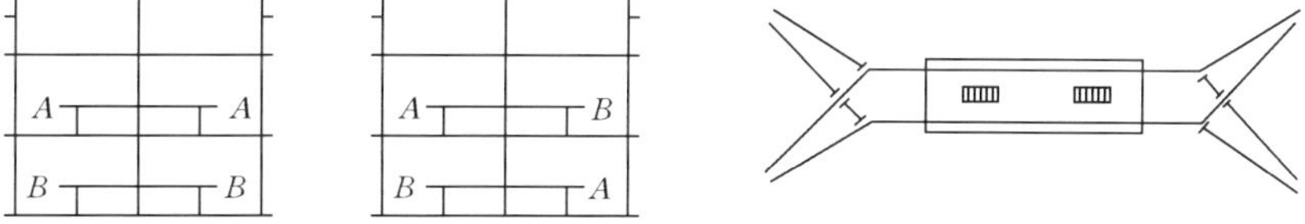

图 6 - 37　上、下层平行岛式站台换乘

2. 同站台共线岛式换乘

两线或两线以上线路平行走向，分别进入同一换乘站，需要换乘的乘客下车后在车站等候下一列车进站，换乘便捷，换乘量不受限制，但仅适用于各线发车密度不大的线路，通过该站的总量发车密度不得超过信号能实现的最小发车间隔。如图 6 - 38 所示。

3. 双岛式同站台平行换乘

进入车站的两条线路同标高平行走向，两线路各一个方向在同站台换乘，余下两个方向需通过站厅或通道换乘，需要同步建设两个车站。如图 6 - 39 所示。

4. 上、下层平行侧式站台换乘

进入车站的两条线路平行走向，两线路两个方向能在上、下层通过楼梯完成换乘，其

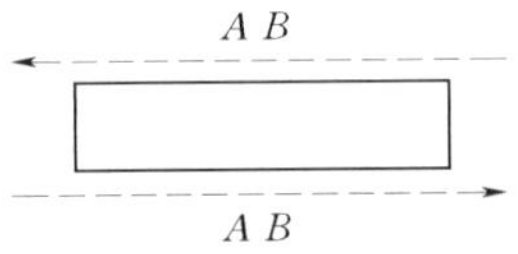

图 6－38 同站台共线岛式换乘

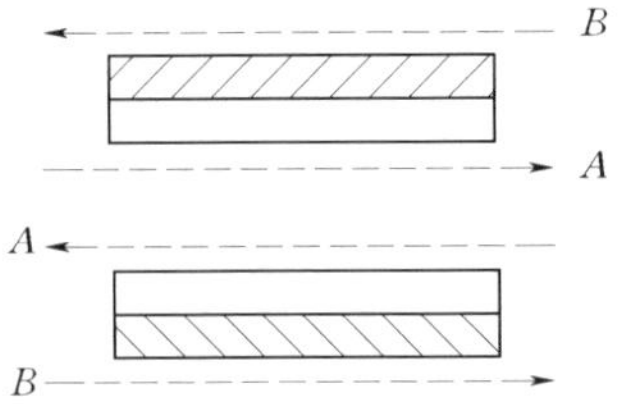

图 6－39 双岛式换乘

余两个方向需通过站厅或通道换乘，这也需要同步建设两个车站。如图 6－40 所示。

5. 同层岛、侧式站台平行换乘

同层岛、侧式站台平行换乘又称为一岛二侧式站台平行换乘，如图 6－41 所示，进入车站的两条线路平行走向，两线路一个方向能完成平面换乘，其余方向仍然需通过站厅或通道换乘，可分期实施但两车站合用的隔墙需要改建。

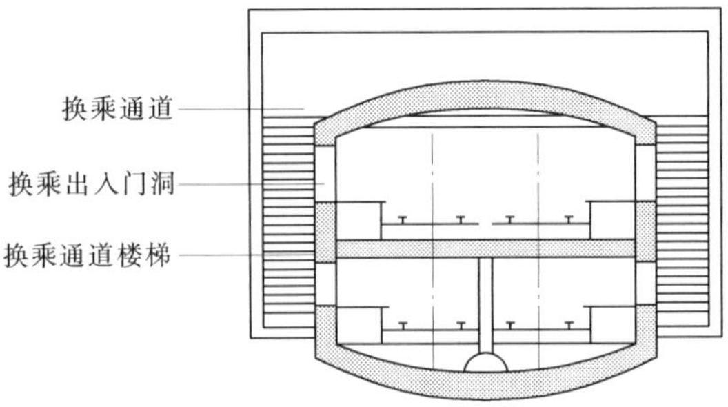

图 6－40 上、下层平行侧式站台换乘

（三）同车站平行换乘

1. 双岛式站厅平行换乘

进入车站的两条线路平行走向，所有方向均需通过站厅层或通道换乘，可分期实施。如图 6－42 所示。

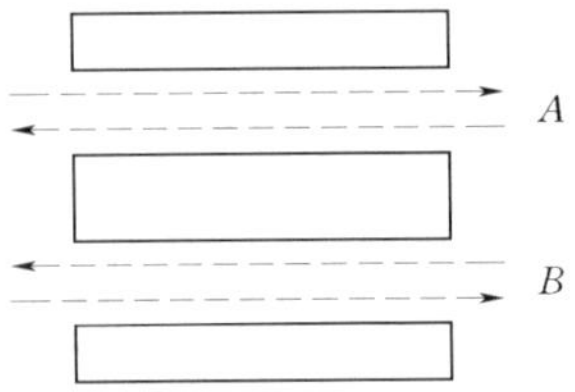

图 6－41 一岛二侧式站台平行换乘

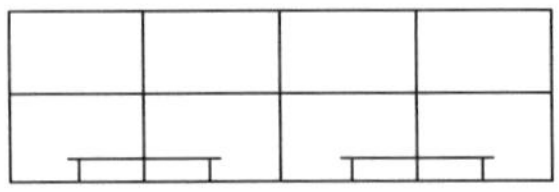

图 6－42 双岛式站厅平行换乘

2. 上、下平行侧式站台夹站厅层平行换乘

图 6－43 中，进入车站的两条线路上、下平行走向，两线站台均通过站厅夹层进行换乘，此种形式往往是用于高架车站，基本需要一次建成，如后建线路在上层，可分期实施。

（四）站台点式换乘

两条或多条轨道交通线路走向很难做到平行，一般多呈空间曲线状，从平面图中看两条线路大多相交成一定角度，在相交部位设计换乘设施是可行、合理的，形成上、下站台一点换乘，换乘距离短、便捷，但是可用作换乘通道的站台处空间相交部位面积有限，从图 6－44 阴影部分可以清晰地看到，仅能安排一个楼梯，换乘量受控制，换乘客流方向一般只可解决从一个站台到另一个站台，反方向的换乘客流则必须采用通道换乘方式或站厅换乘方式。根据两个车站相交形状和位置一般可以站台点式换乘区分为如下几种形式（见图 6－45）。

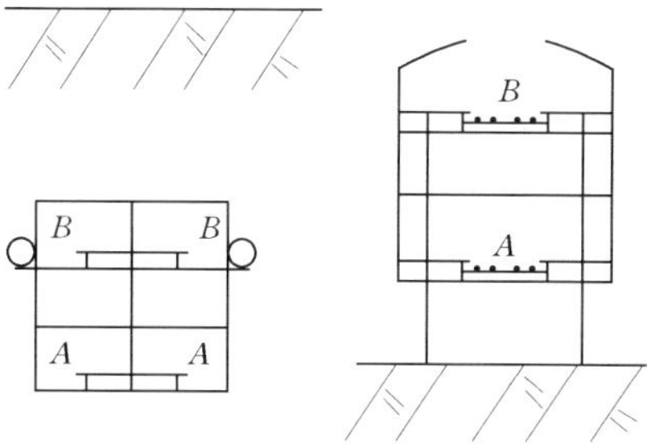

图 6-43　站厅夹层做换乘厅平行换乘

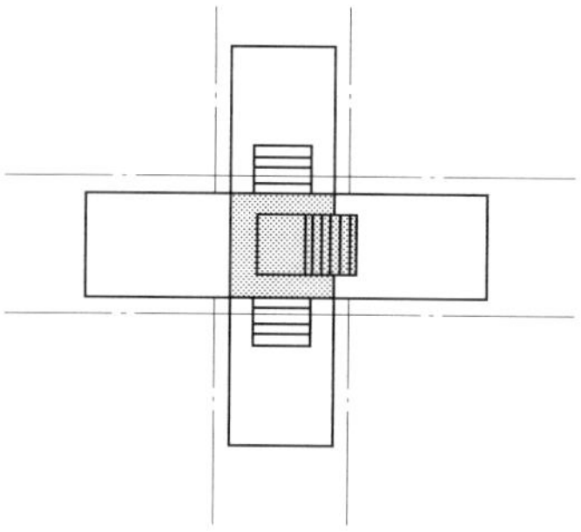

图 6-44　岛式与岛式十字形换乘

1. 岛式与岛式呈十字交叉换乘

形成上、下站台一点换乘，后建线路可预留接口，北京地铁比较多地采用这种换乘方式，如复兴门、建国门和西直门等车站。

2. 岛式与侧式呈十字交叉换乘

形成上、下站台两点换乘。

3. 侧式与侧式呈十字交叉换乘

形成上、下站台四点换乘。

4. 岛式与岛式、岛式与侧式、侧式与侧式呈丁字交叉换乘

情况和前三种形式相同，不同处在于一条线路的站台计算长度外延伸段与另一线路的站台计算长度内相交完成换乘。

5. 岛式与岛式、岛式与侧式、侧式与侧式呈 L 字交叉换乘

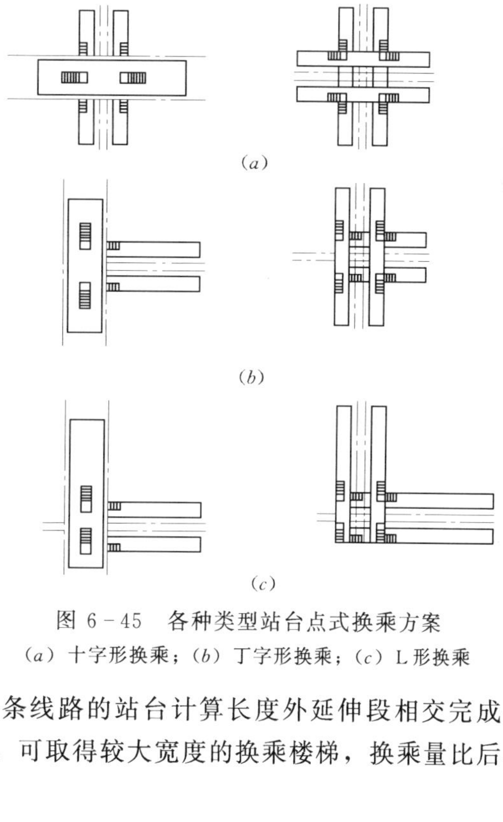

图 6-45　各种类型站台点式换乘方案

(a) 十字形换乘；(b) 丁字形换乘；(c) L 形换乘

情况和前三种形式相同，不同处在于两条线路的站台计算长度外延伸段相交完成换乘。L 形交叉换乘和十字形交叉换乘相比较，可取得较大宽度的换乘楼梯，换乘量比后者大，但走行距离也比后者长。

（五）通道换乘

使用单通道、双通道或多通道把需要组织换乘的车站连接起来，达到换乘的目的（见图 6-46）。此种形式的换乘方式往往通过站厅层沟通达到在付费区内换乘的目的，换乘距离长，不直接，如上海地铁 1 号线和 2 号线在人民广场站的换乘就是采用这种形式（见图 6-47）。1 号线和 2 号线在南京西路与西藏中路交叉口地下交叉，地铁 1 号线隧道位于地下二层，地铁 2 号线位于地下三层，两线车站站位呈 L 形布局，车站端部与中部建有联络通道，南端通道长度 250m，北通道长度约 60m，通道出入口均设在站厅层收费区内。

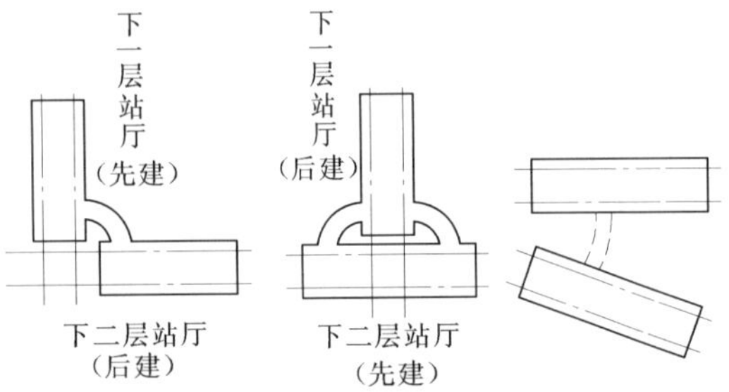

图 6-46 通道换乘的集中形式

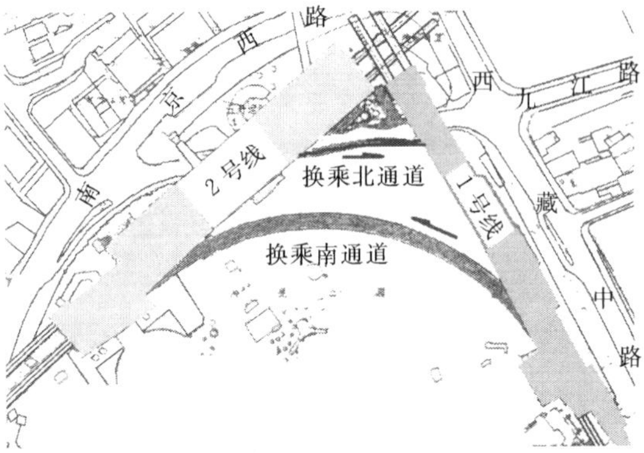

图 6-47 上海地铁 1 号和 2 号线换乘通道

这种换乘方式往往是由于在修建第一条线路车站时，后建线路的车站还没有规划、设计，或者其他原因，先建车站没有考虑预留换乘接口，等后建车站施工后为解决换乘问题只能采用这种方式的换乘方案。上海地铁 1 号线路与地铁 3 号和 4 号线路在上海火车站站十字相交，站位一北一南，中间被上海火车站阻隔，建有人行通道一座，通道长 355m，如果按两站中心计算换乘距离，则达到 475m，而且该人行通道非地铁专用，兼作火车站南、北广场的联络通道，实际上不能作为换乘通道之用。

（六）组合换乘

两线以上换乘通常是上述换乘形式的组合，其形式有 H、n、Y 等形式，如图 6-48 所示。

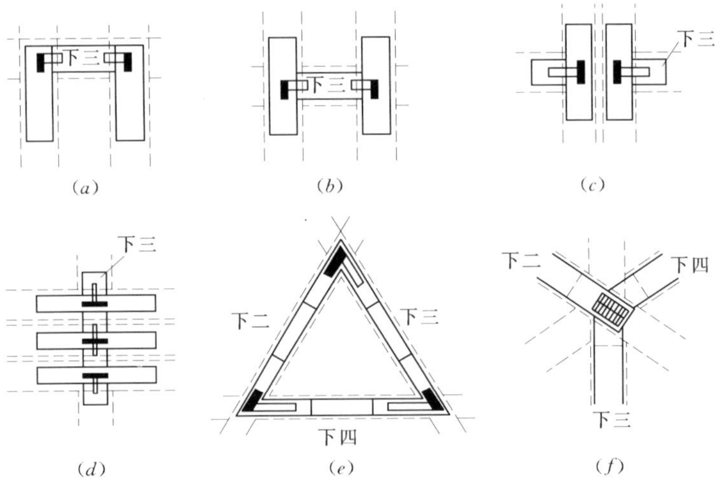

图 6-48 组合换乘方案

(a) n（三线）；(b) H（三线）；(c) ╫（三线）；(d) ╫╫（四线）；(e) Δ（三线）；(f) Y（三线）

（七）换乘实例

图 6-49 为柏林某地铁换乘站两条地铁线路在十字路口十字交叉，在交叉点设换乘站，出入口与地下站厅连接，上、下车站均为岛式曲线站台，两个站台以自动扶梯及楼梯

一地下站厅连接，形成换乘。

香港地铁在地铁车站综合开发、组织换乘方面的设计是值得借鉴的。如图 6－50 所示，荃湾线和观塘线两线四个方向的换乘，香港地铁采用了站台平行换乘方式，在太子、旺角两个岛式车站来进行，乘客只要简单地下车后到岛式站台的另一侧上车即可，非常方便。在加拿大蒙特利尔等其他一些地铁换乘站里也采用这种站台同平面换乘的形式。

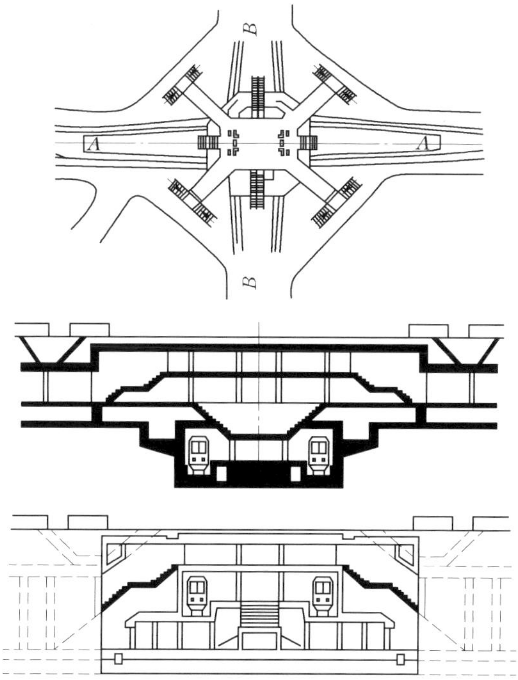

图 6－49　柏林某地车站换乘

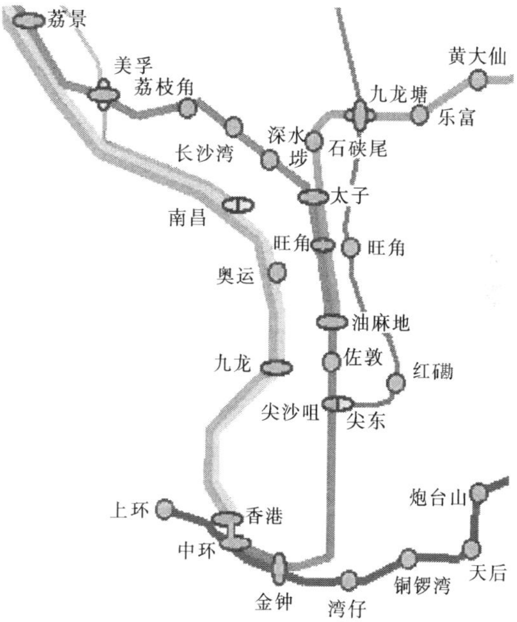

图 6－50　香港地铁平行换乘线路

上海地铁 1 号和 2 号线早于其他线路已通车，后建的地铁 4 号线在世纪大道站与 2 号线换乘，8 号线与 1 号线在人民广场站换乘均采用了站厅换乘方案的形式，如图 6－51 所示。这种做法是方便乘客换乘、不影响已建线路运营的补救方案，如果在 1 号和 2 号线车站设计施工过程中就考虑换乘接口，总体投资要节省得多，影响城市交通的周期要小得多，可选优化方案也多。

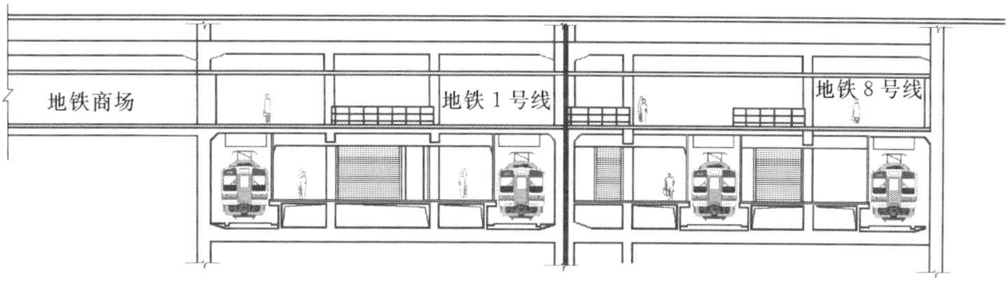

图 6－51　新建上海地铁 8 号线在人民广场站与上海地铁 1 号线换乘方案

二、轨道交通与地面公共交通的换乘

一个城市的交通系统可以比喻成人的循环系统中的动脉血管，有主动脉、动脉和毛细血管等组成，动脉血管中的任何一个环节出问题，都可能造成血脉不通，健康受损。城市轨道交通相当于主动脉，地面公共交通相当于动脉，主动脉中的血液如果不能通畅无阻地流向动脉、毛细血管，这个系统肯定有问题。

以上海为例，上海已建成通车 1 号、2 号、3 号、5 号线和 4 号线大部分区段，日均客流 100 万人次。地面公交经营企业 62 家，市区拥有各类公交线路 981 条，各种车辆 18059 辆，线路总长度达 23332km，日均运送乘客 746.01 万人次。

我国各已建轨道交通线路的城市中，目前轨道交通大多网络尚未健全，优势尚未完全发挥，但对于今后这两种交通方式之间分工已基本得到了确认，即以轨道交通为主，地面公共交通为补充。充分发挥轨道交通大容量、准点、快速的优势，以及地面公交便利、反应速度快捷、布局容易改变的特点。因此，加强两者之间的接驳配套，形成科学合理的换乘体系已刻不容缓。

（一）轨道交通车站与地面公交配套枢纽接驳、换乘的困难

轨道交通车站在城市内大多设于地下或高架之上，乘客从地下或高架上到地面有一定的步行距离。轨道交通车站很多设于交通繁忙的交叉路口，根据我国的交通规则，距交叉路口一定的范围内机动车辆不得停靠，也即不能设有公交车站，这又加大了从轨道交通站出入口到公交站点的距离，乘客在这两种交通方式之间的接驳、换乘步行距离较大。比如上海地铁 1 号线人民广场站位于人民公园南北走向靠西藏路侧，公交枢纽位于东西走向的武胜路，如果地铁乘客欲换乘位于武胜路西端的公交 123 路汽车，需行走 500m。

如果车站出入口位于路中央，乘客将把交通要道作为换乘通道，使本已拥挤的路面交通雪上加霜。典型的案例如上海地铁 3 号线中山公园高架车站位于凯旋路中间，横跨在长宁路之上，地铁出入口位于凯旋路中央，地铁乘客欲换乘地面公交必须横跨凯旋路。

由于轨道交通车站和地面公交站点各自设置的特殊性、局限性，加之城市布局和周边建筑的先期性，给轨道交通和地面公交换乘的设计带来了很大的困难，没有新意、因循守旧是很难有所突破，很难找到去利用空间，立体地、紧凑地作出方便乘客在两种不同的交通方式之间进行换乘的方法和思路。例如上海地铁莘庄站是地铁 1 号线和 5 号线的起始站（见图 6－52），没有去做同站台平面换乘，公交配套也没有利用空间，简单地置于线路两

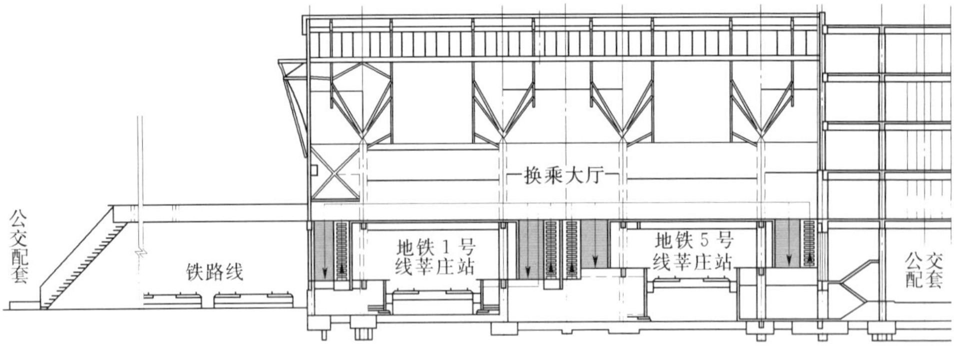

图 6－52 上海地铁莘庄站公交配套

侧，很不方便。

（二）轨道交通站与地面公交配套换乘枢纽布设

城市规划和城市建设早于轨道交通建设许多年，城市地面公交的设置、建设早已成型，公交乘客也已习惯使用这种公交站点的设置。

在城市已形成格局的情况下进行轨道交通线网规划、设计、接驳换乘配套，难免会出现不协调、不尽如人意。而且轨道交通建设初期，建设方注意力会集中在轨道交通自身的建设，没有把精力放在与其他交通形式联系上。在地面公交与轨道交通配套问题上，地面公交调整往往只能浅尝辄止，难以进行系统额度优化调整。

在过去较长的一段时间里，我国的建设配套工程处于弱势地位，未引起足够的重视，配套资金也难以落实，由此产生了轨道交通站点周边的地面公交配套滞后，换乘不便，影响轨道交通发挥交通主动脉的优势。

据不完全统计，上海地铁已建 47 个车站中规划配套建设地面公交配套的车站 35 个，有实际配套的车站仅 15 个，占 42％。

（三）轨道交通站与地面公交配套的换乘客流基础数据

城市轨道交通与地面公交配套的目的在于组织客流，以最短的时间运送完成最多的出行客流，地面公交系统在以往的轨道交通配套中曾作出过一定的努力，但是由于近年发展速度相当快，整个中国的社会经济结构进行了有史以来最大的调整：

（1）大中型企业转制、调整、关、并，工作出行的客流发生了很大变化。

（2）旧城区改造、城市 CBD 的形成、居民新村不断外迁，购物、就学、就医等发生了明显变化。

（3）我国正处于农村人口向城市转移的关键时代，各大城市流动人口比例持续走高。

（4）各大城市在向高科技、高水准发展的进程中，必然涌进大批人才，这些城市新移民的居住、出行习惯改变了以往客流的常规规律。

（5）在世界经济中心向太平洋沿岸区域，特别向中国转移的时刻，中国大城市在走向世界，以博大的胸怀迎接了世界各国、各地区的人流，这些人员在各城市已达到一定数量，他们的出行客流有待研究。

以上诸多因素，已经反映了客流流向有很大的变化，而与此相关的数据库背景资料透明度不大，或资讯的传递途径不畅，更新率也较差，公共交通行业囿于对这些背景资料的缺乏，在进行轨道交通与地面公交配套中难免捉襟见肘。

三、轨道交通站与出租车配套换乘

出租车是城市公共交通中较高层次的出行工具，随着改革开放的深入发展，出租车行业得到了较快的发展，以上海为例，全市拥有出租车超过 5 万辆，日均供车 100 余万车次，运送乘客 200 多万人次，以上海人口最新普查资料显示，全市 1670 万常住人口，每天有 13.2％乘坐出租车，占地面公交 1/3 之多。出租车能吸引这么多人乘坐，反映了时代进步，社会财富增加，人的消费观念也跟着转变，另一个重要的原因是出租车的服务方式迎合了现代人追求方便、迅速、舒适、门到门的出行要求。

长期以来，有关部门对于出租车在城市公共客运体系中作用的认识不足，致使在市政建设中、轨道交通规划中，出租车的候客站、扬招站配套严重滞后，导致乘客换乘极为不便。先期建造的轨道交通车站根本未考虑出租车的停靠问题，如本章第三节所述，轨道交通车站一般均设在交通繁忙、人流集中地段，由于事先未规划设计出租车停车区域，而轨道交通换乘乘客又需要在此换乘，造成出租车违章停车候客，堵塞交通。

在构筑城市交通一体化过程中，如何使出租车成为城市交通中有机的组成部分，应该充分引起各方面的重视。

根据上海交通研究部门在做上海轨道交通客流调查中，采用问卷调查方式得出上海轨道交通车站平均换乘出租车的换乘率大致为3%。根据车站所处位置不同，换乘率有所不同。

出租车上下客区域的选定是一个重要的服务质量问题，考虑出租车是以“门到门”为服务特点的交通工具，为体现以人为本、方便群众、为民服务的思想，根据我国城市道路具体情况，建议该区域应设置在轨道交通车站出口处附近，最远不超过50m。

四、轨道交通站与自行车寄放站和汽车停车场的配套

社会发展的规律是首先由农村向城市的转移，城市化、工业化达到一定程度，又开始逆向转移，从城市化区域转移到近郊，甚至远郊居民区，发达国家几乎家家都有小汽车，但是在纽约曼哈顿、巴黎和新加坡等城市市中心区域内，政府有意识限制小汽车通行，这些城市区域内公共交通的乘坐率极高，人们出行变成开小汽车到居住地附近的轨道交通（地铁、轻轨或通勤列车）车站，停车，然后换乘轨道交通列车进城，称为“P & R”(Park and Ride)，这些国家的停车场是必要的配套设施。

我国尚未达到这些国家的发达程度，但应该看到已开始有这方面的苗头，市中心区域交通拥堵，经济富裕的群体开始向近郊转移，这部分人是潜在的客源，但是我们在建设郊区轨道交通车站时根本未考虑停车场设置问题，而且也未有意识地留有将来发展的接口。这个问题值得思考和研究。

我国是自行车大国，一段时间以前自行车几乎成了家庭万能“自备车”，在道路布局中快车道两边设置慢车道的做法颇具有中国特色，自行车在解决城市交通的问题中发挥了极重要的作用，遗憾的是很少有人去研究如何更大地发挥自行车在交通中的作用，政府在解决城市交通的拥堵问题时也是以限制非机动车作为一项措施。即使这样，这种“门到门”的交通工具依然受到群众的欢迎和认可，社会保有量居高不下。旧城改造、动拆迁，城市居民大量迁往环线以外的地区，仅仅依靠自行车出行的传统做法变得不可能，中国式的“P & R”，即骑车到轨道交通站点，寄放自行车换乘轨道交通车辆进城，变成一种群众自创的出行方式。我国的北京西直门站、上海莘庄站等，站外都设有民间的大型自行车寄放站，给人一种规模宏大、杂乱无章、临时性的感觉。在早期投入使用的轨道交通车站中没有设置自行车寄放站，规划设计中也没有将此列入议程。以人为本、为民服务是我们的施政原则，如何为工薪阶层创造更好的乘车条件？在轨道交通车站的建设中，把自行车寄放站（见图6-53）考虑在车站的总体设计中就是其中一个很重要的措施。

图6-53 西直门地铁外自行车停车场

第五节　城市轨道交通车站文化

与其他建筑一样，城市轨道交通系统的车站建筑在满足其物质功能的同时，还对人的精神感受产生巨大的影响。具体地说，就是车站建筑在解决乘客上下车辆这一基本功能的同时，还应解决车站内外环境给人的心理感受的问题，处理好车站建筑内外空间与造型、形式与风格的问题。

一、城市轨道交通车站的建筑形式

处理城市轨道交通车站的建筑形式时，应始终是车站功能第一，在满足车站功能要求的基础上，处理好车站的建筑形式问题。

车站是城市建筑的组成部分，车站建筑必须与城市建筑和街道等相关部分协调，相辅相成。选择车站建筑形式要与城市环境有内在的联系，不同建筑形式由不同的特点、不同的魅力，同样的建筑形式，在一个地方可能是美的，但在另一个地方可能是不美的；在一个地方可能是得体和必要的部分，而在另一个地方则可能是牵强和多余的部分，图 6－54 的车站形式就十分符合周边环境的特色。

图 6－54　轨道交通车站建筑形式和周边环境相协调

二、城市轨道交通车站内部文化

随着城市的不断扩大，居民需要花费在出行上的时间越来越长。作为大城市公共交通运输系统中骨干地位的轨道交通系统是绝大多数居民首选的交通工具。但轨道交通车站往往受到各种资源和建设成本的限制，车站在满足实用功能的前提下，车站规模越小越好。车站有限的空间内如何让乘客不感到压抑？地下车站，完全靠人工采光，如何让乘客与现实社会相沟通？如何让人在地下空间中不感到乏味、单调？这是地下车站建设、运营管理中需要动脑筋的。越来越多的城市采用文化和艺术手法来装饰车站，如莫斯科地铁里的巨幅壁画、巴黎地铁里的文物和伦敦地铁里的现代艺术品等，车站已成为一个集交通、商业和艺术为一体的“地下世界”。

斯德哥尔摩地铁车站堪称世界最长的艺术画廊。斯德哥尔摩的地铁修建于 20 世纪 40 年代，当时人们构思着如何去装饰每个地铁站，后来决定让 100 多位艺术家分别用自己的风格和艺术构思来装点一个站台。于是今天人们能在100多个地铁站内可以欣赏到各种风格的绘画、壁画、雕塑以及各式各样的艺术表现手法，如图6－55、图6－56所示。

图6－55　斯德哥尔摩地铁车站内的雕塑

图6－56　斯德哥尔摩地铁车站内的壁画

我国的许多城市也意识到轨道交通车站除了通过商业广告来增加商业氛围之外，还能够通过艺术壁画、浮雕等形式来反映城市的文化特色和风土人情。例如上海轨道交通体育馆站的《生命的旋律》、人民广场站的《万国建筑博览》和火车站站的《车轮滚滚》等大型壁画，将一个钢筋水泥铸成的地下“宫殿”装饰得温馨典雅。又如南京轨道交通车站内的壁画展现了这座历史古城的文化风貌、城市建设和自然景观，构成了独具特色的“地铁艺术”风景线，吸引了南来北往的乘客，如图6－57、图6－58所示。

图6－57　鼓楼站的浮雕文化墙

图6－58　三山街站的年画风格文化墙

思　考　题

1. 城市轨道交通车站有哪些功能？
2. 按运营性质分类，城市轨道交通车站可以分为哪几类？
3. 岛式车站和侧式车站各有什么优缺点？
4. 轨道交通车站的平面建筑由哪几部分组成？
5. 城市轨道交通车站规模是如何设置的？

6. 城市轨道交通车站出入口平面有哪几种基本形式?
7. 简述轨道交通线路之间各换乘形式的优缺点。
8. 轨道交通车站与地面公交配套枢纽换乘的困难有哪些?
9. 如何做好轨道交通车站与出租车之间的换乘接驳?
10. 如何布置轨道交通车站配套的停车场?

【第三篇　车　辆】

第七章　轨 道 交 通 车 辆

第一节　轨道交通车辆导论

轨道交通车辆和汽车及其他的路上车辆结构和驱动原理有很大的不同。自行车的行驶轨迹是“自由”的、不受约束的；驱动的牙盘装在车架上；转弯是由车把手控制；两个轮子的轴是固定在车架上，而轮子和轴靠钢碗和钢珠组成的轴承连接。

汽车也有类似的情况：汽车的行驶轨迹是“自由”的、不受约束的；驱动的发动机装在底盘上；转弯是由方向盘控制转向轮；两个轮子的轴套是固定在底盘上。车厢则固定在底盘上。为了能转半径比较小的弯，汽车的前后桥间的轴距不会很大，即车厢一般均不太大，如果要加大轴距则必须加“铰接”，如铰接公共汽车或如图 7－1 所示的集装箱车。

火车的出现早于汽车，从美国早期的火车可以看出，它是由马车的车厢演化而来，车轴固定装在车厢底部，车轮绕轴转，轴距不大，车厢也较小。

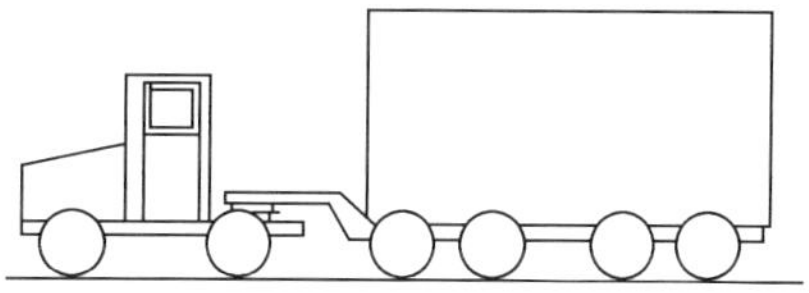

图 7－1　集装箱车示意图

一、转向架概念的加入

较长轴距的轨道交通车辆仅在直线轨道上行驶没有问题，但在曲线上就不容易处理了。由于是曲线轨道，外轨道比内轨道轨迹长，汽车前轮可以转一个角度，后轮则通过牙包差速器，外轮比内轮转动快；而火车的前后轴是平行的，如果两轮轴间距太大，则在小半径曲线轨道上，不可能让四个轮子都在钢轨上，而且要求外轮要比内轮转得快。鉴于此原因后来发展的轨道交通车辆就改换了一个和汽车结构不同的思路，引入了“转向架”的概念（见图 7－2）。

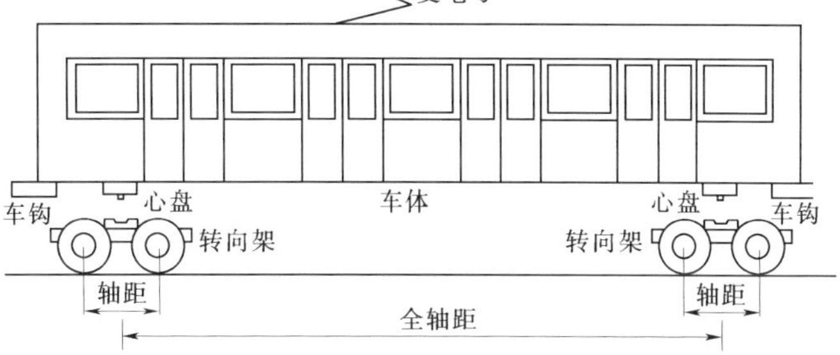

图 7－2　轨道交通车辆示意图

轨道交通车辆的行驶轨迹是“不自由”的、受约束的，在特定的轨道中行驶；驱动车辆的电动机装在转向架上，直接驱动车轴，车轴和车轮紧配合成一体（轮对）；特定的轨道不但承载而且提供了轨道交通车辆的导向，司机室内没有方向盘之类的转弯装置；轮对的轴承盒弹性固定在转向架上；车厢则通过心盘和转向架连接，互相之间可以在一定范围内转动。

二、城市轨道交通车辆的特殊要求

城市轨道车辆主要是指地铁车辆和轻轨车辆，它是城市轨道交通工程的最重要的设备，也是技术含量较高的机电设备。城市轨道车辆应具有先进性、可靠性和实用性，应满足容量大、安全、快速、舒适、美观和节能的要求（见图 7-3～图 7-5）。

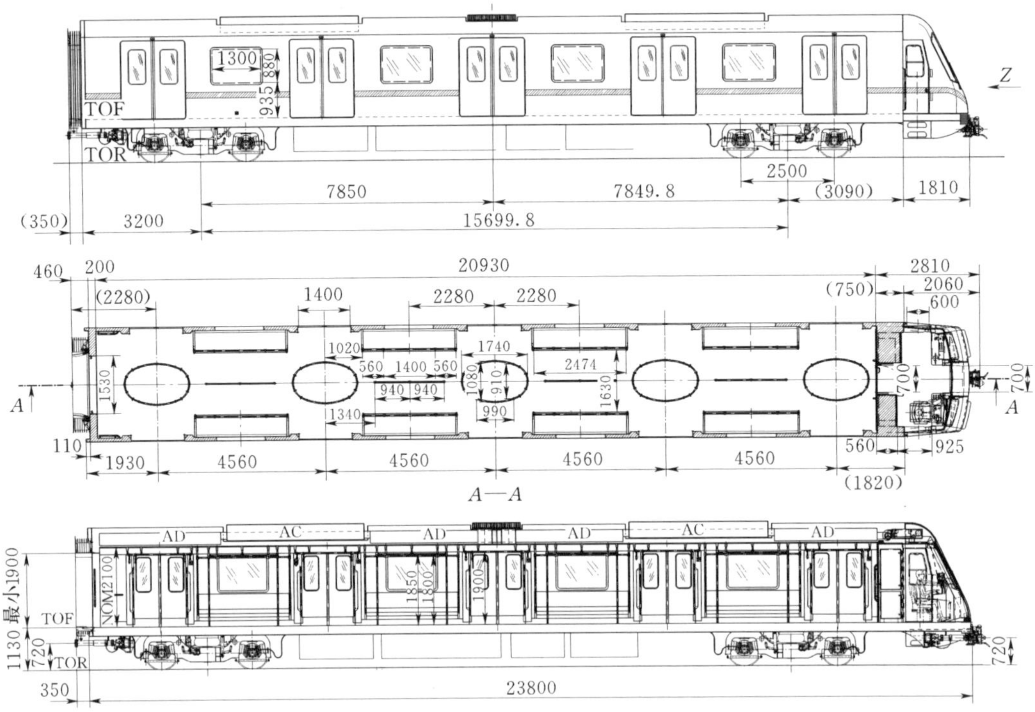

图 7-3 上海地铁 M1 线 A 型车

城市轨道交通车辆作为城市公共交通工具，主要在市内和市郊运行。它的运行条件与干线铁道车辆有种种不同：车辆要在地下隧道、高架和地面轨道运行，站距短，线路曲线半径小，坡度大；客流量大而集中，乘客上下车频繁，高峰时会超载。

作为公共交通，应尽量缩短乘客的乘坐时间，由于站距短，要提高最高运行速度是困难的，所以车辆一般有较高的起动加速度和制动减速度，以达到起动快，停车制动距离短，提高车辆平均速度的目的。

车辆的设计应遵循减少能耗、减少发热设备的原则，用以降低隧道内温度升高；为此要尽量减轻自重，选择效率高的传动系统。

由于运转密度较高，为确保安全行车，地下铁道的通信信号比较复杂，所以车载通信信号设备及车辆的控制系统，应有良好的适应能力。

随着生活水平的提高，人们对乘坐舒适性的要求也越来越高，所以车辆的悬挂系统比大铁路要求高，不少地下铁道车辆的车厢内除采用机械式通风换气来改善车内空气品质

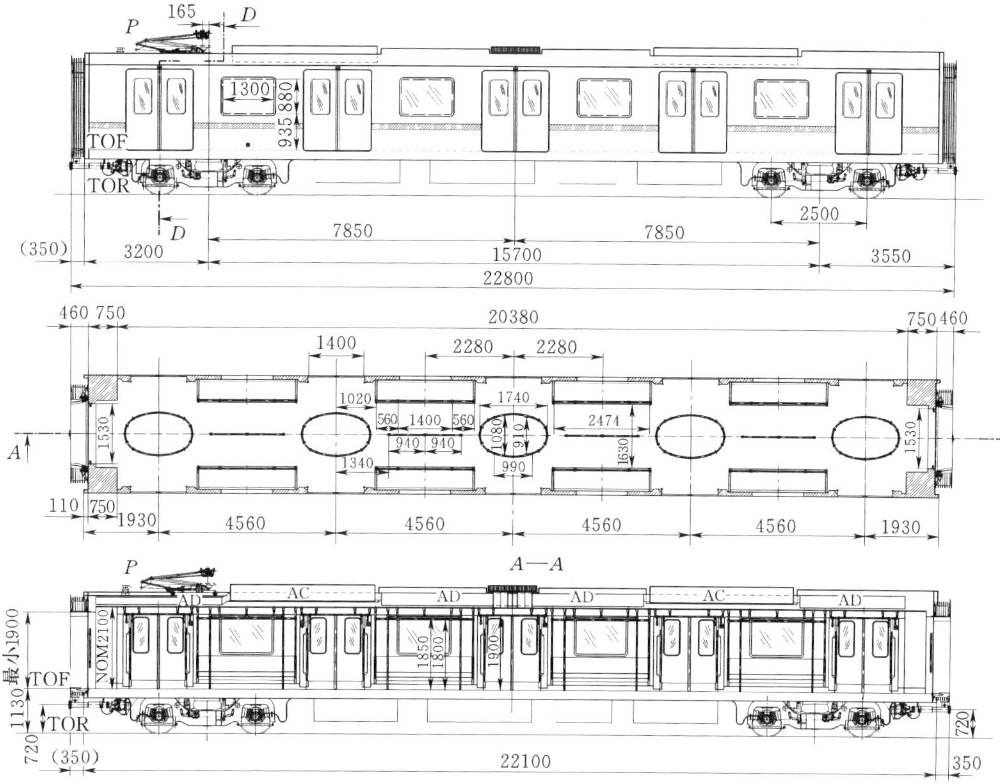

图 7-4 上海地铁 M1 线 B 型车

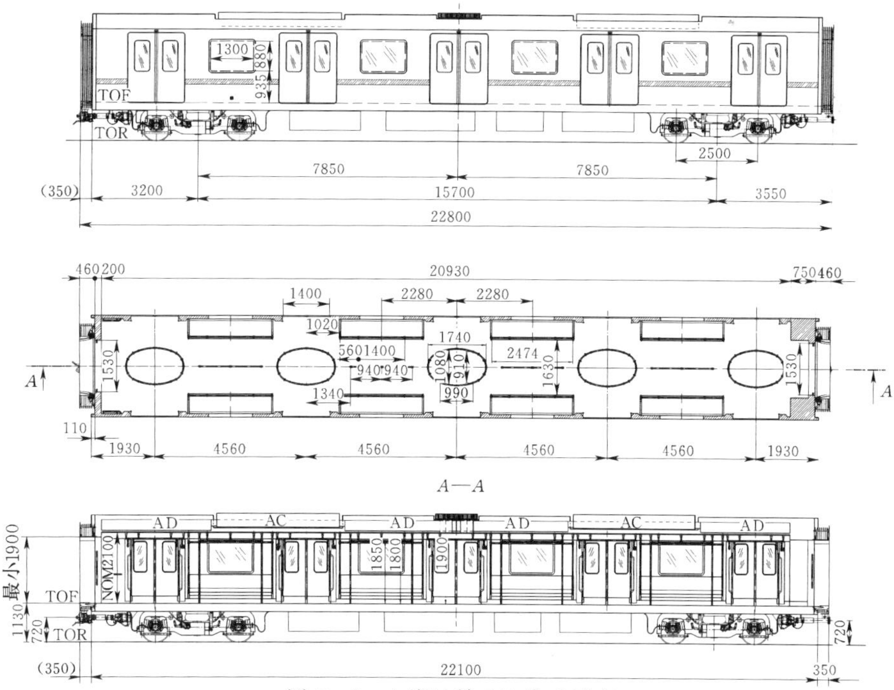

图 7-5 上海地铁 M1 线 C 型车

外，还增设空气调节装置，千方百计提高乘坐舒适性，并改善司机的工作条件。同时，在降低车厢内来自轮轨系统和动力系统的噪声上也采取多种有效的措施。

第二节　城市轨道交通车辆的组成

地铁车辆有动车和拖车、带司机室车和不带司机室车等多种形式，例如上海地铁有带司机室拖车（A 型）、无司机室带受电弓的动车（B 型）和无司机室不带受电弓的动车（C 型）3 种车型。当采用 6 节编组时（见图 7－6），其排列为：A—B—C—C—B—A；当采用 8 节编组时，其排列为：A—B—C—B—C—B—C—A；这样就能保证所编列车首尾两节车（全列车首尾两端）均带有司机室，中间各节车之间均为贯通，方便乘客沿全列车随意走动，使乘客在全列车中均匀分布，也有利于在列车发生意外事故时让乘客有秩序地沿此通道经司机室前端安全门撤离。北京地铁按全动车设计，两车为一单元，使用时按 2、4、6 辆编挂组成列车组。

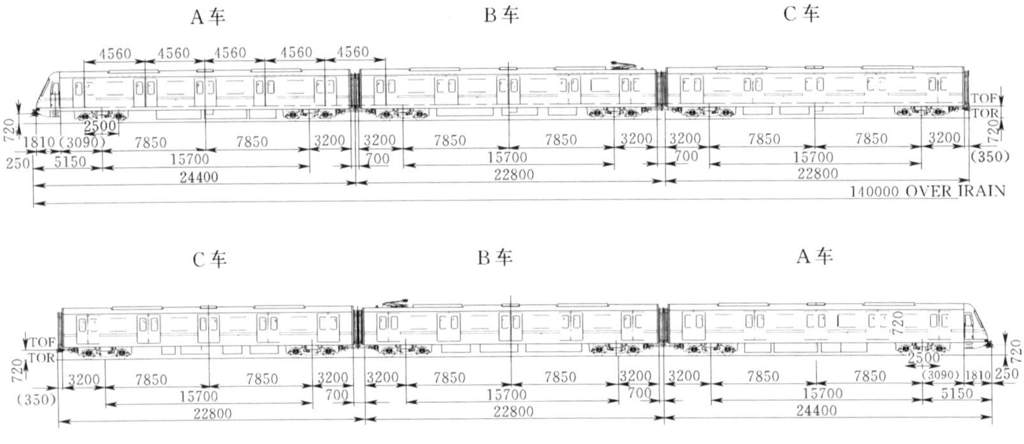

图 7－6　上海地铁 M1 线列车编组（6 节）

我国推荐的轻轨电动车辆有 3 种形式：4 轴动车、6 轴单铰接式和 8 轴双铰接式车。

一般城市轨道交通车辆可分为以下 7 部分。

一、车体

车体分有司机室车体和无司机室车体两种。它是容纳乘客和司机驾驶（对于有司机室的车辆）的地方，又是安装与连接其他设备和部件的基础。近代城市轨道车辆车体均采用整体承载的钢结构或轻金属结构，以达到在最轻的自重下满足强度的要求，一般包括底架、端墙、侧墙及车顶等。

城市轨道交通车辆的车体与一般铁路客车有许多相同之处，但由于其特殊的用途，又有其特有的特征：

（1）一般为电动车组，有单节、双节和 3 节式等，有头车（即带有司机室的车辆）和中间车，以及动车与拖车之分。

（2）由于服务于市内公共交通，在车内的平面布置上有其特征，例如座位少，车门多且开度大，内部服务于乘客的设备较简单等。

(3) 重量的限制较为严格，特别是高架轻轨车和独轨车，要求轴重小，以降低线路的工程投资。

(4) 为使车体轻量化，对于车体承载结构一般采用大型中空截面挤压铝型材，或高强度复合材料，或不锈钢，构成整体承载筒形结构，对车体其他辅助设施尽量采用轻型化材料。

(5) 对车体的防火要求严格，特别是运行于地下隧道的地铁车辆，一旦发生火灾后果不堪设想。在车体的结构及选材上采用防火设计和阻燃处理。

(6) 对车辆的隔声和减噪有严格要求，以最大限度地降低噪声对乘客和沿线居民的影响。

(7) 由于用于市内交通，对车辆的外观造型和色彩都有美化和与城市景观相协调的要求。

一般车体承载结构的重量约占车辆自重的 20%～25%，传统的铁路客车车体均采用由普通碳素钢制成的有众多纵、横型材构成的骨架和外包板结构，形成一个筒形薄壳整体承载结构（见图 7－7），一般自重达 10～13t。普通碳素钢车体使用中腐蚀十分严重，增加了维修的工作量和开支。为了提高车体的耐腐蚀性，延长车体的使用寿命，现在推广应用含铜或含镍铬等合金元素的耐腐蚀的低合金钢材料，可使车体钢结构自重减轻 10%～15%。

采用半不锈钢（包板为不锈钢，骨架为普通碳素钢）或全不锈钢车体，免除了车体内壁涂覆防腐涂料和表面油漆，在保证强度、刚度的前提下，板厚可减小，从而达到车体薄壁化、轻量化，简化了工艺，减轻了重量，同时也提高了使用寿命。一般不锈钢车体自重比普通碳素钢可减轻 1～2t。

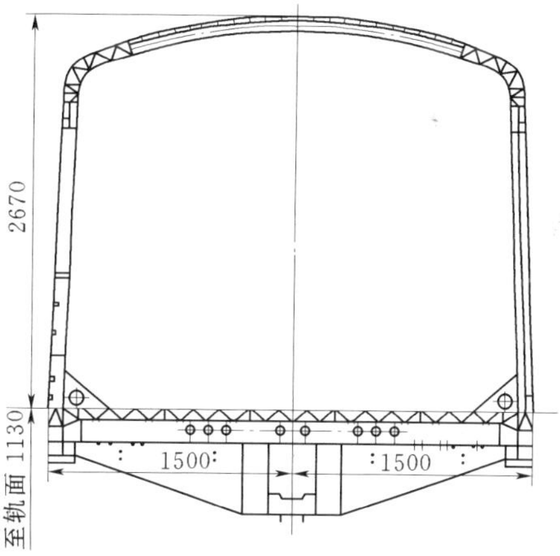

图 7－7 钢制车体

为了进一步实现车体轻量化，德、日、英等国在近代高速列车、地铁车、轻轨车和近郊客车上采用铝合金车体。由于铝合金的比重仅为钢的 1/3，而弹性模量也为钢的 1/3，为了充分发挥材料的承载能力，铝制和钢制车体在结构形式上有很大的差异。在铝制车体结构设计中，车体主要承载构件一般采用大型中空截面挤压铝型材，以提高构件的刚度，充分发挥材料的承载能力，达到最大限度地减轻车体自重。全车的底架、侧墙和车顶均采用大型中空截面的挤压铝型材拼焊而成，比之钢制车体焊接工作量减少 40%，制造工艺大为简化，重量可减轻 3～5t。可保证车体承载结构在使用期内（25～30 年）不维修或少维修。

车底架由地板梁、侧梁、枕梁、横梁和牵引梁组成，5 块宽度为 520mm、高度为 70mm 与车体等长的地板梁通过两侧的接口拼焊成车地板，每根地板梁由上下翼板、腹板和6块筋板组成中空截面挤压铝型材，各板厚度仅2.5mm。底架侧梁为宽度200mm、高度324mm与车体等长的薄壁中空截面挤压铝型材，壁厚4～6mm。A车底架的前端设有撞击能量耗散区，其上开有3排椭圆孔，当车辆受到意外撞击时，它能产生较大的塑性变形，从而吸收纵向冲击能量，起到保护乘客和车辆的作用。底架的两端还设有牵引梁和横向承梁，用来安装车钩牵引缓冲装置和传递车辆间的牵引力和冲击力。

车体的侧墙，由于左右各有5扇车门和4个车窗，侧墙被分割成6块带窗框、窗下间壁及左右窗间壁或门间壁的分部件，全车共12块，在组装时分别各自与底架、车顶拼接，各块分部件亦为整体的挤压铝型材。

车顶两侧小圆弧部分采用形状复杂的中空截面挤压铝型材，中部大圆弧部分为带有纵向加强杆件的挤压成型的车顶板，其长度与车顶等长，车顶组装时仅留下几条与车顶等长的纵向长焊缝。

图7－8为上海地铁车辆铝合金车体断面，它由底架、侧墙、车顶、端墙等组成整体承载的。图7－9为上海地铁车辆铝合金车体外壳。

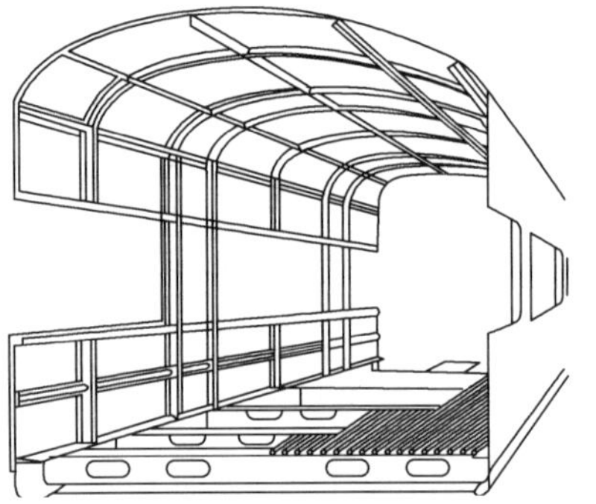

图7－8 上海地铁车辆铝合金车体断面

二、转向架

转向架是城市轨道交通车辆的走行部分，它装置于车体与轨道之间，用来牵引和引导车辆沿着轨道行驶和承受与传递来自车体及线路的各种载荷并缓和其动力作用，它是保证车辆运行品质的关键部件。转向架一般由构架、弹簧悬挂装置、轮对轴箱装置和制动装置等组成。对于动力转向架还装设有牵引电机及传动装置。

车体和转向架之间的连接部位在心盘，车体心盘和转向架心盘之间可以相互有一定的转动。

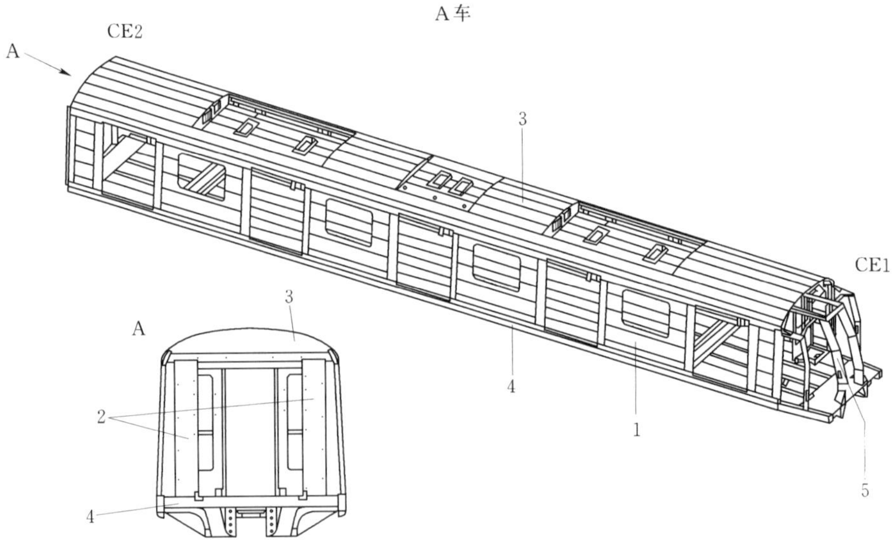

图7－9 车体外壳（以A车为例）

1—侧墙；2—端墙；3—车顶；4—底架；5—车前保护装置

三、牵引缓冲连接装置

车辆编组成列运行必须借助于连接装置，即所谓车钩（见图 7-10～图 7-13）。为了改善列车纵向平稳性，一般在车钩的后部装设缓冲装置，以缓和列车冲动。另外还必须有连接车辆之间的电气和空气的管路，图 7-10 和图 7-11 所示的密接式车钩缓冲装置是上海地铁 M1 线地铁车辆的牵引缓冲装置。

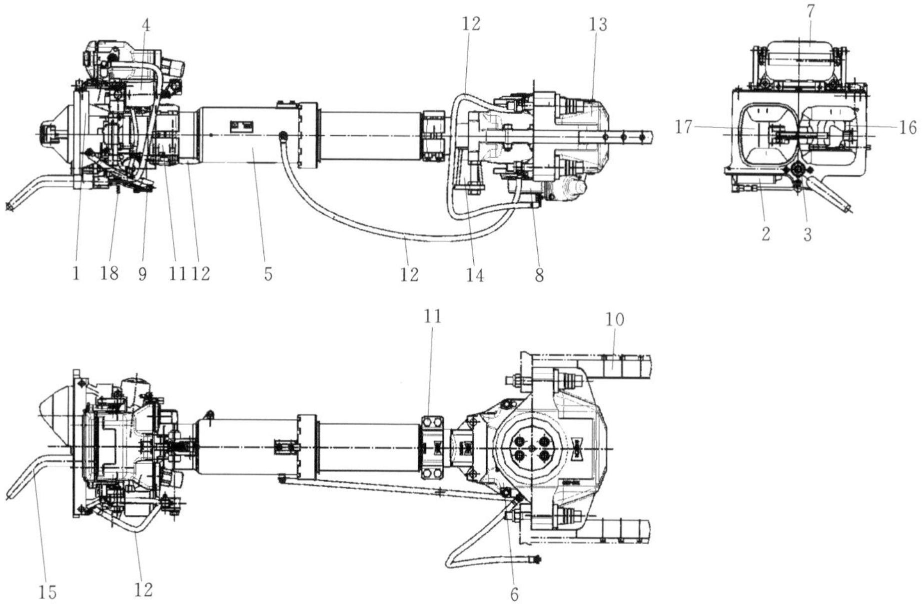

图 7-10　自动车钩的设计

1—车钩头；2—摘钩气缸；3—空气管连接；4—电气头操作装置；5—车钩柄；6—橡胶缓冲器；7—电气头；8—定心装置；9—附件；10—超载防护装置；11—套筒连接；12—接地电线；13—轴承支架；14—支撑弹簧；15—导向角；16—阴锥面；17—阳锥面；18—球阀

四、制动装置

制动装置是保证列车安全运行所必不可少的装置。不仅在动车上设制动装置，而且在拖车上也要设制动装置，这样才能使运行中的车辆按需要减速或在规定的距离内停车。城市轨道车辆制动装置除常规的空气制动装置外，还有再生制动、电阻制动和磁轨制动等。

五、受流装置

从接触导线（接触网）或导电轨（第 3 轨）将电流引入动车的装置称为受流装置或受流器。

受流装置按其受流方式可分为以下 5 种形式：

（1）杆形受流器。外形为两根平行杆，上部有两个受电轨（导线），广泛用于城市无轨电车。

（2）弓形受流器。形状如弓，属上部受流，弓可升可降，其接触有一根导线，下面有导轨构成电路，用于城市有轨电车。

（3）侧面受流器。在车顶的侧面受流，又称为“旁弓”，多用于矿山装货物的电力机车上。

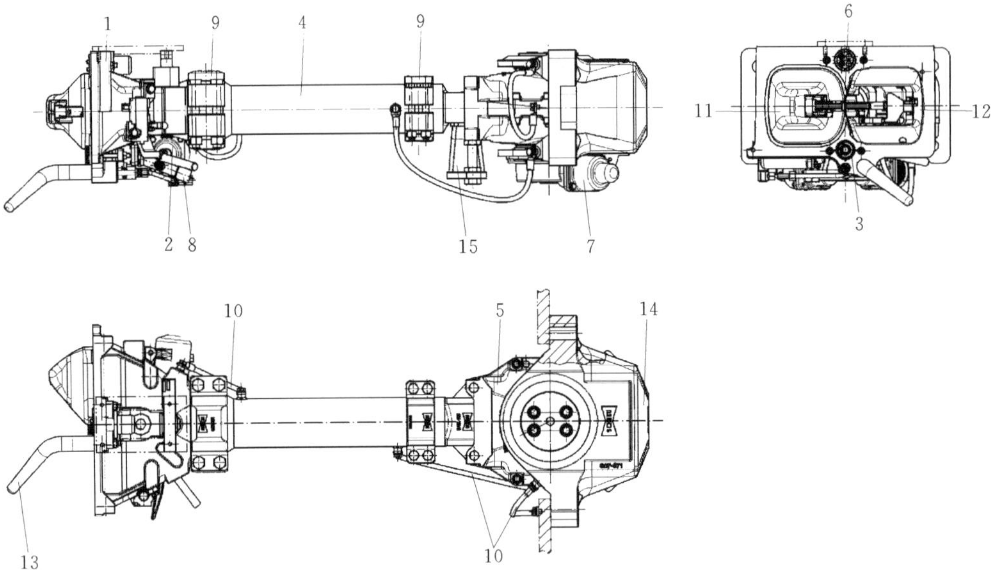

图 7-11　半自动车钩图

1—车钩头；2—解钩气缸；3—空管接头；4—钩体；5—橡胶缓冲器牵引装置；6—电气接头；7—对中设备；8—附件；9—连轴接头；10—接地线；11—外锥面；12—内锥面；13—导向角；14—轴承支座；15—支撑弹簧

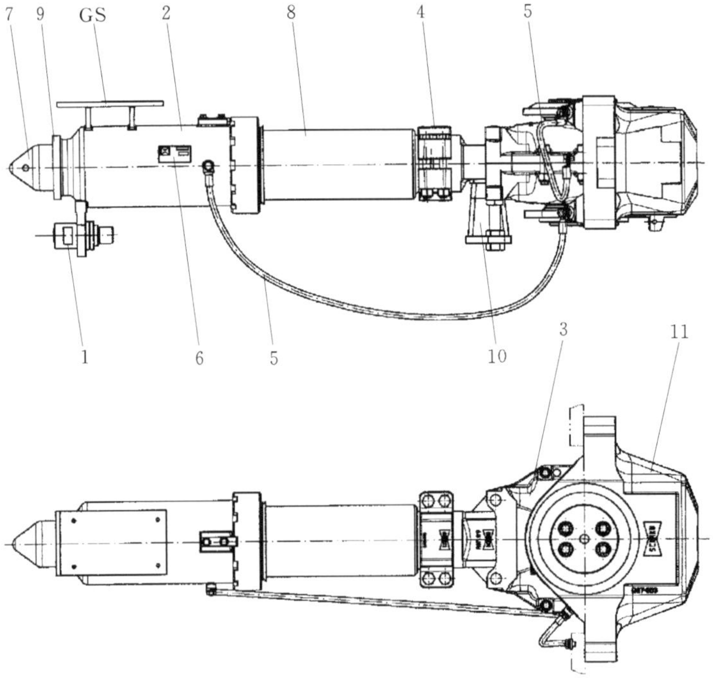

图 7-12　半永久车钩 A 部分

1—空气管连接；2—车钩柄；3—橡胶缓冲器；4—套筒连接；5—接地线；6—铭牌；7—定心圆锥；8—缓冲器；9—套筒连接的套管；10—支撑弹簧；11—轴承支架；GS—通道支撑

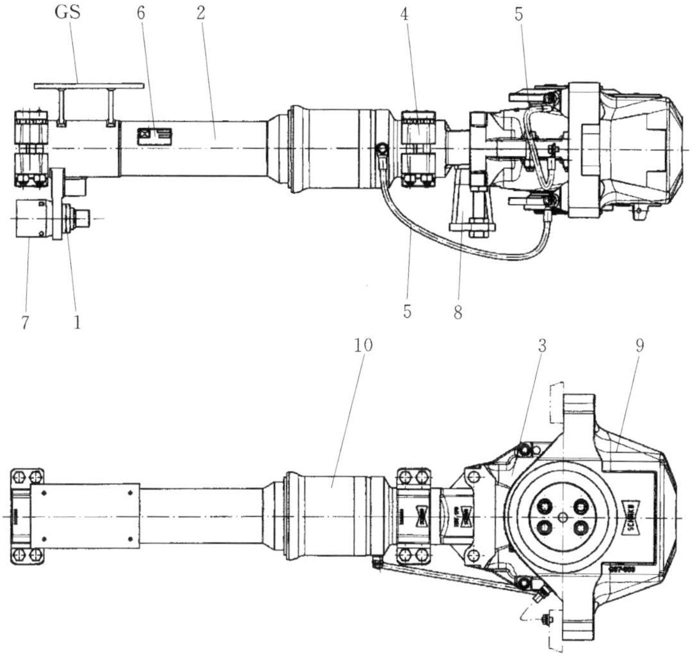

图 7-13 半永久车钩 B 部分

1—空气管连接；2—车钩柄；3—橡胶缓冲器缓冲装置；4—套筒连接；
5—接地线；6—铭牌；7—定心套；8—支撑弹簧；9—托座；
10—软管；GS—贯通道支撑

(4) 轨道式受流器。从底部导电轨受流，又称为第 3 轨受流，空间可得到充分利用，多用于速度较高的隧道列车运行。北京地铁及目前欧美大部分城市地铁均采用这种受流方式。

(5) 受电弓受流器。属上部受流，形状如弓可升可降，适用于列车速度较高的干线电力机车上。上海地铁亦采用这种方式。

在受电制式上，目前世界上地铁发展较早的城市大都采用直流 750V，个别有采用 600V 的。北京地铁为直流 750V。上海地铁采用直流 1500V，它与直流 750V 相比具有以下优点：可提高牵引电网供电质量，降低迷流数值，增加牵引供电距离，从而可减少牵引变电所数量；便于地铁线路实现地下、地面和高架的联动，图 7-14 为 4 种受电弓的结构。

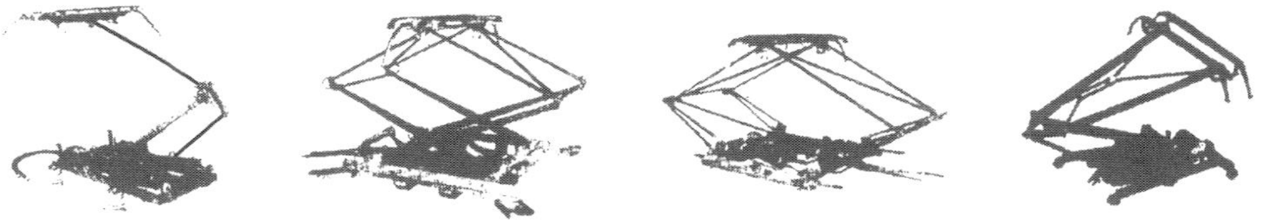

(a) (b) (c) (d)

图 7-14 受电弓的结构

(a) 单臂弓；(b) 菱形双壁弓；(c) 交叉形双臂弓；(d) Z 形双臂弓

六、车辆内部设备

车辆内部设备包括服务于乘客的车体内的固定附属装置和服务于车辆运行的设备装置。属于前者的有：车电、通风、取暖、空调、坐椅和拉手等。服务于车辆运行的设备装置大多吊挂于车底架，如蓄电池箱、继电器箱、主控制箱、电动空气压缩机组、总风缸、电源变压器、各种电气开关和接触器箱等。

七、车辆电气系统

车辆电气包括车辆上的各种电气设备及其控制电路。按其作用和功能可分为主电路系统、辅助电路系统和电子与控制电路系统 3 个部分。

第三节　城市轨道车辆的主要技术参数

车辆技术参数是概括地介绍车辆技术规格的某些指标，是从总体上表征车辆性能及结构的一些参数，一般分为性能参数与主要尺寸两大类。

一、车辆性能参数

（1）自重、载重及容积。自重为车辆本身的全部质量，载重即车辆允许的正常最大装载质量；均以 t 为单位，容积以 m^3 为单位。

（2）构造速度。指车辆设计时，按安全及结构强度等条件所允许的车辆最高行驶速度。车辆实际运行速度一般不允许超过构造速度。

（3）轴重。指按车轴形式及在某个运行速度范围内该轴允许负担的并包括轮对自身在内的最大总质量。轴重的选择与线路、桥梁及车辆走行部的设计标准有关。

（4）每延米轨道载重。是车辆设计中与桥梁、线路强度密切相关的一个指标，同时又是能否充分利用站线长度、提高运输能力的一个指标，其数值是车辆总质量与车辆全长之比。城市轨道车辆该参数按设计任务书规定。

（5）通过最小曲线半径。指配用某种形式转向架的车辆在站场或厂、段内调车时所能安全通过的最小曲线半径。当车辆在此曲线区段上行驶时不得出现脱轨、倾覆等危及行车安全的事故，也不允许转向架与车体底架或与车下其他悬挂物相碰。

（6）轴配置或轴列数。例如 4 轴动车，设两台动力转向架，则轴配置记为 B—B。6 轴单铰轻轨车，两端为动力转向架，中间为非动力铰接转向架，其轴配置记为 B—2—B。

（7）最大起动加速度、平均起动加速度和最大制动减速度。

（8）每吨自重功率指标，一般为 10～15kW/t。

（9）供电电压、最大网电流和牵引电机功率。

（10）制动形式。包括摩擦制动、再生制动、电阻制动以及磁轨制动等多种形式。

（11）座席数及每平方米地板面积站立人数。

二、车辆的主要尺寸

车辆的主要尺寸除车辆全长、车辆定距及转向架固定轴距外，尚包括以下几项内容：

（1）车辆最大宽度、最大高度。车辆最大宽度指车体最宽部分的尺寸，车辆最大高度指车辆顶部最高点离钢轨水平面之间的距离。这两个尺寸均需符合车辆限界的要求。

（2）车体长、宽、高。车体长、宽、高又有车体外部与内部之别，但车体内部的长、宽、高必须满足货物装载或旅客乘坐等要求。

(3) 车钩中心线距轨面高度（简称为车钩高）。它是指车钩钩舌外侧面的中心线至轨面的高度。列车中机车与各车辆的车钩高基本一致，是保证正常传递牵引力及列车运行时不会发生脱钩事故所必需的。我国铁路规定新造或修竣后的空车标准车钩高为 880mm；其他国家由各自的历史条件决定了其使用的车钩高，如前苏联及欧洲各国的车钩高（或盘形缓冲器的中心线高）定为 1060mm。城市轨道车辆的车钩高无统一的标准，上海地铁车辆定为 720mm，北京地铁车辆为 670mm。

(4) 地板面高度。地板面距轨面的高度与车钩高一样，均指新造或修竣后空车的数值。它将受到两方面的制约：一方面是车辆本身某些结构高度的限制，例如车钩高及转向架下心盘面的高度；另一方面又与站台高度的标准有关，例如上海地铁车辆地板面高为 1.13m，北京地铁车辆为 1.053m。

(5) 车辆定距：车辆两相邻转向架中心之间距离。

以我国推荐的几种轻轨车辆为例，其主要技术规格列于表 7-1。

表 7-1　　轻轨车辆主要技术规格

序号	项目名称	单位	4 轴车	6 轴样车	6 轴车	8 轴车
1	两车钩连接面高度	mm	198000	22200	23800	29700
2	车体长度	mm	18900	21300	22900	29700
3	车辆宽度	mm	2600	2600	2600	2600
4	车辆高度（轨面至顶部）	mm	3250	3250	3250	3250
	车辆高度（轨面至设备顶部）	mm	3700	3700	3700	3700
5	车内高度	mm	2150	2150	2150	2150
6	地板面高度	mm	900～950	950	900～950	900～950
7	车辆定距	mm	11000	6700～6700	7500～7500	6700～7500～6700
8	固定轴距（动/拖）	mm	1900/—	1900/1800	1900/1800	1900/1800
9	轴列式	mm	B—B	B—2—B	B—2—B	B—2—2—B
10	第一级踏步距轨面高度	mm		650		
11	受电弓工作高度	mm	3900～5600	3900～5600	3900～5600	3900～5600
12	受电弓落弓高度	mm	3700	3700	3700	3700
13	每侧车门数	个	4	4	4	4
14	客室车门宽度	mm	1300	1100	1300	1300
15	客室车门高度	mm	1900	1900	1900	1900
16	定员	人	190～210	202～224	235～255	300～320
17	座席占用面积指标	m^2/人	0.3	0.3	0.3	0.3
18	站立人员面积指标（定员）	人/m^2	6	6	6	6
	站立人员面积指标（超员）	人/m^2	9	9	9	9
19	构造速度	km/h	80	70	80	80

续表

序号	项目名称	单位	4轴车	6轴样车	6轴车	8轴车
20	最高运营速度	km/h	70	60	70	70
21	启动平均加速度	m/s^2	1.2	>1	1.1	0.9
22	常用制动平均减速度	m/s^2	1.2	>1.2	1.2	1.2
23	紧急制动平均减速度	m/s^2	2	>2	2	2
24	每延米车长自重指标	t	1.4～1.55	约1.6	1.4～1.55	1.4～1.55
25	车辆每吨自重功率指标	kW/t	约12	约9	约11	约10
26	噪声指标（车内）	dB（A）	65～70	—	65～70	65～70
	噪声指标（车外）	dB（A）	75～82	82	75～82	75～82

第四节 转 向 架

转向架是支承车体并担负车辆沿着轨道走行的支承走行装置。为了便于通过曲线，在车体和转向架之间设有心盘或回转轴，转向架可以绕一中心轴相对车体转动。为了改善车辆的运行品质和满足运行要求，在转向架上设有弹簧减振装置和制动装置。对于动车，转向架上还装有牵引电机和减速机构，以驱动车辆运行，这种转向架称为动力转向架。

转向架是车辆最重要的组成部件之一，它的结构是否合理直接影响到车辆的运行品质、动力性能和行车安全。

铁路运输发展的初期，世界各国大多采用将轮对直接安装于车体下面的二轴车结构。由于要通过小半径曲线，二轴车的轴距不能太大；此外，车辆载重、长度和容积均受到限制。把两个或多个轮对用专门的构架（或侧架）连接，组成一个小车，则称为转向架，车体坐落在两转向架上。由于这种转向架结构具有许多明显的优点，现代大多数轨道车辆的走行装置都采用转向架的结构形式。

转向架的作用及要求如下：

（1）采用转向架可增加车辆的载重、长度和容积。

（2）转向架相对车体可自由回转，使较长的车辆能自由通过小半径曲线，减少运行阻力与噪声，提高运行速度。

（3）便于安装弹簧减振装置，保证车辆具有良好的动力性能和运行品质。另外，有转向架车辆在通过两轨头高低不平处时，车体支承点的垂直移动量仅为二轴车轮对支点的一半，从而提高了运行的平稳性。

（4）支承车体，承受并传递从车体至轮轨的各种载荷及作用力，使各轴重均匀分配。

（5）便于安装制动装置，传递制动力，满足运行要求。

（6）便于在转向架上安装牵引电机及减速装置，驱动轮对（或车轮）使车辆沿着轨道运行。

（7）转向架为车辆的一个独立部件，便于转向架的互换、制造和维修。

图 7－15 为我国自行研制的北京地铁DKS型地下铁道客车转向架。图 7－16 为上海地铁车辆转向架之一，该转向架是由德国Duewag公司制造的无摇枕空气弹簧转向架，它采用由二系悬挂装置（一系人字形橡胶弹簧和二系空气弹簧）、液压减振器、抗侧滚扭杆和横向橡胶缓冲挡组成的减振装置；车体和转向架构架通过中心座和中心销相互连接，彼此可相对回转；在构架横梁下面装有牵引拉杆，共两根呈对角配置，牵引拉杆的两端嵌有橡胶件，一端与中心座相连接，另一端安装在构架上，用来传递车体与转向架之

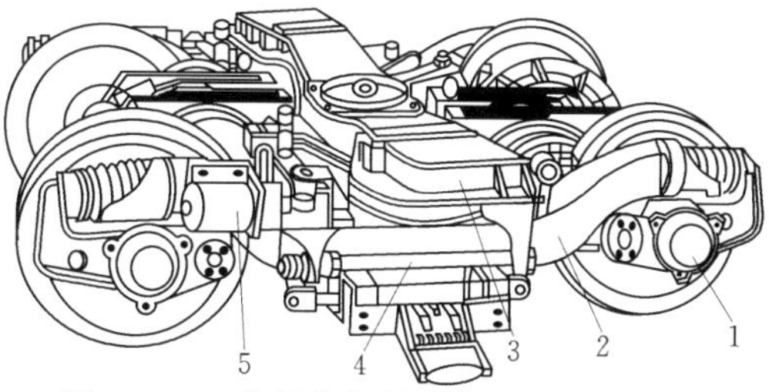

图 7－15 我国自行研制的北京地铁DKS型地下铁道客车转向架

1—轮对轴箱弹簧装置；2—构架；3—摇枕弹簧装置；4—纵向拉杆；5—基础制动装置

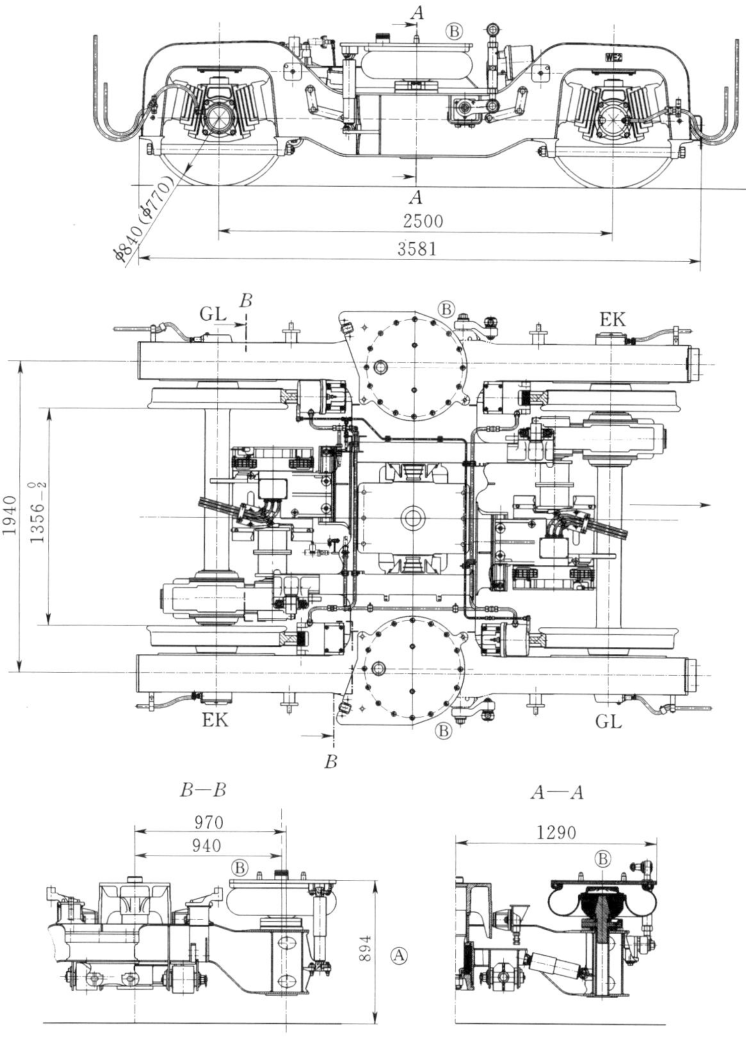

图 7－16 上海地铁采用的动力转向架之一

间的纵向力。

每辆车装有两台转向架，对于动车装设动力转向架，拖车装设非动力转向架，两者的区别在于动力转向架上装有 2 台牵引电机和减速装置。

由于车辆的用途、运用条件与要求的不同，所采用的转向架结构各异，类型很多，但它们的基本组成部分和主要功能是相同的。图 7－17 为几种典型的城市轨道交通车辆转向架。

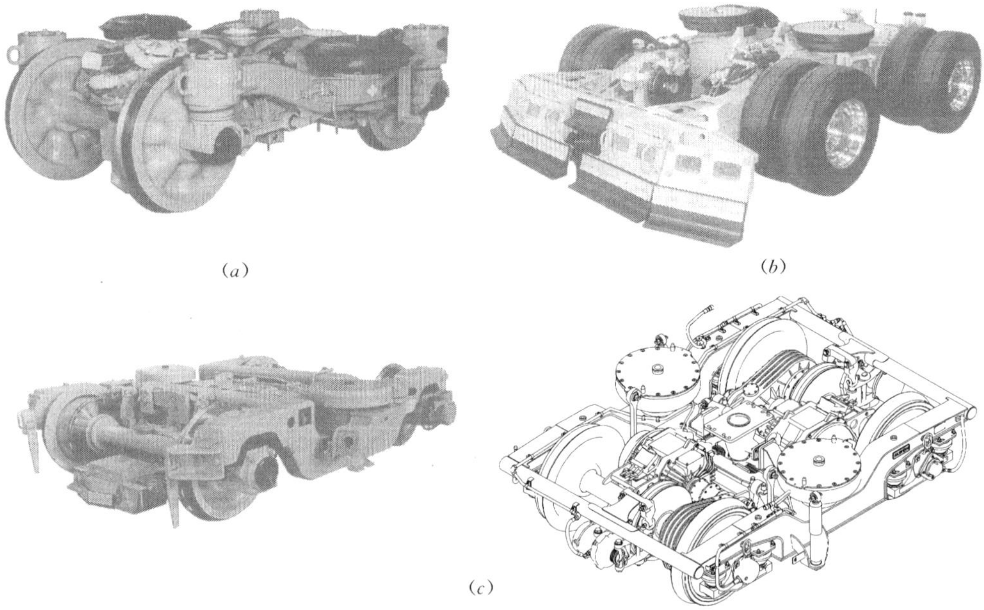

图 7－17　几种典型的城轨车辆转向架

(a) 无摇枕转向架；(b) 使用橡胶轮胎的转向架；(c) 线性电机转向架

城市轨道交通车辆转向架一般由以下部分组成。

一、轮对

轮对是由一根车轴和两个相同的车轮采用过盈配合使之牢固地结合在一起，是组成转向架的重要部件之一。如图 7－18 所示。

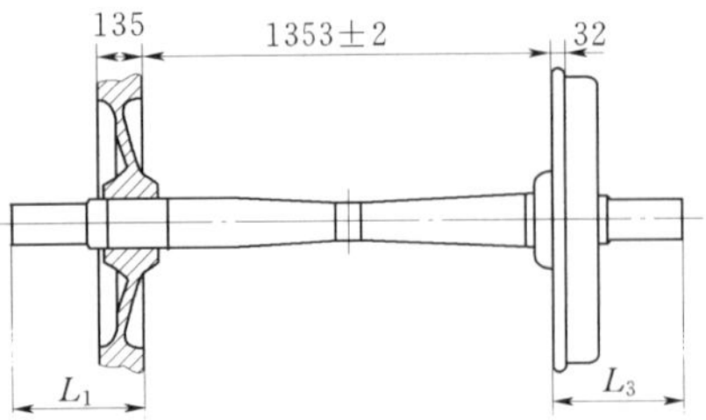

图 7－18　轮对

轮对承担车辆全部载荷，引导车辆沿着钢轨高速运行，同时还承受着从车体、钢轨传来的各种力的作用。因此，轮对应具有足够的强度，以保证在允许的最高速度和最大载荷下安全运行；应在强度足够和保证一定使用寿命前提下，使其重量最小，并具一定的弹性，以减少轮轨之间的作用力和磨耗。

轮对在正常状态线路上运行时，轮缘的内侧距是影响运行安全的重要因素。轮缘内侧距有严格的规定：一般铁路标准轮对，内侧距为 1353±3mm；我国地铁车辆轮对，内侧距为 1353±2mm。轮缘内侧距应保证在任何线路上运行时轮缘与钢轨之间有一定的游间，以减少轮缘与钢轨的磨耗；应保证在最不利情况下，轮对踏面在钢轨上仍有足够的安全搭接量，不致造成脱轨；应保证安全通过道岔。

上海地铁车辆的轮对由整体辗钢轮和车轴压装而成。车轮轮径为840mm，采用磨耗形踏面，允许车轮磨耗最小直径为770mm。

二、轮对轴箱装置

轴箱装置的作用是，将轮对和构架（或侧架）联系在一起，使轮对沿钢轨的滚动转化为车体沿线路的平动，并把车辆的重量以及各种载荷传递给轮对，保证良好的润滑性能，减少磨耗，降低运行阻力，防止燃轴。

轴箱装置接轴承工作特性分为滚动轴承轴箱和滑动轴承轴箱装置。我国轨道交通已基本实现滚动轴承化，这是实现轨道交通车辆技术装备现代化的重要标志。采用滚动轴承后，显著降低了车辆的起动阻力和运行阻力，改善了车辆走行部分的工作条件，减少了燃轴的惯性事故，减轻了维护和检修工作，降低了运营成本。

由于轨道交通车辆的允许轴重比较大（一般10～25t），在运用中承受着变化的静、动载荷的作用。因此，要求轴承的承载能力大、强度高、耐振、耐冲击、寿命长等。一般轨道交通车辆用滚动轴承均设计成非标准系列，按滚动体形状可分为：圆柱滚动轴承、圆锥滚动轴承和球面滚动轴承。例如，我国北京地铁（DK3）和铁路客车均采用圆柱滚动轴承。

上海地铁车辆采用SKF双排单列圆柱滚珠轴承。轴箱为铝制品，其作用为连接轮对与转向架构架，传递和承受车体和钢轨传来的垂直和侧向载荷。在轴箱盖上还有速度传感器和接地装置。如图7－19和图7－20所示。

三、弹性悬挂装置

为减少线路不平顺和轮对运动对车体各种动态的影响，转向架在轮对与构架或构架与车体（摇枕）之间设有弹性悬挂装置。前者称为轴箱悬挂装置，后者称为摇枕（或中央）悬挂装置，也可称为一系悬挂装置和二系悬挂装置。弹性悬挂装置包括弹簧、减振、定位装置。

（一）一系弹簧悬挂

在车体与轮对之间，只设有一系弹簧减振装置，如图7－21（*a*）所示。它可以设在车体与构架之间，也可以设在构架与轮对之间。

（二）两系弹簧悬挂

在车体与轮对之间设有两系弹簧减振装置，即在车体与构架间设摇枕弹簧装置，在构架与轮对间设轴箱弹簧减振装置，两者相互串联，使车体的振动经历两次弹簧减振的衰减，如图7－21（*b*）所示。

一系弹簧的实例如图7－22所示。

上海地铁车辆的弹簧减振装置包括一系悬挂［人字形多层橡胶弹簧，见图7－22（*b*）］，以及二系悬挂（空气弹簧、垂向液压减振器、横向液压减振器、抗侧滚扭杆和横向橡胶缓冲挡）。

人字形多层橡胶弹簧装设在构架与轮对轴箱之间，它是由多层的橡胶片和钢板经硫化

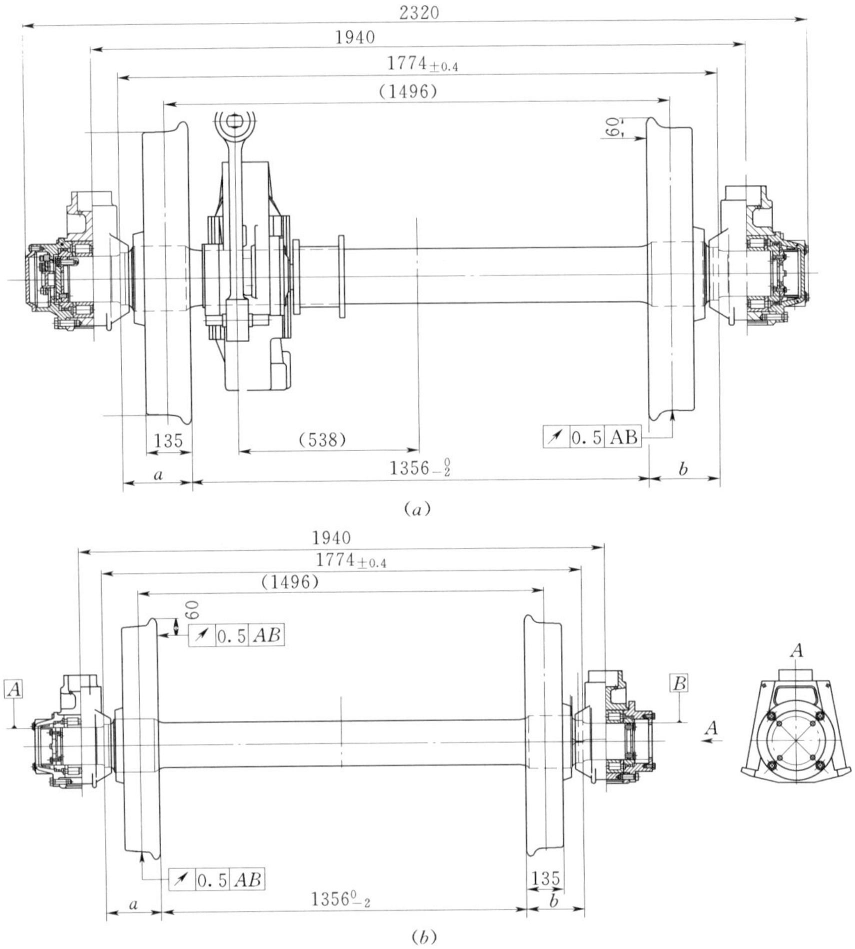

图 7-19　轮对-轴箱总成

(a) 驱动轮对；(b) 被动轮对

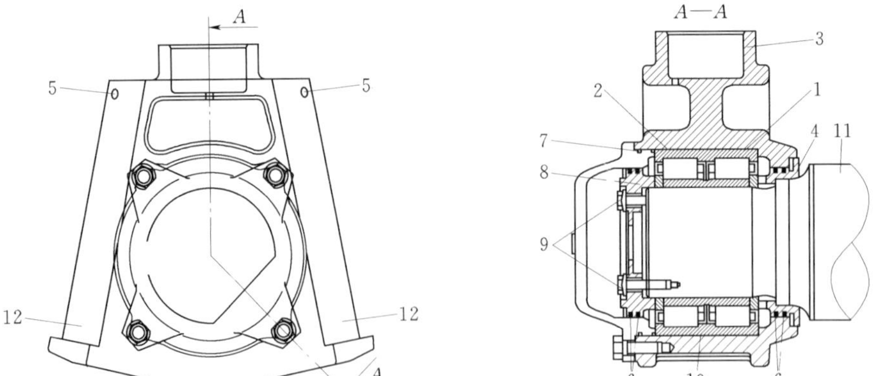

图 7-20　轴箱

1—圆柱滚动轴承；2—圆柱滚动轴承；3—箱体；4—迷宫环；5—螺旋形插入线圈；6—叠压环；7—密封环；8—端帽；9—六角螺栓（100N·m）；10—Mobilith SHC 100 油脂；11—车轴；12—chevron 弹簧座

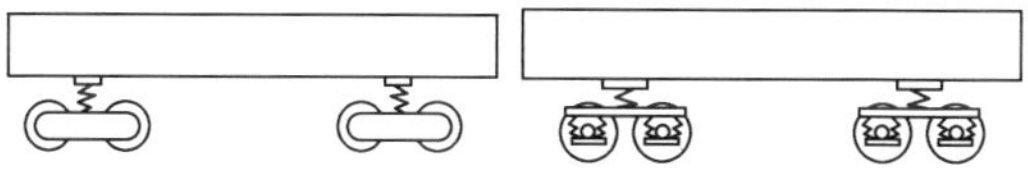

(a)　　(b)

图 7-21　弹簧悬挂装置

(a) 一系弹簧悬挂；(b) 二系弹簧悬挂

而制成的弹性元件。根据人字形的倾角和橡胶片的层数，可达到所要求的轴箱弹簧的静挠度，并且能做到保证构架和轴箱之间在纵向和横向不同定位刚度的要求。

在车体和构架之间装设有空气弹簧和层叠式橡胶弹簧组合而成的弹性元件，它起着传递载荷、减振和消音的作用。当空气弹簧失效时，层叠式橡胶弹簧还起着应急维持最低限度运行的要求。在车体和构架之间还装有垂向液压减振器，用来衰减垂向的振动。

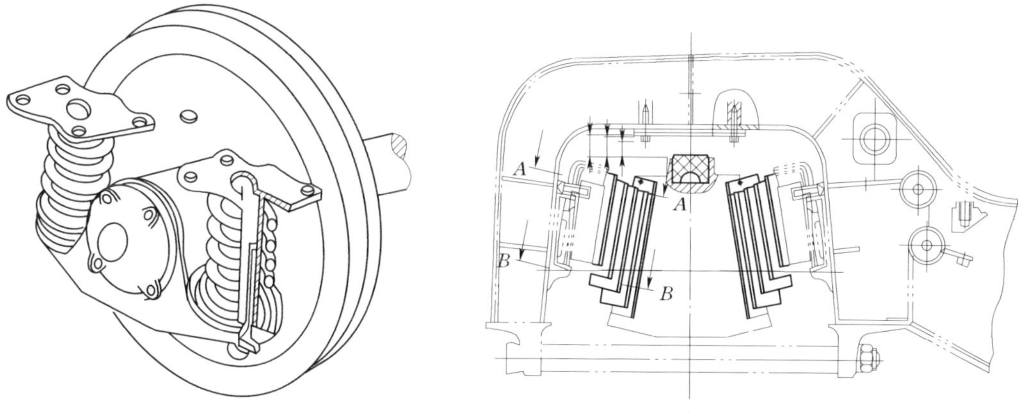

(a)　　(b)

图 7-22　一系悬挂

(a) 钢一系弹簧；(b) 层叠橡胶一系弹簧

四、构架

构架是转向架的基础，它把转向架的各个零、部件组成一个整体。故它不仅承受、传递各种载荷及作用力，而且它的结构、形状和尺寸都应满足各零、部件组装的要求。

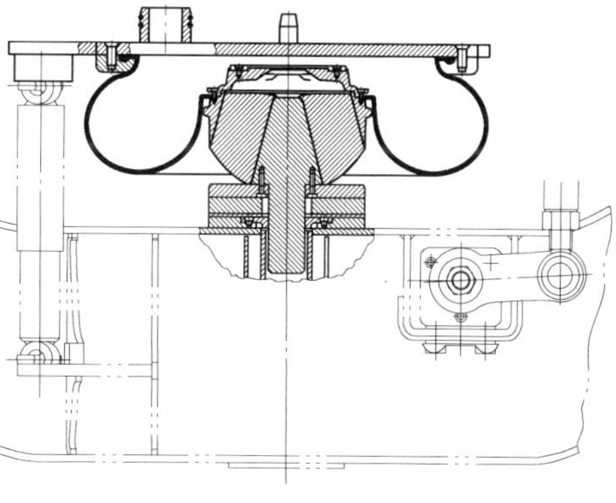

图 7-23　二系空气弹簧

上海地铁车辆的构架由钢板压制成型，经焊接而成 H 形，其侧梁和横梁为全封闭箱形结构。构架的两根侧梁的两端设有轴箱导框，用来安装人字形橡胶弹簧，侧梁的中部设有空气弹簧安装座，构架的两根横梁的中部设有中心座安装座和牵引电机安装座。在横梁的下部设有牵引拉杆安装座。在构架上还设有抗侧滚扭杆、单元制动机、高度控制阀等部件，如图 7-24 所示。

五、制动装置

为使运行中的车辆在规定的距离范围内停车，必须安装制动装置，其作用是传递和放大制动缸的制动力，使闸瓦与轮对之间的转向架内摩擦力转换为轮轨之间的外摩擦力（即制动力)，产生制动效果。

六、牵引电机与齿轮变速传动装置

使牵引电机的扭矩转化为轮对或车轮上的转矩，利用轮轨之间的黏着作用，驱动车辆沿着钢轨运行。

地铁和轻轨的动力转向架，无论是采用直流电机还是交流电机，均需通过机械减速装置，将电机的扭矩转化为转向架轮对转矩，利用轮轨的黏着作用，驱使车辆沿着钢轨运行。根据牵引电机在转向架上（或车体上）配置的特征，以及电机转轴与转向架轮对之间传动的特征，大致可分为以下 6 种结构形式。

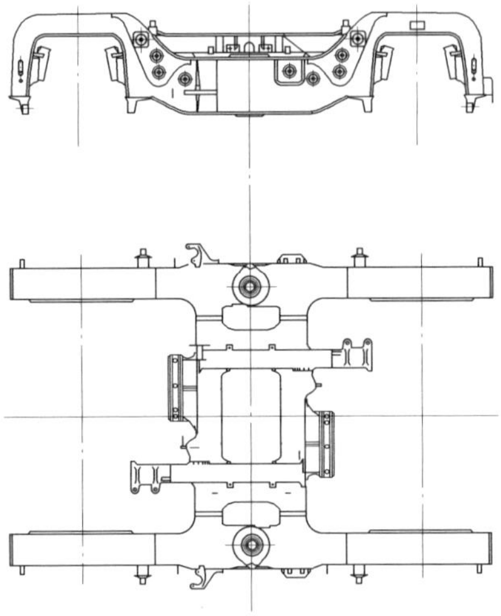

图 7－24　转向架构架

（一）爪形轴承传动装置

城市电动轨道车辆最古老的传动形式为，直接利用牵引电机驱动轴上的齿轮带动轮对轴传递扭矩。这时马达轴与轮对轴呈平行配置，牵引电机的一部分重量通过两个爪形轴承支承于轮对轴上，另一部分重量通过弹簧支于构架梁上。一般牵引电机的小齿轮与轮对上的大齿轮之间的传动比取为 1∶4～1∶6，如图 7－25 所示。

爪形轴承传动装置的很大一部分重量非弹性直接支于轮对轴上，增加了簧下部分的重量，对转向架的运行品质带来不利影响，而且必然导致相关的运动零件的强烈振动和磨耗，如轴承、齿轮和集电器等。此外，由于这种传动的扭转弹性很低，往往要造成集电器过载，甚至损坏。但是这种传动结构简单、坚固，所以至今仍在轻轨车辆上获得应用。我国北京地铁车辆即采用这种形式。

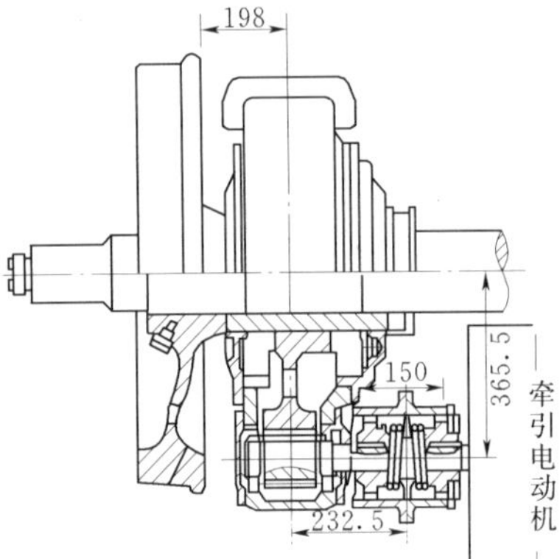

图 7－25　传动齿轮及联轴节

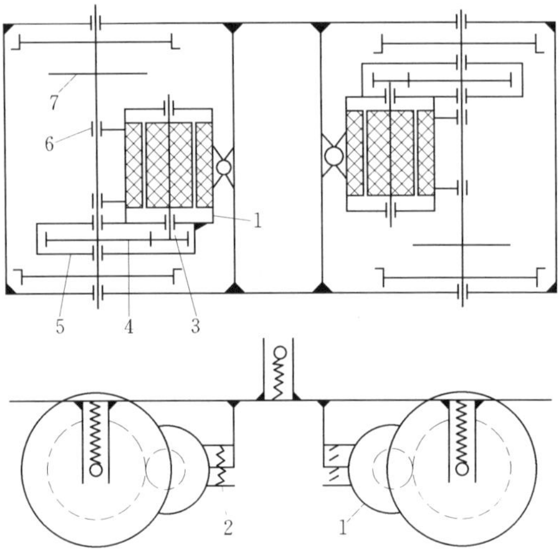

图 7－26　爪形轴承传动装置

1—电机；2—电机悬挂；3—小齿轮；4—大齿轮；5—减速箱壳；6—爪形轴承；7—制动盘

北京地铁车 DK_2 动车每台转向架配置 2 台牵引电机。牵引电机平行于轮对，其一端通过爪形轴承支于轮轴上，另一端悬吊于构架横梁上。牵引电机通过齿轮传动装置将扭矩传递给轮对，齿轮传动装置由齿轮减速箱、齿式联轴节和减速箱悬吊装置 3 部分组成。齿式联轴节由 2 个半联轴节、2 个齿轮套、1 个圆弹簧和 16 个螺栓组成，如图 7－26 所示。

齿式联轴节采用将主动齿轮轴与牵引电机轴连接在一起，从而将牵引电机产生的转矩传递给主动齿轮，并使之与牵引电机一起转动。

齿轮减速箱由箱体、牵引齿轮和两对轴承组成。牵引齿轮为一对相互啮合很具有相同的模数、压力角和螺旋角等参数的圆柱斜齿轮，其作用是通过齿轮的啮合传动，将牵引电机的转矩由主动齿轮传递到从动齿轮上，进而使轮对旋转，同时达到减速和增大转矩的目的。齿轮减速箱体为分箱式结构，箱体内放有一定量的润滑油，箱体上设有油针、放油堵、检查盖及透气塞。

减速箱悬吊装置将箱体的一端弹性地吊挂在构架横梁上，箱体的另一端坐在车轴上。

（二）横向牵引电机-空心轴传动装置

横向牵引电机-空心轴传动装置将牵引电机支承于构架横梁上，采用电机空心轴和高弹性的联轴器驱动齿轮减速箱，解决了上述方案的电机直接支于齿轮增加簧下重量和传动件过小的扭转弹性常导致集电器过载的问题，如图 7－27 所示。

在空心电枢和齿轮减速箱的小齿轮之间设置了一可移动的橡胶高弹性的钢片联轴器。减速箱一端支于轮对轴上，另一端通过一可动的纵向可调节的支撑铰接于构架上。

空心轴传动由于其重量轻、作用可靠和耐久性在城市轨道车辆中获得广泛应用。

上海地铁车辆每台动力转向架上装有二台牵引电机，呈横向吊挂于构架横梁上，其结构类似于图 7－27 所示。每一轮对的轴上装有单级齿轮箱，牵引电机的输出轴经弹性联轴节与齿轮箱的小齿轮相连接，电机的转矩通过齿轮箱减速（传动比为 5.95：1）后驱动轮对。

此外还有以下四种悬挂形式。

（三）两轴-纵向驱动、骑马式结构

在转向架中央，沿着车辆运动方向配置的牵引电机连同左右轮对的减速箱，组成一个整体结构跨骑在转向架的两个轮轴上，牵引电机两端伸出的驱动轴经联轴器与减速箱的伞齿轮连接，经齿轮减速后，借助于空心轴和橡胶联轴器驱动轮对，其结构简图如图 7－28 所示。

单电机两轴-纵向驱动、骑马式结构的优点为，转向架的固定轴距比之以上介绍的两种型式可有较大的减缩，有可能在 2m 以内，这对于要求通过小半径曲线的轻轨交通车辆更具有现实意义，所以这种结构的转向架在轻轨车辆上获得广泛的应用。

这种由一个电机驱动两个轮对的结构，当一个轮对的黏着摩擦由于局部的蠕滑效应而遭破坏时，另一具有良好黏着摩擦条件的轮对将担当起后备的保护的作用。同样，在加速或减速时所出现的轮对卸载将不起作用，因为一根轴卸载在另一根轴上就要承担附加的载荷，整个转向架所传递的摩擦力矩总和仍不变，从而可避免因轮对卸载而导致打滑空转的危险。

这种结构通过一个牵引电机经机械连接强制驱动转向架的两个轮轴，两个轮对必具有

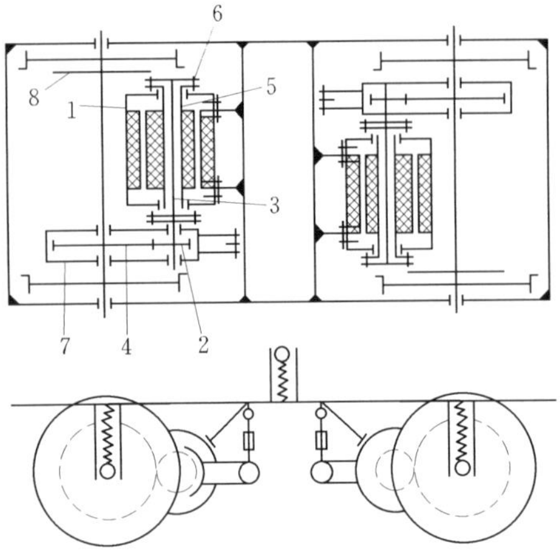

图 7－27　横向电机牵引-空心轴传动装置

1—电机；2—小齿轮；3—空心电枢；4—大齿轮；
5—空心轴；6—连接法兰；7—减速箱壳；
8—制动盘

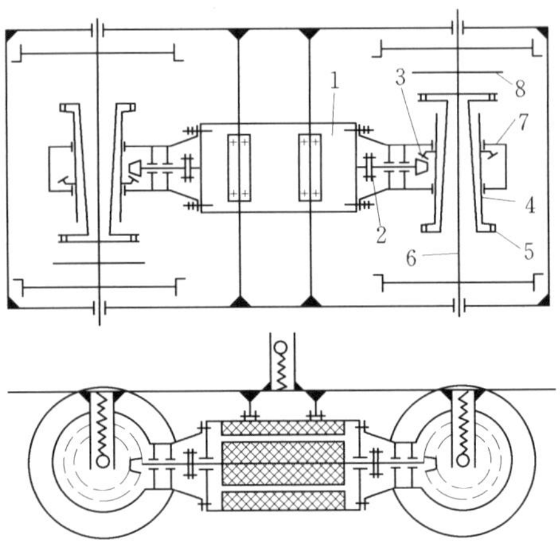

图 7－28　单电机两轴-纵向驱动、骑马式结构

1—电机；2—橡胶联轴器；3—小锥齿轮；
4—空心轴；5—连接法兰；6—车轴；
7—减速箱壳；8—制动盘

相同的角速度，若两轮对的车轮直径存在差异，必会造成运行阻力的上升和磨耗的加剧。此外，牵引电机与减速箱组成一个整体跨骑在两轮对上，其重量直接由两轮对支承，增加了簧下重量，加剧了转向架运行的动力作用。

（四）全弹性结构的两轴-纵向驱动

这种装置的牵引电机完全弹性地悬挂于转向架构架横梁的下方，电机两端伸出的驱动轴经联轴器、减速齿轮驱动万向接头空心轴，再经橡胶联轴器将扭矩传递给轮轴，其结构简图如图 7－29 所示。

由于牵引电机完全弹性地悬挂于构架，比之上述的单电机两轴-纵向驱动，骑马式结构减轻了簧下重量，改善了动力性能，其余特征均与之相类似。

（五）牵引电机对角配置的单独轴-纵向驱动

两牵引电机呈对角纵向悬挂于构架横梁的下方，电机驱动轴与齿轮减速箱之间的扭矩的传递经由一十字头连杆轴来实现。齿轮减速箱一端弹性悬挂于构架的端梁，另一端抱在轮对车轴上。

转向架上两套牵引电机及其传动装置各自独立地配置，分别驱动一轮对。其结构简图如图 7－30 所示。

这种传动与支悬方式减轻了簧下重量，电机纵向配置使轮对内侧留出了更大的空间，有利于安排制动盘或采用内置式轴箱，有利于减缩转向架的固定轴距。

（六）牵引电机置于车体上的驱动装置

低地板的轻轨车辆为了实现尽可能高的低地板率，常常将转向架构架做成下凹的元宝形，仅仅车轮与轴箱高出低地板，这就不得不将牵引电机配置于车体上，而又不妨碍曲线运行时车体与转向架之间的相对运动，因此，这种转向架的结构往往十分复杂，造价也异常高昂。

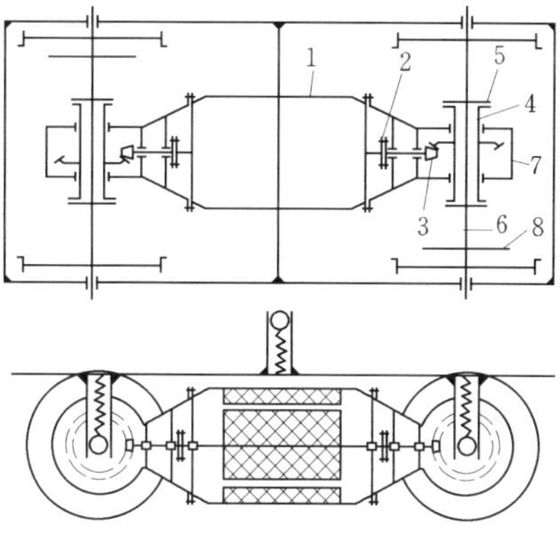

图 7-29 全悬挂单电机两轴-纵向驱动装置

1—电机；2—橡胶联轴器；3—小锥齿轮；4—空心轴；5—连接法兰；6—车轴；7—减速箱壳；8—制动盘

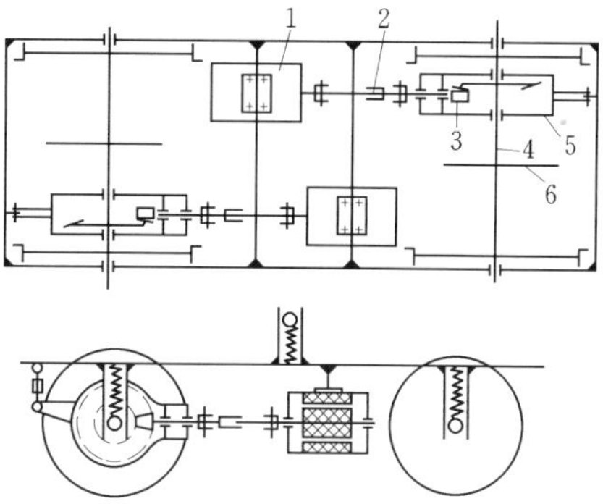

图 7-30 牵引电机对角配置单独轴-纵向驱动装置

1—电机；2—传动轴；3—小锥齿轮；4—车轴；5—减速箱壳；6—制动盘

图 7-31 为这种驱动装置转向架的结构原理简图。配置于车体底架的牵引电机驱动轴经十字头万向连杆轴与一轮对车轮外侧的齿轮箱小伞齿轮连接，再经齿轮减速使轮对转动。

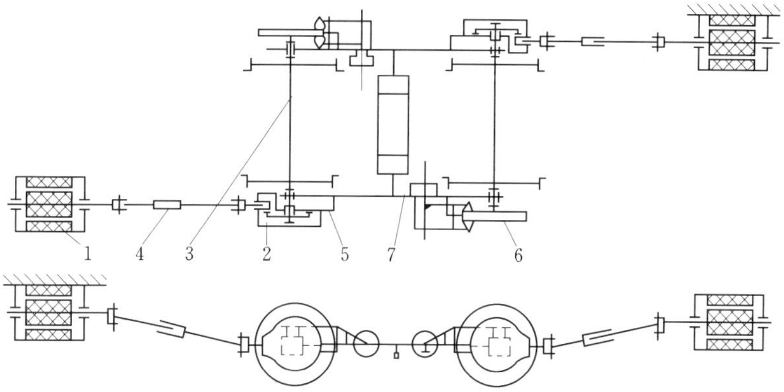

图 7-31 牵引电机置于车体上的驱动装置

1—电机；2—减速箱；3—车轴；4—传动轴；5—减速箱座；6—制动盘；7—转向架体

七、转向架支承车体装置

车体与转向架连接部分的结构应能满足安全可靠地支承车体，并传递各种载荷和作用力，同时车体与转向架之间应能绕不变的旋转中心相对转动，以使车辆顺利通过曲线。一般转向架支承车体的方式有心盘集中承载、非心盘承载（或旁承承载）和心盘部分承载 3 种，如图 7-32 所示。

（1）心盘集中承载。车体上的全部重量通过前后两个上心盘分别传递给前后转向架的两个下心盘。

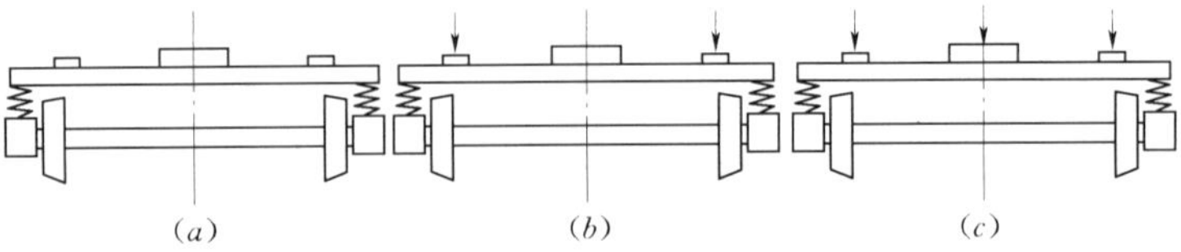

图 7－32　车体承载形式

(a) 心盘集中承载；(b) 非心盘承载；(c) 心盘部分承载

(2) 非心盘承载。车体上的全部重量通过中央弹簧悬挂直接传递给转向架构架，或者通过中央弹簧悬挂装置与构架之间装设的旁承装置传递，这种转向架虽还设有类似于心盘的回转装置，但它仅作为牵引及转动中心之用。

(3) 心盘部分承载。车体上的重量按一定比例分配，分别传递给心盘和旁承，使之共同承载。

上海地铁车辆没有采用新盘，中央支承连接装置设于转向架的中部，起着连接车体和转向架作用，在过曲线时彼此可作少许转动，并且通过牵引杆传递牵引力和制动力。其结构由中心销、中心销导架、复合弹簧、中心架和牵引杆等组成，如图 7－33 所示。

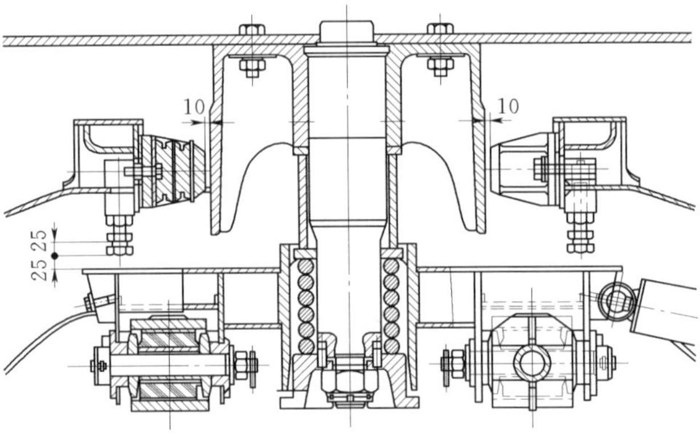

图 7－33　中央牵引连接装置

中心销导架通过螺栓固定于车底架上，在中心销与中心架之间设有复合弹簧对对于中心销呈斜对称配置的两个牵引拉杆，其一端与中心架相连，另一端与转向架构架相连，牵引杆的接头设有橡胶弹性缓冲垫。为了限止车体与转向架之间的横向位移，在中心销导架与构架之间装有橡胶横向止挡，每侧自由间隙为 10mm。

第五节　制　动　系　统

一、制动系统在城市轨道车辆运行中的重要意义

人为地使运动物体减速或阻止其加速称为制动。对于城市轨道车辆来说，为了使运行着的电动车组能迅速地减速或停车，必须对它施行制动；为了防止电动车组在下坡道上运行时由于电动车组的重力作用导致电动车组速度增加，也需要对它施行制动；同时为避免

停放的车辆因重力作用或风力吹动而溜走，亦需要对它施行制动（称为停放制动）。

为了能施行制动，需要在城市轨道车辆上安装由一整套零部件组成的一个完整的制动系统装置。它包括两个部分：制动控制系统和制动执行系统。制动控制系统由制动信号发生与传输装置和制动控制装置组成。制动执行系统通常称为基础制动装置，有闸瓦制动与盘形制动等。

为了让电动车组能够以一定的速度运行，必须对其施以牵引。同样，为了让运行的电动车组能迅速减速、停车，必须对其施以制动。忽视必要的制动能力，将会发生危险，甚至造成旅客生命财产的损失。因此，从这个意义上说，制动是一个与牵引有着同样重要，甚至更为严峻的问题。

电动车组的最高运行速度自然与其牵引功率有关，但也受其制动能力的限制。电动车组的制动能力是指制动系统能使其在规定的制动距离内安全停车的能力。按照城市轨道车辆的运行规程，要求电动车组在非常情况下的制动距离（称为紧急制动距离）不超过某一规定值。例如地铁规定的紧急制动距离一般为 180m。这个距离要比启动加速距离短得多，所以，电动车组的制动功率要比驱动功率大 5～10 倍。

从能量的观点看，制动的实质就是将电动车组所具有的动能从它上面转移出去，制动系统转移动能的能力称为制动功率。在一定制动距离条件下，电动车组的制动功率是其速度的三次函数。

城市轨道交通的站距较短，因此电动车组的调速及停车都比较频繁。为了提高运行速度，尤其是对高架有轨交通车辆和地铁列车，必须使其启动快、制动距离短。同时，城市有轨交通车辆的旅客上下波动较大，对车辆载重有较大的影响。针对这些特点，城市轨道交通车辆的制动系统应具备以下条件：

（1）操纵灵活，制动减速快，作用灵敏可靠，车组前后车辆制动、缓解作用一致。

（2）具有足够的制动能力，保证车组在规定的制动距离内停车。

（3）对新型的城市轨道交通车辆，一般要求具有动力制动能力，并且在正常制动过程中，应尽量充分发挥动力制动能力，以减少对城市环境的污染和降低运行成本。同时，应具有动力制动与摩擦制动的联合制动能力。

（4）制动系统应保证车组在长大下坡道上运行时，其制动力不会衰减。

（5）电动车组各车辆的制动能力应尽可能一致，制动系统应根据乘客量的变化，而具有空重车调整能力，以减少制动时的纵向冲击。

（6）具有紧急制动性能，遇有紧急情况时，能使电动车组在规定距离内安全停车。紧急制动作用除可由司机操纵外，必要时还可由行车人员利用紧急按钮（紧急阀）进行操纵。

（7）电动车组在运行中发生诸如列车分离、制动系统故障等危急行车安全的事故时，应能自动起紧急制动作用。

二、制动方式

要改变运动物体的运动状态，必须对它施加外力。人为地使电动车组减速或阻止其加速的外力称为制动力。制动方式可按制动时电动车组动能转移方式、制动力获取方式或制动源动力的不同进行分类。

按电动车组动能的转移方式，制动方式可以分为两类：一类是摩擦制动方式，即动能通过摩擦副的摩擦转变为热能，然后消散于大气；另一类是动力制动方式，即把动能通过发电机转化为电能，然后将电能从车上转移出去。

（一）摩擦制动

电动车组的动能通过摩擦转变为热能。城市轨道交通车辆常用的摩擦制动方式主要有闸瓦制动和盘形制动，在高速列车的制动系统中还有轨道电磁制动等方式。

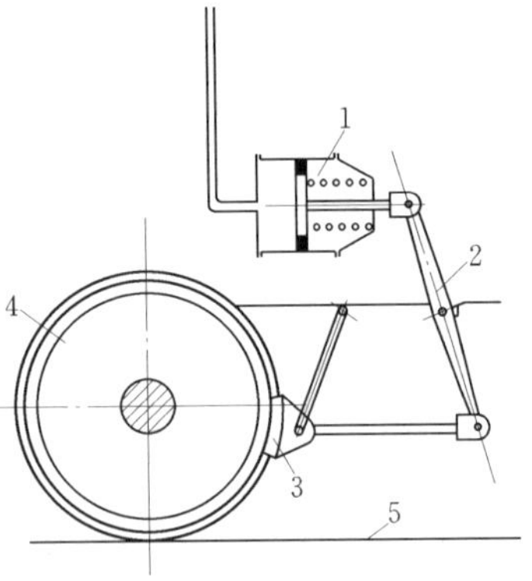

图 7－34　闸瓦制动
1—制动缸；2—基础制动装置；3—闸瓦；4—车轮；5—钢轨

（1）闸瓦制动，又称为踏面制动。它是最常用的一种制动方式，如图 7－34 所示。制动时闸瓦压紧车轮，轮、瓦间发生摩擦，电动车组的动能大部分通过轮、瓦间的摩擦变成热能，经车轮与闸瓦最终逸散到大气中去。

在闸瓦与车轮这一对摩擦副中，车轮由于主要承担着车辆走行功能，因此其材料不能随意改变。要改善闸瓦制动的性能，只能通过改变闸瓦材料的方法。早期的闸瓦材料主要是铸铁。为了改善摩擦性能和增加耐磨性，目前城市有轨交通车辆中大多采用合成闸瓦，但合成闸瓦的导热性较差，因此目前也有采用导热性能良好，且具有较好的摩擦性能和耐磨性的粉末冶金闸瓦。

在闸瓦制动方式中，动能转化为热能的能力大，但热能散于大气的能力相对较小。当要求的制动功率较大时，有可能发生热能来不及散于大气，而在闸瓦与车轮踏面积聚，使它们的温度升高，严重的甚至会导致闸瓦熔化（铸铁闸瓦）或车轮踏面产生裂纹等。因此，在采用闸瓦制动时，对制动功率要有限制。

图 7－35 为城轨车辆采用的闸瓦制动单元构造。

（2）盘形制动，有轴盘式和轮盘式之分，如图 7－36所示。一般采用轴盘式盘形制动装置，当轮对中间由于牵引电机等设备使制动盘安装发生困难时，可采用轮盘式盘形制动装置。制动时，制动缸通过制动夹钳使闸片夹紧制动盘，使闸片与制动盘间产生摩擦，把电动车组的动能转变为热能，热能通过制动盘与闸片散于大气。

盘形制动能双向选择摩擦副，可以得到比闸瓦制动大得多的制动功率。

（3）轨道电磁制动，又称为磁轨制动，如图 7－37所示。在转向架构架侧梁下通过升降风缸安装有电磁铁，电磁铁下设有磨耗板。制动时将电磁铁放下，使磨耗极与钢轨吸住，电动车组的动能通过磨耗

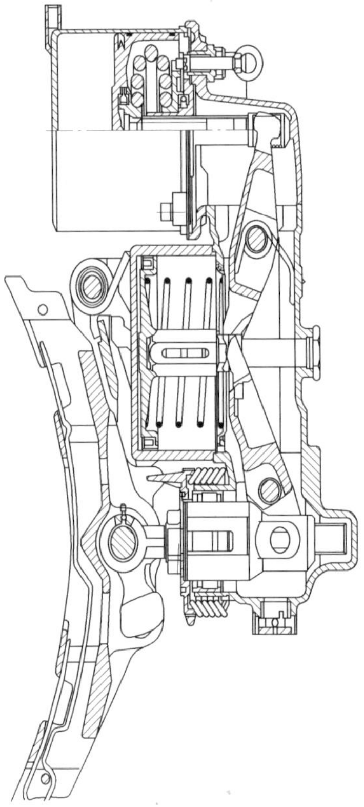
图 7－35　闸瓦制动单元

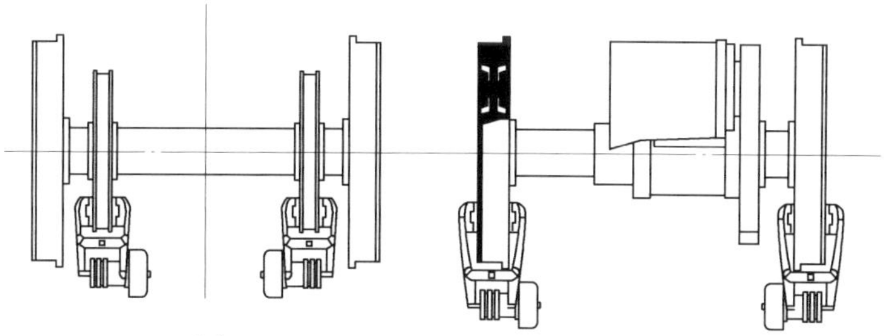

图 7－36　盘型制动

(a) 轴盘式；(b) 轮盘式

极与钢轨的摩擦转化为热能，然后经钢轨和磨耗板最终散于大气。轨道电磁制动能得到较大的制动力，因此常被高速列车用作紧急制动时的一种补充制动手段。

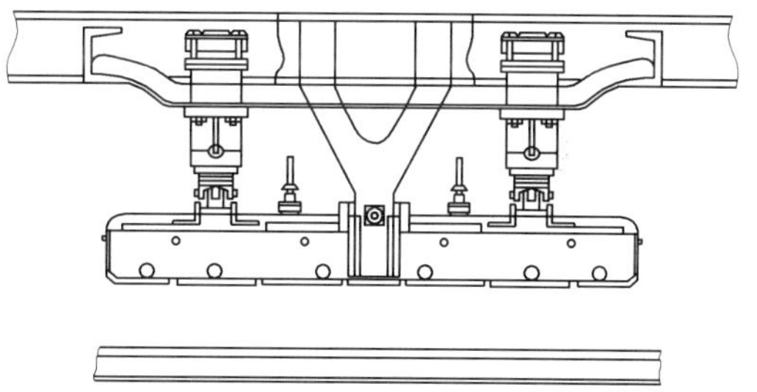

图 7－37　磁轨制动

（二）动力制动

动力制动在制动时，将牵引电机变为发电机，使列车动能转化为电能，对这些电能的不同处理方式形成了不同方式的动力制动。城市轨道交通车辆上采用的动力制动形式主要有电阻制动和再生制动。

(1) 电阻制动。将发电机发出的电能加于电阻器中，使电阻器发热，即电能转变为热能。电阻器上的热能靠风扇强迫通风而散于大气中。电阻制动一般能提供较稳定的制动力，但车辆底架下需要安装体积较大的电阻箱，如图 7－38 所示。

(2) 再生制动。在以上的各种制动方式中，电动车组具有的动能最终都转化为热能而消散于大气中。再生制动是把电动车组的动能通过电机转化为电能后，再使电能反馈回电网提供给别的列车使用。显然，这种方式既能节约能源，又减少制动时对环境的污染，并且基本上无磨耗，因此，这是一种较为理想的制动方式。

城市轨道交通车辆电力牵引系统的作用是将来自接触网的电能转变为驱动列车所需的机械能，并且在必要时使车辆实施制动。城市轨道交通车辆的电气部分主要是按功能和系统以屏、柜及箱体的形式安装在车厢内及悬挂固定在车体底部车架上。为了使车厢用于载客部分的空间尽量多，所以电气箱柜绝大部分安装在车体底下的空间。

电力牵引系统主要包括牵引电动机、牵引电器、电气传动控制装置、辅助电机、辅助电源、辅助机械（如电动空压机组、电动通风机组、空调机组）、电气仪表以及由它们组成的主电路、控制电路和辅助电路。

城市轨道交通车辆的辅助电机有直流电动机、直流-交流发电机组及交流电动机等。现代城市轨道交通车辆上由于采用容量较大的静止逆变电源，所以辅助电机均采用交流三相异步电动机作为空气压缩机组、通风空调机组及设备冷却风扇的动力。

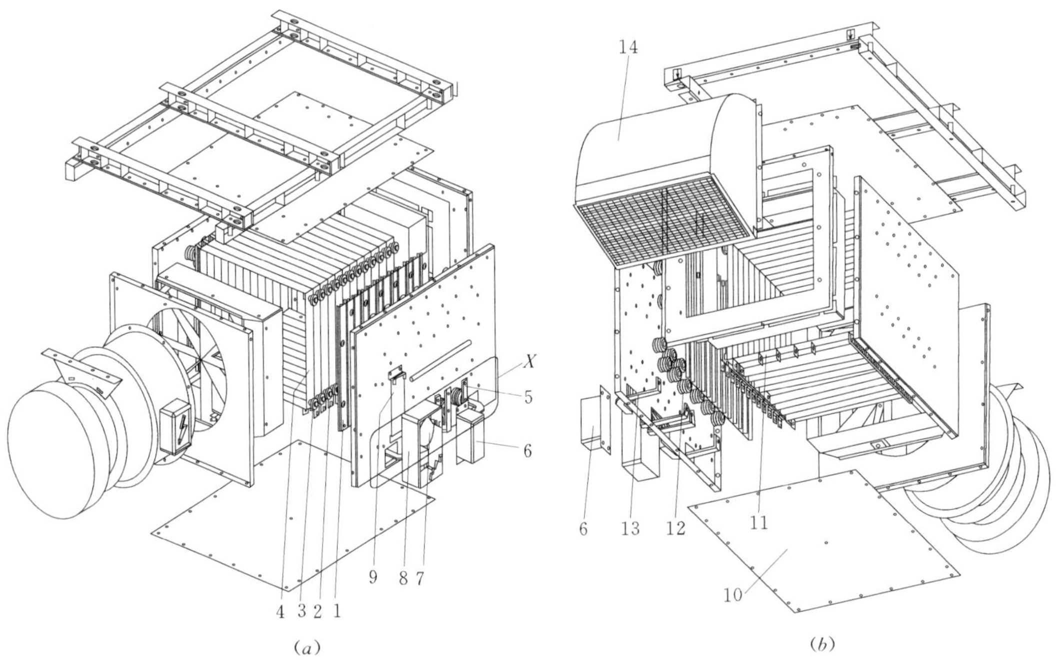

图 7-38　电阻制动

(a) 制动电阻爆炸图前视图；(b) 制动电阻爆炸图后视图

1—导轨；2—卡子；3—滚轮；4—电阻元件；5—铜排；6—温控盒；7—风压开关；8—装置盒；9—温控盒安装窿；10—底盖板；11—温控电阻元件；12—绝缘子；13—铜排；14—出风筒

思　考　题

1. 为什么轨道交通车辆采用转向架形式？
2. 轨道交通车辆由哪几部分组成？
3. 什么是动力转向架？
4. 什么是轴距、全轴距（定距）？
5. 为什么要采用弹簧悬挂装置？
6. 车辆制动有哪几种形式？

第八章　城市轨道交通电力牵引系统

第一节　概　　述

一、电力牵引系统的发展概况

电力牵引是一种以电能为动力的牵引方式。轨道交通电力牵引系统通常由受流器从架空接触网或第三轨（输电轨）接受电能，通过车载的变流装置给安装在转向架上的牵引电动机供电，将电能转换为机械能，通过齿轮传动箱和轮对，驱动电动车（组）运行，如图8－1所示。

自1879年首列电传动样车在柏林展览会上出现后很快受到世界范围的关注。随着工业技术的发展与进步，电力牵引也得到了广泛的发展和应用。特别是工业化后期，由于发达国家城市化进程中汽车拥有量的急剧增长，导致交通阻塞、空气污染、噪声公害成为难以治愈的"城市病"，人们逐步认识到解决大城市的交通问题，必须开发运量大、速度快、能耗低、污染少的现代化快速轨道交通系统。电力牵引系统凭借其显而易见的优势而得到了充分的发展和应用。

图8－1　牵引传动装置

以直流电动机作为牵引电机是最早应用于城市轨道车辆的传动方式。直流牵引电动机主要采用串激形式，通过改变电机端电压或激磁电流来调节电机转速，因而具有良好的牵引性能，且技术可靠，因此在电力牵引领域得到广泛的应用。

直流牵引电动机传统的调速方法是采用有触点电器和电阻换接相结合的方法来实现有级调速，直流电机的特性受到一定的影响。自大功率半导体功率器件问世后，直流斩波控制取代了传统的调阻控制，牵引性能及调节效果明显改善。到了20世纪80年代，大功率自关断电力电子器件得到重大进展，特别是门极可关断晶闸管（Gate Turn-Off，简称GTO）的容量达到4500V/3000A的实用水平，斩波电路大大简化，工作频率也有所提高，且减少了平波电抗器和滤波电容器的体积，既改善了车辆的运行性能，又做到了小型化、轻量化。据有关资料介绍，德国的AEG—TELEFUNKEN公司于1983年研制成功180kW GTO斩波器，已用于城市无轨电车；到20世纪80年代末期，香港地铁车辆、伦敦本部Docklands轻轨车、伦敦地铁动车、丹麦地铁动车、南非的电力机车等相继都成功地运用了GTO斩波器，实现直流牵引电机的电枢电流控制或磁场控制。随着90年代新一代电力电子元件——绝缘栅极双极型晶体管（Insulated Gate Bipolar Transistor，简称IGBT）和智能功率模块（Intelligent Power Module，简称IPM）的问世与大容量器件的研制成功，相信IGBT（或IPM）斩波器会迅速在地铁动车和轻轨车辆传动系统中得到应用。

直流牵引电机存在的主要缺点是有电刷和换向器，随之带来的问题是电机在高速时换向困难、结构复杂、工作可靠性差、制造成本高及维修麻烦。随着大功率电力电子器件制造技术的不断提高和交流电机控制理论的发展，可变频变压的逆变器解决了交流电动机的调速控制问题。采用异步牵引电机驱动的交流电传动系统正在迅速崛起，并使轨道车辆的电力传动技术跨越了一个很高的台阶。异步牵引电机消除了由于换向器和电刷所引起的一系列实际问题，并且有结构简单、维护方便、体积小、重量轻、转速高、功率大、防滑、黏着利用好等一系列优点，被公认为是电动车（组）电力传动的一项划时代的重大革新，因而受到国内外的广泛重视。直流牵引的轨道车辆正在逐渐被交流电机牵引的车辆所替代。

综观国外轨道运输电动车（组）的发展情况，现代电动车（组）的电力传动系统具有以下特点：

（1）电力传动技术由最初的变阻调速发展到斩波器调速，进一步发展在应用三相异步牵引电动机的动车中采用了变频变压技术（VVVF）技术，目前，逆变器技术在电动车组上受到了广泛的关注和应用。

（2）在车辆电力传动系统中，牵引变流器（包括斩波器、逆变器等）广泛采用了GTO及IGBT（或IPM）模块作为主开关器件，特别是后者，对较高频率工作的电路也能很好适应。

（3）微电子技术在地铁车辆的牵引、制动、辅助控制、信息显示和储存、防滑与防空转控制及行车安全等方面得到了广泛的应用。

（4）车辆的制动，除了采用摩擦制动外，还采用了电气制动技术，如电阻制动、再生制动及磁轨制动等，以提高运行中的节能效果与安全性。

就我国而言，城市地铁与轻轨建设起步较晚，但随着改革开放与国民经济的发展也日益得到了重视。我国地铁车辆的现状，按其传动与控制方式可分为直流调阻车（如北京地铁1号线车辆）、直流斩波车（如上海地铁1号线部分车辆）和交流传动（上海地铁2号线车辆与广州地铁1号线车辆等），其发展趋势与世界牵引技术发展主流基本一致。

二、轨道交通电力牵引系统主要类型

轨道交通电力牵引系统的电流、电压制与通常的电力牵引电流、电压制相同。轨道交通供电电流制有直流、交流两类；电压制从低压到高压，国际电力牵引设备混合委员会建议采用下列数值：

（1）直流：600、750、1500、3000V（标称值）。

（2）交流：6250、15000、25000V（标称值）。

轨道交通车辆电力牵引系统按照驱动电机不同，通常分为直流电力牵引系统和交流电力牵引系统。

(1) 直流电力牵引系统。采用直流牵引电机作为驱动电机，由直流电源经直流变换器（DC－DC）向直（脉）流牵引电机供电，如图 8－2 所示。

(2) 交流电力牵引系统。采用交流牵引电机作为驱动电机，由直流电源经晶闸管或其他新型电力电子器件构成的逆变器将直流电源转换为可调压、变频的三相交流电源，再向交流牵引电机供电，也可以采用交流-直流-交流方式向三相交流牵引电机供电，如图8－3 所示。

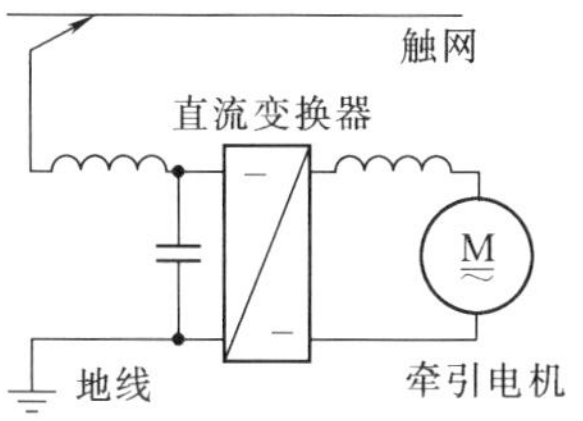

图 8－2　直流传动框图

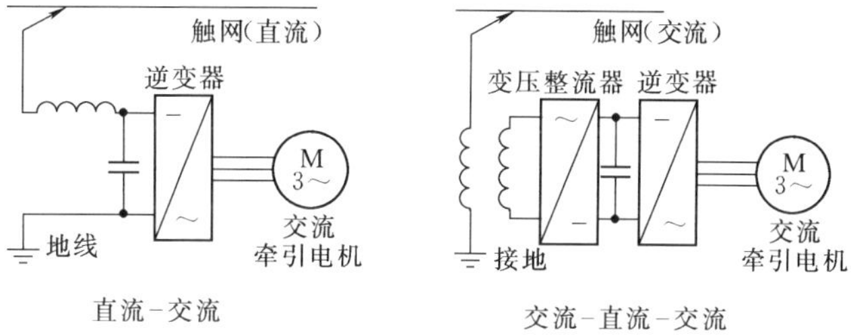

图 8－3　交流传动框图

三、轨道交通车辆的结构与特性

(一) 有轨电车

作为城市公共交通工具之一的有轨电车，其工作原理如图 8－4 所示。电车由架空线获得电能，经车内调速系统变成可调节的电压，再供给牵引电机，电流经轮对传到钢轨再流回变电所。

(二) 电动车组

电动车组专为客运服务，一般车速较高，如法国 TGV－PSE 电动车组由 2 节动车和 8 节拖车组成，这是一种铁路干线上的高速列车，总功率为 6300kW，时速可达 260km。这种电动车组基本工作原理与有轨电车相同，都是用牵引电动机驱动，但电网电压为 25kV，远高于城市轨道交通列车。

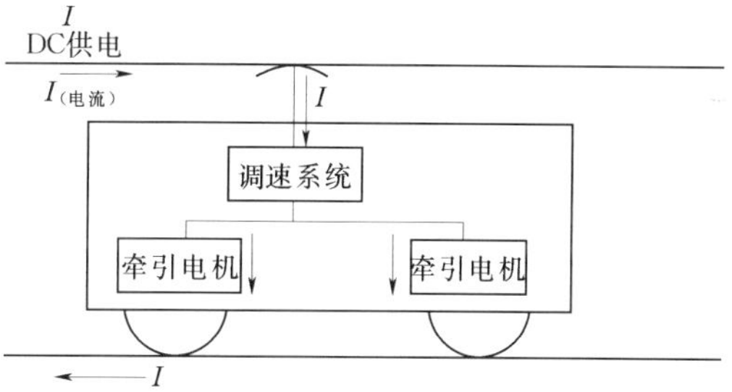

图 8－4　有轨电车工作原理

地铁电动列车也是一种电动车组。地铁电动车组的供电电压与功率都远小于上述铁路干线上的电动车组。

(三) 特种电动车

1. 独轨电动车

独轨电动车一般也和采用第三轨受电的地铁一样，供电电缆置于轨道梁的梁腹部，用电刷引入车内。

2. 轻轨车

钢轮钢轨轻轨车和地铁车辆牵引、受电方式一样，采用橡胶胎车轮的轻轨车，除了有供电电缆外，在轨道上还敷设有回流电缆。

3. 磁浮列车

磁浮列车基本上采用线性电动机驱动车辆。高速磁浮列车（如上海浦东磁浮线）采用轨道梁上全线敷设长定子绕组，列车上装置着作为转子的感应板（无需受电），产生磁浮的电源由车载电磁供电；低速磁浮列车（如广州 2 号线等）采用车上装置短定子绕组，全线敷设感应板，车辆受电、牵引方式和地铁一样。

四、电动车组牵引特性

城市轨道车辆运行中，在每个站区间内，一般由 3 个典型区域构成，即牵引加速区、惰行区和制动减速区，其典型的速度变化曲线如图 8-5 所示。

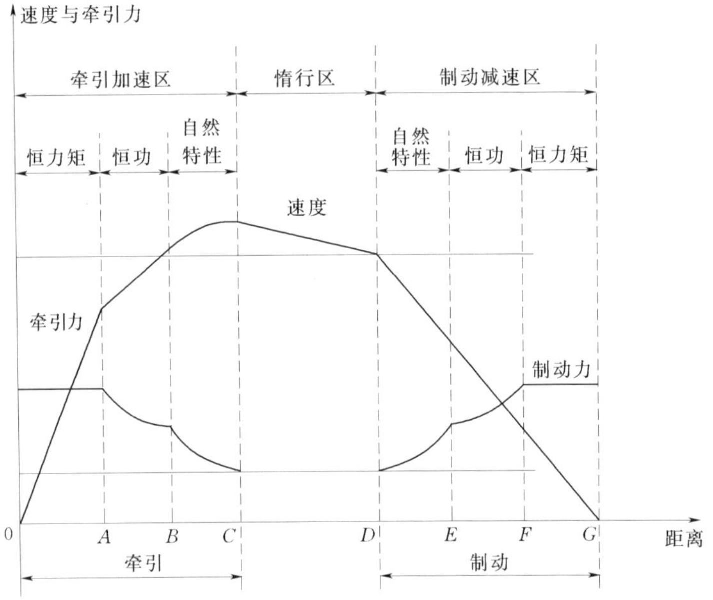

图 8-5　车辆运行曲线（运行时分图）与电机特性控制方式

对于较长的站间运行动车（组），在牵引加速区与制动减速区之间除惰行区外还可能有恒速（或限速）运行区域。

为满足车辆（动车）运行的需要，动车组必须具备 3 种基本的牵引特性，即恒力矩特性、恒功率特性和自然特性。牵引电机必须满足如图 8-5 中所示的车辆牵引力（或制动力）-时间特性，图中制动力特性是对应于单独采用电气制动方式的情况。

图 8-5 中的电机牵引特性和制动特性，表明了牵引电机和传动系统应该具有的工作能力。对于干线机车或长距离运行的电动车组的交流电动机，图中的某一段的某一点（往往在牵引曲线 $A \sim B$ 区域内）对应的工作能力（转矩、转速）被定义为额定工作点。对于城市轨道电动车（组），电传动系统一直工作在瞬变过程中，负载变化强烈，电机大部分时间运行于过载状态，电机的额定工作点及其额定参数仅用于电机的考核。

第二节　直流电力牵引系统

直流牵引系统的主要构成部分包括直流电机在内的主电路及控制电路。

一、直流电机

（一）直流电机组成

图8－6和图8－7给出了电机结构横、纵剖面示意图。直流电机主要由定子（固定部分）和转子（转动部分，又称为电枢）两大部分组成。定子的作用是用来产生磁场，提供磁路和作为电机的机械支撑，它由主磁极、换向极、电刷装置、机座、端盖和轴承等部件组成。

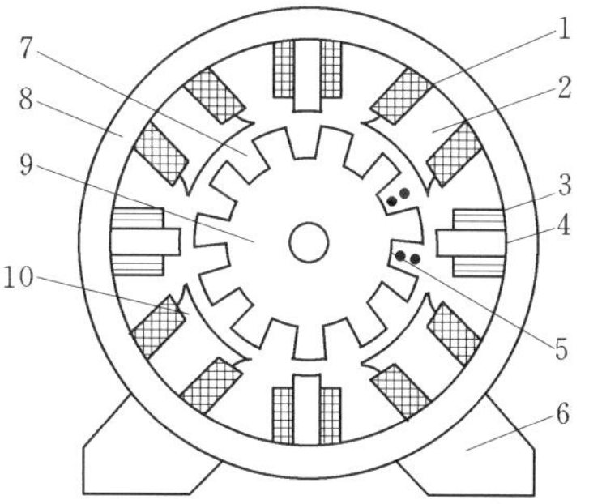

图8－6　直流电机横剖面图

1—主极线圈；2—主磁极；3—换向极线圈；4—换向极；5—电枢绕组；6—地脚；7—电枢槽；8—机座（磁轭）；9—电枢铁心；10—极靴

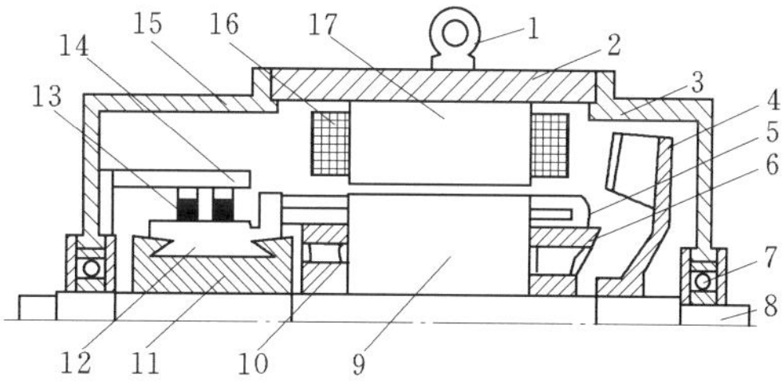

图8－7　直流电机纵剖面图

1—吊环；2—机座；3—端盖；4—风扇；5—电枢绕组；6—后压圈；7—轴承；8—轴；9—电枢铁心；10—前压圈；11—换向器压圈；12—换向器；13—电刷；14—刷握装置；15—前端盖；16—主极线圈；17—主极铁心

转子部分是用来产生感应电势和电磁转矩从而实现机电能量转换的主要部件，它的组成部分包括电枢铁心、电枢绕组、换向器和转轴等。转子通过轴承与定子保持相对位置，使两者之间有一个空气隙。此外，直流牵引电机通过电刷装置中的电刷和换向器接触，使电枢电路和外电路相连。

（二）直流电机基本工作原理

图8－8为两极直流电动机模型。在不动的磁极N、S中间放置电枢线圈，线圈两端分别连接在两个换向片上，换相片上压着一对固定不动电刷 A 和电刷 B，电刷 A 加电源的正极，电刷 B 加电源的负极。将直流电源接在两电刷之间而使电流通过电枢线圈。

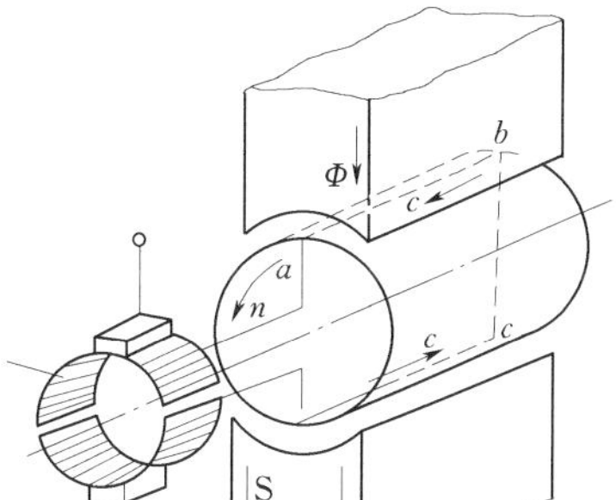

图8－8　两极直流电动机模型

由于导体 ab 中电流的实际方向是从外向里，根据左手定则，导体 ab 在N极下所受的力的方向是向左的；而导体 dc 中电流的实际方向是从里向外，导体 dc 在S极下所受的力的方向是向右的，这样作用在线圈上的电磁转矩的方向为逆时针方向，结果使电枢沿逆时针方向转动。

当导体 ab 转到 S 极下，而导体 dc 转到 N 极下，由于电刷 A 和电刷 B 是静止的，电流总是从正极性电刷 A 流入，由负极性电刷 B 流出。因此，转到 N 极下的导体电流总是由外向里流，转到 S 极下的导体的电流总是由里向外流。根据左手定则判断，作用在线圈上的电磁转矩的方向始终不变，并使直流电机继续朝同一方向旋转，这就是直流电动机的工作原理。

当原动机拖动电枢以恒定速度 n 逆时针方向旋转时，根据电磁感应定律，就会在线圈中感应出电动势，当电机的输出端接入负载时，产生电流输出，这就是直流发电机的基本工作原理。

在直流电机的两电刷端上，加上直流电压，将电能输入，电机即将电能变换成机械能而成为电动机；如用原动机或外力矩拖动直流电机的电枢转动，而电刷上不加直流电压，电枢绕组切割定子磁场产生电动势，则电刷端可以引出直流电势作为直流电源，可输送出电能，电机将机械能变换成电能而成为发电机。在牵引系统中，利用这种可逆原理实现了电机的牵引与制动。

（三）直流电机励磁方式

在直流电机中，由磁极的励磁磁势单独建立的磁场是电机的主磁场，也称励磁磁场。励磁方式是指对主磁极励磁绕组的供电方式。直流电动机的运行性能因励磁方式的不同会有很大不同。直流电机根据励磁绕组与电枢绕组的连接方式主要分为他励、并励、串励和复励 4 种，如图 8－9 所示。

图 8－9（a）为他励直流电机，励磁绕组与电枢绕组无连接关系，两部分单独供电。

图 8－9（b）为并励直流电机，励磁绕组与电枢绕组并联。

图 8－9（c）为串励直流电机，励磁绕组与电枢绕组串联。

图 8－9（d）为复励直流电机，这种直流电机的主磁极上装有两个励磁绕组，一个与电枢电路并联（称为并励绕组）；另一个与电枢电路串联（称为串励绕组）。若串励绕组产生的磁势与并励绕组产生的磁势方向相同为积复励；若两个磁势方向相反，则称为差复励。其中他励与并励的特性相近似，复励特性由串励和并励两种特性组合而成。

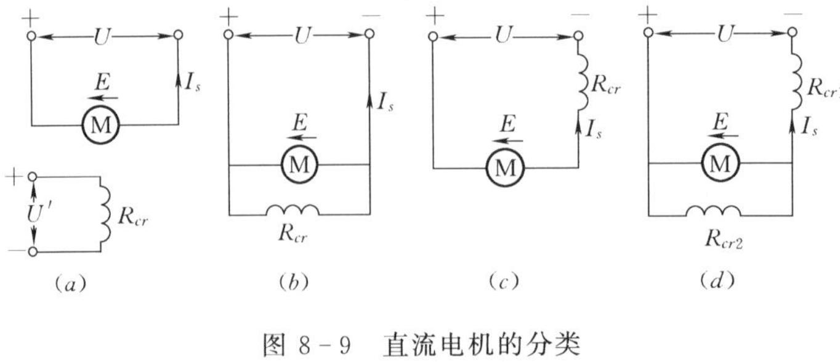

图 8－9 直流电机的分类

（a）他励；（b）并励；（c）串励；（d）复励

（四）直流串励电动机机械特性

电动机是用来拖动车辆运行的，而车辆运行对电动机提出的主要要求是转速和转矩。电动机的转速和转矩间的关系被称为电动机的机械特性。在城市轨道牵引中，主要使用的是串励直流电动机，所以主要介绍串励直流电动机的机械特性。图 8－10 即为串励电动机的机械特性曲线，转速 n 大体是与 $\sqrt{T}$ 成反比。

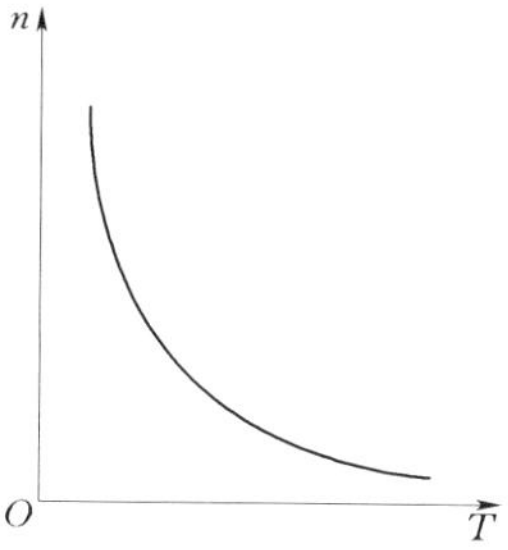

图 8－10　串励直流电动机的机械特性

由于串励电动机具有所谓“牛马”牵引特性，如图 8－10 所示，即牵引力大的情况下，电机转矩很大，像头牛，有利于重载起动；牵引力小的情况下，它的速度相当高，像匹马。这种“牛马特性”使电动机具有恒功率的性能，而且当电源电压波动时，对特性影响较小，各台电机之间负荷也较容易平衡，所以串励电机作为牵引电机使用是比较适宜的，但它具有容易空转的缺点。近年来正在研究采用他励牵引电动机，其磁场由另外可控电源进行励磁，这种励磁方式需要较复杂的控制系统。国内外在这方面已进行研究和试验，并取得了一定的成果。目前世界上直流牵引系统所使用的电机类型，应用最广的还是直流串励牵引电机。

具有串励直流牵引电机的机车，如果保持电机电压不变，此时机车牵引力与速度之间的关系称为恒电压下的牵引特性。显然，每一个恒定端电压对应着一条牵引特性曲线，直流牵引系统正是通过调节电压来达到人们所要求的牵引曲线。

二、直流牵引调速系统

按照牵引电源性质，直流牵引系统可分为直-直流及交-直流两大类。直-直流牵引系统是最早应用于电力牵引的一种牵引装置，如图 8－11 所示，它使用的是直流电源（直流电网或直流发电机）和直流串励牵引电机，目前在城市轨道交通中仍较多采用此种系统。

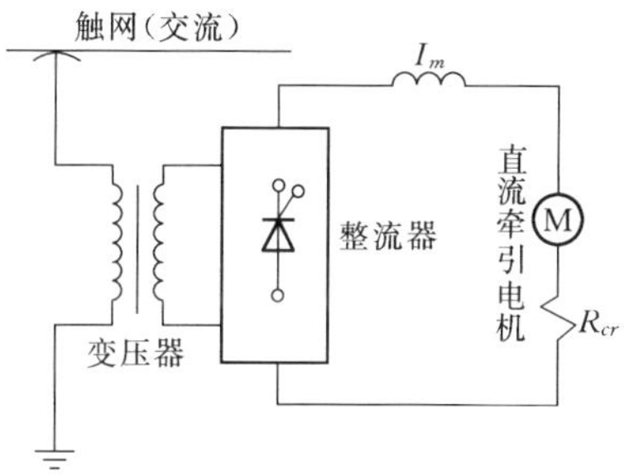

图 8－11　交-直流牵引原理图

交-直流牵引系统使用的是交流电源（交流电网），牵引电机仍采用直流电机。此牵引系统的关键部位是将交流变成可控直流的整流调压装置，如图 8－11 所示。运行时改变整流器的控制角，就可调节输出直流电压，使电动机调速。这种系统的交流电网电压很高，适用于大功率、长距离牵引。目前，大功率的干线电力机车已普遍采用交-直流牵引系统。

（一）直流牵引电动机的基本调速方法

对于电力传动机车或地铁动车，在运行中经常需要根据线路和运行工况选择合适的运行速度，这就要求牵引电动机能在较宽的范围内均匀而经济地调速，且要求调速设备简单，操作方便。

由直流电动机的转速表达式可表示为

$$n=\frac{U-I_d\sum R}{C_E\Phi} \tag{8－1}$$

式中　n——转速，r/min；

U——电枢电压，V；

I_d——电枢电流，A；

$\sum R$——电枢回路总电阻，Ω；

Φ——励磁磁通，Wb；

C_E——由电机结构决定的电动势常数。

在式（8－1）中，C_E 为常数，I_d 是由负载决定的，因此调节电动机的转速可以有三种方法：调解电枢供电电压 U、减弱励磁磁通 Φ 和改变电枢回路电阻 $\sum R$。

（二）直流牵引电动机调速的基本形式

对于要求在一定范围内无级平滑调速的系统来说，以调节电枢供电电压的方式为最好；采用弱磁调速方法可实现电机在急速以上的弱磁升速。在城市轨道车辆电力牵引中，通常是调压及弱磁两种方式的混合使用，以达到所要求的牵引特性。

1. 调节端电压

直流牵引电机的调压调速主要有两种基本形式：变阻控制和斩波调压控制。

（1）变阻控制。早期直流牵引系统主要采用的是电阻调压。变阻控制是通过调节串入电机回路的电阻以改变直流牵引电动机端电压来达到调速目的。调节电阻的方法又可分为两类，即采用有触点组合式凸轮开关调阻和无触点斩波调阻。

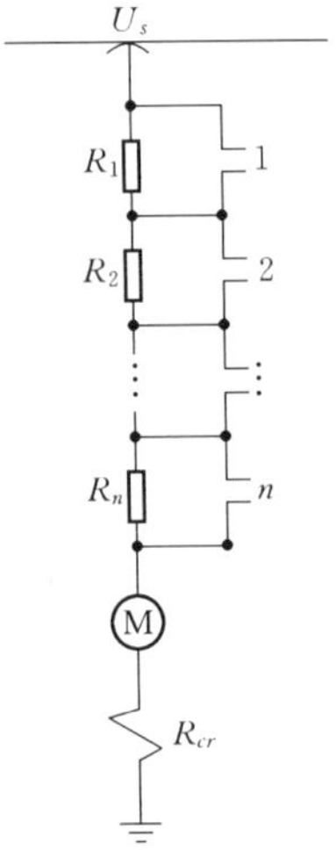

图 8－12　有触点式开关调阻原理图

由于电网只供给车辆一个恒定的直流电压，如果我们将静止状态的车辆电机直接与电网相连，将会产生一个相当大的冲击电流，势必将电机甚至将联接电机的电缆烧坏，另外还会对车辆产生强烈的机械冲击，并且也会发生轮子空转等一系列事故，因此必须在电机和电网之间接上电阻，用于限制电流，减少电机电压。图 8－12 为采用有触点组合式凸轮开关调阻的基本原理，图中，R_1、R_2、R_3、…、R_n 为起动电阻，1、2、3、…、n 为起动开关，即接触器，用于逐个短路起动电阻。采用凸轮机构闭合或断开图中的开关时，串在电机主回路中的电阻值将会发生变化，从而改变电机端电压，实现调速。早期的北京地铁（BJ—4 型或 DK16 型）采用的就是这种调速方式。

无触点斩波调阻实质上是固定电阻与斩波器 CH 并联，如图 8－13 所示，通过调节斩波的开关通断，即可调节两端电阻值。这种方法可实现牵引力的平滑无级变化，具有明显优点，目前国产直流地铁车辆主要采用这种调速方法，有触点开关调阻装置已逐渐被改造替代。

但是由于这些电阻的存在，电阻上的电能转换成了热能，把起动时的能量浪费了。如车辆静止时，起动电阻最大，电机上只有大约 5%电压，则效率只有 5%。这种调压方式在电阻中消耗了大量的电能（这种电能的损耗，在起动频繁的电动车辆中尤为可观）。

（2）斩波调压。随着半导体技术的飞跃发展，电力电子变流技术得到了不断的提高，现在的直流牵引已普遍采用斩波调压方式代替电阻调压，它不仅能取消起动电阻，并能对电动机的端电压进行连续、平滑的调节，实现平稳调速。

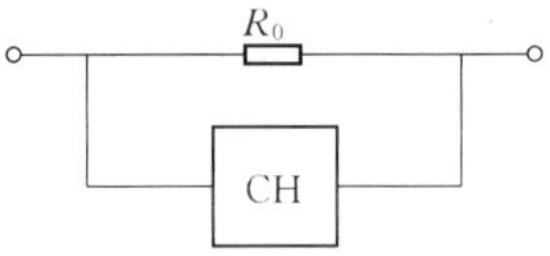

图 8－13　斩波调阻原理图

如图 8－14 所示，画在圆圈内的可控硅表示一个斩波器，它代表一个理想开关，如果斩波器有规则地导通和关断，每次

导通的时间为 t_{on}，关断的时间为 t_{off}，则 $T=t_{on}+t_{off}$，T 称为斩波周期，而 $\alpha=t_{on}/T$，其中 α 称为导通比。不难看出，负载电压的平均值为

$$U_{RL}=U\frac{t_{on}}{T}=\alpha U \tag{8-2}$$

由上式可见，只要调节 α，即可调节负载的平均电压，这就是直流斩波电路基本原理。

导通比的控制可以通过以下 3 种不同的方式来实现（见图 8－15）：

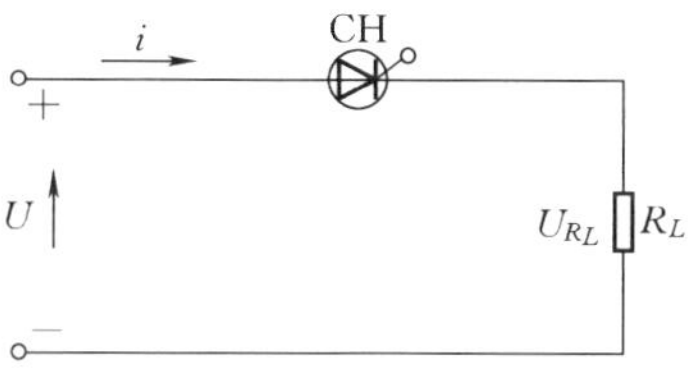

图 8－14 直流斩波电路原理

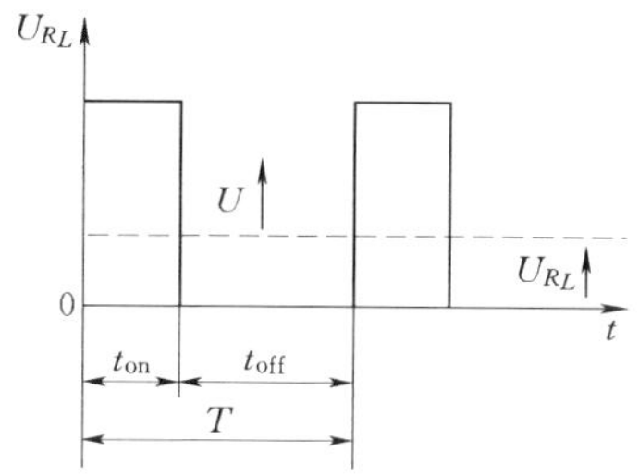

图 8－15 直流斩波电压波形

（1）脉冲宽度控制（定频调宽）——改变导通时间 t_{on}，而斩波周期 T 不变。

（2）频率控制（定宽调频）——保持 t_{on} 为常数，而改变斩波周期 T。

（3）脉宽和频率的综合控制——通常是分段地改变斩波周期 T，而连续地控制 t_{on}。

第一种方法由于斩波器的基本频率固定，所以易于设计滤波器消除高次谐波；第二种方法控制电路比较简单，但斩波器的频率是变化的，所以滤波较难，且对通信信号干扰较大，因而使用较少；第三种方法通常只用于要求在很大范围内调节的负载，如牵引系统。

早期的斩波器采用晶闸管作为斩波元件，晶闸管经门极触发脉冲导通后，要想再关断晶闸管，必须使流过它的电流下降到其维持电流之下一段规定的时间。若在此过程中晶闸管承受反向电压，则该段时间可以显著缩短。这在交流电路中可以自然实现，因为电源电压是交变的，在一个周期的某个时间点上，晶闸管的电流必然下降到零，且此后会承受负的电压，即所谓反电压。若承受反电压的时间大于晶闸管所要求的关断时间，它就会可靠地关断。但在直流电路中情况不同，没有可以使晶闸管关断的反电压，为此必须引入附加的装置，强制晶闸管电流减小而关断。这种引入附加装置使晶闸管关断的方法，通常称为强迫换流。由于晶闸管的这种不能自关断性，使斩波电路中的换流电路成为一个复杂的、核心的问题。

目前在电力牵引领域中，已广泛采用 GTO 元件，即可关断晶闸管。与传统的晶闸管相比，GTO 的工作频率较高且具有自关断能力，省去了强迫换流电路，所以整机体积减小，重量减轻，效率提高，可靠性增加。但价格较贵，对使用技术的要求也高。

随着半导体技术的发展，目前又推出一种新型的元件 IGBT，即绝缘门极晶体管。它是一个场控管 MOSFET 与晶体管 GTR 的复合管，是新一代的场控型电力电子器件，在城市轨道交通领域它将代替 GTO 元件。毫无疑问，斩波元件的发展推动了斩波器向电路简洁、控制简单、轻型化等方向发展。

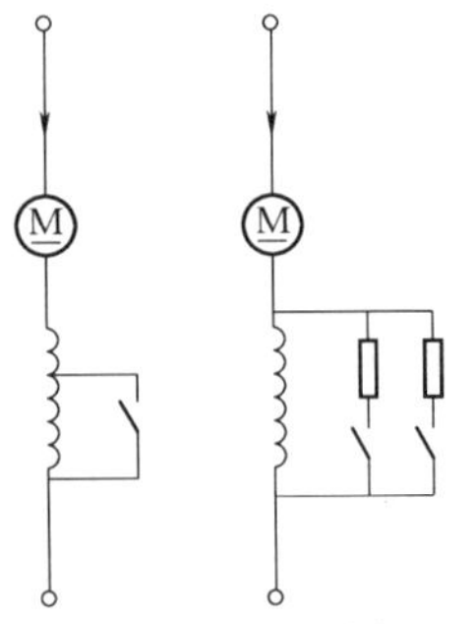

图 8-16　串励电动机磁场削弱法
(a) 短路匝数法；
(b) 分路电流法

2. 调节主极磁通

主极磁通的调节往往采用减小电机主磁通的办法，提高机车或电动车组的速度，因此亦称为磁场削弱。

主极磁通的大小与励磁线圈的匝数及励磁电流的大小成正比。所以对于串励电动机，有两种方法进行磁场削弱，即如图 8-16 所示的短路匝数法和分路电流法。短路匝数法主要是通过减少励磁线圈的匝数来减小磁通；分路电流法主要是采用励磁绕组上并联分路电阻，使电流的一部分流经分路电阻，减少励磁电流，从而减少磁通。

三、牵引电动机的电气制动

利用直流电机的可逆原理，可以在制动工况时把牵引电动机变为发电机，通过轮对将列车动能变为电能。这时牵引电动机轴上的反转矩作用在机车动轮上形成电制动力，称为电气制动。采用这种制动可以提高列车运行速度，降低机车车辆轮对及闸瓦的磨损。

电气制动可以分为电阻制动和再生制动。电气制动时牵引电机产生的电能，如果利用电阻将电能转换为热能耗散掉，就称为电阻制动或能耗制动。如果将电能重新反馈回电网中去加以利用，就称为再生制动或反馈制动。列车通常配备两套制动系统提高了运行的安全性。

（一）电阻制动

直流串励牵引电机在进行电阻制动时，按其接线方式分为他励式电阻制动和串励式电阻制动两种。

1. 他励式电阻制动

他励式电阻制动方式是在串励电动机具有一定的转速时，把电枢从电源断开，接到制动电阻上，励磁绕组再用单独的低压电源供电，构成他励磁电阻制动，如图 8-17 (b) 所示。改变他励绕组的励磁电流和磁通，可以调节电机的制动电流和制动力，这种方法在大功率机车上用得很普遍。

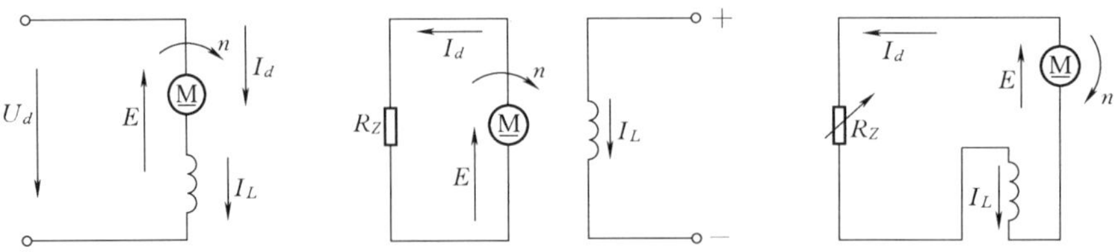

图 8-17　直流电机的电阻制动接线原理图
(a) 电动机牵引工况；(b) 他励式电阻制动；(c) 串励式电阻制动

2. 串励式电阻制动

串励式电阻制动方法是把电机电枢和反接后的励磁绕组一起接到制动电组上，构成自励磁电路，如图 8-17 (c) 所示。这种方式不需要有额外的磁场电源，但是需要改变制动电阻的大小来调节制动电流和制动力。城市轨道交通车辆采用斩波器与制动电阻并联，通过改变斩波器的导通角来调节电阻。

（二）再生制动

电阻制动的方式始终消耗了电能变为热能。特别是在地下城市轨道交通中，散失的热量增加了隧道的温升，给空调及通风系统造成压力，也带来了一定的安全隐患，而再生制动不仅可以避免电阻制动时散发出的热量，并且可以回收电能，节约电能和减少供电装置的投资。再生制动时，牵引电动机处于发电机状态向电网反馈电能，目前采用 GTO 斩波装置，可以比较方便地实现再生制动，原理如图 8－18 所示。例如在上海地铁 1 号线车辆传动系统中，同时具有电阻制动和再生制动这两种动力制动形式。其中高速时优先使用再生制动，当制动电能向电网反馈过程中，造成网压过高，则换接使用电阻制动。

四、牵引主回路及其控制

直流传动系统主回路结构框图如图 8－19 所示。其工作原理如下：

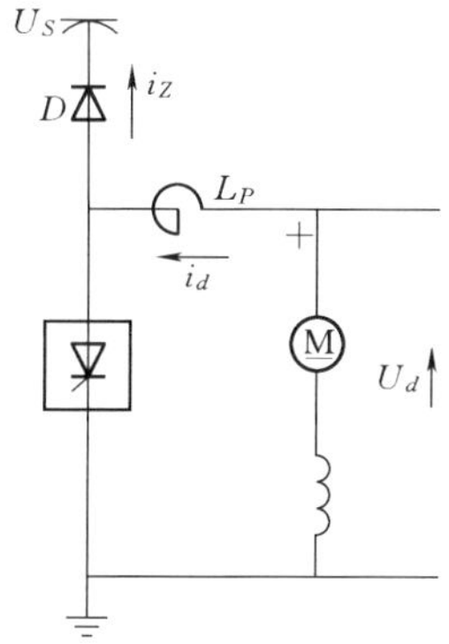

图 8－18　再生制动原理图

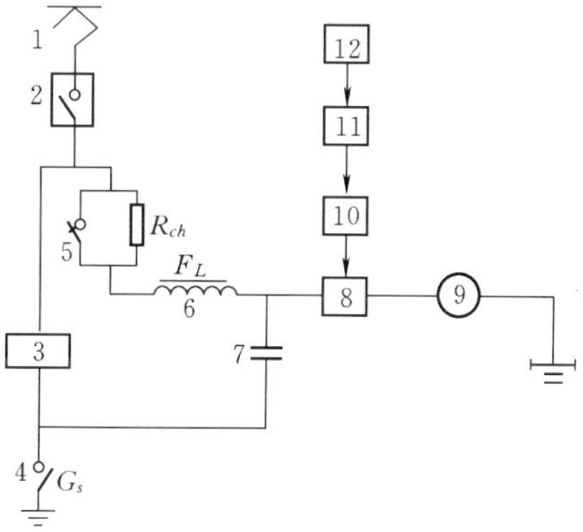

图 8－19　直流传动系统主回路结构框图

（1）受电弓 1 和接地开关 4 将直流电网中网侧电压（1500V DC 或 750V DC）引入电动车组中，当电动车组出现短路、过流、接地等故障时，由主断路器 2（牵引断路器）切断直流电源，对电动车组实现故障保护。

（2）线路滤波电抗器 6 和线路滤波电容器 7 组成线路滤波器，用于对网侧电压进行平波处理。

（3）充电电阻 R_{ch} 组成线路滤波器的充电电路，实现线路滤波器的软起动。

（4）软起动结束后，由负载接触器 5 将 R_{ch} 切断。

（5）司机控制器 12 将控制指令（速度、转矩）经触发脉冲信号发生器 10、控制电子装置 11 输出斩波器或凸轮调速变阻器 8 的控制脉冲。

（6）滤波处理后的直流电源通过斩波器或凸轮调速变阻器 8 将直流电源变换成幅值可变的直流电源，驱动直流牵引电机 9 运行。

（7）电压检测环节 3 用作对电动车组电压进行实时检测。

根据牵引要求，控制应使列车尽可能平稳，即尽可能恒加速与减速，故斩波器控制应采取恒流牵引与恒流制动方式。随着半导体微处理器技术的发展，现在微型计算机控制已广泛用于控制电路，代替了传统使用的模拟电路。如上海地铁采用 SIBAS－16 牵引控制单元，这是德国西门子公司推出的以 16 位微处理器为中心的通用车辆控制系统。它可根据司机的指令和牵引回路的状态及相应信号调节斩波器，对各接触器、继电器、电磁阀、发光二极管等发出信号，达到所要求的恒流牵引、电阻制动及再生制动。

控制单元同时还能完成多种监测功能，包括自动检测。当牵引电路在运行中发生故障时，系统将根据故障的严重程度做出相应的处理，并自动记录故障。其硬件与软件均采用模块化结构，可根据用户的要求增加所需要的功能。

第三节 交流电力牵引系统

交流牵引系统的主要部分包括交流电机在内的主电路及控制电路。由于用于城市轨道电力牵引的交流电机主要是三相异步电机，所以本章主要介绍三相异步电机及其调速与控制。

一、交流牵引系统特点及发展概况

20 世纪 70 年代后期以来，随着晶闸管变流技术的发展，电动列车电传动系统已发展到一个崭新的阶段。从电力牵引的角度考虑，传统的直流牵引电机其自然特性有良好的牵引性能，但其防空转性能较差；况且由于直流牵引电机固有的换向器与电刷，因而带来了较大的体积与重量，以及由换向问题而引出的繁杂的维护问题。而交流牵引电机由于没有换向器与电刷，所以其体积与重量有较大的下降，通常，它与直流牵引电机单位功率重量比为 1∶1.25 左右。此外，由于交流牵引电机结构简单，其转子无需绝缘，也没有引线，所以制造技术比直流牵引电机要求低，容易制造，成本也低；同时交流牵引电机耐潮湿，防尘和抗机械冲击及电气冲击性能好，工作可靠，寿命长；交流牵引电机没有直流牵引电机那种令人讨厌的环火故障，维修、运行费用低。

交流牵引电机具有很强的机械特性，当转速升高 2%～4%时，其转矩就下降为零，因此它比串励直流牵引电机具有更好的防空转性能，比他励直流牵引电机具有充分利用黏着重量，满足重载起动的卓越牵引性能，交流牵引电机的能耗也比直流牵引电机小。

采用交流牵引电机后，车辆的调速需用逆变器来完成，也就是将直流电由逆变器变为可调节电压与频率的交流电来控制交流牵引电机的转速。用了逆变器供电，就不需要笨重的有触点的反向开关与制动转换开关，因而可大大简化车辆主电路，使主电路设备与连线大大减少。同时，由于交流牵引电机没有换向器而不存在换向问题，所以能发挥较高的输出功率；在高速运行时，电机效率也较高，而且在再生制动时也能输出较大的再生电功率。

综上所述，由于交流传动技术具有如此多的直流牵引无法比拟的优点，因而采用交流牵引电机的交流牵引系统已被世界各国公认为近代最优秀的牵引调速系统，因此，交流牵引也是今后世界各国（包括中国）轨道交通发展的总趋势。表 8－1 为国外部分城市使用交流牵引车辆的情况。

表 8-1　　国外部分城市使用交流牵引车辆概况

国　家	奥地利	奥地利	德国	德国	德国	西班牙	日本
城市	维也纳	维也纳	柏林	慕尼黑	纽伦堡	马德里	大阪
车辆型号			F 型	B 型			系列
电压制（V）	DC 750	DC 750	DC 750	DC 750	DC 750	DC 600	DC 750
受流方式	第三轨	第三轨	第三轨	第三轨	第三轨	架空线	第三轨
电机功率（kW）	200	125	133	1H0	195	120	140
电传动方式	交流	交流	交流	交流	交流	交流	交流
开始时间（年份）	1977	1980	1980	1980	1981	1982	1980

上海地铁 2 号线的车辆全部采用交流传动技术，受电方式为架空线，供电电压为 DC 1500V，用 GTO 逆变器调速，牵引电机功率为 190kW。

任何事物都是一分为二的，虽然交流牵引比直流牵引更具发展前景，但就控制系统制造技术而言，交流调速系统较斩波调速系统复杂，整个控制系统重量和体积较大，对运行维修人员的技术素质要求较高，控制装置成本也较高。

二、交流电机

（一）三相异步电机电动机基本结构

三相异步电动机主要是由定子和转子两大部分组成的，其中定子为静止不动部分，转子为旋转部分，定子和转子之间是空气隙，如图 8-20 所示。

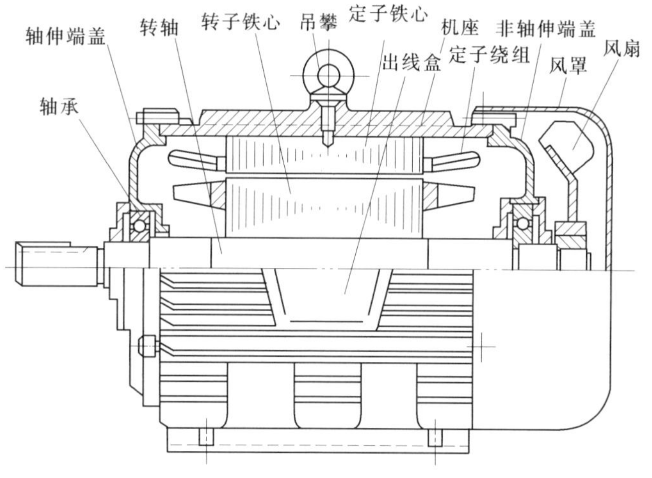

图 8-20　三相异步电动机的结构

定子是电动机磁路的一部分，它由定子铁心、定子绕组、机座、端盖和轴承等部件组成。其中定子铁心的内圆周表面冲有槽，用以放置对称三相绕组。

转子部分是用来产生电磁转矩从而实现机电能量转换的主要部件。三相异步电动机的转子根据构造上不同分为两种型式：鼠笼式和绕线式。鼠笼式的转子绕组做成鼠笼状，就是在转子铁心的槽中放铜条，其两端用端环联接，如图 8-21 所示。绕线式的构造如同定子绕组一样，也是三相对称绕组。

鼠笼式和绕线式只是在转子的构造上不同，它们的工作原理是一样的。鼠笼式异步电动机由于构造简单、价格便宜、运行可靠、维护方便，因此成为我们城市轨道车辆中使用最广泛的一种电动机。

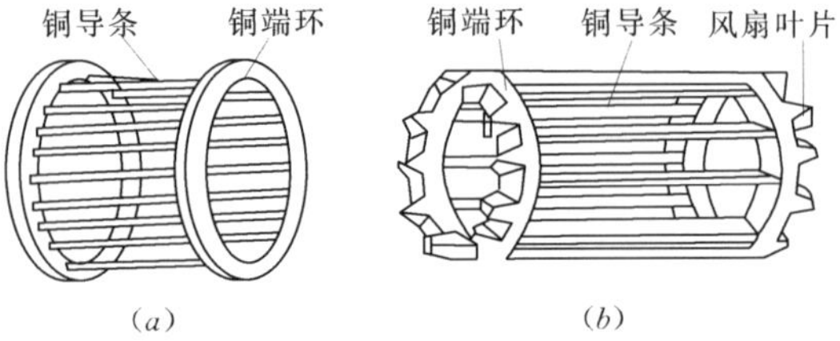

图 8－21 鼠笼式转子

（二）三相异步电机基本工作原理

1. 旋转磁场的产生

三相异步电动机的定子铁心中放有三相对称绕组 AX、BY 和 CZ；三相对称绕组连接成星形，连接到三相对称电源上，如图 8－22（a）所示，这样三相绕组便流过三相对称电流，其瞬时表示式如下：

$$i_A = \sqrt{2} I \sin\omega t \tag{8-3}$$

$$i_B = \sqrt{2} I \sin(\omega t - 120^\circ) \tag{8-4}$$

$$i_C = \sqrt{2} I \sin(\omega t + 120^\circ) \tag{8-5}$$

电流的波形图如图 8－22（b）所示。取绕组首端到尾端的方向作为电流的参考方向。在电流的正半周时，其值为正，其实际方向与参考方向一致；在电流的负半周时，其值为负，其实际方向与参考方向相反。

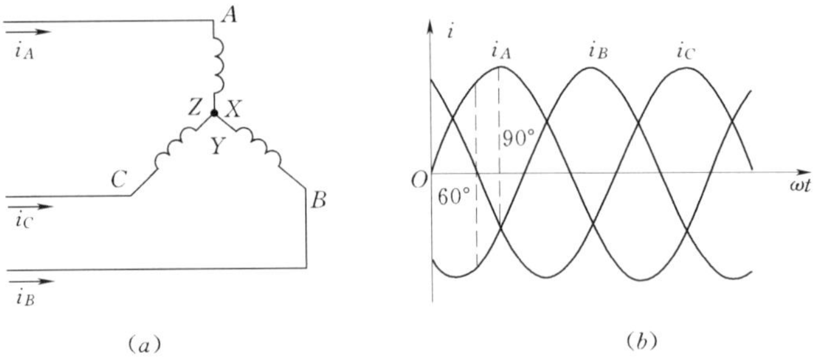

图 8－22 三相对称电流

在 $\omega t=0$ 的瞬时，定子绕组中的电流方向如图 8－23（a）所示。这时 $i_A=0$，i_B 为负值，其方向与参考方向相反，即自 Y 到 B 为正；i_C 是正的，其方向与参考方向相同，

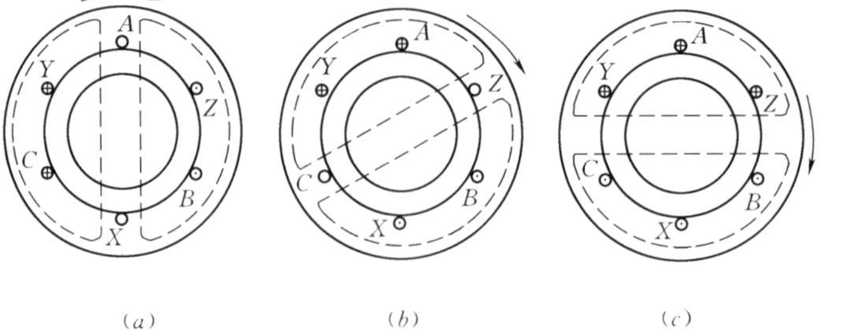

图 8－23 三相电流产生的旋转磁场（$p=1$）

即自 C 到 Z。将每相电流所产生的磁场相加，便得出三相电流的合成磁场。在图 8－23（a）中，合成磁场轴线的方向自上而下。

图 8－23（b）所示的是 $\omega t=60°$ 时定子绕组中电流的方向和三相电流的合成磁场方向。这时合成磁场已在空间转过了 60°。

同理可得 $\omega t=90°$ 时的三相电流的合成磁场，它比 $\omega t=60°$ 时的合成磁场在空间又转过了 30°，如图 8－23（c）所示。

由上述可知，当定子绕组中通入三相电流后，它们共同产生的合成磁场是随电流的交变而在空间不断地旋转着，这就是旋转磁场。

在三相电流中，电流出现正幅值的顺序为 $A\rightarrow B\rightarrow C$，因此磁场的旋转方向是与这个顺序一致的，即磁场的转向与通入绕组的三相电流的相序有关。如果将三相电源连接的三根导线中的任意两根的一端对调位置（例如对调了 B 与 C 两相），则三相绕组的 B 相与 C 相对调，旋转磁场因此反转。

从图 8－23 中可以看出，上述旋转磁场是一对磁极的。三相异步电动机的极数就是旋转磁场的极数。如果将三相定子绕组作不同的安排，也可产生两对、三对或更多磁极对数的旋转磁场。

2. 电动机的转动原理

图 8－24 为三相异步电动机转子转动的原理图，图中 N、S 表示两极旋转磁场，转子中只示出两根导条。当旋转磁场向顺时针方向旋转时，其磁通切割转子导条，导条中就感应出感应电动势。电动势的方向由右手定则确定。

在电动势的作用下，闭合的导条中就有电流。该电流与旋转磁场相互作用，使导条受到电磁力 F。电磁力的方向可以用左手定则来确定。由电磁力产生电磁转矩，转子就转动起来。如图 8－24 所示，转子转动的方向和磁极旋转的方向相同。

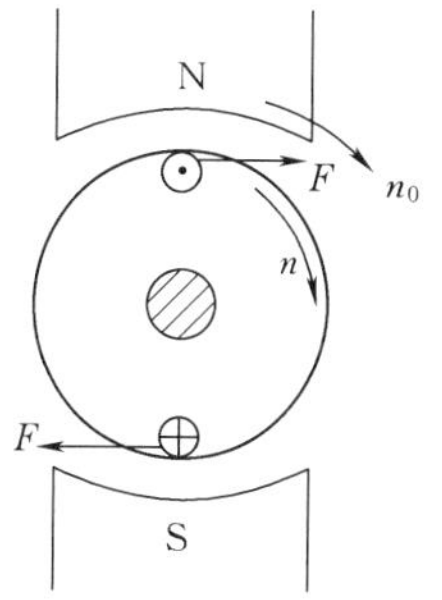

图 8－24　三相异步电动机转子转动的原理图

3. 转差率

由图 8－24 可见，电动机转子转动的方向与磁场旋转的方向相同，但转子的转速 n 不可能达到与磁场转速 n_0 相等，即 $n<n_0$。因为，如果两者相等，则转子与旋转磁场之间就没有相对运动，因而磁通就不切割转子导条，转子电动势、转子电流以及转矩也都不存在。这样，转子就不可能继续以 n 的转速转动。因此转子转速与磁场转速之间必须要有区别。这就是异步电动机的名称的由来。而旋转磁场的转速 n_0 常称为同步转速。我们用转差率 S 来表示转子转速与磁场转速 n_0 相差的程度，即

$$S=\frac{n_0-n}{n_0} \tag{8-6}$$

转差率是异步电动机的一个重要的物理量。转子转速愈接近磁场转速，则转差率愈小。由于三相异步电动机的额定转速与同步转速相近，所以它的转差率很小。通常，异步电动机在额定负载时的转差率约为 1%～9%。

（三）三相异步电动机的机械特性

三相异步电动机在电源电压 U_1 和转子电阻 R_2 之下，转矩与转差率的关系曲线 $T=$

$f(S)$ 或转速与转矩的关系曲线 $n=f(T)$，称为电动机的机械特性曲线。如图 8－25 和图 8－26所示。其中 T_N 表示额定转矩，额定转矩是电动机在额定负载时的转矩；T_{max} 为最大转矩或临界转矩，当负载转矩超过最大转矩时，电动机就带不动负载了，电动机转速迅速降为零，发生闷车现象；T_{st} 为起动转矩，即 $S=1$ 时的转矩。

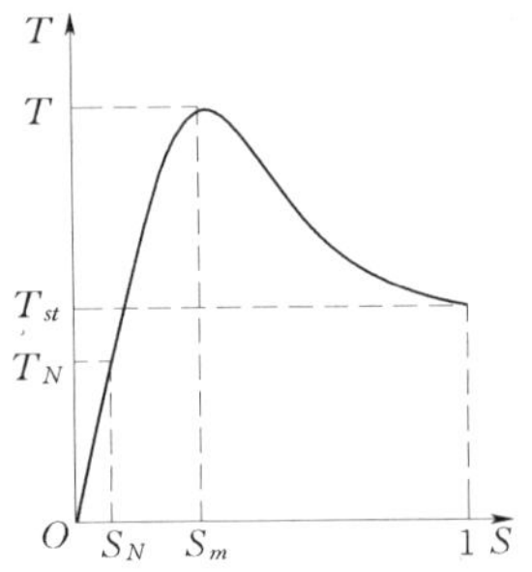

图 8－25 三相异步电动机的 $T=f(S)$ 曲线

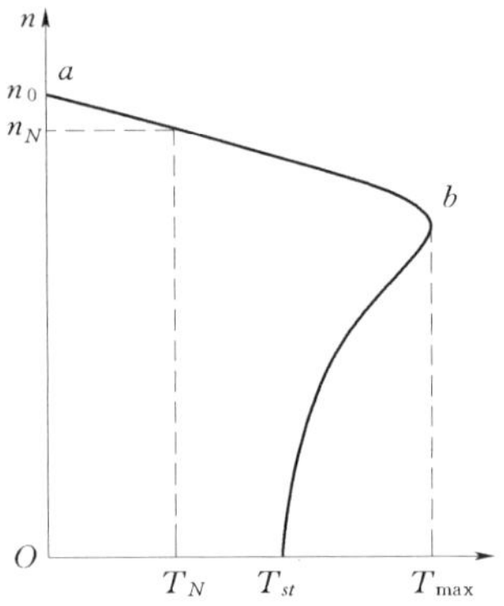

图 8－26 三相异步电动机的 $n=f(T)$ 曲线

通常三相异步电动机都工作在图 8－26 所示特性曲线的 ab 段。因为交流电动机运行在这段区域内具有机械稳定性。机械稳定性是指电动机在正常工作时，由于偶然的因素引起速度不大的变化时，电动机是否能恢复到原来的稳定运行状态。例如电动机在稳定状态下运行，当负载转矩增大时，在最初的瞬间电动机的转矩小于负载转矩，所以它的转速 n 开始下降。随着转速的下降，由图 8－26 可见，电动机的转矩增加了，当转矩增加到与负载转矩相等时，电动机在新的稳定状态下运行。

三、交流电机调速系统

三相交流异步电机调速方法可分为改变极对数、调节供电频率和调节转差三大类。改变磁极对数如从三相变为四相、六相，转速会减小，但这是有级调速；改变转差率如定子调压调速、电磁调速等都是耗能型调速方法，只有变频调速是最为理想的调速方法。

变频调速是把交、直流电变换为可调电压、可调频率的交流电，向交流电动机供电。按供电电源不同交流传动又可分为直交传动、交交传动和交直交传动。直流可以被认为是频率为零的交流电，由直流电变为定频定压或调频调压交流电的变频器称为逆变器。城市轨道交通中使用的交流传动形式多为直交传动，交直交传动一般使用在干线铁路中。

从本章第一节中我们知道，城市轨道车辆运行中一般由三个典型区域构成：即牵引加速区、惰行区和制动减速区。对于牵引应用领域，一般都要求列车在起动过程有均匀的加速力和加速度，以实现平稳起动，也就是说，电机需要按恒转矩起动，在列车速度大于起动最大速度时，为充分利用传动设备的能力，电机需运行于恒功率特性区和自然特性区域。

逆变器向异步电动机提供变频功率时，为了使电动机的铁磁材料得到充分利用，电动机应维持在适当的磁场状态（一般接近于饱和状态）。这就是说，应当尽可能地使气隙磁通维持为常值，在这种情况下，电动机的矩速特性如图 8－27 所示，即电机最大转矩在频率变化过程中保持基本不变，这种特性对于牵引转矩不变而速度变化的负载是很适宜的，通过控制使电机工作在恒转矩区域，即牵引加速区。

倘若定子的供电频率变化而电压保持不变，即在恒电压下进行变频调速，则气隙磁通和最大转矩随着频率的上升而下降，如图 8-28 所示。显然，这种特性适合于车辆牵引的要求，它在起动和低速时有较大的转矩，而在高速时转矩较小，亦可实现恒功率控制。

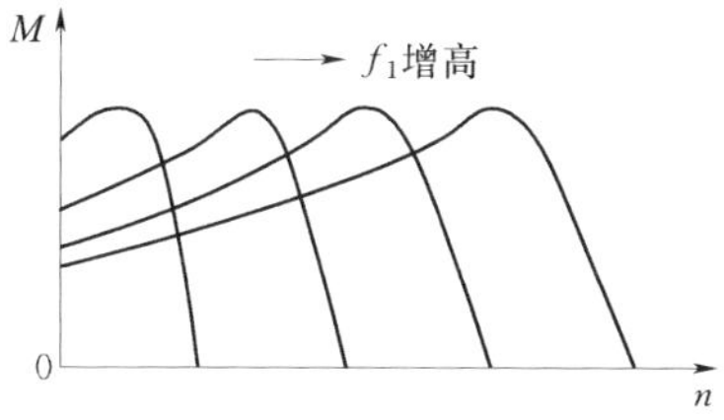

图 8-27 一定的气隙磁通，不同的频率时异步电动机的矩速特性

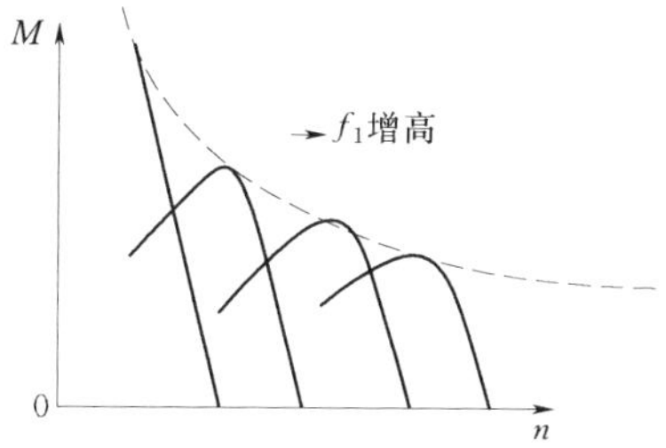

图 8-28 一定的电压，不同的电源频率时异步电动机的矩速特性

四、交流传动的脉宽调制控制技术

在交流变频调速传动中利用静止变频器使交流电动机得到较宽的调速范围，而当交流电动机由变频电源供电时，为了保持恒定的磁通量，其端电压必须按频率的函数关系变化，其基本规律是电压频率的比值为常数，否则电动机将出现过励磁或欠励磁。

因此，用于交流电传动的变频器实际上是变压（Variable Voltage，简称 VV）器、变频（Variable Frequency，简称 VF）器，即所谓 VVVF 装置。与此相应的还有定压（CV）、定频（CF）变频器，简称 CVCF 装置。CVCF 可以认为是 VVVF 固定于某一点运行时的一种特殊情况。

VVVF 控制技术可分为两种。早期为脉冲幅值调制（Pulse Amplitude Modulation，简称 PAM）方式，如图 8-29 所示。由于采用普通晶闸管其开关频率不高，所以将变压与变频分开完成。

随着快速半导体开关元件 GTO、IGBT 等的发展，使变压与变频集中在逆变器中一起来完成成为可能，这种控制技术就称为脉冲宽度调制（Pulse Width Modulation，简称 PWM）方式，如图 8-30 所示。

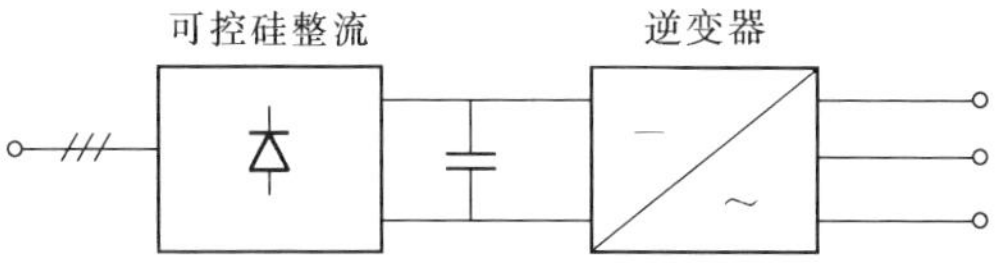

图 8-29 PAM 方式框图

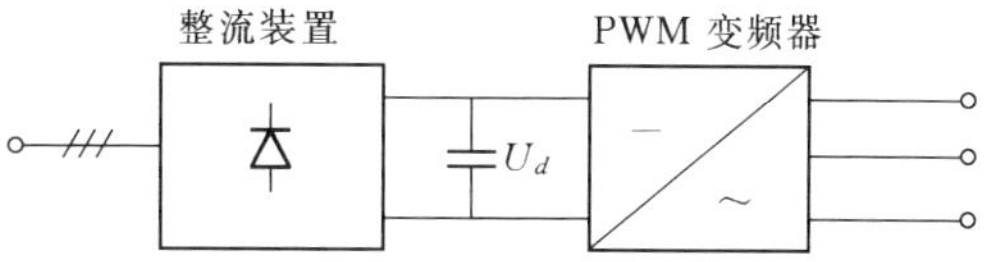

图 8-30 PWM 方式框图

脉宽调制变频器主要优点如下：

(1) 中间直流电压不变，故其强迫换流线路可以很简单。

(2) 调频调压均可在逆变器内部实现，可不受直流滤波回路参数的影响而实现快速调节。

（3）电源侧功率因数较高，减少了高次谐波对电网的影响。

（4）可以将输出电压调制成PWM波，减少了低次谐波，从而解决了电动机在低频区的转矩脉动问题，也降低了电动机的谐波损耗与噪声。

PWM控制技术有许多种，并正在不断发展中。在轨道交通车辆中用得较多的是正弦波PWM法与磁链追踪型PWM法。正弦波PWM法是从电动机供电电源角度出发，使之产生一个可调频调压的三相对称正弦波电源。磁链追踪型PWM法是使电动机获得一个圆磁场，它是以三相对称正弦波电压供电时交流电机的理想磁链为基准，逆变器用不同开关模式产生的实际磁链矢量来追踪基准磁链圆，由追踪结果决定出逆变器的开关模式形成PWM波。

第四节　城市轨道车辆用直线感应电机

一、直线电机特点及发展概况

直线电机牵引是目前最先进的牵引方式之一，技术成熟。用于地面运输车辆的直线电机，给人们印象最深的莫过于用它来驱动高速磁浮列车，事实上，直线电机另一个较大的应用领域是将直线感应电机用作为地铁（或轻轨）车辆的动力。在这种驱动方式中，车辆的支撑和导向与传统的用旋转式电机驱动的铁道车辆一样是依靠车轮和轨道来完成的，而推进力则是由直线感应电机（Linear Induction Motor，简称LIM）产生，车速最高达70km/h左右。鉴于LIM驱动方式的优点以及技术与经济上的现实可行性，在一些先进国家率先被成功用于车辆的动力装置，加拿大的多伦多、温哥华空中列车线，马来西亚吉隆坡PUTRAⅡ线，纽约肯尼迪机场线LIM驱动的轻轨车辆已运营多年。在日本，LIM驱动方式也被用于地铁车辆牵引，如大阪地铁的鹤见绿地线电动车辆（大阪交通局70型车辆）、东京地铁的都营12号线电动车辆（东京交通局12－000型车辆），都采用了LIM驱动方式，这两条线部分完工后已分别于1990年3月和1991年12月投入运营，福冈地铁3号线也计划采用LIM驱动方式。目前，至少在5个国家、9条轨道交通线中得到应用，建成的线路总里程超过180km。

LIM驱动的地铁车辆在东京、大阪运行了多年，均没有发生过大的故障，证明了它的实用性。在实际运营中，LTM车辆逐渐被人们接受。LTM车辆有着断面小、爬坡能力强、转弯半径小、良好的牵引和制动性能、噪声小、寿命长等优点，但是与普通的旋转电机相比，它的效率和功率因数低。直线电机系统一次侧和二次侧的气隙对LIM的性能影响较大，所以对轨道、反作用板、轨枕的尺寸精度及安装精度，LIM的安装精度及支撑结构都相应有较高的要求。

早在20世纪80年代，我国就已开始这种渠道方式的运载系统，但一直处于系统选择可行性研究，到了90年代，随着磁浮铁路系统试验线及试验车的研制，开始了直线电机及其控制系统设备研制，但至今还未在城市轨道交通直线电机运载系统这个领域进行过系统广泛的科技攻关研究工作。

北京市轨道交通首都国际机场线为体现机场线的特点，实现北京市轨道交通跨越式发展，根据沿线的环境要求，经过市有关部门多次开会研究，对轮轨系统、直线电机系统、中低速磁浮方案进行充分比较，从系统运能、线路适应性、技术先进性、环境影响等方面综合研究，最后决定采用低噪声的新型交通制式直线电机系统。广州市地质条件复杂，建成区建筑物密集，加上珠江水系的影响，线路必须多次穿越珠江，从整个路网规划的情况来看，目前所采用的传统的轨道交通系统已经不能很好地满足工程建设和运营的需要了，必须探索新的途径，直线电机运载系统就是根据这一需要而提出的。广州市轨道交通 4 号和 5 号线车辆供应商是日本川崎重工业公司，4 号线直线电机系统采用日本技术。

随着我国经济持续高速发展，城市化高潮的到来，城市交通问题和矛盾日益突出，城市大力发展大运量的集体运输系统越来越迫切，LIM 驱动的小断面地铁车辆为我们提供了一种降低造价的选择。

二、直线感应电机的基本运行原理

（一）基本结构

绝大部分电机是利用电磁力产生旋转运动的，实际上，利用电磁力亦可以产生直线运动，直线感应电机就是典型的例子。直线电机主要由初级（相当于旋转电机的定子）和次级（相当于旋转电机的转子）两大部分构成，简单地说，直线电机的初级就好像把普通旋转电机的定子按径向剖开并将它拉直（见图 8－31），次级亦按这种方式处理，作为初级的一列线圈按一定的相序通电流，初、次级之间就会产生电磁力。

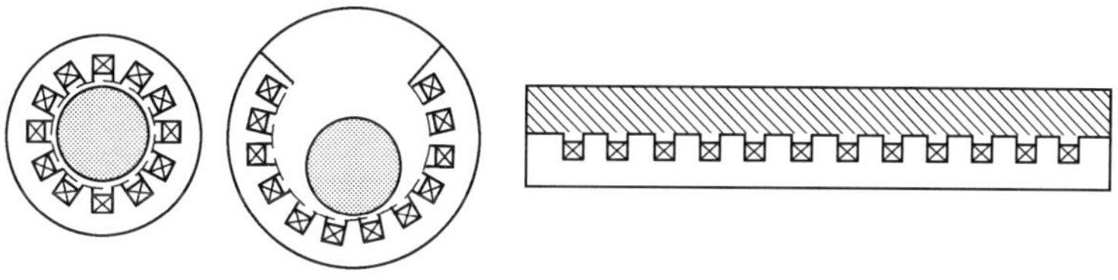

图 8－31 将旋转电机剖开拉直而得到的直感电动机

依照这一原理可以发展若干不同类型的直线电机，图 8－32 所示的是两类扁平型直线电机的结构。将普通鼠笼式感应电动机剖开拉直而得到的直线电机只能适用于有限的几种场合，因为允许次级（或初级）运动，就意味着“笼型”在一端出现而使初级线圈在另一端裸露时电动机失去了越来越大的部分，由此可见，如果需要以一定功率运动较长距离，初级或次级就必须延长，由此得到两类不同的直线感应电动机，即“短初级（或短定子）电机”和“短次级（或长定子）电机”。

一般地说，短初级电机的制造成本和运行成本要比短次级低得多。此外，次级在结构可以进一步简化，通常制成为一片导体，整个系统仅在其长度上一小部分有电流流通。图 8－32 所描述的情况是假设定子和转子均由叠片铁心槽中的导体所组成，这是旋转感应电机的普通结构。在这种结构中，除了电机所产生的切向电磁推力外，在初、次级内表面之间还存在着一种纯磁拉力。为了

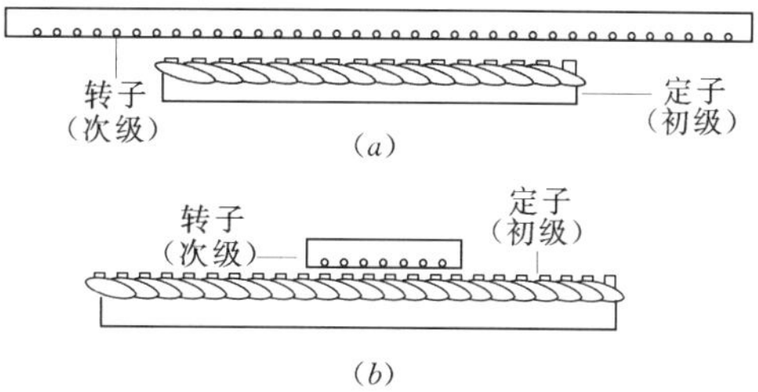

图 8－32 扁平型直线感应电动机的两种基本类型

(a) 短定子电机；(b) 长定子电机

消除这种因结构不对称而引起的失衡磁拉力，人们设计了一种双边型直线电机，次级导体不再嵌在槽中而是在气隙中工作，在结构上是一片结实的导体，电机的初级有两个，分别对称布置在次级两边，如图 8-33 所示，这种电机又称为“片状转子”的直线感应电机。

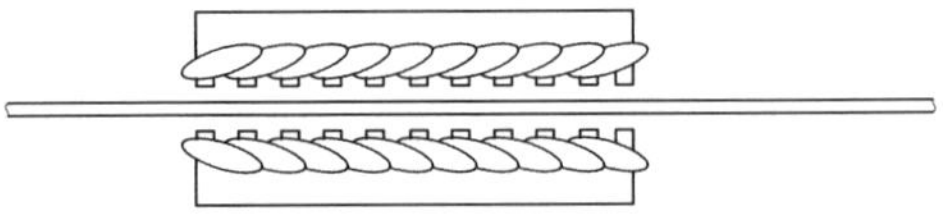
图 8-33　“片状转子”的直线感应电机

直线感应电机，按其结构、电源、定子方式可有如表 8-2 所示的分类。

表 8-2　直线感应电动机的分类

按结构分类		按电源分类	按定子分类
扁平型磁单边式	电单边式	两相电源	短定子方式
扁平型磁双边式	电单边式	三相电源	长定子方式
	电双边式		
圆筒形			

所谓直线电机的磁单边结构，指仅在初级一侧装有铁磁材料，次级一侧只有导电体，没有导磁材料；所谓磁双边结构，指既在初级一侧装有铁磁材料，次级一侧除了导电体，也有导磁材料。图 8-33 所示的“片状转子”的直线感应电机属于磁双边结构。扁平型磁单边直线感应电机，也是电单边结构，而扁平型磁双边直线感应电机，则有电单边结构和电双边结构之分。一般，扁平型直线感应电机的初级由冲出槽的电工钢片叠压而成，槽中嵌有绕组。

在直线电机领域中，扁平型直线感应电机尤其适用于运输系统，在 20 世纪 50 年代以后，直线感应电动机在推进和运输方面的应用取得了很大的进展。直线电机用于牵引应用，把初级装在车上，次级作为轨道本身是最佳方案。如图 8-34 和图 8-35 是两种典型的直线感应电机轨道设计方案。还有一种结构如图 8-36 所示，将次级导体固定在地上，而将定子的初级绕组装在车上，这时次级又称为反应板或反应轨道，初级和次级之间表面之间存在的磁拉力（推力），这种磁拉力有助于减小轮轨之间的压力减小磨损，这种结构的直线感应电机在地铁动车上应用比较广泛。

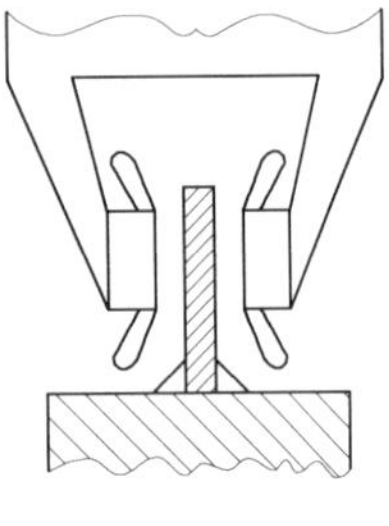
图 8-34　轨道牵引设计方案（一）

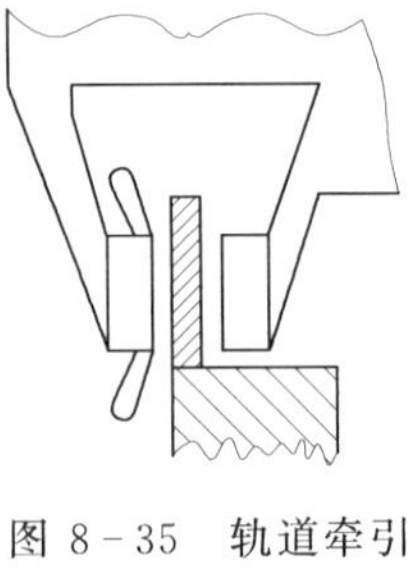
图 8-35　轨道牵引设计方案（二）

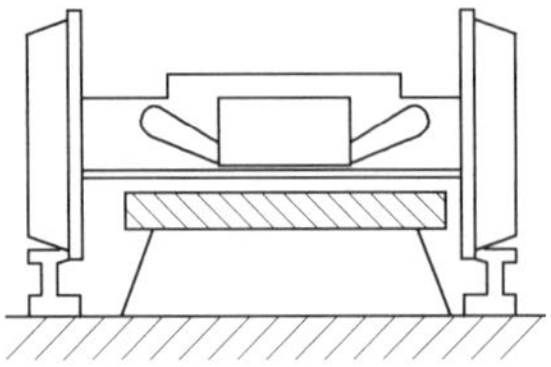
图 8-36　用于地铁动车的轨道牵引方案

考虑到经济性、实用性等问题，直线感应电机的次级多用以下形式或材料：①绕线式；②鼠笼式；③铁片；④非铁金属片；⑤铁与非铁金属片的夹层片；⑥非铁金属极中嵌进铁芯。其中用于轨道运输用的短定子电机，以④～⑥材料最为实用，而⑥作为鼠笼式的简化型，可望有优良的特性。

（二）运行原理

直线电机与普通的旋转电机相比，有三点比较特殊：

(1) 直线电机有纵向边端效应（包括始端和终端效应）和横向边端效应。

(2) 直线电机气隙较大。

(3) 电机初级电流产生的磁场不对称。

边端效应和大气隙通常会造成以下后果：电机工作时功率输出减小，在所有场合下效率较低和功率/重量比较小。初级电流产生的不平衡磁场，至使在次级运动方向上，不仅有磁场行波，而且还有恒值驻波，而驻波磁场将会产生制动作用。上述问题必须在设计和运行控制时引起注意。

直线感应电动机的控制方式与旋转式感应电机相比没有本质的差别。在车辆牵引中，采用 VVVF 控制，采用 VVVF 控制可以使直线电机达到高效的运行。

三、直线感应电机控制及在地铁动车上的应用

直线牵引电动机应用于城市轨道交通车辆时，初级可以设置在车上，也可以设置在地面，分别称为车载初级式和地面初级式。

用 LIM 驱动的地铁车辆有其不同于传统地铁车辆的特点，归纳为以下几点：

(1) LIM 的形状是扁平形的，没有旋转部件，不需要齿轮、轴承等装置就可以传递动力。同时采用小直径的车轮则车厢距轨面的高度可以降低，有利于车辆的小型化，降低车辆地板面高度，这也可以使隧道的断面面积大大减小，从而使地铁的建设费用降低。图 8-37 为东京地铁的都营 12 号线与都营新宿线的隧道断面比较图，前者的隧道内断面的面积只相当于后者的 48.1%。

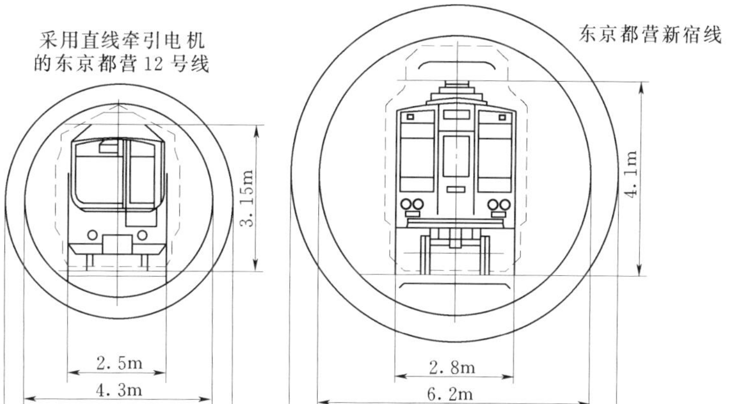

图 8-37　东京地铁的都营 12 号线与都营新宿线的隧道断面比较图
(a) 都营 12 号线断面；(b) 都营新宿线断面

(2) LIM 驱动的地铁车辆不是依赖轮轨的黏着来推动和制动的，它的爬坡能力不受黏着的限制，与传统的地铁车辆相比，它能行走在更陡的坡道上。日本的实验车辆的爬坡能力为 80‰，大阪地铁鹤见绿地线的最大坡道为 50‰，采用较大的坡道有利于将地铁车站设置在距地面较浅的位置，这样可以节省建设费用，并使乘客感到方便。

(3) LIM 驱动的地铁车辆的车轮只起到支撑及导向的作用，故左右车轮可以做成独立旋转的，从而克服急转弯时内轨和外轨产生路径差的问题。同时由于转向架上不用安装旋转式电机，增大了转向架设计的自由度，使 LIM 驱动的地铁车辆能够行走在更小的转弯半径上。日本的实验线路的最小转弯半径为 50m，大阪地铁鹤见绿地线的最小转弯半径为 100m。采用小转弯半径及大坡道使地铁选线的自由度大大提高，便于回避地下的障碍物，节省建设费用。

(4) 由于 LIM 驱动不用减速装置，所以没有电机的旋转和齿轮发出的噪声，也使保养维修工作简化。由于上述 (3) 的理由，通过弯道时轮轨间的摩擦碾压声也大大减少，同时减轻了轮轨的磨损，所以 LIM 驱动有利于实现低噪声运行、节省维护费用。

当然 LIM 驱动方式也有它的缺点，与普遍使用旋转式电机的车辆相比，它的效率和功率因数要稍差些，装在车上的 LIM 初级的尺寸会受到车体与车架的限制，为此，直线电机驱动的车辆往往设计为动力车（没有拖车）。此外，LIM 初级与次级间的气隙对 LIM 的性能影响较大，所以对轨道、反应板、轨枕的尺寸精度及安装精度、LIM 安装精度及支撑结构都有相应较高的要求。

车辆用直线感应电机的牵引控制原理与旋转式异步电机的控制方法是一样的，都采用变频变压控制，由 VVVF 逆变器完成牵引控制功能。控制方法既可采用较为简单的转差频率控制，亦可采用高级的动态控制方法，如矢量控制、直接转矩控制等。但车辆用直线电机的控制还必须考虑当电机气隙变化时的频率问题（即须实现基于效率最佳的控制）和反应板材料变化的相应控制。

思　考　题

1. 请叙述轨道交通电力传动的过程。
2. 城市轨道车辆运行中，在每个站间区内，一般由哪三个典型区域构成？
3. 为满足车辆运行的需要，城市轨道动车组必须具备哪三种基本的牵引特性？
4. 直流电动机有哪些励磁方式？
5. 直流牵引电动机调速有哪些基本形式？
6. 直流牵引电动机的电气制动有哪几种形式？各自的制动原理是什么？
7. 请叙述交流电动机的转动原理。
8. 交流牵引电动机调速有哪些方法？
9. 直线感应电机在城市轨道电力牵引应用中具有哪些优点？

第九章　城市轨道交通供电系统

第一节　概　　述

电能是城市轨道车辆电力牵引系统必需的能源，电动车辆以及为轨道交通运营服务的机电设备，包括通风、空调、照明、通信、信号、给排水、防灾报警、电梯和电动扶梯等也都依赖并消耗电能。在城市轨道交通运营中，若供电一旦中断，不仅会造成城市轨道交通运营瘫痪，而且还有可能危及旅客生命安全，造成财产损失。因此，高度安全、可靠而又经济合理的电力供给系统是城市轨道交通正常运营的重要条件和保证。

城市轨道交通供电电源一般取自城市电网，通过城市电网一次电力系统和轨道交通供电系统实现输送或变换，最后以适当的电压等级和一定的电流形式（直流或交流电）供给用电设备。

城市电网一次电力系统由国家电力部门建造与管理，它包括发电厂、传输线和区域变电所。发电厂是发出电能的中心，一般可分为火力发电厂、水力发电厂和原子能核电厂等。发电厂的发电机发出的电能，要先经过升压变压器升高电压，然后以 110kV 或 220kV 以及更高的高压，通过三相传输线输送到区域变电所。

在区域变电所中，电能先经过降压变压器把 110kV 或 220kV 的高压降低电压等级（如 10kV 或 35kV），再经过三相输电线输送给本区域内的牵引变电所和降压变电所，并再降为轨道交通所需的电压等级（如 DC1500V、380V 等）。

在地铁供电系统中，根据实际需要，也可以专设高压主变电所。发电厂或区域变电所对地铁主变电所供电，经主变电所降压后，分别以不同的电压等级对牵引变电所和降压变电所供电。牵引变电所的设置和容量应按运行的列车编组及行车密度进行牵引供电计算后确定，降压变电所的设置和容量可根据动力、照明和其他用电设备的用电量确定。对主变电所，其容量应由全部牵引、动力和照明用电量来确定。

图 9－1 为城市电网一次电力系统和地铁供电系统图。图中虚线 1 以上为电网高压电力系统，虚线 1 和虚线 2 之间是中压电力系统，虚线 1 以下为城市轨道供电系统。

城市轨道交通系统是一个重要用电部门，它不同于一般工业和民用的用电，为一级负荷。一级负荷规定由两路独立的电源供电，当任何一路电源发生故障中断供电时，另一路应能保证一级负荷的全部用电。牵引变电所的电源进线应来自两个区域变电所或由区域变电所提供的两路独立电源，当一路电源失压时，另一路电源自动投入，牵引变电所能从区域变电所不间断地获得三相交流电。在城市轨道交通供电系统中，根据用电性质的不同可分为两部分，即为牵引电力机车供电的牵引供电系统和为动力、照明及其他用电设备供电的降压供电系统。

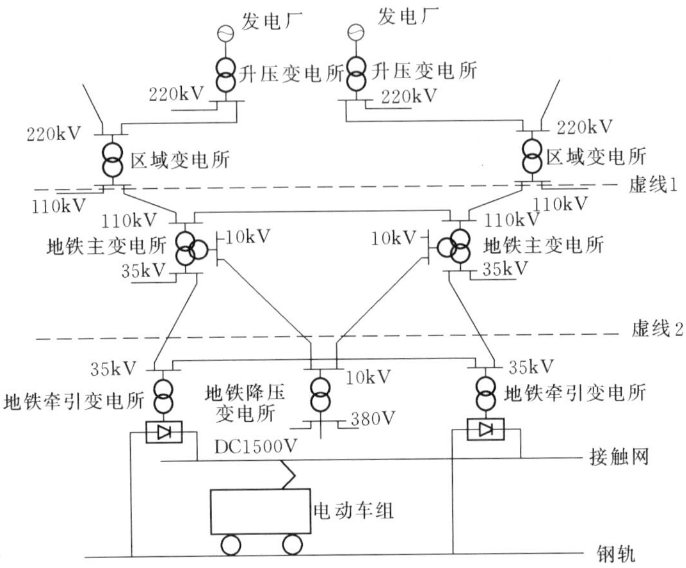

图 9-1 电力系统和地铁供电系统示意图

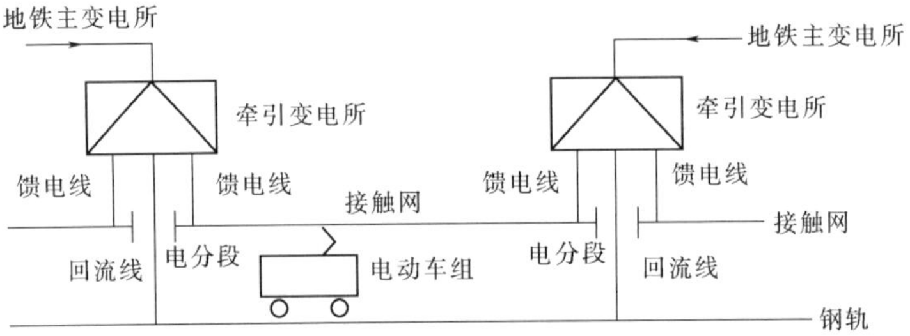

图 9-2 地铁牵引供电系统示意图

以地铁为例，地铁牵引供电系统示意图如图 9-2 所示，其各部分的名称及功能简述如下：

(1) 牵引变电所：供给地铁一定区段内电动车组牵引电能的变电所。

(2) 接触网（包括架空接触网或接触轨）：经过电动列车的受电器向电动列车供给电能的导电网。(北京、天津和武汉等地铁采用接触轨；上海和广州地铁采用架空接触网)。

(3) 回流线：用以提供牵引电流返回牵引变电所通路的导线。

(4) 馈电线：从牵引变电所向接触网输送牵引电能的导线。

(5) 电分段：为便于检修和缩小事故范围，将接触网分成若干段的装置称为电分段。

(6) 钢轨：承载列车的同时被用来作为牵引电流回流回路的一部分。

一般将接触网、馈电线、钢轨、回流线总称为牵引网。

牵引供电系统由牵引变电所和牵引网组成，其中牵引变电所和接触网是牵引供电系统的主要组成部分。

地铁动力照明供电系统示意图如图 9-3 所示，各部分功能简述如下：

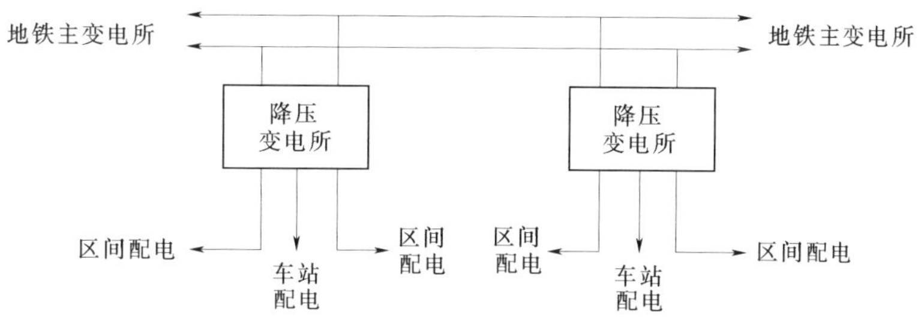

图 9-3 地铁动力照明供电系统示意图

(1) 降压变电所：将三相电源进线电压降压变为三相 380V 交流电，降压变电所主要是为风机、水泵、照明、通信、信号和防火报警等用电设备供电。

(2) 配电所（室）：配电所（室）仅起到电能分配作用。降压变电所通过配电所（室）将三相 380V 和单相 220V 交流电分别供给动力、照明设备，各配电所（室）对本车站及其两侧区间动力和照明等设备配电。

(3) 配电线路：配电所（室）与用电设备之间的导线。

在地铁供电系统中，降压变电所一般每个车站设置一个，有时也可几个车站合设一个；也可将降压（动力）变压器附设在某个牵引变电所之中，构成牵引与降压混合变电所。

地铁车站及区间照明电源采用 380/220V 系统配电。正常时，工作照明、事故照明均由系统交流照明电源供电，当系统交流照明电源失去时，事故照明自动切换为蓄电池供电，确保事故期间必要的紧急照明。

第二节 中 压 网 络

中压网络是轨道交通供电系统中主变电所与牵引供电系统、动力照明供电系统间相互连接的重要环节，其电压等级的确定关系到城市轨道交通供电系统的供电质量，同时也制约着主变电所位置及数量的确定。所以，中压网络方案的确定，影响到轨道交通供电系统的整体投资和运营维护等诸多方面。

一、中压网络的构成及组网结构

中压网络一般由两条以上与城市轨道交通线路平行敷设的电缆线路构成。其作用是：纵向把上级的主变电所和下级的牵引变电所、降压变电所连接起来；横向把全线的各个牵引变电所和降压变电所连接起来。由于它是城轨供电系统内部变电所之间唯一的电能传输通道，因此每回电缆线路的容量必须满足所供分区内全部牵引负荷以及一、二级动力照明负荷的需求；在网络的接线形式、电压等级、电缆截面的选择各方面，也应根据负荷情况细致分析确定。

中压网络的组网结构与城市轨道交通供电系统的外部电源供电方式有关。就集中供电而言，中压网络组网结构为树型结构，而对于分散供电来讲，中压网络组网结构一般采用点对点的结构。

目前，在各个城市的轨道交通建设中，供电系统多采用集中供电方式，所以其中压网络的组网结构一般以树型结构为主。

树型结构的组网形式相对比较灵活，形式也多种多样。根据用电负荷的性质，树型结构大致可分为两种：

（1）混合网络构架，是指由主所提供的中压电能通过中压网络直接分配给牵引供电系统和动力照明供电系统。这种形式的优点是：网络结构简单，设备的利用率较高，投资相对节省；缺点是：事故影响范围较大，排除故障相对复杂。采用这种接线的工程有上海地铁、广州地铁和天津地铁等，国内新建项目基本上多采用这种中压网络构架。图 9－4 为混合网络构架供电系统典型接线图。

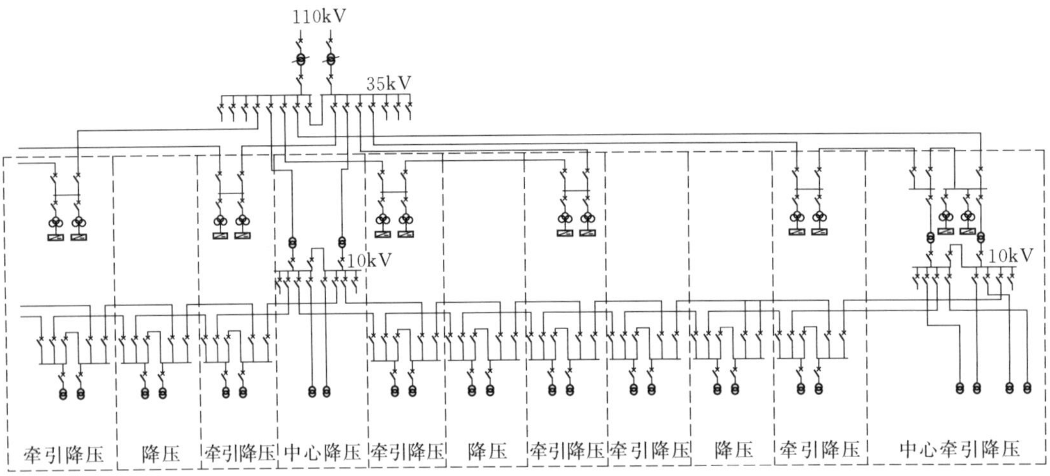

图 9－4　混合网络构架供电系统典型接线图

（2）独立网络构架，是指由主所或电源开闭所提供的中压电能通过两个相互独立的中压网络路径分别分配给牵引供电系统和动力照明供电系统。这种组网形式的优点是：网络接线结构清晰，系统间电气部分相互独立，事故影响范围小；缺点是：网络结构重复，设备投资较高。

总之，这两种组网形式各有特点，具体的网络接线方式还要根据工程的实际情况，并结合相关轨道交通路网供电系统的组成结构，进行综合的经济技术比较。

二、中压网络电压等级的选择

电压等级的确定是中压网络研究中的一个关键问题，因为电压等级的选择影响到整个供电系统的供电质量、系统接线和经济投资等诸多方面，所以应对中压电压等级选取进行详细分析研究。

一般来讲，35（33）kV、20kV 和 10kV 这三种电压等级为中压范畴，在城市轨道交通的供电系统中均可采用；33kV 和 20kV 为国际标准电压，国内工程采用的相对较少。

第三节　牵引供电计算的条件及需用参数

由于城市轨道交通列车（车辆）是以变化的速度沿轨道线路运行的，因此牵引负荷是变化的；此外，牵引负荷也随时间而变化，当线路上列车（车辆）密集则负荷大，反之则负荷小，甚至为零。

根据上述牵引负荷的特点及牵引负荷在供电臂上任意分布特性，我们可以得出牵引供电计算的条件及需用参数。

一、牵引供电计算的条件

(1) 线路的技术条件（包括纵断面和限坡要求）。

(2) 线路年输送能力。

(3) 信号的闭塞方式。

(4) 电动车组（车辆）类型。

(5) 电动车组（车辆）载客量。

(6) 线路行车间隔时间和每天最多开行列车对数。

二、牵引供电计算需用的参数

(1) 电力牵引年用电量（应分别计算年总用电量和电力系统所需增加的功率）。

(2) 电动车组电流的平均值和有效值。

(3) 供电臂电流的平均值和有效值（与线路的供电方式有关）。

(4) 供电臂瞬时最大电流和短路电流（与主变压器接线方式有关）。

(5) 牵引网阻抗。

(6) 牵引供电系统能耗（应包括牵引变电所内主变压器和牵引网的电能损失）。

牵引变电所内主变压器的安装容量和台数应满足在繁忙运行时最大电动车组数的需要，计算时所有电动车组都按重车计，并应考虑线路运量的增长，留有一定的储备能力（一般增加 15%～20%）。由计算出的容量选择安装容量，再按短时过负荷进行校验。

我国直流牵引供电系统的电压及其波动范围如表 9-1 所示。

表 9-1　直流牵引供电系统电压标准　　单位：V

标准	最低	最高
750	500	900
1500	1000	1800

牵引网的电压水平将影响到列车的运行速度及线路的通过能力，因此在进行牵引变电所布置时，要计算出牵引供电系统的电压损失。电压损失应包括供电臂最大的电压损失（指电动车组在最繁忙运行时可能出现的短时最大损失）和平均电压损失（指电动车组在最繁忙运行时在限制区间或追踪间隔的电压损失平均值）。

第四节　牵引变电所

一、牵引变电所设置原则

(1) 牵引变电所尽可能设在车站，与车站降压变电所合建，节省投资；在长大区间高架段，尽可能设在高架桥下，减少另外征地；在长大区间地面段，设在线路一侧。

(2) 牵引变电所应满足牵引负荷的要求，在远期高峰负荷时，当一相邻牵引变电所解列，接触网最低电压高于 1000V，钢轨最高电位低于 120V。

(3) 综合考虑牵引变电所分布对迷流防护的影响。

(4) 同车站的牵引变电所与降压变电所尽量合建为牵引降压混合变电所。

(5) 牵引降压混合变电所和降压变电所的位置应便于设备运输和运营管理。

(6) 牵引降压混合变电所和降压变电所由 35kV 环网供电，两路进线，35kV 采用单母线分段，设母联断路器。

(7) 牵引整流变压器高压侧额定电压为 35kV，直流馈线额定电压为 DC1500V。动力变压器高压侧额定电压为 35kV，低压侧额定电压为 0.4kV。

(8) 牵引变电所设两套整流机组，构成等效 24 脉波整流。两套整流机组接于同一段 35kV 母线上，并联运行。整流机组过负荷能力符合下列要求：

1) 100%额定负荷——连续；

2) 150%额定负荷——2h；

3) 300%额定负荷——1min。

(9) 低压供电系统采用三相五线制配电，即 TN—S 接地保护系统。

(10) 继电保护装置按满足可靠性、选择性、速动性和灵敏性要求设置。

(11) 所内控制、保护设备采用变电所综合自动化系统。

(12) 设备选择立足于国产设备，技术性能达到国内先进水平。

直流牵引变电所的数量、设置地点以及馈电线数目要由供电计算确定，一般设置在沿线车站及车辆段附近。相邻牵引变电所的距离在 2～4km 之间，每个牵引变电所按其所需总容量设置两组整流机组并行运行，沿线任一牵引变电所故障时，由两侧的相邻牵引变电所承担其间的全部牵引负荷。

牵引变电所从区域变电所（或主变电所）获得电能，经过降压和整流变成所需要的直流。

二、牵引变电所主接线图

直流牵引变电所主接线图如图 9－5 所示。

两路 35kV 进线电源来自地铁主变电所或相邻牵引变电所，牵引变压器一般采用三相线圈变压器，两个二次线圈和整流器组成多相整流，可以获得比较平滑的直流电，并可降低交流正弦波形畸变和谐波干扰问题。整流器输出的正极经直流高速空气开关接到直流侧的正母线上，负极经开关按到负母线上。接在正母线上的馈线经直流高速空气开关将电能送到隔离开关后再送到接触网（轨）上。负母线经开关与回流线和走行钢轨接通，轨道交通电动列车（车辆）的受电器与接触网（轨）接触获得直流电。

（一）整流变压器

整流变压器为户内干式环氧浇注无载调压变压器，具有耐潮、防火、损耗低、噪声小、体积小等特点。

（二）整流器

整流器采用两套 12 脉波硅二极管三相桥式整流器，两套 12 脉波整流机组并联运行构成等效 24 脉波整流电源，整流器有完整的控制信号装置并有独立的框架结构。

整流器具有耐潮、防火、损耗低、噪声小等特点，所有导线采用阻燃导线，为降低其噪声的影响，硅整流器可为空气自冷式，本身不装风机，同时整流器有足够的电流储备系

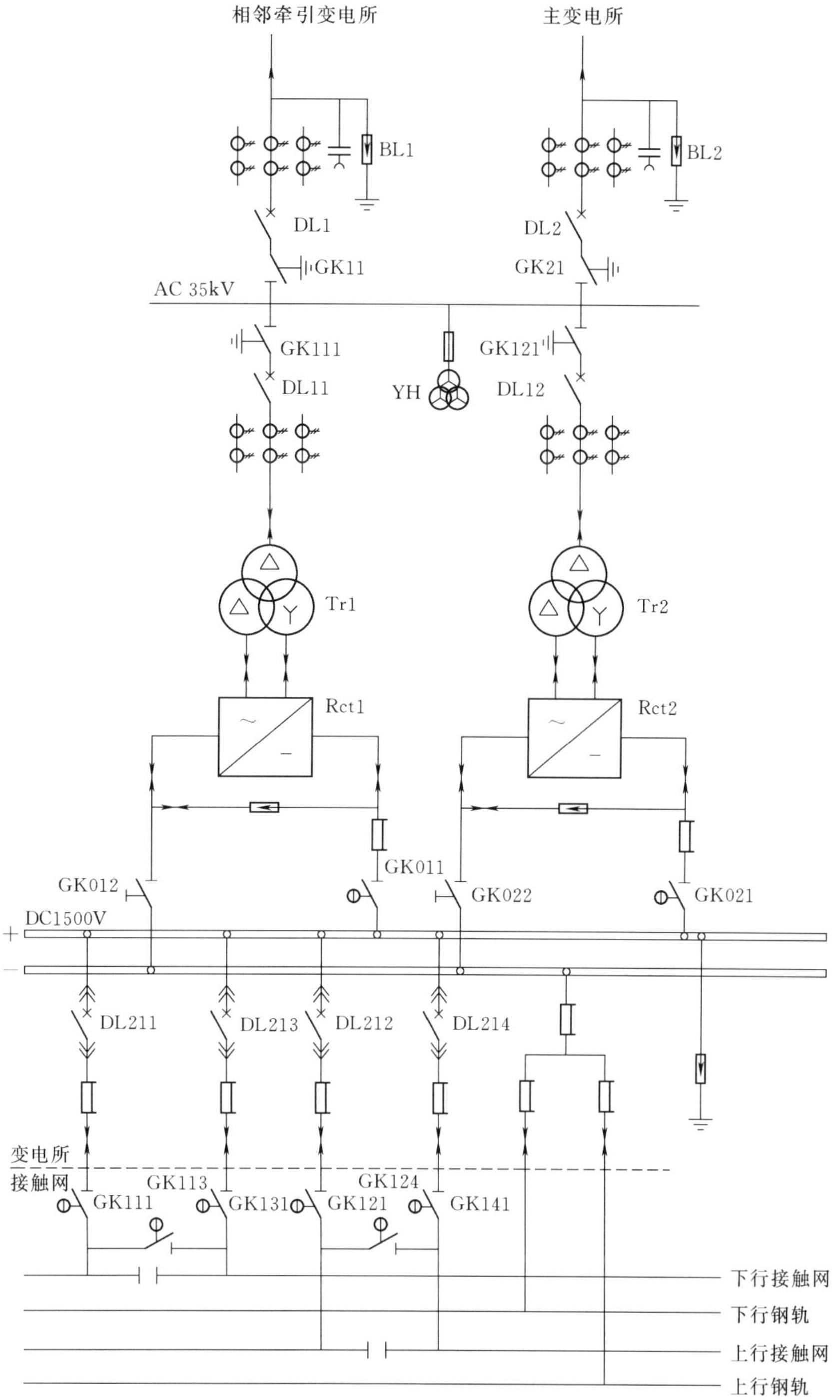

图 9－5　直流牵引变电所主接线图

数和电压储备系数。

三、牵引变电所运行方式

正常情况下，母联开关常开，两段母线分列运行。两套整流机组并联运行，相邻牵引变电所对其间接触网双边供电；正线与车辆段间接触网联络开关常开，车辆段牵引所单独向车辆段接触网供电。

故障情况下，变电所一回 35kV 进线电源故障，35kV 母联开关自投，由另一回进线电源负担本所全部负荷。

近、远期时，一套整流机组故障后，另一套机组也同时退出，其相邻的两座牵引变电所通过故障所接触网越区隔离开关，进行越区大双边供电；运行初期，一套整流机组故障后，另一套整流机组在条件允许时可以单台运行。

车辆段牵引变电所解列时，闭合正线与车辆段间的联络开关，由正线牵引变电所向车辆段支援供电。

第五节 降压变电所

降压变电所主接线如图 9－6 所示。

为保证供电可靠，降压变电所采用单母线分段，两路电源分别引入并接到分段母线上，并均由分段母线引出送往相邻降压变电所，作为相邻降压变电所的备用电源。城市轨道交通系统动力、照明等设备根据其重要性分为一级、二级和三级负荷，两台降压变压器的低压侧对一、二级负荷采用双电源或交叉供电，三级负荷采用单电源供电。

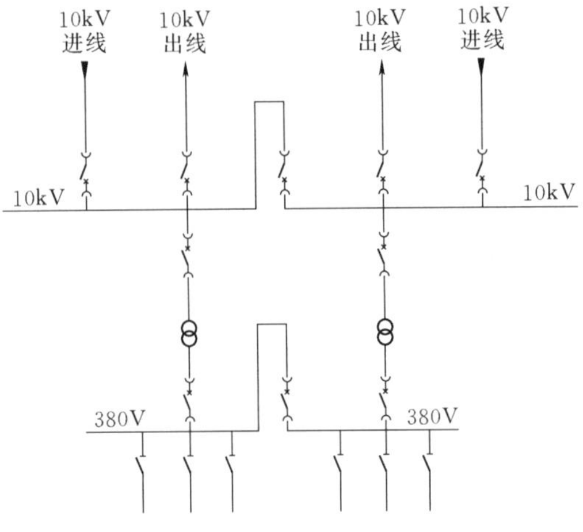

图 9－6 降压变电所主接线图

为了提高功率因素，在降压变电所低压母线上或各低压配电所接入并联电容器补偿装置以减少无功能耗。

各类变电所中，除了主要电气设备之外，还有各种电气设备的保护装置和电量（电压、电流、电功率等）的计量仪表。此外还应设有蓄电池室，作为事故照明的备用电源和变电所开关设备的操作电源。正常情况下，事故照明由交流供电，当失去交流电源时，自动切换至蓄电池供电，保证在紧急情况下能对车站与变电所提供必要的照明。根据防火要求，各类变电所内外的连接导线应尽可能选用阻燃型电线、电缆。在火灾情况下，变电所的所有开关（断路器）应能自动跳闸。同时在各类变电所内应设置足够、有效的灭火设备（施）。

一、降压变电所设置原则

根据车站类型、规模及负荷情况，位于负荷中心设置变电所，承担整个车站及两端各半个区间的用电负荷。

（1）高架站和一般地下站设置一座降压变电所，位于负荷重的一端或车站中部位置。

（2）车站两端负荷比较重的地下站（较大的换乘站或设有折返线、停车线较长的站），其中一端设置降压变电所，另一端设置跟随式变电所。

（3）在长大区间，区间降压变电所尽可能与牵引变电所合建。

（4）每座变电所内设两台35/0.4kV变压器，其容量根据负荷计算确定。

二、降压变电所负荷分类

（1）一级负荷。包括主控系统、通信系统、信号系统、防灾报警系统、机电设备监控系统、自动售检票系统、门禁系统、屏蔽门、防淹门、自动扶梯（火灾时仍需运行才能满足疏散要求的自动扶梯）、民用通信、商业通信、气体灭火、消防泵、废水泵、雨水泵、所用电、站厅站台公共区照明、事故及疏散标志照明、二三四类导向灯箱、事故风机及其风阀等。

（2）二级负荷。包括设备区和管理区照明、出入口通道照明、非事故风机及风阀、组合空调器、污水泵、自动扶梯（火灾时无需运行的自动扶梯）、电梯、楼梯升降机、维修电源、商铺电源等。

（3）三级负荷。包括公共区管理用房空调系统中的冷水机组、冷冻水泵、冷却水泵、冷却塔风机、补水泵、空气幕、分体空调器、广告照明、清扫机械、生活用电源等。

三、降压变电所运行方式

降压变电所高低压侧，均采用单母线分段接线。正常时，母线分段断路器开路，两路电源两台变压器同时供电分列运行；当一路电源失电时，高压母线分段断路器投入，全所一路电源全负荷正常供电；当一台变压器需退出运行时，低压母线分段断路器投入，自动切除三级负荷，一台变压器承担该所全部一、二级用电负荷。

跟随式降压变电所高压侧采用线路变压器组接线，低压侧采用单母线分段接线。正常时，两路电源两台变压器同时供电分列运行；当一台变压器退出运行时，低压母线分段断路器投入，自动切除三级负荷，一台变压器承担该所全部一、二级用电负荷。

第六节　供电系统的保护

在供电系统运行过程中，由于各种因素的存在，如自然环境（雷击、鸟兽害等）、设备质量、运行维护及人为误操作等，可能出现各种形式的故障和异常状态。而一旦设备出现故障或异常状态，则将对设备及设备所在系统产生不良后果甚至是严重的后果。因此，为了保护设备及系统的安全，供电系统中所有投入运行的设备，都必须配置相应的保护装置。

供电系统保护装置应满足可靠性、选择性、灵敏性、速动性要求；自动装置满足供电安全、可靠、灵活的运行要求。

供电系统各部分保护配置一般如下。

1. 35kV进、出线

（1）线路差动保护。

（2）过电流保护。

(3) 零序电流保护。

(4) 母线室或断路器室气室电弧故障保护。

2. 35kV 母联

(1) 限时电流速断。

(2) 零序电流保护。

(3) 母线室或断路器室气室电弧故障保护。

3. 35kV 整流机组馈线

(1) 电流速断保护。

(2) 过电流保护。

(3) 零序电流保护。

(4) 过负荷保护。

(5) 温度保护（变压器内部保护）。

(6) 断路器失灵保护。

(7) 整流器内部保护：

1) 整流器二极管保护；

2) 整流器交、直流侧过电压保护；

3) 整流器温度保护；

4) 整流器缺相保护；

5) 整流器逆流保护。

4. 35kV 动力变压器馈线

(1) 电流速断保护。

(2) 过电流保护。

(3) 零序电流保护。

(4) 过负荷保护。

(5) 断路器失灵保护。

(6) 动力变压器温度保护（变压器内部保护）。

5. 直流 1500V 进线

(1) 大电流脱扣保护。

(2) 逆流保护。

6. 直流 1500V 馈线

(1) 大电流脱扣保护。

(2) $di/dt+\Delta I$ 保护。

(3) 电流速断保护。

(4) 过电流保护。

(5) 热过负荷保护。

(6) 双边联跳保护。

7. 1500V 直流设备

1500V 直流设备设一套框架泄漏保护，安装于负极柜内。

第七节　接　触　网

一、接触网应满足的基本要求

接触网是牵引供电系统的重要组成部分，一旦损坏将中断牵引供电。为此，接触网应满足以下基本要求：

(1) 由于接触网在工作中无备用网，因而要求接触网强度高、且安全可靠。

(2) 要求在各种气候条件下均能受流良好。

(3) 因接触网部件更换困难，因此要求接触网性能好、运行寿命长。

(4) 因其维修是利用行车中的间隔时间进行的，故要求结构轻巧，零部件互换性强，便于施工、维护和抢修。

(5) 因接触网无法避开腐蚀强、污秽严重等异常环境，故应采取耐腐蚀和防污秽技术措施。

(6) 因采用与受电器摩擦接触的受流方式，因此要求接触网有较均匀的弹性，接触线等部位要有良好的耐磨性。

接触网按其结构形式可分为接触轨式（第三轨见图 9－7）和架空式（见图 9－8）两大类型。

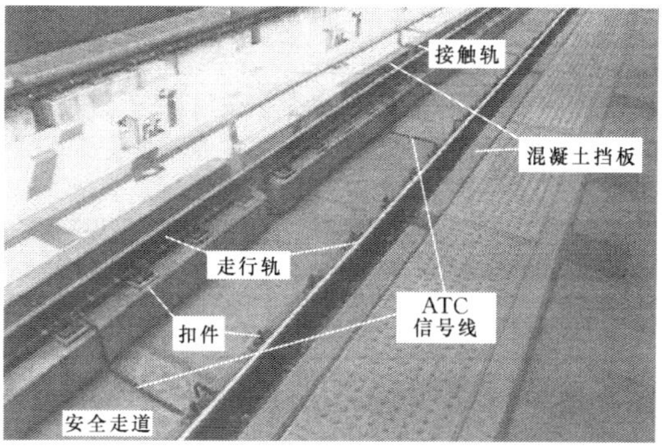

图 9－7　接触轨式接触网（第三轨）

图 9－8　架空式接触网

二、接触轨式接触网

接触轨是沿着走行轨道一侧平行铺设的附加轨，故又称第三轨。轨道交通电动列车（车辆）侧面或底部伸出的受电器与第三轨接触取得电能，该种受电器称为受电靴（接触靴）。

接触轨为正极，走行轨为负极。

我国地铁直流制 750V 系统一般采用第三轨。其优点是隧道净空高度低，结构简单，造价低；其缺点是人身和防火方面安全性差，难以与采用架空式接触网的地面或高架轨道衔接。

接触轨可以有三种方式，即上接触式、下接触式和侧接触式。

（一）上接触式

三轨安装在绝缘子组件上（见图 9－9），由接触轨、绝缘子、三轨夹板、防护支架、防护板、端部三轨弯头和防爬器等构件组成。受流器滑靴从上压向接触轨轨头顶面受流。受流器的接触力是由下作用弹簧的压力调节的，受流平稳，由于端部弯头的过渡作用，能够减少在断电区的电流冲击。

上接触式三轨施工作业简便，可以在轨头上部通过支架安装不同类型的防护板。在较早期修建的城市地铁和轻轨工程中，主要采用了接触轨上部受流方式，如北美和英国等城市地铁；北京地铁、纽约地铁都是采用上接触式第三轨。

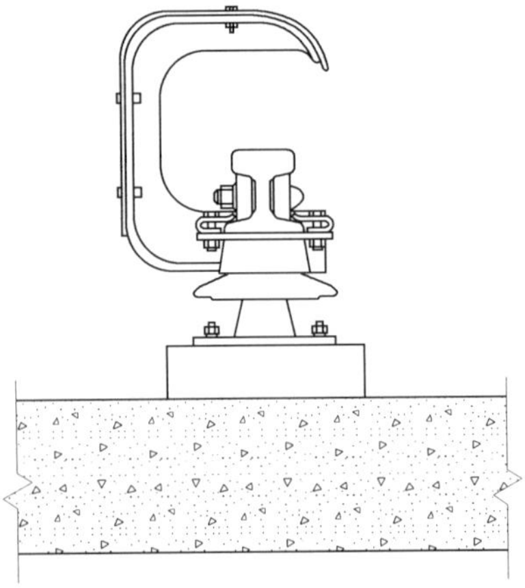

图 9－9　上接触式三轨

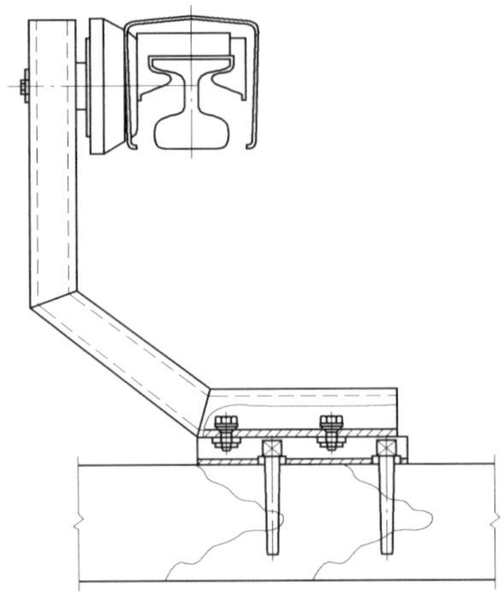

图 9－10　下接触式三轨

（二）下接触式

下接触式三轨轨头朝下（见图 9－10），通过绝缘肩架、橡胶垫、扣板收紧螺栓、支架等安装在底座上。下接触式的优点是防护罩从上部通过橡胶垫直接固定在接触轨周围，对人员安全性好。莫斯科地铁就采用这种方式，利于防止下雪和冰冻造成集电困难。但是这种方式安装结构较复杂，费用较高。自 20 世纪 80 年代开始，在德国、马来西亚、泰国和新加坡等国家的城市轨道交通中开始采用接触轨下部受流方式。

（三）侧面接触式

侧面接触式就是接触轨轨头端面朝向走行轨，集电靴从侧面受流。跨座式独轨车辆就采用侧面接触形式。其受流器装在转向架下部，接触轨装在轨道梁上。接触轨侧面受流方式主要应用在加拿大、日本等国家的城市轨道交通中。

（四）接触轨技术的发展状况

早期的接触轨材料采用 50kg/m 低碳钢轨。随着工业和电气技术的发展，接触轨在材料选用及安装方式等方面取得了长足的发展。钢铝复合轨代替低碳钢轨，是接触轨受流系统的一次技术革命，其与低碳钢接触轨相比，导电性能、耐腐蚀性能大大提高；重量轻、安装更加方便，电气损耗大大降低。钢铝复合轨已经在加拿大 SKYTRAIN 线、德国汉堡 S－BAHN 线、马来西亚吉隆坡地铁、新加坡地铁、曼谷轻轨等工程采用，最长的已经成功应用了 25 年之多，无论在生产工艺还是运营业绩上都非常成熟。国内城市轨道交通中的天津地铁1号线（旧线改造及新线）、北京地铁5号线、北京地铁4号线、武汉轻轨一期工程以及广州地铁4号线（大学城专线）均采用钢铝复合接触轨。钢铝复合接触轨的断面结构如图9－11所示。

相对于早期采用的低碳软钢接触轨而言，钢铝复合接触轨的主要优势如下：

（1）导电率高，可以增大牵引变电所间距，减少牵引变电所数量，减少能源损耗。钢铝复合接触轨系统如全部采用国产产品，牵引供电系统在全寿命周期内的总投资与架空接触网供电制式相近。

（2）重量较轻，运输、安装方便。

（3）与集电器的接触良好，磨耗低、噪声小、耐腐蚀，使用寿命长。

正因为钢铝复合轨有以上优势，在武汉、北京等城轨项目中已经采用钢铝复合轨，我国不少城市的轨道交通项目也在准备使用钢铝复合轨。

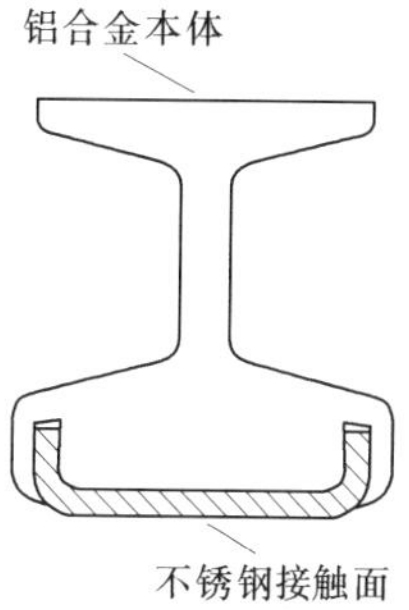

图9－11 钢铝复合轨断面

（五）接触轨系统的电压等级

在国外接触轨系统应用电压等级分为DC750V、DC1200V、DC1500V等，国内一般采用DC750V。近年来，某些工程由于受线路条件的限制（站间距大、高架桥区段考虑城市景观等），也有采用DC1500V接触轨系统的。

三、架空式接触网

架空式接触网的悬挂类型大致有3种，即简单悬挂、链形悬挂、刚性悬挂。不同的类型其导电材料的截面、条数和张力都是不一样的。架空式接触网的悬挂方式是根据架线区段的列车速度、电流容量等输送条件以及架设环境进行综合勘察后决定的。

我国城市轨道交通架空接触网经过多年的建设和运营发展，逐步形成了4种典型的架空接触网悬挂形式：弹性支座补偿弹性简单悬挂、全补偿简单链形悬挂、旋转腕臂补偿弹性简单悬挂、刚性悬挂。这4种典型的架空接触网中，弹性支座补偿弹性简单悬挂和旋转腕臂补偿弹性简单悬挂能满足最高速度80km/h的要求，全补偿简单链形悬挂和刚性悬挂能满足最高速度120km/h的要求。

根据地铁隧道的建筑限界和行车速度的要求，地铁隧道内接触网悬挂形式主要有3种：弹性支座结构补偿弹性简单悬挂、Π形刚性悬挂、腕臂结构全补偿简单链形悬挂。

（一）简单悬挂

1. 弹性吊索式简单弹性悬挂

简单悬挂方式结构简单，支柱高度低，支持装置承受的负荷较轻，但是弛度大、弹性不均匀度大。为改善这一状况，一般在悬挂点处增加一个人字形的弹性吊索，称为弹性简单悬挂（见图9－12、图9－13），相应改善了悬挂点处的弹性和运行状况。由于弹性简单悬挂建造费用低，施工方便维修简单，城市电车、轻轨和地铁车辆基地内往往采用这种悬挂方式。

2. 弹性支座作支持部件的简单弹性悬挂

弹性支座作支持部件的简单弹性悬挂如图9－14所示。

图 9-12 旋转腕臂支持的简单弹性悬挂

图 9-13 软横跨支持的简单弹性悬挂

弹性支座不仅支撑与固定接触网导线，而且为接触网导线提供良好的弹性，可以使电动车组的受电弓与接触网导线平稳接触，有效地减少机车受电弓与导线的磨耗，延长接触网的使用寿命，同时还可使机车平稳地获取电能，从而保证电动车组正常运行。

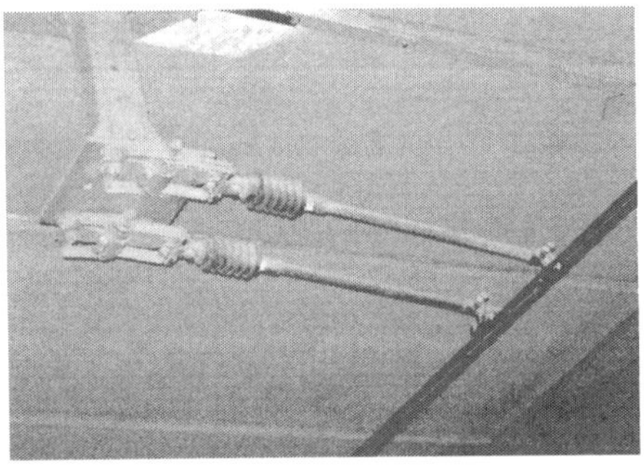

图 9-14 弹性支座作支持部件的简单弹性悬挂

（二）链形悬挂

链形悬挂如图 9-8 所示。

接触线通过吊弦悬挂到承力索上的悬挂称为链形悬挂。链形悬挂承力索悬挂于支柱的支持装置上接触线通过吊弦悬挂在承力索上，使接触线增加了悬挂点，调节吊弦可以使接触线对轨面的高度保持一致。由于接触线是悬挂在承力索上的，因而基本上消除了悬挂点处的硬点，使接触线的弹性在整个跨度内都比较均匀。显然，链形悬挂比简单悬挂性能好得多，但结构复杂、投资大、施工维修调整较为困难。

链形悬挂的类型很多，可以按悬挂链数分为单链形悬挂、双链形悬挂和多链形悬挂。按线索相对于线路中心的位置，又可以分为直链形接触悬挂、半斜链形悬挂、斜链形接触悬挂。按是否在悬挂点处安装Ⅱ形吊索又可分为简单链形悬挂和弹性链形悬挂。对城市轨道交通而言，因其运行速度不太高，一般多采用简单链形悬挂（见图 9-8），应用速度可达 120km/ h 以上。

（三）刚性悬挂

刚性悬挂又称为刚性接触网，是一种区别于传统柔性接触网的供电方式。

由于刚性架空接触网系统不需要张紧装置，如平衡重或液压拉伸装置，所以可以比传统的接触网设计更方便容易。

刚性架空接触网系统的维修工作明显比传统的接触网容易，因为大多数调整工作很简单并且容易量化；接触导线固定，不需要进行张力调整。对于隧道这类维修作业困难且很耗费时间的场合，采用这样的系统大有好处。刚性架空接触网系统的使用经验表明其维护和修理作业容易且较快。

刚性架空接触网系统比柔性接触网系统的初始成本高，但是在整个寿命周期内维修成本明显低，其寿命可达 30 年。

经过多年的改进和发展，目前国内外普遍认可和采用的是Ⅱ形截面的铝合金汇流排(梁)，其截面形状如图 9－15 所示，安装结构如图 9－16 所示。广州和上海地铁采用刚性悬挂的线路均为这种结构。

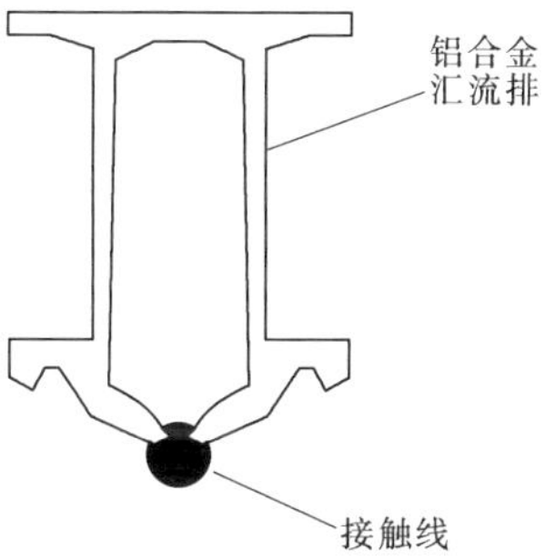

图 9－15　Ⅱ形刚性接触网截面形状

图 9－16　Ⅱ形刚性架空接触网

第八节　城轨供电 SCADA 系统

一、SCADA 介绍

SCADA（Supervisory Control and Data Acquisition）系统，全名为数据采集与监视控制系统。SCADA 系统自诞生之日起就与计算机技术的发展紧密相联。SCADA 系统发展到今天已经经历了三代。

第一代是基于专用计算机和专用操作系统的 SCADA 系统，如电力自动化研究院为华北电网开发的 SD176 系统以及日本日立公司为我国铁道电气化远动系统所设计的 H－80M 系统。这一阶段是从计算机运用到 SCADA 系统时开始到 20 世纪 70 年代。

第二代是 20 世纪 80 年代基于通用计算机的 SCADA 系统，在第二代中，广泛采用 VAX 等其他计算机以及其他通用工作站，操作系统一般是通用的 UNIX 操作系统。在这一阶段，SCADA 系统在电网调度自动化中与经济运行分析、自动发电控制（AGC）以及网络分析结合到一起构成了 EMS 系统（能量管理系统）。第一代与第二代 SCADA 系统的共同特点是基于集中式计算机系统，并且系统不具有开放性，因而系统维护、升级以及与其他联网构成很大困难。

第三代是 20 世纪 90 年代按照开放的原则，基于分布式计算机网络以及关系数据库技术的能够实现大范围联网的 EMS/SCADA 系统。这一阶段是我国 SCADA/EMS 系统发展最快的阶段，各种最新的计算机技术都汇集进 SCADA/EMS 系统中。这一阶段也是我国对电力系统自动化以及电网建设投资最大的时期，国家投资 2700 亿元改造城乡电网，可见国家对电力系统自动化以及电网建设的重视程度。

第四代 SCADA/EMS 系统的主要特征是采用 Internet 技术、面向对象技术、神经网络技术以及 JAVA 技术等技术，继续扩大 SCADA/EMS 系统与其他系统的集成，综合安全经济运行以及商业化运营的需要。

SCADA 系统在城轨供电系统中的应用上已经取得突破性进展，应用上也有迅猛的发展。

二、城轨供电 SCADA 系统主要功能

SCADA 系统是以计算机为基础的生产过程控制与调度自动化系统。它可以对现场的运行设备进行监视和控制，以实现数据采集、设备控制、测量、参数调节以及各类信号报警等各项功能。

城轨 SCADA 系统一般由控制中心主站子系统（含供电复视系统）、主变电所综合自动化子系统、牵引（降压混合）变电所和降压变电所综合自动化子系统、直流隔离开关集中监控子系统和通信通道等子系统组成，主要有以下功能：

（1）数据库管理功能。

（2）输入数据处理功能。

（3）通用的 HMI 功能。

（4）监视功能。

（5）系统安全与权限管理功能。

（6）遥控功能。

（7）报警功能。

（8）数据点的禁止/允许功能。

（9）内部运算功能。

（10）统计和报表功能。

（11）历史数据存档和查询功能。

（12）历史趋势记录功能。

（13）实时趋势记录功能。

（14）设备禁止功能。

（15）软件维护功能。

（16）打印管理功能。

（17）在线帮助功能。

（18）系统管理功能。

第九节 地下杂散电流及其防护

一、地下杂散电流

在直流牵引供电系统中，牵引电流并非全部由钢轨流回牵引变电所，而是有一部分由钢轨杂散流入大地，再由大地流回钢轨并回到牵引变电所。走行钢轨中的牵引电流越大或钢轨对地面绝缘程度越差，地下杂散电流也就相应增大，这种地下杂散电流又称为地下迷流。

走行钢轨铺设在轨枕、道碴和大地上，由于轨枕等的绝缘不良和大地的导电性能，地下杂散电流杂散流入大地，并在某些地方重新流回钢轨和牵引变电所，在走行钢轨附近埋有地下金属管道、电缆和任何其他金属结构件时，一部分地下杂散电流就由导电的金属件上流过。在电动列车附近的杂散电流从钢轨流向金属体，使金属体对地电位形成阴极区。在变电所附近，杂散电流从金属体流回钢轨和变电所，金属体对地电位形成阳极区。在阳极区，杂散电流从金属体流出的地方将出现电解现象，这种电解现象使金属物体温度升高，加速了金属物体的腐蚀。在长期的电腐蚀作用下，地下金属物体（如管道、电缆等）将受到严重损坏。若地下杂散电流流入电气接地装置，又将引起过高的接地电位，导致某些设备无法正常工作。同时杂散电流过大时将可能使轨道或设备产生对地电压，严重时可危及人身安全。从上面分析可知，地下迷流及其影响是直流牵引供电系统中必须高度重视的大问题。

二、杂散电流的防护

杂散电流防护一般按照“以防为主，以排为辅，防排结合，加强监测”的原则进行。

防：隔离、控制所有可能的杂散电流泄漏途径，减小杂散电流进入地铁的主体结构、设备、金属管线及其他的相关设施的可能性。

排：通过杂散电流的收集及排流系统，提供杂散电流返回牵引变电所的金属通路，以限制杂散电流向外泄漏，减少杂散电流对金属管线及金属构件的腐蚀。

测：设计完备的杂散电流监测系统，监视、测量杂散电流的大小，为运营维护提供依据。

（一）在牵引供电系统方面

（1）选择较高的直流牵引供电电压，以减少牵引电流和迷流。

（2）缩短牵引变电所之间的距离。

（3）采用迷流较小的双边供电方式。

（4）在钢轨间用铜软线焊接，尽可能减小钢轨间接触电阻。

（5）增加附加回流线，减少回流线电阻。

（6）增加道床的泄漏电阻，提高钢轨对地面的绝缘程度。

（7）按规程定期检查轨道绝缘、钢轨接触电阻和进行迷流监测。

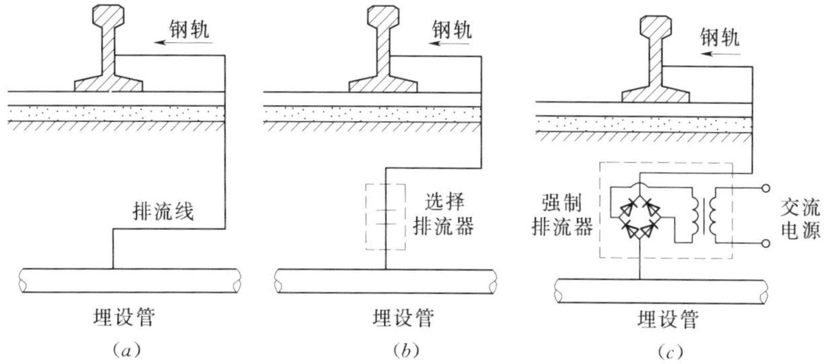

图 9－17　排流方法

（*a*）直接排流法；（*b*）选择排流法；（*c*）强制排流法

（二）在埋设金属物方面

（1）地下金属物应尽量远离钢轨。

（2）在金属表面和接头处采用绝缘。

（3）采用防电蚀的电缆。

（4）在电缆上外包铜线或套钢管。

（5）地下管道涂沥青后再包油毡。

（6）在地下金属物、钢轨间加装排流装置，如图 9－17 所示。

思　考　题

1. 轨道交通位于城市电网中，直接从城市电网给轨道交通送电可行吗？
2. 轨道交通的供电分成几级？牵引变电所和降压变电所的作用各是什么？
3. 什么是接触网？有几种形式的接触网？
4. 轨道交通接触网有什么特点？
5. 什么是迷流？如何防护？

【第四篇　通　　号】

第十章　轨道交通通信系统

第一节　概　　述

一、轨道交通通信系统的作用

为保证现代化大客运量城市轨道交通系统列车运行的安全、可靠、准点、高密度和高效率，实现运输的集中统一指挥，行车调度自动化和列车运行自动化，城市轨道交通系统必须配备专用的、完整的和独立的通信系统，以保证轨道交通系统正常运营。

城市轨道交通专用通信系统是一个既能传输语音信号，又能传输文字、数据和图像等各种信息的综合业务数字通信网络。

城市轨道交通专用通信系统，根据目前城市建设情况，按功能主要分为以下几个子系统：

（1）供一般公务联系用的自动电话通信子系统。

（2）直接指挥列车运行的专用通信子系统。

（3）向乘客报告列车运行信息的广播显示子系统。

（4）用于监视车站各部位、车流情况及列车停靠、车门开闭和启动状况的闭路电视子系统。

（5）用以传送文件和数据传真及数据通信子系统。

（6）为通信、信号和电力等专业的设备提供统一的定时信号时钟子系统。

（7）为通信系统提供可靠、稳定的通信电源和接地子系统。

（8）为实现公司本身的运营管理，内部各种信息快速传递、收集、处理以及资源共享的运营管理子系统。

（9）为乘客提供服务的自动预售票子系统。

（10）将控制中心内所有话音、数据视频设备布线统一在一起的综合布线子系统。

（11）为监视车站及区间隧道灾害而设置的防灾报警子系统。

（12）为解决列车调度、人员管理、设备维修以及和公安消防建立专线联系而设置的无线通信子系统。

二、城市轨道交通通信系统总体技术要求

城市轨道交通通信系统的总体技术要求可以概括为：技术先进、运行安全可靠和经济。

（一）技术先进

系统应能满足不断发展新技术的需要，综合国际发展情况，宜采用国际上先进且成熟的技术，符合国际标准。

（二）运行安全可靠

通信系统应对传输的语音、数据、图像等信息具有高度的敏感性，具有严密的安全措施，对数据存储、传输均采用安全有效的技术手段，具有安全保密性和防火墙等安全措施。

（三）经济

轨道交通通信系统应考虑建设初期的建设成本、建成后的运营维护成本、售后服务和技术支持等成本。

第二节　通信传输子系统

传输子系统是通信系统最重要的子系统，是连接行车调度指挥中心与车站、车站与车站之间信息传输的主要手段，是组建轨道交通通信网的基础和骨干，为通信系统各子系统以及列车控制（AT S）系统、电力监控（SCADA）系统、自动售检票系统（AFC）、主控系统（MCS）、办公自动化（OA）系统等系统提供语音、数据和图像信息的传输通道。业务类型通常有模拟用户、2M 数字业务、宽音频广播业务、各种低速数据业务、图像业务、10/100Mbit/s 以太网业务等。所有这些信息都是为列车正常运行服务，其中一些信息如果中断会影响到列车运行，甚至会威胁到行车安全。因此，传输系统应是一个实时、透明、无阻塞、可靠性高的系统，且当出现紧急情况时，本系统应能迅速及时地为防灾救援和事故的指挥提供通信联络。当本系统发生故障时，应具有降级使用功能和对重要通道的备用手段，以保证系统基本功能。

目前网络传输技术主要有 SDH、ATM、OTN 和宽带 IP 技术。

一、SDH 传输网方案

SDH 是“Synchronous（同步）、Digital（数字）、Hyrarch（体系）”的缩写，即同步数字体系，是一种完整严密的传送网技术体系，这种技术体制一诞生就获得了广泛的支持，目前已成为各国核心网的主要传送技术。除了核心网的应用以外，目前根据带宽需求已把 SDH 技术带入接入网领域，使 SDH 的功能和接口满足用户需求，特别是对于发展极其迅速的城市轨道交通通信系统采用 SDH 尤其适合。

SDH 采用矩形块状帧结构、段开销，引入“净负荷指针”新技术，实现不同速率等级数字流的接入，符合 ITU—T 国际性标准光接口规范，是信息高速公路中的主干部分。新型的光同步数字传输系统 SDH 也在城市轨道交通的通信网中得以应用。采用 SDH 可以直接从 155Mbit/s 的光纤线路中，提取 2Mbit/s 的电信号，也可将 2Mbit/s 的电信号，直接插入光纤传输系统，SDH 特别适宜于构成线性通信网和环状通信网，它由一些具有标准接口的网络单元组成，在光纤上进行同步信息传输。它有一套标准化的信息结构等级（同步传递模块），其中 STM—1 速率为 155Mbit/s，STM—4 速率为 622Mbit/s，STM—16 为 2.5Gbit/s，而且采用页面式帧结构，便于实现集中的网络管理，而且环型网大大提高了网络的可靠性。

SDH 是在克服了 PDH（准同步数字系列）网络可靠性低、设备冗余和故障点较多等缺点的基础上发展起来的，是 20 世纪 90 年代新一代的传输标准；不同设备在同一标准下其光电接口可以互联，有较强的系统网络管理能力，可灵活地对不同方向的数据流进行分下和插入。

（一）SDH的性能特点

SDH的性能特点主要如下：

（1）它符合传输系统国际标准，具有全世界统一的网络节点接口，可在不同传输设备间进行兼容和互通。提供标准化的速率155.520Mbit/s，622Mbit/s，2.5Gbit/s和10Gbit/s。

（2）网络结构和设备简单，配置灵活，调度方便，可灵活地对不同方向的数据流进行操作。

（3）具有丰富的开销，具有强大的网络管理功能。

（4）所有网络单元具有标准的光接口，可以在光路上互通。

（5）DH自愈环技术成熟，网络保护能力强。

（6）接口种类较少，一般为基于2M的接口，大部分业务接口（低速数据、话音等）需要增加相应设备实现，但作为应用最为广泛的技术，应用经验最为丰富，通过增加相应的设备，可支持轻轨工程需要的各种业务。

（二）SDH传输网方案的不足

SDH传输网方案的局限性主要如下：

（1）在满足专用网的要求上还存在一定的不足，例如，数据接口种类较少，缺少宽带网络接口（如10M/100M以太网、宽带视频接口、宽带语音），特别是对于视频信号，尚需增加视频编解码设备来解决，缺乏灵活、实用的电视监视系统组网方案。

（2）带宽分配固定，灵活性较差，不适应突发大容量业务的应用。

为克服传统SDH的缺点，一些厂商面对专网应用开发了一体化的SDH设备，主要有以下特点：

1）传输和接入设备融为一体，系统简化。

2）业务接口丰富，增加了适于专网业务的接口及宽带业务的接口，如低速数据接口、高质量音频、10M/100M以太网、宽带视频接口等。

值得注意的是，随着城域网技术的发展、成熟及设备的大量应用，以SDH技术为基础的多业务传输平台MSTP（Multiple－Service Transmission Platform）方案越来越得到轨道交通建设的注意，上海1号线传输系统的改造亦采用了该方案。

（三）MSTP方案的主要特点

MSTP方案的主要特点如下：

（1）基于SDH技术，接口标准、技术开放。

（2）有效提供基于电路和分组的业务。

（3）灵活进行带宽分配，支持增强型以太网接入，减少路由器数量及接口。

（4）网管综合、集成，功能强大。

（5）升级、扩容简便容易。

（6）适应通信技术向多业务网络的发展，融合以太网、SDH网的优点，并可实现以太网业务、ATM业务等的综合接入。

SDH 采用固定的块状帧结构，帧频固定为 8000 帧/s，块状帧结构由三大部分组成，即段开销、管理单元指针和信息净负荷。帧结构如图 10-1 所示。

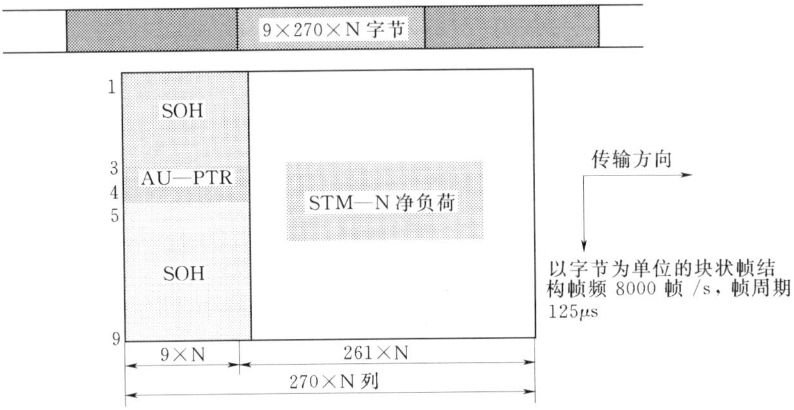

图 10-1 SDH 帧结构

(1) 段开销 SOH。完成对 STM—N 整体信号流进行监控，即对 STM—N“车厢”中所有“货物包”进行整体上的性能监控。

1) 再生段开销（RSOH）——对 STM—N 整体信号进行监控；

2) 复用段开销（MSOH）——对 STM—N 中的某一个 STM—1 信号进行监控；

3) RSOH、MSOH、POH 组成 SDH 层层细化的监控体制。

(2) 管理单元指针 AU—PTR。发端在将信号包装入 STM—N 净负荷时，加入 AU—PTR，指示信号包在净负荷中的位置，即将装入“车厢”的“货物包”，赋予一个位置坐标值。收端根据 AU 指针值，从 STM—N 帧净负荷中直接拆分出所需的低速支路信号，即依据“货物包”位置坐标，从“车厢”中直接找出所需要的那一个“货包”。

(3) 信息净负荷。STM—N 帧中放置各种业务信息的地方。2M、34M 140M 打包成信息包后，放于其中。然后由 STM—N 信号承载，在 SDH 网上传输。若将 STM—N 信号帧比作一辆货车，其净负荷区即为该货车的车厢。在将低速信号打包装箱时，在每一个信息包中加入通道开销 POH，以完成对每一个“货物包”在“运输”中的监视。

图 10-2 为上海市轨道交通三号线传输网络图，采用了 622M 的 SDH 通道环组网方式。随着业务容量不断扩大的需求，622M 的传输容量已经不能满足要求，新建的轨道交通线路的传输网络采用 2.5G 甚至 10G 的传输设备。

二、ATM 传输网方案

ATM 是“Asynchronous（异步）、Transmision（传输）、Module（模式）”的缩写，即异步传输模式。轨道交通的通信系统需要实现对各种不同业务的承载，如光用电话、公务电话、视频监控、IP 数据等，而这些业务有着不同的特性，例如，IP 数据业务实发性较强，视频业务需要高带宽来保证图像质量，话音业务需要固定的带宽保证通话质量。而 ATM 技术的设计完全满足通信系统对综合业务承载以及服务质量的要求。因为 ATM 技术允许对传输的各种业务按照动态流量等进行划分，对其服务质量进行分别设定和控制。

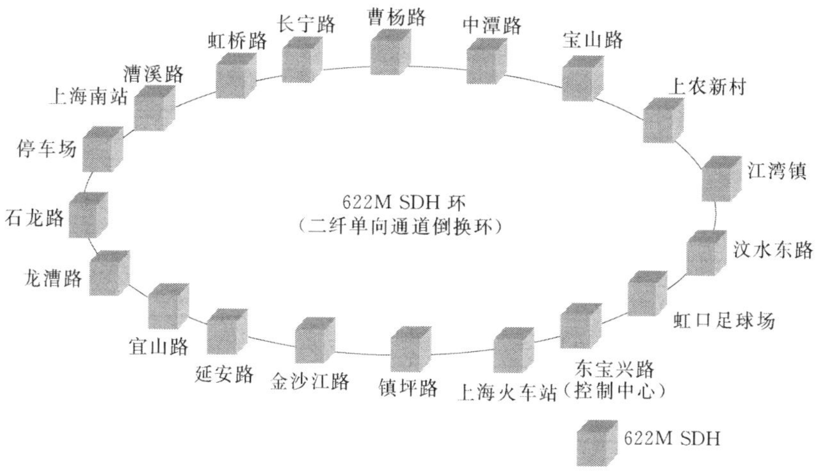

图 10－2　轨道交通明珠线传输网络图

此外，为了方便各种业务的接入，ATM 对其设备也规定了各种国际标准接口，促进了适用范围。

城市轨道交通通信系统中，视频业务是一种占用系统宽带资源的业务，特别是用户对视频图像的质量要求越来越高。视频业务是一种典型的多点对一点的业务，即摄像头数量众多，而监视器较少。如果采用传统的点对点进行视频传输，一方面不经济，且两边的视频业务本身也不能进一步改善质量。采用 ATM 技术，视频业务占用的带宽将由监视器的数量决定，从而在保证业务质量的前提下，节省了资源，为将来系统的扩展和开放预留了条件。

ATM 设备系统可视需求灵活方便地建立起集语音、视频和数据交换于一体的综合网络，主要特征即是它的高度模块化，可以对通讯网络实现灵活配置和扩展，可以支持星形网络、环形、链形网络拓扑。ATM 系统符合 ITU—T 推荐的标准。它的设计基于最新的软件技术，将窄带与宽带业务集成在同一个网络通信平台上，实现针对不同要求的解决方案。

（一）ATM 的性能特点

ATM 异步传递方式作为宽带综合业务数字网（B—ISDN）的标准传送方式，该技术融合了电路交换和分组交换的特点，能保证各种业务的服务质量（QoS），是一种面向连接的传输模式，具有以下特点：

（1）工作方式是面向连接，采用统计复用方式。

（2）具有各种标准的网络接口，保证了不同业务的服务质量。

（3）动态分配带宽，网络资源利用率高。

（4）支持多业务、多媒体应用，提供端到端的接入解决方案，ATM 可集语音、视频和数据交换于一体，窄带与宽带业务集成于同一网络平台上，具有宽带广播接口和宽带视频接口。

（5）具有较强网络管理能力，可靠性高。

（6）比较适合宽带视频的应用。

（二）ATM 的不足

ATM 对传输一些实时性要求很高的低速数据（多为控制信息）的时钟精度没把握。

目前，ATM 方案在上海轨道交通一期工程及上海地铁 2 号线的公安监控系统及上海莘闽轻轨、长春轻轨等项目上得到应用。

三、OTN 传输网方案

OTN 是“Open（开放）、Transport（传输）、Network（网络）”的缩写，即开放的传输网络。

（一）OTN 的性能特点

OTN 的性能特点主要如下：

（1）能利用接口模块处理几乎所有的已有物理接口标准，以及特殊环境中的各种具体的通信协议。还能完全透明的传输各种不同类型的信息（例如语音、数据、数字视频和 LAN），有较高的可用性。它采用了光纤技术，传输距离几乎没有限制，对于许多延伸性的网络、地铁、轻轨等，OTN 是一种比较理想的传输模式。

（2）对于传送语音、数据、压缩视频的专业网络和 LAN 而言，OTN 系统有许多重要的优势：

1）OTN 其独特的帧结构及传输方式是专为专网的应用而开发，十分适合轻轨这样相对封闭的专用网络。

2）拥有灵活、多样的业务接口卡，具有较强的业务接入能力。

3）业务的传输和接入设备融为一体，系统简化。

4）采用双环保护的网络拓扑结构，系统可靠性高。

5）具有灵活的网管功能。

6）在国内外地铁、轻轨工程上应用广泛，具有丰富的应用经验。

（3）系统适应性强。OTN 随配了广泛的接口卡，随着特定需求增长以及标准的进化，不断会发展出新的工业标准和规范接口，OTN 可以同步适应这些标准的发展，因而是比较理想的系统平台之一。

（4）OTN 网络架构基于如下 4 种主要的系统组件：

1）光纤骨干、OTN 节点、供用户接入系统已用的接口卡、网络管理系统（NCC 网络控制中心）。

2）双环路。OTN 网络中的节点是以双点到点光纤主链路互连的，这些光纤构成了两个反向循环的环路。在正常工作时，所有连接设备都通过一个环路来传输数据，而第二个环路处于待机状态。不过，后者始终保持与第一个环路的同步以监视它的可用性。第二个环路主要用于后备，不过，在紧急情况下根据需要，它可以部分和全部替代完成所有的数据传输任务。

3）介质。OTN 架构中很重要的一个组成部分是光纤光路体系。最终配置的 OTN 节点要考虑诸如传输介质、节点间距和拓扑结构等因素。对介质的考虑，可以在 OTN 中使用不同类型的光纤：50/124μm 多模光纤、9/125μm 单模光纤。对于较长的距离，单模光纤就成为唯一的选择，而总衰减是决定性因素。网络拓扑对最终的网络配置有非常重要的影响。

4）拓扑结构。从逻辑的角度和从物理的角度来看待网络拓扑结构：逻辑拓扑结构描述了信息在网络中传输经过的路径，而物理拓扑结构说明了节点和介质的排布和互连情况。

• 逻辑拓扑结构。OTN首选的逻辑拓扑结构是双环路结构，因为它能提供较好的故障恢复能力。当设置为双环路拓扑，光纤的光路是封闭的，一旦发生光路开放（光电断路），系统就会通过反馈对这种改变作出响应，指出故障状态。使用双光路环路可以确保高水平的服务、可靠性和可用性，系统能够自动修正网络中可能发生的各种故障。

• 网络拓扑结构。一种逻辑拓扑结构可以通过不同的物理拓扑结构来实现：点对点、环形、星形、总线结构等，并且可以灵活地从一种拓扑改变为另一种拓扑。网络的物理拓扑结构对系统总体费用和可用性有重要影响。

OTN是SIMENS的成员公司——比利时ATEA公司生产的传输设备，广州地铁1、2号线、上海地铁2号线均采用了OTN的方案，上海轨道交通2号线OTN组网图如图10-3所示。

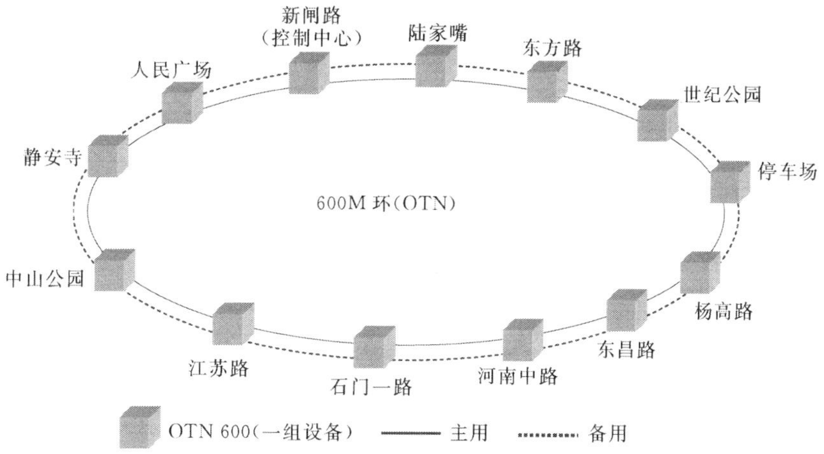

图10-3　地铁2号线传输网络图

（二）OTN的不足

目前，OTN传输网方案有较大局限性，主要如下：

（1）使用范围较单一，多是应用在地铁这样的封闭通信系统。

（2）提供设备厂家唯一，不符合国际标准，网络建设与扩展受设备厂家制约程度较大。

（3）国产化难度较大，设备的技术支持及售后服务尚需依赖国外厂家，且价格较高，难度较大。

四、宽带IP技术

宽带IP技术是随着计算机技术和计算机网络技术的发展而发展起来的，是一种新兴的传输技术，其最大的特点就是虚拟电路和包交换，可以最佳解决轨道交通中业务种类繁多的问题。

随着 Internet 的迅速普及和所有的业务都将基于 IP，而承载 IP 的有 SDH、ATM 和宽带 IP 三种技术。从性能、价格和发展趋势综合考虑，宽带 IP 是首选。但轨道交通通信网属于专用网的范畴，其业务均为非 IP 业务，加之宽带 IP 路由器覆盖范围还十分有限，因而宽带 IP 目前不适合在骨干网传输中使用。但随着将来信息系统、票务系统和数字视频的大量使用，宽带 IP 不失为一种较佳的选择。

五、三种技术的比较

（一）SDH 技术

SDH 有国际标准的体系结构，网络功能完善：多种方式组成自愈环/网、多种网络/通道保护、同步复用、电路时延小、多种标准光接口、强大而标准的网管系统、传输容量大，更重要的是，它能实现不同厂家设备的兼容，是一较完善的传输技术，但是 SDH 传输系统在轨道交通通信系统中也存在如下问题：

（1）接口种类单一，仅有标准接口。

（2）传输窄带业务（语音、数据、宽带音频）时，需增加接入设备（PCM D/I 设备）。

（3）无直接的视频和 LAN 接口，需外部增加视频 CODEC 和 Ethernet 路由器；一般只提供 2M 的传输，存在性能瓶颈。

（4）对于视频、宽带广播以及局域网来说，还没有很好的解决办法。

（5）一般只提供点对点的通信通道，难以满足轨道交通通信系统中大量共线式通信通道的要求。

（二）OTN 技术

OTN 是 SIEMENS 公司为专用通信网开发的传输系统。该系统提供的业务接口丰富，具有设备简单（一体化设备）、网络可靠、组网灵活、可组成点对点、链形、环形等不同拓扑结构；扩容方便，系统很容易从 36M 升级到 150M、600M；直接提供多种标准的通信协议接口，如语音接口（是有 2 线/4 线、E 接口、RS232/422/485 接口），高质量音频接口（15KHE 宽带），10/100M Ethernet 标准复合视频接口等。但是，其传输制式无统一的国际标准，是非开放标准，对于今后系统的扩展和兼容有一定的影响，适应与单一的支线网传输系统。

（三）ATM 技术

ATM 技术是 1988 年由 ITU—T（其前身是 CCITT）提出的实现宽带综合业务数字网的核心技术。ATM 是在总结、分析传统电话网络的电话交换技术和数据网络的分组交换技术优缺点的基础上发展起来的，ATM 技术融合了两者的优点。它是话音、数据、视频、IP 等各种业务传输、复用和交换的理想传输方式，其灵活的宽带分配策略能满足当前和未来的需求。ATM 技术以及本身的一些特性正好适合其在轨道交通领域的通信系统中应用。ATM 是为宽带业务综合数字网而研制开发的技术，但相对于 SDH 而言，ATM 有如下不足：

（1）价位偏高。

（2）网络体系、网络管理复杂。

（3）当本站发生故障，电自愈不能满足自动倒换功能，影响另站，给通信传输通道带来不安全性。

（4）它是既面向电路交换，又面向包交换，因此ATM时延大。

SDH、ATM、OTN三种技术的详细比较如表10-1所示。

表10-1　SDH、ATM、OTN功能比较

传输网方案	SDH	ATM	OTN
协议	较复杂	复杂	复杂
传输效率	低	较高	高
连接方式	面向连接	面向连接	面向连接
网络控制	全面、完善	一般	全面、完善
QoS	有保证	有保证机制	有保证
承载业务	实时性业务	综合性业务、实时性业务 成本高、效率低	综合性业务、实时性业务
网络带宽	宽	一般	一般
传输性	成熟	逐步融合变化	成熟
网络互联	容易	容易	困难
成本	逐步降低	高	高

第三节　无线通信子系统

一、无线通信子系统的构成

无线通信子系统包括列车无线通信、公安无线通信和消防无线通信（见图10-4）。

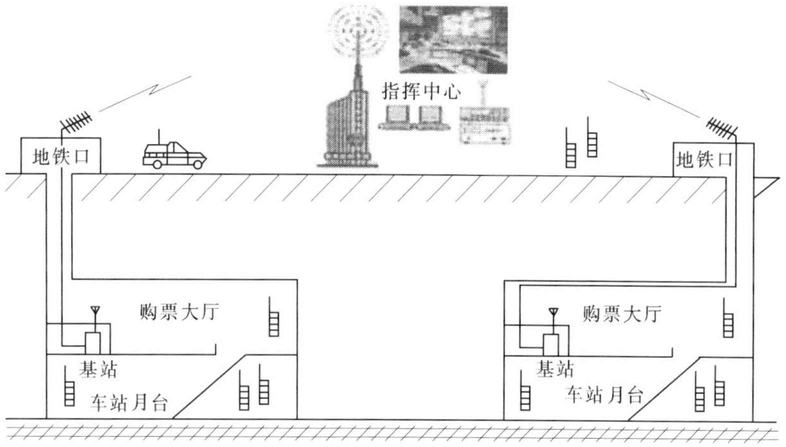

图10-4　无线通信示意图

（一）列车无线通信系统

列车无线通信系统一般设置列车调度、紧急呼叫、设备维修等3个无线通信子系统，采用专用信道方式，由控制中心设备、车站基台、手持台和漏泄同轴电缆等组成，其基本功能如下：

（1）通话功能。能根据用户的性质、功能不同，组成相互独立的通话组。

（2）编组转换功能。能接受车载台的编组转换信息，当车载台由车辆段进入正线时，驾驶员手动操作车载台“登录”按钮，完成由车辆段通话组至正线通话组的转换。

（3）用户台识别号编制。有用户识别号（系统内每一个用户都应分配有不同的身份识别号“ID号”）和用户台组识别号（系统为每一个用户台分配组识别号“组ID号”）。

（4）呼叫功能。调度台与移动台之间可根据使用要求实现选呼、组呼及全呼等呼叫连接，同时移动台具有对相应的调度台发出紧急呼叫，列车调度员可按车次号、车号呼叫列车司机。

（5）越区切换功能。当车载台从一个车站的场强覆盖区进入另一个车站的场强覆盖区范围时，系统具有越区切换控制功能，保证车载台的通话不中断，对车载台的环境监听功能。

（6）自诊断功能。控制中心能对中心设备及车站基台的运行状态进行自动检测，具有故障定位报警能力。

（7）呼叫记录存储及通话录音功能。可对通话台的识别号、呼叫类型、通话内容、日期、通话起止时间等进行显示和存储，必要时进行打印输出。

（8）调度台功能。调度台具有呼叫和连接功能，并可显示组内的所有用户号和组号、工作方式、呼叫类型（紧急呼叫应有明显的声光显示）以及其他必要的相关信息，其中车载台可显示身份识别号及相应的车次号、车组号、司机号等功能号。

（9）区域呼叫选择功能。调度员可对一个选择区域内的所有用户进行通话，列车调度员可选择运行中的全部或部分列车，通过车载台，启动列车广播系统，对车内乘客进行广播。

（10）具有强拆、强插功能，对强拆、强插用户应有提示音告警。

（11）车载台功能。车载台具有选呼、紧急呼叫等功能，车载台设有紧急通话按钮。

（二）公安无线通信系统

公安无线通信系统的主要功能是公安调度，其系统的主要功能如下：

（1）各通话台之间具有选呼、组呼及紧急等呼叫连接方式，其中包括本基站呼叫和跨基站呼叫。

（2）动态分配信道功能、多级优先功能、遇忙排队/自动回叫功能。

（3）控制信道和系统故障弱化功能。当控制信道出现故障时，其他话音信道均可作为控制信道，继续控制系统工作；每个集群信道机均可独立运行，任何部位的故障只影响部分功能，不影响系统的所有功能。

（4）呼叫限时功能、私密通话功能和控制信道短数据传输功能。

（三）消防无线通信系统

消防无线通信系统的主要功能是实现消防时间的全范围、全时间调度，其主要功能如下：

（1）当某个车站发生灾情时，控制中心值班人员通过操作控制盘，打开控制中心链路电台及各相关车站的转发基台，建立地面与地下的联系通道。在地下区域消防人员之间的手持机，可通过车站转发基台的转发进行通话。

（2）地下区域消防人员手持台，可通过打开车站转发基台至地铁控制中心链路台通道，实现与消防指挥中心进行通话，同时经消防指挥中心电台转发，可与地面消防手持台进行建立呼叫和通话。

（3）消防指挥中心通过链路台、车站转发基台可对地下区域消防人员的手持机进行全呼。

（4）地铁控制中心消防值班员通过通话手柄、链路电台可与现场消防指挥员及消防指挥中心值班员进行通话。

（5）地铁控制中心的监测终端能监测中心链路电台、车站通话电台和电源设备的工作状态，具有故障报警功能。

（6）利用系统配置的119链路仿真台和手持台，可定期进行车站内部、车站与地铁控制中心链路台之间以及链路台与消防指挥中心之间通话功能的仿真测试。

（7）系统冗余：链路电台在控制中心主备（冷备用）冗余；链路电台和转发基台的电源单元均为主备（热备用）冗余。

（8）应采取措施避免各车站出入口区域及出洞口区域与地面区域所有消防移动台之间的同频干扰。

二、无线通信系统的组成及功能

无线通信系统由基地台、天线及射频电线、隧道内的漏泄同轴电缆、列车无线电台设备、控制台、电源及便携式无线电台等组成。典型的地铁无线通信系统，为了实现双向通信，所以设置了4个频率对（每个频率间隔10MHz）。

（一）信道1

用于列车调度，其覆盖范围是地铁全线及各车站，列车调度员通过控制台，与正在运行的司机及车站上行车有关人员之间通话。

（二）信道9

用于公安治安，其覆盖范围是地铁全线及各车站，使公安中心的工作人员与沿线、车站等，处于移动状态下的公安人员之间通话。

（三）信道0

用于车辆段，其覆盖范围是整个车辆段（一般为地面），使车辆段的运转值班员，与车辆段范围内，处于移动状态下行车人员之间通话。

（四）信道8

紧急用信道，其覆盖范围为信道1和信道0的覆盖范围的总和，当信道1或信道0发生故障，或发生其他紧急情况时，为有权使用上述两信道的人员提供通信手段。

三、无线通信系统功能的实现

为了说明无线通信系统如何实现通信功能，我们以列车调度无线通信为例，加以阐述。列车调度员欲与司机通话时，调度员可按下控制盘上的数字键，发出呼叫信息，沿线各列车的车载无线设备，收到呼叫信息后进行比较，当证实呼叫本列车时，接通驾驶室的专用广播。司机按下车载无线发射键时，列车无线电台的发射机被打开，自动地发射该列车的编号及数据信息，该信息经隧道内的漏泄同轴电缆，或地面上的天线传送到最近车站的基地台，由于基地台与车站的 SDH 一次群有接口，所以经 SDH 信道传送至控制中心，并在列调监视器上显示出来。呼叫建立后便可通话，通话的话音信息也通过上述途径传送。其信号传输途径示意如下：车载台⟷泄漏电缆天线⟷车站基地台⟷光纤传输系统⟷控制中心基地台⟷控制中心无线列调控制台。

沿线的各个区段，是通过连向基地台的漏泄电缆，或天线实现覆盖的，所以列车运行过程中，可能涉及沿线几个基地台，在通话过程中通过设在控制中心的判决比较器，选择一个具有最好信噪比的基地台，实现通信，在整个通话过程中，判决比较器不断地进行判决。

此外，当某个呼叫建立后，无线通信系统，会自动地向其他使用同一频道的移动电台，发出锁闭信号，以防新的呼叫打断正在进行的通话，直到该通话结束为止。移动台之间，禁止使用列调频道通话。当列车发生意外而无法使用车载无线台时，列车无线设备，每隔一固定时间，接通发射电路 10s，并将驾驶室环境声音发向控制中心，直到调度员取消选择为止。

第四节　公务电话子系统

公务电话子系统为轨道交通管理部门、运营部门、维修部门提供一般公务联络（电话业务和非话业务），系统具备 PSTN 基本业务，具备各种新业务功能（热线、呼出限制、呼入限制、闹钟、呼叫等待、呼叫转移、缩位拨号、追查恶意呼叫、会议、ISDN），能够识别非话业务，并与无线系统连接，与当地公用电话网互联，可实现国内、国际长途通信；实现与市话局间的全自动呼入呼出，能够与当地 119、120 和 110 等特服业务相连，公务电话子系统系统主要由数字程控交换设备和电话终端设备组成，在控制中心、车辆段设置数字程控交换设备，在各车站设备程控交换机远端模块，各站电话业务通过远端交换模块接入。控制中心设置系统维护终端、测量台和计费终端等，用于公务电话子系统的网络管理、话务测量和系统计费。

数字程控交换机是将输入的模拟信号，进行模/数转换，变成数字信号，再进入交换网络。进行数字交换接续的程控交换机，是系统的核心，它体积小而适应性强，交换网路阻塞小；它采用冗余结构，可靠性高，并具有自动故障诊断和处理；并且易于构成综合业务数字网，提供各种话音和非话通信业务，提供诸如缩位拨号、热线服务、呼出限制、免打扰服务、闹钟服务、呼叫转呼、等待、遇忙回叫和会议电话等功能，所以在城市轨道交通中得到广泛的应用。数字程控交换网，除了提供一般公务电话通信外，还可实现其专用的通信业务。

一、专用电话子系统

专用电话子系统是调度员和车站（车辆段）值班员指挥列车运行和指导设备操作的重要通信工具，是为列车运营、电力供应、日常维修和防灾救护提供指挥手段的专用通信系统。系统可为控制中心指挥人员，如行调、电调和环调等提供专用直达通信，并且具有单呼、组呼、全呼、紧急呼叫和录音等功能，同时可为站内各有关部门提供与车站值班员之间的直达通话，并且车站值班员可以呼叫相邻车站的车站值班员。

专用电话子系统又分为控制中心主系统和站段分系统设备

（一）控制中心主系统

控制中心主系统设备包括数字程控调度机、调度台和调度分机。其中数字程控调度主机是专用电话系统的核心设备，可根据用户需求设置列车调度、电力调度、防灾环控调度等多个调度系统；同时，设置行车值班调度台、电力调度和防灾环控调度台等；在控制中心设置网管系统，实现专用电话系统的集中维护管理。

（二）站段分系统

站段分系统设备包括站段分系统主机、站内直通电话、站间行车电话和轨旁电话机（区间电话）。站段分系统主机是各站段分系统的核心；站内直通电话提供车站（车辆段）值班员与本站作业人员之间的呼叫通话；站间行车电话实现车站（段）值班员与相邻车站值班员、联锁站值班员或车辆段值班员进行直接相邻通话；轨旁电话实现轨道交通有关作业人员在轨道区间与相邻站车站值班员进行通话。

1. 调度电话

调度电话的调度台设于控制中心的调度所内，调度台根据调度功能，设有列车调度台、电力调度台、防灾报警调度台和总调度台，总调度台只与其他三个分调度台通话，而三个分调度台都与调度分机相连，列车调度分机设在各个车站及车辆段；电力调度分机设在各变电站的值班室；而报警调度分机设在各车站及所属业务部门。调度电话系统框图如图 10-5 所示。

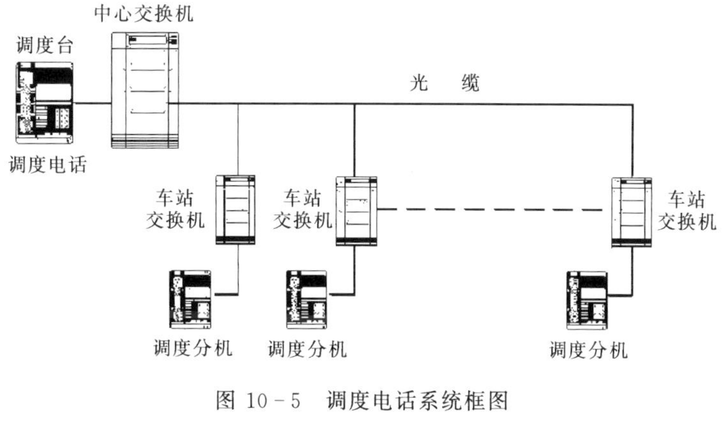

图 10-5 调度电话系统框图

对调度电话系统的基本要求是，各调度台通过程控交换网与分机连接，它能迅速地单呼或全呼下属分机，下达调度命令；各调度分机只要摘机，就可以呼叫各自的调度台，各调度台按下呼叫键，即可呼出或应答相应的调度分机，而各调度系统的分机之间及其他系统的分机之间不允许通话。

调度台通常采用带有液晶显示屏的数字式多功能电话机。

2. 站间行车电话

利用程控交换网在站间建立双向热线的行车电话，以供相邻两站车站值班员之间联系有关的行车事务，它具有直线电话的功能，任一方只要摘机不必拨号，就可以与对方站建立通话。

3. 轨道沿线电话

为保证城市轨道交通系统运行、维护及应急的需要，使工作人员在轨道沿线随时与调度中心及有关部门取得联系，在轨道沿线每隔 500m 左右间距，设置轨旁电话，每 2～3 个电话机并联后，通过专用电缆，连向最近的车站交换设备，程控交换网可为所有的沿线电话机，提供与其他分机及各调度台联系的功能。

4. 车站集中电话机

为了使车站的各职能部门，与车站或本地区的相关单位进行通信，各车站均设置集中电话机，集中电话机的控制台，可采用数字式多功能电话机，它可通过快速呼叫键，呼下属分机，自由地与其他分机联系，分机与集中电话机之间建立延时热线，分机呼叫集中台时，分机只需摘机，等数秒后，便可与集中台通话，如果分机在摘机后数秒内拨了其他分机的号码，则分机可以与其他分机通话。

二、传真通信与数据通信

利用城市轨道交通的程控交换网还可以实现传真通信和数据通信业务。

只要将传真机（FAX）与电话机并联，接入程控交换网，就可以进行传真通信，通信的建立是通过电话机拨号来实现的。利用传真机的存储和自动转发功能，与程控交换机的交换功能配合，还可以将同一份文件依次传送到各个车站的相关业务部门，实现同报传送。

数据通信是传送数据为业务的一种通信方式，以实现计算机之间、计算机与数据终端以及数据终端之间的通信，城市轨道交通系统中，控制中心与各车站之间可用数据通信方式，来传递文件和数据，数据通信可以通过程控交换网提供的交换和传输功能予以实现，利用调制解调器，将数据终端设备接至交换机的模拟用户接口，如图 10－6 所示。调制解调器用以完成数据信号与模拟信号之间的交换，只要数据终端设备双方在传输速率、字符编码格式、同步方式、通信规程等完全兼容，就可以实现相互通信。

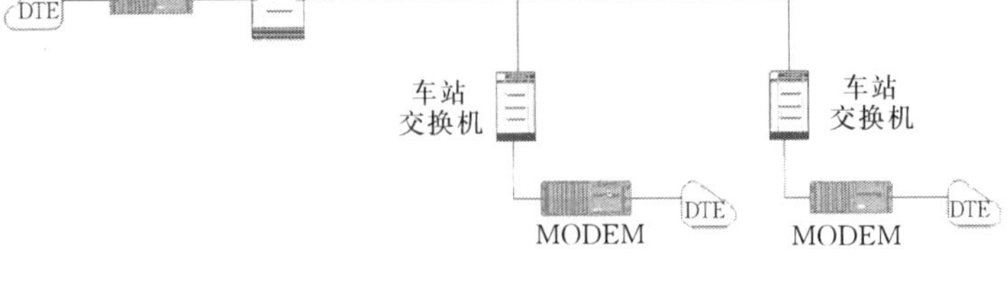

图 10－6　调制解调器的数据通信连接方式

DTE—数据终端设备（Data Terminal Equipment）；MODEM—调制解调器

第五节 图像监控子系统

闭路电视监视系统是调度员和车站值班员监视列车运行、掌握客流大小和流向、提高行车指挥透明度的辅助通信工具，是列车司机在车站停车后监视旅客上下车、掌握开关车门时间的重要手段。当车站发生灾情时，电视监视子系统可作为防灾调度员指挥抢险的指挥工具。系统由控制中心调度员行车监视、车站值班员客运管理监视以及列车司机发车监视 3 部分构成。

一、控制中心

控制中心主要由彩色监视器、操作键盘、多媒体网络管理终端以及系统维护监视器、长时摄像机、网络管理接口转换模块等设备组成。

二、车站系统构成

车站系统包括上行站台、下行站台、站厅 3 个区域，主要由彩色摄像机、监视器、视频分配放大器、画面分割插入器、车站视频矩阵切换控制设备、光纤传输设备的发送端等部分组成。

三、多媒体网络管理终端

（一）采用数字方式

在各车站，各电视监控摄像机视频信号通过同轴电缆将图像上传至本站控制室，控制信号通过双绞线实现对摄像机的控制。视频图像经过视频分配器、视频控制矩阵传送至车站控制室的监视器（本地监控用）和地铁通信统一传输平台后传送至控制中心（控制中心远程监控）；在控制中心和各车站均需设置视频编解码设备；利用轨道交通通信的传输平台，视频图像经过编解码设备，将模拟视音频信号转换为数字信号传输，通常采用 M—JPEG 和 MPEG—2 方式。

（二）采用模拟方式

在各车站，各电视监控摄像机视频信号通过同轴电缆将图像上传至本站控制室，控制信号通过双绞线实现对摄像机的控制。视频图像经过视频分配器、视频控制矩阵传送至车站控制室的监视器（本地监控用）和视频复用光端机传送至控制中心（控制中心远程监控）；在控制中心和各车站均需设置视频光端机；各站图像的传送都需要占用单独的光纤和轨道交通通信系统的传输平台独立。

四、闭路电视监视系统

为了确保列车的运行安全，及时向有关人员提供车站各部位的安全情况以及客流、列车停站、售、检票情况、列车门开启、关闭等现场实时图像信息，所以设置闭路电视监控系统。闭路电视监控系统由控制中心集中监控系统和车站闭路电视监控系统两部分组成。系统由摄像机、监视器、控制切换设备以及传输线路等部件构成，一般采用黑白摄像机，以达到较高的对比度和清晰度。为了扩大取景范围，根据需要而设置云台。监控室的控制台，可以进行控制操作，如调焦及控制云台上、下、左、右转动等，以达到最佳摄像效果。摄像机的视频信号，沿视频线送到监控室的监视器上，显示现场实时图像，当监视器数目与摄像机数相等时，可一一对应监视，当监视器数目少于摄像机数时，必须经切换器设备，进行有选择地监视。在监控室还配有录像设备，以记录重要的图像信息。

（一）控制中心的集中监控系统

在控制中心的各调度台上，配备一定数量的监视器和一个带键盘的控制台，调度员可通过键盘来选择所希望了解的车站，以及车站某个部位的客流情况和突发事件图像；相应的选择信号，经 PCM 光纤传输系统，发到各个车站的控制单元，各个车站设备收到选择信号后与本站的编码进行比较，若一致，进一步确定选择哪几个摄像机，然后经图像切换设备，将选中的图像输出，再经过调制器调制复用后，电/光转换，沿光纤送至控制中心，在控制中心，要进行光/电转换，再经过解调器，将几路图像信息分开送入图像切换单元，图像信息送至相应的监视器；为了便于识别，各个车站备有图像字符发生器，以产生车站名、摄像机号码、日期和时间，并叠印在送往控制中心的各图像上。

（二）车站闭路电视监控系统

车站闭路电视监控系统为车站值班人员提供车站现场的实时图像，它不仅受车站值班人员的控制，也受控制中心的控制。车站闭路电视监控系统的监视点，视车站构造而异，一般应在车站的站台区和站区，以及出、入口区，自动售、检票区，设置摄像机进行监视，其中车站站台区的图像，还为司机提供旅客上、下车以及车门关闭情况的信息。图 10－7 为车站闭路电视监控系统的示意图。

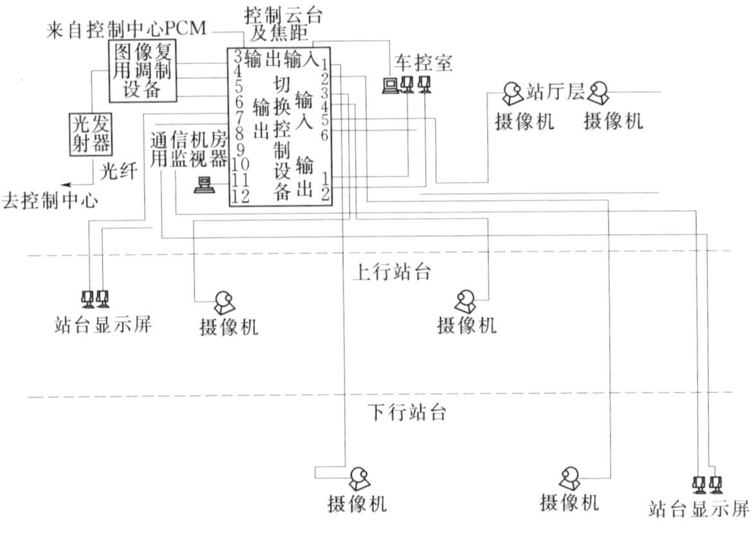

图 10－7　车站闭路电视监控系统示意图

如图 10－7 所示，上、下行站台各设两台摄像机和两台监视器；站厅区设两台摄像机；在车站值班室，分别设有监视器和控制台，各摄像机输出的视频信号经同轴电缆接至切换控制设备的图像输入端，经图像复用设备和电/光转换后沿光纤接至控制中心，向控制中心提供车站的图像信息。

车站值班员可从控制台发出控制信号，控制云台和调焦，并进行图像切换或选择。

第六节　广播子系统

广播子系统为中心调度员、车站值班员提供对相应区域进行有线广播，并实现事故抢险、组织指挥和疏导乘客安全撤离时的中心防灾广播。

一、广播子系统的组成

广播子系统由中心设备、车站设备和车辆段设备组成。

（一）中心设备

中心设备包括中心广播操作台（信源：话筒、语音合成、CD 机等）、中心广播机柜（含电源、接口及控制模块等）和中心网管终端。

（二）车站设备

车站设备包括车站广播操作台（行车、客运、防灾广播用）、车站广播机柜（含功放、电源、接口及控制模块等）、噪声传感器、扬声器和音柱。

（三）车辆段设备

车辆段设备包括车辆段广播操作台、通话柱、车辆段广播机柜（含功放、电源、接口及控制模块等）和号筒扬声器。

二、广播子系统的作用

控制中心行车调度员和环控调度员可对全线各站进行监听及选站和选区广播。当地铁发生故障或灾害时，广播系统自动转为抢险通信设备，环境调度员具有最高优先权。

车站广播区分为上行站台、下行站台、售票区、站厅、出入口和办公区等。车站行车值班员和环控值班员可通过广播控制台对本站区进行选区广播或全站广播。

车站广播系统是实现集中管理的重要组成部分。列车到站及离站的实时预告信息，非常情况下的疏导信息等，通过该系统及时向旅客通报，同时，为组织好行车，应及时将运行信息告之行车相关人员。为了实现集中管理，车站广播系统除了车站广播外，还可由控制中心集中播音。

（一）车站播音

图 10－8 为车站播音系统示意图。车站播音台配有播音区域选择键盘和送话器，在通信室还设有前置发大器、功放及控制接口单元等设备。车站的控制键按下后，相应的选择信号，经控制和接口单元，使被选择区域的广播电路接通，并使控制中心来的播音信号中断，也即车站播音台对本站的播音具有优先权。在固定区域，可以根据列车运行实现自动广播。

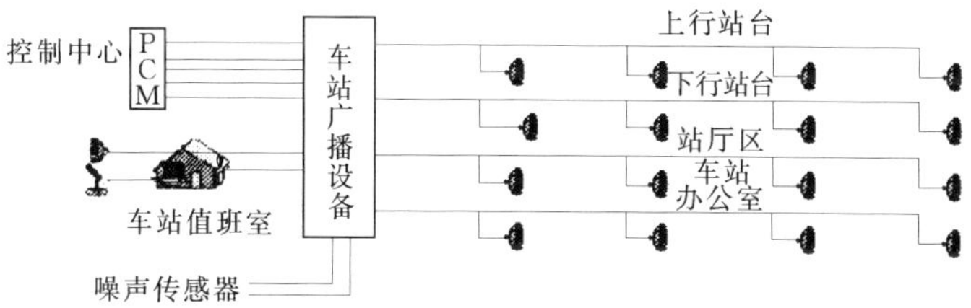

图 10－8　车站广播系统示意图

为了提高播音的可靠性，每个播音区域内的扬声器分别由两个扩大器驱动，并以梳状方式排列，其中一个扩大器故障时，仍能不间断地播音及维持基本播音量。站台的广播区域还应配备自动音量控制装置，以保证播音音量始终保持比此区域内噪声音量高10dB左右的水平上，达到较好的播音效果。

（二）控制中心播音

在控制中心设有列车调度、电力调度和防灾调度三个播音台，三个播音台之间互锁，即只允许一个播音台播音。三个播音台分别配有广播区域选择键盘和送话器。选择控制信号，经控制与接口单元通过PCM信道将其送至车站的控制单元，并显示在相应的播音台上。播音信号经放大，通过专用的屏蔽广播线传送至所选车站。但各车站的播音具有优先级，从控制中心可对所有车站的所有区域播音，也可对某一个车站的某个区域有选择性地播音。

第七节 时钟子系统

时钟系统主要由控制中心设备包括GPS/CCTV信号接受单元、主备一级母钟系统、车站（车辆段）主备二级母钟、子钟、系统网管及传输通道等构成。

一、中心母钟

中心母钟接收GPS标准时间信号、CCTV标准时间信号，将自身的时间精度与标准信号同步，中心母钟通过传输通道向各车站的二级母钟传送，统一校准二级母钟，并将同步信号通过接口送给监测系统及其他系统，为其他系统提供时间信号。

二、二级母钟

二级母钟接收中心母钟发出的标准时间码信号，实现与中心母钟随时保持同步，并产生输出时间驱动信号，用于驱动本站所有的子钟，并能向中心设备回馈车站子系统及本站子钟的工作信息。

三、子钟

子钟接收二级母钟发出的时间驱动脉冲信号，进行时间信息显示，并将自身状态信息回馈给二级母钟。

四、系统网管

系统网管实现时钟系统的网络管理。

第八节 电源子系统

电源系统主要是为通信系统内各系统正常运行提供电源。通信电源是保证通信系统正常工作的必要条件，因此，通信电源必须安全可靠，应能满足不间断连续运行。同时由于电气化铁道的特性，因而特别要防止电机牵引所产生的谐波电流对通信系统的干扰，采用抗电气干扰强的设备和电缆，并采取必要的防IP措施。与此同时，本系统还应充分考虑地区气候因素，主要是防雷。

通信电源系统主要包括：高频开关电源、阀控式密封铅酸蓄电池组、UPS不间断电源等。

第九节 旅客导乘及信息服务系统

为方便乘客的候车、乘车，各车站的站台、站厅层设置乘客导乘显示屏，让乘客通过显示屏及时了解列车的运行状态及安全事项，从容候车和上车，同时可利用该系统在列车运行空隙时间播放天气预报、时事、新闻和音乐等内容。

旅客导乘及信息服务系统由控制中心导乘设备、车站导乘设备、系统监控及传输通道构成二级控制乘客导乘及信息服务系统网。各车站乘客导乘及信息服务系统向乘客显示的主要内容如下：

（1）与广播内容同步地实时显示列车到达动态信息（日期、现在时间、最近两班列车到达时间、距本站最近的列车到达时间等）。

（2）乘客乘车须知。

（3）一些重要事项（突发事件、通知等）。

思 考 题

1. 轨道交通的通信系统能否和市话系统合二为一，为什么？

2. 轨道交通的通信系统由哪几部分组成？

第十一章 信 号 系 统

第一节 信 号 引 论

一、信号在城市轨道交通系统中的作用

信号是“信号（显示）、联锁、闭塞”的总称，由各类信号显示、轨道电路、道岔转辙装置等主体设备及其他有关附属设施构成的一个完整的体系，是现代信息技术的重要领域。随着轨道交通建设的快速发展，当今信号系统技术已融通信、信号、计算机等先进技术于一体，并向数字化、智能化、综合自动化方向发展，其发展水平已成为现代化建设的重要标志之一。

在规划城市轨道交通的过程中，必须规划和建设与预测客流量相适应的通信信号设施。用于指挥和控制列车运行的通信信号设施，尽管其投资额在整个工程中所占的比例甚低（通常在 3 %以下），但对于提高通过能力、保证行车安全却有着至关重要的作用。

(1) 信号系统首先保证列车运行的安全性。采用先进的信号技术，如 ATC 系统，能大大提高行车的安全性，使得因人为的疏忽（如司机忽视信号显示）、设备的故障而产生的事故率降至最低。

(2) 在保证安全的前提下，提高通过能力。在保证安全的条件下，通过提高列车运行速度，缩短行车间隔，来提高运营效率。例如，香港的地下铁道，设计要求载客能力为 6 万人/（h·方向），每列车的定员定为 2000 人/列车（实际使用情况为 2616 人/列车），则必须每 2min 发出 1 列车，即列车间隔为 2min。如果采用相对落后的信号设备，则不能保障该运输效率要求，如采用移频自动闭塞，最小列车间隔为 4min，这就意味着在同一条线路上，使用同样的车辆，载客能力只能达到 3 万人/（h·方向）。显然，在城市轨道交通中采用先进信号设备（如列车自动控制系统——ATC 系统）是事半功倍。

此外，采用先进的信号技术可以避免不必要的突然减速和加速，这不仅可提高行车的稳定度，还对节能具有重要的作用。

二、信号系统的发展历程

早期的城市轨道交通信号系统的发展要追溯到大铁路的信号系统的发展过程上。

20 世纪 60 年代以前，列车运行控制由轨旁的信号机来传递信息，列车运行完全取决于司机的视觉和驾驶技术，前后列车之间的空间间隔由相邻信号机之间的距离来实现。在这种传统的信号系统中，信号机显示的信息能力极为有限，而且信号机的位置不能随意改变，间隔控制较差，这些不足，导致系统的安全性不高，运行效率底。

为了提高安全性，列车自动控制技术的研制得到了各国的重视，早期的这类技术是在距离信号机一定位置安置应答器，列车通过应答器时，控制系统一方面向司机报警，另一

方面在司机没有反映动作时控制系统强迫列车制动停车。这类系统称为自动停车装置，其技术有以下两个特点：

（1）列车具有接收地面信息能力，信息传输途径增加了。

（2）安全性不仅仅依靠司机，安全性增加。

从60年代后期开始，是信号技术处于突飞猛进的时期，移动闭塞、计算机联锁和自动运行系统已被大量应用在地铁或轻轨系统中。这些新技术的产生都与客流量增长和新科技发展密不可分。针对不断增大的客流需求及信号系统的相对落后的矛盾，世界各国都花巨资采用更先进的控制系统更新或代替已有的信号设备。随着新技术的发展，现代通信技术的应用推动了城市轨道交通系统的列车自动技术大发展，而该技术已成为世界各国列车运行实现智能化的关键。当时的西班牙巴塞罗那、前苏联列宁格勒及莫斯科、美国纽约、日本东京及名古屋、英国伦敦、法国巴黎和瑞典斯德哥尔摩等城市的地下铁道和地面线路设计了列车自动运行系统。1968年世界上第一条具有列车自动控制系统的线路——英国伦敦维多利亚投入运行，此后，各国逐步将单个列车的运行控制发展为列车群的监控，构成了完整的列车自动控制系统。

我国城市轨道交通信号系统是随北京地铁的兴建而起步。除了采用一些地面铁路既有设备外，结合地铁的特点研制一批适合于地铁的信号系统，如北京地铁采用的移频自动闭塞改为无选频、集中设置的方案；电气集中增加了折返站的自动折返进路等。1983年还研制了用计算机对列车进行自动跟踪、车次显示及描绘列车实迹运行间，并在环线上试用。1990年结合北京地铁环线改造研制了全微机分布网络的调度集中系统，其中还包括了列车车次跟踪/显示，并将计划图及实迹图进行显示及描绘。随着我国地铁客流量的增长，仍采用传统的信号系统已不能满足高密度行车的要求。北京地铁1号线从英国西屋公司引进了列车自动控制系统（ATC）将发车间隔从5min缩短到2min；广州地铁1号线将引进德国西门子的ATC及车站微机联锁设备；上海地铁轨道交通1号线采用当时美国GRS（GRS现归属于阿尔斯通公司）的ATC系统，2号线采用美国US&S的ATC系统，3号线采用法国阿尔斯通公司的ATC系统，而5号线采用德国西门子公司的ATC系统。不同的ATC系统，反映了各条线路功能需求，也反映其时代特色。

第二节 信号（显示）、联锁、闭塞

一、信号（显示）

英国作为铁路发展的故乡，信号的起源也来源于英国。最早的列车指挥是由一位头戴绅士礼帽、身穿黑大衣和白裤子的铁路员工骑马在前引导运行的，他边跑边以各种手势发出信号指挥列车的前进和停止，就像现在的交警指挥汽车一样。当然这只能是在白天行车，每小时才走10km，这种指挥方式是安全的，但随着列车数量的增加和超过马车速度的情况下，这种信号已经不起作用了。这是在当时的条件限制下的铁路运营指挥系统也是最早的信号控制技术。当时在没有固定的信号设施的情况下，司机无法了解前方路线的信息，列车的驾驶完全靠司机的“视力”范围和驾驶经验来控制，当时列车的行驶速度很小，但仍旧发生一些交通事故。随着速度的提高，司机的视觉范围内很难满足列车的制动距离，而且轮轨之间摩擦力很小的情况下与汽车同样速度的火车制动需要更长的距离，而司机的视觉范围的距离远远不够。

（一）臂板信号机

为了确保安全，人们开始研究固定的信号设备：用一块长方形的板子，横向线路表示停车信号，顺向线路表示进行信号。可是顺向线路的板子实际上很难看见，所以又在顶端加块圆板。当必须在晚间开车时，就以红色灯光表示停车信号，白色灯光表示进行信号。随着列车速度的不断提高，要求从远方就能准确看到信号的显示。人们发现，在面积相等的情况下，圆形、方形和长方形相比，以长方形看得最远。因此，1841 年英国人戈里高利提出用长方形臂板作为信号显示，装设在伦敦桥车站，这是铁路上首次使用的臂板式信号机。当时这种臂板式信号机有两种显示：水平位置表示停车信号，向下倾斜 45°表示进行信号（见图 11-1）；夜间仍用红色灯光表示停车，用白色灯光表示进行。但是，后来发现白色灯光容易和铁路附近的家用灯光混淆，就改用了绿色灯光。目前线路上使用的臂板信号机就是在此基础上发展和完善起来的。

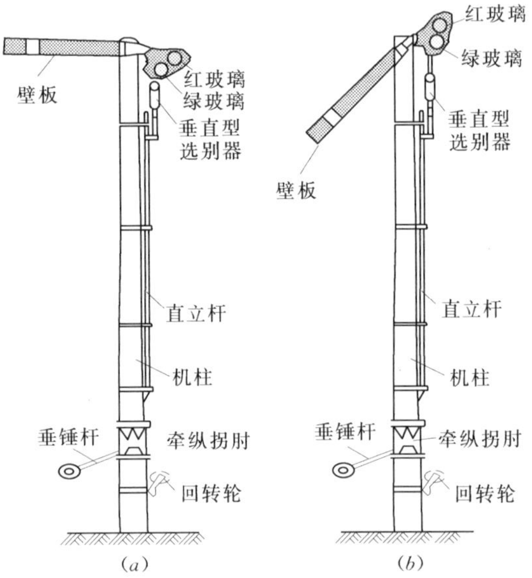

图 11-1 臂板信号

（a）停止信号；（b）通过信号

（二）色灯信号机

司机白天可以观察到臂板信号臂的位置，但夜间就很困难了；当电的出现和普及后信号显示逐渐由臂板信号机向色灯信号机进化（见图 11-2）。

和道路信号显示一样，色灯一般也有红、绿、黄三色，但由于要表达的含义较多，如列车通过、停车、慢行等，还加入了三种颜色的组合显示。信号机的色灯一般为上下垂直排列。臂板信号机和色灯信号机都是固定信号，固定安置在需要指挥列车的地方，如进站、出站、闭塞区间入口处等。司机根据灯光信号显示驾驶列车，在大铁路和城市轨道交通线路中都有使用，今天我们在上海地铁车站出站口还可以看到色灯信号，但是信号显示含义仅仅为容许开车而已。

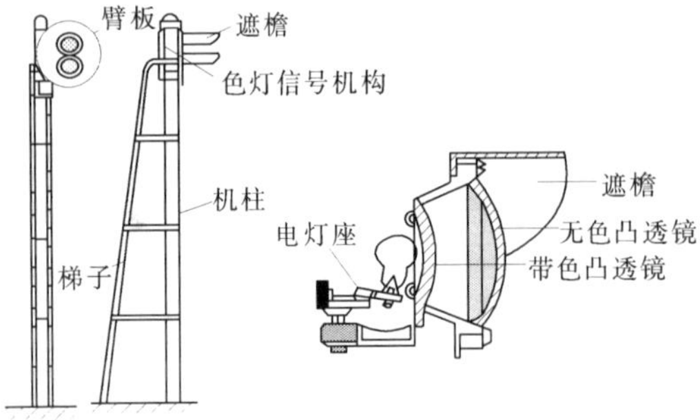

图 11-2 色灯信号机

（三）机车信号机

色灯信号仅仅解决了夜间行车的信号指示问题，在线路条件不好，如弯道多、隧道多以及大雾等恶劣气候条件下，司机根据瞭望信号驾驶列车是很困难的，于是又产生了装在机车司机室内的机车信号机，克服了司机瞭望地面信号的困难，同时也解决了由于列车提速而地面信号显示距离不能满足紧急刹车的要求，避免了单纯依赖地面信号机造成的危险。城市轨道交通信号系统中的机车信号具有比大铁路信号系统具有更重要的作用（见图 11－3）。

图 11－3　机车信号

机车信号是建立在地面轨道电路基础上的连续式或接近连续式机车信号。历史上不同的自动闭塞制式产生过各种制式的机车信号，例如交流计数电码机车信号、极频机车信号和移频机车信号等。机车信号的车载信号机由于信息量不同曾经采取过 5 灯位、6 灯位以及现在广泛运用的 8 灯位信号机。

城市轨道交通信号系统进步到 ATC——列车自动控制的阶段，在机车上显示地面信号机的信号显示已没有什么实际意义（实际上地面向车辆传递的信息也不再是单纯的红、绿信号），在轨道交通车辆驾驶室司机驾驶面板上显示的不仅仅是地面信号指示，还有列车运营实际状况等。

二、进路

进路（Route）是列车或调车车列在站内运行时所经由的路径，所有进路都有起点和终点。终点通常是下一个信号机、终点站、调车场或车厂。如按作业性质，进路大体上可分列车进路和调车进路两类。列车进路又可划为接车进路、发车近路、通过进路和转场进路。凡是列车进站所经由的路径称为列车接车进路；列车由车站发往区间所经由的进路称为发车进路；列车由车站通过所经过的正线接车进路和正线同方向发车进路组成的进路称为通过进路；列车由车站的某一车场开往另一车场时所经由的进路称为转场进路。如果按方向来区分，调车进路又可分为调车接车方向的进路和调车发车方向的进路。

办理进路的一般步骤如下：

（1）进路选择。

（2）进路确定。

（3）道岔操作及锁闭。

（4）进路检测。

（5）信号机选择。

（6）信号机接通。

（7）在完成列车运行或调车以后，进路能自动解锁。

三、闭塞

轨道交通车辆是在一条特定的轨道上运行的，如图 11－4 所示，由于是轨道交通，轨道起了承载和导向作用，列车 A、B、C 依次在线路上排队运行，不能超车、不能追尾相撞，而且为了提高线路的运载能力又必须尽可能地缩短两列车之间的间距。

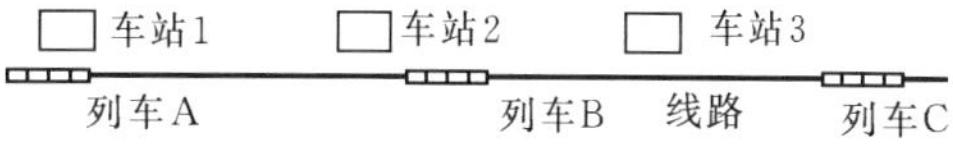

图 11－4　列车在线路上行驶示意

铁路线路以车站（线路所）为分界点划分为若干区间。为了确保列车在区间内的运行安全，列车由车站向区间发车时，必须确认区间内没有列车，并需遵循一定的规则组织行车，以免发生列车正面冲突或追尾等事故。这种按照一定规则组织列车在区间内运行的方法，称为行车闭塞法（简称闭塞）。管理闭塞所用的设备称为闭塞设备。

闭塞是保障在同一区间，只准许一列列车运行。列车向区间运行的条件有以下三个：

（1）验证区间空闲。

（2）确认对方站没有办理向该区间发车的进路。

（3）本站发车信号开放。

组织区间行车的基本方法一般有以下两种：

（1）时间间隔法。要求列车按规定好的时间由车站发车后，间隔一定时间再发送追踪列车。

（2）空间间隔法。把铁路线路划分为若干个线路区段（区间或闭塞分区），在每个线路区段内同时只允许一列列车运行。前行列车和追踪列车之间保持一定的安全距离。

时间间隔法是最早采用的行车方法，但追踪列车不能确切地得到前行列车的运行状态，难于确保列车运行安全，因此已经不再使用这种行车组织方法；空间间隔法把列车分隔在不同区间，能有效地防止列车追尾的发生，确保列车运行安全，这也是铁路和大多数城市轨道交通目前采用的闭塞方法。以上讨论的是防止同向的两列车之间发生追尾冲突，正面冲突可根据两列对向列车不能同时向同一区间发车的原则来控制。

（一）站间闭塞

站间闭塞是指两个车站之间只能运行一辆列车。该闭塞方式的区间为两个站间距离，运行效率差。站间闭塞有以下闭塞手段和技术：路签闭塞、路牌闭塞、电话闭塞、半自动闭塞和自动站间闭塞。

电话、电报人工闭塞在《铁路技规》上作为一种备用闭塞手段。路签和路牌闭塞是电气路签或路牌作为列车占用区间的凭证，由接车站值班员检查区间是否空闲的人工闭塞方式，这种闭塞方式已逐步淘汰，上海地铁线路开通运营后在信号系统尚未正常开通的情况下也采用这种闭塞方式作为过渡。

半自动闭塞是人工办理闭塞手续，发车站值班员必须在办理好闭塞手续后才能开放出站信号，列车出发后出站信号机自动关闭，在没有检测区间是否留有车辆的设备时，还须由接车站值班员确认列车的完全到达，办理解除闭塞手续。

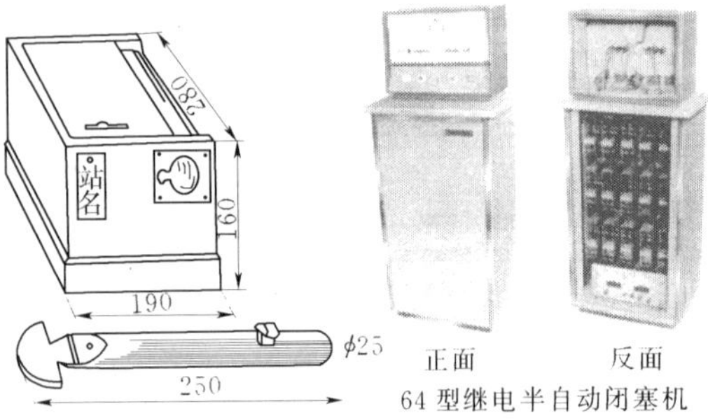

图 11－5 单路签闭塞和 64 型继电半自动闭塞（长度单位：mm）

自动站间闭塞就是在有区间占用检查的条件下，自动办理闭塞手续，列车凭信号显示发车后，出站信号机自动关闭的闭塞方法。其特征为：有区间占用检查设备；站间或所占区间只准走行一列车；办理发车进路时自动办理闭塞手续；自动确认列车的到达并自动恢复闭塞。

图 11－5 为我国铁路上使用的人工闭

塞和半自动闭塞设备。

（二）自动闭塞

自动闭塞是将两个车站间划分为若干个闭塞分区，根据列车运行及有关闭塞分区状态，自动变换设于分区分界点的通过信号机的显示，可容许两趟以上列车按规定的间隔时分、以相同的行进方向连续进入区间安全运行，司机凭信号显示指挥行车的闭塞方法。这种方法不需要人工操纵，是目前大量使用的行车闭塞方法。其特征为：把站间划分为若干闭塞分区，有分区占用检查设备，可以凭通过信号机的显示行车，也可凭机车信号或列车运行控制的车载信号行车；站间能实现列车追踪；办理发车进路时自动办理闭塞手续，自动变换信号显示。从技术手段角度来分，又可分两大类：传统的自动闭塞（没有装备列车自动控制系统）和具有列车自动控制系统的自动闭塞。

1. 传统的自动闭塞

大铁路上列车控制大多采用没有装备列车自动控制系统的传统自动闭塞，它一般由地面信号机来保证列车按照空间间隔运行，装备的机车信号作为地面的辅助信号，主要传输信号控制信息。传统的自动闭塞一般适用于列车最高运行速度在160km/h及以下，按照信号显示的方式，可以分为二显示（红、绿）、三显示（红、黄、绿）和四显示（红、黄、绿黄、绿）三种。二显示方式一般在地铁中采用，这是因为地下铁道列车运行速度比较低，列车间隔时分的要求比地面上火车运行的要短。地面上的火车运行速度快，载重量大，制动距离长，火车司机不能预先知道前方信号机的显示状态，很难控制机车速度，所以不能用二显示。三显示的自动闭塞目前在世界上运用比较广泛。当货物列车、近郊列车、长途旅客列车和特快列车都在同一区段内运行的时候，由于货物列车或速度大于100km/h的特快列车制动距离大于近郊列车需要的制动距离，如果仍采用三显示的信号显示，就需要加大信号机与信号机之间（称为闭塞分区）的距离和近郊列车运行的间隔时分，这将造成铁路的通过能力降低。为了保证高速列车的最大制动距离，同时还要满足近郊列车运行时对闭塞分区要求的一般条件，就要改用四显示信号。

2. 具有列车控制系统的自动闭塞

列车运行自动控制系统是按照列车空间间隔法通过控制列车运行速度的方式来实现行车安全的。运行列车之间必须满足最不利条件制动距离的需要。根据列车控制系统采取的不同控制模式形成不同的闭塞制式。在保证运行安全的条件下，列车间的追踪运行间隔越小，运输能力就越大。

从闭塞制式的角度来看，装备列车运行控制系统的自动闭塞可分为三类，即固定闭塞、准移动闭塞（含虚拟闭塞）和移动闭塞。

（1）固定闭塞。列车控制系统采取分级速度控制模式时，采用固定闭塞方式。运行列车间的空间间隔是用轨道电路固定划分的闭塞区段，列车以闭塞分区为最小行车间隔，其传输的信息量少，对应每个闭塞分区只能传送一个信息代码，即该区段所规定的最大速度码或出/入口速度命令码。列车速度监控采用的是闭塞分区出/入口检查方式，当列车的出口速度大于本区段入/出口速度命令码所规定的速度时，车载设备便对列车实施强制性制动。固定闭塞系统采用阶梯式控制方式，追踪目标点为前行列车所占用闭塞分区的始端，该点和后行列车从最高速开始减速的闭塞分区的始端这两个点都是固定的，空间间隔的长度也是固定的，所以称为固定闭塞。

（2）准移动闭塞。通过音频轨道电路的发送设备向车载设备提供目标速度、目标距离、线路状态（曲线半径、坡道等数据）等信息，结合固定的车辆性能数据，计算并调整出适合本列车运行的速度/距离曲线，每个闭塞分区不设速度等级，保证列车在速度/距离曲线下有序运行。准移动闭塞采用数字式音频无绝缘轨道电路、音频无绝缘轨道电路＋感应电缆环线、计轴＋感应电缆环线或无线方式作为列车占用监测和信息传输媒介，追踪目标点是前行列车所占用闭塞分区的始端，当然会留有一定的安全距离，而后行列车从最高时速开始制动的计算点是根据目标距离、目标速度及列车本身的性能计算决定的。目标点相对固定，在同一闭塞分区内不依前行列车的走行而变化，而制动的起始点是随线路参数和列车本身性能不同而变化的，空间间隔的长度是不固定的，由于要与移动闭塞相区别，所以称为准移动闭塞，其追踪运行间隔要比固定闭塞小一些。

（3）移动闭塞。该系统也采取目标距离控制模式（又称为连续式一次速度控制），它不依靠轨道电路，而是采用交叉感应电缆环线、裂缝波导管以及无线通信等方式实现车地间双向数据传输，监测列车位置使地面信号设备可以得到每一列车连续的位置信息和列车运行的其他信息，并据此计算出每一列车的运行权限，并动态更新，发送给列车，列车根据接收到的运行权限和自身的运行状态计算出列车运行的速度曲线，控制列车的牵引、运行、惰行及制动。追踪列车之间应保持一个“安全的距离”。这个最小安全距离是指后续列车的指令停车点和前车尾部的确认位置之间的动态距离。这个安全距离允许在一系列最不利情况存在时，仍能保证安全间隔。列车安全间隔距离信息是根据列车运行速度、给定的安全防护减速度、列车最不利时的减速度、列车目标地点或前车尾部位置和线路条件等信息计算而定，信息被不断更新，以保证列车连续收到即时信息。因此，在保证安全的前提下，能最大限度地提高区间通过能力。该方式的空间间隔长度是不固定的，所以称为移动闭塞，其追踪运行间隔要比准移动闭塞更小一些。

四、联锁

在轨道交通线路中，一般均采用上下行双线、列车间隔运行的模式，信号设备和轨道结构比大铁路简单得多。但由于有一些站可能要折返，还由于一些区间线路要考虑列车进出车辆段，这就要在线路上加入道岔，使线路可以分岔。信号要指示司机列车是走直股轨道还是走弯股轨道。

有道岔区段的线路，轨道交通信号系统就要根据运行图，检查道岔区段的空闲状况，将道岔搬动到所需通过的位置，并锁定道岔、给出允许列车行驶的信号显示。同时，指示出列车是走直股还是弯股，这就是联锁的概念。初期的转辙机是机械的，联锁信号是由安装在机械转辙机上的臂板信号机来显示的，如图 11－6 所示。美国 20 世纪 30 年代率先使用了色灯信号和电气转辙机，并使用继电器组成电气集中联锁电路，80 年代又开始使用计算机联锁装置。

图 11－6　道岔区的臂板信号机

“联锁”是指为保证行车安全，而将车站的所有信号机、轨道电路及道岔等相对独立的信号设备构成一种相互制约、联合控制的连环扣关系，即联锁关系。在介绍联锁关系前需要介绍一下道岔、信号和进路之间的制约关系。

进路是列车或调车车列在站内运行时所经由的路径，所有进路都有起点和终点。终点通常是下一个信号机、终点站、调车场或车厂。

（一）车站联锁系统中的主要技术

1. 进路空闲的检测技术

检查进路空闲是保证行车安全的重要条件之一，目前主要是利用轨道电路实现这一任务的。

2. 道岔控制技术

道岔是进路上的可动部分，如果对它控制不当，有可能造成列车或车列脱轨，或者造成列车或车列驶入停有车辆的线路而发生撞车事故。因此，如何控制道岔是极其重要的。

3. 信号控制技术

信号机是联锁系统中极其重要的基础设备之一。只有在安全条件确认满足时才允许信号机点亮允许行驶灯光，否则信号机亮禁行灯光。控制信号机的灯光显示直接关系到行车的安全。

4. 联锁技术

联锁技术是防止失误，且在失误的情况下仍能保证行车安全的技术。联锁技术是车站信号自动控制系统的主要内容。

5. 故障-安全技术

对铁路信号系统来说，必须考虑在发生故障时，其后果不应危及行车安全。在如今信息技术快速发展的时代，新技术不能及时应用到铁路信号系统中，主要是受这一原则的制约。

（二）车站联锁系统中的设备

1. 电锁器联锁

如图 11－7 所示，电锁器联锁就是道岔靠人力通过机械转换，信号机由有关人员通过电气或机械操纵，用电锁器完成联锁关系。电锁器联锁的原理是：分别在道岔和信号机握柄上装设电锁器，通过道岔或信号电锁器接点的闭合和断开，控制相关信号或道岔电锁器电磁锁的电路，以实现信号机和道岔间以及信号机与信号机之间的联锁。

电锁器联锁设备因采用信号机类型不同分为臂板电锁器联锁和色灯电锁器联锁。臂板电锁器联锁设备使用直流电源，其进出站信号机为机械臂板信号机，信号握柄按上、下行分别集中在扳道房附近的信号握柄台上，由扳道员操纵。进、出站信号机开放与关闭的控制机由车站值班员用控制台上的手柄进行控制。色灯电锁器联锁设备用于半自动闭塞区段，有可靠交流电源，但尚未具备电气集中条件的车站上。其进、出站信号机采用色灯信号机，道岔转换采用带电锁器的道岔握柄及转换锁闭器。信号机由车站值班员以控制台上的信号按钮或手柄集中

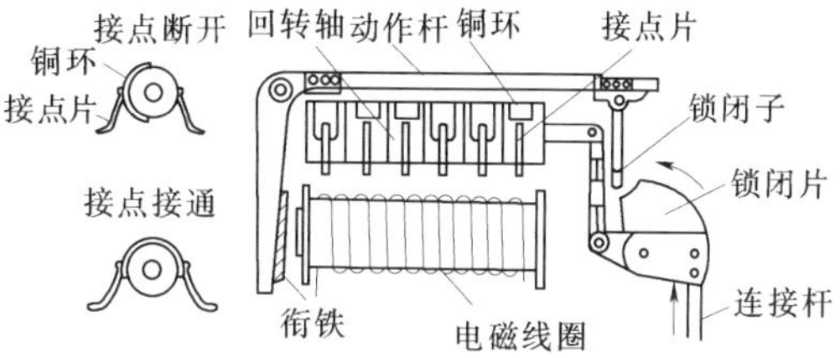

图 11－7 电锁器构造及动作原理示意图

控制，道岔由扳道员现场就地转换。

2. 继电联锁

用电气方法通过信号楼内的控制台操纵车站内的色灯信号机和电动转辙机，使信号机、进路和道岔实现联锁并能监督列车运行和线路占用情况，这就是继电联锁。在继电联锁中实现联锁的主要元件是继电器。20 世纪 50 年代以后，继电联锁都采用电磁继电器，以逻辑电路实现联锁，全站的信号机和道岔可由一个信号楼集中控制。

继电联锁的作用原理是：信号操纵人员的控制台将控制信号机开放或关闭的指令和控制电动转辙机动作的指令，通过连接机械室内的电缆传送到机械室内的组合架上，组合架上的继电器接收到指令后，使继电器的衔铁被吸动或复原，继电器动作的信号再由电缆传送到相应信号机和控制相应道岔动作的电动转辙机，使信号机处于开放或关闭状态，使道岔处于定位或反位状态，从而使进路上的信号机、道岔与相应的进路实现联锁。

继电联锁设备由室内设备和室外设备两部分组成。室内设备主要有控制台、继电器及组合架、分线盘和电源屏等；室外设备主要有色灯信号机、电动转撤机、轨道电路及电缆线等。

3. 计算机联锁

计算机联锁系统是以微型计算机取代了传统的电气集中电路而构成的车站信号自动控制系统。在计算机联锁系统中，计算机对车站值班员的操作命令和现场状态信息按规定的联锁逻辑进行分析与处理，实现对铁路车站信号设备的控制。理论和实践证明，计算机联锁系统无论在安全性、可靠性，还是在经济效率上，都具有更大的优越性。随着科技的进一步发展，计算机联锁系统也在不断的发展和完善。

车站计算机联锁系统与继电电气集中联锁系统相比，具有很大的优越性，主要体现在以下几个方面：

（1）计算机联锁系统的功能将更加完善。继电器集中联锁系统由于继电器电路的局限性和费用昂贵等原因，在功能上仍然存在不足之处，而且在扩展功能方面也受到了限制。在计算机联锁系统中，继电器联锁的上述缺点可以用少量的硬件投资和开发软件来加以克服。

（2）计算机联锁系统便于实现系统自身的现代化管理。

（3）计算机联锁系统也更适合于与其他行车管理系统协调工作。

（4）随着计算机技术和超大规模集成电路的发展，计算机联锁系统的投资将会越来越低，使其在节省费用方面比继电器联锁系统占据更大的优势。

（5）采用计算机联锁系统的车站在站场改造时其便利程度大大优于采用继电联锁系统的车站。

（6）计算机联锁系统的硬件结构有较大的选择范围，一般来说受到下列因素影响：

1）车站所在线路的等级和运输繁忙程度；

2）车站联锁区的范围和联锁区站场的分布形状；

3）使用方对设备和功能所提出的要求。

车站计算机联锁装置是按照一定的联锁规则控制站场内信号机、转辙机和各种室外设备，安全可靠地控制列车或调车运行的一种控制设备，是铁路信号设备中可靠性要求最高的中枢控制系统。

计算机联锁系统从计算机结构上可分为上位机和下位机两层结构，上位机主要完成人机接口功能，包括控制台操作显示以及通信接口、系统故障信息查看等功能。下位机主要完成联锁运算、采集现场信号设备状态以及输出对现场信号设备的控制命令。

计算机联锁系统由于其控制规模的大小不同，功能的完善程度不同，技术实现方法、经济因素以及研制的技术背景和历史背景的不同，国内外存在着多种体系结构，但大体上可以从层次结构和冗余结构两个侧面来论述，并都体现故障-安全的准则。目前的城市轨道交通的大都是从冗余结构来考虑，所以下面介绍冗余结构的微机联锁。

(1) 静态屏蔽型计算机联锁结构。图 11-8 中，3 个微机的性能相同并分别执行功能相同的联锁程序。3 个微机的输出交给表决器进行表决，只要 3 个微机中的任意两个的输出是相同的，则表决器就有正确的输出，所以又称为 3 取 2 结构或三重结构。这种结构是把一个已发生故障的微机屏蔽起来，使其不影响联锁机的正常工作，所以称为静态屏蔽结构。然而理论分析表明，这种结构在开始使用后的较短时期内其可靠性高于单微机结构，但长期使用后，当两个微机中任何一个又发生故障时，将使联锁机停止了工作，这反而使这种结构还不及单微机结构，因此这种结构必须经常检测故障并及时维修。

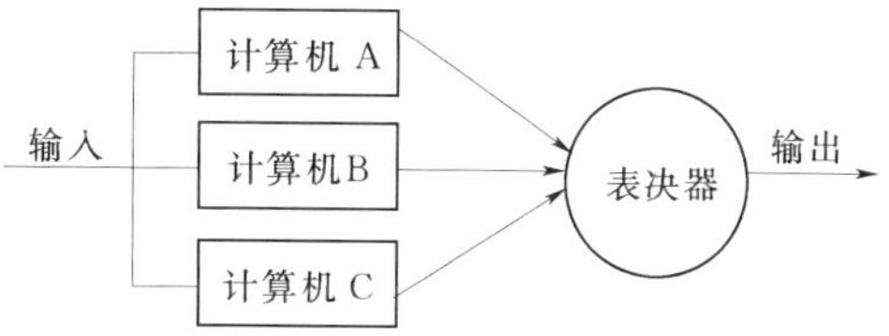

图 11-8 静态屏蔽结构（3 取 2 结构）

从故障-安全的角度来看，这种结构的表决器具有对 3 个微机的输出进行两两比较的功能，只有当任何两个微机同时发生同样的故障、产生同样的输出时，错误的码字才会被漏检，发生这种错误码字的概率是很小的。如果这种错误的码字又恰巧是危险侧码字，则其概率就更小了。因此这种结构的联锁机，由于微机内部发生故障可能给出危险侧故障输出的概率极小，因而它是安全的。但必须指出，各微机的输入电路、表决器以及输出电路必须只有故障-安全性能。

(2) 动态切换型联锁机结构。动态切换型结构的基本持点是：在联锁机中除了工作机之外还设有备用机。当工作机发生故障时，由切换开关自动地将故障计算机切除而把备用机投入使用，所以称为动态切换型结构。动态切换型联锁机的典型结构之一，如图 11-9 所示，它是一个双机结构，其计算机 A 和计算机 B 同时执行功能相同的联锁程序。当切换开关处于图中所示的位置时，计算机 A 为工作机，它的输出就是联锁机的输出，计算机 B 也在工作状态，但它的输出不作为联锁机的输出，所以又称它为热备机。当计算机 A 发生故障时，被故障检测机构所发现，并强制切换开关换位，使计算机 B 成为工作机，此时计算机 B 的输出成为联锁机的输出，从而使联锁机能继续正常

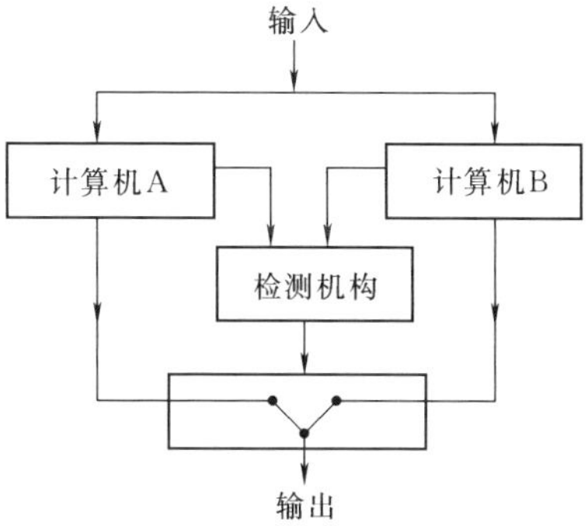

图 11-9 双机热备结构

工作，即提高了可靠性。对于已发生故障的计算机 A 应尽快修复，以便计算机 B 发生故障时计算机 A 能投入使用，保持联锁机持续工作。

由双机组成的联锁机，它的输出是由单个微机提供的，因此必须使单机工作时具有故障-安全性能。主要措施是在单机内装配两套功能完全相同的联锁软件，并将这两套软件分别存放在不同的存储区域（空间冗余）或用两个 CPU 控制（软件冗余），两套程序按时间顺序（时间冗余）执行并对两者的运算的中间结果和最终结果进行比较，一旦发现结果不一致，则说明计算机发生了故障，这就是二乘二取二冗余。使用这种结构，一方面使计算机不产生危险侧故障输出，另一方面使检测机构动作，切换至备用机，因此这种方式故障漏检的概率很低。

第三节 轨道电路概念

轨道电路是利用线路上两条钢轨作为导线，在这段线路分界处，用钢轨绝缘隔断，一端接上电源，称为供电端；另一端接上轨道继电器，称为受电端，这样构成的电路称为轨道电路。区间轨道电路是区间钢轨传输线和连接于其始端和终端的设备总称，用来检查列车占用钢轨线路状态，它的出现代表铁路自动信号的诞生。美国人鲁宾逊 1870 年发明了开路式轨道电路，1872 年研制成功了闭路式轨道电路。

一、轨道电路的发展历程

轨道电路是为了提高列车的通过能力，将两站间的距离划分为更短的分区，实现闭塞技术。早期的轨道电路采用直流电或 25Hz 或 50Hz 交流电这些单一频率电流来驱动继电器，这种方式简单易行，但必须采用绝缘节将轨道电路分开，随着列车速度和密度的提高，仅有“占用/出清”两种信息已不能满足需求，同时车速的提高对绝缘部位的阻力也加速了钢轨和车轮的磨损，提速还要求地面设备不仅能检测出列车所在的闭塞区间的位置，还需将地面信号复示在机车信号显示屏上。此外机车信号要显示该闭塞区间的入/出口速度、最大允许速度、坡度、区间长度、前方空闲区间的数量等多个信息，这些是单一频率的轨道电路无法实现的。于是无绝缘轨道电路也就应运而生了。

无绝缘轨道电路是采用不同载波束来区分闭塞分区，不需要装设绝缘节，采用不同的低频信号调制，就可以得到不同的信息。由于铁路运输对轨道线路的安全性要求比较高，对超低频的信号稳定性要求极其严格，信号频率的产生和检测代价高，随着列车速度的不断提高，无绝缘轨道电路的局限性也就暴露出来了。

无线定位或卫星定位系统进行信息传输及列车定位无疑是个新方案，但由于铁路沿线地形复杂，对系统的可靠性和安全性要求很高，必须采用多点分集接收和安装隧道中继器等技术，大大增加了系统的复杂性和整套设备的成本，同时还需另设断轨检测系统才能确保安全。

意大利一铁路公司于 1988 年开发的全新的数字轨道电路，其工作在 1.9～4.3kHz 音频频带内，划分为 6 个信道，每个带宽 400Hz，轨道电路最大长度为 2000m，每隔 100m 并接一个 20μF 的电容进行补偿，它不用频率作为传输信息资源，而是利用 1 和 0 两个数字编码进行信息传递。数字轨道电路每个报文的传输时间极快，信息量很大，这就大大增加了地面设备向车载设备提供静态和动态信息的能力和可靠性，使得列车车速增加及改进制动曲线时不必担心信息量不足。

二、轨道电路的分类

根据运用条件的不同以及区间轨道电路的不同特征，轨道电路有不同的分类方式：

(1) 按相邻轨道电路的分割方法分为：有绝缘（机械）轨道电路和无绝缘（电气）轨道电路，电气绝缘轨道电路是通过谐振回路等电子器件实现相邻轨道区间的电气绝缘。

(2) 按信号电流的性质可分为：直流轨道电路和交流轨道电路。

(3) 按接收器的工作方式分为：电压接收式轨道电路和电流接收式轨道电路。

(4) 按供电方式分为：连续式轨道电路和脉冲式轨道电路。

(5) 按列车牵引类型分为：非电气化区段轨道电路和电气化区段轨道电路。

轨道电路的基本工作状态主要有调整状态、分路状态和断轨状态。调整状态是指轨道电路空闲、线路完整、设备正常时的轨道电路状态；分路状态是指钢轨被轮轨（或其他导体）相连，能反映出线路被占用的电路状态；断轨状态是指轨道电路的传输线（钢轨）在某处断开的电路状态。轨道电路需要考虑这三种状态下的最不利条件。

下面只介绍有绝缘轨道电路和无绝缘轨道电路。

(一) 有绝缘轨道电路

在线路上截取适当长度的钢轨，并在这适当长度钢轨的两端安装绝缘节，把钢轨分成一段一段独立的电路，每一段的两端都安装发送和接受设备。当区间无车占用时，电路从电源经钢轨流经继电器，并使其励磁带动节点吸起，接通绿灯电路，显示轨道空闲，如图11-10所示。

当列车进入闭塞区间时，如图11-11所示，电流从电源出发沿钢轨经车轴完成回路，电流并不经继电器，因此继电器失磁落下，点亮红灯，显示区间被车占用。假如该区间因钢轨断裂，无法形成回路，继电器也无法励磁，点亮红灯，可保证行车安全，如图11-11所示。当所有车列离开区间后，继电器重新励磁，点亮绿灯。

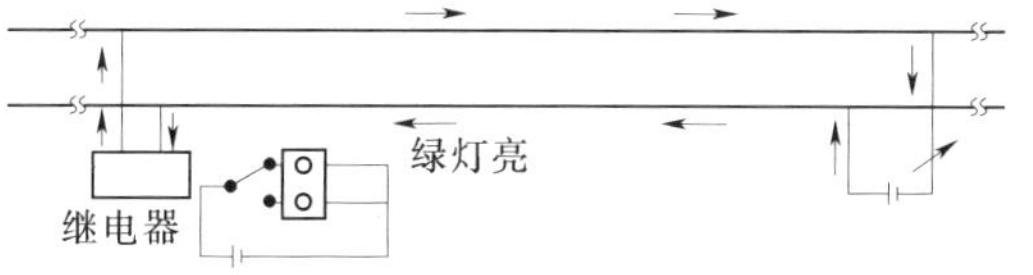

图11-10 区间无车时的轨道电路

图11-11 区间有车时的轨道电路

能否用继电器吸起点亮红灯呢？倘若电路有一部分发生故障，则无法使继电器励磁吸起，因此不能点亮红灯，这样就会存在行车安全隐患。铁路信号必须遵循“故障-安全原则”，即当设备发生故障时，仍可继续指挥行车安全，因此不能用吸起节点点亮红灯。上述轨道电路符合该原则，因此是安全的。

有绝缘移频轨道电路其优点是传输距离长、信息量大，但随着长钢轨线路的出现，有绝缘轨道电路在运营中其轨端绝缘节是最薄弱的环节，故障率比较高，逐步暴露出其在自动闭塞系统中的不适应性，因此需要将有绝缘轨道电路进行无绝缘改造。

（二）两种无绝缘（电气）轨道电路

无绝缘轨道电路按原理可分为以下两大类：

（1）电气隔离式，又称为谐振式。它是在轨道电路的分界处，采用电容和一部分钢轨的电感构成谐振回路，相邻轨道电路采用不同的信号电流，从而实现轨道电路的电气隔离。法国的 UM71 就是采用这种方式。

（2）自然衰耗式，又称为叠加式。它是利用轨道电路的自然衰耗或不同信号特征，实现轨道电路的隔离。

1. 短路式音频轨道电路

和有绝缘接头的轨道电路将钢轨绝缘成一段一段的情况不一样，无绝缘音频轨道电路是采用短路连接式，每隔一段距离使用钢条将左右两根钢轨连接起来，如图 11－12 所示。每两根钢轨和两根连接钢条可以看成是一个线圈（只有一圈的矩形线圈），是线圈就有一个“电感”，配以适当的电容 C，就组成了 LC 并联谐振电路。在发送端由发送器送入 f_2 的音频信号；该信号在接收端，由接收器接收。有机车驶入，轮对的短路作用，接收器上就没有了这个信号。相邻四个轨道电路分别由各自的发送器送入不同频率的 f_1、f_2、f_3、f_4 四个音频信号，从而可以组合成需要的四种信号状态——“红灯”、“红灯”、“黄灯”和“绿灯”信号。轨道电路两端的连接钢条的作用之一是确保相邻轨道区段的音频信号互不干扰；此短路钢条的另一项作用是使两条钢轨可共同平衡地作为牵引电流的回线。

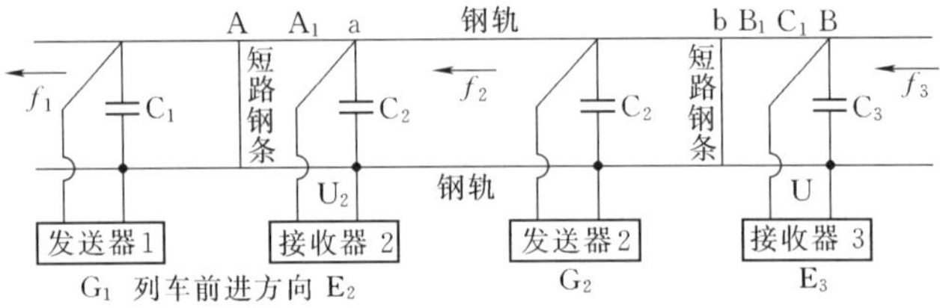

图 11－12　短路式音频轨道电路

这种无绝缘轨道电路谐调区充当绝缘节，由于其谐调区内有分路死区段问题，且死区段长度与信号频率有关，频率越高，死区段越短；反之，频率越低，死区段越长。因此这种制式要求信号频率较高如（1700Hz、2000Hz、2300Hz 和 2600Hz 四种载频），此时谐调区长度为 26m，在最不利条件下死区的长速控制在 20m 左右，同时为解决信号频率提高后轨道电路传输长度缩短的问题，在钢轨上每隔 100m 加一个补偿电容（33μF），使钢轨电感对信号传输的影响大幅度降低，轨道电路传输长度相对较短，在 1.0～∞Ω·km 道床电阻条件下，其传输距离只有 900m。

2. S 型电气绝缘轨道电路

S－Band 电气绝缘轨道电路是由两段钢轨和一条 S 型多股铜绞线连接线组成（见图 11－13）。发送器和接收器的一个输入（出）端接在 S 型导线的中间。电容器 C_2 与钢轨电感 L_2 组成谐振于区段 2 音频频率 f_2 的并联谐振电路；电容器 C_3 与钢轨电感 L_3 组成谐振于区段 3 音频频率 f_3 的并联谐振电路。

图 11－13　S－Band 实例

为了克服上述弊端，目前在城市轨道交通领域一般都采用S型连接音频轨道电路，其原理图如图 11－14 所示。

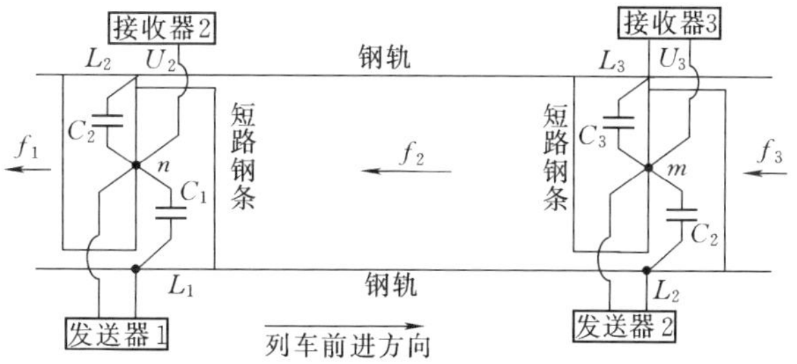

图 11－14　无绝缘 S－Band 轨道电路

列车进入或离开轨道区段 2 时，随着接收器 2 和接收器 3 的端电压的变化来判断区段的占用情况。当车轮驶入谐调单元附近分路时，保证相邻两轨道电路都处于占用状态，不会出现空闲的“死区段”状态。S 型连接音频无绝缘轨道电路符合信号安全原则，所以已经被广泛应用。为了避免干扰，频率的配置按照一定的规律配置，上下行采用不同的频率，这样要经过多个轨道电路才会出现频率和轨道数据相同的情况，由于信号的自然衰耗，在最不利条件下，这两段轨道电路互不影响。

（三）数字编码式音频无绝缘轨道电路

上述音频轨道电路虽然取消了绝缘接头，但仍只能给出“空闲”或“占用”两种信息，无论从可靠性还是从可用信息量角度来看，都不能满足实用的需要。在音频轨道电路的基础上，加上数码调制后，不仅能使轨道电路的可靠性大为提高，而且可以作为列车自动度控制（ATC）系统中车—地的通道。

图 11－15 所示的为数字编码式音频轨道电路，音频振荡器由标准石英振荡器组成，产生 9.5～16.5kHz 8 种标准频率（频差为 1kHz）中的任何一种。脉码调制器按一定的比特模式对音频信号进行调制，在德国西门子公司和美国 USS 公司生产的系统中，采用 64Hz 信号作为调制信号，即在音频载波信号的频率上加 64Hz 作为逻辑“1”，减 64Hz 作为逻辑“0”。

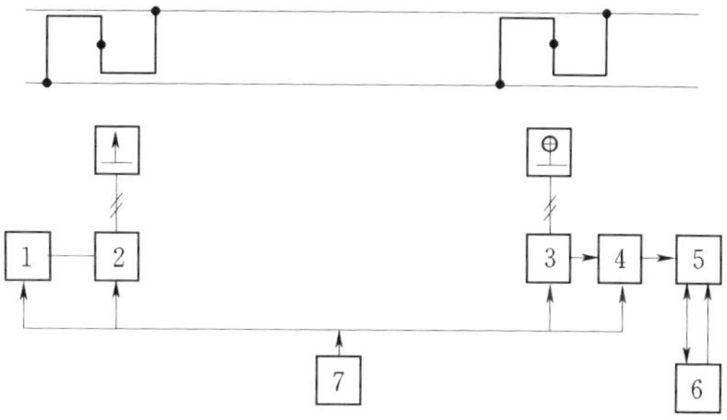

图 11－15　数字编码式轨道电路结构图

1—音频发生器；2—脉码调制器；3—接受电平调节器；4—解调器；5—比较器；6—比特模式预置器；7—电源

发送端的比特模式可以由使用者预置（例如 1111 00），接收器所收到的信号经电平调节器（根据现场的具体情况，如区段长度、漏泄电阻大小等来进行调节），

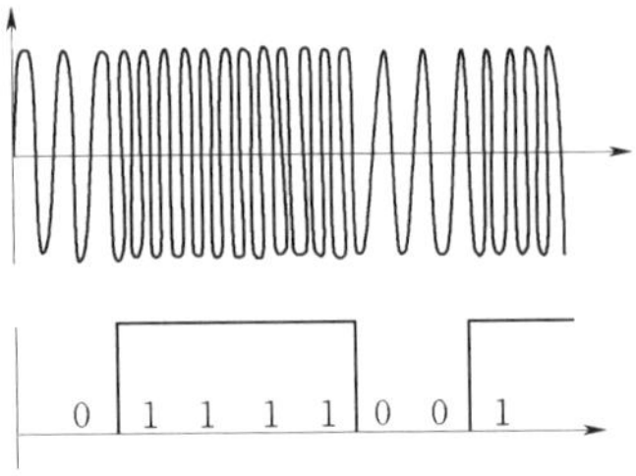

图 11-16 FSK 调频编码示意图

形成一定的电平值送至解调器。FSK 调频编码示意图如图 11-16 所示。在比特模式预置器中，事前置以与发送端相同的比特模式（例如 111100），当经过解调器输出的比特模式与预置器的比特模式一致时，比较器的输出导致轨道继电器 GJ 吸起，给出轨道区段空闲的通报。显然，在这种轨道电路中，只有当接收端有高电平，且发送与接收到的比特模式完全吻合时，轨道继电器才能吸起。这就大大提高了轨道电路的可靠性，任何形式的干扰都不可能造成错误空闲通报的危险后果。

在数字编码式音频轨道电路中，全部有源器件都集中在控制中心（室内），室外设备仅包括电容、线圈等无源器件以及轨间的 S 型联接导线。

采用数字编码式音频轨道电路的一项主要优点是它可被用作为车-地的信息传输通道，在此基础上可构成列车自动控制（ATC）系统。

第四节 城市轨道交通信号系统概述

一、城市轨道交通信号特点

城市轨道交通具有高速度、高密度、不间断运营、客运为主的特点，地处大中城市市区，因此在设备安装上需要考虑景观谐调，尽量不使用地面信号机。信号系统作为行车指挥和列车运行的控制设备，在保证行车安全、提高通过能力、节能及改善运输人员的劳动条件等方面起着至关重要的作用，在城市轨道交通中采用先进信号设备会起到事半功倍的效果。世界先进国家的地铁和轻轨运营经验证明，只有高水平的信号系统才能更充分发挥其他技术装备的能力，而且它的水平代表了整个地铁与轻轨技术装备的现代化水平。

针对城市轨道交通的特点，其信号系统与传统大铁路的信号系统在控制原理上基本相同，但也有自身的诸多特点，如表 11-1 所示。

表 11-1　城市轨道交通与传统铁路信号系统的区别

城市轨道交通信号系统	传统铁路信号系统
列车运行速度低，可采用较低速率的数据传输系统	列车运行速度高，可采用较高速率的数据传输系统
车站仅有上下客功能，一般车站不设道岔，联锁设备监控对象少	联锁设备对象多
行车组织简单，列车种类单一	行车组织复杂，列车种类多
减少或取消了传统的地面信号，机车信号作为主体信号	通过设置在地面的色灯信号机指挥行车，机车信号作为辅助信号
传递给列车的是具体的速度或距离信息	传递不同的行车命令
依靠 ATO 驾驶或无人驾驶，司机劳动强度大大减少	依赖于司机进行速度控制调整

为满足城市轨道交通安全高效运输，一个重要的技术手段就是使用列车自动控制系统（ATC）。

二、列车自动控制系统

基于城市轨道交通的诸多特点，传统的信号系统已不能适应城轨交通的发展，必须用一种能实现列车速度自动控制和列车运行间隔自动调整的新的系统来替代，这就是列车自动控制系统（Automatic Train Control，简称 ATC）。它实现了后续列车根据与先行列车之间的距离和进路条件，在车内连续地显示出容许的速度信息（或按设定的运行条件达到该容许速度的距离信息），根据上述信息列车自动地控制运行速度，以达到自动调整行车间隔的目的，并由列车自动控制系统实现在车站的程序定位停车。ATC 系统取消了传统的地面信号，将机车信号作为主体信号，信号的含义发生了质的变化，传递给列车的是具体的速度和距离信息，系统能可靠地防止由于司机失误而超速或追尾等事故，确保列车运行安全。

（一）列车自动控制系统的作用

列车自动控制系统是对列车运行全过程或部分作业实现自动控制的总称，主要作用概括如下：

（1）列车间隔自动保护。

（2）列车速度自动保护。

（3）列车自动跟踪监督。

（4）提供无人驾驶的列车自动折返。

（5）自动排列进路。

（6）能对列车运行图进行优化并对新的运营要求及时反应。

（二）列车自动控制系统的组成

列车自动控制系统包括三个子系统，即列车自动保护系统（Automatic Train Protection，简称 ATP）、列车自动运行系统（Automatic Train Operation，简称 ATO）和列车自动监控系统（Automatic Train Supervision，简 ATS），简称“3A”系统。

1. ATP 系统

ATP 系统在 ATC 系统中负责列车安全运行，是整个 ATC 系统的核心。为完成列车运行的安全功能，列车需计算自身的位置、速度、线路限速条件、线路列车敌对关系、列车完整性以及设备状况等，以形成列车间的安全间隔和超速防护。在 ATP 系统中除了安全间隔外，还有一个重要指标——运行间隔，它反映了系统的最大载客量、影响到系统的复杂程度、直接影响工程造价并隐含系统的适应性或灵活性。

2. ATO 系统

ATO 系统是叠加在 ATP 系统之上、功能是速度调整、自动定点停车及车门控制等。达到保证运行安全、正点、旅行舒适及减少司机劳动强度的目的。

3. ATS 系统

ATS 系统为 ATC 系统的上层管理部分，负责监督、控制和调整列车的有效运行，它提供了监控和显示列车位置以及 ATC 各部分的通信状态的人机接口，使系统调度员能调整列车运行，以保持运行图和运行间隔，按运行线路分配排列进路，系统晚点

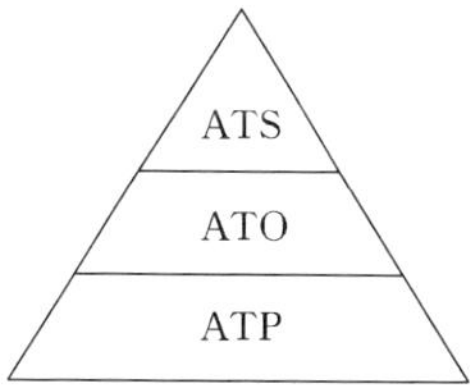

图 11－17　ATC 系统功能结构图

能修改运行参数，并控制停站时间、故障管理、应急处理、收集数据生成管理报表等。另外还和外部系统有接口如无线系统、旅客导向系统和主时钟系统等。

这三个子系统是通过信息交换网络构成闭环系统，可以充分发挥保证行车安全，提高运行效率，缩短行车间隔，促进管理现代化，提高综合运营能力和服务质量的作用。其结构示意图如图 11－17 所示，其各部分功能图如图 11－18 所示。

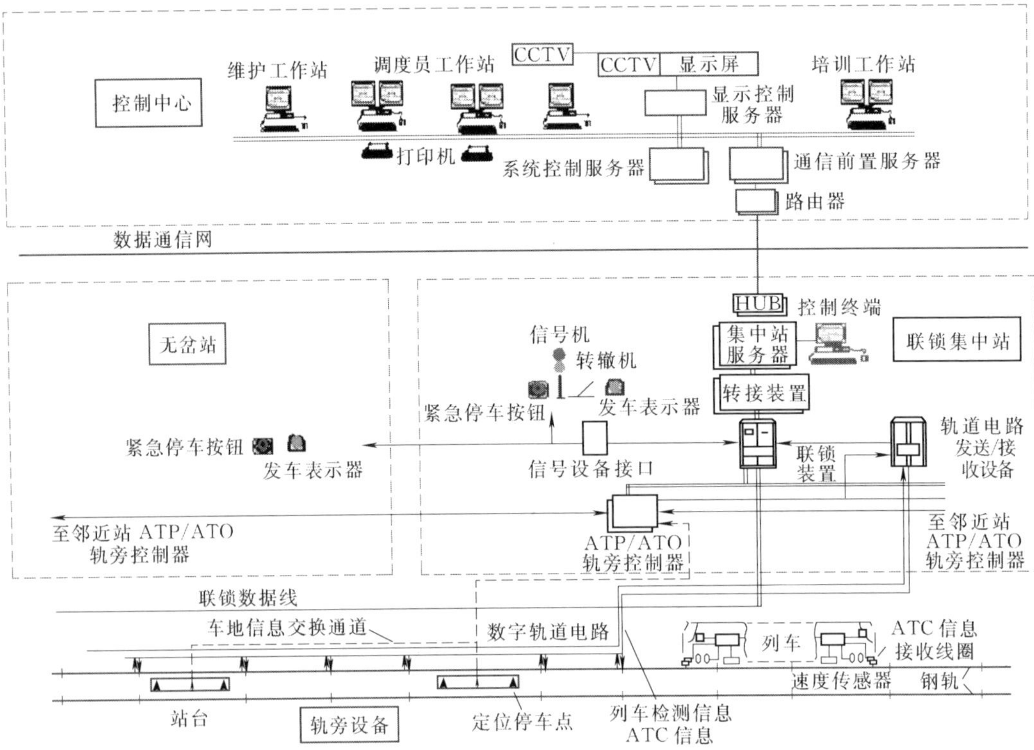

图 11－18　列车运行控制系统结构示意图

（三）城市轨道交通信号系统的组成

城市轨道交通信号系统按子系统设备所在区域，由以下部分组成。

1. 行车指挥控制中心

行车指挥控制中心由列车运行监视（调度监督）或列车运行监控（调度集中）或列车自动监控等子系统构成。指挥列车运行的控制中心设有作为 ATC 系统中枢的计算机系统；数据传输系统实现控制中心与全线车站信号设备室之间的实时数据信息交换；调度员通过控制台下达行车控制命令。现场的列车在线信息，车次号信息以及道岔、信号机的状态信息等，由调度员的 CRT 或壁式大屏幕显示屏显示（见图 11－19）。

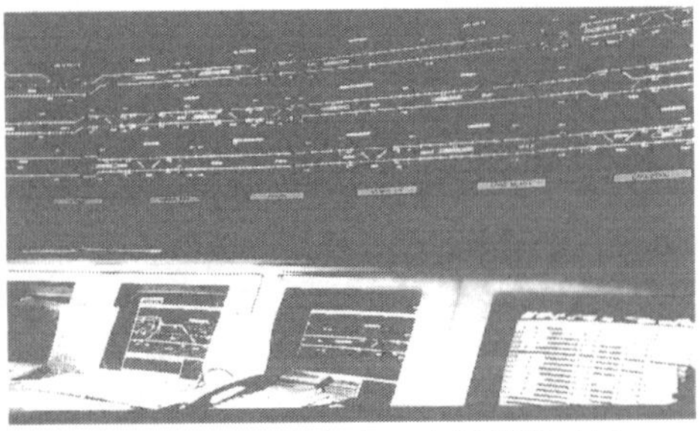

图 11－19　控制中心大屏幕显示屏

2. 车站及轨旁子系统

车站及轨旁子系统由行车指挥系统车站设备、联锁、行车运行控制系统的地面设备及其与联锁设备的接口、列车识别等设备组成。车站信号设备室通过 ATP 子系统的轨旁设备发送列车检测信息，以检查轨道区段内有无列车占用，并向列车发送限速命令、门控命令、定位停车指令等。

3. 车载子系统

车载子系统由机车信号和自动停车设备、车载 ATP/ATO 及列车识别等设备组成。车载设备接收并解译地面送来的各种指令，完成速度自动调整和车站程序定位停车，实现列车的自动运行。

4. 车辆段（场）子系统

车辆段（场）子系统由联锁设备、行车指挥系统等设备组成。

三、列车自动保护系统

列车自动保护系统，即 ATP 系统是保证行车安全的基本系统，可实现列车的间隔控制、超速防护和进路的安全监控、安全开关门的监督等功能，确保列车和乘客的安全。ATP 系统必须满足故障-安全原则。主要包括车载设备和地面设备。ATP 系统的主要功能如下。

（一）轨旁 ATP 子系统的功能

（1）轨道区段空闲的检测。

（2）自动检测车辆的位置。

（3）控制列车运行安全间隔，满足规定通过能力。

（4）连续监督列车速度，实现超速防护。

（5）列车车门开、闭安全控制，为列车车门的关闭提供安全可靠的信息。

（6）标志器及环线信息控制。

（7）目的地选择。

（8）停站时间控制及自动启动等。

（9）向 ATO 传送控制信息。

（二）车载 ATP 子系统功能

（1）接收和解译限速指令。

（2）根据限速进行超速防护。

（3）测速、测距。

（4）停站校核。

（5）控制车门开、闭，发送站台屏蔽门开、闭信息等。

（6）具有故障自检和报警、记录功能。

四、列车自动监控系统

列车自动监控系统，即 ATS 系统主要由中央计算机网络系统和车站计算机或中断模块设备组成。它完成全线列车的运行管理和监控。其控制方式可由中心集中控制，也可由车站分散控制。ATS 系统的主要作用是编制、管理行车计划，实现对全线列车的监控和列车运行的自动调整。ATS 系统的主要功能如下。

（一）控制中心 ATS 系统的主要功能

（1）列车的运行控制等正常操纵。

（2）时刻表的编辑、修改和存储，时刻表延时修正的调整控制。

（3）列车位置的实时监视和列车运行轨迹记录。

（4）运行图管理（计划和实际运行图）。

（5）列车运行进路的自动设置，车站联锁状态的监督。

（6）故障记录等。

（二）轨旁 ATS 子系统

（1）列车的进路控制及其表示。

（2）遥控指令的解译及表示数据的编辑。

（3）折返模式控制。

（4）车-地交换信息的编译。

（5）旅客向导信息、目的地信息的显示。

（6）停止控制逻辑及接口等。

（7）运行等级设定。

（8）列车识别。

（三）车载 ATS 子系统

（1）接收非安全控制信息。

（2）接收运行等级及其目的地等数据。

（3）发送列车状态的自诊断信息。

（4）旅客向导信息的提供等。

五、列车自动运行系统

列车自动运行系统，即 ATO 系统以列车自动保护系统为基础、配置车载计算机系统及必要的辅助设备，主要执行站间自动运行、列车在车站的定点停车、在终点的自动折返等功能。它对于列车运行规范化、减少人为影响，在高密度、高速度运行条件下保证运行秩序有很大好处，在节约列车能耗方面也有一定作用，同时还可以减轻司乘人员的劳动强度。ATO 系统主要由车载设备和地面设备组成，其主要功能如下。

（一）轨旁 ATO 子系统

（1）车站程序定位停车的车—地信息交换。

（2）定位停车校核，车门和站台屏蔽门开、闭控制。

（二）车载 ATO 子系统

（1）列车运行速度的自动调整。

（2）惰行、加速、减速控制。

（3）定位停车程序控制。

（4）出发控制。

（5）自动折返。

（6）发送停站及列车长度信息等。

六、列车控制系统的分类

由于地面设备构成不同、地面与车载信息传输方式不同，构成的ATC系统也不尽相同，其功能与使用效果也有差别。我国目前还不能提供完整的列车控制系统，应用在城市轨道交通系统中的ATC核心技术都采用国外的先进技术，综合国内外ATC系统的产品，系统可以按以下几种方式分类。

（一）车-地信息传输方式

在列车自动控制系统中，根据车-地信息传输方式不同，可以分为点式和连续式两类。

1. 点式

点式车速自动控制系统在欧洲应用十分广泛。其主要特点是采用无源、高信息容量的地面应答器，结构简单，安装灵活，可靠性高，价格明显低于连续式列车速度自动控制系统。点式系统主要由地面应答器、轨旁设备以及车载设备组成。地面应答器是无源的，通常设置在信号机的旁侧或者设置在一段需要降速的缓行区间的始、终端。应答器内部按协议存放实现列车速度监控及其他行车功能所必需的数据。当列车驶过地面应答器时，车载应答器以一定的频率，通过电磁感应方式将能量传递给地面应答器，地面应答器随即开始工作，将所存储的数据通过电磁感应传送至车上。车载设备根据地面传至车上的信息，计算得出两个信息点之间的速度监控曲线，实现列车超速防护。

点式信息为非连续式的信息模式，结构简单，易于维护，但单纯的点式ATP系统不满足紧急状态下的紧急停车功能。以防止列车冒进车站为例，需在进站前方铺设一段电缆环线，传输ATP信息，以适应紧急停车的安全保障。由于该系统运行下的列车获得的信息是定点、不连续的，列车在越过信息点后按已接收到的信息行驶，必须等待收到下一个点式信息时才能按新的信息要求行驶，在两信息点间行驶不能及时地适应变化的运行条件，因此，降低了行车效率。单纯的点式系统与ATO系统配套时，不易实现ATO的运行调整功能。

2. 连续式

连续式列车超速防护系统是基于连续的信息传递，列车不间断地从信息传输通道获得信息，车载计算机也不间断地计算出速度曲线，从而可使列车间隔缩至很短。连续式列车自动控制系统因传递信息的连续性而具较佳的控制性能。连续式列车速度自动控制系统按车-地信息传输所用媒体又可分为有线与无线两大类，有线传输利用多信息或数字音频无绝缘轨道电路、交叉电缆环线、裂缝波导管或无线自由电波等，向车载设备提供连续的列车运行信息，既能连续检测列车位置和占用状态，又具有信息传递功能，可以实时地、连续提供大量列车控制信息，达到安全、平稳控制列车、满足高密度行车的运行的目的。

（二）对列车控制的方式

信号系统对列车实施的最终控制方式，一般分为速度-距离模式曲线和阶梯式速度曲线两种控制方式（见图11-20和图11-21）。

1. 速度-距离曲线控制方式

基于传统的音频轨道电路，其传输的信息量少，对应每个闭塞分区只能传送一个信息

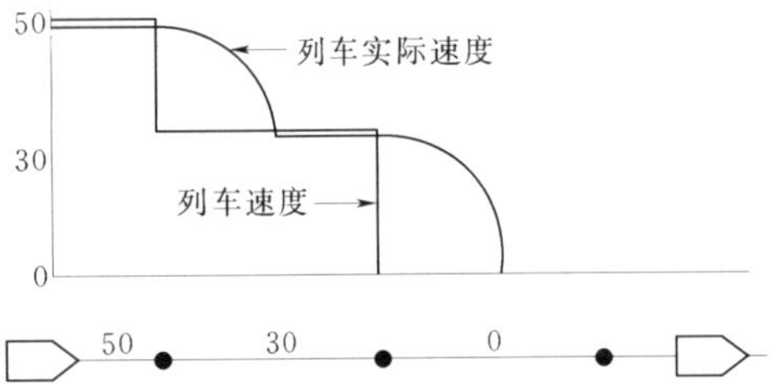

图 11-20　列车速度-距离曲线

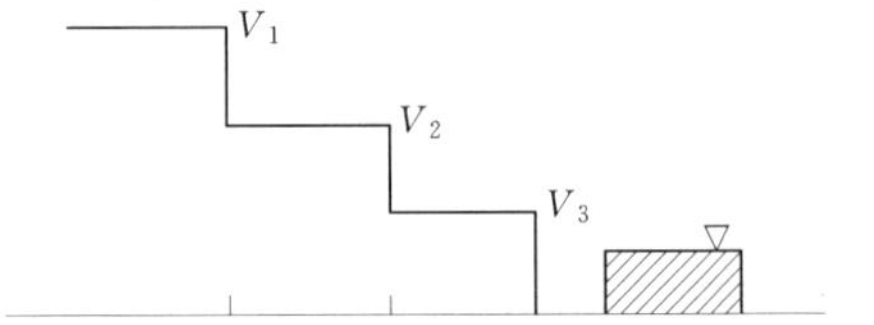

图 11-21　阶梯式限速曲线

代码，即该区段所规定的最大速度命令码或入口/出口速度命令码，列车速度监控采用的是闭塞分区入口/出口检查方式，当列车速度超过规定速度时，实施常用制动或紧急制动，实施常用制动时，如制动率达不到要求，会自动转为紧急制动。一旦实施了紧急制动，必须在列车停止后，通过一定操作才能缓解。阶梯式速度曲线中，两列车之间的最小行车安全间隔距离至少应为一个固定的闭塞分区，为了保证列车正常追踪运行，两列车间隔距离在三个闭塞分区以上，两列车之间的最小行车安全间隔距离较后者需要的空间距离大，降低了线路通过能力。

2. 阶梯式速度曲线控制方式

该方式由命令编码单元通过车-地通信实施向列车提供目标速度、目标距离、线路状态等信息，车载计算机根据这些数据，结合列车自身的固有数据，实时计算得出允许速度曲线，并按此曲线对列车的实际运行速度进行监控，在列车的每一确切位置，ATP 地面设备或车载 ATP 设备据此计算出列车运行的速度/距离曲线，保证列车在安全速度下运行。该模式列车可用信息较少，阶梯所代表的速度差值较大，造成列车连续速度控制性能也较差。相比之下，由于速度曲线控制方式数据传输及车速监控都是连续的，速度-距离模式曲线控制方式可以提高线路利用率（见图 11-22），相应缩短追踪列车之间的最小安全行车及正常行车间隔距离，可提高行车密度及列车运行的平稳度。

（三）闭塞方式

目前，用于城市轨道交通系统的闭塞方式有三种，即固定闭塞、准移动闭塞和移动闭塞。

前面自动闭塞系统中已做过介绍，在此不展开论述。

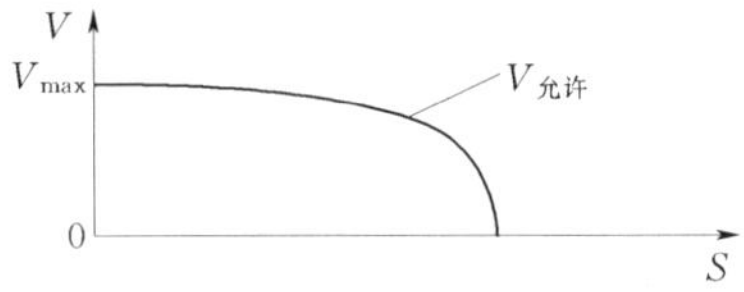

图 11-22　速度-距离模式速度曲线图

七、ATC 系统的发展趋势

为了轨道交通的载客能力，一方面可增加每列车的车辆数目及车辆的空间容量，另一方面就是缩短行车间隔，后者为发展更先进的列车运行控制系统提供了需求。与此同时，微计算机技术的飞速发展也为发展列车速度自动控制提供了良好的硬件和软件环境。自 20 世纪 70 年代起。世界上一些著名的信号公司，如法国的阿尔斯通，德国的西门子、英国的西屋、瑞典的 ADTranz，美国的 US&S 等相继推出基于数字轨道电路的准移动闭塞 ATC 系统，使城市轨道交通的通过能力大大提高，运行的安全性和可控性也得到改善。现在，基于准移动闭塞的 ATC 系统已在世界各国得到广泛应用。目前，作为准移动闭塞ATC系统基础的数字轨道电路正朝着双向信息传输和更高的传输速率、更多的信息量方向发展。相对于以固定闭塞为分区为单位的固定闭塞，移动闭塞前后车间距是以距离连续描述的。移动自动闭塞中轨道占用不再是以分区为单位，而是以列车车长为单位的。与固定自动闭塞及准移动自动闭塞相比，移动自动闭塞系统有以下的优点：

（1）实现车-地之间双向、实时、高速度、大容量的信息传输。

（2）列车定位精度高。

（3）列车控制的实时性更强。

（4）不受牵引回流的干扰。

（5）摆脱线路状况不良造成的影响。

（6）轨旁设备简单、数量少，系统可靠性高。

（7）缩短列车追踪间隔，提高通过能力。

（8）方便行车指挥，易于列车运行调整。

（9）能适应不同性能列车的高效运行。

（10）有利于缓解因土建工程规模不足造成折返能力下降。

（11）易达到设备故障修和状态修技术要求。

根据移动闭塞技术的发展及城市轨道交通系统的要求，移动闭塞将是城市轨道交通和铁路信号控制系统发展的主要方向。20世纪90年代以来，随着计算机、通信技术特别是移动通信的快速发展，基于通信的列车速度控制系统（Communication-Based Train Control，简称CBTC）受到了日益广泛的重视。阿尔卡特、阿尔斯通、HARMON公司近年来都开发出了基于通信的实现移动闭塞的地铁信号系统。截至1999年底，全世界铁路已投入工程实用的CBTC系统为1908km，其中城市轨道交通共159.7km，占8.3%。目前，基于交叉感应电缆方式的移动闭塞式ATC系统已处于较为实用的状态，利用无线通信技术的ATC系统则多处于研究开发或试用阶段，在下面还要对基于无线通信的列车控制系统进行详细介绍。

八、移动闭塞

铁路或城市轨道交通信号系统在很长时间是用轨道电路作为媒体来传输列车信息，形成列车运行控制系统，即基于轨道电路的列车控制系统（Track circuit Based Train Control，简称TBTC）。轨道电路的优点在于，它能比较完善地检查列车完整性，从而为有效地保证行车安全、提高行车效率发挥了巨大的作用，基于轨道电路的列车控制系统是信号系统的基础和特征。然而随着铁路运输发展尤其是城市轨道交通高密度、高可靠性要求，TBTC缺点也逐步体现出来，而CBTC更能满足城市轨道交通信号控制的需求。20世纪60年代起，世界各国相继涌现出了大批的新型列车运行控制系统及相关理论。60年代初国内著名的铁路信号专家汪希时教授提出“无线自动闭塞系统”（后称为“移动自动闭塞系统”），其中创建性地指出利用无线传递车、地间双向大容量信息的可能。

1999年9月，IEEE为CBTC制订了第一个标准，将CBTC定义为“不依赖于轨道电路的高精度的列车定位、双向连续、大容量的车-地数据通信以及车载、地面的安全功能处理器实现的一种连续自动列车控制系统”。定义中指出 CBTC 中的通信必须是连续的，这样才能实现列车自动控制。利用查询应答器和环线装置只能实现车、地信息的点式不连续传送，因此按照该定义，该类应用的系统不能称为严格意义上的 CBTC（这并不意味着查询应答器和环线装置不能用或不重要，在利用无线的 CBTC 中仍然需要查询应答器或环线装置提供点式信息，以校正定位信息、列车进、出站标识等），利用轨间电缆、漏泄电缆和空间无线都可以实现车、地双向信息的连续传输，满足 CBTC 定义的要求。CBTC 系统通过无线通信确定列车的位置且控制列车运行。车载控制器通过检测轨旁的应答器，寻找它们在数据库中的位置以及测量列车在两个应答器间的运行距离，来确定列车的距离，车载控制器通过双向无线通信向轨旁 CBTC 系统报告列车位置。

移动自动闭塞一般由列车自动防护系统车载设备通过精确测定列车前部位置，实时传送到地面控制中心，在由地面控制中心根据车长确定列车尾部的精确位置，在此基础上附加一定的安全距离确定出后车追踪运行的目标点，以此目标点计算出后行列车的运行控制命令，通过通信系统实时发送给后行列车，由车载设备实时控制列车，以确保列车运行安全。因此，列车的精确定位和高可靠大容量双向的实时通信是实现移动自动闭塞关键技术。

目前移动闭塞主要有基于感应环线通信的移动闭塞制式 CBTC 系统，或基于无线（Radio）通信虚拟闭塞制式 CBTC 系统，下面将以一些系统做简要介绍。

1. 基于感应环线通信的移动闭塞 CBTC 系统

阿尔卡特公司的研发的 SELTRAC 系统采用轨道感应环线实现移动闭塞，可以实现无人驾驶（全自动）、全自动车辆段（列车无人自动投入/退出运营）双向运行且反向运行可达到与正向运营相同的列车运行间隔，适合混合运输（不同性能车辆混跑）。

2. 基于无线通信闭塞式 CBTC 系统

如图 11－23 所示，调度控制中心（Dispatch Control Center，简称 DCC）控制多个车站控制中心（Station Control Center，简称 SCC），实现相邻 SCC 之间的控制交接。SCC 通过管辖范围内的多个基站（Base Station，简称 BS）与覆盖范围内的车载设备（On Board Equipment，简称 OBE）实时双向联系。列车在区段内运行时，通过定位技术、查询应答器或里程计装置实现列车位置和速度的测定，OBE 利用无线通过基站 BS 将列车位置、速度信息发送给 SCC，SCC 通过 BS 周期地将目标位置、速度及线路参数等信息发送给后行列车。OBE 收到信息后，根据前车运行状态（位置、速度、工况）、线路参数（弯道、坡度等）、本车运行状态、列车参数（列车长度、牵引重量、制动性能

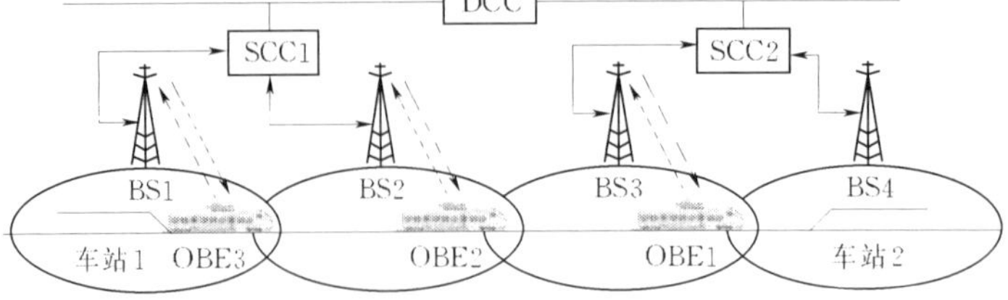

图 11－23　CBTC 系统原理图

等），采用车上计算、地面（SCC）计算或是车上、地面同时计算，并根据铁路信号故障-安全原则，比较、选择的方式，预期列车在一个信息周期末的状态能否满足列车追踪间隔的要求，从而确定合理的驾驶策略，实现列车在区段内高速、平稳地以最优间隔追踪运行。

通用电气公司研制的产品车地通信采用 2.4GHz 扩频无线网络提供轨旁 ATP/ATO 控制器、车站计算机控制中心与车载 ATP/ATO 控制器之间的数据链路，在每一 ATP/ATO 控制器的两边或车站计算机，两个无线电台通过数据通信与车站计算机物理连接，轨旁电台之间没有实质性的互联。到达和来自车站计算机的列车轨旁信息在无线网络数据总线上下传输（见图 11－24）。

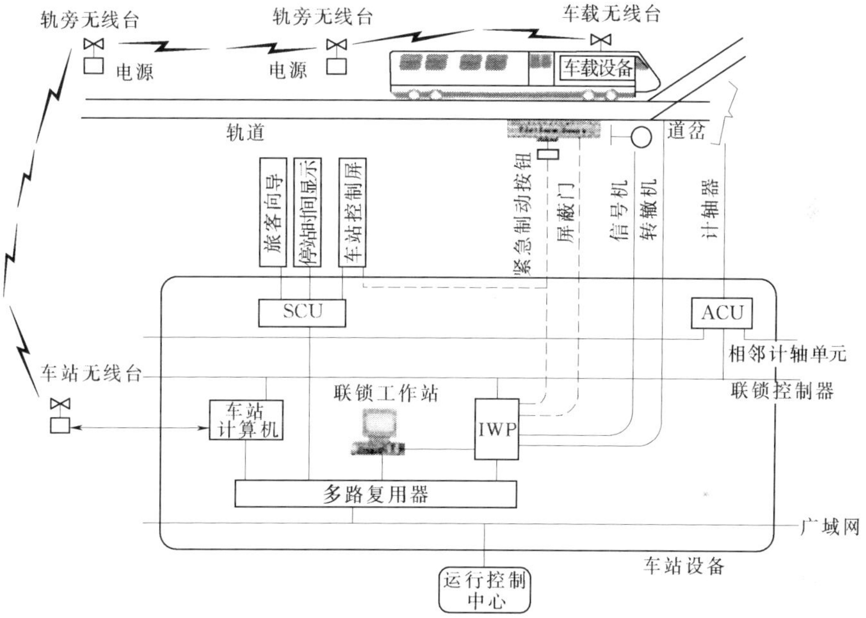

图 11－24　基于 CBTC 的系统结构图

系统中列车定位和列车长度是采用无线通信系统进行列车的测距定位。无线定位的核心是到达定位时间（TOA）的测量，TOA 测量实际上从信息接受端到时隙端的测量，在无线网络中在电台时间正好同步时，TOA 与距离延迟成正比。

阿尔斯通研制的城市轨道交通控制系统中，车-地通信采用的漏泄波导技术很有特色。漏泄波导是一个约 5cm×10cm 长型铝合金导电空心管。微波（2.4～2.4835GHz）波导系统是一个带宽为 83.5MHz 集数据、声音及图像为一体的传输系统，它用于车底间双向信息传输及列车测速定位。其定位原理基本类似，也有粗略定位，并通过点式信标精确定位。

CBTC 技术的优势已为人们所了解，但存在的问题也需要考虑，诸如不同供货商系统的兼容性，这对建设方和运营商都造成极大的挑战，这需要解决不同供货商设备的互通互连，同时要防止使用一家设备受到牵制。

第五节　国内部分城市轨道交通相关技术装备的现状

纵观国内主要城市已建成的地铁线路信号系统的使用情况，不难发现其列车自动控制系统已经出现了制式繁多的局面，而进口设备的价格也相对昂贵，同时不难发现信号系统不兼容、“万国牌”的特点在上海轨道交通中尤为突出，在管理中造成许多冲突，如表11－2所示。

表11－2　国内主要城市已建铁路信号系统使用情况

线路名称	供货商	信号系统特点
上海地铁1号线	美国GRS信号公司	基于音频无绝缘轨道电路
上海地铁2号线、天津滨海线	美国US&U信号公司	基于数字轨道电路
上海3号线	法国阿尔斯通公司	SACEM速度控制，音频测距
广州1、2号线、上海莘闵线	德国西门子公司	基于数字轨道电路
广州3号线、武汉地铁1号线	阿尔卡特加拿大公司	基于轨道环线的移动闭塞

第六节　上海轨道交通信号系统介绍

一、上海地铁1号线

上海地铁1号线自上海火车站至上海南站，后南延伸至莘庄站，全长为22km，16个车站，设有7个设备集中站和一个车辆段；北延伸从上海火车站至泰和站，长度12.5km，经过9个车站，设有4个设备集中站。1号线采用美国GRS的列车控制系统，6节编组，并装备了ATC系统全套设备，车载ATP设备双套冗余，ATO设备单套。1号线和南延伸采用6502继电联锁，北延伸采用计算机联锁。系统为双机热备。ATP系统采用头、尾各双套冗余地车载设备，ATP基于速度码方式，列车最高速度为80km/h，运行间隔为120s，设计间隔为100s；1号线停车精度为±25cm，ATO命令和车次号信息是通过车-地通信（TWC）子系统实现的。1号线采用音频无绝缘轨道电路，各闭塞区间采用阻抗变压器电气隔离，列车信息检测采用4个载频分别为2625、2925、3375、4275Hz交替配置，调制频率2、3Hz也交替配置有序地使用在线路上，以达到列车检测的目的。机车信号载频为2250Hz，调制在不同的频率上，以向列车传输不同的速度信息和开门信息。

二、上海地铁2号线

上海地铁2号线自中山公园站至浦东张江，现有13个车站，全长18.16km，有4个连锁集中站和2个非集中连锁站（本站不设联锁设备，由集中站控制），装备了ATC系统全套设备，车载ATP系统双套冗余，ATO设备单套。2号线联锁设备采用MicrolokII计算机联锁，系统为双机热备。ATP系统采用头、尾各双套冗余地车载设备，ATP基于目标速度方式，设计间隔为100s；2号线停车精度为±50cm。

2号线采用AF-902和AF-904数字式无绝缘轨道电路检测列车的位置，轨道电路采用BFSK方式调制，向列车发送信息，载频频率为：上行10.5、12.5、14.5kHz；下行11.5、13.5、15.5kHz交叉设置（渡线环线：16.5kHz），传输速率为200bit/s。轨道电路向车载设备传送“目标速度”信息码，其中包括8位标志位、0～10位添加位、CRC16位、37位数据信息。数据信息位又包括轨道电路ID号（12位）、目标速度（4位）、电路限速（4位）、至目标速度的距离（7位）、运行方向等。

2号线是利用环线作为TWC信息的传输通道。每个车站的站台区域、折返线以及出库线等处，需要与列车交换信息的区域，其钢轨之间都铺设用于信息交换的交叉环线。该环线不仅作为ATS系统车-地信息交换设备，也是实现程序定位停车的重要设备。

图11-25 交叉环线

图11-25为车-地通信环线布置照片。环线离两边钢轨0.4295m，环线宽度为0.6m，这样使车载TWC接收线圈，接收信号强度最强。环线的长度为，站台两端轨道电路S-Band中心之间的距离，也即站台的长度，为186m，再加4m，总长约为190m。环线以11、7、6、1m等有规则地、以站台中心为基准，两边对称地设置，以利于双向运行的停车控制。整个环线共交叉37次（必须是奇数）。在环线的接入口，设有耦合单元，耦合单元和车站信号设备室之间用传输线相连。耦合单元，使传输线与环线之间的阻抗得以匹配，传输线的另一端，连至车站信号设备室的轨旁车-地通信控制器，每个轨旁车-地通信控制器都有唯一的地址。

当轨道电路检测列车到进入车站站台区域时，地面通过TWC环线，向列车送出由CATS送来的相关控制信息，列车收到上述有效信息作出响应，向地面送出列车状态的相关信息。

三、上海其他轨道交通线路

3号线由漕河泾到江湾镇，全长24.975km，有19个车站和一个车辆段，10个设备集中站，装备全套ATC设备。3号线采用法国阿尔斯通公司的ATC系统，轨道电路采用DTC921—1型无绝缘数字报文式轨道电路，载频9.5～16.5kHz DIGITCODE进行信息传输，调制方式为MSK，其传输速率为400bit/s。车地通信速率为500bit/s，支持双向传输。轨道电路向车载设备发送长报文（进路地图）和短报文（轨道电路和道岔状态等）。联锁设备采用ASCV计算机联锁，双机热备。ATP设备中地面设备为3取2系统，车载设备头、尾部主/备双重设置，基于目标距离方式，设计间隔为100s。3号线停车精度为±50cm。

5号线自莘庄站到天星站，全长17km，13个车站，设有5个联锁集中站，装备了ATP、ATS系统，没有ATO功能，采用6节和8节编组。5号线采用西门子公司的点式ATC系统。轨道电路采用音频无绝缘轨道电路，用S-Band电器隔离接头进行分割，轨道电路采用 4 个频率，数据采用点式向车载设备传输信号和线路信息；联锁设备采用 SIMIS 计算机联锁，3 取 2 工作方式。采用点式发码非连续方式车地通信，系统基于目标距离方式，运行间隔尾 163s，设计间隔为 130s，该线没有 ATO 功能。

8 号线全长 23.33km，共 22 个车站，并穿越黄浦江，列车控制系统采用阿尔卡特公司基于无线通信 CBTC 的 SelTrac 系统，该技术取消传统基于轨道电路的固定闭塞，系统在大大节约成本的基础上具有更高的运营效率，运行间隔缩小为 90s，在高峰时段可自动增加列车，为旅客提供更加安全和高效的服务。

四、不同制式的存在及发展方向

从以上介绍可以看出，不同时期投入运营的轨道交通采用了不同的列车控制系统。各个列车控制系统已印入了其时代特性，它反映了科技发展的必然，也反映了 ATC 系统的发展进程，制式不同造成各系统的硬件设备、软件结构各不相同，而且轨旁设备与车载设备也无法兼用，使得各条线路之间暂不能实现互通互联。评价一个 ATC 系统，最主要的是确保列车运行安全的 ATP 子系统，也就是 ATP 子系统的基础-轨道电路的制式。

上海地铁 1 号线是我国第一次引进国外的 ATC 系统，它始于 20 世纪 90 年代初期，当时还是“模拟信号”的时代，所以选用基于音频无绝缘轨道电路的 ATP 系统为基础的 ATC 系统，反映了其技术成熟、可靠和先进性，体现了当时的时代特征，决定了 ATC 系统只能采用模拟、分列元件的电路，机车信号的速度码信息也只有 6 种，采用台阶式的定位停车方式，1 号线 ATC 系统投入运行以来，性能稳定、动作可靠，安全运行至今。

2 号线 ATC 系统引进时，正值数字电路技术趋于成熟应用阶段，而且“目标速度”制式的数字编码轨道电路 ATP 子系统，在国外已有了成功运行的经验，以数字编码和计算机技术为基础，信息传输速率高、信息量也大，数字信号处理速度快，所以 2 号线 ATC 系统中决定选用基于数字编码轨道电路的 ATP 子系统是正确的。其轨旁设备，列车传送的信息中不仅包括“目标速度”，还包括轨道区段的载频，以及到达“目标速度”的距离，相比 1 号线，其定位停车方式也趋于“曲线模式”制式，所以制动性能更好，也提高了旅客的乘车舒适度。ATP 子系统已在 2002 年 6 月正式投入运行，可以说 2 号线的 ATC 系统相比 1 号线在技术上上了一个台阶，目前这种制式在轨道交通中仍处于广泛应用的阶段。

3 号线的 ATC 系统相比 2 号线，虽然都称为数字轨道电路，但向列车传送信息的内容发生了很大变化，它传送的是围绕着的与先行列车之间的距离以及进路地图，而不是传统的“速度命令”，这是 ATC 系统在这一领域新的研究成果的应用，这种制式要求传输速率更高，信息量也更多。“距离”信息要求不断地对列车进行“重新定位”，而且在一定的区域内，其“进路地图”信息基本相同，所以对轨道电路的分割并不像按“闭塞分区”划分那样严格，轨道电路的数量可以减少；这种“距离信号”也为今后发展移动闭塞奠定了基础；其定位停车方式，车载计算机根据“距离”而不断修正其制动曲线，使模式曲线式制动更为理想，达到缩短行车间隔的目的，进而提高了行车效率。

技术随着时代而不断进步，ATC 系统也是这样，随着新技术的不断涌现而更加先进，所以上海市已建成的三条线的 ATC 系统，它们都代表着不同时期的产物，但由于不同线路采用不同的 ATC 系统，各个系统之间的不兼容性，造成不同线路的列车不能“跨线运行”，确实对运营带来很多不便。线路联网后，由于不同线路的列车无法“跨线运行”，就不能充分发挥轨道交通的网络优势，势必对旅客出行带来不便。如何解决这个问题，成了有识之士共同关心的议题。对信号工作者来讲，要掌握三条线路的三种不同制式，技术人员也要有较长时间的学习过程。由于轨旁、车载设备各不相同，无法通用，今后的各条线路的备品、备件，以及设备更新都是难题。

ATC 制式的不统一带来的问题非常严重。由于无法互联互通，每列列车都只能在固定的线路上运行，每条线路都需具备自己的预备车并设有独立的停车空间，由此带来的成本非常巨大。目前不同制式 ATC 系统的存在是客观事实，而且，在较长的一段时期也不可能统一，不分线路需求而求统一是不切实际的。ATC 系统是为列车运行服务，根据不同线路的需求（尤其是列车运行间隔时分和客流量），可以采用不同制式的 ATC 系统。以满足运行要求为前提，选用技术、经济比较合理的 ATC 系统；对于运行间隔时分较长、客运量也不太多的线路，可以采用较为简易的系统，既实用又可以降低造价，当然其技术也能反映当今时代特征，而且要考虑今后的发展，5 号线采用点式 ATC 系统是明智之举。对于运量大、运行间隔时分小的线路，应选择完整的 ATC 系统，才能满足运营需要。随着交通网络日益完善，各条线路之间的跨线运行是必然趋势。因此对跨线运行除了加快自主开发产品的步伐外，应用先进通信技术也是解决不同制式之间矛盾的方式之一。

CBTC 系统采用先进的通信、计算机技术对列车进行连续控制，它可不依靠轨道电路对列车占用轨道的检测，从而真正实现移动闭塞，降低发车间隔；无线 CBTC 通过开放的数据通信网络实现列车与轨旁设备实时双向通信，信息量大，还可以实现其他附加功能；对既有的列车防护系统采用无线 CBTC 进行改造后，可以实现既有信号系统与无线 CBTC 的补充，可以实现既有线与新的无线 CBTC 线路的跨线运行。目前，新线建设直接选用 CBTC 系统的线路较少，即使安装了 CBTC 系统，还是以传统的数字轨道电路系统或其他点式设备为后备，这反映了用户对 CBTC 系统可靠性的心理担忧，但我们相信 CBTC 系统是具有发展方向的列车运行控制系统，它正在日趋完善，在通信“分层”结构标准规范下，其可靠性、安全性是能保证的。采用“站间闭塞”的传统方式作为后备也是可行的。其关键是对 CBTC 系统本身的可靠性和安全性论证，对其接口标准的认定，以及对系统功能需求规范的制定等，当然价格也是决定因素之一。

CBTC 无论在技术先进性还是成本节约上都具有优势。近年来 CBTC 技术已经或即将在城市轨道交通中得到应用，虽然 CBTC 技术在世界范围内的使用历史接近 20 年，但是在中国市场，这项技术仍然未能得到城市轨道交通决策者的青睐。随着该技术在国外轨道交通应用上的实践，国内也将 CBTC 逐步引入，武汉是国内第一个采用 CBTC 技术建造城市轨道交通系统的城市，上海 8 号线经过专家论证采用阿尔卡特公司的基于无线通信 CBTC 系统，这说明根据通信领域多年来在互联互通上的经验，CBTC 应用在轨道交通列车控制系统是安全的。为使各系统互通互联，必须使用标准统一并被广泛接受的协议，并鼓励系统供应商制造符合互联标准的产品，同时，统一标准的制定和应用也保证了系统未来兼容和升级有一条稳定的过渡途径。作为先进技术的 CBTC 也是世界城市轨道交通技术的发展趋势。

思　考　题

1. 试述信号系统的重要性。
2. 试述闭塞和联锁的概念
3. 试述轨道交通闭塞的发展。
4. 试述轨道交通如何选用信号系统。
5. 固定闭塞和移动闭塞的区别是什么？
6. 轨道交通的信号系统是什么？
7. 试述轨道电路的概念。
8. 独轨交通、法国的 VAL 系统没有钢轨，如何来实现信号传递？

【第五篇　管　　理】

第十二章　城市轨道交通运营管理

城市轨道交通运营管理工作主要分为行车管理、站务管理、票务管理和设备运营管理四大部分。

一、行车管理

城市轨道交通的行车管理按生产、组织、管理流程，可以分为车站客流组织、运输计划的编制（客流计划与全日行车计划）、车辆配备计划、列车牵引计算、列车运行图铺画、列车交路计划、运输能力计算、列车运行与行车调度指挥等内容。

行车管理是轨道交通运营管理体系的核心，具有极其重要的地位，它通过列车运行组织将客运服务和轨道交通系统各组成部分联系在一起，共同完成城市轨道交通系统运营组织和管理的全过程。

二、站务管理

城市轨道交通的站务管理内容包括车站行车指挥和行车组织的辅助协调工作，站台站务管理工作人员需密切注意候车乘客动态，发现危及行车和乘车安全的情况，及时与有关人员联系并进行处理。同时在日常工作中工作人员还需与乘务人员密切配合，共同确保列车运行安全和乘务安全。

三、票务管理

城市轨道交通的票务管理主要包括票制、票价的确定以及自动售检票系统运用、管理等。由车站组织售检票工作，并负责设备的养护维修和运用管理，并根据客流情况对售检票系统（装备）进行调整、设置。便于轨道交通运营部门对全线的运量、运营指标进行统计，进行财务、经济的核算和评价。

四、车站设备的运营管理

一个完整的城市轨道交通系统的设备运营管理包括车站服务设施系统、通信及信号系统、收费系统、供电系统、环控系统、通风及排烟系统、防灾系统、给排水及消防系统、自动扶梯及电梯运载系统等设施、设备的操作运用和养护维修管理等。设备的运用一般可分为正常状态下的日常车站设备运用、非正常情况下（故障运行）车站设备的运用及紧急情况时的车站设备运用。

综上所述，城市轨道交通是一个涉及社会因素复杂、技术门类繁多、动态影响明显的综合性系统。我国城市轨道交通的发展历史较短，运营管理经验有限，有待努力积累经验、不断完善。

第一节　运　输　计　划

乘客的需求是多种多样的，而且各种不同的需求性质不同，特性也不同，客观上就要求有各种不同的供给形式与之相适应，来满足各种不同的需求。编制运输计划的最终目的就是尽量满足大多数乘客的出行需求，并合理引导需求；在不大规模增加供给的情况下保持供给和需求的相对平衡，增加运输供给，适应运输需求。

运输计划是城市轨道交通系统运输组织的基础。从社会服务效益看，轨道交通系统应充分发挥运量大和服务有规律的特点，安全、迅速、正点和舒适地将乘客运送至目的地。从企业经济效益看，轨道交通系统的运营应实现高效率和低成本。为了达到这个目标，轨道交通系统的运输组织必须根据客流的特点，合理编制运输计划，合理调度指挥列车运行，实现计划运输。

运输计划的内容包括行车计划、列车运行交路、列车停站设计和车辆运用计划等。运输计划的编制基础是客流、技术设备及其能力等相关因素。

一、客流计划

客流计划是运输计划期间轨道交通线路客流的规划，是编制全日行车计划、车辆配备计划和列车交路计划的基础。

（一）客流变化特点

城市轨道客流是指在单位时间内，某条线路上特定方向的乘客人数。客流的概念既表明了乘客在空间上的位移及其数量，又强调了这种位移带有方向性和具有起讫位置。

客流可以是预测客流，也可以是实际客流。客流是动态流，随天、时、地的变化而改变，这种变化是城市社会经济活动、生活方式在轨道交通系统的反映。客流变化主要体现在空间分布和时间分布的变化两个方面。

客流的变化特点包括以下几个方面：

（1）一日内每小时的客流变化；

（2）一周内每日客流的变化；

（3）季节性或短期性客流的变化；

（4）每条线路客流的分布变化；

（5）每个方向客流的分布变化；

（6）每个断面客流的不均衡；

（7）每车站乘降人数的不均衡。

（二）客流计划的编制

在新线投入运营时，客流计划根据客流预测资料进行编制；在既有运营线路的情况下，客流计划则根据客流统计资料和客流调查资料进行编制。

客流计划主要包括站间到发客流量，车站方向别上下车人数，全日、高峰小时和低谷小时的断面客流量，全日分时最大断面客流量等。

客流计划的编制基础为站间到发客流量资料，分步计算出各站上下车人数和断面客流量表。表 12－1 为轨道交通线路的站间到发客流量斜表，A 站至 H 站方向为下行方向。根据站间到发客流量资料可以计算出各站上下车人数（见表 12－2）。根据各车站上下车人数，并可计算出断面客流量数据（见表 12－3）。根据表 12－3 资料可绘制断面客流图（见图 12－1）。从图中可以直观的看出上行的最大断面客流量出现在 D－E 区间，下行的最大断面客流量出现在 C－D 区间。这将是计算全日行车计划的基础。

表 12-1　　站间到发客流量斜表　　单位：人/h

发/到	A	B	C	D	E	F	G	H	计
A	0	5830	5200	6200	3505	8604	9620	17658	56617
B	6890	0	1420	4575	3694	5640	6452	14566	43237
C	4580	1212	0	423	724	2100	2430	3511	14980
D	6520	2454	523	0	423	1247	1434	3569	16170
E	3586	1860	866	513	0	356	1211	2456	10848
F	7625	6320	1724	2413	385	0	750	4857	24074
G	9654	8214	2130	4547	1234	960	0	1463	28202
H	15607	12500	4324	5234	2567	5427	2401	0	48060
计	54462	38390	16187	23905	12532	24334	24298	48080	242188

表 12-2　　各站上下车人数　　单位：人

下行上客数	下行下客数	车站	上行上客数	上行下客数
56617	0	A	0	54462
36347	5830	B	6890	32560
9188	6620	C	5792	9567
6673	11198	D	9497	12707
4023	8346	E	6825	4186
5607	17947	F	18467	6387
1463	21897	G	26739	2401
0	48080	H	48060	0

表 12-3　　各区间断面客流量　　单位：人

下行	区间	上行	下行	区间	上行
56617	A—B	54462	80854	E—F	84478
87134	B—C	80132	68514	F—G	72398
89702	C—D	83907	48080	G—H	48060
85177	D—E	87117			

客流计划以站间到发客流量数据作为原始资料，通过计算得到各站方向分别上下车人数和全日分时最大断面客流量等客流数据。在客流计划编制过程中，高峰小时的断面客流量可以通过高峰小时站间到发客流数据来计算，也可以通过全日站间到发客流量数据来估算。在用全日站间到发客流数据时，在求出全日断面客流量数据后，高峰小时的断面客流量按占全日断面客流量的一定比例来估算，比例系数的取值可通过客流调查来确定。我们

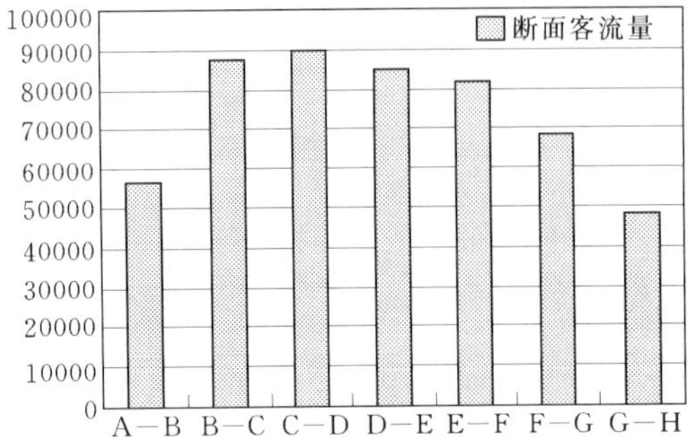

图 12-1 断面客流量图

将在下节中详细讲解。

二、全日行车计划

全日行车计划是营业时间内每小时开行的列车对数计划，它规定了城市轨道交通线路的日常运输任务，它是编制列车运行图，计算运输工作量和确定车辆运用的基础数据。全日行车计划编制的基础是客流计划。

（一）全日行车计划编制资料

1. 运营时间

根据统计，世界主要城市轨道交通系统运营时间如表 12-4 所示。可见世界上大多数城市的轨道交通系统运营时间在 18～20h 之间，个别城市为 24h 运营，如美国的纽约和芝加哥。运营时间的长短在一定程度上体现了城市轨道交通系统服务水平高低。

表 12-4 世界主要城市轨道交通系统营运时间

城 市	类 型	始运年份	营运时间（h）
伦敦	地铁	1863	20
纽约	地铁	1868	24
芝加哥	地铁	1892	24
布达佩斯	地铁	1896	19
巴黎	地铁	1900	20
柏林	地铁	1902	21
东京	地铁	1927	19.5
莫斯科	地铁	1935	19
北京	地铁	1969	18
华盛顿	地铁	1976	18
香港	地铁	1979	19
上海	地铁	1993	18

2. 全日分时最大断面客流量

全日分时最大断面客流量通常是在高峰小时断面客流量的基础上，根据全日客流分布模拟图来计算确定。如条件许可，采用分时断面客流量分布计算所得的全日分时最大断面客流量数据更为准确可靠。

3. 列车定员数

列车定员数是列车编组辆数和车辆定员数的乘积。列车编组辆数的确定以高峰小时最大断面客流量作为基本计算依据。

4. 线路断面满载率

线路断面满载率是指在单位时间内特定断面上的车辆载客能力利用率。线路断面满载率在实际工作中通常是指早高峰小时，单向最大客流断面的车辆载客能力利用率。在编制全日行车计划时，轨道交通系统可采用列车在高峰小时适当超列车定员的做法。

（二）全日行车计划编制程序

1. 计算全日分时最大断面容流量

根据全日客流分布模拟图计算全日分时最大断面客流量数据。

2. 计算营业时间内各小时应开行的列车数

计算公式如下：

$$n_i=\frac{p_{\max}}{p_{列}\beta} \tag{12-1}$$

式中　n_i——全日分时开行列车数，列或对；

$p_{列}$——列车定员数，人；

β——线路满载率。

3. 计算行车间隔时间

计算公式如下：

$$t_{间}=\frac{3600}{n_i} \tag{12-2}$$

式中　$t_{间}$——行车间隔时间，s。

4. 确定全日行车计划

在编制轨道交通系统全日行车计划时应把方便乘客、提高服务质量作为重要因素，调整开行间隔，并最终确定全日行车计划。

在已经计算得到每小时应开行列车数和行车间隔时间的基础上，应检查是否存在某段时间内行车间隔时间过长的情况。行车间隔时间过长，会增加乘客的候车时间，降低乘客的出行速度，不利于吸引客流。为方便乘客、提高服务水平，轨道交通系统在非高峰运营时间内，应视轨道交通线路沿线的客流状况合理确定行车间隔，最终确定的行车间隔时间不宜大于 10min。

三、车辆运用计划

车辆配备计划是指在一定类型的设备和行车组织方法条件下，为完成一定的运输任务而必须保有的车辆。车辆保有数包括运用车辆数、检修车和备用车辆数。

（一）运用车

运用车是为完成日常运输任务而配备的技术状态良好的车辆，运用车的需要数与高峰小时开行列车对数、列车旅行速度及在折返站停留时间等因素有关，按下式计算：

$$N=\frac{n_{峰}\theta m}{60} \tag{12-3}$$

式中　N——运用车辆数，辆；

$n_{峰}$——高峰小时开行列车数，对；

θ——列车周转时间，min；

m——列车编组辆数，辆。

列车周转时间是指列车在线路上往返一次所消耗的全部时间。它包括了列车在区间运行，列车在中间站停车供乘客乘降，以及列车在折返站进行折返作业的全过程。当列车在折返站的出发间隔时间大于高峰小时的平均行车间隔时，须在折返线上预留一列车进行周转，此时运用车数需相应增加。

（二）检修车

检修车是指处于定期检修状态的车辆。车辆的定期检修是一项有计划的预防性维修制度。车辆的定期检修分成月检、定修、架修和大修（又称为厂修）等，也有安排双周检与双月检的情形。不同的检修级别有不同的检修周期，表 12－5 为某城市轨道交通线路的车辆检修级别和检修周期。车辆检修级别和检修周期是根据车辆各部件使用寿命以及车辆运用环境等因素综合考虑确定的。通过对车辆的不同部件制定不同的技术标准、检修级别和检修周期，使车辆在经过不同级别的定期检修后，能在整个检修周期内保持良好的技术状态。

表 12－5　城市轨道交通车辆检修级别、周期及停时

检修级别	运用时间	走行公里	检修停时
双周检	2 周	4000	4h
双月检	2 月	20000	2d
定修	1 年	100000	10d
架修	5 年	500000	25d
大修	10 年	1000000	40d

车辆检修周期是一个与车辆段建设规模和车辆段作业组织关系密切的技术指标，它也是推算检修车数的基础资料之一。检修周期主要是根据车辆运用时间确定，同时还需综合考虑车辆运用时间和走行公里数。在车辆运用时间和检修周期确定的情况下，根据每种检修级别的年检修工作量和每种检修级别的检修停时，可以推算检修车数。

除车辆的定期检修外，车辆的日常检修有日检，检修停时约每日 2h，车辆临修的停时按运用列车平均每年 1 次，确定为每次 2d。

（三）备用车

为了适应客流变化，确保完成临时紧急的运输任务，以及预防运用车发生故障，必须保有若干技术状态良好的备用车辆。备用车的数量一般控制在运用车数的 10%左右。备用车原则上停放在车辆段内或线路两端终点站。

列车保有量根据线路远期客流预测结果，远期计划运行行车间隔，可得出所需运用列车数，备用列车数量按照运用列车数量的 10%取得；检修列车数量需根据运用列车数量综合维修能力、修程修制取得，一般为运用列车数量的 10%～15%。

四、列车交路计划

列车交路计划是根据运营组织的要求及运营条件的变化，按运行图或由调度指挥列车按规定区间运行、折返的列车运行计划。列车交路计划规定了列车运行区段、折返车站以及按不同交路运行的列车数量。

（一）列车折返

列车折返是指列车通过进路改变、道岔转换，经过车站的调车进路由一条线路至另一条线路运营的方式。具有列车折返条件的车站称为折返站。列车折返分为站前折返和站后折返。

1. 站前折返

列车在中间站或终点站利用站前渡线进行折返作业称为站前折返。由于渡线设置在站前，可以减少项目建设的土建投资，缩短列车的运行距离，但列车折返会占用区间线路，从而影响后续列车的运行，并且行车安全保障要求比较高，所以城市轨道交通行车组织中较少采用这种折返方式，特别是当行车密度高、列车运行间隔短的条件下，如图 12－2 所示。

2. 站后折返

列车在中间站、终点站利用站后渡线进行折返作业称为站后折返。由于车站接发车采用平行作业，不存在进路交叉，行车安全，有利于提供列车的旅行速度，这是城市轨道交通行车作业中的常用折返方式，如图 12－3 所示。

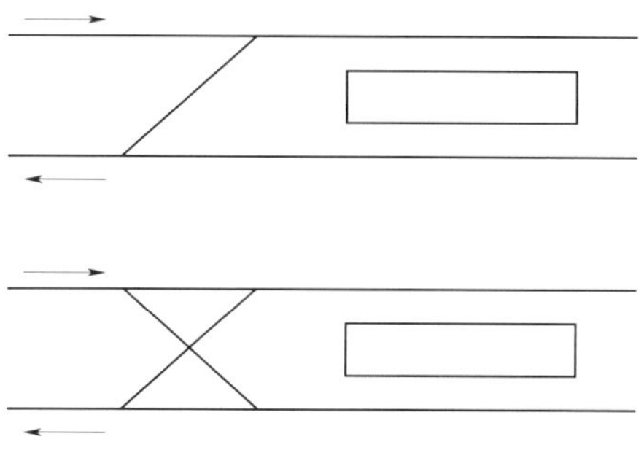

图 12－2　站前折返示意图

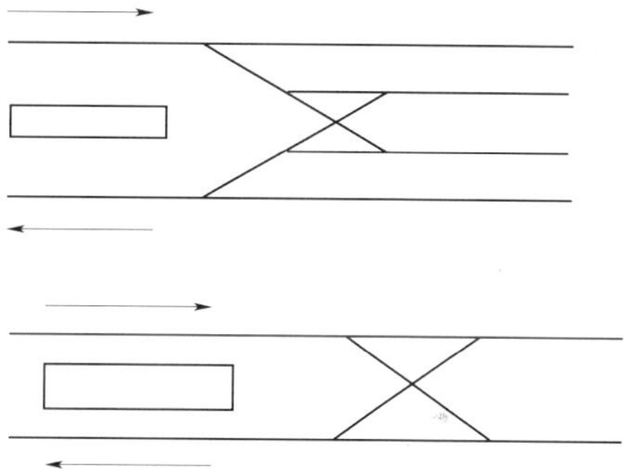

图 12－3　站后折返示意图

（二）列车交路计划

在列车开行计划中，列车交路规定了列车的运行区段、折返车站以及按不同列车交路运行的列车对数。在线路各区段客流量不均衡程度较大的情况下，采用合理的列车交路，能在不降低服务水平的前提下提高车辆运用效率，避免运能虚靡。

列车交路分为长交路、短交路和长短交路三种。长交路是指列车在线路的两个终点站间运行；短交路是指列车在线路的某一区段内运行，在指定的车站上折返；而长短交路是指列车在线路上运行，既能够在两个终点站间折返，也能够在某一中间站折返。

图 12－4（*a*）为长交路列车运行的图解，从行车组织的角度，长交路要较短交路列车运行组织简单，对中间站折返设备要求也不高，适合于全区段客流量比较均衡的线路，但在各区段客流量不均衡程度较大的情况下，会产生部分区段运能的浪费。图 12－4（*b*）为短交路列车运行的图解，短交路能适应不同客流区段的运输需求，运营较经济，但要求中间折返站具有两个方向的折返能力以及具有方便的换乘条件，从乘客的角度，由于在乘行途中需换乘，服务水平有所降低。图 12－4（*c*）为长短交路列车运行的图解，长短交路混跑的组织方案，既能满足运输需求，又能提高运营效益。

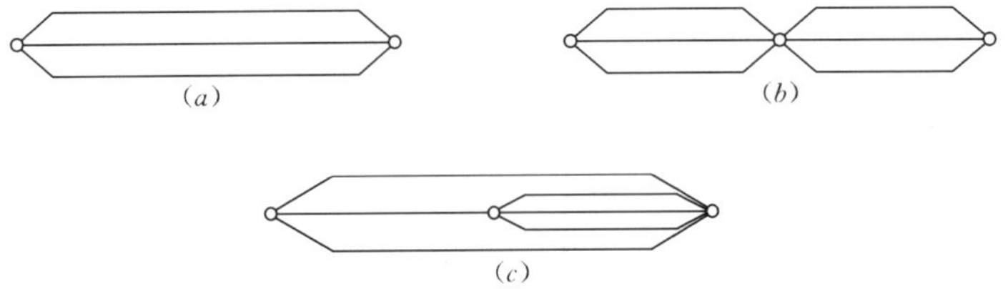

图 12-4 三种列车交路

(a) 长交路；(b) 短交路；(c) 长短交路

在线路各区段客流量不均衡程度较大的情况下，可以采用以长交路为主、短交路为辅的列车交路形式，组织列车在线路上按不同的密度行车。同样，当高峰期间客流在空间分布上比较均匀而低谷期间客流在空间上分布相差悬殊时，也可以在低谷时间采用长短交路列车运行方案，组织开行部分在中间站折返的短交路列车。

在我国城市轨道交通的运营实践中，列车运行交路通常是采用长交路，偶有采用长短交路（如上海轨道交通 1 号线与北延伸段），很少采用短交路。采用长短交路时，为加速中间站折返作业，不影响线路通过能力，对折返站的折返作业设备客运组织工作提出了较高的要求。

第二节 列车运行图

在城市轨道交通系统中，列车运行图是列车运行的综合计划，它规定了列车占用区间的次序，列车在每一个车站出发、到达或通过的时间，区间运行时分，车站停车时分。也就规定了线路、站场、车辆和通信信号等设备的运用流程与行车有关各部门的工作。

城市轨道交通的列车运行要求各个部门、各工种、各项作业之间相互协调配合。车站按列车运行图安排接发列车、组织客运工作；调度指挥部门按列车运行图指挥列车运行；车辆部门根据列车运行图确定每天需要的车组数和运行时刻，制定车组的检修和乘务司机的值乘计划；供电、通信信号、机电、工务等部门均根据列车运行图的规定来安排运营生产施工计划和检修计划。各个部门、各个工种、各项作业之间相互配合、协调动作、时间准确的工作，使各次列车按规定的时刻运行。

因此，列车运行图是协调城市轨道交通系统各部门、单位按一定程序进行生产活动的工具，是城市轨道交通运输工作的综合计划、行车组织的基础。经济、合理的列车运行图既要考虑城市轨道交通系统能提供的运营设备能力，又要在符合各时期、各时段线路客流量规律的前提下，使运能与运量达到最佳的组合，既方便乘客出行，又使企业获得最佳经济效益。

一、列车运行图的含义

（一）列车运行图的表示方法

列车运行图是运营调度部门组织列车在各站和区间运行的一种图解形式。列车运行图又称为时距图（Distance - Time Diagram），通常以图解法来表示行车时刻，利用坐标原理表示列车运行状况，将列车看作一个质点，斜线就是列车运行的轨迹，代表列车的运行线。坐标系有两种表示方法，在图 12－5（*a*）中，纵坐标为距离，水平线间的距离即为站间距，横坐标为时间，这种表示方法应用最为广泛；图 12－5（*b*）的表示方法正好与第一种相反，德国和我国南京的城市轨道交通运用的就是这种列车运行图形式。

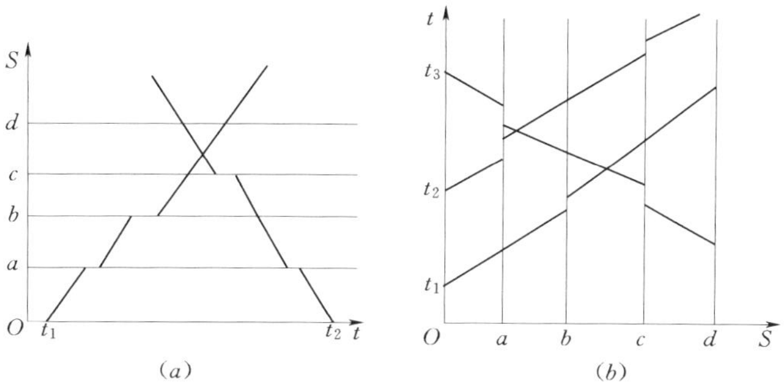

图 12－5　列车运行图的坐标表示

（二）列车运行图的图解表示

在我国大多数的城市轨道交通系统运行图中，采用图 12－5（*a*）的表示方法，图中的斜线是列车运行的轨迹，代表列车运行线。在列车运行图上，下行列车的运行线由左上方向右下方倾斜；上行列车的运行线由左下方向右上方倾斜。在图 12－5 中：

（1）横坐标：表示时间，用一定的比例进行时间划分，城市轨道交通列车运行图一般采用 1 分格或 2 分格，即每一等分表示 1min 或 2min 时间。

（2）纵坐标：表示距离分割，根据区间实际里程，采用规定的比例，以车站中心线所在位置进行距离定点。

（3）垂直线：是一族平行的等分线，表示时间等分段。这些垂直线将横轴按一定的时间单位进行划分，代表一昼夜的小时和分钟。

（4）水平线：是一族平行的不等分线，这些水平线将纵轴线按一定比例加以划分，代表车站的中心线，通常中间站的车站中心线以较细线条表示，换乘站、折返站和终点站以较粗线条表示。

（5）时刻：在列车运行图上，列车运行线与车站中心线的交点即表示该列车到达、出发或通过的时刻。城市轨道交通列车停站时间较短，一般不标明到、发不同时间。

（6）车次：对于不同种类的列车，列车运行图采用不同的列车运行线条和车次范围加以区别。一般按不同的列车类别规定代号与列车号。按发车顺序对车次进行编号，上行采用双数，下行采用单数（ATC 方式的列车车次末两位则表示列车运行的目的地号码）。

二、列车运行图的编制

（一）编制步骤

城市轨道交通列车均为可载客列车，在车站只进行乘客上下车的客运作业，而且不存在车辆解体编组和车辆技术作业及跨线运输等问题，列车行车密度较高。

在新线开通或线路客流量、技术设备和行车组织方式发生变化时都需编制列车运行图（见图 12－6）。其编制步骤如下：

（1）按编制要求和目标确定编制的注意事项。

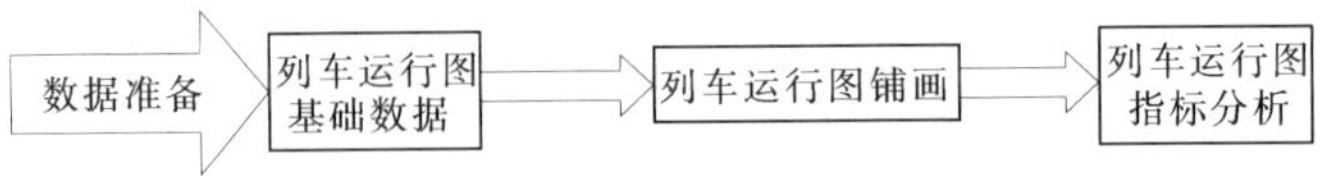

图 12-6　列车运行图的编制

（2）收集编图资料，对有关问题组织调查、研究和试验。

（3）总结分析现行列车运行图的完成情况和存在问题，提出改进意见。

（4）确定全日行车计划。

（5）计算所需运用列车数量。

（6）计算运行图所需的各项基础数据。

（7）确定列车运行图草图。

（8）计算所需运用列车数。

（9）听取调度部门、行车、客运部门和车辆部门的意见，对列车运行方案进行调整。

（10）根据列车运行方案铺画详细的列车运行图、编制列车运行时刻表和编制说明。

（11）全面检查列车运行图的编制质量，计算列车运行图的各项指标。

（12）将编制完毕的列车运行图、时刻表和编制说明上报审核，经批准后执行。

（二）编制方法

1. 车站中心线的确定方法

车站中心线有以下两种确定方法：

（1）按区间实际里程比率确定，即按整个区段内各车站间实际里程的比例来画横线。采用这种方法时，列车运行图上的站间距完全反映实际情况，能明显地表示出站间距离的大小。但由于各区间的线路和纵断面不一样，使列车运行速度有所不同，这样列车在整个区段的运行线往往是一条斜折线，既不整齐，也不易发现列车在区间运行时分上的差错，所以一般不采用这种方法。

（2）按区间运行时分比率确定，即按整个区段内各车站间列车运行时分的比例来画横线。采用这种方法时，可以使列车在整个区段运行线基本上是一条斜直线，既整齐又美观，也容易发现列车在区间运行时分上的差错，故多被采用。如图 12-7 所示。

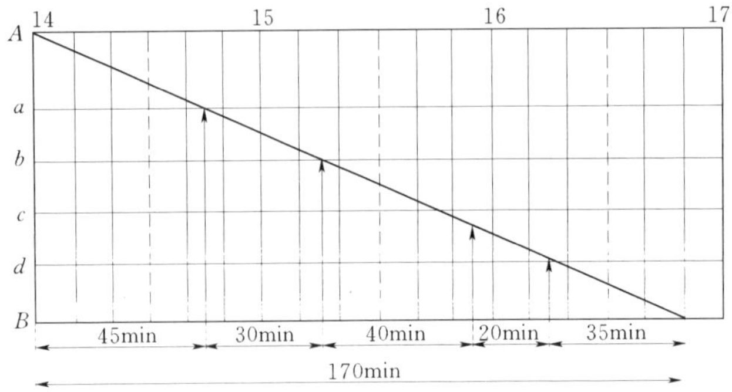

图 12-7　区间运行时分比率确定车站位置示意图

列车运行图上的列车运行线与车站中心线的交点，即为列车到、发或通过车站的时刻。根据列车运行图的格式不同的表示方法。所有这些表示时刻的数字或符号，都填写在列车运行线与横线相交的钝角处。

2. 计算列车单程旅行时间

列车单程旅行时间等于单程各区间列车运行时分加沿途各车站停站时间之总和。由于上、下行单程旅行时间不一定相同，须分别计算作为在列车运行图上铺画上、下行列车运行线的依据。

3. 计算列车运行图的运行周期

列车运行图的运行周期就是列车运行交路所需的时间，它等于上、下行列车旅行时间与两端折返站折返时间之和。

4. 计算平均列车运行间隔时间

根据在正线上运营的列车数和列车运行图的运行周期，就可算出平均列车运行间隔。

5. 列车车次的编号

列车车次的编号原则上分两大类：

(1) 调度监督下的列车运行。其车次号码为四位数，第一位代表线路的编号，第二、三、四位代表列车识别符；末位数上行列车为双数、下行列车为单数。

(2) 实施调度监控室的列车运行。其车次号码为五位数，前三位为列车识别符，后两位为目的地符（目的地符代表列车运行的终点站）。

6. 列车运行线的图示

列车运行图上的列车运行线按其列车运行方向的规定可分为下行列车运行线和下行列车运行线。上行列车运行线是由左下角向右上角铺画的斜直线，而下行列车运行线是由右上角向右下角铺画的斜直线。

7. 列车运行交路的图示

列车到达终到站后，在满足图定列车折返作业时间标准的基础上，应画出该列车就近折返的列车运行线（含车次号和始发站时刻），将列车终到时间与折返列车运行线间用线段相连接就是本次列车在该终到站的列车运行交路图示。

三、编制质量的检查

列车运行图编完后，必须对运行图的编制质量进行全面的检查。检查的主要内容如下：

(1) 上、下行的首、末端车站载客列车在站的开车时间是否符合运营时间的规定。

(2) 运行图上铺画的载客列车和空驶列车是否符合要求。

(3) 列车运行图上铺画的列车数和折返列车数是否符合要求。

(4) 各时段列车运行间隔是否符合高峰及低谷客流时段的运能要求。

(5) 列车运行线的铺画是否符合规定的各项时间标准。

(6) 列车在车站折返时，同时停在折返线的列车数是否超过该站折返线数。

(7) 列车乘务员的工作和休息时间是否符合规定的时间标准。

(8) 换乘站的列车到发密度是否均衡。

四、列车运行图的指标计算

在检查并确认列车运行图完全满足规定的要求后，应计算列车运行图的各项指标：

(1) 开行列车数量。凡列车在运营线路上行驶一个单程，无论是全程行驶还是短交路折返，均按一列计算。

$$开行列车数=载客列车数+空驶列车数 \tag{11-4}$$

(2) 技术速度。技术速度是列车在运行线路上运行（不包括列车在中间站的停站时间）的速度。列车在各区间运行的时间包括列车起动加速、在区间运行、慢行以及制动停车的时间，不包括城市轨道交通列车在运营线路上停站时间和列车在线路两端的折返停留时间。

$$技术速度=运营线路长度/(单程行驶时间-中途停站时间) \tag{11-5}$$

(3) 满载率。满载率是客运周转量与客位公里之比，表示车辆客位的利用程度。

$$满载率=客运周转量/客位里程\times 100\% \tag{11-6}$$

(4) 客位数。客位数是指运营车辆的核定载客量。

$$客位数（客位）=乘客座位数+（车厢有效站立面积\times 每平方允许站立人数^{❶}） \tag{11-7}$$

(5) 高峰小时运用列车数。按早高峰和晚高峰分别计算高峰小时运用列车数。

(6) 全日车辆总走行公里。轨道交通车辆为运送乘客在运营线路上所走行的里程，包括图定的车辆空驶里程和由于某种原因列车在中途清人或列车在少数车站通过后仍继续载客的车辆空驶里程。

$$全日车辆总走行公里=\sum（旅客列车数\times 列车编成辆数\times 列车运行距离） \tag{11-8}$$

五、列车运行图的使用

（一）列车运行图使用前的准备工作

为了评价新运行图的质量，除计算新运行图的各项指标外，还应与现行运行图进行比较，分析各项指标提高或降低的原因。列车运行图经批准后，为了保证新图能够顺利地实行，必须在实行新图之前做好下列准备工作：

(1) 发布实行新图的命令。

(2) 印刷并分发列车时刻表。

(3) 拟定实现新图的技术措施。

(4) 组织学习，使职工了解、熟悉新图规定的要求。

(5) 做好车辆和司乘人员的调配工作。

（二）公布列车时刻表

在铺画好列车运行图后，应编制列车时刻表。编制时刻表的依据是列车运行图及各区间上、下行列车运行时间和沿途各车站列车停站时间标准。简易列车时刻表可人工编排，实施自动监控的列车运行图其列车时刻表可使用计算机编排，并作为生成列车运行图使用。列车时刻表可分载客列车和出入场空驶列车两大部分，先编排载客列车，而且上、下行载客列车时刻表编在一起，后将线下行载客列车编在一起，然后再编排出入厂的空驶列

---

❶ 客车有效站立面积允许站立人数暂按每平方米 6 人计算。

车时刻表。各车站接到列车时刻表后，应在实施新的列车运行图之前，将首、末班列车时刻以及相应的行车间隔对外通告。

第三节　列车运行调度指挥

城市轨道交通系统组成复杂、技术密集，各工作环节紧密联系、协同运作，要求城市轨道交通系统必须实行集中领导、统一指挥的原则。运输调度正是实现城市轨道交通系统日常运输工作的指挥中枢，凡与运输有关的各部门、各工种都必须在运输调度的统一指挥下进行日常生产活动。

运输调度的基本任务是：科学合理地组织客流，经济合理地使用车辆及其他运输设备，挖掘运输潜力，提高运输效率和经济效益，组织与运输有关各部门密切配合，确保列车按图运行，完成运输生产任务，为城市经济建设和人民生活服务。

一、轨道交通列车运行指挥

（一）列车运行指挥日常工作

在我国的大部分城市，通常由控制中心（OCC）担任城市轨道交通系统的列车指挥工作，OCC 是城市轨道交通企业的运营生产指挥部门，负责所辖各条轨道交通线路行车、电力、消防环控及票务等的运行调度和突发事件处理等工作。其日常工作包括以下几项内容：

（1）组织制定行车、电力、环控调度规程，参与运营技术管理、行车组织等规程及突发事件预案，并组织实施。

（2）组织、控制有关行车人员按运行图行车，遇到列车晚点和突发事件时，及时采取调整措施，迅速恢复列车正常运行。

（3）密切注意客流动态，并按规定负责下令和通知自动售检票系统有关单位实行相关运营方案。

（4）负责行车、设备事故及突发事件的救援抢修的调度指挥，采取有效措施防止事故扩大，尽快恢复正常运行；按事故报告程序及时做好上报和下达工作。

（5）负责编制和组织实施正线的施工、抢修以及工程、调试列车的作业计划。

（6）建立、健全生产运营、调度指挥等各项原始记录、统计和分析报表，并按规定向上级主管部门上报。

（7）维护调度纪律，督查各基层单位执行调度命令和有关规章制度的情况，发现问题立即采取相应措施。

（二）列车运行指挥系统

城市轨道交通系统是一个复杂的、技术密集型的城市公共交通系统。为实行统一指挥，有序组织运输生产活动，轨道交通系统设立调度控制中心，调度控制中心实行分工管理原则，按业务性质划分、设置不同的调度工种。如图 12－8 所示，在控制中心通常设有行车调度、客运调度、电力调度和环控调度等调度工种，有的还设有设备调度。

控制中心主任全面负责辖区的运营管理工作；值班主任调度负责行车调度业务的技术指导、突发事件分析与报告，运营统计分析等。主任调度或设备主管负责辖区各专业领域的施工管理和安全生产管理，电力环控专业领域内的技术指导。

行车调度工作是城市轨道交通系统的核心，它的好坏直接影响乘客运输任务的完成，本章将重点讨论行车调度工作的相关问题。行车调度工作的基本任务包括以下几项：

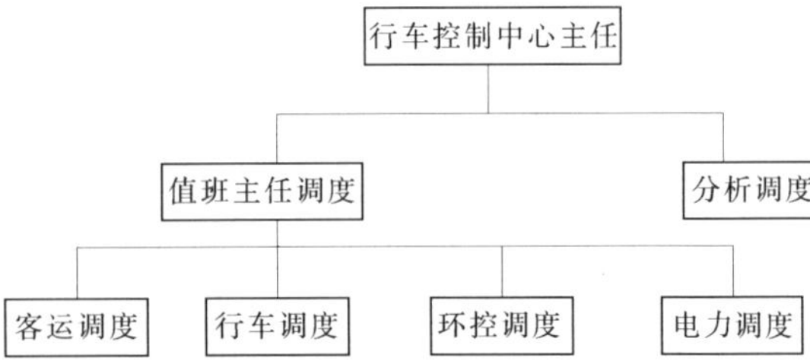

图 12－8 调度组织机构图

(1) 组织指挥各部门、各工种严格按照列车运行图工作。

(2) 监控列车到达、出发及途中运行情况，确保列车运行正常秩序。

(3) 随时掌握客流情况，必要时调整列车运行方案。

(4) 检查监督各行车部门执行运行图情况。

(5) 当列车运行秩序不正常时，及时采取措施，尽快恢复正常运行秩序。

(6) 及时、准确地处理行车异常情况，防止行车事故的发生。

(7) 当发生行车事故时，按规定程序及时向上级主管部门汇报，并采取措施防止事故扩大，积极参与组织救援工作。

二、行车调度控制方式

城市轨道交通系统的基本行车调度控制方式主要与采用的行车调度指挥设备类型有关，主要有调度集中和行车指挥自动化两种。车站控制是在特殊情况下采用的辅助方式。

(一) 调度集中

行车调度员通过调度集中控制设备控制所管辖线路上的信号和道岔，办理列车进路，组织和指挥列车运行。这时，基本闭塞方法为自动闭塞法，列车运行以驾驶员操纵为主。在采用非调度集中控制时，可改为车站控制，车站值班员在列车调度员的指挥下，办理列车进路，接发列车作业。

调度集中控制设备是一种远程控制的信号设备。它是区间采用自动闭塞、车站采用电气集中连锁，在控制中心利用电缆引接到指挥该线路列车运行。控制中心的行车调度员通过操纵控制台上的按钮集中控制、管辖线路上的信号和道岔，直接办理各车站的接发车进路，指挥列车运行。行车调度员通过区间和车站线路表示盘，可以清楚地掌握线路上列车运行和分布情况、区间和站内线路的占用情况、各种信号机的显示状态和道岔开通位置等。

(二) 行车指挥自动化

在行车调度员监控下，由双机冗余计算机组等设备构成的列车自动监控（ATS）子系统完成列车运行的控制任务。这时，基本闭塞方法为自动闭塞法，通常还采用列车自动保护（ATP）和列车自动运行（ATO）子系统，三个子系统构成列车自动控制（ATC）系统，ATC 系统具有列车运行自动化和行车指挥自动化能。在 ATS 子系统因故不能使用时，改为调度集中控制。

ATS 子系统的硬件组成包括：双机冗余计算机组和控制室内的显示盘、工作站、绘图仪、打印机等设备。该子系统的主要功能是跟踪正线列车运行，显示列车车次；根据储存的基本运行图或调整过的计划运行图，行车调度员可用机对话方式生成当前使用运行图；自动排列列车进路；自动进行列车运行调查自动绘制实绩列车运行图和生成各种运行报告。该子系统的主要人工功能包括行车调度员直接办理进路和进行列车运行调整。

三、行车调度组织

（一）正常情况下的列车运行组织

为实现按图行车，行车调度员要努力确保列车正点运行，行车调度员应在列车出场、列车折返方式和客流组织等方面进行组织，确保列车正点始发。由于途中运缓、设备故障等原因，会造成列车运行晚点。此时，行车调度应根据列车运行点和行车安全的原则，尽快使晚点列车恢复正点运行。

列车运行调整的主要方法如下：

（1）始发站列车提前或推迟出发列车。

（2）根据车辆的技术状态、线路允许速度，改变列车速度，恢复正点。

（3）组织车站快速乘降作业，压缩停站时间。

（4）组织列车越站运行。行车调度员应严格掌握列车跳停原则：客流较大车站原则上不安排通过，不允许办理连续两列车通过同一车站，列车以规定运行等级速度通过车站，通过车站的计划原则上在始发站安排。

（5）变更列车运行交路，组织列车在具备条件的中间站折返。

（6）扣车。当一条线路的列车由于车辆或其他设备故障引起运行不正常，造成乘客拥挤时，调度员可采取扣车措施，将列车扣在附近车站，以缓解压力确保列车间隔。

（7）停运列车。当线路某区段中断，已不能满足在线列车运行时，调度员可适当抽调部分列车下线，拉大列车时间间隔运行。

（二）特殊情况下的列车运行组织

非正常情况下的列车运行组织是相对上述正常情况下的列车运行组织而言的，它是在基本列车运行控制方式由于信号故障、道岔故障等原因而不能继续采用时的情况下的列车运行组织。下面选取部分特殊情况下的列车运行组织进行分析。

1. 列车自动控制系统故障时

在采用ATC系统情况下，由ATS子系统完成列车运行的控制任务，行车调度员只起监控作用；列车根据ATP子系统提供的信息，由ATO子系统自动驾驶运行。

在ATC系统发生故障时，行车指挥方法和列车运行控制方式改变如下：

（1）ATS子系统发生故障，改为调度集中控制，由行车调度员人工控制全线的信号与道岔、办理列车进路和调整运行秩序。

（2）ATP地面设备发生故障，因ATO车载设备接收不到限速命令，无法按自动闭塞法行车。在小范围的设备故障时，可由行车调度员确认故障区间空闲后，向驾驶员发布命令，列车在故障区间限速运行；如发生大范围的设备故障时，须停止使用自动闭塞法而实行电话闭塞法行车，改为由车站控制。

（3）ATP车载设备发生故障，因故障列车无法接收限速命令，该列车驾驶员应按调度命令，人工驾驶限速运行。

（4）ATP子系统和车站通信设备同时发生故障，采用时间间隔法行车。

(5) ATO子系统发生故障，列车改为人工驾驶，在ATP车载设备的监护下，按车内速度信号显示运行。

2. 改为车站控制时

凡发生下列情形之一时，根据行车调度员的命令，由调度集中控制改为车站控制。

(1) 对所管辖的道岔或信号失去了控制作用时。

(2) 表示盘上失去了复示作用或不能正确复示时。

(3) 停止使用自动闭塞法时。

(4) 清扫道岔时。

(5) 列车运行或调车有关工作必须由车站办理时。

当调度集中控制改为车站控制时，在行车调度员的指挥下，由车站行车值班塞、准备进路、开闭信号和接发列车。

3. 改用时间间隔法行车时

由于自然灾害或其他原因使车站一切电话中断，车站行车值班员无法与控制中心、邻站取得联系，为了不间断行车，双线区间可改用时间间隔法行车。

此时，行车作业办法与要求如下：

(1) 车站行车值班员指定改用时间间隔法的第一趟列车驾驶员，将实行该情况通知有关车站。

(2) 除线路两端折返站外，中间站道岔一律置于正线列车运行位置，如车站行无法在控制台上确认道岔位置或转换道岔，必须随车就地确认或办理。

(3) 出站信号机置于停车信号显示，列车进入区间的行车凭证为红色许可证，手信号发车。

(4) 两列车的间隔时间和列车运行速度应符合要求。

4. 夜间施工时

夜间施工是城市轨道交通系统生产活动的重要组成部分。运输调度部门既要按照批准的施工计划，保证设备维修更换、线路扩建工程等夜间施工任务顺利完成，又要保证次日运输生产能正常进行，为此，夜间施工时的行车应按有关作业办法与要求组织。

(1) 行车调度员应认真核对当夜施工计划，对施工内容、地点和方法做到心中有数。目前上海规定：如施工负责人在23点前未与行车调度员确认夜间施工，视为施工计划自行取消，行车调度员不予安排。

(2) 行车调度员在规定时间内将施工命令下达给有关车站值班员和信号楼值班员，相应车站应做好相关准备和布置工作。行车调度员应保证施工时间，并在施工过程中与施工负责人或车站值班员保持联系。

(3) 需向施工封锁区间开行施工列车时，列车进入封锁区间的行车凭证为调度命令。调度命令中应包括列车车次、运行速度、停车地点和停车时间等有关事项。向施工封锁区间开行施工列车，施工地点每一端只准进入一列。施工列车进入施工地段时，应在施工防护人员显示的停车手信号前停车，并按照施工负责人的要求，采取调车方式，进入指定地点。

(4) 施工列车应按闭塞方式运行。当一个区段一条线路上，只有一个列车往返多次运行时，可采取封闭区间运行的办法。

四、运行质量分析

运营统计指标包括兑现率、正点率等指标。通过对运营指标的完成情况进行统计分析，以找出提高运营指标的办法，同时对日常调度工作进行综合统计分析，发现问题，制定措施。此外，还需对班组调度员的报表填计及运营生产完成情况进行考核。调度分析、统计工作可分为日分析、定期分析和专题分析。

（一）日分析

日分析包括如下内容：

(1) 正点率，兑现率，列车加开、取消情况，运营里程。

(2) 换车情况，放站，清客，列车救援，严重晚点，反方向运行情况。

(3) 设备故障、列车故障情况。

(4) 施工完成情况。

(5) 各种记录报表及运营指标的考核工作。

（二）定期分析

定期（例如每月）对该阶段的各项运营指标、安全生产和施工检修等情况进行分析、统计，并做出相应的报表以积累资料，为运营决策部门改进日常运营组织方案提供必要的依据。

（三）专题分析

对某一特定任务组织专题分析，以便指导行车调度员更好地完成任务或进行总结。

第四节 客 运 服 务

一、客运服务流程

城市轨道交通系统的运行目的是不间断地运送乘客安全、准时地到达目的地，它在完成为乘客服务的同时，也在不断地产生城市轨道交通的产品——乘客人公里，而这也是运营企业主要的经济来源。

城市轨道交通客运组织流程根据乘客“购票、检票、候车、乘车、验票、离站或换乘”车站活动，可以分解为以下具体作业流程，如图 12－9 所示。

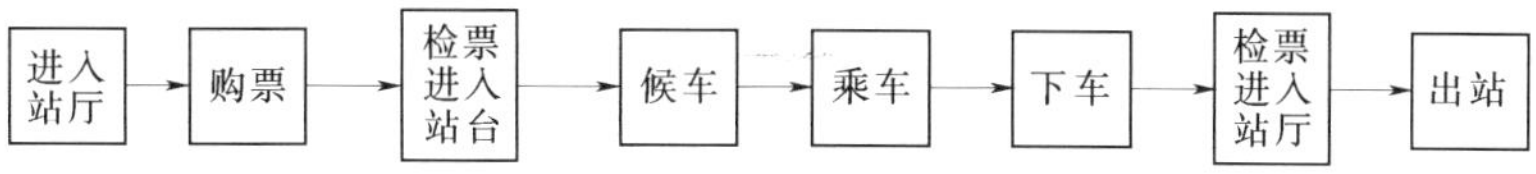

图 12－9 客运组织流程

（一）进站

乘客搭乘城市轨道交通，首先需弄清附近城市轨道交通车站的位置，然后通过出入口进入。为此需要明确乘客需求，以确定设施设置原则和具体位置。

1. 乘客需求

(1) 车站位置合理，方便到达。

(2) 到城市轨道交通车站的走行距离短。

(3) 城市轨道交通出入口容易找到。

(4) 城市轨道交通引导系统指示明确。

2. 设施设置原则

(1) 出入口以最大限度吸引客流为准则。

(2) 出入口与公交车站换乘方便。

(3) 城市轨道交通标志醒目，指示牌设置合理。

(二) 问询处

搭乘城市轨道交通的乘客可分为一般购票乘客，老人、学生等特殊乘客及残障人士。其中购票乘客可分为熟悉城市轨道系统的乘客，如购IC卡的本地乘客；不熟悉城市轨道系统的乘客，如购单程票的外地乘客、旅客、搭乘地铁次数不多的本地乘客。一般情况下，询问的乘客多为不熟悉城市轨道交通的乘客。

1. 乘客需求

(1) 位置合理、醒目。

(2) 引导指示明确，标志醒目。

(3) 规模结合乘客特点。

(4) 询问人流不干扰其他人流。

2. 设施及服务要求

(1) 询问处服务窗口的多少、等候面积。

(2) 需根据不同车站的乘客特点，设计不同询问处的形式。

(3) 服务人员要服饰整洁、热情周到、礼貌待客、服务规范。

(三) 购票

进入车站付费区的乘客均需持有城市轨道交通车票，持单程票的乘客每次进入车站均需购票。持储值卡的乘客，需根据实际情况进行充值。

1. 乘客要求

(1) 非付费区设有售票机、票务亭。

(2) 位置合理，处于进站的流线上。

(3) 引导指示明确，标志醒目。

(4) 最好设有零钞兑换机。

(5) 售票机、人工售票工作台数量合理，购票等候时间不长。

2. 设施的设置

(1) 售票机、票务室设置的数量。

(2) 根据不同车站的乘客组成特点及乘客舒适的购票时限而设计所需的空间，设计前需分析乘客组成特点。

(四) 检票

乘客购票后，将所持车票送入闸机检票口；经检票无误后，闸机开放，让乘客通过闸机进入付费区。

1. 乘客需求

（1）迅速找到闸机。

（2）能快速通过闸机。

2. 对设施的要求

（1）位置醒目，指示明确。

（2）闸机的通过能力与客流量相匹配。

（3）闸机数目、进出的配置需根据不同车站的乘客组成特点。

（五）候车

乘客过闸后，进入付费区，到站台等候列车到达。

1. 乘客需求

（1）方便到达站台，舒适候车。

（2）清楚明了现在所处的位置及需搭乘列车的方向和车次。

2. 对设施的要求

（1）站台应设有明显的候车安全线。广播提示乘客在列车未进站停稳、车门未完全打开之前，不要越过安全线，以防发生意外事件。

（2）采用广播系统预报。车站通过广播为乘客预报下次进站列车的方向。已经有两种新的设备投入运用，一种为自动广播系统，当后续列车驶入接近区段时，广播系统自动工作；另一种为在站台设置同位显示器，向乘客预告列车运行情况。

（3）安装屏蔽门。屏蔽门可为乘客提供一个舒适的候车环境，又能保障乘客在站台的候车安全。

（4）舒适的候车环境。空间宽阔、压抑感少，灯光照明配置合理，减少噪声干扰，空调气流组织舒适；引导指示系统醒目清楚；广告位置合理，不干扰引导指示系统。

（六）列车旅行

1. 乘客需求

（1）列车运行平稳。

（2）车内整洁舒适。

（3）能随时了解列车的运行情况。

2. 客车要求

（1）客车外部运行方向标示明显。

（2）客车内要有列车运行路线图展示，并标示站名。

（3）客车内要有与该线路相交叉的轨道交通网图及相交路线的运行时刻。

（4）客车上的管制标语（如禁止吸烟等）也应该清楚标示。

（5）客车符合运行标准，车内灯光配置合理，座位舒适。

（6）客车广播信息及时、准确。

（七）验票

乘客乘坐轨道交通到站后，下车持票到闸机，验票出闸。出站闸机的设置应与乘客行走路线一致，并反映乘客的需求。

（八）补票

乘客到站验票过程要求手续简单、乘客对设施的要求：在付费区内设置；引导指示明确，容易找到；车票损坏或补车资等情况，需到票务室等候时间短。

（九）出站

乘客验票出站后，通过出入口离开车站。

1. 乘客需求

(1) 方便出入。

(2) 方便到达目的地。

2. 乘客对设施的要求

(1) 车站在不同街区有出入口，出入口兼作过街隧道或天桥。

(2) 出入口靠近公交车站。

(3) 出入口设在人流主要活动区。

（十）换乘

换乘的乘客从一个车站到另一个车站，通过通道或楼梯、扶梯或站厅换乘。

1. 乘客需求

(1) 换乘距离短、快捷。

(2) 换乘方向明确。

(3) 通道照明适度、环境舒适。

(4) 地下通道通风良好。

2. 设置要求

(1) 换乘通道短、直接。

(2) 引导指示清晰、明了。

二、客运服务质量

城市轨道交通系统虽然复杂，但只有客运服务工作才直接面对广大乘客，客运服务工作是直接反映系统运营管理水平的重要标志之一，也是反映城市文明程度的窗口。

（一）乘客的位移需求及其对设施、服务的要求

无论从企业的角度看，还是从乘客的角度看，要实现乘客满意，都需要完整地理解乘客需求。从运营实践中来看“乘客需求”有以下 3 个特点。

1. 乘客需求是多方面的

乘客选择城轨交通出行，要求购票方便，候车舒适、安全、便捷、车站服务良好等。显然，其中安全与便捷是乘客出行最主要考虑的需求。在市场经济条件下，乘客总是选择最安全便捷、服务质量最好、价格相对便宜的交通路线作为出行首选，当这些指标都比较接近时，服务质量就成为主要因素。

2. 乘客需求是有层次的

马斯洛需求层次理论表明，不同层次有不同的需求期望值，同一层次不同用户、不同消费群有不同的爱好和需求，即使同一用户群在不同场合也会有不同的需求，需求的变化多体现在心理上的满足。

3. 乘客需求是不断发展的

随着生产水平的发展，乘客需求是不断变化、提高的。在市场经济条件下，乘客的出行促进了城轨交通企业的生产和发展。企业既要重视乘客当前主要层次的显性需求，更要着眼于即将来的潜在需求，同时要认真清理行需求量骤降的服务，从中总结出过去—现在—将来的需求发展规律。

（二）客运服务艺术

在满足了客运服务的基本要求之后，企业追求的是更高的服务质量，更高的乘客满意度。要达到这一目的，就需要有技巧地提供服务，即讲究服务艺术。

我们通常所说的“服务艺术”，实际是指在劳务活动中为满足服务对象某种特殊需要所运用的具体方法。讲究服务艺术，即讲究服务方法，它追求的是良好的服务动机与良好服务效果的统一。

1. 掌握乘客的心理

科学的服务方法来自对服务工作客观规律的正确认识。客运服务人员的服务对象是乘客，在乘客旅行过程中，乘客的各种愿望和要求是受心理支配的，各种外界的条件变化又直接影响着乘客心理，客运服务人员需要掌握乘客的心理活动规律，增加服务工作的有效性，提高服务工作的预见性。

（1）让乘客及时乘上车是乘客最基本的需要。

乘客的基本需要是及时乘上车，因此，城市轨道交通的客运服务都要从满足乘客的基本需要出发，急乘客所急，想乘客所想，尽责守职，做好本职工作，满足乘客及时乘上车的愿望，体现一心为乘客着想的良好的职业道德品质。

（2）关心安全，方便乘行，满足乘客的普遍性需要。

乘客的普遍性需要是安全和方便，对城市轨道交通客运服务人员来说，要时刻关心乘客的出行安全，尽力为乘客提供各种乘行过程中的方便，以此满足乘客的普遍性需要。

客运服务人员要时刻留意乘客的动态，及时发现不安全因素，对乘客的不安全行为给予必要的提醒和劝阻。列车进站时要提醒乘客不要拥挤，劝阻抢上抢下；开关车门时要提醒乘客不要手扶车门。尽自己所能，积极防止因各种原因造成的乘客跌伤、压伤、挤伤等事故。总之，客运服务人员在任何情况下都要以对乘客高度负责的精神，关心乘客的乘行安全。

客运服务人员为乘客提供乘行方便，需要做好在乘行中购票、等车、上车、乘车、下车、进站和出站等一系列乘行环节的服务工作。

（3）体贴照顾，热情周到，满足乘客的特殊需要。

老、弱、病、残、孕及怀抱小孩或其他一些特殊困难人群是客运服务人员重点服务的对象。由于这些乘客的自理能力或活动能力不及一般乘客，对乘行的方便往往都有特殊的需要，因此，需要热情而周到地为他们服务，城市轨道交通客运服务人员应尽力满足需要。

满足乘客的特殊需要，要求客运服务人员首先要能了解这些特殊乘客的困难和不便，体贴他们的难处，从感情上激发起为他们服务的热情，其次还要尽力设法予以特殊照顾，积极为他们排忧解难。对老、弱、病、残、孕等特殊乘客，客运服务人员要特别注意他们的上下车安全，有条件的最好能搀扶一下；由于他们的行动都比较迟缓，其中有些耳目不便的，客运服务人员就更要对他们多留心一些。对一些残疾乘客，客运服务人员还要注意说话用语，不要伤害他们的自尊心，以免产生不快。这些乘客的特殊需要，对于客运服务人员虽然是麻烦了一些，但它却最能体现我们社会主义社会人与人之间相互关心、相互照顾、团结友爱的平等互助关系，不仅是我们服务工作的需要，也是社会主义精神文明建设的需要。

2. 讲究语言技巧

规范用语是讲究语言技巧的前提，是服务岗位的基本要求。而运用技巧性的语言满足乘客的服务需求是讲究服务艺术，提高服务质量的要求，是在规范用语的基础上所能提供的高水平的服务。

(1) 语言亲切。客运服务人员的服务是否到位，一方面要看服务是否主动周到，另一方面就要看客运服务人员的说话语气是否亲切、热情。

(2) 商量口气。客运服务人员与乘客是服务和被服务的关系，因此，客运服务人员对乘客说话应避免“命令式”口气，应用商量的口气希望乘客配合自己的工作。

(3) 言辞委婉。客运服务人员在向乘客解释一个问题的时候，言辞不能有责备的口气，应以委婉的言辞达到提醒乘客，让乘客得到理解。

(4) 恰到好处。客运服务人员在处理乘务矛盾时，说话办事要恰到好处，不该说的话不说，不该做的事不做，不该多说话的时候要控制少说几句。

(5) 留有余地。客运服务人员在乘务活动中说话办事，都要给乘客或自己留有余地，不说绝对的话，不要产生被动的局面。

(6) 语言幽默。幽默语言是要求客运服务人员在向乘客解释问题的时候，能让乘客听了感到心情愉快、容易理解、乐意接受。

(7) 注意自责。客运服务人员在乘务活动中出现乘务矛盾时，不要首先责备乘客，而要首先讲自己有什么不足之处，然后再向乘客解释问题，从感情上化解矛盾。

(8) 顾全大局。客运服务人员在处理自己与乘客发生乘务矛盾的过程中，要从保护乘客的利益、维护公交企业信誉这个大局出发，宁可自己受点委屈，也要妥善处理好在工作中发生的一些乘务矛盾。

3. 坚持“以理服人，得理让人”的服务原则

乘客与客运服务人员之间发生的矛盾，部分是由于误会或是客运服务人员工作的疏忽造成的，这时，只要我们客运服务人员能耐心解释或虚心道歉，以诚恳的态度取得乘客的谅解，矛盾完全可以消除，对此，大多客运服务人员是知理的，也是能够做到的。

“以理服人，得理让人”是城市轨道交通职工在长期服务工作实践中总结的一条经验。它主张城市轨道交通职工在是非矛盾面前要心平气和，有礼貌的说理；有了理，又要本着缩小矛盾的态度宽以待人，做到得理让人。俗话说“人非草木”，只要乘客不是故意侮辱人，不是要野蛮、耍流氓，客运服务人员对其坚持耐心诚恳的态度，始终对他们保持信任和尊重，争取他们态度的转变还是可能的。

客运服务人员在服务工作中坚持“以理服人，得理让人”的服务原则，能有效地避免矛盾的产生，创造文明和谐的乘车环境，促进社会风气的改善。

第五节 票务管理

一、城市轨道交通系统乘车凭证的发展历程

随着城市轨道交通的快速发展，与之相匹配的乘车凭证也在不断变化着。以上海为例，最早出现的地铁卡是在1989年1月～5月，是一种试机卡，共有5种样式，发行量为44000张，是首套测试卡。在随后的1990年、1991年又先后发行了几套试机卡。在1991年4月发行的“北嘉线卡”既是公交卡，又是地铁试机卡。上海轨道交通最早的乘车凭证——观光券即通车纪念票，在1993年3月1号线南段车站观光试运营期间投入使用。1995年4月10日，地铁1号线正式对外试运营，采用人工售检票方式，乘车凭证主要是1、2、3元纸制车票。由于地铁建成通车后一直使用纸质车票，因此在这一阶段发行的磁卡多属试机卡或纪念卡，无实际普及功能。随着地铁客流的不断上升，纸制车票的使用成本高，采用计程票价情况下票务管理难度大等缺点日渐明显。

1996年1月起，上海轨道交通开始发行有值纪念磁卡，乘客可按其面值换购等值的车票，因此可以说此类磁卡为购票磁卡。1998年12月23日，也就是自动售检票系统正式启用前两个月，上海轨道交通首发可直接刷卡乘车的磁卡，这两套“己卯年”磁卡是我国第一张真正意义上的地铁磁卡车票。1999年3月，上海轨道交通自动售检票系统（AFC）作为地铁方面最后一项自动化模式在地铁1号线投入运行，同时上海轨道交通也推出了我国首套非接触式地铁IC卡储值票。

1999年底，上海再开全国之先河，发行了“上海公共交通卡”，此卡可在上海轨道交通、公交、轮渡、出租车、高架轻轨上通用，是真正的全能电子车票。上海轨道交通目前使用的非接触式IC卡为“上海公共交通卡”。

2000年8月上海轨道交通2号线通车运营，它的售检票系统一步到位，直接采用自动售检票系统（AFC）。上海轨道交通3号线开始使用人工售检票模式，其乘车凭证当然为纸票，采用西班牙的自动售检票系统。

目前上海轨道交通主要使用的票卡有两大类：一类为接触式磁卡，主要为单程票、纪念票等；另一类为非接触式智能卡，主要为公共交通卡。到2005年10月，上海轨道交通为实现单程票一卡通，准备淘汰接触式磁卡系统，采用非接触式IC卡。

上海轨道交通从纸票一步一步发展到票卡，纸票与票卡的对比如表12-6所示。

表12-6 纸票与票卡的比较

	纸票	票卡
作业流程	上海轨道交通运营有限公司设计，纸票的图案经上海工商税务部门和地税部门审批通过，送到印刷厂印刷，定期派送到各个车站，以待发售	上海轨道交通运营有限公司委托制卡公司制卡，验收合格后进行编码，“编码室”格式化后的卡送到车站进行发售。在人工售票机上和自动售票机上均须经过读卡、赋值、检卡、出机四个过程
优缺点	（1）成本相对较低，但人工成本高。 （2）工序比较简单。 （3）科学技术含量不高，自动化程度不高	（1）节省人力资源。 （2）工序相对复杂，票卡清洗工作烦琐。 （3）科学技术含量高，自动化程度高

二、票卡特性

自动售检票系统是封闭式收费系统，由设置在入口或出口处的检票机要对车票进行校验。在系统中，CSC或磁卡车票有七种基本类型：单程票、储值票、员工卡、CSC或磁卡的测试卡、出站票（用于一次性出站）、多程车票、纪念票。

按车票的介质来分，城市轨道交通系统使用的有两种：磁卡车票和非接触式智能卡（CSC）。

（一）磁卡车票

磁卡车票由聚酯塑料制成，信用卡大小，磁性编码。

在自动售检票系统中，磁卡车票是聚酯塑料制成的，在恶劣温度和湿度环境下能经久耐用，大小为信用卡尺寸（长×宽为86mm×54mm，厚度为0.25mm），是可循环使用的车票。车票上的定位孔保证车票正确地插入设备。车票具有供印刷使用的条件，车票的正面可印制使用方法等信息。车票的背面可根据需要留作广告。

车票的磁性特征决定了选择全部背面覆盖磁性材料的车票最耐用。磁条车票的弱点在于磁条本身，磁条车票在连续使用之后，磁条就容易损坏。全覆盖的车票最经济。因为整个背面上涂覆较之背面仅粘贴两条磁条，在工艺上更容易实现。一张磁卡车票至少能重复使用2000次，即2000次通过磁卡传输机构。实际使用中，车票使用寿命要比2000次更长。

上海轨道交通运营公司目前采用磁卡介质的车票包括单程票、应急票和纪念票。

（1）单程票。单程票按不同乘距收费，限当日当站在规定时间内一次使用，到达目的地车站后，通过出站口时被闸机自动回收。各车站在BOM、TOM机上发售，其使用寿命为循环使用300次。单程票在每次使用后，经清洗、再次售卖后进入流通领域，循环使用。

（2）应急票。应急票是单程票收费标准扣费，供车站人工发售。它是在车站发生特殊情况时（如节假日、重大活动或突发事件等），作应急之用。

（3）纪念票。上海轨道交通运营公司以纪念重大节日、大型政治、体育、文化活动或重要人物等为主而设计发售的一种纪念性的车票。纪念票发行形成多个系列，有生肖系列（如己卯年、庚辰年等）、节庆系列（如新中国成立50周年、澳门回归、2000年、儿童节等）、电影系列（《珍珠港》、《古墓丽影》、《决战中的较量》、《霹雳天使》等）、珍稀动物系列（亚洲象、大熊猫等）、地铁系列（如自动售票开通、2号线试通车等）、文体系列（如申花足球、刘海粟作品、陈佩秋国画作品、林曦明剪纸作品等）六大板块，每种的发行量均在1万～3万套之间，而且每套均附有精美的卡折封套。各卡的价格12～280元一套不等，可自由交换。通过闸机时，显示屏显示余额1元，可不分车站、不分日期、不计乘距使用，单程一次用完，出闸机时，闸机将其弹出，不回收，供持卡人收藏。为鼓励乘客收藏，一般是限量发行。

（二）非接触式智能卡（IC卡）

非接触式智能卡是射频技术和IC卡技术结合起来，解决了无源及免接触等问题而形成的一种票卡。非接触式智能卡是一张像信用卡大小的卡片上封装着微处理器和天线等元件，具有人工智能卡的特点，智能卡读写器之间的通信联系通过天线接受无线电波来实现，智能卡读写器之间的数据交换时间小于 0.2s。使用智能卡时，只需将卡靠近读卡设备，距离智能卡读写器 0～8cm 即可，不要求直接接触，操作十分简单。

智能卡的电器部分由无线电天线、RS 接口、控制单元及存储器等组成。智能卡的控制单元是一个微控制器，这种微控制器提供通讯协议来达到高度保密，同时还加快了读写速度，一般比用软件解决的方案快 400～500 倍。智能卡的读写器是固态设备，它是对智能卡进行读和写的接口。智能卡读写器是安装在智能卡 AFC 设备内或设备上，并通过 RS232 接口进行。非接触式智能卡的技术难点主要是在芯片制造和封装方面。智能卡是一种无源卡，其电源是有读写器所发射出来的无线电波进行能量转换而来，因此智能卡的设计可以做到能耗低，处理速度快，当无电时，内存数据也不会丢失，智能卡储存了更多的数据并具有更高的安全性。

非接触式智能卡仅由票房人员通过 BOM 机来发售。在首次购买非接触式智能卡时，要求付押金。仅当非接触式智能卡储值为非零或正值时，才允许乘客通过进口检票机。当给非接触式智能卡充值时，所加的值要支付卡上的负值。非接触式智能卡充值后可多次反复使用，它按单程票收费标准进行扣费。非接触式磁卡上的储值用尽时，可随时随地充值，一次充值额最大为 500 元，最小为 50 元，充值金额为 50 元的倍数。充值的基本方法是乘客到售票处支付增加金额，售票员键入必要信息，然后把磁卡放在读写器上，充值工作就完成了。IC 卡的技术规范是国际标准 ISO/IEC14443 和 ISO7816，根据 ISO/IEC14443 标准非接触式 IC 卡分为 A 和 B 两种类型。上海市原先使用的 IC 卡的读写器读卡的速度为 0.02s 一个。

（三）非接触式智能储值卡即公共交通卡（CSC 卡）

CSC 卡的性能基本上与 IC 卡相同。CSC 卡上的储值用尽时，可随时随地充值，对公共交通卡（CSC 卡）来说充值金额最小为 10 元，一般的充值金额为 10 元的倍数，卡内最高金额可达到 1000 元。充值的基本方法同上。随着收费系统的不断完善，非接触式智能储值卡可发展为具有电子自动转账充值特点的多功能票卡。智能储值卡使用寿命为 8 年左右。上海轨道交通原先使用的非接触式智能卡为 IC 卡，后根据上海市政府命令将 IC 卡取消，全部改为现在通行的“一卡通”即公共交通卡。“一卡通”的标准为华鸿标准，其读卡的速度为 0.05s 一个。目前，上海公共交通卡已发行了试运行卡、普通卡、世纪卡、龙年卡和十二生肖卡等，共 5 套 16 枚。

三、票卡流程

城市轨道交通的票卡管理基本上遵循有价证券的管理办法。其内部流程如图 12 - 10 所示。

（一）票卡的编码（验收）

票务中心的中央计算机系统中包含一套编码分拣机，能对制作商提供的每批新卡进行编码，并完成对票卡质量和数量的验收工作。普通单程票经编码后给票卡赋上车票类型、出售日期、卡号和票卡的初始状态，使票卡成为准备发

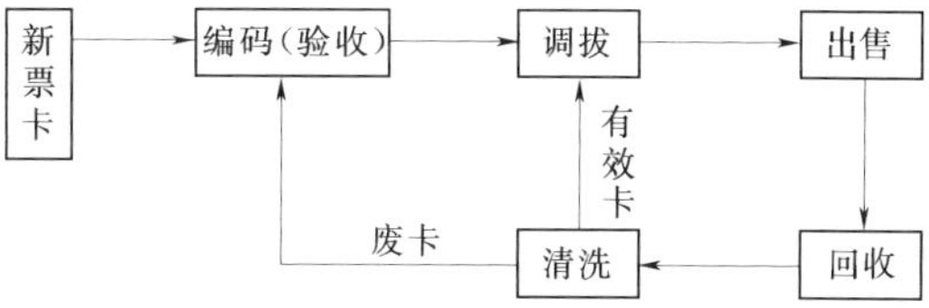

图 12 - 10　票卡管理流程

售车票。

纪念票经编码后给票卡赋上车票类型、出售日期、卡号、过期时间、票卡的初始状态、车票面值和制作时间。

应急票的制作既可以遵循普通单程票的原则（即当日当站有效），也可以遵循储值票的制作原则。

同样，员工卡的制作也可以通过在编码机上进行相应的设置来完成。

（二）调拨

根据车站每日返还的普通单程票和库存量对各车站分发单程票。票卡的调拨主要通过人工运送的方式来完成。由于受运输队力量和周转票卡总量及上班时间等多种因素的限制，每座车站每天的票卡库存几乎都保持在至少可以维持半天的正常运转的水平，从而保证了车站工作的正常开展。

（三）出售

普通单程票的出售有人工售票机（BOM）和自动售票机（TVM）两种方式（见图12-11、图12-12）；纪念票在指定地点限量供应；应急票则只能在人工售票机上出售；公共交通卡也只能在人工售票机上出售和充值。

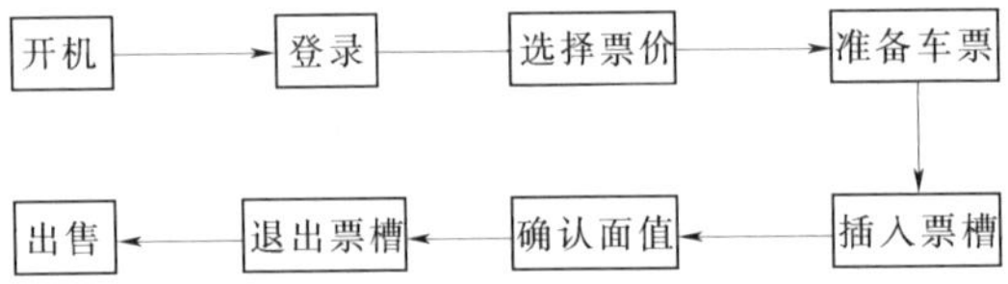

图12-11 人工售票机出售普通单程票的流程图

（四）回收

有效普通单程票和应急票在出站时由出站闸机自动回收，超程、超时、读错误等无效单程票经补票亭人工售票机分析并处理后，或由出站闸机自动回收，或由工作人员人工回收到专用的“废票箱”内。纪念票在出站时返还给乘客留作纪念。闸机回收的单程票统一装在机内固定的票箱中，工作人员应根据车站计算机的提示信号在票箱将满或已满时，及时更换票箱，取出箱内票卡。当天运营结束后，收回所有出站闸机内的回收票卡及废票箱中人工回收的车票，次日将正常回收的票卡以及废票箱内的票卡分别送交票务中心。公共交通卡由于可以连续充值，基本上不存在回收问题，除非是卡有质量问题或乘客要求退还公共交通卡。

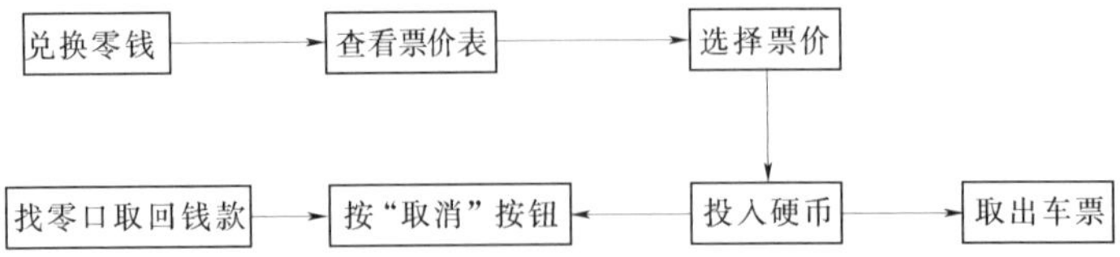

图12-12 自动售票机出售普通单程票的流程图

（五）清洗

单程票每次操作都必须经过读磁头、写磁头和校验磁头三个环节，只要其中任意一个环节发现问题，机器都会把车票当无效车票处理。大量的实践与分析表明，造成车票读错误、写错误或检验未通过的原因中票卡表面清洁程度不够占有较高的比例。为了提高票卡的使用质量；方便乘客进出车站；减少工作人员与乘客的票务纠纷，设立清洗中心负责票卡的清洗。当然，如果碰到节假日清洗组工作人员调休，车站闸机回收的票卡也可以直接装入自动售票机或分发给人工售票机，进行重新出售并使用。公共交通卡是感应式非接触性智能卡，基本上不存在清洗的问题。

（六）测试

在整个票卡流程中要做两种测试：一种是对新票卡的测试，另一种是对回收清洗后的车票进行测试。新卡的测试由制卡公司进行技术性检查，并将评价指标附在后面，由运营部门给予认同。票务公司收到新制票卡后仅做物理方面的检查，检查的方式是抽查，抽查合格后送到编码室由 ES 机编码。经闸机回收的票卡经车票再由编码分拣机测试、编码，经读、写、检三大步骤，如果发现有无效的，将其彻底报废。编码后的车票重新调拨后进入流通领域，以此循环下去。

四、自动售检票系统

（一）AFC 系统的概念与功能特点

AFC 系统即自动售检票（Automatic Fare Collection，简称 AFC）系统，它是一个封闭式的计程计时的自动收费系统，它广泛利用了现代计算机技术和通信技术，是个设备自动化水平很高的集成项目，成为城市轨道交通系统乃至整个城市现代化水平的一个重要标志。这样的系统可以为城市轨道交通系统运营单位带来以下优点：

（1）方便乘客。那些长期乘客可以通过使用多程票或智能卡来避免每次购票的麻烦，尤其是在一个城市的所有公共交通中实行“一卡通”，更为乘客提供了出行的便利。

（2）有效地减少乃至消除员工舞弊、欺诈行为。AFC 系统能提供准确的票务审计功能，可以随时进行细到对某一台设备或某一个操作员的查账；使用最新的可靠的安全密码技术，可以防止任何欺诈行为的发生。

（3）提供灵活的票价政策。AFC 系统可以按照乘车里程及时间实行多级票价政策，以参数表的形式下载至每台设备执行，若要实施不同的票价方案，只须修改相应的参数表即可。

（4）为城市各个公交运营单位之间的票务清算提供准确依据。系统记录了每笔交易的明细，依据这些信息可以对每笔交易进行详细分账，从而能自动地快速完成各个运营单位之间的精确票务收入分配。

（5）为城市公共交通规划提供准确的、客观的客流和票务统计依据。公共交通规划建立在客流调查的基础上，每次客流调查都要花费大量的人力、物力，收集到的人工统计资料往往还不正确。AFC 系统可以依赖每条交易的明细记录，算出乘客出行的 OD 表、运营线上的断面客流，从而客流统计、预测提供客观依据。

（二）AFC 系统的组成及其各部分的功能

AFC 系统包括票卡媒介、车站 AFC 设备、车站计算机系统以及中央计算机系统四个层次的设备。

（1）票卡媒介。票卡媒介是指乘客用以作为乘车凭证和付费手段的介质，一般有纸基磁卡、塑性磁卡、CSC 卡等多种不同形式，存储有不同的车票编码信息。

（2）车站 AFC 设备。车站 AFC 设备是系统直接面向乘客、提供服务功能的前端设备，包括检票闸机（进站、出站）、半自动售票机、自动售票机、验票机、手持式验票机等。

在车站设备层，一方面，AFC 系统通过车站设备引导、约束乘客的售票、检票行为，体现运营管理者制定的业务规则；另一方面，AFC 系统通过车站设备获取各种票务、客流、交易等运营数据和设备运行状态。

（3）车站计算机系统。车站计算机系统由车站网络服务器、车站工作站、网络设备、紧急报警系统及 UPS 不间断电源等组成。车站计算机系统是车站级的管理核心，它能够接收来自中央计算机或车站管理人员的控制命令或运行参数，并将该命令或参数下达给车站设备执行，以达到控制、管理车站设备的目的。此外，车站计算机还能够收集并向中央计算机上传车站设备的信息，包括票务、客流、交易和状态等，产生车站级的报告，以达到正确进行账务结算、统计分析等目的。

（4）中央计算机系统。中央计算机系统由中央主机、各操作工作站、报表工作站、远程维修工作站、计算机网络设备及 UPS 不间断电源等组成。中央计算机系统是 AFC 系统的核心，它实现对 AFC 系统内的所有设备的监视、控制，实现系统运作、收益及设备维护集中管理功能，实现对系统数据的集中采集、统计及管理功能，提供系统主时钟，并且提供与外部系统的数据交互接口。

系统为适应于运营需要，设有多种不同的运营模式。常用的模式有进出站免检模式、超程免检模式、日期时间免检模式和列车故障模式等。车站、中央工作人员可以根据权限通过计算机下达模式切换命令。

基于公共交通的安全考虑，AFC 系统还留有紧急命令外部接口，可以快速下发命令使整个 AFC 系统进入紧急放行模式，便于乘客的快速疏散。通常 AFC 系统采用的两种方式如下：

（1）车站车控室内安装紧急按钮，遇到突发事件，管理人员可以及时按下紧急按钮，使车站进入紧急放行模式。

（2）AFC 系统与消防报警系统建立命令接口，一旦发生火灾报警，AFC 系统进入紧急放行模式。

一座城市的轨道交通系统（网络）每天要面对数十万乃至数百万的乘客，并负责将他们从其出发站输送到目的站，同时使每一位乘客在从购票乘车到下车出站的全过程中都感到满意，这是轨道交通运营管理的宗旨。

思　考　题

1. 城市轨道交通运营管理工作主要由哪些部分组成？

2. 什么叫作线路满载率，并调查所在某一特定城市轨道交通线路的线路满载率为多少？

3. 什么是列车交路？列车交路有哪几种，各自特点是什么？

4. 简述列车周转时间的定义及计算方法。

5. 根据下表已知条件计算最大断面客流量。

发＼到	A	B	C	D	E	F	G	H	计
A	—	7019	6098	7554	4878	9313	12736	23798	71396
B	6942	—	1725	4620	3962	6848	7811	16538	48446
C	5661	1572	—	560	842	2285	2879	4762	18561
D	7725	4128	597	—	458	1987	2822	4914	22631
E	4668	3759	966	473	—	429	1279	3121	14695
F	9302	7012	1988	2074	487	—	840	5685	27382
G	12573	9327	2450	2868	1345	1148	—	2133	31844
H	22680	14753	4707	5184	2902	5258	2015	—	57499
计	69551	47570	18525	23333	14874	27268	30382	60951	292454

6. 列车运行图的内涵是什么？列车运行图的要素有哪些？如何确定？
7. 城市轨道交通系统的调度工种有哪几种？各自的职责范围是什么？
8. 试述特殊情况下的列车运行组织方法。
9. 请简述城市轨道交通客运服务的主要内容。

第十三章　城市轨道交通系统经济分析

第一节　城市轨道交通系统成本分析

城市轨道交通系统成本是指运输企业为了提供某种运输劳务所消耗的所有成本总额。它包括前期初始成本、运营成本以及资金费用（贷款利息）。初始成本是指在轨道交通运营前期以货币形式的投入。运营成本是指为了完成旅客运输所消耗的以货币形式表现的人力、物力和财力资源。

一、初始成本

从硬件和软件两个方面来看，初始成本包括建设投资费用，线路运营前期准备费用等。

（一）建设投资费用

城市轨道交通系统是一项高投入的交通运输基础设施，轨道交通系统建设投资费用到底是多少？表 13－1 列出部分国家或地区新建轨道交通项目的总费用，其费用包括基础设施、机电设备及融资成本。

表 13－1　　世界部分城市轨道交通项目总成本

轨道交通项目	年份	系统类型	成本单位（亿美元/km）	里程（km）	注释
澳大利亚布里斯班机场联络线	1998	机场快线	0.162	8.5	地面线路
挪威奥斯陆机场快线	1998	机场快线	0.113	66	21%地下线路
香港西线铁路	1999	大运量地铁	2.2	30.5	38%地下线路
新加坡地铁东北线	1998	大运量地铁	1.5	20	100%地下线路
巴黎地铁	1998	地铁	1.3	8.5	100%地下线路
旧金山海湾地区快速运输系统	1999	大运量地铁	1.12	14	70%地下线路
上海地铁	1999	大运量地铁	0.91	16.5	100%地下线路
台湾高雄捷运系统	1999	大运量地铁	1.4	43	85%地下线路
曼谷地铁系统	1999	地铁	1.39	20	100%地下线路
哥伦比亚卡利轻轨	2000	轻轨	0.313	18.8	地面线路

资料来源：www. Wikipedia. org。

对轨道交通系统建设投资费用分解，其主要项目包括以下几个：

（1）征地及拆迁费用。

（2）土木工程建设费用。包括隧道、高架桥梁、路基、轨道、车站和车辆段建设费用。对于100%地下线路来讲，该项目费用占项目总成本的50%以上。表13－2列出部分城市轨道交通项目基础设施建设费用。

表13－2　　世界部分城市轨道交通项目基础设施建设成本

轨道交通项目	年份	成本中包含的设施	成本单位（万美元/km）	里程（km）
英国海底隧道铁路（CTRL）项目	2000	包含触电网、轨道、信号通行系统	380	74
美国海底隧道铁路（CTRL）项目（隧道部分）	1999	地下隧道	680	20
西班牙马德里和安大路西亚高速铁路项目	2000	仅包括触电网	37	430

资料来源：www. Wikipedia. org。

此外，使用线型电机系统（也称为小型地铁）可以降低30%的前期建设费用，我国广州城市轨道交通3、4号线已经采用该技术降低前期投资成本。

（3）车辆购置费。表13－3显示上海轨道交通3号线每节车辆130万美元，六节编组的一列车将近800万美元。

表13－3　　车辆购置成本

轨道交通项目	购置年份	车辆种类	每列的花费（万美元）	购置数量	生产商
波兰华沙地铁	1998	地铁A型车	140	108	Alstom（阿尔斯通）
上海地铁	1998	地铁A型车	140	144	Alstom（阿尔斯通）
香港九龙铁路	1999	动力分散式电动列车组（EMU）	160	250	Itochu/Kinki/Kawasaki（伊藤忠-京畿-川崎财团）
法国瓦朗西铁	1999	轻轨车辆（LRV）	180	17	Alstom（阿尔斯通）
纽约地铁	1998	地铁A型车	190	100	Itochu/Kinki/Kawasaki（伊藤忠-京畿-川崎财团）
挪威	2000	市郊铁路车辆	340	24	Adtranz（戴姆勒-奔驰交通公司）
乌克兰铁路	2000	铁路机车	480	21	西门子
加利福尼亚萨克拉曼多轻轨线路	2000	轻轨车辆	300	40	CAF（西班牙车辆制造公司）

资料来源：www. Wikipedia. org。

（4）机电设备购置费。包括环控及通风设备（BAS）、防灾报警设备（FAS）和屏蔽门设备（PSDs）等。

（5）通信信号设备购置费。信号控制技术决定轨道交通运营效率，上海城市轨道交通8号线预计采用CBTC，可实现行车间隔90s安全运行。

（6）追加建设投资费用等。在客流增长，运输能力不足的情况下，采取改造某些设备来提高运输能力，往往需要投入大量资金，在初始建设投资基础上的追加投资。追加建设投资费用的主要组成项目有车辆、信号设备和站场设备等。上海轨道交通 1 号线为增加运能改目前 6 辆编组为 8 辆编组，此追加建设投资费包括 1 号线漕宝路到莘庄之间的车站改造、车辆购置费等。

（二）线路运营前期准备费用

为保证列车安全运营，轨道交通运营企业进行大量前期准备工作，其部分产生的费用称为运营前期准备成本。例如，前期员工的培训费用、赴先期建成轨道交通运营线的城市考察、调研费用等。

二、运营成本

运营成本（operation cost）是轨道交通企业在日常运营过程中的所有费用支出。运营成本从保证运营的角度，可分为两部分：基本运营支出和设备大修费用。

（一）基本运营支出

城市轨道交通运营基本费用（不含财务费用及初始成本折旧）包含人工费、电费、日常维修费、其他直接费用（客运保险费、事故赔偿费、磁卡摊销费、清洁费）及运营间接费（办公用品等），其中电费与人工费所占比例较大。例如，上海地铁运营有限公司一分公司人工费用及福利占总运营成本的 35%以上。上海轨道交通运营电价为 0.5 元/（kW·h），电费约占运营成本 30%。广州市轨道交通 2 号线通过使用屏蔽门，和 1 号线相比将空调运营能耗降低了 20%，每天可以节约电 6 万 kW·h。

从基本运营成本与运量的关系分析，运营成本由以下两部分组成。

1. 固定成本

固定成本是运营成本中短期内不随运量变化而相对固定的费用支出，包括固定设施维修费、管理费等，单位固定成本随着运量的增加而下降。

2. 变动成本

变动成本是运营成本中直接随运量变化而变动的费用支出，主要包括列车牵引电费、按列车公里发放的工资附加费等。

（二）设备大修费用

在交通运输部门，大修是为了保持固定资产在寿命期能够有效地运转和使用的作业，大修费用的主要组成项目有车辆、线路、车站和牵引供电设备等。上海轨道交通 1 号线 2002 年的车辆进入大修期，费用为 1200 万元/列，日常维护为每年 650 万元/辆。

第二节 城市轨道交通系统收益分析

一、城市轨道交通系统收益构成

近几年来，我国北京、上海等特大城市都在以超常规速度建设城市轨道交通。继北京、上海、香港、台北、广州和深圳之后，武汉、长春、大连、重庆和南京等也相继成为我国拥有运营城市轨道交通的城市。

建设项目的效益按照不同的方式分成不同的类型，从项目本身的角度来看，可以分为直接经济效益和间接效益。直接效益是指项目的投入使用能够对行业产生的直接经济效益，间接效益则是指由于项目的实施对其他行业间接产生的效益。从项目法人的角度来看，可以分为内部效益和外部效益。内部效益是指项目法人通过收费等方式而获取的财务效益，而外部效益反映的是被他人无偿或者无意识地获得的效益。一般来说，项目法人无法通过直接收费的方式来将外部效益转化为项目的财务效益。

城市轨道交通项目的效益也可以按照上述方式来划分。其中，间接收益是改善了城市的交通状况，而间接效益则为轨道交通系统良好的社会效益。内部效益包括运输收入和非车费业务的收入（包括列车、车站的广告收入，车站内的商业收入和其他与项目建成后有关的主营业以外的收入等），一般指运营企业的财务收益，容易量化；外部效益则包括居民出行时间的节约、沿线房地产的升值、政府税收的增加等，外部效益常常也是城市轨道交通项目的间接收益。

城市轨道交通运营系统收益包括直接收益和间接收益。直接收益指轨道交通运输企业的运输收入和其他经营收入，间接收益指轨道交通系统良好的社会效益。

（一）轨道交通企业的直接收益

1. 运输收入

运输收入即票务收入，轨道交通系统向乘客提供运输服务所得到的货币收入。决定运输收入的主要因素是客运量和票价，即

$$R_t = \sum p_i f_i \tag{13-1}$$

式中　R_t——乘客运输收入；

p_i——购买各种票价的乘客数；

f_i——按乘车距离确定的各种票价。

运输收入是城市轨道交通运营企业的最主要的收入来源。由于城市轨道交通运营费用相对较高，而且城市轨道交通等公共运输设施的票价也不亦设置过高，运营成本一般都高于运输收入。香港地区人口密度高，其观塘区高达 50910 人/km^2，城市轨道交通的客流密度达 2.86 万人/（km · d），2006 年上半年香港地铁运输收入（除了机场快线）高达 31.3 亿港元，同比上升 4%，占上半年总收入的 68.5%，随着西港岛线的修建，香港地铁客运量还将上升。

表 13-4　　　　香港地铁行车线收入

线　　路	香港地铁线路		香港机场快线	
时　　间	2005 年上半年	2006 年上半年	2005 年上半年	2006 年上半年
客流量（百万人）	414	418	4.1	4.5
平均票价（港元）	6.6	6.8	66.9	64.8
运输收入（亿港元）	27.2	28.4	2.7	2.9

资料来源：香港地铁 2006 年中期业绩报告；该地铁行车线不包括机场快线。

由于城市轨道交通运营费用相对较高，而且城市轨道交通等公共运输设施的票价也不宜设置过高，运营成本一般都高于运输收入。欧美国家的城市轨道交通系统客流密度比较低，票价带有极大的福利性，运营主要靠政府补助金来支付运营所需要资金的不足。巴黎城市轨道交通车票收入仅占总收入的 36%，其非车费业务收入占 11%，政府补贴达

到 53%。

2. 非车费业务收入

地铁公司非车费各项业务收入包括广告收入、车站商务、通信、顾问服务等。以下分析地铁公司非车费业务。

(1) 广告收益。轨道交通车站广告覆盖广泛（广告受众多样，车站客流量大)、灵活多样（包括车体广告、站台立柱广告、墙贴广告等)、形式新颖（墙面广告，电视广告)，受到客户的认可。2005 年香港地铁总收入 152 亿港元，其中站内广告等经营收入占 20%左右。2006 年上半年香港地铁公司广告收入约占非车费业务收入的 36%。

(2) 商贸收益。除了房地产，商铺收入也是相当重要的经营收入来源。广州地铁运营 3 年多，地铁带来的商机被越来越多的人认识到。据了解，地铁 1 号线 1999 年开通时商铺出租率仅有 52%（2000 年才达到 100%)，而地铁 2 号线首段在去年底开通之前，所有商铺均已满租，其商铺租价普遍高于 1 号线。目前成功进驻广州城市轨道交通 2 号线的连锁店大致有 5 大类：便利店、书报刊连锁企业、冲印连锁、洗衣店和银行。

(3) 其他收益。其他收益包括城市轨道交通运营公司的通信收益及免费地铁报收益等。

城市轨道交通是大都市的主要交通工具，在乘坐的时候很适合读报纸，如能免费取阅，乘客几乎没有理由不看，城市轨道交通向来都是报业发行的主要市场。1995 年在瑞典诞生了第一份地铁免费报纸《METRO》，该报纸当今在 15 个国家发行，其发行量达到 300 万份。在上海，轨道交通运营企业同报业媒体联合发行免费城市轨道交通《时代报》该报纸是我国第一份具有刊号的免费报纸，这份日报作为地铁授权的免费媒体，在未来 7 年里不再有其他免费媒体进入上海城市轨道交通。

(二) 城市轨道交通系统的间接收益

城市轨道交通系统间接收益指轨道交通的社会效益。轨道交通系统的建设需要大量资金投入，运营成本较高，从企业财务分析来看，大多数城市需要政府补贴才能弥补运营的亏损，但轨道交通系统的社会效益非常显著，这就是世界各国都选择轨道交通系统的原因。

城市轨道交通的兴建改变了城市面貌，带动了沿线经济发展，从而产生巨大的社会效益。社会效益可从以下几个方面来看。

1. 缓解交通拥挤

大容量的轨道交通在很大程度上可以缓解城市的交通压力，改善城市日益严重的交通堵塞，而且由于改善了地面交通秩序，也相应地减少了地面交通事故的发生率，促进社会安定，有利于经济发展。

2. 节约土地使用

城市土地是一种具有多用途的稀缺资源，一旦为交通运输所占用，就意味着城市经济将放弃其他用途。轨道交通运能大，乘客人均占用土地最少，并且可以促进城市交通立体化。选择城市轨道交通作为城市交通的骨干，在节约土地使用和提高土地使用价值上，可以给社会带来客观的经济效益。

3. 减轻环境污染

轨道交通的运营减少了汽车尾气的排放，改善了城市环境质量。以天津市地铁1号线为例，其建成后，初期可分流转入地铁的客流量为每天58万人次，据测算可替代相当于453辆地面公交车辆的运行，而地铁是电力牵引，不产生类似公交车辆排放的有害尾气CO、HC、NO_2等。

4. 降低能源消耗

城市轨道交通以电力作动力，其最大优点是污染少，而且能耗比较少，轨道交通人工能耗为道路交通的15%～40%，是一种绿色的交通工具，有着广泛的社会经济效益和良好的生态环境影响。

5. 促进城市合理布局

逐步调整城市布局及降低城市中心区的人口密度，是城市实现可持续发展所采取的重要的措施之一。城市轨道交通对城市中心区人口的疏散和卫星城镇的建设发展起到积极的作用。

6. 节约乘客出行时间，缓解乘车疲劳

城市轨道交通节约了乘客时间，产生了极大的社会效益。由于轨道交通比公共汽车运营速度快，从而节约了乘客乘车的大量时间，又由于轨道交通缓解了地面交通，地面交通的车速也可相应提高，这样又节省了公共汽车乘客的乘车时间。此项价值会随着商品经济和市场经济的发展和不断完善逐渐被人们所认识。

城市轨道交通可减少乘客乘车的疲劳，从而可提高劳动生产率。城市轨道交通可减少交通事故，从而减少了经济损失，增加了城市的社会效益。

二、票价理论

在城市轨道交通系统的收益组合中，最受关注的就是票务收入。本节将简要介绍几种典型的票价制式，并对票价制定问题进行分析。

（一）票价制式

票价是交通运输企业提供的产品（运输人公里）的销售价格，票价制式就是指票价的不同组合形式，简称票制。

城市轨道交通系统的票制主要分为以下4种。

1. 单一票制

单一票制是指不论乘行距离远近均为同一的票价。如北京地铁从1969年运营30多年以来一直采用单一票制。

2. 计程票制

计程票制是按乘行里程计算票价的方法。我国现运营的城市轨道交通系统大部分实行分段计程票价，并体现了“递远递减”的原则（见表13-5）。

3. 分段计费票制

把全线分为若干个区段，按在区段内乘车和跨区段乘车发售不同的票价车票。为了尽可能合理负担，对两个区段的相邻站间乘车通常可按在区段内乘车购票。

4. 区域计费票制

把地铁网分为若干个区域，按在区域内乘车和跨区域乘车发售不同的票价车票，分区制主要用于欧洲国家。

表 13－5 上海与东京轨道交通的票价对比

城市	票价制设置					
上海	里程（km）	1～6	6 以上			
	票价（元）	3	每 10km 增加 1 元（6～16km 为 4 元）			
东京（Eidan）	里程（km）	1～6	7～11	12～19	20～27	28～40
	票价（日元）	160	190	230	270	每 12km 增加 40 日元

（1）“同心圆”计费方式。在核心市区可以采用“同心圆”方式，目前巴黎地铁（8 个计费区）和伦敦地铁（6 个计费区）都采用这一方式。该划分方式比较符合“放射形”出行结构的需要，其特点是核心市区的吸引量较大。

（2）“同心圆＋分区”计费方式。在核心市区以外采用“同心圆”＋“分区”的划分方式，斯图加特市交通票价结构的计费区划分采用了这一方式。“同心圆”的划分符合“放射形”出行结构的需要，而在各同心圆内部划分了更细的“分区”，从而有效地确保运营收入。斯图加特共包含 7 个“同心圆”计费区，各“同心圆”又被分为多个“分区”。

（二）定价

城市轨道交通系统向社会大众所提供的服务是一种准公共产品，其定价不能完全套用普通消费品的定价方法，也不完全等同于电力、电信等垄断产品的情况，后者的定价基于更高的期望利润。城市轨道交通系统的服务定价通常有两大类考虑：基于成本的定价模式和基于社会综合效益的定价模式。

1．以成本为基础的定价模式

大多数以盈利为目标的企业都采用此种定价方法，它的核心是票价必须以成本为基础，在此基础上再加上合理利润。尽管城市轨道交通系统具有一定的公益性质，但是，当轨道交通运营企业将主要的外部效益内部化之后（如政府给予一定的政策，使得轨道交通运营企业可以享受包括基建利润、沿线房地产增值收益等外部效益），加上足够的客流量，那么，轨道交通运营企业就可以视为一个自负盈亏的市场企业。例如香港地铁运营有限公司，它有着良好的组合收益（2005 年总收益：60％票务收益＋20％经营收益＋20％物业收益），并能够完全实现企业运营的盈亏平衡。以成本为基础的定价方法，其基本的计算公式如下：

$$I_{运}=\frac{C_{运}-\sum_{i=1}^{n-1}R_i}{QS_{均}}(1+i_{赢}+i_{税}) \tag{13-2}$$

式中 $I_{运}$——单位人公里价格；

$C_{运}$——企业经营成本（包括固定成本和可变成本）；

R_i——假定企业有 n 项收益，其中第 n 项 R_n 为票务收益；

Q——总运量，人；

$S_{均}$——平均运距，km；

$i_{赢}$——企业的期望收益率（$i_{赢}$ 不小于社会平均利润率）；

$i_{税}$——应交税费的综合税费率。

式（13－1）的含义为，除票务收入外的其他各项收益均可清楚界定并量化，当其他各项收益确定之后再确定票价，票价必须使得企业能够获得期望的盈利水平。我国城市交通运营企业收益较单一，多数城市轨道交通系统（除北京、上海之外）运量较低，虽然成本是制定价格的主要因素，但依据庞大的固定成本和运营成本来制定票价将远远超过乘客的实际承受能力。因此，轨道交通定价需要从社会的综合效率出发，考虑多方利益。

2. 基于社会综合效益的定价模式

在我国，城市轨道交通系统的服务价格在很大程度上是受控于政府，政府对价格的调控的出发点并不局限于特定群体或企业的利益，而是立足于整个社会，追求全社会范围内最优的资源配置、最高的经济效益、公平的社会分配和良好的社会福利。当政府作为城市轨道交通系统的服务价格的制定者或者最终审核者的时候，就需要综合考虑影响票价的各主要因素：

（1）轨道交通运营企业的各项收益的总和能否抵平运营成本。对于我国的轨道交通运营企业来说，通常关注其收入能否与运营成本持平，如果存在缺口，则显然将由当地政府财政来补贴。

（2）乘客的承受能力。票价制定应充分考虑城市居民的经济承受能力。以重庆轻轨的定价为例，2003 年重庆市城市居民人均可支配收入为 8094 元，通过对居民消费结构的统计分析，按交通费用占居民收入平均比例为 15％计算，居民全年人均交通费用为 1214 元，则平均日交通费支出仅为 3.33 元，该数据可以作为估算轻轨票价的参考值。

（3）财政的承受能力。从全球范围来看，绝大多数轨道交通运营企业需要政府的运营补贴，同时，票价制定也要考虑到政府财政有足够的财政能力。

（4）交通行业的综合比价，同其他公共交通工具的价格竞争问题。城市轨道交通的票价与其他公共交通的票价应有合理的比例，轨道交通具有方便、快捷、舒适、环保等显著的优势，合理的竞争性定价（通常高于地面公交方式）既能够吸引客流，也能够最大程度地创造经济效益和社会效益。

目前国内已运营的轨道交通系统都普遍采用考虑社会综合效益的方法，站在全社会的高度，重点考虑轨道交通运营的社会效益，政府通过财政补贴职能配置一定的社会资源投向公共交通行业，政府兼顾各方利益通过财政补贴来调控票价，使得市民能够承受、企业能生存。

我国城市轨道交通系统票价的制定和票价调整通常遵循以下程序：

（1）由城市轨道交通运营商根据需要制定票价机制和票价水平，并向市政府价格主管部门提交定价书面申请报告。

（2）根据相关法律法规，价格主管部门对申请报告进行初步审查、核实，并对合乎听证条件的组织进行票价听证。

（3）市政府进行定价决策时要充分考虑听证结果，协调申请单位根据需要调整价格，必要时可以重新组织听证。

（4）价格主管部门公布地铁票价，并对票价执行情况进行监测和跟踪调查。

上述票价制定程序也存在以下值得商榷之处：

（1）轨道交通运营企业新线票价制订方案可能过多地从企业效益考虑，票价制定偏高。新线票价制定应该把着眼点放在沿线居民的承受能力和其他公共交通的比价上，建议可以由政府有关部门指定第三方企业制定票价方案。

（2）运营线路票价调整程序过多，时间过长。政府应该在一定的范围内，给予轨道交通运营企业以灵活的运价调整权。

三、国内外城市轨道交通系统经营效益分析

根据资料统计，世界范围内的城市轨道交通运营企业，仅有香港地铁公司和东京TRTA公司是盈利的。能够盈利的轨道交通运营企业具备其自身特征，例如，人口极其稠密（香港15万人/km^2），政府将轨道交通系统创造的主要外部效益内部化等。

轨道交通运营是一个难题。北京市政府每年用于地铁运营的补贴达数亿元，广州地铁总公司运营补贴达3240多万元。

由此可见，我国在对城市轨道交通系统新线建设的批准时，充分考虑系统初期投资的同时也要考虑运营费用的补贴对城市财政的压力。

（一）国外城市轨道交通系统经营状况

除了施工的巨额投资外，为了保证轨道交通运行的高密度、乘客的高安全的要求，轨道交通需要装有先进的信号控制设备和车辆设施，车站的通风、环控等设施也有较高的要求，故一条轨道交通线路的总投资非常大，地铁的票价一般不能补偿总成本。表13-6列出了几个城市地铁的运营情况。

表13-6　　部分城市地铁经济的统计

城　市	线路长度（km）	运营列车数量（列）	5km票价（美元）	每公里总成本（美元）
柏林	100.8	172	0.78	0.228
芝加哥	395.8	300	0.90	0.221
香港	26.1	92	0.06	0.049
伦敦	247	449	0.51	0.259
纽约	370	564	0.90	0.480
圣保罗	25	52	0.07	0.081
大阪	90.9	115	0.72	0.182
旧金山	113.6	43	0.60	0.341

资料来源：世界银行关于经营者的调查报告。

由表13-6可见，各个城市轨道交通的票价均明显低于其总成本，地铁的建设和运营都必须政府全方位的支持。

巴黎地铁日载客量达450万，是巴黎市民的主要交通工具。巴黎地铁投资的主要来源是政府直接投入和市政府当局设立的特别交通税（始于1970年），项目建成后，由大区公交公司统一经营。由于巴黎市地铁票价定位较低，票价收入无法与经营费用对冲，需要财政补贴。政府负责建设投资及债务偿还，公交公司经营，地铁定价以吸引客流为主。

东京地铁日运量700万人次，占公交出行量70%左右。日本轨道交通建设资金主要包括政府补助、地方补贴、受益者负担、发行债券和贷款等，城市轨道交通的经营权由资产所有者认定，票价标准执行地区统一定价标准，客运量大，凭借票务收入实现财务平衡(不含贷款本息偿还)，但它还不能够实现地铁的滚动发展。

纽约地铁从1990来开始由于经济下滑和票价上涨，导致客运量下降，在1997年以后推出一系列的票价降价和多种票卡措施。1997年7月推出了在地铁与公交之间的两小时之内的免费换乘。政策推出之后，客流上升5%左右。此后，纽约地铁又推出了购买15美元以上的充值票，可获赠10%的优惠政策，以及7日和30日无限乘次卡政策等。多种票务政策对于客流量影响如图13-1所示。

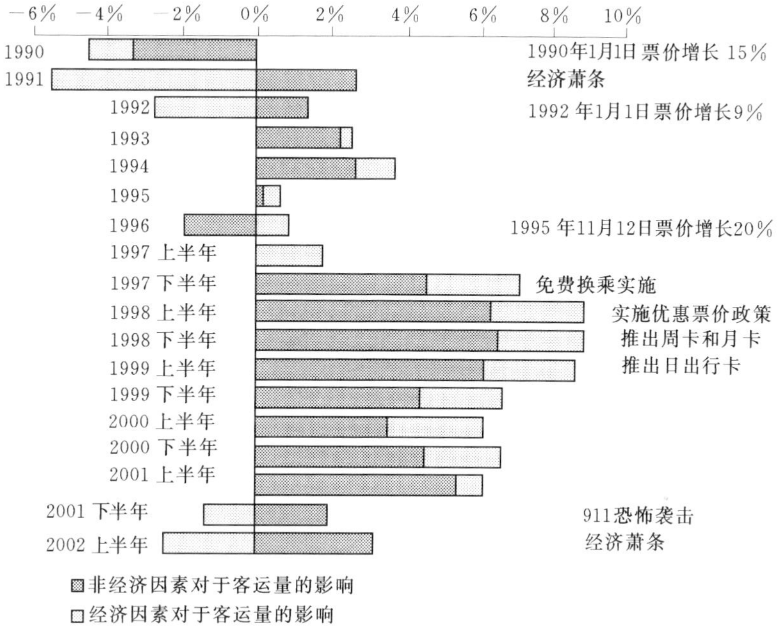

图13-1 1990～2002年纽约地铁客流变化

(二) 国内城市轨道交通系统经营状况

北京、上海和广州是我国内地最早建设城市轨道交通的城市，其投资、建设和运营都有自身特点。北京作为国内最早建设、运营城市轨道交通城市，其投资、经营模式中有着很强的计划经济特征。北京地铁1号、2号线基本建设投资由国家承担，运营公司不必负担基本建设成本，但北京轨道交通由于经营理念落后，各项经营开发不利，形成了较大亏损。2001年票款收入约5.56亿元，但运营成本却高达8.7亿元，使财务状况不能平衡，需要政府补贴运营亏损。目前，北京轨道交通也在探索多种运营方式，其中北京轨道交通4号线与港铁合作，跨出了投资、运营单一模式。

上海作为中国经济的龙头，在轨道交通的建设经营中，一直强调资金的高效率和经营的市场化。上海在充分考察国外轨道交通投资经营的基础上，在1999年实现了建设、运营、投资和管理四分开。上海市政府每年注入上海申通集团有限公司（城市轨道交通投资公司）20 亿元外，仅履行轨道交通宏观监管的责任，其轨道交通项目的投资、建设和经营完全采用市场化运作，申通筹集项目资金，在项目建成后，通过资本运作偿还贷款。上海市对于轨道交通运营采取运营初期前两年补贴，第三年实现运营平衡，第四年开始上缴利润的目标（运营公司不负担隧道折旧及财务）。经过一年多的实践，上海地铁运营有限公司提前完成目标，2001 年底不但平衡了运营费用，还上缴了 1000 多万元利润。

广州城市轨道交通在投资和经营方面借鉴了香港模式。广州市城市轨道交通投资由政府承担，为此，广州市委下设立了城市轨道交通筹资办公室，项目建设及运营由广州地下铁道总公司负责。2002 年，广州地铁在多种经营上取得较好的效果，经营利润达到 227 万元。

上海轨道交通日客流量大，票价相对较高，其票务收益可以抵消经营成本；广州轨道交通运营企业注重多种经营开发，实现扭亏为盈；北京轨道运营企业需要增加各种收益，来减少政府财政补贴。

香港地铁 2001 年实现利润 40 亿元，其独特的投资及经营方式都为国内轨道交通建设提供了参照。

香港地铁的投资、建设、经营均由香港地铁有限公司承担。政府在审批地铁规划时，将周边的土地开发权交给地铁运营公司。地铁有限公司通过地产交易筹到的资金，可以很大程度上补贴地铁建设的需求。香港人口密集，多数居民出行选择地铁，82km 的运营线路实现日均 250 万人次的客运量。香港政府赋予地铁公司票价制定的自主权，其票价制定是通过平衡经营成本反算的。香港地铁的票务收入在公司总收入的 60%，地铁公司一直保持较好的盈利水平。

从我国已建成的城市轨道交通项目经营情况来看，项目一般要经历一段培养期，其经营效果才能显现出来。随着轨道交通网络的逐步形成和票价的合理定位，北京、上海、广州等发达地区的轨道交通项目将有可能实现整体财务平衡。

但我国其他在建轨道交通项目，其运营初期需要地方财政给予补贴，项目建设负债的偿还也落在政府的肩上，加大了政府的财政压力。世界银行的报告也认为，发展中国家轨道交通的建设费用太高，结果挤掉了许多其他项目的投资，大部分系统都是赤字运行，给当地的财政预算带来严重问题。因此，研究城市轨道交通系统建设决策的相关因素十分重要。

第三节 我国城市轨道交通系统建设决策考量因素分析

一、纯公共产品、准公共产品和非公共产品的定位问题

轨道交通是城市公共交通的重要组成部分，它所提供的产品（客运服务）可以通过设置收费口排除不付费的消费者，而在一定运能以内多一个消费者对供给者带来的边际生产成本和边际拥挤成本可以忽略，显然是一种准公共产品。

城市轨道交通系统的运营具有极强的正外部性，体现了收益外部化的特点。例如，轨道交通系统能缓解地面交通压力、减少污染、改善整个城市的投资环境、促进城市发展，进而使全体市民间接受益，轨道交通能带动沿线房地产升值，增加沿线商业、娱乐、广告

等各类商家企业营业额等。城市轨道交通系统的正外部性的存在使得轨道交通项目的社会效益远大于其项目的财务效益，在票价收入无法弥补建设和运营成本的情况下，研究使其他的外部效益内部化可以减少财政负担的问题。

逐步建立轨道交通利益还原机制。我国现在碰到的问题是政府出资修建及补贴运营亏损，轨道交通系统成为政府财政的极大负担，而其所带来的外部效益，如房地产的升值带来的效益并没有被政府所获得。轨道交通的开发对土地级差效应影响较大，为沿线房地产带来较大的增值收益，如何建立机制把房地产收益转换用于轨道交通系统进一步发展，值得探讨。例如，随着轨道交通建设线路向郊区延伸，政府有必要提前开展土地储备工作，利用土地级差获取增值收益，或者通过适当增收房产交易费用等途径，获取房地产增值收益，以及适时开征轨道交通专项税费，调整部分已收费项目的用途，建立政府的轨道交通建设专项基金，以利于轨道交通系统的良性发展。

政府的转移支付是实现轨道交通项目外部效益内部化的重要手段，其方式过于单一，香港地下铁道运营模式值得借鉴。

二、城市轨道交通系统建设对拉动地方经济增长的问题

轨道交通成为各地政府投资的热点。根据中国国际工程咨询公司统计，截至 2003 年上半年，在建项目已批准立项和地方准备申请立项的还有 37 项，线路规模 820km，投资规模约 2600 亿元，新申请立项准备建设的城市还有 8 个。

（一）轨道交通系统建设与地方经济之间的关系

对于交通建设与经济发展关系的研究，200 多年前有西方学者对于交通建设与 GDP 等宏观经济指标进行了交通建设与土地增值的定量研究。关于交通建设与经济发展关系，西方学者对问题的结论仍然处于一种争论的阶段，并无统一的定论。也就是说，对于公共投资投入基础设施（特别是交通设施）是否会带来经济增长，在国家、区域或是城市乃至社区的不同层面，对该问题还尚未达成一致。换而言之，如果当初西方的政治家和决策者们还只是单纯地把交通投资作为拉动某一城市和区域经济发展的有力工具的话，现在，他们已经赋予交通投资以更多的使命。交通投资被期待着不但能够促进国家、区域各类有形经济产业的稳定发展，而且能够在提高无形的交通服务品质、保证公民机动性和环境质量等方面扮演重要角色。

（二）轨道交通的建设对于地方经济的影响并不完全是正推动力

举例来说，同处于某一区域的几个城市，均采取加大交通投资以带动当地经济发展的策略，但是却很有可能得到截然不同的效果。其中某一城市 A 可能在实施该战略后，很快得到外来投资投入本地的交通基础设施建设和发展，进而因交通条件的改善（也许还有其他影响因素一直在起作用）而吸引了更多的资金和劳动力的集聚，带动了本地经济的发展。而另外一个城市 B，虽然有同样的发展策略和对交通外来交通建设投资者的诸多优惠政策，可能未吸引到足够的外来资金投入本地交通基础设施。

结论是交通投资不一定能带来经济发展，而是在某些条件满足的前提下，交通投资才能刺激和促进某地的经济发展。

三、投资导致的财政负担及运营亏损问题

更要深思熟虑是轨道交通系统初始投资巨大土地、资金等稀缺资源的分配，每公里上亿的投资对于地方财政压力较大。前期建设通过贷款还可以勉强经营，后期的还款及运营的亏损更是对政府财政巨大的考验。当然，轨道交通产品的生命周期远长于一般产品，轨道交通运营的时间越长客流量越大，体现了收益长期化的特点。

因此，政府在进行大量的交通投资以前，应该仔细考察是否存在比轨道交通投资更为有效的发展经济策略（即政府对交通投资所带来的预期收益，应该大于因为投资交通所失去的一系列机会成本）。要努力把握当前真正对本地经济发展最有影响的因素，而不是不加区别地将有限的资金投向次要的影响因素，重视交通（作为公共投资的一部分）投资区域的选择、交通投资和其他类型投资的分配等问题。应该指出，打着“要想富，先修路”的旗号，或从领导要政绩、把几个重大交通基础设施作为城市现代化重要标志为出发点的交通投资是不可取的。

四、以城市轨道交通系统建设引导城市规划

城市轨道交通对城市格局具有引导作用，轨道交通引导城市结构发展的原理就是通过大幅度提高交通供给，引导周边土地高强度利用，其主要思想是利用轨道交通引导城市轴向发展，即沿轨道交通线路进行高强度的土地开发，建设新的居住区和商业区。国内外一些开发引导经验及教训值得我们参考借鉴。

20世纪90年代，首尔为了抑制城区人口过度集中，缓解住宅紧张局面，决定在城区周围进行了大规模的卫星城建设，由于在开发这些城市的时候，土地利用上片面强调住宅的供给，忽视与产业土地利用之间的协调，因此新建城市缺乏自立性，变成职能单调的“卧城”，并且“卧城”的大部分人口都到首尔去上班，反而加大了市区的交通量和拥挤程度。

香港的经验值得借鉴——加强土地利用规划，开发高密度的住宅居住区。香港一直都很强调区域规划控制，在地铁走廊已被纳入总体规划的情况下，大量住宅楼宇开发和商业区的建设都已充分考虑到地铁可达性的影响，同时完善的公共交通设施以及良好的住宅区建设吸引了大量香港家庭在此购置物业。半数以上的香港居民通过地铁上下班，这就为地铁的运营带来了稳定的收益。地铁融资与房地产开发相结合，香港地铁公司通过与地产商合作开发，物业建造费用和风险主要由开发商承担，地铁公司享有5成的利润，同时策略性地保留部分已落成的物业作租赁用途，以提供稳定的租金收入。1999年，地铁公司的物业租务及管理收入为75.52亿元，所获得的利润全部用于地铁建设，成为香港轨道交通业发展重要资金来源之一。

思 考 题

1. 简述城市轨道交通系统运营成本的构成。
2. 制定票价时，要注意哪些因素？
3. 试分析单一票制与计程票制的特点。
4. 城市轨道交通定价方法有哪几种？各有什么特点？
5. 简述纽约地铁的票价政策。
6. 从国外城市轨道交通系统建设与运营经济状况中得到哪些启示？

第十四章　城市轨道交通安全

城市轨道交通作为城市的公共交通工具，系统的安全运营直接关系到高度密集人群生命财产的安全。在日本地铁发生沙林毒气袭击，英国、西班牙、俄罗斯等国地铁遭到爆炸恐怖袭击造成重大伤亡和损失之后，城市轨道交通系统的公共安全问题已被世界各国纳入国家安全战略研究的范畴。除恐怖袭击外，安全生产事故造成社会的公共安全危害也相当严重。据权威刊物披露，我国每年因公共安全问题造成的经济损失达国民生产总均值的6%，其中因安全生产事故造成的损失近 2500 亿元，每年因安全问题而死亡的人数就达20 万人！安全生产事故已经成为危害我国公共安全的最大炎源。大型城市中的轨道交通，每天的工作人员就有上千人，涉及系统安全的人数也高达上百人。每天运送乘客达数十万、甚至数百万人次，乘运环境包含了大量的不安全因素，一旦出险，往往会酿成群死群伤的重大安全事故。因此，城市轨道交通运营的安全问题，已经成为城市社会公共安全极其重要的部分，引起了社会各界的广泛关注。

城市轨道交通的安全问题，可以分为两个大类：一类是系统内部原因引发的安全问题；另一类是系统外部原因引发的安全问题。系统内部原因引发的安全问题有两种：一种是系统内部因硬件（结构和设备）质量缺陷或故障造成的安全问题；另一种是因系统软件或管理制度缺陷、设备违规操作或操作失误造成的安全问题。系统外部原因引发的安全问题有三种：一种是乘客行为失常引发的安全问题；另一种是恐怖袭击造成的安全问题；还有一种是因系统故障导致的客流失控而引发安全问题。

无论系统内部原因还是系统外部原因，轨道交通系统的安全问题往往涉及群体人身和财产安全，后果严重、影响恶劣。在学习和了解城市轨道交通一般知识的同时，比较全面地了解城市轨道交通安全问题的种类、特点、危害性和防范措施，是非常重要的。

轨道交通建设工程，在设计、施工和设备安装阶段，有较为完整的安全保障体系、安全生产规范、岗位责任制度和安全检查规范、项目安全检验和竣工验收制度等一系列安全保障程序以及设计监理、施工监理等监督机制，对项目的安全性进行控制和检查，进入运营之前又有严格的试运行阶段对项目进行各项安全指标的检测与考核。因此，除了责任性舞弊造成的隐患外，一般情况下，项目投入运营前的安全性应该是没有问题的。本章节着重阐述轨道交通系统投入运营阶段的安全保障问题。

第一节　运营前期安全控制的主要工作

运营前期安全控制工作，主要是指在轨道交通工程建设完成之后，正式运行之前，运营单位在项目验收、移交过程中必须进行的涉及安全保障问题的工作。这项工作之所以重要，关键在于运营单位必须在接收项目之前，将建设期形成的系统安全隐患消除在正式运营之前。这项工作如果没有做好或者出现疏忽，就会把项目建设期发生的安全隐患带进运营过程，就会使本该消除的安全隐患，在运营过程中引发安全事故，造成不该发生的损失。因此，运营单位应当充分重视运营前期的安全控制工作，最大限度地将安全隐患消除在运营开展之前。

一、项目验收、移交阶段的安全性检查与验收

（一）对项目实施各阶段的安全保障资料与实物的检查

对项目实施各阶段的安全保障资料与实物进行逐项检查，确认项目实施各阶段的安全控制设计、工程施工的安全设施、设备的选购、安装的安全控制指标均符合有关规范的规定，安全控制参数齐全、操作执行有效。尽管从理论上讲，轨道交通工程在投入运行之前，已经在设计阶段、施工阶段、竣工验收阶段都进行过有关检查，项目的安全性是有保障的。但是，在项目进入试运行之前，运营单位必须对从设计阶段开始，一直到竣工验收的各个阶段安全性资料（图纸和文字资料）进行严格的复查，确认项目的设计与施工资料在安全性方面是齐全与合格的。

这是一项非常重要的工作。我国建设部制定的《城市轨道交通运营管理办法》规定："城市轨道交通工程竣工，按照国家有关规定验收，并报有关部门备案。经验收合格后，方可交付正式运营"，"安全设施不符合有关国家标准的新建、改建、扩建城市轨道交通工程项目，不得投入运营"。尽管项目实施各阶段都有安全性的检查，但作为项目的使用单位，在使用前必须确认这一系列检查是齐全、有效的。如果有的检查是敷衍了事，甚至有的项目缺失安全性资料，运营单位在接受时又忽略了检查而没有发现。那么，工程失误留下来的隐患就会在运营过程中发生严重的安全事故，造成本不该发生的损失。严格地讲，这个事故的直接责任属于运营单位。

1. 设计资料的检查验收

轨道交通工程的设计文件，应包括齐全的图纸和文字资料。其资料是否齐全，可以用经过批准的项目可行性研究报告、城市轨道交通设计规范和设计任务书来对照检查。图纸的精度和深度应符合规范的规定和设计任务书的要求。

轨道交通项目设计对运行的安全性应单独设章来阐述。土建结构、线路工程、通信信号、供电系统、运行控制系统、车辆和站场等各个专业设计都应有安全性指标和安全监控设施及监控参数。运营单位可以要求设计单位在竣工资料中，把各个专业的安全性指标、安全监控设施、安全监控参数等各项资料汇编成册，形成项目安全性专册。也可以将轨道交通工程安全性最薄弱的环节也列入"项目安全性专册"，以便运营单位对项目的安全性进行专项管理，提高安全管理的集约性和有效性。设计、施工资料的检查、验收要建立完善的验收制度，设置责任部门并建立验收责任制度。发现安全性资料缺失，要认真分析原因。属于责任心、规范性不强的，应责令有关单位按照规范和有关安全资料的要求补齐；属于徇私舞弊、资料作假的，要上报相关纪检部门严肃查处并补齐相关资料和实物。经验收的资料应由责任部门按规定存放，由专人负责保管。

2. 与安全有关的实物检验验收

与项目安全性有关的实物设施，通常按专业分别设置标志、设定控制参数、安装保护

装置。例如，建筑物的沉降标及其初始读数、线路开闭信号标志、轨道监控信号标志、道岔开闭联锁标志、供电系统安全运作标志、车站到发信号标志和屏蔽门启闭装置等，都要分专业、分部门进行对口检查验收。要做到逐项检验、逐项验收、逐项记录。第一轮验收后，凡不合格的必须记录在册，监督整改，并在施工单位整改验收合格的基础上再进行第二轮移交验收。第二轮移交验收不合格的项目，再次要求整改并进行第三轮验收，直至完全符合验收标准为止。按照国家《城市轨道交通运营管理办法》的规定，“安全设施不符合有关国家标准的新建、改建、扩建城市轨道交通工程项目，不得投入运营”。在这个问题上，运营单位必须非常认真，也要建立“检验验收责任制”并认真做好验收记录。所有检验验收资料（包括经验收合格的实物清单、不合格的整改意见和整改后验收合格记录、设备合格证书、检验合格记录等）都应整理汇编成册归档保存。

（二）项目设备安全性检查验收

项目从建设转为运行，除了土建工程的设计与施工的产品存在安全性问题外，大量的安全性问题存在于轨道交通系统采用的设备（包括车辆）上。运营单位在接收建设项目时，必须对移交使用的各种设备进行严格的安全性检查（包括设备技术参数的检测与安全性测试与确认）。由于目前轨道交通系统的许多设备是从国外进口的，设备的安装与调试都由供货商负责提供服务。但是，作为使用单位，仍要派遣对口的技术人员配合设备的安装和调试：一方面，要熟悉掌握设备的性能与操作方法，编制相应的操作规程；另一方面，要了解和掌握设备对系统安全运行的影响程度、控制方法和应急处置措施。

由于进口设备多数仅提供供货国的文字资料，在我国应用还需要大量的专业翻译工作。因此，项目设备的移交接收，除了应检查设备的合法供货资料外，还应详细阅读、了解设备的技术资料特别是涉及系统运行安全的技术资料，编制设备应用于本项目的安全运行操作规程和技术手册。为操作人员的培训做好准备。

系统设备的移交接收工作，不仅数量巨大而且内容繁杂、技术含量很高、系统集约性很强。需要各部门、各专业和各工种在运营企业统一部署及组织的框架内，按照《项目移交验收实施方案》和《业务培训计划》的要求，有组织、有计划地实施。整个移交接收过程都应按规定一一签收，明晰责任界面。

设备运行操作技能的培训应在设备制造商派遣的专业技术人员的指导下有序而严格地进行。要求所有操作人员经过培训后，能够在全面了解设备的技术性能的基础上，正确掌握设备安全运行的应急操作方法。

二、建立、健全轨道交通的安全管理体系

（一）城市轨道交通立法

我国城市轨道交通虽然起步较晚，但发展迅速，相关的管理制度和设施还来不及完善。我国第一条城市轨道交通线路（北京地铁）于 1969 年 10 月建成通车；截至 1992 年 10 月，北京保持正常运营的轨道交通线路总长 43.5km，年客运量已突破 5 亿人次。1990 年 1 月 19 日，上海地铁 1 号线开工建设，1995 年 4 月 10 日全线建成通车。目前，上海市投入运营的轨道交通线路已有 1～5 号线和磁浮线。2004 年的客运总量达到 4.8 亿人次，2005 年的年客运量已突破 5.4 亿人次。香港轨道交通第一条线路于 1977 年建成通车，到 2005 年 8 月，已有 7 条线路总长约 91km，年客运总量已超过 8.5 亿人次，为港岛经济带来了举世瞩目的巨大经济效益。我国已建成轨道交通的城市有北京、上海、天津、香港、广州、深圳、重庆、武汉、南京、大连和长春等城市，总长度达 418km。相对于我国城市轨道交通突飞猛进的发展，城市轨道交通的规范管理和法制建设则明显滞后。尽管城市轨道交通是我国的“新生事物”，管理立法涉及管理体制的调整、管理机构的设置、管理经验的积累以及法规内容的梳理等诸多因素，需要一定的时间，但这个过程实在拖得太长。有的城市轨道交通管理法规出台要落后运营 10～20 年，有的甚至到 30 多年之后才能出台较为完整的管理法规。这是城市轨道交通因管理不规范而导致安全事故频发的重要原因。2005 年 6 月 28 日，我国建设部发布了《城市轨道交通运营管理办法》，为全国各地城市轨道交通建立和完善轨道交通安全管理体系，提供了法规性依据。各地轨道交通运营管理也相继建立了地方性法规。这就为建立和完善城市轨道交通安全管理体系奠定了基础。城市轨道交通法规的一个重要的突破，就是明确规定依法承担运营安全责任的主体是城市轨道交通运营单位。《城市轨道交通运营管理办法》中强调，城市轨道交通运营单位应当依法承担城市轨道交通运营安全责任，设置安全生产管理机构，配备专职安全生产管理人员，保证安全生产条件所必需的资金投入。这就为城市轨道交通运营单位强化安全管理的具体做法指明了方向。

（二）城市轨道交通安全管理体系

城市轨道交通安全管理体系是一个包括安全管理机构、安全管理制度、安全管理责任、安全管理设施、安全管理岗位职责、安全管理人员配置和安全管理资金的投入与使用等一系列严密而系统的管理体系。

1. 安全管理机构

这里所谓的“安全管理机构”是指建立在城市轨道交通运营企业内部的、具有安全管理职权的管理机构。其职权是根据它的“保障轨道交通安全运营”的职能来确定的，主要包括以下几个方面：

（1）制定本单位轨道交通安全管理的规章制度（包括安全管理奖惩办法）。

（2）规定本单位各职能部门的安全管理责任与权限。

（3）查处本单位轨道交通安全隐患和安全事故。

（4）负责本单位日常安全检查工作。

（5）对本单位的安全管理工作承担领导和管理责任。

2. 安全管理制度

运营企业都必须依法建立各自的安全管理制度。在企业中，不同的管理机构、不同的二级法人以及不同的职能部门，其安全管理职能是有所不同的。特别是设备管理部门、运营管理部门、通信信号部门、车辆管理部门、行车管理系统和乘客服务管理部门等关键部门和系统，尤其需要严格的安全管理制度和安全控制措施。例如，车辆的日常安检制度及出车前的安检签认制度等。再如，轨道交通车站及线路控制范围内的安全管理，需要建立并公示《轨道交通乘客守则》、“运营服务标志”、“车站商业网点管理”、“车站、线路保护区管理”、“车站服务设施设置规定”和“车站、车辆广告管理”、“运营服务规范”等制度；运营部门要建立《运营安全管理规定》、《运营安全技术规范》等一系列安全规范性文件，确保安全管理制度齐全有效。针对不同的管理职能，安全管理的对象、内容会有所不同，但各自的安全管理制度都应明确以下不可或缺的内容：

（1）安全管理的对象。要明确该制度管什么。

（2）安全管理的措施。要明确该制度怎样管。

（3）安全管理的责任。要明确该制度由哪个单位或部门负责；执行人、管理人各负什么责。

（4）管理权限与责任。要明确该制度的管理范围、处置权限和应承担的责任。

安全管理制度还必须包括严格的安全信息传递、处理和储存制度和安全管理工作的检查制度。形成安全管理、安全信息和安全监督检查全方位的制度系列。真正做到安全管理有法可依。

3. 安全管理责任

城市轨道交通属于人流高度密集的公共交通系统，关系到成千上万人员的生命财产安全和心理安全。因此，城市轨道交通的安全管理体系必须强化安全管理责任，建立严格的安全管理责任体制。上至董事长、总经理，下至安全值班员，实施纵向自上而下逐级管理、逐级负责；横向互为制约、互相监督的责任体制。责任范围和责任界面明晰、公开、制度化并接受监督。企业的监察、纪检机构应将安全管理责任纳入监察、纪检的重要内容。坚决扭转安全管理表面化、无序化和“无责可问”的粗放状态，尽快进入科学的责任制度化、可监督管理状态。

4. 安全管理设施

城市轨道交通运营单位应当按照反恐、消防管理、事故救援等有关规定，在城市轨道交通设施内，设置报警、灭火、逃生、防汛、防爆、防范监视、紧急疏散照明、救援等器材和设备，定期检查、维护，按期更新，并保持完好。运营单位应针对不同的职能部门，梳理出各部门的安全管理设施，实行“条块结合，齐抓共管”。部门之间、系统之间涉及安全的信息应共享，共同对全局的安全负责。在明确安全管理职责的前提下，建立系统安全监控、监测的管理方法和制度，定期对土建工程、车辆和运营设备进行维护、检查，及时维修更新，确保其处于安全状态。检查和维修记录应当保存至土建工程、车辆和运营设备的使用期限到期。对城市轨道交通关键部位和关键设备要进行长期监测工作，评估城市轨道交通运行对土建工程的影响，定期对城市轨道交通进行安全性评价，并针对薄弱环节制定安全运营对策，最大限度地提高系统运行的安全度和可靠性。

5. 安全管理人员配置及其岗位责任

安全管理人员的配置，应作为运营企业在册编制定员，要吸纳具有安全管理专业知识和技能、具备一定的安全管理经验的专业人才进入安全管理体系。要根据安全管理工作的需要本着“上层重管理，中层重监控，基层重操作”的原则，先设置岗位，后安排上岗。基层安全管理的岗位职责，着重管具体点、具体人和具体事；中层安全管理的岗位职责，着重管制订措施、制定办法；分片、分区段、分专业和分部门负责管理相应的基层安全工作；上层安全管理着重管定管理制度、定管理职责、定管理目标、定管理人员和定全局管理方案，负责全局性的安全管理工作，特别是会同有关部门根据实际运营情况，制定地震、火灾、浸水、停电、反恐和防爆等应急预案。各级岗位（从总经理到部门经理，再到基层工人）都应遵守岗位安全职责并把岗位职责制度化。安全问题一旦发生，立即有责可问、有责可查；处理安全事故就可以也必须“按责论处”。安全工作出色，防范效果明显，则根据岗位职责“按责论赏”。只有岗位职责明晰、公开并制度化，才能真正做到“赏罚分明”，最大限度地调动全体员工安全工作的积极性。

必须强调，所有安全管理人员不管是专业对口的技术人员还是改行的行政管理人员，都必须经过严格的安全管理职业培训合格后才能上岗，而且是持证上岗。

6. 安全管理资金

作为城市轨道交通安全管理的责任主体，安全管理资金是必须保障的。所谓“安全管理资金”包含较为广泛的内容，但归结起来无非就是日常开支和突发性安全事件处置的预备金。这应由运营单位安全管理机构根据安全管理工作的机构设置、人员配备、工作内容和数量，以及突发安全事故的严重性、伤亡和物损的规模和发生概率等进行论证和计算才能最终敲定。而且这部分资金的使用将由安全管理机构来管理，实行“专款专用”，不得随意挪用。

三、从业人员的安全教育与培训

现代城市轨道交通系统是一个庞大的系统工程。包括土建工程、轨道结构、运行车辆、运行控制和通信信号等各个分系统，在当代电子工业、电气技术、控制技术和材料工业不断更新的形势下，融入了大量的高新技术产品。在大幅度提高系统运营效率的同时，系统本身也带来了种种安全问题。所谓“系统本身的安全问题”，无非就是设备的安全问题和人员操作的安全问题。而设备安全问题的关键还是在于人，在于人对设备的了解、人对设备的操作和对设备安全性的控制。从这个意义上讲，对从业人员的安全教育和培训，是做好城市轨道交通安全工作的根本性措施，也是运营前期必须做好的安全性工作。

（一）专业技术人员的安全培训

专业技术人员是在各个专业技术岗位从事系统技术操作和管理的人员。他们是设备的直接操作者、系统的直接运作者、系统和设备安全运行的直接管理者。国家和地方的轨道交通运营管理法规明确规定，运营单位的轨道交通车辆驾驶员、行车调度员、电力调度员、环控调度员和行车值班员必须经考核合格后，持证上岗。他们的安全意识和技术素质直接关系到系统的安全运行，因而对系统运行的安全负有直接的责任，这是他们的职业定位所决定的。这部分人员在安全培训中，要着重培训以下几个方面。

(1) 充分认识系统内部的互动性。专业技术人员必须清醒地认识到，自己所从事的工作是一个由轨道系统、通信信号系统、运行调控系统、车辆运作系统、站务系统、全线调度控制系统等一系列子系统构成的、庞大的具有互动功能的工程系统。各个子系统之间、子系统与全系统之间有着相互连锁、相互制约、互为启闭的互动关系，这是当代系统工程的一个重要特点。它有许多优越性，但也带来了一系列麻烦。一个误操作就可能引发一次故障或者取消一次操作，甚至引发一起事故。这除了要在设备或系统操控指令加设安全控制措施以外，更重要的，是操作的技术人员在工作时，要始终具有强烈的安全意识，确保自己的工作符合操作规范的要求、没有安全问题。

(2) 充分认识系统指令的严肃性。轨道交通的系统指令是系统安全运行的基本保证。正确执行指令是每个操作人员确保安全操作的最基本条件，执行指令的一个微小的差错就可能引发一次事故。

2001 年 6 月 26 日 23 时 42 分，轨道交通某号线当日正常运营结束，总调下达当晚施工检修作业调度命令，并由车场运转值班员转抄且复诵转抄调度命令的内容后，在按规定传达至某局轨道车司机时，漏写一个字，致使施工车辆误入车站，但未影响正常运营。

2002 年 11 月 3 日 18 时 28 分，轨道交通某线某站 x1 岔区跳红光带，某次列车凭引导信号到达某站上行站台。行调通知抢修，并令车站值班员手摇 1 号、3 号道岔接发列车。此工作按规范规定由该站值班站长和扳道员实施，由于值班站长听错命令，误摇 5 号道岔，致使某次载客列车凭手信号动车后，压过 5 号道岔造成反位挤岔。同时，司机听到异样响声后，在调度指挥调整行车方案时，又违反行车规定擅自倒车，造成 5 号道岔再次挤岔。造成某区间上行最大晚点 121min，下行 98min，清客 3 次，退票 1284 张；更换尖轨 2 根、方杆 3 根。

上述两起事故的直接原因，都是执行调度指令有差错而引起的。

(3) 充分认识严格按操作规范、规程作业的重要性。严格按操作规范、规程作业是每个操作人员的天职，也是确保系统安全运行的必要条件。任何疏忽大意和随意行事意识都可能酿成事故。

2001 年 5 月 4 日 21 时 53 分，轨道交通某号线某次列车准点进某站清客，21 时 56 分折返至上行线 5 号道岔外方。该站行车值班员操纵 5/7 号道岔定位后，未及时开放信号，而列车司机在未确认信号是否开放的情况下，启动列车。当列车进入上行站台途中，行车值班员又将 5/7 号道岔操纵至反位，造成该列车前 5 节车厢进入正线，第六节车厢第三、四轴进入渡线，导致第六节车厢掉道。影响当日线路正常运营 66min、次日 41min；造成列车第六节车厢车门损坏，修复费用 3.9 万元。

这起事故的主要原因：一是司机未按规定确认 DZ 信号是否开放而臆测信号已开放，结果冒进发生事故；二是车站行车值班员在列车到达上行线 5 号道岔外方折返点 1min47s 后，开放信号，在列车动车后又违规操纵道岔至反位，导致列车掉道。这两个原因都是因为违反操作规程而造成事故的。

(4) 培养专业技术人员岗位安全的责任意识。每一个专业技术岗位都担负着系统正常运行的工作，同时也承担着系统运行的安全责任。因此，运营单位在培训专业技术人员操作技能的同时，一定要使他们树立起岗位安全的责任意识。他们不仅要对设备和系统的正常运转负责，更要对设备和系统的安全运行负责。除了要对价值不菲的设备负责，更要对成千上万乘客的生命财产负责。

(二) 运营单位管理人员的安全培训

管理人员虽然不会因工作的失误而直接导致安全事故，但是如果对安全事故的防范疏忽大意，事故发生时又没有及时处置，防止危害后果的扩大，往往会在事故发生时，惊慌失措、无所适从，造成危害扩大乃至失控。运营管理人员的安全培训要着重培训以下几个方面。

1. 熟悉并监督自己岗位管辖范围内各个工作岗位的安全职责

管理人员的工作岗位，不管职位高低，都有自己的工作管辖范围。每个管理人员必须熟悉自己管辖的工作范围内，各个岗位的安全职责，随时督促检查各个工作岗位的人员在安全方面有无违规或疏漏，并做好安全检查的记录。

2. 熟悉并检查自己工作范围内安全设施

管理人员要熟悉自己管理工作的范围内，安全设施（报警、灭火、逃生、防汛、防爆、防护监视、紧急疏散照明、救援等器材和设备等）是否完好，随时督促有关责任人及时做好安全设施的维护保养工作。确保安全设施齐全、完好。

3. 组织安全事故的处置、抢险、救援的演练

管理人员要在自己管辖的部门或下属单位，督促制订安全工作计划（包括抢险救援实施办法），在做好日常安全工作的基础上，有计划、有步骤地组织事故处置、抢险救援等紧急措施的演练。一方面，可以通过演练来检验各单位事故的应急预案是否切实可行；另一方面，又能使自己管辖的部门或下属单位，增强事故防范意识和处置能力。真正做到一旦有事，召之即来，来之能战，战之能胜。只有常备不懈，才能百战不殆。

第二节　运营过程的安全防范

运营过程的安全防范涉及系统内和系统外两个方面。系统内的运行安全，除了要按照正常的操作规程操作、按系统允许的指标运作，防止出现系统故障外，更要掌握一系列故障状态下、特殊客流状态下非常规操作的要求与规定。而系统外的事故隐患及事故发生后的处置与控制，就困难得多。由于城市轨道交通作为重要的公共交通工具，具有三个鲜明的特点：一是人流的高度密集和流动性；二是人群的身份、职业、个性、人格质量、思想素质等千差万别，具有极大的异质性，而且安全事故具有较大的社会影响；三是具有空间特殊性、结构紧凑性、电器密集性和运行高速性。一旦发生突发事件，特别是灾难性的突发事件，初始及过程痕迹很难保存。针对性地控制事态发展和实施救援措施往往难以迅速有效地展开，处置结果也难以预料。同时，因处置效果难以及时体现的滞后性，往往还会引发次生灾害。因此，运营单位必须确立“防控第一”的安全战略，视防范和控制为第一要务，力求把灾难性事件消除在萌芽状态。

相对防范而言，事件发生后的处置工作也非常重要。就是尽量针对不同的突发性事件，预先做好应急处置预案，一旦事发，就可以通过科学、合理、有效和及时的处置措施，使事发后的人员伤亡程度降到最低。

一、城市轨道交通公共场所的保安防范

（一）运营公共场所的特点

城市轨道交通公共场所的特点，即人员高度的集散性和异质性。在一定的时间内，人员和财物在轨道交通公共场所快速集聚和发散；在轨道交通公共场所聚散的人群，不分国籍、民族、性别、地域、职业、年龄、经历和人格素质，只要满足轨道交通公共场所的收费条件，都可以到那里活动。良莠共存、异俗杂处、彼此陌生，其间，难免发生摩擦甚至冲突，酿成治安案件或刑事案件。少数素质低下者单独在轨道交通公共场所活动，触景生恶扰乱公共场所秩序；相当一部分有犯罪前科的违法分子更是乘机为非作歹，安全隐患重重。此外，轨道交通公共场所因人群流动性大，安全隐患的初始痕迹和过程痕迹极难保存，具有痕迹的易失性。

（二）轨道交通公共场所安全工作的原则

目前，轨道交通公共场所的安全工作主要采取聘用保安企业的保安人员来实施，其工作原则如下。

1. 依照保安服务合同，严格执行契约职责

保安工作的目标是保护公共场所自身的安全利益，防盗、防火、防流氓滋事和防人身伤害是其主要的工作内容。保安企业的人力配置、岗位布局、重点目标确定、技防设备安装、意外处置以及提供的服务条件，都是围绕上述“四防”目标来制订措施，以保证提供适应轨道交通公共场所特点的保安服务。

2. 遵照国家法律、法规，制止违法犯罪和违规违章行为

国家的法律法规体现了整个社会和全体公民的根本利益，是社会稳定和社会安全的基本保障。保安企业的保安人员依法执行业务，是保护公共场所安全的根本依据。例如，有些公共场所出现色情服务活动，保安人员就应以社会公共利益为重，遵照国家法律法规立即予以制止并报告公安部门。此外，在保安人员的责权范围内，应严格遵守国家的法律法规，不准超越职权对犯罪嫌疑人、违规人员进行搜身、罚款，只能依法转送公安部门处理；

3. 遵照社会文明要求，积极维护社会公德

社会文明标准是与社会政治制度和社会经济发展水平相适应的。我国政府提倡的“八荣八耻”、上海市政府提出的“七不”标准，是当前社会公民社会公德的实施标准。在轨道交通的公共场所，违背社会公德的现象更容易传播蔓延，对社会文明的破坏力更大。保安人员在轨道交通公共场所执业，不仅要信守合同，遵守法律法规，而且要维护社会公德，发现违背社会公德现象时，应立即予以劝阻，努力净化轨道交通公共场所的精神环境。

（三）公共场所保安工作的主要内容

1. 防偷盗

车站是客货运输的集散地，历来是违法犯罪分子的行窃场所。在客运方面，由于现金的现代化支付方式尚未普及，一些乘客贪图方便，随身携带巨额现金出行；由于社会时尚的变化，乘客佩带贵重首饰、手机出行的人越来越多。在车站，违法犯罪分子采取扒窃、割包、拎包、掉包和套包等各种手段行窃，保安人员就要严密巡查、随时防范。

2. 防拥挤

拥挤一般发生在轨道交通流量大、流速快或上下班高峰时段。此时，公共场所的通道容易发生堵塞。在拥挤的状况下，不仅容易发生偷窃旅客、侮辱妇女等不良现象，混乱中还可能发生人员跌倒、踩踏甚至伤亡的严重后果。

拥挤现象往往发生在开始售票、检票或车门打开的瞬间，人群争先恐后无序拥挤；另外，也可能发生在流氓滋事、乘客纠纷引起群众围观而发生拥挤。

再就是由于种种原因，局部线路故障中断，造成大量乘客滞留车站公共场所，从而发生拥挤混乱现象。

在发生拥挤时，保安人员应及时采取疏导、引流、隔离和有序疏散等多种措施，使人群稳定下来，尽快进入有序管理状态。如果现场拥挤出现恶化趋势，有可能失控，应及时

报告当地公安部门，出动警力维持秩序，弹压肇事人员。同时报告车站运营管理人员，采取必要的运营安全警示措施，防止行车安全事故的发生。

3. 防危险品

有些乘客贪图方便，违法违规随身携带危险品乘坐轨道交通车辆出行；有的违法犯罪分子企图在轨道交通系统内作案，蓄意携带危险品上车。乘客携带危险品上车，不管是否故意，客观上都严重威胁到轨道交通和乘客生命的安全，而轨道交通车站就是查堵危险品的重要关卡。轨道交通公共场所查堵危险品及违禁品常见的种类如下：

（1）自制土枪、弹药。

（2）管制刀具。

（3）雷管、炸药。

（4）酒精、油漆等易燃化学品。

（5）成箱的化妆品。

（6）烟花、爆竹。

上述各种危险品都严禁携带进入轨道交通公共场所和车辆，一经发现，应立即清查、带离公共场所，并转交公安部门处理。

（四）轨道交通公共场所的保安措施

1. 把守出入口，维护乘客通行秩序

轨道交通的售票处、出入口等部位，在特定时间里的乘客流量较为集中，为方便乘客售票、检票，往往设有护栏，通道相对狭窄。如果出现乘客买票、进出站秩序混乱、争先恐后的现象，保安人员应在这些部位固定把守，采取用手提喇叭宣传、劝告，登高观察乘客队伍中有无扒窃、侮辱妇女等不良行为，使乘客排成一路缓缓前行的队形，保持人群有序和稳定。一旦出现拥挤、混乱，要立即阻断后面的乘客前移，并迅速进行化解、疏导。

2. 巡查候乘区域，注意发现可疑人员和安全隐患

站台候乘区域是乘客候乘的场所，乘客往往处于松懈、倦怠的精神状态，违法犯罪分子常常混迹其间，乘机作案。保安人员应在此勤于巡逻、善于观察，及时发现可疑人员和安全隐患。

3. 发布安全警示性广播和标牌

车站备有广播设施。保安人员应充分利用广播工具反复宣传治安防范，重点提醒乘客保管好自己的行李物品，遵守公共秩序，不要携带危险品进站、上车。鼓励乘客举报周围可疑人员或不安全隐患。车站场所还应在容易发案的关键部位设置针对性的、醒目易记的治安防范警示性标牌。

（五）公共场所保安巡逻的概念和主要任务

1. 保安巡逻的概念

保安巡逻是指保安人员根据保安合同的约定，在特定区域内，采取流动巡查的方式维护治安、服务群众的勤务活动。保安勤务活动是社会治安防范工作的一种重要形式。其特点如下：

（1）巡逻主体是经过职业培训的专业化的保安人员。

（2）保安巡逻是有偿的安全服务，是社会治安动态控制的社会化形式。

（3）保安巡逻的业务范围是由保安合同规范和约定的，因此是具有法律依据的。

2. 保安巡逻的主要任务

保安巡逻的基本任务是：在公安民警的带领和指导下，维护巡逻区域内的治安秩序和运营秩序，配合警方捕捉各类违法犯罪人员；检查区域内重点地段和重要部位的安全情况，保护发生在本区域内各类案件的现场。

对容易发生灾害性事故或容易遭受不法分子侵害的重要部位和要害环节进行认真巡查，发现漏洞、隐患和异常情况，应及时告知有关部门。同时，对消防设施和其他技术防范设施，要经常检查，确保它们的功能正常。

3. 做好现场保护工作

在保安巡逻中，一旦发生治安事件、刑事案件或治安安全事故，应当迅速报告公安机关或保卫部门。同时，要认真做好现场保护工作，维持现场秩序。

（六）公共场所保安巡逻的形式和方法

1. 保安巡逻的形式

根据多年实践经验，保安巡逻通常采取以下几种形式：

（1）白昼巡逻与夜间巡逻相结合。针对违法犯罪分子白天四处流窜和夜间频繁出没的活动规律，采取白天巡逻与夜间巡逻相结合的措施，坚持全天不间断地区域巡逻，可以有效地遏止违法犯罪分子在轨道交通公共场所的活动。

（2）驱车巡逻与徒步巡逻相结合。驱车巡逻具有速度快、机动性强、震慑力大等优点，但又有观察不够深入细致、行动受环境条件制约等缺点。徒步巡逻不受场地条件和气候条件的限制，活动范围广，检查观察细致等优点。为使点、线、面保安区域连成片，两种巡逻方式相结合会获得更好的效果。

（3）公开巡逻与秘密巡逻相结合。公开巡逻的社会影响大，震慑力大；秘密巡逻隐蔽性强，攻击力大。两者相结合，可谓相得益彰。

（4）全面巡逻与重点巡逻相结合。全面巡逻要求区域整体布局，划段分片，不留死角空隙全方位巡逻；重点巡逻则是对保安区域内的重点地段和要害部门进行专门的巡查。调整好两者的关系，就能使保安巡逻取得更好的效果。

（5）常规巡逻与机动巡逻相结合。常规巡逻是一种全天候、全方位的制度化巡逻，而机动巡逻是在常规巡逻的基础上，针对区域内侵害因素的活动方式和规律，在时间上和空间上的策略性选择。增加班次，灵活地突击出巡。在常规巡逻的基础上，加强机动突击出巡，对于加强治安防范能起到很好的作用。

2. 保安巡逻的方法

通常情况下，保安巡逻可以采用以下几种方法：

（1）穿行巡逻法。即在人流中穿行而过，“走马观花”式的巡逻方法。这种方法适用与治安情况比较好、相对稳定的地区和地段。

（2）往返巡逻法。即在同一条线路上，不定时地穿梭往返，杀“回马枪”式的巡逻方法。这种方法多适用于治安情况较复杂，不法之徒出没较为频繁的地段。

（3）守候巡逻法。即在重要部位、要害环节周围，以固定守候为主，辅之以目标周围适度巡查的一种巡逻方法。这种方法适用于对重点和要害目标的保护。

（4）循环巡逻法。即对重要部位、要害环节有意识地反复多次环绕式的巡逻方法。这种方法适用于若干个由重点目标组成的局部区域的外围巡逻。

(5) 合成巡逻法。即徒步出巡与驱车出巡相结合的方法。这种方法适用于保安路线长、要害目标分散的区域。

(七) 保安巡逻中突发情况的处置

1. 发现可疑情况的处置

保安人员在巡逻值勤过程中，不能穿着硬底的会发出较大响声的鞋子，不能大声讲话，也不能随便打开手电筒，以免打草惊蛇触动案犯。如果发现可疑情况，应当保持镇静，先停下脚步，仔细倾听声音并观察动静。待判明疑声和异影所在方位后，可侧身弯腰轻捷地向目标逼近。

2. 发现犯罪嫌疑人的处置

保安人员在巡逻值勤过程中，如果发现正在实施犯罪或在犯罪后即被发现的、通缉在案的、越狱在逃的、正在被追捕的罪犯，应该坚决果断地将其扭送和拘押，并报告公安机关或保卫部门。在扭获和拘押犯罪嫌疑人的过程中，既要勇猛顽强，又要注意策略方法，特别是要有防范意识。

3. 发现赃物的处置

在巡逻值勤时，保安人员发现赃物藏匿的场所，要沉着冷静，不要声张也不要起获赃物，而要迅速报告公安机关或保卫部门，派专人在赃物藏匿处进行守候伏击。

二、轨道交通重点单位、重要部位的安全防范

所谓“重点单位”和“重要部位”是指轨道交通系统中，关系到系统的全局、一旦出事会造成重大伤亡或重大经济损失的单位和部位，即直接、间接参与指挥、操作轨道交通系统运行的单位是安全防范的重点单位。

运行指挥控制及执行部门、危险品存放部位、重要物资供给部门、全局性的重要设备、财物集中的部位、车站的直接运行管理和执行部位（车控室、环控室、降压变电站、牵引变电站）等部位是重要部位。此外，车站的编码室是存放钱款的地方，职工更衣室是存放职工私人财物的地方。这些部位如果遭到破坏或盗窃，都或给国家和个人造成重大的经济损失甚至会造成重大的人员伤亡。

确定重要部位是一件严肃而慎重的工作，涉及这些部位的人员资质的审查、设备质量的界定或备份设备的配置、保安力量的配备、公安部门备案和增援方案的制订等各个方面人力、财力、物力的投入。因此，确定重要部位应由相关单位提出申请，呈报上级审批并报公安机关备案。

(一) 重要部位的人员管理

1. 坚持“先审后用、严格挑选”的原则

对重要部位的人员要坚持“先审后用、严格挑选”的原则。事先做好政治审查工作，防止不可靠人员进入重要部位。重要部位人员的基本要求如下：

(1) 忠诚可靠，拥护共产党的路线、方针和政策，热爱祖国、热爱社会主义，关心和维护党和国家的利益。

(2) 为人正派、公正廉洁，坚持原则，抵制歪风邪气。

(3) 组织纪律性强，遵纪守法，照章办事，尽职尽责，有安全防范意识。

(4) 技术业务熟练，具有发现和消除不安全隐患的能力。

2. 掌握重要部位的动态情况

要经常了解重要部位工作人员的动态情况。包括人员在生产活动中的表现、生产、生活中的思想动态等。要求做好人员底数清、现实表现清、思想动态清等“三清”工作。如发现有现实危害和不适合重要部位工作的人员，要及时把问题核实清楚，建议有关部门将其调离重要部位，避免继续留用在重要部位产生内部人员隐患。

3. 加强安全教育

主要是针对重要部位工作人员进行敌情和“四防”教育。同时，配合有关部门对重要部位人员进行法律、法制和安全教育、防范知识及反恐防爆教育。使重要部位人员保持政治纯洁、思想稳定、增强安全防范意识和自身安全责任感。

(二) 建立安全防范制度

建立和健全安全防范责任制是保障轨道交通安全运营的一项重要措施，也是贯彻“谁主管，谁负责”原则的一种最好的形式。不同的重要部位有不同的安全责任制度。例如，人员岗位安全责任制、防火防爆安全责任制、安全操作规程、设备维修保养制度、交接班制度、门卫制度和保密制度等。

1. 主要的安全防范制度

(1) 门卫制度。包括人员出入制度、会客制度和携带物品出入登记制度等。门卫是重要部位安全防范的重要岗位，是防止违法犯罪分子混入和逃出的重要关卡。必须加强门卫管理制度的建立、健全和落实。

(2) 值班巡逻制度。包括领导干部带班制度、请示报告制度、勤务登记制度和交接班制度等。通过值班巡逻能够有效威慑犯罪，有效地对重要部位进行安全防范。

(3) 财物保管制度。即对现金、有价凭证和磁卡、贵重的零部件和设备等的保管制度。包括双人守库制度和定期盘点制度等。因为各类财物历来是犯罪分子侵害的主要目标，必须以制度来严加看管。

(4) 保密制度。包括秘密文件保管、收发制度，传阅、借阅制度，泄密追查处理制度，文件资料销毁、处理制度，以及对涉密人员的审查、教育、管理、使用制度等。一些重要部位存放着有关的档案材料、文件资料技术档案和有关的重要信息资料，这些材料一旦失窃或泄密，会造成不可估量的损失。

(5) 重要部位人员的教育培训制度。重要部位人员的素质直接关系到重要部位的安全，因此，要坚持对重要部位人员进行政治、业务、纪律等方面的教育培训，使每个在重要部位工作的人员都能始终保持清醒的政治头脑，熟练地掌控和操纵本岗位的系统和设备，及时发现并排除险情，以保证重要部位的安全。

(6) 危险品管理制度。所谓危险品是指具有易燃、易爆、剧毒、腐蚀和放射性等严重危害效果的物品。危险品本身具有特殊的危险性，一旦管理不善，就可能或者引发恶性事故，或是被犯罪分子利用作为犯罪工具，给社会和人民生命财产造成严重危害。所以，要建立严格的管理制度，加强监督检查，保证不被盗不损坏，不被犯罪分子所利用。只有这样，才能避免和减少危害事件的发生，保障经济建设和人民生命财产的安全。

(7) 消防管理制度。火灾是最常见的并且危害极其严重的灾害事件。轨道交通车站、线路或停车场等人流、设备集中的区段和部位，一旦发生火灾，将造成巨大的破坏和损失。近年来，随着工农业生产的飞速发展和易燃、易爆物品越来越广泛应用于生产建设和人民生活，火灾呈现高发趋势，造成的财产损失和人员伤亡居各类事故之首，给国家和人民带来严重损失。为保卫重要部位的安全和轨道交通的正常运行，就要认真贯彻《中华人民共和国消防法》，严密消防管理制度，落实各项消防措施。对易燃、易爆、化学危险品、仓库、重要物资仓库都要列为重要防火部位，落实防火责任人，完善消防设施，加强监督检查，严防火灾发生。

2. 安全防范岗位责任制度

岗位责任制度是最基本的责任制度。安全防范岗位责任制度是规定不同岗位上的职工，对本岗位的安全防范工作应承担的责任和应享有的权利的一种制度。它要求每个职工在自己的职责范围内，对安全防范确实负起责任来，并把它同个人的政治荣誉、经济利益挂起钩来，在安全防范方面做到责、权、利统一。安全防范岗位责任制是重点单位和重要部位各项安全防范工作制度的核心。

3. 安全检查制度

安全检查是为保障重要部位内部安全，对安全防范措施进行检查和补救的综合性监督措施。执行安全检查制度，是发现和堵塞安全漏洞、消除不安全因素、加强预防措施、推动重要部位安全防范工作的一个重要方法。

安全检查的内容主要有重要部位的各项安全防范制度是否执行、措施是否落实、主要设施、设备、危险品的管理是否安全可靠，防火设施是否符合规定等，对一切不安全因素都要严格过问。

上述四个方面的检查内容，是重要部位做好治安防范工作的基本要求。归纳起来，一是重要部位工作人员必须政治可靠、遵纪守法、有安全防范意识、技术业务娴熟，这是做好安全防范工作的基本条件；二是建立各项规章制度，落实重要部位的各项规章制度，确保做好重要部位的安全防范工作；三是完善和健全物防设施和技防设施设备，消除重要部位的治安防范隐患和薄弱环节，堵塞治安防范漏洞，这是确保重要部位安全的重要措施。

（三）安全防范措施

1. 安全防范的要素

安全防范工作的三基本防范要素是：探测、延迟和反应。各要素的含义如下：

（1）探测。感知显性风险事件的发生并发出警报。

（2）延迟。延长和推迟风险事件发生的进程。

（3）反应。组织力量为制止风险事件的发生所采取的快速行动。

要实现防范的最终目标，都要围绕探测、延迟和反应这三个基本防范要素开展工作，采取措施，以预防和阻止危害事件的发生。

2. 安全防范方法

（1）人力防范。人力防范是指以人违防范主体的行为，主要包括值班、守卫、巡逻和检查等防范行为。目前轨道交通系统中的重要部位，如行政领导办公大楼、列车停车库、各大工作基地和控制中心大楼等部位，都派有保安人员 24 小时值守、警卫，夜间还要进行巡逻检查，这些都称之为“人力防范”的形式。但是，人力防范的力量是有限的：一方面，受经济条件和其他各种社会因素的制约，不可能无限制地投入大量人力来进行“人力防范”，而且人力防范有其身的缺陷，难以防范到每个需要防范的部位；另一方面，人力防范往往受到时间、地域和人员素质、精力、经验的局限，难免出现疏漏或失误。例如，人的视觉在夜间无照明条件下会大大降低，人的视野难以看清100m以外的防范现场。人的精力也是有限的，工作时间过长会导致精力难以集中。如果人的安全防范素质不高或责任心不强，都会造成工作的漏洞。

(2) 实物防范。实物防范又称为“物防”，是一种主要依靠具有防范功能的物件组成安全保护的屏障，用以抵御外来侵害，它也是一种传统的防范措施。近年来，随着安全防护科技的发展与安全技术防范的结合日益紧密，轨道交通系统中的主变电站、停车库、检修库、备品库、危险品库、信号楼、调度中心、财务室、有价证卡存放处和技术档案室等部位的门窗都安装了防盗栅栏，财务室的门都安装了带钢板的防盗门。这些都是实物防范的形式。实物防范在使用过程中，要经常对实体防范设施进行检查和养护，及时发现有破损、松动和缺损的问题并及时修补，杜绝漏洞和死角，不给违法犯罪分子以可乘之机。对于管理人员来说，要加强安全防范的责任心，用制度来确保安全防范工作的落实，自觉、认真地对实物防范设施进行检查和养护，确保重要部位的安全。

(3) 技术防范。技术防范是指安全技术防范措施，是应用科技手段和设备，对需要进行安全防范的部位和场所进行有效的监视和控制，预防和制止违法犯罪及重大治安事件，维护公共安全。

随着科学技术的发展，犯罪分子往往利用较为先进的犯罪工具或手段来进行各种犯罪活动。其手段更加智能化，作案工具、凶器和作案手段逐步升级，具有更大的隐蔽性。因此，我们要积极应对，将先进的科学技术应用于安全防范领域。例如，利用先进的电子技术、传感技术、电视监控技术和计算机技术等，研制、生产各种先进的安全防范设备和系统用于安全防范工作。只有这样，才能更有效地防范和制止各种危害活动，维护轨道交通重点单位和重要部位的安全。

技术防范的优势是多方面的，具体体现在以下几个方面：

1）应用范围十分广泛。在公共场所、重要部位都可以隐蔽安装设置，可以全天候、全方位地对防范区域进行监控。

2）技术防范设施可以及时发现案情、全程记录案情，大大提高破案率。

3）安全防范技术系统具有快速反应能力，能够在案发的第一时间发出安全警报，最快启动防范措施和救援行动。

4）安全技术防范系统协助人力防范担任警戒和报警任务，可以节省大量人力和财力；又由于科技设备只要没有故障，其工作效率和工作质量相当可靠，不易发生疏漏和失误。

5）有利于预防火灾等突发事件的发生，可以在事故萌芽状态发现并及时报警，将突发性事故的损失降到最低程度。

3. 安全技术防范系统

简单来说，安全技术防范系统是安全技术防范产品的组合或集成的自动化检测、监控网络系统。该系统以安全防范为目标，采用具有防入侵、防盗窃、防抢劫、防破坏、防爆炸和防火警的各种功能的专用设备和软件，构成一个或几个具有探测报警、延时反应综合功能的信息技术网络，加上设备系统的监控管理专业人员，组合成为一个具有实时检测、监视防范功能的有机整体。根据使用场所和要求的不同，安全技术防范系统可分为入侵报警系统、电视监控系统、防爆系统、出入口监控系统、监听系统、安全检查系统和防范通信系统等不同职能的子系统，各个子系统又能够互相配合使用。而入侵报警系统、电视监控系统和出入口控制系统又往往是安全技术防范系统中最基本的组成部分，如图 14－1 所示。

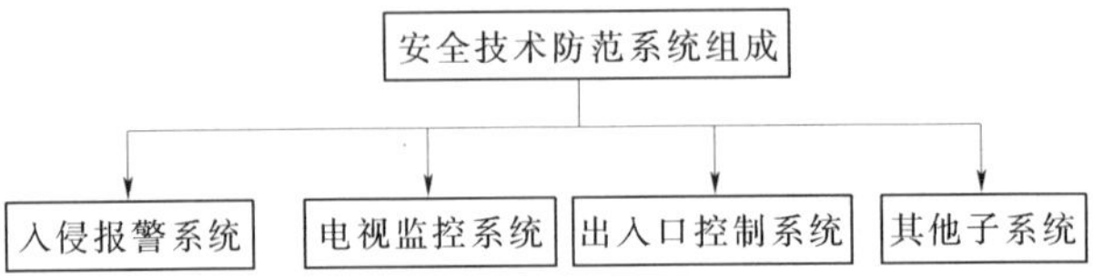

图 14－1　安全技术防范系统组成

（1）入侵报警系统。入侵报警系统是将先进的科学技术应用于预防盗窃和非法入侵破坏活动的重要安全防范系统。它可以协助安全防范人员进行防盗、防入侵、防破坏、防火和防爆等警戒工作。在防范区域内利用各种监视设备和报警器可以看到人眼难以看见的警戒点或警戒空间。犯罪分子一旦入侵或发生其他异常情况，报警器即可指示警报发出的部位并发出声、光等信号，及时告知值班人员并立即采取必要的防范措施。

入侵探测器、报警控制器及传输系统就构成了通常所说的“入侵报警系统”。一个完善有效的入侵报警系统，通常是连网型的报警系统。该系统主要由入侵探测器、报警控制器、传输系统和接处警中心组成。建立连网型报警系统，主要是为了提高专业管理能力和接处警效率。通过接处警中心对某个区域实行集中管理，在该网络前端，任一监测点发生警情，都会及时将警情传输到网络终端的接处警中心。

（2）电视监控系统。电视监控系统可以及时传送现场活动图像信息。值班人员通过控制中心的监视器，可以直接观察监控现场的情况。还可以通过遥控装置改变摄像角度、方位和镜头的焦距，从而实现对现场大区域的观察和近距离的特写。同时，还可以将有价值的画面或活动场面通过录像设备进行记录取证。在被监视区域内安装一定数量的摄像机，可以将获取的图像信息通过有线或无线传输方式送到监控中心，值班人员可根据不同情况，分别采取不同的安全措施，也可以通过通信网络将图像信息提供给上级机关和保卫部门，一般上级随时掌握监控现场的真实情况。

电视监控系统主要由前端摄像设备、传输系统和终端控制设备三大部分组成。

前端摄像设备的主要任务是获取监控区域的图像和声音等信息。主要摄像设备是各种摄像机及其配套设备。由于摄像机需要公开或隐蔽在防范区内，除需长时间不间断地工作外，还需要适应环境的变化，如遇到风沙、雨雪、迷雾、高温和低温等恶劣气候条件，因此，必须满足“全天候”、“全天时”的工况要求，所以，前端摄像设备应具备较高的性能和可靠性。

图 14－2　电视监控系统的基本组成

传输系统的主要任务是将前端设备获取的图像信息保真地传送到终端设备，并将控制中心的各种指令传送到前端设备。根据监控系统的传输距离、信息容量和功能要求的不同，包括有线传输和无线传输两种方式。目前大多采用有线传输方式。

终端控制设备是电视监控系统的中枢。其主要任务是将前端设备送来的各种信息进行处理和显示，并根据需要向前端设备发出各种指令，由中心控制室进行集中控制。终端设备主要由显示设备、记录设备、控制切换设备和通信设备组成。如监视器、录像机、录音机、视频分配器、时序切换装置、时间信号发生器、多功能控制台以及其他一些配套控制设备等。

目前发达国家的安全技术防范系统已经比较完善，例如英国伦敦的轨道交通，已经安装了50万套摄像监控设备，可以对轨道交通现场进行全天候、全方位、全时段的摄像监控。尽管英国安全机关通过检测发现这样密集的监控系统仍然存在着某些盲区和死角，但对于恐怖分子犯罪活动的监控有效性，还是有了很大程度的提高。我国轨道交通的技术防范系统还有待于进一步系统化、规范化和全覆盖，特别是人流集中的车站，监控系统还不完善，一旦发生爆炸、火灾和毒气等事件，将给取证工作带来不利的影响。上海轨道交通正在研究制定安全技术地方标准，为上海轨道交通安全提供了前瞻性的监控网络建设的依据，对确保轨道交通安全、人民生命财产安全，都是有力的保证。

第三节　城市轨道交通突发安全事件（事故）的处置

所谓城市轨道交通安全的突发事件，又可称为“轨道交通公共安全危机”。在这个问题上，政府是轨道交通公共安全的主要保障者，但不是完全的提供者，因为一个社会公共安全危机的防范和处置是政府、组织、个人各个方面因素共同构成的。政府是构建公共安全体系的组织者和领导者，可以凭借法律、军队和警察等强制力量对社会资源进行调配，为整个社会构建公共安全保障体系。从这个角度来讲，公共安全防范和处置是政府的主要责任。

此外，企事业单位、组织在构建社会公共安全体系中的作用也非常重要。据研究，企事业单位在应对公共安全危机过程中，可以发挥以下作用：

（1）公共安全政策的建议。

（2）对企事业单位内部的公共安全危机（或事件）进行动员和应对。

（3）整合自身资源来应对公共安全危机。

（4）为企事业单位自身提供安全服务。

（5）配合政府共同开展对员工的公共安全教育。

最后，由于公共安全危机是针对不特定的社会成员和财物的，因此，公共安全危机对每一个人或组织的侵害和打击的概率是均等的。在构建社会公共安全防范体系中，需要每个社会成员都成为社会公共安全防范的积极力量。只有政府、企事业单位、社会个人共同形成社会公共安全的防范体系，才能有效应对社会公共安全危机。

造成轨道交通安全突发事件的原因可分为硬件、软件和乘客三个方面因素。

（1）硬件造成安全突发事件如列车制动系统故障、轨道电路故障、电气设备老化等造成列车脱轨、追尾、冲撞和火灾等严重后果。

（2）软件造成的安全突发事件如管理混乱、操作失误和违章操作等引发的安全事故。

（3）乘客因素造成的安全突发事件如精神原因冲入道床自杀事故；因系统故障而停车导致拥挤时，有人乘乱滋事引发安全事故；携带危险品上车，易燃、易爆物品泄漏引起火灾；以及精神病人肇事等安全突发事件。

各类安全突发事件（事故）是轨道交通安全的又一杀手，造成的危害往往非常严重。不仅会造成群死群伤，而且还会给国家和人民的财产造成重大损失。因此，对于各类突发事件，认真做好应急处理预案、各个相关部门在现场有序地协同处置就非常重要。

城市轨道交通安全突发事件的现场处置有赖于多个部门的协同作战。各参战单位和部门既要根据职能和任务明确分工，又要紧密配合、协同作战，发挥整体效应。突发事件的现场指挥是突发事件处置工作的核心。仅公安机关在突发事件处置过程的工作，就包括了警力调配、预案调整和后勤保障等三个方面的组织、部署、落实、反馈及调整。运营单位、乘客两个方面的应对状态也在很大程度上依附于现场指挥。

一、突发事件（事故）的处置主体

（一）公安机关

处置现场的组织和实施，特别是先期组织和实施，往往由公安机关来承担。作为处置公共安全领域突发事件的先锋队和主力军，公安要素是最易被理解和被接受的。公安作为行政部门和执法部门，某种程度上是代表政府在行使职权，对于处置过程和处置结果起着重要作用，是最具执行力和可塑性的处置主体。

（二）运营单位

运营要素是经常被忽略的，但国家法规和地方法规明确指出：城市轨道交通运营单位应当依法承担城市轨道交通运营安全责任。这就是说，一方面，运营部门作为责任单位，要积极投入突发事件处置工作；另一方面，由于轨道交通的特殊性，运营部门在处置过程中掌握着独一无二的内部资源，机械化的控制措施，使得运营部门的处置手段经常起到人力所不及的作用。因此，运营部门能否迅速采取正确的应急措施是处置成败的关键。当然，在突发事件的处置执法力度方面，比公安要素的执行力弱，存在某些不确定因素。运营部门若处置不当，将会造成极为严重的后果。韩国大邱市地铁 1 号线纵火案的起因，仅仅是一名精神病患者使用一小瓶汽油纵火，引起列车座椅、厢壁等部位着火，但后果却极其严重。事故造成死亡人数达到 196 名，受伤 146 名，269 人失踪。主要是运营部门处置不当造成的，原因如下：

（1）列车司机玩忽职守。火灾发生后，他关闭了列车控制系统，拿走钥匙自己逃命去了，而列车控制系统一旦关闭，所有的车门全部都被闭锁，列车上的乘客因一时打不开车门难以逃生，大量乘客在车厢内被火烧死或窒息死亡。

（2）调度错误。一列车在站台上起火燃烧，调度人员没有及时阻止另一列车进站，造成另一列车进站后也起火燃烧。据统计，第一列列车死亡人数为 60 人，而第二列列车上死亡人数却多达 100 多人！

（3）指挥不当。列车起火燃烧后，运营部门指挥人员认为是环控系统故障，即指令车站关闭了原本正常运行的环控系统，致使车站空气中氧气含量急剧下降，而浓烟则无法排出站外，造成大量乘客窒息死亡。

城市轨道交通行驶中的列车发生突发事件时，一般应遵循以下原则：即只要条件许可，应尽可能将列车从隧道、高架区间行驶至前方车站。因为如果列车停在区间里，一是乘客无法紧急疏散，抢险救援人员无法迅速到达现场处置；二是隧道狭窄，乘客即使下车了，也难以行走；三是由于受场地条件影响，抢险救援工作不能顺利展开；四是抢险救援车辆无法到达隧道或高架区间，加之水源有限，无法满足多台消防车救火之用。由此可见，运营单位作为突发事件的处置主体，在突发事件的处置过程中起到的作用是十分关键的。

（三）乘客

近年来，越来越多的实例证明，公众在遭遇突发事件时的应对反应在某种程度上对事件的发展起着决定性作用。一种情况是：争先恐后逃命，结果在门口拥挤、摔倒，层层相叠窒息而死，而后面的人因门被堵死，结果也窒息而死；另一种情况是：尽管大难临头，大家还是有序撤离，这样会把伤亡减少到最低程度。事实一再告诫我们，“惊慌、混乱、争先恐后”和“镇静、稳定、有序撤离”两种截然不同的状态，将把事态结果引向两个截然相反的方向。轨道交通区域的“空间狭窄”和“结构紧凑”的特点对乘客的理性反应要求更高。在俄罗斯、西班牙和希腊等国家，除了在中小学开设“安全和逃生”课程外，学生还必须到街头演习。俄罗斯“国家紧急救援部”还有计划地向居民宣传安全防范和自救的知识，这是很值得我们借鉴的。

二、突发事件的处置

（一）客流拥挤突发事件的处置

1. 重大节日或事件造成拥挤的处置

逢重大节日或重大国际、国内政治事件，群众集会型活动可能发生轨道交通客流拥挤。

1997 年 6 月 30 日晚，上海市在人民广场举办“香港回归大型庆祝集会”。当时地铁 1 号线运营的日均客流量为 30 万人次，但 6 月 30 日当天客流量就高达 46 万人次，增幅超过 50%。据分析，超出的 16 万客流中有半数在当晚 9 点左右达到高峰。人民广场站和淮海路沿线各站客流量突然大幅增长，迅速饱和，站厅人满为患。人与人摩肩接踵，很多站厅售票亭被乘客挤塌。警方现场指挥点立即启动应急预案，准备采取关闭部分车站进出口，实施进出口分流，限制过量客流进入站台层等应急措施。但是，由于现场人流汹涌，部分驻守出入口的民警和武警官兵被人流冲到站厅，而且寸步难行，应急措施无法展开，险情不断发生。迫不得已，个别民警只好踩着人群爬到各出入口，强行将车站卷帘门拉下，才将客流控制住，避免了一次因拥挤而发生的安全事故。

总结这次事件时，发现问题主要出在预案上：

(1) 公安机关虽然事先对可能出现的大客流情况有所预判并制订了应急预案，但预案内容过于粗放，原则性强而针对性、可操作性不足。

(2) 各车站应对措施不力，没有制订相应的分预案，对关闭出入口、分流旅客的具体措施没有细化、落实到人，各岗位职责也没有明确客流超员的对策。

(3) 预案中警方与运营部门的联动协作要求不具体，事先没有督促运营不满准备足够的人员，也没有明确运营人员应承担的任务和采取的措施，致使客流突然爆满时，车站工作人员惊慌失措、各自为战，无法形成整体行动。根据这次教训，警方和运营单位修订了客流拥挤的应急预案。

1999年12月31日，迎接新世纪时，尽管客流量绝不亚于1997年6月30日，警方与运营单位联手行动，公安机关领导直接到重点车站，靠前指挥，执勤民警落实到站厅、站台和出入口。各岗位人人明确各自职责和应急措施，甚至多套预案都人人知晓，结果取得了很好的安全效果。实践表明，科学地制订应急预案、细化并落实应急措施、妥善安排人力，是确保大客流拥挤事件安全的重要前提。

2. 正常客流高峰拥挤事件的处置

近年来，城市轨道交通已经成为广大市民上下班出行的重要交通工具，因此，上下班高峰时段的客流量相当大，车站和车辆的拥挤情况是普遍存在的。一般讲，正常客流高峰时段的拥挤事件的处置，主要应做好以下几点：

(1) 加强监控系统的监视。密切监视客流增长的情况并严密观察有无异常情况，一旦发现异常情况的苗子，应立即通知现场保安人员进行排解。

(2) 适当加强出入口、售票口、检票口和站厅层的值岗人员，必要时便于采取应急强制措施。

(3) 利用车站广播系统反复宣传文明乘车、有序上下车的规定，增强公共部位文明乘车的氛围。

(4) 一旦发生乘客纠纷、个别人员挑头肇事等突发情况，应立即采取阻止围观、带走纠纷人员或肇事人员的应急措施，努力防止人员拥挤和踩踏事故的发生。

(二) 阻碍运营的突发事件的处置

2004年3月的一天17点47分，上海市公安机关指挥中心接到地铁总调度电话，称3号线上行列车因故障在虹桥路站抛锚，运营公司在清客过程中，部分乘客拒不配合，滞留车厢，并擅自拉动车厢内紧急制动把手，造成抛锚列车无法拖离运行线路，轨道交通3号线面临全线瘫痪。接警后，指挥中心用电台指令虹桥路车站属地派出所前往处置，同时电告3号线东宝兴路站派出所，列车故障情况，要求做好处置瞬间客流爆满拥挤事件的准备，并将有关情况立即上报市公安局指挥中心和分局领导。各路民警快速出动，赶到现场开展工作，发现近20名乘客仍拒不配合。当时正处于下班高峰，客流持续增多，且列车又抛锚于3号线南段的关键位置，因此，这部分乘客的行为很快便引发了3号线全线和车站滞站客流大幅增多，个别车站站台客流已近8成，随时可能出现险情。指挥中心随即启动轨道列车故障处置预案，发出第二波三道指令：一是通知地铁总调度将故障车辆连同该部分乘客拖至上海火车站站实施清客，同时增派备用列车在中山公园站至南站站折返，确保3号线南段运行；二是指令东宝兴路派出所和公安分局抽调警力立即赶到火车站站，配合运营部门全力清客，并对可能肇事者做好调查取证工作；三是指令1号线徐家汇站派出所、火车站站派出所组织警力前往3号线南、北两段各车站维持秩序，配合运营部门开展工作，并做好处置瞬间大客流拥挤事件的准备。指令执行后，收到了立竿见影的效果。当天18点02分，故障车辆拖离虹桥路站；18点05分，3号线南段恢复运行；18点15分，增援的警力全部到位，其中15名民警在3号线上海火车站站部署就位；18点22分，故障车抵达火车站站；18点25分，清客成功，故障车进入站区折返线；18点26分，3号线全线恢复运营，治安秩序稳定。

轨道交通3号线故障停车引发乘客拥挤的整个事件从部分线路停运到全线恢复运营仅用了14分钟。说明“就近调警”、“梯次调警”和“补充调警”的处置措施运用得当，运营单位的配合措施到位。此外，在处置过程中，重视摄录像、拍照取证工作，为依法打击挑头肇事和肇事首要分子提供了可靠证据；又为向广大群众说明事因，进行法制教育提供依据；少数肇事人员害怕被曝光，迫于压力将自动停止闹事。总之，阻碍运营的突发事件，本身已属于违法性质。因此，公安机关、运营部门依法采取果断措施及时制止违法行为，同时，调用备用列车尽快恢复正常运营是最正确的选择。

（三）可疑遗留物品的处置

日常工作中，经常会发现轨道交通的车站站台、站厅、商铺及车厢内有不明物主遗留的箱包。以往的处理方法是先设法找到失主，找不到失主的，再交公安部门作为无主物品处理。但是，从近年来轨道交通面临的安全形势变化和加强公众安全保障的角度出发，对难以找到失主的箱包必须引起高度警觉，这类箱包不排除作为蓄意制造恐怖袭击和暴力破坏工具的可能性。

2005年8月某日晚，民警在地铁某线某站闸机处发现一只35cm×25cm大小的无主绿色帆布包，经四处询问及广播查找，均无人认领，民警即按照可疑危险物品处置要求，展开“设置境界区域”、“疏散围观群众”等相关措施，并立即上报公安分局指挥中心。中心接报后及时出动嗅爆犬和消防专业人员检查，但仍无法排除嫌疑。最后，市消防局排爆人员将帆布包放进防爆罐内，运往某空旷场地实施处理。这件事的处理过程虽然显得繁琐复杂，处置成本较高，但就其过程和结果而言，却是最为稳妥和规范的做法，也是目前对于不明遗留物品的一般处置程序和方法。发现达到一定体积（一般为20cm×20cm以上）的无主手提箱、拎包和背包后，应立即寻找失主，不得擅自移动。无人认领的，即可认为是可疑危险物品，以其为中心设置警戒区域，同时按程序上报并展开先期处置。车站工作人员和公安民警分别上报上级部门，民警还应及时使用防爆毯对可疑物品进行覆盖。

公安机关指挥中心接报后，一方面展开技术检查和搜索，另一方面立即组织疏散围观人群。可疑物品位于车站站台层，警戒范围影响乘客上下车的，应关闭受影响的列车车门，加强戒备力量，引导乘客从其他车门进出；可疑物品处于商铺等公共场所的，要立即对该商铺进行清场，并视情况关闭相邻的商铺；可疑物品位于车厢内的，要立即劝导乘客离开该节车厢，待列车到站后，视情况疏散列车内全部乘客，然后展开排除嫌疑或专业排爆。嗅爆犬基本排除危险因素时，可靠近可疑物品，侧耳静听有无细微声响，进一步排除嫌疑后，可将可疑物品放置于车站防爆罐内（没有防爆罐的，应置于无人经过且没有设施、设备的隐蔽处），待专业人员处置；嗅爆犬无法排除危险因素的，应待消防人员到场甄别处理。严禁擅自拖拉可疑物品或将其置于人员较多、可能造成严重后果的区域进行检测。

根据莫斯科地铁爆炸案的教训，莫斯科市政府自2004年6月1日起，把从首都地铁中清除商贩作为打击恐怖主义的措施之一；而西班牙马德里地铁车站内则更加“干净”，连乘客候车使用的凳子也拿掉了，站在高处往下看，列车未到时，除了排队候车的乘客外，整个车站就是一座没有任何摆设的偌大的空房子。

（四）道床伤亡事故的处置

道床伤亡事故是指非轨道交通从业人员违章擅自进入轨道区间，被正常行驶的列车撞击致伤、致亡，同时造成轨道交通停运的事故。这类事故现场清晰、因果关系明确。

1. 道床伤亡事故对轨道交通公共安全的影响

(1) 产生拥挤隐患。呈现逐年上升趋势的道床伤亡事故，已严重影响了轨道交通的正常运营和乘客的安全出行。若以平均一起道床伤亡事故处置时间造成列车停运 12min 计算，相当于有 4 班列车的乘客（1 万余人）滞留各个车站。事实上，伴随道床伤亡事故的发生，多次引发因列车停运造成的大客流爆满、拥挤事件，产生了许多不安全隐患。

(2) 经济损失。道床伤亡事故造成了列车部件损坏等直接和间接经济损失很大。例如，常见的列车车头底部 ATC 接收线圈（进口价格为 5000 美元）、前挡风玻璃（进口价格为 4000 欧元），被撞坏。此外，进口部件损坏的列车修复期一般需要 7 天左右，使得原本就满负荷运载的轨道交通运能雪上加霜。

(3) 引发心理恐慌。道床伤亡事故引发的现场目击者、驾驶员心理恐慌。在事件调查中，已多次发现目击者等被吓得浑身发抖、语无伦次。许多乘客目击者表示“真的感受到地铁的不安全了”、“近阶段不敢坐地铁了”……大量事实表明，道床伤亡事故对目击乘客和驾驶员的心理打击非常大，引发的心理恐慌是短期内难以消除的。

2. 道床伤亡事件处置的法律依据

《上海市轨道交通管理条例》（以下简称《条例》）第五章第三十六条规定，轨道交通运营中发生人身伤亡事故，应当按照“先抢救受伤者，排除障碍，及时恢复正常运营，后处理事故”的原则处理。任何单位和个人不得阻碍轨道交通正常运营。

《条例》第三十七条规定，轨道交通运营中发生人身伤亡事故，轨道交通运营单位应当保护现场，维护秩序；公安部门应当及时对现场进行勘察、检验，并依法处理事故死亡的尸体。

《条例》第三十八条规定，人身意外伤亡事故的善后处理事宜，由轨道线路运营单位与受害人依法协商处理。

《条例》第三十九条规定，轨道交通线路运营单位应当对运输过程中乘客的伤亡承担赔偿责任，但伤亡是乘客自身健康原因造成的或是乘客故意、重大过失造成的除外。乘客以外的其他人员因违章进入、穿越、攀爬轨道交通设施造成的人员伤亡的，轨道交通线路运营单位不承担损害赔偿责任。

3. 道床伤亡事件处置原则

轨道交通道床伤亡事件的现场处置，必须遵循“属地管辖，各负其责，优先抢救伤员，尽快恢复运营”的原则。事故现场处置工作由事发地车站的值班站长负责指挥运营单位的职工，主要职责为迅速抢救伤员，及时排除道床障碍物，尽快恢复运营。一般道床伤亡事故处置时间不得超过 15min。

为了尽量避免道床伤亡事故的发生，各地的轨道交通车站都陆续安装了有机玻璃制造的“屏蔽门”。该“屏蔽门”在列车到站停稳后开启，列车门关闭后随即关闭；这就大大降低了道床伤亡事故的发生概率，有效地保障了站台上下车的安全。

（五）化学毒气事件的处置

当轨道交通车站、车厢受到化学毒物等突发事件的袭击，在实施救援时，既要为中毒人员脱离毒区提供个人防护，又要为救援人员执行任务提供合适的防护器材，若暂时难以提供正规的防护器材，也要告知人们，利用简单方法或随身携带的可用于防护的物品，尽快离开毒区。只要正确、科学地使用个人防护器材和采取必要的防护措施，就能减轻或避免毒物的伤害在救援和疏散乘客时，应采取专业技术防护与群众性自我防护相结合、正规防护器材与简易防护器材相结合的办法。只有这样，才能让尽可能多的人在尽可能短的时间内逃离危险区，使处置工作取得事半功倍的效果。

1. 遵守个人防护的行动规则和及时洗消

被染毒物的群众必须服从救援指挥人员的指令，按照指定的路线或指定的车站出口撤离。在未得到命令的情况下，不得取消个人防护。若在染毒区域内，不得随意坐卧，禁止饮水、进食、吸烟，以免毒气从口腔进入体内。一旦发现染毒或已离开了染毒区，应注意做到以下几点：

（1）清洗消毒。要尽快进行全身洗消，换去全身衣、袜、鞋。

（2）药物预防。有的剧毒化合物由于毒性强烈，毒性作用很快，在极短时间内便可使人中毒，救援人员在执行救援任务之前，应先服用预防中毒的药物，救援过程中如果吸入毒气，可以减缓毒气作用的发作，轻度中毒人员在医院治疗的同时，应大量饮用冷开水，加速毒素的稀释和排泄，然而，服用预防中毒药物并不能代替防毒面具，也要注意正确的处置方法。

（3）防护。目前，轨道交通区域防护器材以压缩空气呼吸器为主，且不可能做到每一位工作人员都配备。因此，紧急情况下，只能依靠简易防护器材，也就是利用日常生活用品或简便材料制作的个人防护器材。它在较短时间内能起到保护眼睛、呼吸道和全身皮肤免受某些毒物侵害的作用。如遇到对眼睛有刺激性的有害气体，可以戴上与皮肤接触严密的游泳眼镜，这样起到直接保护眼睛的作用。当然，人们出行时不可能将游泳眼镜随身携带，那么，可以用塑料袋包住头部，在鼻孔处开孔，再戴上口罩。如果这样也难以做到的话，用手帕、餐巾纸之类捂住口鼻（湿的效果更好），赶紧离开现场。需要进行身体局部防护时，上肢及手可戴上橡胶手套，下肢可穿长筒雨鞋，也可以用塑料布、帆布包住下肢。若还有困难，也可扎紧裤脚管，减少毒气进入身体。进行全身防护时，可利用雨衣（最好是军用或警用雨衣）、帆布、棉大衣、毯子等遮挡整个身体。必须指出，任何简易防护在离开染毒区后，都必须进行认真洗消，所用的防护器材必须严格消毒，不得将未消毒的器材随意乱扔，以防毒物扩散。

2. 集体防护

当地铁车站、车厢内（包括地下站、地面站、高架站）遭受毒气袭击后，应立即将人员转移出站或离开车厢，到上风头未受染毒的安全区域，但这些人员不得随意离开安全区域。若转移至室内的，应关闭门窗、空调、室内不得吸烟，等待救援。洗消人员到达后，要立即进行洗消救护，中毒者都必须送往医院检查救治。

3. 染毒后的洗消

毒气对车站建筑物、轨道交通车辆的影响不大，但需进行消毒和通风处理。而地下车站、隧道内的下消毒则较为重要。隧道在列车停止运行的情况下，通风条件较差，以致有毒气体难以排除。通常的洗消方法是用化学消毒剂如漂白粉、碱性溶液直接喷洒在有毒物体上，通过氯化、氧化、水解及中和作用，达到消除毒性的目的。也可以用焚烧的办法，破坏毒物的毒性。用沾满汽油、酒精的棉花、毛巾在染毒物品的表面上擦洗，迫使毒性改变或挥发最简单的办法是在轻微染毒的情况下，进行日晒、雨淋、风吹，导致毒物自然分解。在气候条件不允许时，应用自来水反复冲洗，并用碱性肥皂擦洗，然后再冲洗。

第四节 城市轨道交通消防

轨道交通系统发生火灾是这一公共交通工具危害最大的灾难性事件。世界各国有轨道交通的国家，都有发生火灾的沉痛教训。我国城市轨道交通建设才刚刚起步，消防安全设施和措施还很不完善。认真吸取其他国家城市轨道交通火灾的经验教训，努力完善我国城市轨道交通的消防设施，强化国民在轨道交通条件下的消防意识，是城市轨道交通建设过程中一项极其重要而又相当艰巨的任务。

一、轨道交通火灾的分类

引起城市轨道交通火灾的原因是多方面的，按失火原因划分，可分为以下几类。

（一）电器设备故障引起的火灾

由于隧道或车站的电器设备发生故障而引起火灾，大多数是由电线短路起火、电器开关发生打火、接触导线保养不良产生闪弧、电缆超负荷供电击穿绝缘层短路起火和电缆敷设不当等原因引发的火灾。

（二）列车故障引起火灾

由于列车受电系统、电气系统故障产生电弧或火花、整流器触头在油中短路和动力电路短路等故障导致列车起火。

（三）乘客违章引起火灾

车可携带易燃、易爆危险品进入车站、乘上列车，以及在城市轨道交通车辆上吸烟等违章行为引起火灾。

（四）人为纵火引起火灾

由精神病人、恐怖分子纵火、爆炸、投毒等人为故意引起的火灾。

（五）自然原因引起的火灾

因地震、滑坡、雷电等自然因素引起的火灾。

引起城市轨道交通失火的原因不同、火势蔓延的速度不同、火灾表现的形式也不同，但有着火灾的潜在性、突发性和随机性的共同特点。火灾危害对乘客生命财产的损失和社会公众的安全心理会造成很大的负面影响。特别是在隧道区间内发生火灾，由于隧道空间狭小，又无处进行紧急疏散，极易造成火灾事件中人员的恐慌和重大伤亡。

二、火灾事故的特点

由于城市轨道交通结构的特殊性，与地面或其他地下建筑相比，城市轨道交通火灾有如下的特点。

（一）浓烟积聚不散

地下车站、隧道与外界相连的通道较少，发生火灾时，多半是缺氧燃烧，产生大量烟气以及一氧化碳等有害气体。烟气的蔓延速度和范围超过火势的蔓延，疏散不及时，将导致人员中毒或窒息死亡。

（二）火灾蔓延快

由于隧道空间狭小，受隧道净空限制，火焰向水平方向延伸，加速了火势沿列车方向蔓延。如果火灾发生时未能及时控制通风设备，炽热的气流可顺风传播得很远，一旦遇到易燃物很快引起燃烧，列车火点即可从一列车跳跃到另一列车（例如韩国大邱市地铁1号线特大火灾）。实验中观察到的最远引燃点距着火点50倍隧道直径。

（三）温度上升快

城市轨道交通地下车站密封性好，火灾发生后，热量不易散发，火势猛烈阶段，温度可达1000℃以上，有时会造成气流方向的改变，对逃生人员的威胁很大。

（四）救援和疏散困难

城市轨道交通出入口少，通道狭窄，疏散距离长，烟气扩散的速度比人员逃生的速度快。人员密集时，极易造成混乱，发生挤伤、踩踏伤亡。由于地下空间限制，浓烟、高温、缺氧、有毒、视线不清和通信中断等原因，指挥员很难了解现场情况，给现场指挥带来极大的困难。大型灭火设备又无法进入现场，且进入的救援人员需要特殊防护，故救人、灭火困难很大。

三、火灾事故的危害

（一）人员伤亡

由于城市轨道交通发生火灾时，通风不良，氧气不足，车厢内和隧道中积聚大量热量、烟气和有毒气体，造成人员伤亡。因此，为减少火灾的人员伤亡，应尽量缩短人员在火灾现场滞留的时间，并通过消防设施、通风系统控制火势蔓延，降低温度，排除烟气。

（二）设施损坏

火灾将造成列车和隧道设施的严重损坏，降低隧道的使用率，甚至危及结构的安全和稳定。隧道发生火灾时，当温度低于400℃时，属于“低温作用”，结构的整体承载能力不会受到显著的影响；当温度超过600℃时，结构的失效概率将逐渐增大，即结构的承载能力将加速损失；当温度超过1200℃后，其结构将基本失效，严重时，将发生现场坍塌。

（三）环境污染

城市轨道交通火灾事故现场产生的有毒物质，除危及人们的生命外，车辆、零部件的聚合材料燃烧后还会污染大气、地下水和土壤，严重破坏火灾附近的生态环境。

（四）社会影响

由于城市轨道交通火灾事故造成的巨大伤亡，特别是近年来恐怖分子以城市轨道交通作为破坏对象，进行纵火、爆炸等袭击，就会引发公众的恐惧，对国民形成极大的心理打击，产生强烈的社会影响，严重危及社会安全和社会稳定。

四、城市轨道交通防火的一般要求

所谓防火的“一般要求”，主要是针对轨道交通职工，是对城市轨道交通单位所有职工做好防火工作提出的最基本的要求。

“做好防火，人人有责”，“人人防火，处处安全”。要做好城市轨道交通单位的防火工作必须依靠广大职工群众。同其他工作一样，防火工作中，人是决定的因素。只有把广大职工群众做好防火工作的积极性充分调动起来，各项防火安全措施才能真正落到实处。因此，各单位必须重视在职工群众中加强安全防火的宣传教育，贯彻以下几项职工防火的一般要求。

（一）树立和提高消防意识

消防意识是指人们通过消防安全教育、消防安全环境体验以及个人的消防安全体验等，在头脑中形成的一种自觉的、习惯的预防火灾的观念。一旦遇到异常或紧急情况，就能很自然地、迅速地做出反应，并采取比较正确的行动。讲通俗一点，就是在头脑中要有安全防火的思想。这种思想，包括对火灾发生的原因、危害和平时的预防措施，以及发生火灾时的应急方法等的综合认识。有了这种认识，就会对潜伏在自己周围的火灾危险保持高度警惕，时时处处注意防火，即使在发生事故时，也能保持清醒的头脑，临危不乱。

（二）对火灾危险（隐患）应有清晰的了解

所谓火灾危险，包括发生火灾的危险性（即发生火灾的可能性）和发生火灾的危害性（即可能造成的后果）两个方面。

火灾危险是潜在的。任何单位，凡是有人群活动、使用电源、火源的地方，就客观存在着火灾危险。各单位、各部门和各岗位，不是有没有火灾危险的问题，而是认识本单位、本部门和本岗位存在火灾危险的程度不同罢了。城市轨道交通从业人员必须根据本单位、本部门和本岗位的实际情况，对火灾隐患进行排摸、分析。只有清楚地了解火灾隐患的部位、原因，才能对症下药、采取针对性的防范措施。如果不研究、不分析，更不知道应该采取怎样的防范措施，那就等于坐在火山口上。一旦爆发，再去研究、认识，那就为时已晚。几乎每次火灾都有这样的遗憾和教训。一个单位、部门的火灾隐患是根据多方面的情况综合判定的。因此，了解和掌握火灾危险，必须从以下几个方面去考虑：

（1）建筑物的布局、结构、耐火性能、防火分隔。

（2）对周围环境的影响。

（3）各类设备运行中的火灾隐患及其防护措施。

（4）热源、电源和其他火源的情况。

（5）设备和系统因操作失误可能发生的火灾隐患。

（6）消防器材和设施是否齐全、有效。

（三）学习、遵守消防法规、规程和规章制度

通过学习《中华人民共和国消防法》等消防法规，了解保护国家、城市轨道交通财产和人民生命财产安全是每个人应尽的责任；并了解“预防为主，防消结合”的消防工作方针和各项防火、灭火措施。

此外，还要学习《中华人民共和国刑法》和《中华人民共和国治安管理法》等有关适用消防的条款，了解在什么情况下造成火灾，应追究刑事责任，在什么情况下，应受到治安管理处罚等。从而加强法制观念，自觉遵守消防法规，做好消防工作。

城市轨道交通单位的操作规程和各项防火安全规章制度，是维护正常工作和生活秩序的保证。正所谓“没有规矩，不成方圆”。任何单位的操作规程和防火安全规章制度，是

长期实践经验教训的总结，许多是用鲜血和生命的代价换来的，并且是科学的。谁不相信这一点，漠视这些规程和规章制度，必然会受到现实的惩罚。

（四）学习掌握消防安全知识

学习和掌握相关的设备、材料产品和岗位操作的防火安全知识，尤其对具有较大火灾、爆炸危险的产品燃烧特性和某些危险性操作的安全注意事项的了解，同时预防火灾的发生有直接关系。

通过学习，可以掌握一些基本的灭火知识。例如，在万一发生火灾时，应怎样进行扑救，怎样打火警电话，怎样从火场逃生等。这些最基本的灭火常识，是人身安全须知的重要内容，对每个职工来说，都具有重要意义，特别是遇到突发火警时，就定能化险为夷，安全脱险。

对于负有消防安全责任的单位，除了要组织学习消防法规、规程之外，还应请消防专业单位来进行培训和指导消防装备的使用，定期组织消防演练。切实使本单位职工掌握消防的基本知识和技能。决不能出现一旦发生火灾，本单位职工惊慌失措而无所事事，甚至连灭火器都不会用的状态。

五、消防设施的检查

（一）火灾自动报警系统的检查

（1）人工制烟测试感应报警器的工作运行是否良好。

（2）检查控制器的备电状态是否切换良好。

（3）检查车站的火警探头布置是否有人为损坏，遮盖、阻挡或分隔，影响探头有效控制面积。

（4）检查控制器是否有人为关闭。

（二）室内消火栓系统的检查

（1）消火栓管道内是否有水。

（2）消火栓保养是否良好。

（3）箱内水带、水枪、圈管是否齐全。

（4）泵房间的水泵是否两路供电，是否正常。

（5）压力表是否完好、有水。

（6）消防水泵是否完好，有无漏水。

（三）自动喷水灭火系统的检查

（1）各车站在分隔时是否将有效的灭火射程面积给破坏了。

（2）喷头的红色标志点是否完好。

（四）气体自动灭火系统的检查

（1）瓶库内的储气瓶压力是否正常，有无明显的压力下降。

（2）设备房门口的控制键盘是否被更改，手动开关是否处于关闭状态。

（五）防排烟系统的检查

（1）检查风机的工作状态是否良好，风量是否符合标准。

（2）检查风管的防火阀门的工作是否良好，开闭是否灵便、密合。

（六）应急照明和疏散指示系统的检查

（1）标志是否因设柜而阻挡。

（2）标志的布置是否合理。

（3）事故不间断电源是否完好。

六、火灾事件的处置

（一）常见火灾的处置

火灾发生时，一定要沉着、冷静，切莫惊慌失措。这样才能采取正确的应急措施，有效地扑灭初期火情，最大限度地减少损失和伤亡。

1. 正确报警

发现火警要及时报警，切勿拖延。必须记住：“报警早，损失少”。不能对火灾存有侥幸心理，更不能为了掩盖责任而拖延报警。

除了用 119 火警电话报警，通知公安消防队伍前来扑救外，还可以采取多种方法如向失火地点周围的乘客、车站工作人员、义务消防队员报警，召集他们前来参加扑救。在报警的同时，向车站内候车的乘客、工作人员发出警报，做好疏散准备并抓紧组织疏散。

2. 迅速灭火

火灾发生后，除立即报警外，应因地制宜采取多种方法进行扑救。

（1）移走可燃物。快速将燃烧部位附近的可燃物品移往安全地带阻止火势蔓延。

（2）加强冷却。用水或灭火器灭火。

（3）窒息灭火。利用毯子、棉被、麻袋等浸湿后覆盖到火焰上或用沙土覆盖燃烧物。

（4）切断电源。发生火灾后，火势将威胁到电气线路、电器设备的安全，在准备用水灭火时，应先切断电源，然后再灭火。

（二）列车火灾的处置

1. 列车运行中发生火灾，火势较小

司机应迅速将列车开到下一站，同时通知车站工作人员准备消防器材，在相应位置等待协助灭火。当乘客发生列车某处着火时，应及时按动列车紧急报警按钮，同时取出车厢座位下的列车备用灭火器进行灭火。

2. 如发生重大火灾，列车无法正常运行

司机应立即切断外部高压电源，启动列车应急电源。同时，司机应使用列车无线电向控制中心报告灾情。得到控制中心的指令后，司机承担事故前期处理责任，仔细列车隧道疏散预案。司机将根据列车所在区间的位置、火势、烟气扩散方向，选择疏散方向并迅速打开列车疏散门，广播通知乘客进行疏散。乘客听到列车广播后，应立即往疏散方向靠拢，通过疏散门进入隧道，下车步行前往车站。

车站的站务人员接到疏散命令后，将迅速打开屏蔽门，放置下站台楼梯，执行隧道疏散预案。车站引导人员携带防护用品，前往区间引导乘客。

控制中心收到火灾信息后，应及时通知并协同轨道交通公安分局、市公安、消防和医护人员首先赶赴现场参加救援。同时，执行列车火灾隧道疏散预案。控制中心还应开启通风系统紧急模式，将风向人流疏散的反方向吹送，将可能出现的浓烟吹到远离乘客方向一端，并通过通风井排出。

（三）火灾事故的安全疏散

1. 列车在区间隧道发生火灾

列车在区间隧道内发生火灾的处理程序如图 14－3 所示。

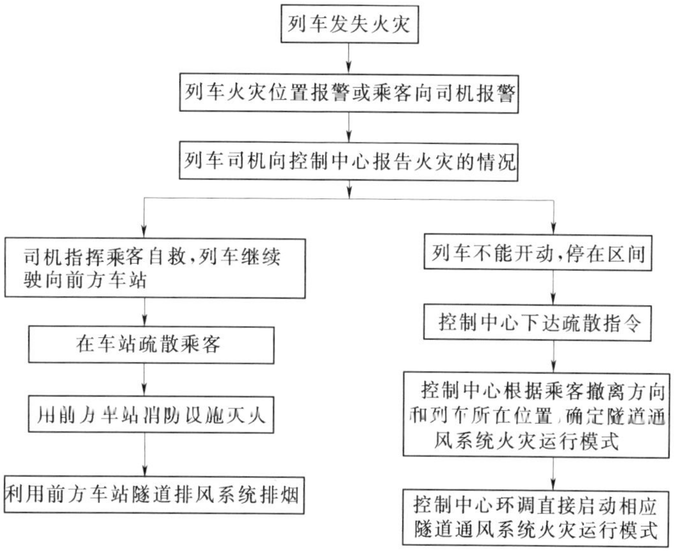

图 14－3　列车在区间内发生火灾的处理程序

列车在隧道内运行的时间是十分短暂的。此外，列车的全部材料都是阻燃的，隧道内的设备、电缆、管道以及其他材料也是不能燃烧的。列车的前、后端各有一个紧急疏散门。因此，列车运行过程中如在区间隧道内发生火灾，应尽量驶入前方车站，利用前方车站来疏散乘客；如果列车不能驶入前方车站，停在区间隧道内，必须紧急疏散乘客。车头着火时，乘客从车尾下车后，步行至后方车站；车尾着火时，乘客从车头下车，步行至前方车站；列车中部着火，乘客从列车两端下车，步行到前、后方车站。此时，隧道通风系统应迅速启动，排除烟气，并向乘客输送新鲜空气，形成一定的迎面风速，引导乘客安全撤离。同时，事故区间立即停止运行，相邻隧道也应立即停止正常运行，进入抢险救援程序。

2. 列车在车站发生火灾

列车在车站内发生火灾，可以利用车站楼梯、出入口迅速疏散乘客。其安全疏散的具体程序基本同下述“车站内发生火灾的安全疏散”。

3. 车站内发生火灾的安全疏散

车站内发生火灾，可分为站台火灾和站厅火灾两种。无论是站台火灾还是站厅火灾，都应立即采取紧急措施，第一时间安全疏散乘客，同时，停止车站空调系统，并将车站通风空调系统转入火灾工况模式。以下分别是站台火灾紧急疏散程序和站厅火灾紧急疏散程序，如表 14－1 所示。

除了上述各项措施和职责外，还应采取以下技术手段和管理措施：

（1）列车在行驶过程中发生火灾，应尽可能驶向前方车站，利用车站站台疏散乘客，利用车站隧道防排烟系统排除烟气；如果列车停在区间，隧道通风系统应根据多数车可疏散的相反方向送风，送风强度和时间应根据实际情况严格掌握。

（2）当同一区间的其中一条隧道发生火灾，另一条隧道也应立即停止正常行车。

表 14－1　站台、站厅火灾紧急疏散程序及工作人员职责

工作程序及职责	值班站长	行车服务员	客运服务员	站台服务员	站厅服务员	售票员	其他人员
发现火灾，向值班站长报告，主动灭火		▲	▲	▲			▲
报告控制中心，要求停止本站列车服务，请求支援	▲						
宣布执行火灾紧急疏散计划	▲						
指示环控操作人员，执行火灾排烟模式		▲					
关闭广告灯箱电源		▲	▲				
担任事故处理主任，指挥疏散和灭火	▲						
向控制中心报告火灾情况		▲					
关停电动扶梯，将闸机设置为自由释放状态		▲					
指引乘客疏散出站		▲	▲	▲	▲		▲
拦截乘客进站					▲	▲	
引导消防队员到现场救火	▲			▲			

注　所有工作人员在完成疏散工作后，参加灭火。

（3）防排烟系统的火灾运行模式应经过多次实地实验，确定最佳组合。

（4）定期进行火灾安全疏散程序的模拟演练，不断检查各部门及各工种互相配合协调，以及快速反应能力，提高安全疏散能力和综合救援能力。

第五节　轨道交通防、反恐怖事件简介

自从美国“9.11”恐怖袭击事件发生以来，恐怖袭击活动在世界各地频频发生。近年来，恐怖分子又把袭击目标转向城市轨道交通。众所周知，恐怖主义集团、组织、恐怖分子的恐怖袭击，无论使用什么手段，其目标大都是伤害无辜人群。他们袭击的对象，往往是人群密集的市场、剧院、办公楼，公共汽车站等公共场所。由于城市轨道交通作为公共交通的重要工具，乘客日流量达数十万甚至上百万人次。如此高度密集的人群，自然成了恐怖分子袭击的目标。西班牙马德里、俄罗斯莫斯科、英国伦敦等城市的城市轨道交通系统相继遭到恐怖袭击，人员伤亡和经济损失严重。相对于自然灾害和安全生产事故等传统的公共安全问题，恐怖袭击造成的公共安全问题日益凸现。轨道交通防范恐怖袭击，已经引起轨道交通运营单位、政府公安监管部门的高度重视。

根据有关专业研究资料，轨道交通防范恐怖袭击的策略，大致可以归结为以下几个方面。

一、完善政府职能，健全相关法规和政策

轨道交通反恐，要求调整和强化政府职能，做到集中与分级管理并重，层次分明，职责明晰，以提高应对能力；在重视并完善政府职能的同时，应弥补法律法规上的不足，加

强和健全相关法规体系，组织开展并完善相应立法工作。

二、防（反）恐评估指标和设计中的要求

（一）建立防（反）恐评估指标

目前我国对恐怖袭击的评估仍出于初级阶段，对各种恐怖活动及地铁风险等级尚没有合适的指标来全面衡量，对于各种防范恐怖活动的方法以及恐怖活动所引起的危害处置，也没有适当的对策，只能借鉴其他国家的经验，为此应结合各地地铁的特点，建立防（反）恐评估指标。

（二）规划和设计车站要考虑防范恐怖袭击的要求

根据对上海地铁的防（反）恐的初步评估，在设计方面要针对地铁各线的重点车站和重点建筑开展防范，优化设计，具体方法包括以下几个方面：

（1）对地铁重点车站，采取最高等级的安全防范措施。

（2）在规划过程中，车辆段的安全防范应该放在首要位置，因为车辆段是列车停放和进行日常检修维修的场所，由各种生产、生活、辅助建筑及各专业的设备和设施组成，其中大量的车辆和燃料最有可能成为恐怖分子的袭击目标。

（3）在建筑设计方面应充分考虑地铁建筑及设备对在地铁防（反）恐中的作用，同时兼顾救援通道、逃生通道的设置，并综合顾及通道与其他功能的互补性。在结构设计阶段，除考虑结构物具有合理的人防设计等级之外，应提高公共区的主要受力构件的抗爆能力，进行必要的抗爆复核，并考虑次生灾害的预防能力。

（4）通过对地铁通道的改造，使通道的净高提高到《地下铁道设计规范》的要求高度，完全满足规范规定要求，对未达到净高标准的通道，应综合治理，或采用其他补救措施。

（5）设计尽量采用独立式出入口。从防（反）恐的角度来说，合建式出入口使得恐怖分子更为隐蔽，灾害发生时合建式出入口不利于人员的疏散及救援工作，且恐怖活动的影响会波及到与出入口连带的建筑物，造成更大的伤亡。

（6）设置消防楼梯。目前上海地铁的主要车站设置了消防楼梯，其他车站风险等级也应相对提高，应该设置消防楼梯。

（7）设计适合各地地铁特点的区间隧道探测装置和自动监控系统。根据地铁区间隧道的布置特点，有针对性的布置探测装置，控制非工作人员的进入，以提防恐怖分子破坏铁轨或者在铁轨上面布置炸弹、障碍物等。

（8）优化隧道区间的空间布局，设计地铁疏散平台。区间隧道内出现紧急情况时，同时地铁不能正常运行时，疏散乘客将是一个首要问题，按现有隧道布局将难以有效解决该问题，而地铁疏散平台是行之有效的手段，且应增强区间隧道应急照明的亮度，方便乘客逃生。

（9）建筑物布局。合适的建筑物位置和方位以及车站的结构物都是影响安全防护策略的制定。对于建筑物来说，有效的地铁安全防护必须做到畅通无阻的空间、足够的建筑物架空距离。

（10）材料的选择。地铁运营管理部门要加强对工作人员的教育和培训，重视净化有毒物质的处理过程和有毒化学药品的处置，以减少恐怖袭击后的处理时间和降低可能发生的危害。

三、地铁运营部门的责任与义务

地铁运营部门需要加强对乘客的宣传和对工作人员的教育，明确各部门权限和处理恐怖事件的措施，完善层次分明、步调协调的应急方案并加强模拟演练，建立和健全地铁抢险小组，完善地铁人员防范和处理突发事件的能力。

（一）完善监测及信息系统

1. 采用先进的设备及其检测体系

所有基本的系统，例如监视系统、控制系统、电力系统和消防系统都应该有备用设备，并且这些系统在发生紧急事件的时候可以正常使用。

2. 车辆检测体系

加强车辆维护及检修工作，提高综合服务水平。建立和完善设备状况计量检测体系，确保设备运作的安全度。对已发生的事故苗头、灾害险情要及时记录，用系统安全工程的方法进行评价，及时制定切实可行的整改措施，把工作落到实处，尽量把事故和灾害消灭在萌芽状态。

3. 自动监视系统

车站内应装设全方位的监视器，实时收集站内各方位视频信息，不能出现有地铁发生火灾、爆炸、毒气而控制中心不知情的情况。列车上还应配备有紧急报警按钮，发生火灾爆炸等意外事件时，乘客可迅速按压此按钮通知司机，由其迅速报告控制中心，为及时救援做好准备。

4. 自动警报系统

警报系统是各种电子设施集合体，包括传感器、控制器、传送线路和监视器。当未经授权的人员进入限制区域将触动警报系统，从而把信息传递到控制中心探测系统。

5. 自动探测系统

探测器对于管理盲区和运作（控制）中心是非常有效的。这些探测器可以在发生侵入情况下发出警告，或者在运作（控制）中心发生侵入事件的情况下按响无声警报，给安全部门发送消息。但是当探测器安放在偏远地区和无人兼顾地区时，需区分人为和自然状况下发出的警报。特殊情况下（如动物和风）都可能触发警报，因此必须配置探测器的防护装置，避免误动作。

6. 建立出入管理系统

出入控制系统能够通过监视保证人与至关重要设施的安全，例如电力设施、控制中心、计算机管理中心和车辆段停车场等重要设施部门，应建立和完善出入口管理制度，安置必要的探测设备，确保重要设施的安全和受控。

7. 建立反侦察系统

反侦察是防范恐怖活动的有效方法。通常恐怖分子袭击目标前，要对袭击目标进行调查。针对这一特点，侦察恐怖分子的意图和报告未遂的恐怖活动的线索就有可能减小恐怖袭击的可能性。

8. 建立事故处理专家系统

目前，地铁普遍安装了计算机监控系统，但没有充分发挥该系统的效用，对状态监测的信息没有充分进行再处理，为此，需要有一个后台的故障处理和分析系统来实现对监控信号的有效处理，充分实现对系统的智能化监控，提高整个监控系统的利用率。

9. 设备的配备

根据评估等级对地铁车站进行必要的设备配备，等级越高，设备越完善，越能使车站的安全等级与其防护等级相适应，如表 14－2 所示。

表 14－2　　不同等级车站设备配置

车站等级	火灾报警系统	供电、照明和通风设施	安全疏散标志	防爆设备	逃生辅助器材	机电设备监控系统	车站大屏幕	探测装置
甲	★	★	★	★	★	★	★	★
乙	★	★	★	▲	▲	★	▲	▲
丙	★	★	★	☆	▲	★	☆	☆

注　★为必建；▲为选建；☆为不建。

(二) 事故发生后的处理对策

轨道交通车站发生恐怖事件后，各岗位的处理对策如表 14－3 所示。

表 14－3　　车站发生恐怖活动时现场各岗位的分工

各岗位分工	行车值班员	1. 确认车站发生爆炸后，立即向轨道公安分局（98110）及消防（119）报警。 2. 汇报行调、站长、警务站、环控值班、分公司生产调度。 3. 通过监视器密切注意车站情况，与有关部门保持联络，负责各部门与车站有关人员间的信息传递工作。 4. 联系医疗单位（120），及时救护伤员。 5. 加强广播宣传，引导、疏散乘客，按下车控室内 AFC 设备的紧急按钮，切断有关电源。 6. 根据行调命令，指挥现场列车，防止列车进入事发车站
	值班站长	1. 立即组织车站工作人员对乘客进行疏散，抢救伤员，控制现场。 2. 赶赴事发地点，保护现场，维护秩序，设置警戒区。（如现场有可疑物品，应立即汇报警务站。） 3. 如爆炸引起火灾，应根据实际情况，通知环控值班人员开启相应的消防设备，采取初期扑救，切断、控制火源，防止火势蔓延。 4. 第一时间寻找证人、证据，发现可疑对象应立即向警务站汇报。 5. 上级指挥小组到场后，应尽快将收集到的现场情况上报，并根据上级命令，进行有关的操作
	站务员	1. 及时关闭自动扶梯，加强站台监护，防止乘客跌入轨道。 2. 引导乘客疏散。 3. 如爆炸引起火灾，应服从安排带好器具，赶赴现场参与灭火、救护工作。 4. 保护现场，配合公安部门调查取证
	售票员	1. 停止售票，并将票款及时转移至安全地点。 2. 及时疏散站厅乘客。 3. 如爆炸引起火灾，应服从安排带好器具，赶赴现场参与灭火、救护工作
	检验票员	1. 及时打开专用通道，引导乘客从专用通道及进出站闸机处疏散。 2. 如爆炸引起火灾，应服从安排带好器具，赶赴现场参与灭火、救护工作
	环控值班	1. 接到行车值班员的报告后，立即向环调汇报，按照实际情况进行工况调整。（如爆炸引起火灾，正确开启或关闭消防、送排风设备。） 2. 坚守岗位，保持信息畅通，确保事故照明及抢修抢险用电

续表

汇报内容	时间、地点、现场情况（是否引发火灾）、客流情况、影响程度、目前车站状况、是否需要增援等
消防用品	担架、轮椅、安全警戒绳、警示标志、灭火器、防毒面具等
备注	1. 有关领导到场后，服从指挥，积极配合。 2. 备品存放于固定位置，车站工作人员应熟悉存放地点及使用方法，便于应急使用。 3. 必要情况下，汇报分公司生产调度请求邻站增援

城市轨道交通的防恐、反恐工作，关键在于防。除了需要大量的监视、监控装备和完善的信息传输、储存、处理系统外，更需要敏感而有效的情报工作。如果仅仅停留在“大海捞针”式的被动搜寻状态，工作效率肯定是很低的。英国伦敦城市内设置了50万台摄像机，结果还是发生了地铁6座车站连环爆炸案。造成50余人死亡，700多人受伤。在利用摄像资料搜寻犯罪分子的过程中，虽然找出了4个犯罪嫌疑人，但警方仍抱怨摄像系统数量不足，盲区太多。而且，日常监控系统的工作人员在没有情报指引的情况下，实际上是没有针对性地盲目工作，预先找到恐怖犯罪分子的概率是微乎其微的。所有的努力，就是期望在增强监控能力、完善事件处置系统的前提下，尽可能减少恐怖袭击的损失，这是应该得到支持的。

恐怖袭击事件发生后的处置工作，除了通过检测、监控设备，搜寻犯罪嫌疑人及其策划者的工作，同其他非恐怖袭击造成的突发事件有所不同外，其他处置手段和程序，已在第三、第四节中作了比较详细的阐述，这里就不重复叙述了。

思 考 题

1. 什么是轨道交通安全？它包含哪些内容？

2. 轨道交通运营前期的安全工作包括哪些内容？为什么必须认真做好运营前期的安全工作？

3. 轨道交通公共场所的安全有什么特点？怎样做好这个区域的安全保障工作？

4. 轨道交通运营系统可能发生哪些安全隐患？如何预防？

5. 列车在隧道中因故障停车后，应如何进行安全处置？

6. 列车在运行中发生火灾，驾驶员应采取怎样的紧急措施来确保安全？

7. 作为乘客，当车站发生毒气袭击事件时，该如何应对？

8. 轨道交通突发事件的应急预案应该由谁来制订？如何保证应急预案得到正确执行？

9. 轨道交通系统的监控系统由哪些设备组成？发挥哪些作用？

10. 轨道交通预防恐怖袭击有哪些措施？

【第六篇　环　　保】

第十五章　城市轨道交通振动与噪声

近年来，我国城市轨道交通建设取得了很大的成就，不仅有效地改善了城市的交通环境，而且极大地促进了城市建设和经济的发展。但不可否认的是，城市轨道交通的发展也给城市的发展带来了很多负面影响，诸如噪声、振动、电磁辐射、景观以及日照等方面，其中以城市轨道交通的振动和噪声对环境的影响尤其不容忽视（见图 15－1）。

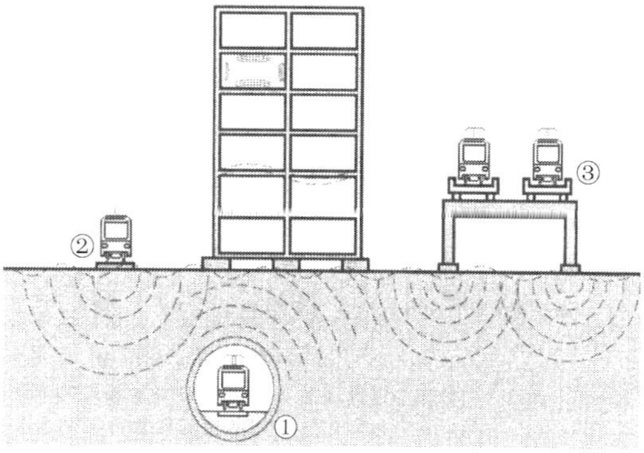

图 15－1　轨道交通的振动

各种交通工具在运营中不可避免地要产生噪声，噪声达到一定的强度将会对操作人员、乘客以及周围的行人、居民造成损害。持续不间断的高噪声会给人体带来压力感、疲劳感、甚至造成损伤神经、听力等不可挽回的后果。

一列轨道交通车辆通过时，在地面建筑物上引起振动的持续时间，大约为 10s。在一条线路上，高峰时两个方向 1h 内可以通过 30 对列车，或更多一些。振动作用持续时间，可以达到轨道交通总工作时间的 15％～20％，因此，轨道交通运行中对城市产生的振动和噪声污染不容忽视。目前，国内尚未有地铁与轻轨交通振动与噪声的控制标准，只能参考国家环保局制定的城市区域标准：“对交通干线道路两侧昼间为 75dB，夜间为 72dB”。

我国对于减振降噪技术的研究起步较晚，随着我国第一条城市高架轨道交通线——上海市轨道交通 2 号线的通车运营以及地铁 3 号线北延伸段、地铁 1 号线北延伸段的开通，沿线部分地段的振动和噪声问题引起了社会的广泛关注（见图 15－2）。

图 15－2　高架线路的噪声传播

噪声可通过声源（即噪声的发源地，可能是机械的、化学的、电化的，以及生物的等）、途径（即噪声是如何进行传送的）以及接受点（怕听见噪声的人所处的位置）这 3 个方面进行分类和研究。

车内的噪声由乘客和驾驶该车的司机所承受，车站内的噪声由在车站内候车人及车站工作人员所承受，而路边噪声则影响着邻近线路附近区域居住或工作的人们。

各种类型的噪声可能来自一个或几个噪声源。这些噪声源沿着各种各样的途径进行传播和扩散。了解声源、途径和接受点就可以有针对性地寻求降低、衰减噪声的措施和途径，对现存的噪声进行防护，最大限度地降低对人体造成的损伤。

第一节　城市轨道交通振动与噪声源分析

一、轮轨噪声

轮轨噪声是钢轨与车轮之间相互作用而产生的声响。这种相互作用在车轮和钢轨相接触处产生力的作用，造成车轮和轨道的振动并向外辐射声波。

轮轨噪声有 3 种主要类型：摩擦噪声、撞击噪声和轰鸣噪声，每一种均由相应的机械结构所产生。

（一）摩擦噪声

一般转向架式车辆，轮对车轴平行地配置在转向架的构架中，当车辆运行在小半径曲线线路时，车轮沿曲线钢轨并非纯滚动运行，要产生局部的横向滑动，即所谓“卡滞-滑动效应”。这种曲线钢轨对车轮轮对不完善的导向造成“卡滞-滑动效应”，引发车轮和轨道的振动响应，形成一种高频的尖啸声。产生这种摩擦噪声（或尖啸声）最主要的因素是曲线半径、转向架轴距、车轮振动阻尼特性，以及轮轨表面之间的黏着系数和所采用的材料等。

（二）撞击噪声

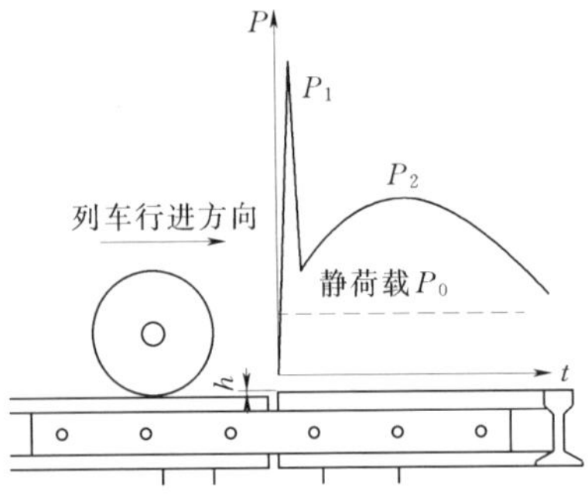

图 15－3　钢轨接头不平顺示意图

撞击噪声是由车轮踏面或钢轨表面的不平顺所产生，如图 15－3 所示。这种不平顺包括钢轨接头的缝隙、轨面擦伤和车轮踏面局部磨损、扁疤。钢轨接头的台阶和折角使车辆行驶时发出“卡塔-卡塔”的撞击声，研究结果表明，如果两钢轨末端接头处于同等高度，那么撞击噪声是微不足道的。如果车辆正在行驶所处的第一条钢轨末端比前面与其相接的第二条钢轨端头的位置高，即所谓处于下台阶情况，噪声就随着车速的加快而增长至某一定值，车速再增长它基本保持恒定值。当第一条钢轨末端比第二条钢轨连接端头所处的位置低时，即所谓升高台阶处，那么噪声随着车速的提高而不断增长，这样升高台阶就成为一个较严重的噪声源。由车轮踏面扁疤所引起的噪声与钢轨接头下台阶处的情况相似，车速超过了某一定值噪声级就不再增长了。

（三）轰鸣噪声

轰鸣噪声（或滚动噪声）是由于车轮踏面和钢轨接触表面局部小面积粗糙所造成。研究结果表明，轮轨接触区域越大，所产生的轰鸣噪声就越小，当轰鸣噪声达到顶点的频率时钢轨将成为主要噪声源。减小轮轨接触面的粗糙度是降低轰鸣噪声行之有效的途径。

二、车辆非动力噪声

车辆非动力噪声主要指制动系统在实施制动时闸瓦与制动盘之间摩擦振动，它激发制动闸瓦片、闸瓦托架以及制动盘等产生自激振动形成噪声。

车辆的非动力噪声还有制动系统中悬挂连接和支座中所使用的许多销套，由于销套与销轴之间的间隙在运行中相互撞击而产生噪声。此外还有车辆的辅助系统（空调装置、空压机等）所辐射的噪声。

三、牵引动力系统噪声

牵引系统设备运转所产生的噪声，包括牵引电机及其冷却风扇、齿轮箱以及空气压缩机的噪声，它是城市轨道交通主要的噪声源。牵引系统的噪声，特别是电机冷却风扇的噪声，随列车运行速度的提高而增长，其程度往往要大于轮轨噪声。

近来，对混凝土高架铁路的研究表明，混凝土高架铁路上的牵引动力系统噪声级比地面道床轨道上的噪声级高 5dB（A）。这主要是因为高架铁路上轨道下面缺少吸声材料，如道碴、土路基等。

在车体向下延伸部分装设车裙，可起到阻挡牵引系统噪声向外辐射的作用。车裙在与车下吸声装置相结合后能使混凝土高架铁路上的牵引系统噪声降低 5dB（A）。使用车裙和车下吸声装置可使对声屏障的需要减少到一半，故在经济上是有效益的。

四、高架轨道噪声

由高架结构的振动而辐射的振动与噪声。当列车行驶在高架结构上时，轮轨相互作用所产生的振动通过轨道传递给支承结构，将激发高架结构结构梁、柱的振动而辐射噪声，特别带有“空腔”的结构如箱形梁起到乐器“共鸣箱”的作用，二次辐射的噪声不可忽视。支承结构将噪声向周边地区进行传播，它比之列车行驶于一般的路堤带坡度道床时所产生的噪声级要高得多，一般要高 20dB（A）（见图 15－2）。

针对高架轨道交通线路进行现场测量，结果发现，在高频状态下，钢轨为主要噪声源，而中频的主要声源是箱形梁，所以为大幅度地降低噪声级，就必须同时降低钢轨和结构梁的噪声。

五、地下铁道的地面承载噪声

地下铁道轮轨间相互作用而产生的振动被传递给隧道结构，继而又传向周围的土体，振动通过土体再向邻近的建筑物传播从而导致建筑物地下及墙壁的振动和噪声向建筑物内房间的第二次辐射，它是一种低频声响，就如同外界振动使房间中的窗户所发出的“喀喀”声响（见图 15－1）。

地面承载噪声和振动是一个相当严重的干扰源，它也是公众向交通部门抱怨的一个主要对象。因此更有效地预测和抑制地面承载噪声和振动，对缓和这类社会问题具有现实意义。

此外还有空气动力噪声。随着列车速度的提高，列车车头以及在列车上各个突出和凹陷的部分，车顶的受电弓等，在空气中高速移动时，周围空气在非恒定的气流中发生变化，从而产生空气动力噪声。风洞试验表明，物体产生的空气动力噪声与空气的流速呈 6 次方关系增加。通过对车头形状的流线型处理，对于突出于车体的某些设备或装置的结构进行改进或将其移到可用隔声罩予以屏蔽的车体下部，均可抑制非恒定涡流的发生，降低空气动力噪声，从而减少噪声对沿线的影响。

第二节　轨道交通噪声特征分析

一、线路环境噪声的组成及列车辐射噪声的特征

轨道交通沿线的环境噪声主要由以下两部分组成。

（一）列车辐射的稳态噪声

列车辐射的稳态噪声包括列车运行时轮轨相互作用产生的轮轨噪声、车辆动力装置和辅助系统辐射的噪声，以及高速运行时的空气动力噪声等。

（二）与行车有关的间歇噪声

与行车有关的间歇噪声包括通过曲线、道岔、制动、鸣笛、交会和调车连挂所引起的噪声。

通过对列车运行辐射噪声的测试与分析研究，可知：

（1）列车运行辐射噪声频谱呈低、中频特性，峰值频率在63～500Hz范围内，该频谱主要是由轮轨噪声、动力装置噪声和列车声学特性所决定。当车速超过50～60km/h时，轮轨噪声对列车辐射噪声起主导作用。

一般列车辐射噪声可由下式求得

$$L = 10\lg(10^{0.1L_{轮轨}} + 10^{0.1L_{车体}})$$

式中　L——列车运行辐射的总噪声级，dB（A）；

$L_{轨轮}$——轮轨作用辐射噪声的噪声级，dB（A）；

$L_{车体}$——车辆车体辐射的噪声级，dB（A）。

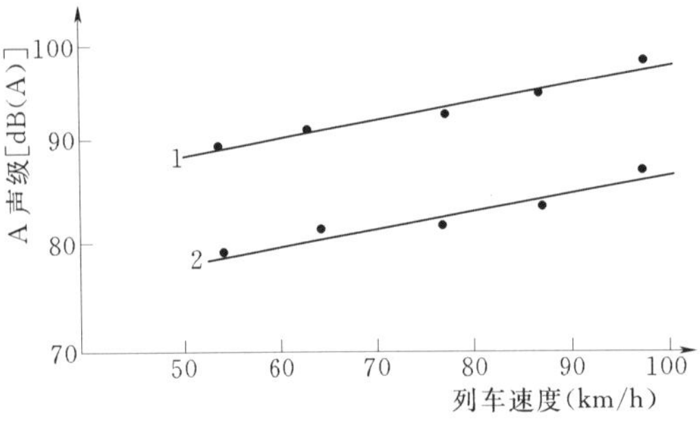

图15－4　列车辐射噪声沿垂直轨道距离的衰减曲线
（图中1、2分别为测点距轨道中心3m和25m）

（2）在相同车速条件下，车型不同A声级也不同，这主要是由于不同机车车辆声学处理不同，一般客车比货车稍低。

（3）列车辐射噪声A声级随运行速度的提高而增加，列车种类、线路结构、轨枕、轨道等对其均有影响。

（4）列车辐射噪声的分布。列车辐射噪声垂直于轨道方向的不同距离的衰减，其实测的衰减规律如图15－4所示。由图中可知，测点从3m移到25m，A声级衰减9～11dB（A）。根据辐射噪声扩散衰减公式，即

$$\Delta L = 10\lg(r_2/r_1)$$

式中　ΔL——噪声衰减量，dB（A）；

r_1、r_2——辐射噪声的垂直距离，m。

可计算得相应的噪声衰减量 $\Delta L = 10\lg(25/3) = 9.2$dB(A)。计算与实测二者基本

相符。

列车辐射噪声沿高度的分布如图 15－5 所示。图 15－5 为距轨道中心线 30m 处，传声器在不同高度所测得的列车辐射噪声级。由图 15－5 可知，随测点高度的升高，A 声级增加，开始增加较快，测点到一定高度后增长减缓，直至不增加。

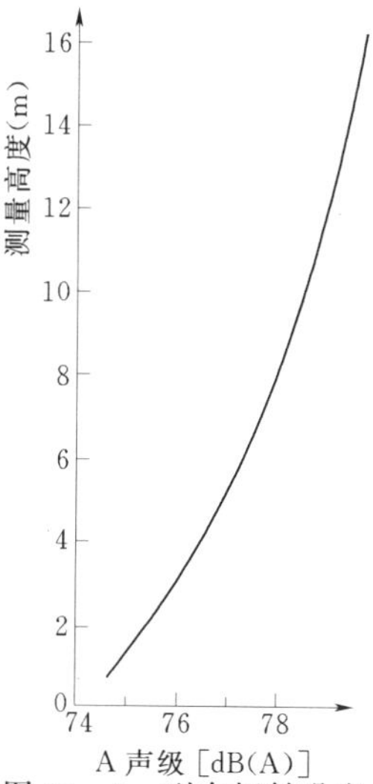

图 15－5　列车辐射噪声沿高度分布

二、曲线运行轮轨摩擦噪声的形成原因及影响因素

“卡滞-滑动效应”是由于在轮轨系统碳素钢珠光体的黏着作用，摩擦系数在数值上受气候的影响有很大变化，在干燥的气候噪声强度十分可观，而在潮湿有雾气的条件下可能完全消失（见图 15－6）。

这种尖啸声的噪声源在于车轮轮辋的轴向弯曲振动，其固有振动的频率范围为 500～1500Hz。

“卡滞-滑动效应”也可能由车轮的纵向滑动分量产生，与其对应的为轮对的扭转振动，属于低频范畴，其声音几乎觉察不出来。

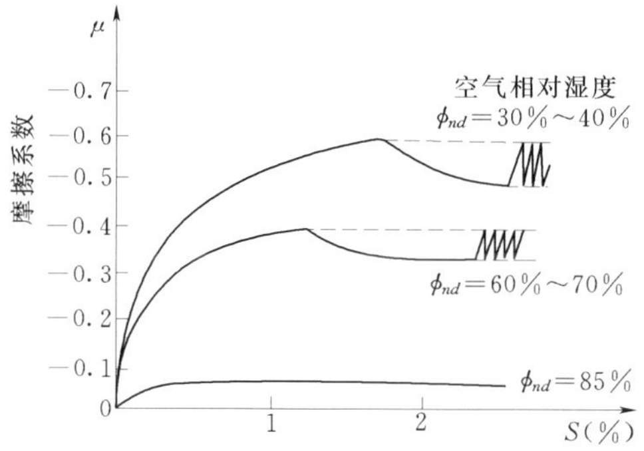

图 15－6　轮轨为常用碳素钢时摩擦系数与纵、横向滑动率的关系

在曲线上，当曲线与车轮方向之间的偏角 α_{bi} 达到临界角 $\alpha_{krit} \geqslant 0.3°$ 时，就要出现曲线噪声。根据曲线半径 R，转向架轮对轴距 l_a 与偏角 α_i 之间的关系，可以导出在常用轮轨钢时，曲线运行无噪声条件下转向架轮对轴距与曲线半径近似配置尺寸关系如表 15－1 所示。

地铁和轻轨在选线时受到原有设施或建筑物的限制，最小曲线半径往往比较小，而转向架轴距由于结构和设备安装的要求也不可能进一步减缩，为了抑制曲线运行的噪声有必要采取附加的措施。巴黎地铁中在轮轨摩擦噪声特别大的区段，有在轮轨滚动面上浇水的做法。

表 15－1　曲线运行无噪声条件下转向架轮对轴距与曲线半径近似配置尺寸关系

转向架轮对轴距 l_a(m)	2.2	2.2	1.8	1.6
无噪声运行的最小曲线半径 R(m)	250	230	200	180

三、地下铁道和高架线路的振动、噪声特征

（一）地下铁道的振动、噪声特征

地铁振动与噪声的受体是地铁工作人员、乘客及地铁沿线的居民，影响范围包括列车车厢、驾驶室、车站站台、集散厅、工作值班室及地铁沿线地面建筑物内。实测表明，影响地铁振动与噪声污染强弱的主要因素是：车辆类型、列车长度、列车速度、车站结构、地质状况、支撑轨道的结构形式及轨道扣件的种类、地铁沿线居民距离隧道的远近等。

地铁站内的噪声特征不同于露天环境，声波在地下空间传播时，由于界面的反射及不同程度的空气吸收，造成声能在空间发生变化，而产生一系列不同于露天传播情况的声学特征。

站内对声音的影响如下：

（1）引起一系列的反射声。

（2）与露天不同的音质。

（3）声能密度的增加。

（4）声音在空间分布发生变化。地铁车站站台和集散厅属大型站厅，各个方向的尺度都比声波波长大几倍、几十倍甚至几百倍。在这个范围内，站内极易激发大量的谐振波，其相位各有不同，形成地铁车站环境的特有噪声特征（混响声大）。据测试，由于室内反射声的作用，可使声音比室外提高十几分贝。

实测与主观感觉表明：地铁交通振动与噪声对于地下空间环境的影响重点是噪声问题，对于地铁沿线地面环境的影响重点是振动问题。

（二）高架线路的振动、噪声特征

高架轨道交通系统噪声主要由轮轨噪声和高架结构噪声组成，它的特征还有以下重要特点。

（1）声源位置。线路高架后，轨道交通噪声的声源位置也相应升高，简化后的声源位置可与车轮中心同高，高架梁噪声的声源位置，简化后可与梁的侧表面水平中心线同高。高架轨道交通线路的噪声辐射面要比地面轨道交通线路的噪声辐射面大得多。

（2）高架结构噪声。高架结构噪声是由轮轨相互作用而产生的结构二次噪声辐射所引起，其大小与结构类型、表面积、道床结构、轨道类型及隔振措施有关。

（3）高架结构对轮轨噪声的屏障作用。高架结构对桥面以下区域，由于阻挡了轮轨噪声的传播，产生了一定的声衰减。

（4）建筑物的声反射。高架轨道交通系统多在主要街道上沿街走向，如已通车的上海M3线工程基本上在中山环路内穿行，M3线高架两侧的建筑有很多中、高层建筑，列车运行噪声除地面反射外还受到建筑物的反射，形成了较强的混响声场。

（5）临街建筑物对高架轨道交通系统噪声产生声屏障作用。

上海和北京地铁都对地铁通过区域周围的振动和噪声作过多次测试，测试结果对照现行环保标准，对于一般埋深（10m左右）的地下线，其中心线处地表振动超标5～10dB左右；超过30m后，混凝土基础的建筑物受振动的影响大大降低。对高架线路，其峰值噪声桥面以上部分大于桥面以下，一般超标在10～15dB左右，建筑物距线路中心的距离不同，噪声值也有所衰减，距离线路中心30m处，可衰减5dB左右。箱梁下的噪声高达80dB以上，说明钢轨扣件和轨下基础减振效果差，轮轨动力作用直接传递到梁体，引起较大的二次噪声。

第三节 城市轨道交通噪声的评价与标准

目前国内还没有一套标准的城市轨道交通噪声的评价方法和指标，工业发达国家以及一些国际性大都市所拟订适用于本国的轨道交通噪声测量以及评价标准可供参考。另外，可供借鉴的还有国际铁路标准化组织（ISO）的《声学——轨道车辆内部噪声测量》（ISO 3381—1976（E）），我国标准《铁路机车车辆内部噪声测量》（GB/T 3449—94）、《铁路机车司机室噪声允许值》（GB/T 3450—94）等。我国国家标准《城市区域环境振动标准》（GB 10070—88）、《城市区域环境噪声标准》（GB 3096—93）和《城市区域环境噪声适用区域划分技术范围》（GB/T 15190—94）中，对于特殊住宅区，其室内振动标准值为68dB（A），噪声标准值为昼间 50dB（A）和夜间 40dB（A）；对于普通的居民区和文教区，室内振动标准值为昼间 70dB（A）和夜间 67dB（A），噪声标准值为昼间 55dB（A）和夜间 45dB（A）。

为达到噪声评价目标，按照城市轨道交通系统特性可细分为各个部分，例如车站型、车辆型、道床型以及公共场所型等，选择代表着系统特点的典型噪声测量点，可由该测量点测得的噪声级对整个系统的噪声情况进行推断和归纳。

影响城市轨道交通噪声主要来自车辆本身、线路、车流量以及鸣笛等。车内噪声主要影响乘客和驾驶人员的舒适、健康和行车安全。车外噪声涉及站内乘客、工作人员以及沿线居民的噪声干扰。

一、评价方法

噪声对人的危害和影响包括许多方面，它与噪声源的特性（如噪声强度、频率和时间特性等）有关，也与人耳的听觉特性和人对噪声的主观心理反应有关，多年来各国学者对噪声的危害和影响程度进行了大量的研究，提出各种指标和评价方法，期待得出与主观响应相对应的评价量和计算方法以及应该控制的数值和范围。在这方面大致可概括为：与人耳听觉特征有关的评价量；与心理情绪有关的评价量；与人们的健康有关的标准（工厂噪声）；与室内人们活动有关的评价量；等等。这些不同的评价量各自适用于不同的环境、时间、噪声源特性和评价对象。

由于环境噪声的复杂性，迄今所提出的评价量达数十种之多，现仅选择几种可能被我们采用的而且已被公认的评价量供参考。

（一）A 计权声级

为使声音的客观量度与人耳听觉的主观感受近似取得一致，在测量声音的仪器（如声级计）上装设频率的计权网络，即加上滤波器。一般这种计权网络有 A、B、C 三档（分别相当于人耳对低、中、高声级的响应），分别记为 dB（A）、dB（B）、dB（C），最常用的为 A 计权声级。用 A 计权网络测得的声级与由宽频率范围噪声引起的烦恼和对听力危害程度的相关性较好。

（二）等效连续声级

用声音能量按时间平均的方法来评价噪声对人的影响，即等能量声级，它是用一个在相同时间内声能与之相等的连续稳定的 A 声级来表示该时段内不稳定噪声的声级，它能反映在声级不稳定场合人们实际所接受的噪声能量的大小。

（三）响度级

响度级是描述人耳对不同频率（纯音）和强度的声音的一种主观评价量，用一组等响度曲线对不同的声音作出主观上的比较。它是以 1000 Hz 纯音为基准，对听觉正常的人进行大量比较试听的方法来定出声音的响度级，单位为方（phon）。

（四）语言干扰级

语言干扰级是作为一种对清晰指数的简易转换，最初主要用于飞机客舱噪声的评价，现已推广用于其他许多场合。现用的更佳语言干扰级（PSIL）是取500、1000、2000Hz三个倍频带声压级的算术平均值。PSIL讲话声音的大小、对话彼此间的距离、背景噪声级三者之间的关系如表15－2所示。

表15－2　　PSIL讲话声音的大小、对话彼此间的距离、背景噪声级

讲话者与听者间的距离（m）	PSIL(dB)			
	声音正常	声音提高	声音很响	非常响
0.15	74	80	86	92
0.30	68	74	80	86
0.60	62	68	74	80
1.20	56	62	68	74
1.80	52	58	64	70

除了以上简述的4种噪声评价方法之外，较有名的还有感觉噪声级、更佳噪声标准（PNC）曲线、噪声污染级、昼夜等效声级、噪声冲击指数和噪声掩蔽等。

二、评价标准与指标

城市轨道交通的噪声级的强度直接与系统的特性相关联。轨道设置的位置，即设于地下、地面或高架等，都是影响噪声级的决定因素。地下铁道一般比地面轨道产生更大的车内噪声级，高架铁路轨道产生的路边噪声级比地面轨道的噪声级要高。与高噪声级相关的其他条件还包括列车的运行速度、采用无缝长钢轨或一般有缝钢轨、车轮踏面上的擦伤、钢轨表面局部粗糙状况以及线路小半径曲线等。

运载设备使用时间的长短是噪声级的另一个决定因素。使用年久的车辆车内噪声级一般较高，新设计车辆及车站由于采用许多声学上处理，车内和站内噪声级都会有明显降低。路边噪声级在新旧系统中发生的变化和差异并不像其他的噪声那么大，而更多地受到列车运行速度和轮轨状况的影响。

“美国公共交通协会”所制定的噪声级指标是以确保私人谈话能以正常声音进行而设计制定的。在背景噪声级为78dB(A)时，人们在0.35m的距离处可以用正常的声音进行谈话，但当背景噪声级达83dB(A)时，为使对方能听见自己的声音，他们必须要提高噪音。

按该指标规定，根据城市轨道交通类型的不同，可接受的最大车内噪声应为70～80dB(A)，站内噪声为75～85dB(A)。对于地铁来说，噪声级的上限可设得高些，因为将它的噪声级降到与地面铁路相同的程度是极困难的，在经济上也是极昂贵的。路边噪声级的上限随路边地区建筑物和地面类型的不同而有所差异，其上限值在居民区为70dB(A)、工业区为85dB(A)的范围内变化（距线路中心线15m处）。有资料报道，美国城市轨道交通很多没有达到“协会”所规定的指标要求。

我国《地下铁道车辆通用技术条件》（GB/T 7928—87）规定：司机室内的噪声不超过80dB(A)，客室内的噪声以不超过83dB(A)为限。另外，根据我国《铁路机车司机室

噪声允许值》(GB/T3450—94)规定，铁路新造、大修后，内燃、电力机车司机室内部稳态噪声应为78～80dB(A)，添加间歇噪声后的等效声级应不超过85dB(A)。

第四节 从轨道结构角度出发缓解城市轨道交通振动与噪声的措施

一、有碴轨道与无碴轨道结构

轨道结构按其轨下基础形式的不同可分为两大类：有碴轨道与无碴轨道结构。有碴轨道具有造价相对低、施工速度快、维修方便及弹性好等优点，目前一些工业先进的国家仍然采用，如德国汉堡37km的高架线路、法国巴黎地铁的原有线路都采用轨枕碎石道床；1985年建成通车的菲律宾马尼拉轻轨铁路，全长14.5km，为高架线路，采用双块式预应力混凝土枕、潘得罗尔扣件、硬质碎石道床。

由于有碴轨道的道碴提供了很好的弹性，且可以吸收部分噪声，对减振降噪有利。然而城市轨道交通应优先采用无碴轨道结构，这是由城市轨道交通其特殊的运营特点所决定的，如行车密度大、行车间隔短、运营时间长、工作环境狭隘等。

(1) 碴轨道养护维修量大。传统的碎石道床由松散的碎石组成，因此，在列车荷载作用下，道碴的磨损、坍塌、局部陷入路基以及钢轨和轨枕的变形，都会引起轨道的残余变形，产生轨道不平顺。而道碴的变形是引起轨道不平顺的主要因素，占轨道变形的80%以上，整治道床占养护维修工作量的80%以上。

(2) 轨道交通线路在其运营时间内进行养护维修几乎已不可能。据统计，自1863年伦敦开行第一列城市轨道交通线以来，世界各国的城市轨道交通累计已达7000km，其行车间隔时分不超过4min的线路占90%以上，其运营时间通常在18h左右，夜间的养护维修作业在安全、质量和设备要求上提出更为苛刻的要求。

(3) 城市轨道交通除市郊铁路外，地铁和轻轨线在城区内以隧道和高架形式穿越的情况居多，其养护维修作业在空间上受到极大限制，且隧道内的工作条件十分恶劣。

(4) 高架线采用道碴道床，其轨下基础单线自重为1.9t/m，而选用结构简洁的轨道结构，其双线自重仅为1.8t/m。因此，采用道碴道床增加了桥梁的自重，从而可能需加大梁跨和桩基尺寸，增加了投资。

此外，有碴轨道道床的清筛粉尘也给城市环境造成污染。因此，无碴轨道相比于有碴轨道，具有稳定性、平顺性、刚度均匀性好，维修工作量少、简洁易清洗等显著优点，逐渐被世界上许多国家所认识，并在过去的几十年里，对无碴轨道结构开展了长期、系统的研究工作，一些国家如日本、德国，已把它作为高速铁路和城市轨道交通的主要轨道结构形式加以发展和应用。

二、国内外轨道结构减振降噪措施

目前国内高架线路的轨道结构的减振降噪措施主要集中于扣件和轨下基础两方面，对钢轨等其他措施也有一定研究，分述如下。

(一) 降噪钢轨

当车辆轮滚过钢轨顶面时，由于钢轨腹板的厚度较薄，轨腰产生振动，这一振动向空气辐射，从而产生噪声。为了最大限度地减小钢轨腹板振动引起的噪声，在钢轨腹部粘贴减振橡胶，如图 15－7 所示。一般是在钢轨腹部粘上橡胶板后再粘上一钢板，以增加振动质量，起到衰减作用。要求使用高阻尼橡胶，从而增大振动衰减作用，达到降噪目的。这一装置的关键之一是橡胶与钢轨、橡胶与钢板之间要有较好的黏结性，如果黏结界面脱开，则减振效果大大下降。

为了降低列车通过时轨道结构引起的噪声，荷兰在开发研究板式轨道时，研制了轨头形状与 UIC54 相似的 SA42 型矮轨，并采用 ERS（Embedded Rail Structure）轨道结构技术，将钢轨用 Edilon Corkelast 材料埋起来，轨下基础也采用板式轨道。由于这种钢轨矮胖，车辆通过时引起钢轨腹板的振动频率较低，提高了轨道结构的减振降噪效果。据资料表明，这种轨道结构降噪效果为 5dB，如图 15－8 所示。

图 15－7 降噪型钢轨

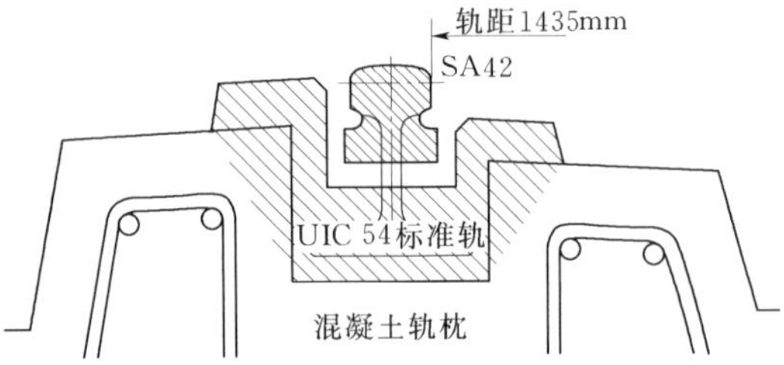

图 15－8 ERC 型轨道采用的降噪型钢轨

（二）减振扣件

1. SD 弹性垫板

通过提高轨下橡胶垫板的弹性，亦即降低轨下垫板的静刚度作为改善轨道工作条件的技术措施之一。

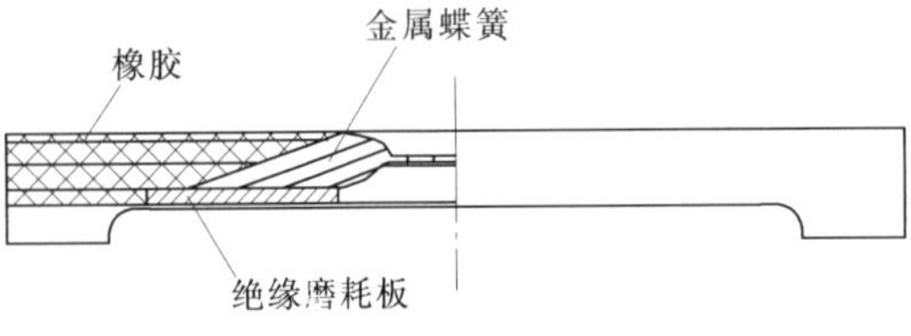

图 15－9 SD 复合型轨下垫板

SD 复合型轨下垫板由高弹性橡胶与蝶形弹簧及绝缘磨耗板三位一体复合而成，如图 15－9 所示，具有高弹性、高强度和适当阻尼，不但能承受较大的轮轨冲击力，而且能在提高线路弹性的同时又不至于使钢轨的动位移增加太多。其原开发目的是为了适应我国高速、重载、大运量铁路运输发展的需要，为了寻求减轻轮轨损耗、减少道床病害、减少维修工作量的对策而开发的。通过现场试铺试验表明：在钢轨接头处，轨下第一根混凝土枕的平均冲击加速度幅值 TB 型垫板是 SD 型垫板的 4 倍；在 0～403.75Hz 范围内的平均功率水平，TB 型垫板是 SD 型垫板的 142.56 倍。

由于它所用橡胶材料在耐压缩疲劳、耐热与耐寒性等方面都有较显著的改进，因而该垫板具有较好的阻尼特性，并大大提高了减振性能。

2. Getzner 弹性垫板

奥地利的 Getzner 公司主要从事轨道减振部件如道碴垫、浮置板橡胶垫及扣件弹性垫层的设计与制造，其扣件弹性垫层包括轨下垫层（Rail pads）及铁垫板下垫层（Baseplate pads）（见图 15－10），Sylomer 和 Sylodyn 是其产品的注册商标。

图 15－10　Getzner 公司减振垫板

Getzner 公司的减振垫板根据不同的线路其设计刚度也不同，通常用于高速或重载线路的垫层刚度大于城市轨道交通相应扣件的刚度。其用于轨道交通的垫层刚度，对于铁垫板下可低至 4kN/mm，最大为 12kN/mm，在道岔区为 30kN/mm，动刚度与静刚度之比为 1.1～3.5。Sylomer 铁垫板下垫层的某静刚度测试结果如图 15－11 所示。其静刚度很小的独特优点可以使轨道扣件有较好的减振效果，其原因在于设计垫板时，通过控制材料的密度使其具备较高的非线形特征，从而使得垫板在较高的垂向压缩变形量的条件下，横向变形可满足轨道几何形位的容许位移规定。由于铁垫板下垫层刚度值较小，压缩变形量大，容易造成垫板锚固螺栓的松动，因此其锚固螺栓也相应地采用防松螺栓，如图 15－12 所示。其轨下垫层的刚度根据不同的作用在 15～150kN/mm 之间，动刚度与静刚度之比在 1.1～3.5 之间。Getzner 公司的扣件弹性垫层在欧洲特别是德国和奥地利有相当数量的使用，目前在国内尚无应用实例。

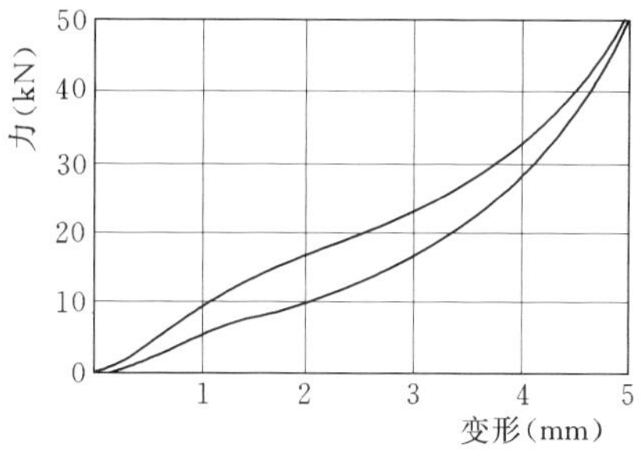

图 15－11　静刚度为 8.5kN/mm 的铁垫板下垫层的测试结果

图 15－12　Getzner 的铁垫板防松锚固螺栓

3. 高弹性扣件

高弹性扣件是扣件节点垂向静刚度比普通扣件低，弹性性能好。这种扣件使钢轨在荷载作用下产生较大的剪切变形或挠度，从而降低轨道的力学阻抗，减少轮轨激发的振动。目前国内有代表性的此类扣件包括以下三种：

(1) 轨道减振器扣件。轨道减振器扣件如图 15－13 所示，俗称科隆蛋扣件，该扣件的承轨板与底座之间用减振橡胶硫化粘贴在一起，利用橡胶圈的剪切变形，获得较低竖向刚度。其垂向静刚度为 11～13kN/mm，减振效果较一般弹性扣件高 5dB 左右。

（2）Lord 扣件。Lord 扣件由两块上下粘贴在一起的铁垫板及弹条扣压件组成，如图 15－14 所示。该种类型扣件用弹性材料将顶板（用以固定钢轨）和底板（用以连接基础）粘接起来，由相当厚的弹性材料提供弹性。美国 Lord 公司是此类扣件的著名厂家，它所生产的黏合垫板式扣件分低中刚度两类，低刚度扣件的垂向刚度为 10～16kN/mm，而中刚度的垂向刚度为 17～52kN/mm 不等。低刚度黏合垫板式扣件的减振效果与科隆蛋式扣件相当。

图 15－13 轨道减振器扣件

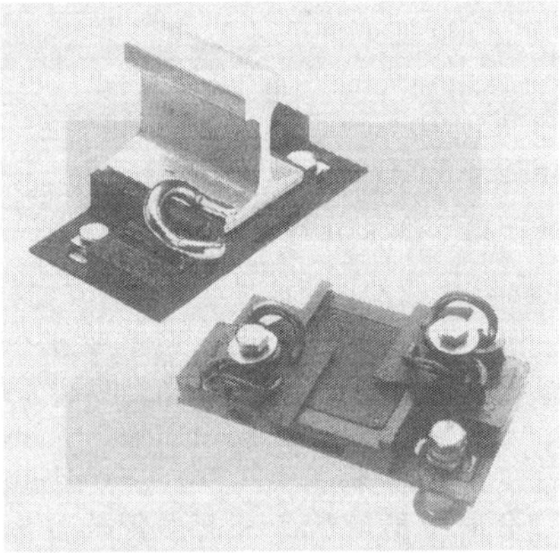

图 15－14 Lord 扣件

（3）Vanguard 扣件。Vanguard 扣件如图 15－15 所示，是英国 Pandrol 公司 2001 年的开发最新产品，最早是为了控制伦敦地铁所产生的振动而研制的，伦敦地铁限于既有隧道的高度，改造时不允许采用尺寸较高的轨道结构，因此设计了这种高度较低近似于长方形的铁垫板，垫板两端设一对类似“挡肩”的结构，顶住轨颚下部并紧贴在轨腰两侧，挡肩与钢轨之间采用弹性阻尼材料缓冲。这种结构能提供很大的垂向位移，横向则因挡肩的限制，轨头横向位移却很小。通过现场测试，垂向动态位移在 3mm 左右，而横向位移仅 0.4mm。振动测试表明：在 2500Hz 以下，轨道结构插入损失平均在 18dB 左右。此外，在高架桥上安装此扣件与一般弹性扣件相比，测得桥的垂向及横向振动速度级分别减小了 6dB 和 13dB，桥下噪声降低了近 10dB，距离轨道 25m 处的噪声降低了 3dB，减振降噪效果很好。

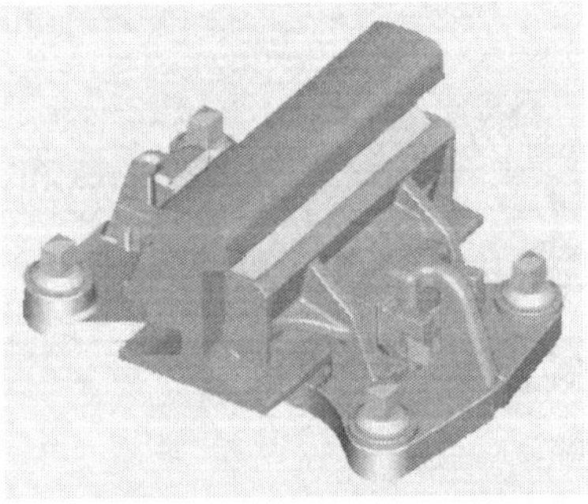

图 15－15 Vanguard 扣件

Vanguard 扣件最早应用于英国伦敦地铁，广州市轨道交通 4 号线正在引进该种扣件并已投入运行。广州地铁对使用 Vanguard 扣件的轨道结构进行测试，测试结果为钢轨垂向平均变形量为 3.91mm，横向变形量为 0.22mm；钢轨垂向振动加速度级增加 8.7dB，横向增加 2.2dB；道床垂向振动加速度插入损失为 15.5dB。

（三）减振轨下基础

1. 弹性轨枕

（1）弹性短轨枕。弹性支承块式轨道结构是一种新型的无碴轨道结构，属低振动型轨下基础。这种轨下基础是在支承块式承轨台的基础上对支承块包裹一层橡胶靴套以及在支承块下增设一块橡胶垫板，从而与轨下橡胶垫板构成双层弹性体系，最大程度上模拟了传统碎石道床弹性点支承的结构和受荷响应特性。橡胶靴套的橡胶较硬，轨道的竖向弹性主要由靴套内的橡胶垫提供。靴套内支承块下的橡胶垫较软，并且橡胶垫两面开槽，以提供变形空间，提高轨道结构弹性。支承块外的橡胶靴套提供了轨道的小量纵、横向弹性变形，使这种无碴轨道在承载、动力传递和振动能量吸收诸方面更接近坚实均匀基础上的碎石道床，弥补了无碴轨道弹性不足的缺陷，最大限度地满足环保对轨道结构低振动、低噪声的要求。弹性支承块轨道结构轨道结构施工图如图 15－16 所示。

图 15－16　弹性支承块结构施工安装图

英国和法国之间的英吉利海峡隧道内铺设了这种轨道结构，称为 LVT（Low Vibration Track）。我国安康线秦岭隧道内也使用了这种轨道结构，其目的是为了使得无碴轨道结构的弹性与有碴轨道相接近，同时大大降低线路的维修养护工作量，目前该线路已运行 6～7 年，情况良好。上海、北京、广州和天津等城市的轨道交通也在对振动环境要求较高的地段使用了这种轨道结构，也取得了较好的效果。

橡胶靴套横向刚度大，变形小，稳定性有保证，整个结构竖向弹性高，轨道组合刚度 11.5～17.5kN/mm，减振效果 10～20dB 左右（钢轨～轨下基础），隧道壁减振 10dB 左右。铁道部科学研究院对弹性支承块式轨道结构进行了室内 1∶1 模型试验，在确认了其疲劳强度和安全性后，利用落轴冲击试验对其振动特性进行了对比试验，结果表明：与刚性支承块相比，弹性支承块的道床振动加速度级减小 13.7～17.7dB，地面振动加速度级减小 11.7～15.1dB。弹性支承块式钢轨所受的压应变平均减小将近 35%，其阻尼值比刚性整体道床提高 30.8%～50.7%，衰减速度快，说明弹性支承块轨道结构的减振和吸振性能优良。

弹性支承块轨道结构的发展已有 40 年历史。早在 1972 年，北京地铁东四十条站就铺设了这种轨道，现场测试较一般整体道床振动加速度降低 30%；经过 20 年运营，技术状态良好。通过室内试验和现场铺设，不但积累了大量的经验，也制定了一整套技术标准和准则，包括支承块施工技术条件、橡胶靴套制造技术要求、施工技术准则、施工质量评定标准，因此技术上是比较成熟的。

弹性支承块轨道结构简单，施工方便。钢筋混凝土弹性支承块可在工厂预制、组装，在现场采用吊轨法施工，只需将钢轨、扣件与支承块加以连接，经准确定位后，就地灌注道床混凝土即可成型。更换支承块和橡胶靴套时，只要松开一定数量的扣件，即可将之取出，因此养护维修方便。该道床结构具有可维修性，若弹性垫层损坏或失效，可将短枕块吊起，将损坏的弹性靴套垫层更换后，把短轨枕重新放入即可。

由于采用了橡胶靴套和块下大垫板，初期投资预计每单线公里为 250 万～400 万元（不计钢轨、扣件等焊接和铺设费用），较一般整体道床增加约 50 万～60 万元。

（2）弹性长轨枕。弹性长轨枕轨道结构所采用的轨枕与一般的混凝土轨枕相同，其减振原理与弹性支承块相似，通过在轨枕端部、枕端两侧和枕下三个方向设置弹性垫层，构成减振箱，如图 15－17 所示。该结构在日本称为 D 型弹性直结轨道，大量应用于其高速铁路和地铁系统，使用历史已有 20 多年。除具备弹性支承块相似的特点外，其突出优点是：可以不破坏周边混凝土，方便地进行轨枕下胶垫的更换及高低调整，特别是当隧道沉降量大于扣件调高能力时，只需在轨枕下加设垫层即可。

图 15－17　弹性长枕无碴轨道结构

日本日野土木实验所研究表明，弹性轨枕对于水平力（纵、横向）具有充分的承载力。通过使用 DTLOC 系统对试验轨道在 60±30kN 的负载条件下进行了 30 小时的疲劳测试，没有发现轨枕垫错动，确认了该结构具有充分的耐久性。根据振动 1/3 倍频程的频谱分析可知，在 500Hz 以上时可望有 30dB 左右的减振效果。

弹性长轨枕质量较弹性短枕（支承块）大，因此其减振效果比弹性支承块好，同时可结合轨排施工法施工。由于采用的弹性材料及道床体积较弹性支承块轨道结构较小，因此其造价稍低于弹性支承块轨道结构。

2. 梯形轨枕

弹性支撑的梯形轨枕轨道是种新型的低噪声、低振动的轨道系统，由梯形轨枕、弹性支墩、混凝土底座构成。梯形轨枕由预应力混凝土纵梁和钢管连接件构成，形状似梯子，如图 15－18 所示。梯形轨枕以一定间隔的防振支墩支撑在 L 形的钢筋混凝土台座上，形成弹性支撑的梯形轨枕轨道系统，如图 15－19 所示。

桥梁梯形轨枕的主要特点如下：

（1）重量轻，节省材料。与普通整体轨枕板道床相比较，梯形轨枕的每延米混凝土用量可减少 52.6%，钢筋用量减少 69.4%，重量可降低 68.7%；与中空式整体轨枕板道床相比每延米混凝土用量可减少 34.5%，钢筋用量减少 72.9%，重量可降低 22.3%。

（2）可调整梁缝处的不均匀沉降。

（3）减振降噪性能。由于这一轨道系统使用防振材料为支撑，且引入了最佳刚性支承

图 15－18　梯形轨枕

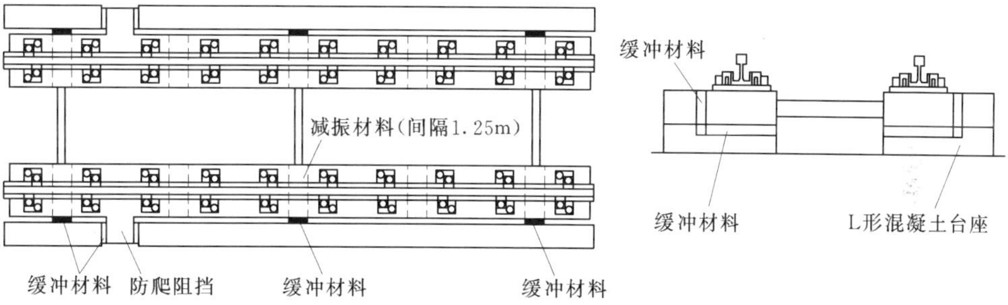

图 15－19　梯形轨枕轨道系统

下的轻量级质量-弹簧系统的概念设计，从而实现了低振动、低噪声，同时，还可在轨道铺设时大幅度缩短工期。在城市高架交通上能得到充分的防振、防噪效果。

根据日本在高架桥上铺设梯形轨枕的实测结果，从图 15－20 中可看到垂向加速度大幅度减少。在图 15－21 的谱分析结果中，无碴道床式梯形轨枕轨道与无碴道床式弹性横向轨枕轨道相比，振动加速度降低了 20dB，可以降低结构噪声。在试验中，桥下几乎感觉不到结构噪声。

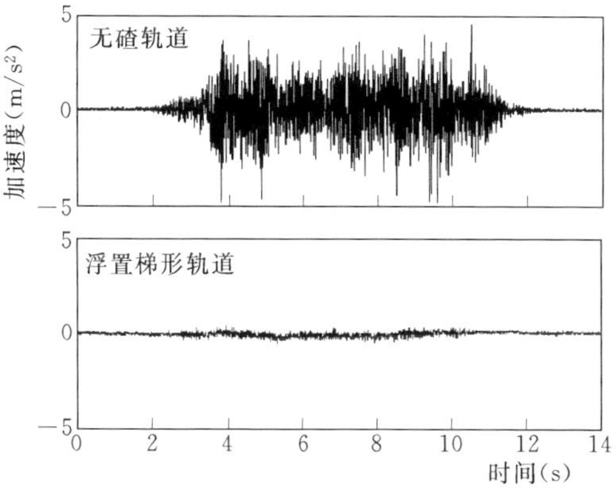

图 15－20　高架桥垂向加速度波形比较

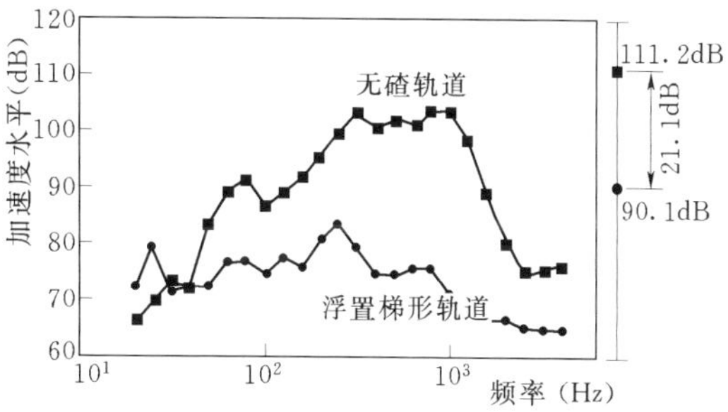

图 15－21　1/3 倍频程频率谱分析结果

对于上述同一试验的振动速度强度分析结果表明，梯形轨枕轨道与无碴轨枕轨道相比，在100～1000Hz范围内可降低振动速度强度9～13dB。

(4) 耐久性好，维护方便。与其他的无碴轨道相比，可以说梯形轨枕弹性轨道系统是一种免维护、可修复的轨道构造。防振材料——聚氨酯树脂的耐用年数可达50年以上的耐久性，若超过了耐用年数50年后，聚氨酯树脂的耐久性下降时，将梯形轨枕顶起25mm左右，可方便地更换弹性支墩。同样，当构造物产生过大变形时，在梯形轨枕下插入高度调整片，即可调整轨道达到设计高程。

(5) 有利于加快施工进度。轨枕是保证轨道几何状态的重要部件，梯形轨枕为预制结构，具有更高的精度和质量保证，同时可以减少轨道施工现场的现浇混凝土数量，提高施工进度。

3. 弹性浮置板轨道

根据振动理论可知，当一个振动体在一个外部激振动力的作用下，该振动体产生振动，但振动体振动的振动频率与振动体质量的开方成反比，与振动体的刚度开方成正比；而加速度的大小是与振动体振动频率的平方成正比，所以也就与质量成反比，与刚度成正比。浮置板就是利用这一原理，增大振动体的振动质量和增加振动体的弹性，利用其惯性力吸收冲击荷载，从而起到隔振作用，所以浮置板式轨道结构是降低传振和传声的很有效的方法，这一方法与房屋中隔绝机座振动噪声的浮置板相同。这种隔振系统在共振频率下的放大倍数很低，所以减振降噪效果非常显著。浮置板轨道结构系统采用三层水平垫板（钢轨下橡胶垫板、铁垫板下橡胶垫板、浮置板下橡胶垫板）和一层侧向垫板。道岔处经验算横向刚度后也可采用上述措施。

最早采用浮置板式轨道结构的是德国。德国对环境标准的要求非常严格，随着地铁的开通，噪声和振动也不可避免地产生了。针对此情形，德国先开发了有道碴的浮置板轨道结构，在多特蒙德的一座轻轨铁路隧道内铺设了试验段。此后，在科隆地铁和波恩至穆尔海姆轻轨铁路及杜塞尔多夫的轻轨铁路上铺设了无碴浮置板式轨道。由于其良好的减振降噪性能，这种结构在华盛顿、亚特兰大、多伦多和布鲁塞尔均有铺设。

我国第一次采用浮置板式轨道结构的城市轨道交通线路是广州地铁1号线。由于目前全国建成的轨道交通线路的城市只集中于北京、天津、上海、广州等，其他城市也只是处于在建或筹建阶段，因此，这种轨道结构的性能在国内的实际运用情况可通过下一步的试验来进一步阐明。我国香港西铁采用了浮置板加轨道减振器的结构，取得了较好的效果。

(1) 浮置板轨道结构的特点。

浮置板隔振轨道结构又称为质量弹簧系统，其基本原理是在轨道上部建筑与基础间插入一固有振动频率远低于激振频率的线性谐振器，即将道床板置于橡胶弹簧上，通过质量-弹簧系统的惯性运动，把列车运行产生的振动进行较大衰减后，再传递给隧道主体结构，以达到减振的目的，所以浮置板轨道结构的特点是其减振降噪效果最好。据德国有关部门测试，有道碴下垫层和浮置板式的轨道结构其阻尼效应可达30dB，且在垂直荷载20%～100%变化范围内其隔振的效果几乎保持不变。

轨道绝缘性能较强。由于轨道结构四周基本上由绝缘的橡胶支座与混凝土底座隔离，可有效防止轨道迷流的发生。

体积庞大，施工与维修不便。由于浮置板是采用了有意增大轨下参振质量和有效阻尼的方法来控制噪声和振动，故一般而言，浮置板体积较大，需大型机械施工；维修时，若需更换支座，在隧道内将造成不便。

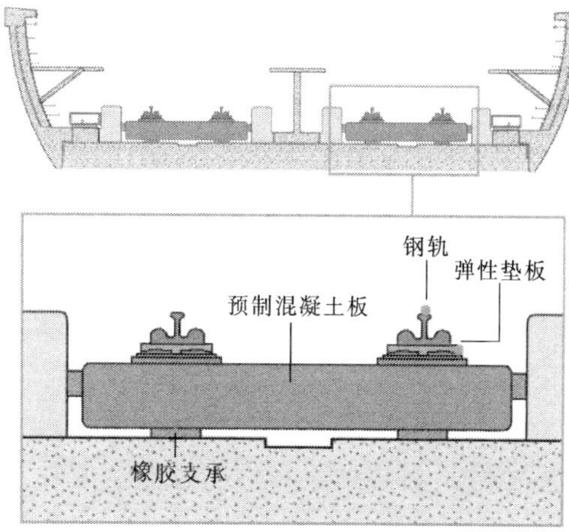

图 15－22 橡胶弹簧浮置板轨道

由于采用橡胶或弹簧支座，故造价较高，故一般浮置板轨道结构用于有特殊减振降噪要求的 0 类地区，如医院、文教类区域等。

浮置板式轨道结构包括两种基本类型：①连续现浇浮置板；②轨枕板式预制浮置板。连续现浇浮置板是在橡胶隔振垫上铺一块金属模板，然后将混凝土浇入金属模板。但这种类型施工和维修均不便。橡胶弹簧浮置板的基本形式如图 15－22 所示；钢弹簧浮置板的基本形式如图 15－23 所示。

(2) 橡胶浮置板轨道结构。

橡胶支座浮置板轨道结构一般由钢筋混凝土浮置板、橡胶支座、混凝土底座和配套扣件组成，最早应用于德国科隆地铁。具体做法是将浮置板置于可调的橡胶支座上，两侧用弹性材料固定，形成质量-弹簧隔振系统，而钢轨则用扣件直接固定在钢筋混凝土浮置板上。这种结构橡胶容易老化，初期减振效果可达 10～15dB，后期的减振效果不理想，且在不中断运营的条件下目前尚无合适的更换橡胶支座的方法。我国广州地铁 1 号线试铺了这种结构，其造价约 800 万～850 万元/km。

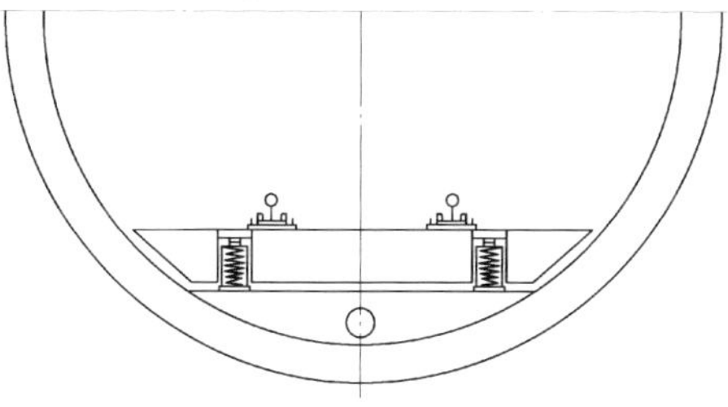
图 15－23 钢弹簧浮置板轨道

板下橡胶支座分整体支承、条形支承和分布点支承三种，如图 15－24 所示。整体支承在瑞士、法国、西班牙、意大利、德国、法国等国地铁中采用，其优点是构造简单、施工速度快、支承面积大、道床受力均匀、成本较低，缺点是维修不方便。浮置板的条形橡胶连续支承主要在德国地铁中应用，其优点是较整体支承节省材料、轨道结构的固有频率较低。分布式橡胶点支承曾在德国、美国、加拿大和新加坡地铁中采用。这种支承方式如果设计合理，则轨道结构的固有频率低、减振效果好、维修方便，但在国外应用时曾发现轨道纵向和横向抵抗力差，为了限制变形，必须使剪切模量、弹性模量、垫板厚度、垫板大小等合理匹配，采取凹槽对橡胶垫板进行定位，才能有效地提高板的稳定性。

在华盛顿地铁、亚特兰大地铁、多伦多地铁浮置板系统的实测隔振效果表明，浮置板系统在设计固有频率以上的隔振效果是明显的，其中亚特兰大地铁在 16Hz 以上的减振效果最好，这是因为其设计固有频率最低。根据德国实测资料，其减振效果明显。

浮置板式与弹性支承块式整体轨道相比，施工和维修都较为困难，但经过仔细研究国

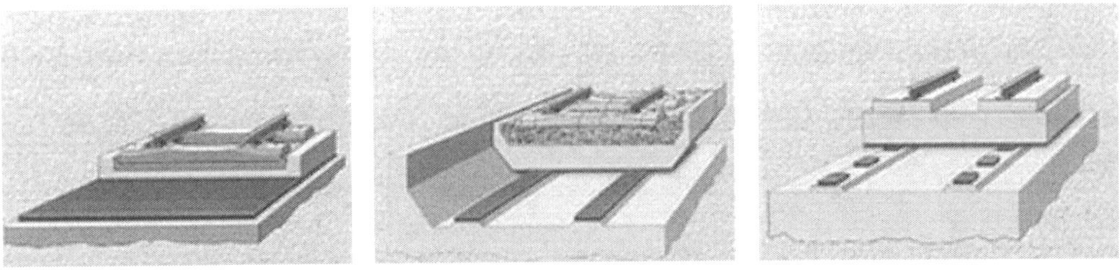

(a)　　(b)　　(c)

图 15－24　橡胶弹簧浮置板的各种支承方式

(a) 整体支承；(b) 条形支承；(c) 分布点支承

外地铁轨道结构资料后，发现采取改进板的结构形式和尺寸，对现有板下橡胶支承方式进行改进，可使施工和维修简化，在维修过程中完全可能采用简单机具更换橡胶垫板。

此类浮置板轨道结构的工程造价估计为每公里单线 600 万～800 万元，不包括扣件、钢轨及钢轨焊接铺设费用。

(3) 钢弹簧浮置板轨道结构。

弹簧浮置板与橡胶浮置板不同之处是用金属弹簧取代橡胶支座，同时在弹簧支座的基础上增加了阻尼材料，使振动衰减速度更快。浮置板与隧道基底间只需极小的空隙（约 40mm），轨道结构高度不额外加大。通过对弹簧表面特殊处理及弹簧强度储备，弹簧的使用寿命可以很长，不存在像橡胶那样的老化问题。

德国的 GERB 公司研制了螺旋弹簧的浮置板轨道，如图 15－25 所示。采用螺旋弹簧支承的浮置板道床，其固有频率很低，只有 4～8Hz，因此采用螺旋弹簧的浮置板轨道减振效果要比橡胶垫浮置板轨道的效果好。虽然螺旋弹簧几乎没有阻尼作用，但由于浮置板

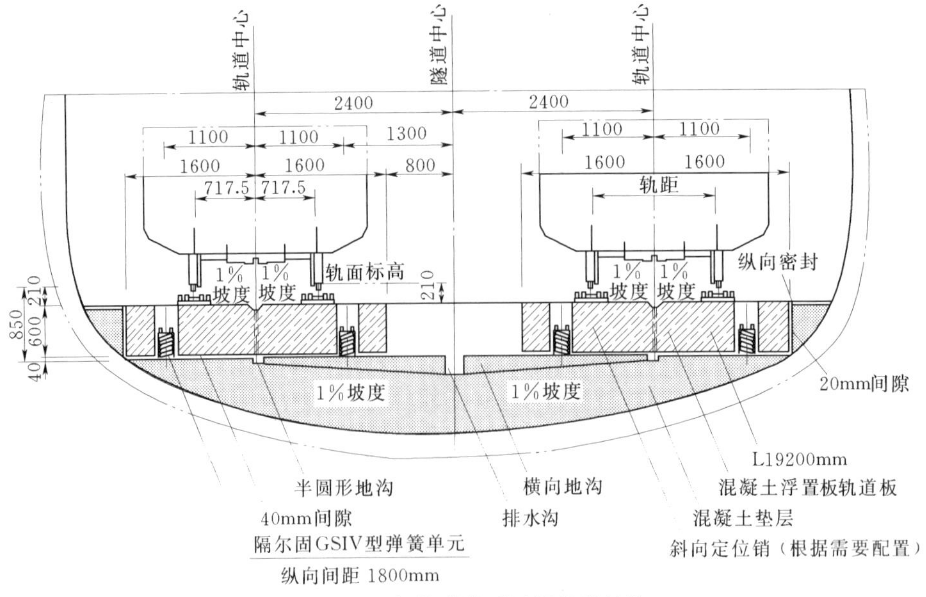

图 15－25　螺旋弹簧浮置板轨道结构

较重（每延米 5t 以上），列车通过时引起浮置板的振动加速度较小，因此，浮置板支承阻尼作用对路基的影响较小。如要利用阻尼减小浮置板的振动，可安装与螺旋弹簧并联的黏滞阻尼器，则浮置板的减振效果更好。

采用螺旋弹簧的浮置板道床具有以下特点：

1）浮置板与隧道底板间只需极小的空隙（约 40mm）。

2）浮置板的钢筋混凝土可以现场浇筑。

3）借助简易工具便可抬起浮置板或调整浮置板高度。

4）从浮置板表面可随时更换弹簧。

5）从浮置板表面可随时检修或校正线路不平顺。

6）通过调高螺旋弹簧高度，就可消除线路沉降引起的不平顺。

7）通过对弹簧表面特殊处理及弹簧强度储备，弹簧的使用寿命可延长。

8）浮置板可做得很长（40m，甚至 60m），减少连接，降低成本。

9）养护维修方便。

由于受建筑限界的控制，圆形隧道内的弹簧浮置板轨道宜采用内置式隔振器，并且应对隧道施工提出严格的精度要求。

钢弹簧浮置板隔振效果可达 25～30dB 以上，减振效果非常显著。可以说，到目前为止，弹簧浮置板的减振性能在各类减振型轨道结构中是最好的。

弹簧浮置板轨道结构造价与橡胶支座浮置板造价相当。由于造价较高，故仅限用于有特殊减振降噪要求地段。目前在我国南京地铁 1 号线、北京西直门、深圳地铁以及上海市轨道交通 4 号线等工程取得应用。

（4）浮置板有碴轨道结构。

德国在研制低振动轨道结构时，也开发研制了浮置板有碴轨道结构，如图 15－26 所示。浮置板有碴轨道是当前减振性能最好的轨道结构，但相应的造价也较高。此类轨道结构由于采用了道碴，所以具有一定的降噪效果，由于采用了浮置板型的道碴槽，所以具有较好的吸振性能。此类轨道结构仍需 30cm 厚的道碴，所以相对来说，轨道结构的重量相应较大。

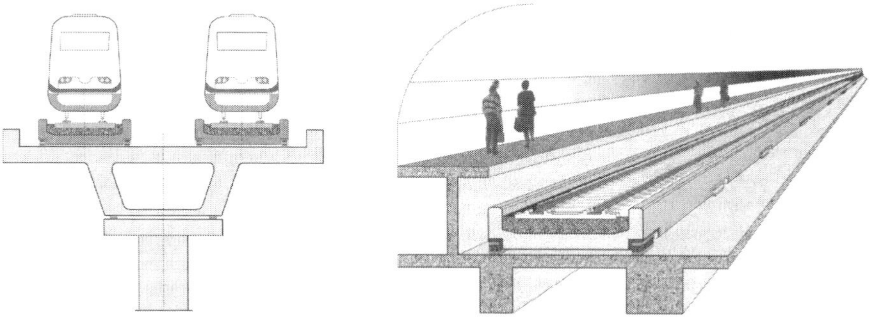

图 15－26　浮置板有碴轨道结构

浮置板轨道结构作为减振降噪轨道结构在国外已有近 40 年的历史，在设计、施工、养护和维修等方面已积累了丰富的经验，实践证明这种轨道结构的减振降噪效果十分明显。对于上海这样一个人口密集型的大城市，有许多特殊地区对振动、噪声的要求非常高，采用浮置板式轨道结构，无疑是一个极好的选择。

(5) 隔离板式道床。

隔离板式道床又称为IST技术，通过在混凝土道床和基础间加设一层弹性橡胶垫层使道床与基础隔离，充分利用弹性橡胶垫层和高弹性扣件的双重减振特性，其减振降噪效果主要取决于整体道床下的橡胶大垫板和高弹性扣件刚度的合理组合，如图15－27所示。香港地铁将军奥支线铺设了该种道床，现场测试分析表明，隔离板式道床的减振降噪效果较普通整体道床提高了70%，但工程造价几乎增加了2倍。

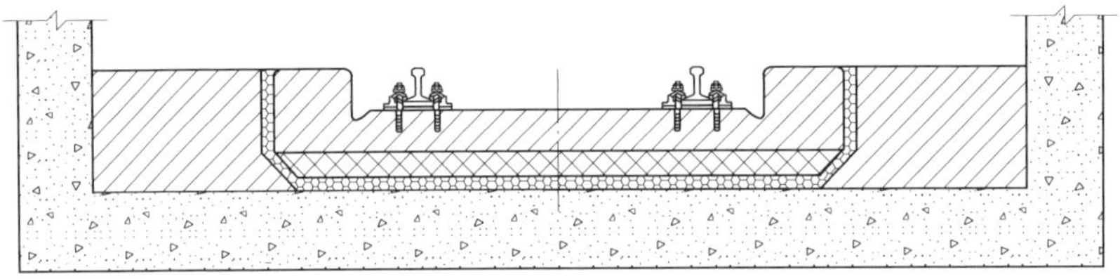

图15－27 隔离板式道床

4. 其他措施

(1) 道碴垫。

为减少振动和噪声，德国自1975年就开始在干线铁路上应用道碴垫，道碴垫所采用的主要材料为板状垫层的泡沫微孔聚氨酯中空状的合成/天然橡胶，如图15－28所示。道碴垫厚度一般为25mm，由2～3层构成，表层为高弹性、高拉伸强度的弹性材料构成，密度在500～800kg/m^{3}之间，下部减振层由1～2层的泡沫聚氨酯材料组成。对于轻轨线路，静刚度一般小于10kN/mm，地铁线路一般为10～20kN/mm，资料表明减振效果为8～9dB。

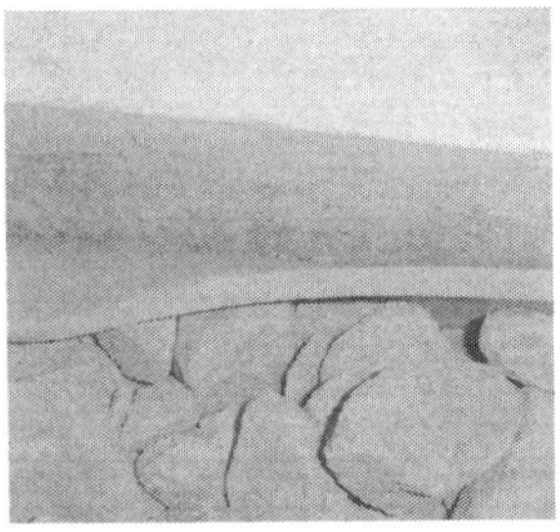

图15－28 道碴垫

道碴垫的使用除了在高架有碴轨道上使用外，也常在隧道内整体道床下采用。

(2) Edilon埋入式轨道。

Edilon结构最早源于荷兰，为埋置式全支承无扣件系统（见图15－29）。这种轨道结构以纵向连续支承取代传统的分散点支承，降低了轨底支承系统的应力水平。通过在钢轨周围灌注了一种称为Edilon Corkelast的弹性材料，取得较好的隔声和隔振效果。从1976年开始，荷兰就铺设了埋置式轨道结构（Embedded Rail Structure，简称ERS）。这种类型的轨道结构使用20年来，养护维修工作量相当少。目前，荷兰的鹿特丹Marconiplein-tussenwater地面有轨交通、西班牙马德里地铁、巴塞罗那地铁隧道内都有铺设。这种轨道结构由于无扣件，因此总体造价较为经济。

通过德国1996年在卡尔斯鲁厄所做的对比试验表明：这种轨道结构与普通有碴轨道相比，尽管在500Hz左右，其噪声较后者高约5dB，但在1000Hz以上，前者所产生的噪声低于后者，特别是人耳较敏感的2000～6000Hz，降噪效果为3～10dB。

(3) 无碴轨道道床铺设吸声材料。

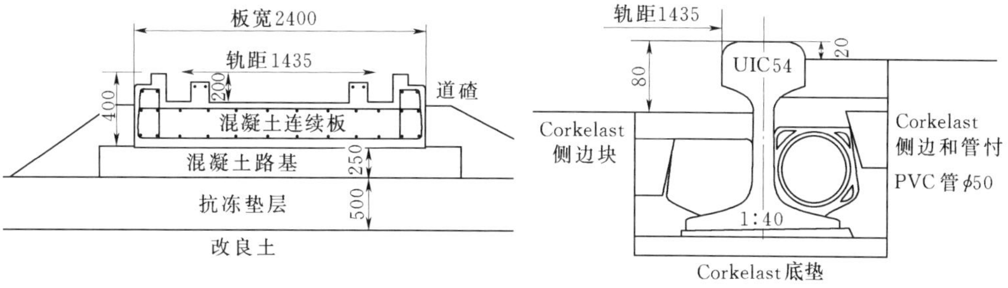

图 15－29　Edilon 埋入式轨道结构（单位：mm）

对于整体道床轨道结构，在轨道上铺设吸声材料的效果较好。有碴轨道结构的噪声比无碴轨道结构的噪声要高 4～5dB，但吸声材料铺设在轨道上容易积累脏污物。铺设吸声材料有 3 种方法：铺设密度为 14.6kg/m^3 的玻璃纤维板；喷射吸声混凝土；铺设一薄层道碴。

第五节　列车辐射噪声与声屏障

当城市高架轨道交通线无法远离噪声敏感目标，特别是一些成片的居民住宅区或学校、医院等建筑时，在轨道交通线边侧设置具有一定高度的声屏障，是对敏感目标的有效保护措施。国外从 20 世纪 60 年代开始研究声屏障，并将其作为控制交通噪声污染的主要手段。国际噪声控制协会于 internosie94 会议上成立了工作组，该工作组从 1995～1997 年期间，对声屏障的有效性开展了深入的调查研究后认为，声屏障是一种控制交通噪声的有效措施，声屏障的降噪效果用声屏障的插入损失来描述，其插入损失普遍在 5～12dB 之间。我国从 70 年代开始，对声屏障理论进行系统研究，并在声屏障的开发应用方面积累了一定的经验。

一、声屏障的降噪机理

当噪声遇到声屏障后会产生反射，只有部分声能越过声屏障顶端绕射到它的背后，在其背面形成声级较低的声影区，如图 15－30 所示。

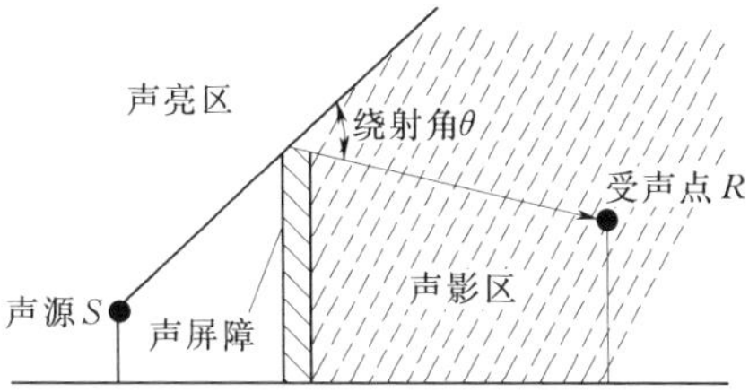

图 15－30　声屏障降噪机理

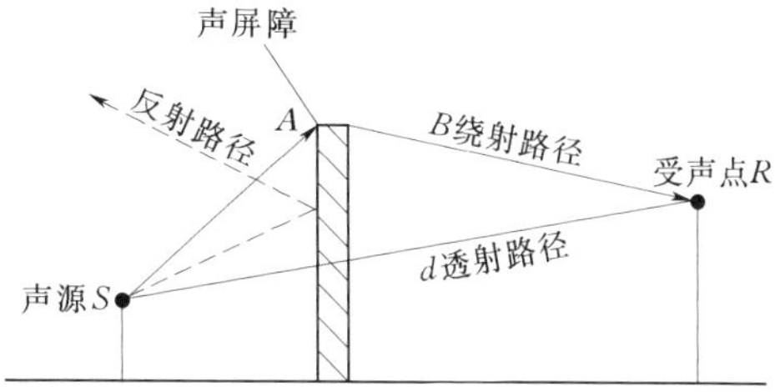

图 15－31　声波传播路径

在声影区内噪声强度不但较之屏障正面的声亮区有明显的削弱，而且较之屏障未设置前该区中内各受声点所受噪声污染的程度也有所降低。当声波遇到声屏障时，它将沿着三条路径传播，如图 15 - 31 所示，一部分噪声越过声屏障顶端绕射到受声点；一部分穿透声屏障到达受声点；一部分则在声屏障壁面上产生反射。声屏障的隔声降噪作用（即插入损失）主要取决于声源发出的声波沿这三条路径传播时的声能分配。通过声屏障顶端绕射到受声点的噪声强度与直接到达受声点的噪声强度相比则大大减弱。

二、声屏障设计

（一）设计目标值

设计目标值，即声屏障的插入损失，它是鉴定声屏障声学性能的主要指标。在保持噪声源强度、地形、地面和气象条件不变情况下安装声屏障前后在某特定位置上的声压级之差即为声屏障的插入损失。设计目标值主要由所需控制的交通噪声和噪声敏感点的背景噪声值来确定，而不是单纯地由一般概念中噪声敏感点所在功能区的环境噪声标准值来确定，即只有当背景噪声（或称本底噪声）低于环境噪声标准值时，设计目标值才可能由环境噪声标准值来控制；当背景噪声高于环境噪声标准值时，应由背景噪声值来控制。

（二）声屏障实际插入损失

决定声屏障实际插入损失（IL）的主要因素是声屏障的绕射声衰减量以及透射声减小量和反射声降低量。

（三）绕射声衰减量

轨道交通列车长度按最小编组车辆数两辆计算，其长度为 40m 左右，而线路两侧噪声敏感建筑距线路一般为 30～40m，因此列车运行噪声可视为无限长线声源。

当声屏障长度小于列车长度或与列车错位时，相对受声点来说声屏障对列车运行噪声缺乏足够的遮蔽长度，此时其绕射声衰减量按无限长线声源有限长声屏障考虑。

（四）透射声减小量

当噪声声波入射至声屏障表面，有部分声波穿透声屏障直接传至受声点，从而造成声屏障降噪效果的下降，其下降量即称之为透射声减小量（ΔL_t）。

为提高声屏障实际插入损失和简化设计，在确定声屏障的选材和结构厚度时，应充分注意选材的面密度和适当增加材料的厚度，使声屏障具有良好的隔声性能。

（五）反射减小量

由远端声屏障结构表面对噪声的反射而造成近端声屏障实际插入损失的下降量称之为反射减小量。反射减小量的大小，取决于声屏障与声源和接受点以及反射声传播途径中所遇障碍物之间的相对位置有关，尤其与声屏障吸声结构的降噪系数（NRC）有关。当声屏障设于道路两侧时，道路噪声主要在相距较远的两平行声屏障之间多次反射（见图 15 - 32），其反射声减小量可以通过图解法求证。

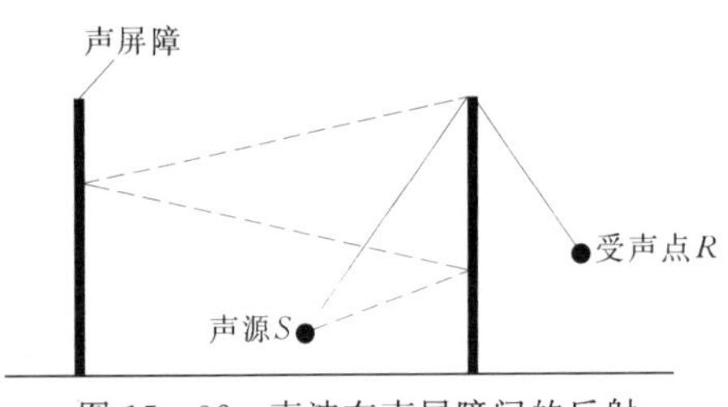

图 15 - 32　声波在声屏障间的反射

轨道交通噪声在线路两侧声屏障之间的反射与道路有所不同。轨道交通即使是以两辆车辆编组其长度也要达到 40m 左右，车辆高度一般为 3.3m 左右（不包括轮高），因此与道路上行驶的汽车相比，列车本身就是一个整体性很强，具有相当大面积且表面比较平整的刚性反射体。同时列车运行噪声的主体——轮轨噪声源与声屏障之间的距离相对固定，而且非常接近，因此噪声在近端声屏障和车体反射面之间的往复反射对近端声屏障绕射声衰减量影响就更大（见图 15－33）。

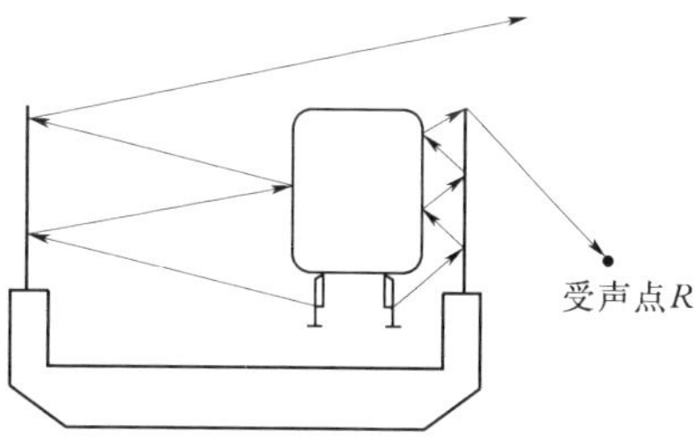

图 15－33　声波在车辆与声屏障间的反射

由图 15－33 可知，当近端声屏障的高度低于或接近车辆高度，远端声屏障的反射对近端声屏障的降噪效果影响不大，此时影响近端声屏障降噪效果的主要是车辆外壳的反射声。由于轨道交通声屏障反射声减小量目前尚无成熟的计算模式，为将反射声减小量（ΔL_r）降至最低，在工程设计中一般采用吸声型声屏障，并要求声屏障吸声屏体结构的降噪系数（NRC）尽量不大于 0.7（混响室测试数据）。实践证明，当吸声屏体 NRC 值为 0～0.7 之间，随着 NRC 值的增加反射声减小量 ΔL_r 将有明显下降，但当 NRC 值大于 0.7 以后，随着 NRC 值的增加，反射声减小量虽仍有下降，但下降值已很微小。这可以用声屏障实际降噪效果来说明：一方面，声屏障吸声屏体结构的 NRC 值为 0.7 与 NRC 值为 0.85 相比，其实际降噪效果相差也仅在 0.5dB 左右；另一方面，以现有吸声材料和制造技术来说，吸声屏 NRC 值达到 0.85 已近极限，再要提高几乎是不可能的了，因此在声屏障设计中对其吸声屏体的 NRC 值的要求，只要不大于 0.7 即可。

三、声屏障的形式选择

声屏障按外形可分为直立型（包括两股线路中间的双向吸声屏障）、半封闭型和全封闭型（见图 15－34～图 15－36），设计可根据环境要求和现场实施条件，本着有效经济的原则合理选用。

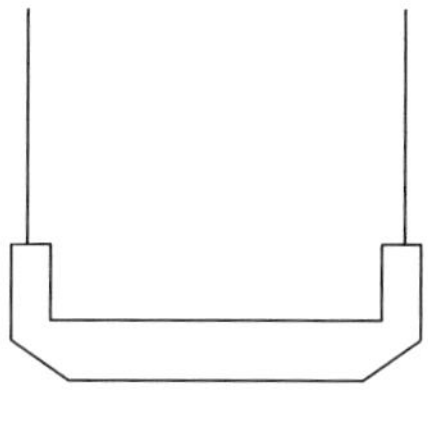
图 15－34　直立型声屏

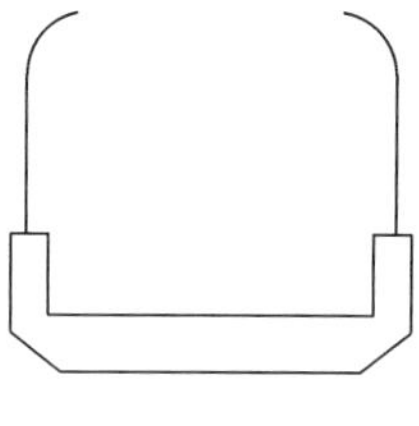
图 15－35　半封闭型声屏

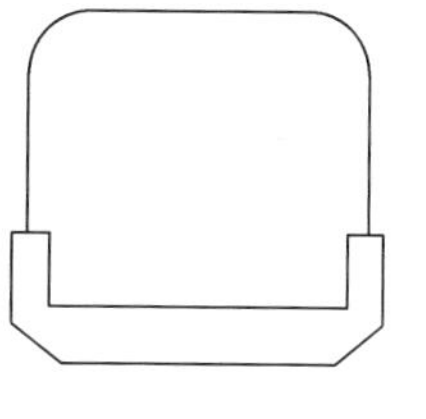
图 15－36　全封闭型声屏

直立型声屏障大多适用于临近线路的噪声敏感建筑为多层建筑，建筑物距线路中心距离在 30～40m 左右，其有效高度应不低于轨面以上 2.5m。以上海已建某线为例，有效高度为 4.0m 的吸声隔声混合型声屏障对距线路中心 35m 处的多层建筑的降噪效果可达 4～7dB。

半封闭型和全封闭型声屏障具有较大的降噪声效果，尤其适用于线路两侧高层建筑密集的路段，其设置总高度为 7.0m 左右，但因其造价为直立型声屏障的 2～3 倍且景观处理比较困难，尤其是全封闭型声屏障还必须处理好高架桥消防设施的设置和消防排烟、列车运行时活塞风影响等问题，故目前使用较少。经对某市半封闭型吸声隔声混合型声屏障降噪效果实测证明，半封闭型声屏障对距线路中心 30m 处的多层建筑的降噪效果可达 12dB 以上。

四、声屏障的实际降噪效果

国内外环境保护及声学界专家一致认为声屏障是防治交通噪声尤其是高架道路和高架轨道交通噪声的有效措施，但是对声屏障的实际降噪效果始终无一确切说法，这是因为声屏障的降噪效果不仅与声屏障的结构形式、选用材料的品质、安装质量及设置高度有关，而且与声屏障的设置位置、范围、使用环境和测点位置有关。在诸多影响因素中只要其中某一因素发生较大变化，就有可能较大程度地影响声屏障的实际降噪效果。例如，在高架轨道交通线路两侧设置完全相同的声屏障，如在同一断面，线路两侧各取一个相对位置完全一致的测点 A 和测点 B（见图 15－37）。由于测点 A 与测点 B 所处环境不同（即线路两侧声屏障使用环境不同），测点 A 临近建筑物，受建筑物墙面的反射声影响，在测点 A 测试的声级就比在测点 B 测试的声级要高 2dB(A) 左右。因此，对某一声屏障的降噪效果只能大致确定一个范围或对某一特定条件下的声屏障的降噪效果作一相应结论。根据对上海轨道交通 5 号线安装的高于轨面 4.0m 左右的直立式吸声型声屏障的测试结果表明：在距离高架桥外侧 31m，在同一断面不同高度测点测试，该声屏障降噪效果在 5.4～11.5dB，监测数据如表 15－3 所示。

表 15－3　　声屏障降噪效果监测值

项　　目	有声屏障			无声屏障		
测点距地面高度（m）	21.1	13.1	9.3	21.7	16.8	12.4
近侧线路行驶时声级（dB）	72.4	76.8	74.3	79.9	81.2	80.5
声屏障插入损失（dB）	7.5	5.7	6.4	0	0	0
远侧线路行驶时声级（dB）	71.8	76.7	74.9	83.3	82.1	82.9
声屏障插入损失（dB）	11.5	5.4	8.0	0	0	0

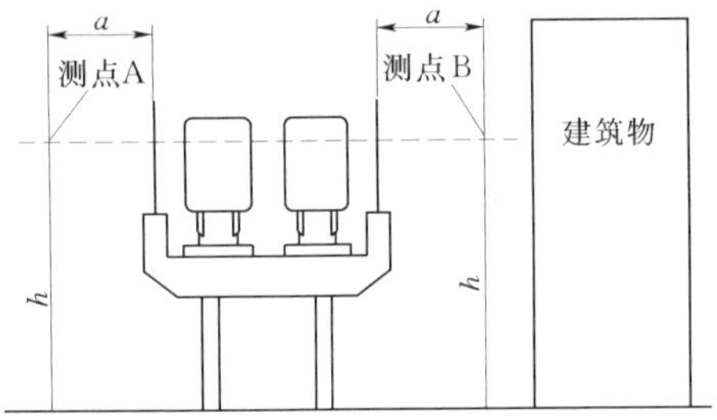

图 15－37　测点位置示意图

高架轨道交通列车运行噪声的治理是一个极其复杂的技术问题。在线路两侧设置声屏障包括设置半封闭或全封闭型声屏障以及在两股线路中间设置双向吸声型声屏障，对轨面以上的噪声确能取得较大的降噪效果，但对高架桥结构、轨道结构振动引起的辐射噪声却无阻挡作用，特别是直立型声屏障的降噪范围及降噪效果毕竟有限。因此对高架轨道交通列车运行噪声的防治还必须从规划控制、桥梁以及轨道结构的减振、敏感建筑物的功能置换或拆迁等多方面同时采取综合治理措施，才能取得理想效果。

第六节　从车辆结构角度降低轮轨噪声的措施

一、在车轮上装设谐振消声器

车辆在高速运行时，车轮在钢轨上高速滚动，由于轮轨表面粗糙度以及轮轨的缺陷，造成对车轮的激扰，从而产生滚动噪声。另外，当车辆通过小半径曲线时，由于车轮支承点相对于轨面产生横向滑动，导致车轮的轮辋、辐板产生轴向弯曲振动，发出尖啸声。

如果我们在轮辋或辐板上装设一种具有减振阻尼特性的扇形盘式板或环形板，即所谓谐振消声器，使之与车轮的主频率相一致。当车轮受到激扰，发生振动而辐射噪声时，扇形板或环形板发生共振，板上的阻尼材料将振动的能量转换为热能，达到衰减车轮辐射噪声。

国外研制的车轮谐振消声器主要有两种结构形式，即扇形盘式消声器和环形叠板式消声器，在德国 ICE 高速列车上装设这种消声器已经取得明显的消声效果。

（一）扇形盘式消声器

在车轮的内侧轮辋上装有 6 块扇形板，组成盘形，盖住整个车轮内侧辐板（见图 15－38）。扇形盘式消声器的基体金属的自振频率要与车轮的谐振频率相一致，其上涂有一层阻尼材料。试验表明，在不同的运行速度下，其消声效果为：160km/h 为 7～9dB(A)；200km/h 为 6～8dB(A)；250km/h 为 4～5dB（A）。

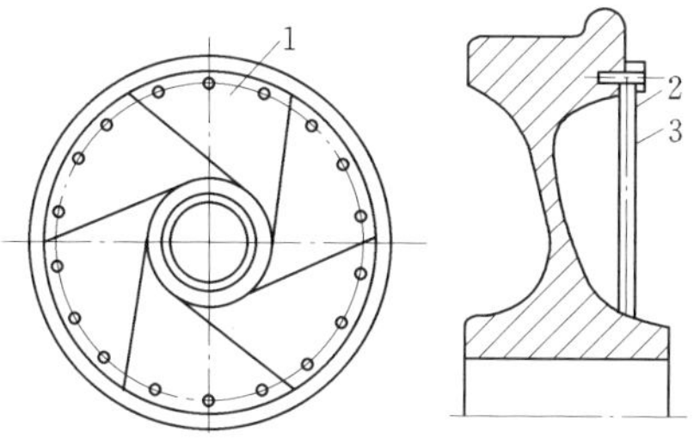

图 15－38　扇形盘式消声器车轮示意图
1—消声器；2—基体；3—阻尼材料

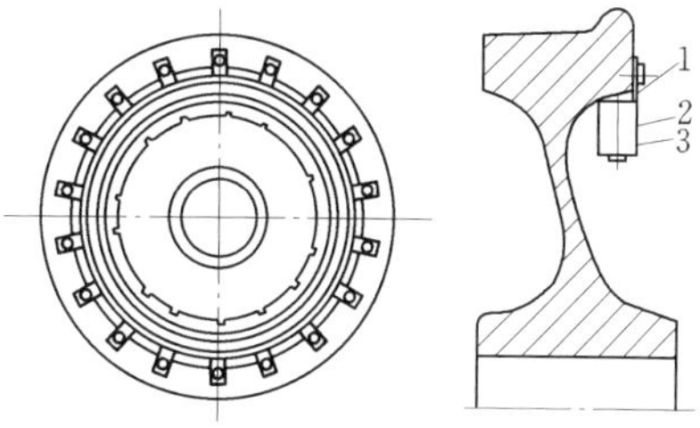

图 15－39　环形叠板式消声器
1—安装座；2—消声器基体；3—阻尼材料

（二）环形叠板式消声器

环形叠板式消声器由多层环形阻尼板叠合组成一个小于轮辋的圆环，安装在靠近辐板的轮辋上或辐板上（见图 15－39）。根据衰减车轮振动形式不同采用不同的安装方式，有安装于轮辋的径向谐振消声器、安装于辐板的径向和轴向组合的谐振消声器，以及安装于轮辋的径向和轴向组合的谐振消声器等多种结构方案。

滚动噪声主要是轮辋的径向振动所引起的轰鸣声，过小半径曲线时轮轨间横向滑动要引起轮辋和辐板的轴向振动，从而发出尖啸声，采用径向和轴向组合的谐振消声器将能同时衰减这两种噪声。

二、橡胶弹性车轮

在车轮的轮辋与辐板之间加设橡胶件，使两者之间金属脱离直接接触，利用橡胶元件把轮辋和辐板的振动转化为热能，吸收和衰减一部分噪声。其结构形式有压缩型、剪切型和压剪型等。经测试，弹性车轮对于水平和垂直激扰的消声效果如表 15－4 所示，相比于全钢整体车轮，可降低噪声达 10～20dB(A)，图中还列出了两种消声轮的对应值。

表 15－4　　消声车轮和弹性车轮的消声效果比较

类别		消声车轮		弹性车轮			整体车轮
名称		橡胶环状形	整环形	剪断形	压缩性	压缩剪切形	
构造			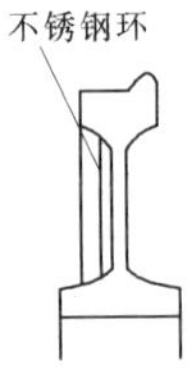	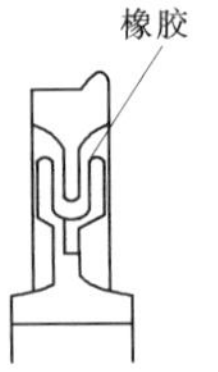	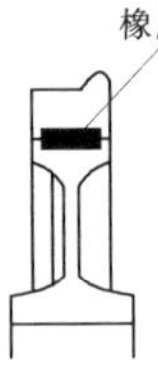	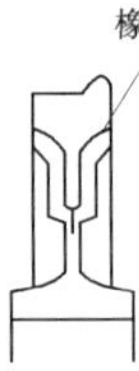	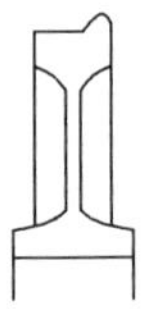
打击声［dB(A)］	水平	105	111	107	99	106	119
	垂直	94	101	95	92	99	111

三、选择具有抑制“卡滞-滑动效应”的钢轨材料

由实验室试验研究表明，如果曲线区段的钢轨采用特制的具有摩擦剩磁效应和滑动性的低合金钢 15NiCuMoNb5、50CrMoV4 和 14NiCrl4，可使曲线运行轮轨之间产生摩擦噪声的轨道与车轮运行方向之间的临界倾斜角可增大至分（角值），也就是说，在不改变转向架结构前提下，通过更改钢轨用钢，可降低车辆过曲线时的噪声，增大轨道与车轮运行方向之间的临界倾斜角，使得转向架过曲线时不产生噪声的最小曲线半径减小。图 15－40

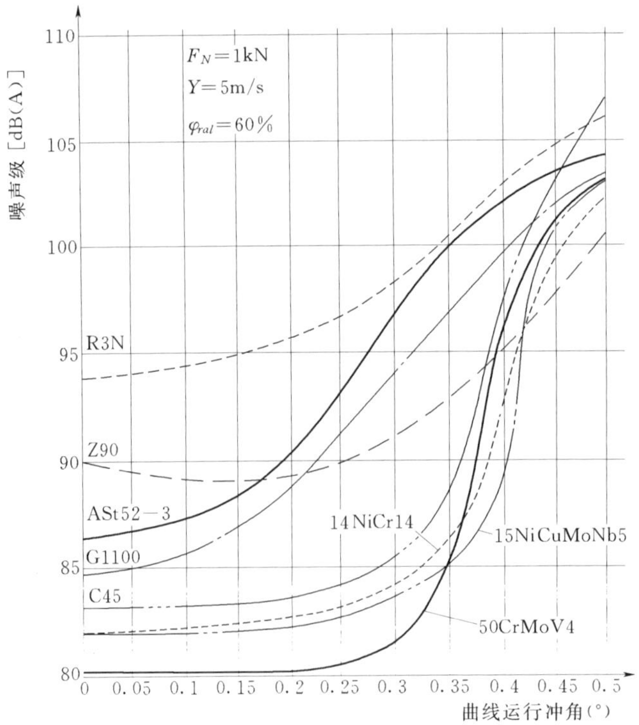

图 15－40　不同钢种轮辋、钢轨曲线运行冲角与噪声关系

为实验测定的不同钢种的轮辋、钢轨在各种偏角下所测定的噪声值，可以看出，在同一倾角下上述三种低合金钢其噪声值明显低于一般碳素钢。

四、影响轮轨噪声的其他因素

车轮和钢轨的机械摩擦要引起滚动噪声，其频谱具有宽带的特征，没有明显的突峰。轮轨表面的粗糙度或不平顺，要造成轮轨振动并产生滚动噪声。因此，磨削车轮踏面和钢轨轨面，提高其光洁度，是降低滚动噪声行之有效的措施。

五、制动噪声的形成与防治

闸瓦制动会使车轮踏面周期性地变得粗糙，甚至出现局部熔结，使踏面出现所谓波浪形磨耗，由此加剧了轮轨噪声。采用盘形制动代替闸瓦制动，改善了踏面状态，消除了波浪形磨耗，可降低轮轨噪声达 8dB(A)。在盘形制动上采用合成闸瓦（粉末冶金烧结闸瓦），其所产生的制动噪声将比装用铸铁闸瓦低。

在实施制动时，制动闸瓦与制动盘之间由于存在“卡滞-滑动效应”激发制动闸瓦、闸瓦托架和制动盘等产生自激振动，从而形成噪声。其噪声波频谱特性如图 15－41 所示。随着速度的下降制动噪声明显增大。

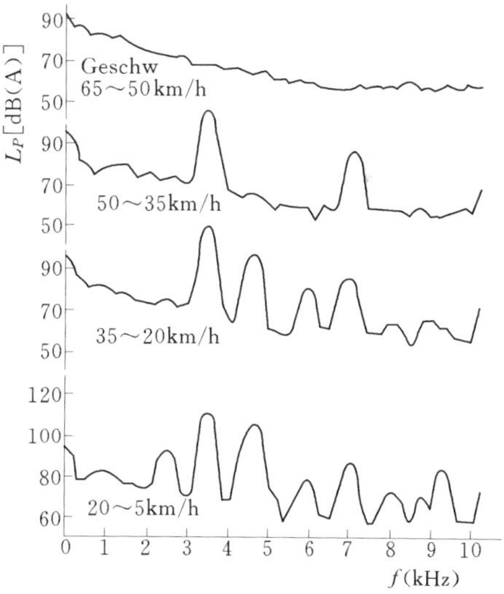

图 15－41　在制动过程中的噪声波频谱

制动系统产生共振与下列诸因素有关：

（1）制动闸瓦的品质以及闸瓦摩擦面的结构。

（2）制动拉杆的刚度和悬挂连接杆的斜度。

（3）制动盘摩擦环圈的强度和制动盘凸缘的厚度。

为了减少制动噪声可在制动组件上添加减振装置，例如在闸瓦托架装设阻尼装置，另外在闸瓦和托架的连接上采用预张紧装置。采用这些措施后制动噪声有可能降低 20dB。

六、转向架结构元件的声辐射和辅助隔声措施

在城市轨道车辆的动力转向架和非动力转向架中，在声辐射和传递特性方面，都有一共同的结构特征，无论是车体、转向架构架或摇枕，大多为空腹的承载结构，彼此之间均采用橡胶连接元件或空气弹簧悬挂。这种结构能够起到将各个声源相互隔离和衰减噪声的效果，声波的辐射仅归诸于少数几个直接激发噪声的构件，即轮对驱动装置、盘形制动和车轮等。抑制和衰减这些构件的噪声的措施上面已经讲述，如在制动系统的组件上添加减振装置、采用弹性车轮等。

此外，还要注意到车体和转向架连接的球形心盘和磁轨制动所产生的次级噪声（颤动的敲击声），应采取措施予以降低或避免。

在转向架两侧面设置隔声罩和在线路两侧设隔声墙，对于滚动和制动噪声以及次级噪声的降低与衰减均有明显的效果，可降低 1～4dB。然而采用这一类声防护方法不仅投资费用高且对车辆的维修造成妨碍和困难，所以仅仅在万不得已时才予以采用。

第七节 自导向和迫导向的径向转向架

为了较为圆满地解决轨道交通车辆通过曲线轨道产生的振动、噪声，采用径向转向架是一个比较彻底的方案措施。

在一般转向架设计中，为提高转向架横向运动稳定性，保证转向架在高速运行时的蛇行运动的稳定性，要求转向架的轮对与轮对间、轮对与构架间有足够的定位刚度及较小的车轮踏面斜度。这种刚性转向架在通过曲线时，由于两轮对在构架中保持平行配置，从而造成转向架的前位轮对的大冲角，轮对在通过曲线时除纯滚动的前进速度外，还产生横向的滑动速度，轮轨的接触面上要提供足够大的横向力，即所谓蠕滑力，使转向架产生瞬时的回转。当蠕滑力不足时，势必使轮缘贴靠钢轨，产生轮缘力，加剧曲线钢轨磨耗、轮缘垂直磨耗和噪声，造成轨距挤宽等。

为了提高转向架通过曲线的能力，又要求轮对与构架的定位尽量柔软，车轮的踏面有较大的斜率，以使转向架过曲线时其轮对能处于（或接近）纯滚动的径向位置，从而可最大限度地降低过曲线时钢轨和轮缘的磨耗以及噪声。解决转向架横向运动稳定性和曲线通过能力这一对矛盾的最有效措施就是采用径向转向架（Radial Truck）。

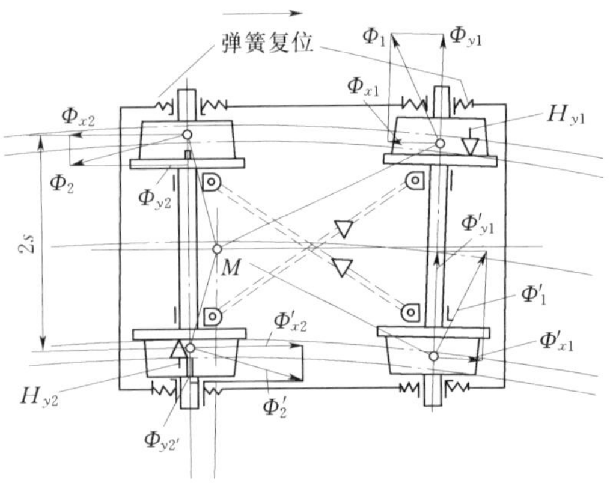

图 15－42 对角斜撑自导向转向架作用原理

径向转向架能保证具有足够的直线运动稳定性的同时减少过曲线时的轮对冲角，使轮对的轴线尽量指向曲线的半径方向，减少轮缘和钢轨的磨耗以及侧向力，降低动力消耗和过曲线时轮轨的摩擦噪声，特别适宜于小半径曲线上车辆运行的要求，具有较大的技术经济意义。径向转向架可分为自导向转向架（self-steering truck）和迫导向转向架（forced steering truck）。

自导向径向转向架是依靠轮轨间的蠕滑力进行导向的，它利用进入曲线时轮对间产生的蠕滑力，通过转向架自身导向机构的作用，使轮对“自动”进入曲线的径向位置。从转向架曲线运行的动力学分析可知，由于轮对的车轮支点所产生的滑动速度分量 W，必将在其反方向产生一个滑动摩擦阻力（见图 15－42），即蠕滑力，从而使转向架受到一个与曲线运行方向相反的摩擦力矩 M_R 的作用。

$$\phi_i = \mu Q$$

$$q_i = \sqrt{X^2 + S^2}$$

$$M_R = \sum(\phi_i q_i)$$

式中 Q——车轮支反力，即轮轨接触反力；

μ——车轮支点摩擦系数；

q_i——回转中心至车轮支点的距离，即滑动臂。

“卡滞-滑动”效应所引起的该滑动摩擦力矩使后轮对相对曲线中心的角偏移减少，使前轮对相对曲线中心的角偏移增大，从而使后轮对总是比前轮对更接近于曲线的径向位置。

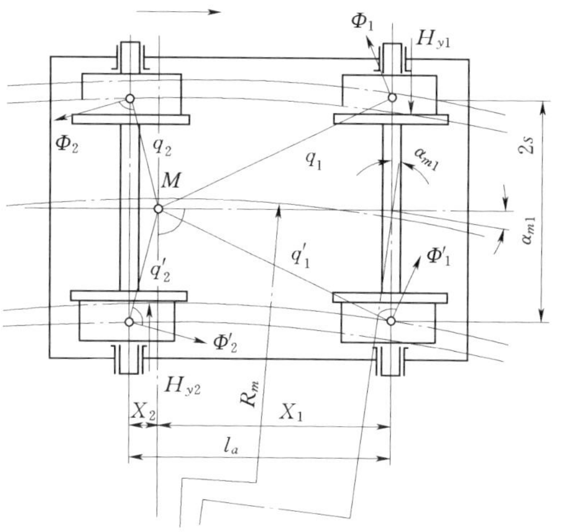

图 15－43　曲线运行摩擦力矩 M_R 对轮对倾角的影响

曲线运行时，作用在转向架车轮上的滑动摩擦力可分解为纵向分量和横向分量（见图 15－43）。显然，纵向分量所产生的后轮对上的径向回转摩擦力矩 $M_{R2}=\sum(\phi_{x2}S)$，其值必大于作用于前轮对上的反径向回转力矩 $M_{R1}=\sum(\phi_{x1}S)$，而横向分量被钢轨对轮缘的力 H_{yi} 所平衡，后轮对这个正的过剩力矩可由对角斜撑连接元件传递至前轮对，驱使前轮对也向着曲线的中心。这就是自导向径向转向架的作用原理。

对于运行速度较低，横向运动稳定性要求不高的情况，最简单的自导向转向架方案为采用一系柔性悬挂，降低轮对横移及摇头刚度，由于轮对车轮踏面锥度的存在，在过曲线时轮对就能自动趋于径向位置。

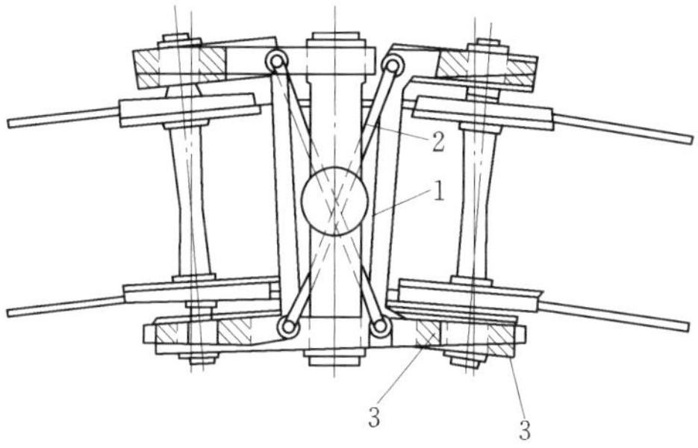

图 15－44　Scheffel 转向架

1—副构架；2—对角斜撑；3—承载鞍与侧架间的夹层橡胶垫

自导向转向架区别于常规转向架的两个根本特点如下：

（1）两轮对间可以直接传递作用力，使轮对蛇行与车体转向架蛇行解耦，有利于车体的横向稳定性，临界速度可因此提高 10％～30％。

（2）可以任意加大轮对间的相对剪切刚度而不影响曲线通过性能，这可以降低冲角，减轻轮缘磨耗。

最先取得成功并已得到普遍应用的轮对自导向转向架是南非铁路的对角斜撑转向架，发明者是南非铁路工程师 Herbert Scheffel，所以又称为 Scheffel 转向架（见图 15－44）。

思　考　题

1. 噪声和振动的研究可以从哪儿方面入手？
2. 轨道交通的噪声和振动源有哪些？
3. 从轨道结构入手，有哪些减振防噪措施？
4. 从车辆角度，可以采用哪些减振防噪手段？
5. 从隔振、隔声的方法入手有哪些措施可以采取？
6. 什么是径向转向架？

参 考 文 献

[1] 孙章，何宗华，徐金祥编著．城市轨道交通概论．北京：中国铁道出版社，2000.

[2] 郝瀛编著．中国铁路建设概论．北京：中国铁道出版社，1998 年．

[3] 靳文翰，郭圣铭，孙道天主编．世界历史词典．上海：上海辞书出版社，1985.

[4] The Cable Car in America George W. Hilton 1982 ISBN 1-8310-7145-1.

[5] Metros Der Welt Dr. Hans-Werner Schlerife，Leiter Trans press 1992 ISBN 3-344-70715-9.

[6] 毛保华．城市轨道交通系统运营管理．北京：人民交通出版社，2006.

[7] 严作人，张戎．运输经济学．北京：人民交通出版社，2005.

[8] 荣朝和．西方运输经济学［M］．北京：经济科学出版社，2002.

[9] 管楚度．新视域运输经济学［M］．北京：人民交通出版社，2001.

[10] ［英］肯尼思·巴顿著，运输经济学．第二版．冯宗宪译．上海：商务印书馆，2001.

[11] PatrickS McCarthy. Transportation Economics - Theory and Practics：A Case Study Approach. Blackwell Publishers，2001.

[12] 黎江，范巍，杨承东．城市轨道计费及票价方式的探讨．都市快轨交通，2005，18（3）12-15.

[13] 赵良杰，陈义华，车天义．重庆轻轨票价方案研究．铁道运输与经济，2005（11）：40-42.

[14] 苟吉占，吴迪．对城市轨道初期票价的再研究．都市快轨交通，2006，19（2）．

[15] 徐萌．上海、广州、南京、深圳地铁财务状况简介—走访浅谈．地铁与经济，2005（4）．

[16] 周立新．轨道交通余能利用的分时段票价制探讨［J］．城市轨道交通研究，2004.7（4）．

[17] www. Wikipedia. org.

[18] 香港地铁公司 2005 年报告．http：//www. mtr. com. hk.

[19] Mark. Smith Fare and fare regulation on britain's railway. Janpan Railway & Transport Review. 2004（3）．

[20] 雷晓燕，圣小珍编著．铁路交通噪声与振动．北京：科学出版社，2004.

[21] 应怀樵主编．现代振动与噪声技术．北京：航空工业出版社，2005.

[22] 张振淼主编．城市轨道交通车辆．北京：中国铁道出版社．1998.